세계민족무용연구소 학술총서 15

동아시아의 인문전통과 악무문화

세계민족무용연구소
허영일 외 지음

나무미디어

이 책은 2014년 정부(교육부)의 재원으로 한국연구재단의 지원을 받아 발간되었음.
(NRF-2014S1A5B8035981)

머리말

문화복합체로서의 동아시아 악무문화

동아시아 악무문화樂舞文化의 역정을 뒤돌아보면, 이 지역에서 악무는 개인적 감정을 내보이거나 좌중의 흥을 돋우기 위한 은유적 울림이나 상징적 몸짓에만 그친 것은 아니었습니다. 악무는 시대와 장소에 따라서는 제국의 권위를 과시하고 번영을 기원하는 정치적 도구였고 이웃나라와 교류하는 외교적 수단이었을 뿐 아니라 인간의 내면을 수양하는 교육의 방법이었고, 또 사회의 질서와 조화를 이루는 문화의 지주이기도 하였습니다. 그러므로 과거 동아시아지역에서 악무는 정치적, 철학적, 교육적, 문화적, 실용적 의미와 기능을 두루 지닌 문화복합체였다고 하겠습니다.

이처럼 복합적 성격을 지닌 동아시아의 전통 악무문화에 대해서 그 본질이나 변모 양상을 온전히 살피기 위해서는 특정한 학문의 시각이나 방법을 뛰어넘어 한층 열린 시각과 다양한 접근 방법이 필요합니다.

한국예술종합학교 세계민족무용연구소는 한국연구재단의 지원을 받아 지난 2011년 겨울부터 시작하여 동아시아의 악무문화에 관한 연구를 수행하고 있습니다. 그 과정에서 무용학을 비롯하여 음악학, 역사학, 문화학, 문학, 민속학, 연극학 등, 예술학과 인문학이 어우러진 복합적 시각과 학제적 방법을 통하여 동아시아 전통악무의 사상, 배경, 형성, 변천, 교류, 제도 등을 다면적으로 연구하여 적지 않은 수확을 얻어냈습니다. 그동안 얻어낸 중간 결과물은 대부분 전문학술지를 통하여 발표하였지만 더러는 단행본으로 묶어 세상에 소개하기도 하였습니다. 이제 세계민족무용연구소가 그동안 일궈낸 또 다른 성과들을 한데 모아서 새로운 한 권의 책으로 내놓게 되었습니다.

『동아시아의 인문전통과 악무문화』는 인문학적 바탕에서 동아시아의 전통 춤을 살펴본 글을 중심으로 구성하였습니다. 그러니까 동아시아 전통학문의 근간을 이루는 문文・사史・철哲과 악樂의 만남인 셈입니다.

이 책의 제1부에 수록한 글은 동아시아 역사의 변천 속에서 펼쳐진 악무문화의 양상에 관한 것입니다. 여기에는 조선시대에 사신연使臣宴에서 연행된 정재呈才와 시대에 따른 궁중정재의 변모 양상, 그리고 중국 궁중연악의 변천과정을 개관한 글을 실었습니다. 제2부에 수록한 글은 동아시아의 전통사상이 악무문화에 어떻게 반영되었는지를 다룬 것입니다. 여기에는 일무佾舞의 미학, 조선 초기 창작정재의 예악 사상, 당 태종의 악무론, 일본 사자춤의 사상적 배경을 다룬 글을 실었습니다. 제3부에 수록한 글은 동아시아의 고전문학을 통하여 당시 악무의 면모를 살핀 것입니다. 여기에는 『시경』의 「국풍」에 반영된 주나라 악무의 모습, 당시唐詩를 통해본 십부기十部伎와 <자지무柘枝舞>의 양상을 기술한 글을 실었습니다. 제4부에 수록한 글은 한국, 중국, 일본의 악무문화에 대한 연구사적 검토와 비평, 그리고 동아시아 악무문화의 지평을 넘어 인도, 터키 등지의 악무와 동아시아 악무의 관계성을 탐구한 것입니다. 이는 동아시아 악무를 보는 안목을 일신하고 아울러 동아시아를 넘어 아시아로, 또 세계로 연구의 지평을 넓히려는 세계민족무용연구소의 비전과 노력을 담은 것이라고 하겠습니다.

이제 그동안의 노력을 또 한 권의 책에 담아 세상으로 내보내노라니 흐뭇한 마음과 두려운 마음이 엇갈립니다. 부디 격려해주시고 질정해주시기 바랍니다.

2017년 5월 우면산록에서
세계민족무용연구소장 허영일

차례

제1부

동아시아의 역사와 악무문화

조선시대 사신연의 특징과 변화 양상

사신연의 궁중정재를 중심으로

허영일
세계민족무용연구소 소장

조선시대의 궁중정재宮中呈才는 그 이전 시대인 고려의 궁중춤을 토대로 수차례에 걸쳐 재창조된 것이다. 그런데 고려의 궁중춤은 송나라와의 춤 문화 교류를 거쳐 이루어진 것으로, 조선의 정재는 결국 중국과의 춤문화 교류와 밀접한 관련을 가지고 있다.

조선의 정재는 여러 가지 목적으로 사용되었지만, 그 중에서도 중국과의 교류, 다시 말해 외교적 목적으로 사용되기도 하였다. 사대를 통해 왕조의 정당성을 확보하고 중국 왕조와의 연대를 통해 여러 이민족의 침입으로부터 나라를 보호하고자 하는 의도에서였다. 중국의 사신을 맞이하는 공식석상에서의 정재 공연은 조선의 유구한 전통을 과시하는 동시에 양국의 우호를 확인하고 다지는 데에도 중요한 역할을 한 것으로 보인다. 즉 중국 사신에게 베푸는 사신연使臣宴은 우리 조선과 중국과의 외교와 문화교류의 양상을 담고 있는 것이다. 이러한 점에서 사신연에서 공연된 궁중정재를 살펴보는 것은 조선과 중국과의 관계 파악뿐 아니라, 궁중정재 전반을 이해하는 데에도 필요한 과정이라 할 것이다.

---

* 이 글은 대한무용학회의 『대한무용학회논문집』 제71-2호에 게재한 것을 수정한 것임.

지금까지 우리 학계에서는 궁중춤에 대한 많은 연구가 이루어져 상당한 연구 성과를 축적하였다. 그러나 그 내용을 보면 궁중춤 개별 종목의 역사나 사상에 대한 연구, 또는 문헌 연구에 중점을 둔 것이 주류를 이루고 있다. 이에 비해 아쉽게도 동아시아 궁중춤의 교류와 비교에 대한 연구는 아직 부족한 형편이라 할 것이다.

사신연에 대한 기존 연구는 이재숙의 『조선조 궁중의례와 음악』(1999)과 이명성의 『조선후기 궁중공연예술 연구』(2012) 등에서 부분적으로 다루어지기는 했지만, 궁중음악에 집중하느라 상대적으로 궁중정재에 대해서는 상세하게 다루지 못했다. 그 외에 주목할 만한 연구로는 이종숙과 이은경의 연구를 들 수 있다. 이종숙은 「조선 초기 사신연의 궁중악무 연구: 태종-성종조의 조·명관계를 중심으로」(2001)에서 조선 초기에 명나라 사신을 맞이하는 전반적인 행사의 모습과 정재의 종류를 폭넓게 다루었다. 이은경은 한국예술종합학교 무용원 이론과 전문사 학위논문인 「18세기 조선과 류큐琉球의 궁중연향에 관한 연구」(2011)에서 조선후기에 청나라 사신을 맞이하는 궁중연향을 일본 류큐의 사신연과 비교하였다. 그러나 이들 논문은 각각 조선전기나 조선후기의 한 시점에 한정되어 있으며 서로 다른 시대를 비교의 관점으로 연구하지는 않았다. 그리고 연향의 특성으로 드러나는 궁중정재 종목에 대한 상세한 연구도 부족한 면이 있었다.

이 글에서는 사신연에서 특징적으로 연출된 궁중정재가 무엇이었는지 그 성격을 살펴볼 것이다. 그리고 조선전기 태종조에 명나라 사신에게 베푼 사신연과 조선후기 영조조에 청나라 사신에게 베푼 사신연을 살피어 조선과 중국과의 관계 변화에 따른 사신연 궁중정재의 변화 양상에 주목하고, 아울러 사신연에서의 여악 공연 존폐에 대한 논쟁에 대해서도 살펴볼 것이다. 이와 같이 중국과의 관계 변화에 따른 궁중정재의 변화 양상을 살펴보는 작업은 궁중정재 개별 종목의 성격을 파악하는데도 일정한 도움이 될 것이다.

1. 조선전기 명나라 사신연

조선시대 왕실의 연회에는 진연과 진풍정을 비롯하여 회례연, 양로연, 회갑연, 사신연 등 다양한 연향이 존재하였다. 사신연은 중국과 여진, 일본 등 주변국가의 사신을 영접하는 의례로 <사객연使客宴>이라고도 한다. <사객연>은 중국 황제의 명을 받들어 파견된 사자使者를 '사使'라 하고 일본의 거추巨酋 또는 대마도주對馬島主의 사신이나 여진의 사자인의 경우 '객客'으로 차별하여 부르는 것인데, 이 글에서는 일상적으로 사용하는 용어로 <사신연>을 사용하였다.

조선이 성립된 초기에는 조선 건국의 정당성을 입증하고 왕권을 강화하기 위한 정치적 목적으로 명나라에 대한 사대의 외교정책이 중요시되었다. 조선은 명나라 황제의 생일을 비롯하여 1년에 4회의 정기 사절단과 임시 사절단을 빈번하게 파견하였는데, 태조 때부터 세종조 때까지 399차례 명나라에 사절단을 보냈으며, 명나라에서는 조선에 95차례의 사신을 파견하였다.[1]

우리나라에 온 중국 사신을 영접하기 위한 사신연은 국가적인 의례로서 예악의 정해진 절차에 따라 성대하게 치러졌다. 한성의 모화관은 물론이고 사신이 지나는 안주安州, 평양平壤, 황주黃州, 개성開城에서는 향정香亭, 황의장黃儀仗, 고악鼓樂, 잡희雜戲, 오산鰲山, 채붕綵棚 등을 베풀어 사신들을 환대하였다. 한양에서도 7회에 걸쳐 연회가 베풀어지는데, 사신이 도착한 다음날에 베푸는 하마연下馬宴과 다음날 익일연翌日宴, 그 다음날 인정전에서의 초청연招請宴, 그리고 다음날에 회례연會禮宴과 다음날에 별연別宴이 있었으며, 사신이 회정回程할 때에 임하여 상마연上馬宴과 회정하는 날 전연餞宴이 있다.

『태종실록』에 따르면, 1402년에 의례상정소에서 올린 악조樂調에는 국왕이 사신에게 베푸는 연조정사의宴朝廷使儀를 비롯하여 왕세자연조정사의王世

---

1 이종숙, 「조선초기 사신연의 궁중악무 연구: 태종-성종조의 조 · 명 관계를 중심으로」, 『한국음악사학보』 27, 2001, 120쪽.

子宴朝廷使儀, 종친연조정사의宗親宴朝廷使儀 그리고 중국 외의 주변국들의 사신을 접대하는 수인국서폐의受隣國書幣儀, 연인국사의宴隣國使儀, 예조연조정사의禮曹宴朝廷使儀 등이 기록되어 있다. 이 가운데 먼저 국왕이 사신에게 베푸는 <국왕연사신악國王宴使臣樂>의 의례는 다음과 같다.

<표 1> 국왕연사신악國王宴使臣樂

의례	음악	춤
왕과 사신 좌정		
다茶를 올림	하성조령賀聖朝令 연주	
잔1을 올림, 조俎를 올림	녹명鹿鳴-중강조中腔調 노래	
헌화獻花	황황자화皇皇者華-전화지조轉花枝調 노래	
잔2을 올림, 탕湯 1을 올림	사모四牡-금전악조金殿樂調 노래	
잔3을 올림		오양선五羊仙
탕2을 올림	어리魚麗-하운봉조夏雲峯調 노래	
잔4을 올림		연화대蓮花臺
탕3을 올림	수룡음水龍吟 연주	
잔5을 올림		포구락抛毬樂
탕4을 올림	금잔자金盞子 연주	
잔6을 올림		아박牙拍
탕5을 올림	억취소憶吹簫 노래	
잔7을 올림		무고舞鼓
탕6을 올림	신공臣工-수룡음조水龍吟調 노래	
잔8을 올림	녹명鹿鳴 노래	
탕7을 올림, 잔9을 올림	황황자화皇皇者華 노래	
탕8을 올림, 잔10을 올림	남유가어南有嘉魚-낙양춘조洛陽春調 노래	
탕9을 올림, 잔11을 올림	남산유대南山有臺-풍입송조風入松調, 낙양춘조洛陽春調 노래	

이 표를 통해 보면 국왕이 사신을 위해 베푼 잔치에서는 잔을 올리는 절차가 11회, 탕을 올리는 절차가 9회, 정재가 5회 공연되었다.

먼저 이 연회에 사용된 악곡들은 유교 경전인 『시경詩經』 「소아小雅」의 곡명들이다. <녹명>은 <유유녹명呦呦鹿鳴>의 첫머리 글자로 사슴의 소리를 말한다. 이는 다른 짐승들은 먹이를 발견하면 혼자 먹기에 급급하고 심지어 혼자 먹지도 못하는 것을 숨겨놓았다가 썩게 만드는 반면, 사슴은 먹이를 발견하면 청명한 소리로 울어 동료들을 부른다는 내용을 담고 있다. <녹명>은 같은 기록에 국왕이 군신들에게 베푼 연회인 국왕연군신악國王宴群臣樂과 의정부에서 조정사신에게 베푼 연악인 의정부연조정사신악議政府宴朝廷使臣樂, 1품 이하 대부사공사연악一品以下大夫士公私宴樂 등 거의 모든 연회에 사용되고 있는데, 다만 국왕이 종친 및 형제에게 베푼 연회인 국왕연종친형제악國王宴宗親兄弟樂에는 사용되지 않았다. 이를 통해 볼 때 <녹명>은 연회를 통해 조정 신료들에게 욕심에 대한 경계와 함께 나눔의 교훈을 마음속에 새기게 하는 의미를 담고 있는 것으로 보인다.

다음으로 <황황자화>는 천자가 제후국에 사신을 파견하면서 읊었던 시로, 사신이 꽃이 화려하게 핀 언덕과 습지 사이를 부지런히 말을 몰며 지나가면서 자신의 임무를 완수하지 못할까 걱정한다는 내용이다. <사모>는 편히 쉬지 못하고 부지런히 일을 다니는 사신을 위로하는 내용이고, <어리>는 통발에 걸린 물고기를 안주 삼아 술을 마시는 즐거움을 노래한 것이다. <신공>은 만조백관이 힘써서 농사일을 살펴야 하는 것과 상제上帝가 풍년을 약속하는 내용의 악장이고, <남유가어>는 <남쪽에 아름다운 물고기가 뛰논다>는 가사에 술이 있어 손님이 잔치하며 논다는 내용이다. <남산유대>는 군자의 만수무강을 비는 노래이다.[2] 이러한 악장의 내용을 요약해 보면 나눔에 대한 교훈과 사신에 대한 위로, 술과 잔치의 즐거움 등을 노래하고 있는 것으로 볼 수 있다.

다음으로 사신연에서 사용된 궁중정재를 보면, <오양선>, <연화대>, <포구락>, <아박>, <무고>의 다섯 종목이 연행되었음을 알 수 있다. 이 중에서 먼저 공연된 <오양선>, <연화대>, <포구락>은 당악정재이고 <아박>과 <무고>는 향악정재이다. 조선시대 사신연은 당악을 먼저 사용한 후 향악을 쓰는 관계가 있었다. 이것은 조준의 다음 말에서 알 수 있다.

> 조준趙浚이 상언上言하기를, "본조本朝의 악절樂節은, 무릇 빈객에게 연향할 때에 반드시 당악唐樂을 쓰고 이어서 향악鄕樂을 쓰는데, 지금 창기倡妓의 가무는 성음聲音의 절주가 온통 중화中和에 맞지 않으니 예악禮樂의 근본을 매우 잃었습니다."라고 하였다.[3]

2 이종숙, 「조선초기 사신연의 궁중악무 연구: 태종-성종조의 조 · 명 관계를 중심으로」 참조.

구체적으로 사신연에 사용된 궁중정재의 내용을 보면 첫 번째의 <오양선>은 오색의 양을 탄 선인仙人이 하나의 줄기에 이삭 여섯 개가 달린 수수를 가지고 오양성五羊城에 내려왔다는 고사에서 나온 것으로 군왕을 송축하는 내용을 담았다. <오양선>은 세종실록에 <외양선外羊仙>이라고 불렸다는 점이 눈에 띄는데,[4] 이로 미루어 보았을 때 하늘에서 선인仙人들이 내려와 왕에게 곡식을 건넨 이야기가 중국에서 외인外人인 사신들을 보내 왕에게 선물을 바치는 상황과 맞아 떨어졌을 것으로 짐작된다.[5] 따라서 왕이 참여하지 않고 의정부의 신료들과 사신들의 연회인 의정부연조정사신악議政府宴朝廷使臣樂, 1품 이하 대부사공사연악一品以下大夫士公私宴樂에는 <오양선>의 순서가 없다. <의정부연조정사신악>의 의례를 살펴보면 다음과 같다.

<표 2> 의정부 연조정사신악議政府宴朝廷使臣樂

의례	음악	춤
잔盞과 조俎를 올리면	녹명鹿鳴	
헌화獻花, 잔2을 올리면	황황자화皇皇者華 노래	
탕湯 1을 올리면	사모四牡 노래	
잔3을 올리면		연화대정재蓮花臺呈才
탕2을 올리면	남유가어南有嘉魚 노래	
잔4을 올리면		아박 정재牙拍呈才
탕3을 올리면	어리魚麗 노래	
잔5을 올리면		무고 정재舞鼓呈才
탕4을 올리면	남산유대南山有臺 노래	
잔6을 올리면	삼현三絃 연주	
탕5을 올리고, 잔7을 올리면	문덕곡文德曲-대육大肉 연주	
잔8을 올리면	송산조松山操 노래- 낙양춘조洛陽春調	

위 표에서 보면, 의정부에서 사신에게 베푼 <의정부연조정사신악>에는 잔을 올리는 절차가 8회로 줄었고, 궁중정재에서 <오양선>은 빠졌으며 당악정재인 연화대무와 향악정재인 <아박>과 <무고> 3종만 공연되었다.

---

3 安鼎福, 『東史綱目』 第17上 己巳年 後廢王昌 元年(1389).

4 『세종실록』 세종31년(1449) 10월 3일(경술).

5 이지양, 「오양선무의 전파와 전승 -그 역사적 의미 변화」, 한국예술종합학교 무용원 세계민족무용연구소 콜로퀴엄 자료, 2012. 8.

두 번째 궁중정재인 연화대무는 <국왕연사신악>과 <의정부 연조정사신악>에 사용되었던 정재이다. 연화대무는 고려시대에 중국의 송나라에서 전해진 당악정재로 송나라 대곡大曲 <자지무柘枝舞>의 일부이며 북위北魏(탁발위)의 춤을 기원으로 한다. <자지무>는 북위의 소수민족무용이 수당 시기를 거쳐 한족의 악무로 유입되어 널리 퍼지게 되었으며, 초기에는 혼자 추는 춤이었다가 당대에는 <쌍자지雙柘枝>로, 송대에는 창사가 덧붙여지고 한족화하여 수십 명이 추는 <자지대무柘枝隊舞>로 발전하였다.[6]

연화대무에 대해서 『임하필기』에는 다음과 같이 기록되어 있다.

> <연화대蓮花臺>는 본래 탁발씨拓跋氏의 북위北魏에서 나온 것으로, 두 여동女童을 골라서 옷과 모자를 깨끗이 하고 금방울을 달아주어서 빙빙 돌면서 춤을 추면 소리가 울리도록 하였고, 두 송이의 연꽃 속에 숨어서 오는데 그 꽃송이가 터진 뒤에야 나타난다. 이는 대저 화신花神의 <답가踏歌>나 <채련곡採蓮曲>과 같은 것들을 따와서 만든 것이다.[7]

이 글에서 <연화대무>가 모방했다고 한 중국 무용 중 <답가>는 중국의 남북조 시대에 꽃을 밟는 소녀들의 모습을 그린 무용으로 송대 궁정무용 가운데 하나이며, <채련무>는 한 무리의 선녀들이 배를 저으며 연꽃을 꺾는 모습을 그린 5인무로 <자지대무>와 함께 송 대무隊舞 가운데 하나이다.[8] 이처럼 <연화대>는 중국 궁중에서도 인기 있는 당악정재로써 고국을 떠나온 중국 사신들을 위로하고 예를 갖추는 의미에서 연회에 채택된 것으로 보인다. 이러한 사실은 <연화대무>가 국왕이 종친과 형제에게 베푸는 <국왕연종친형제악>에는 사용되지 않았다는 것을 보면 더욱 분명해진다.

<국왕연종친형제악>의 의례는 7작을 올리는 것으로 되어 있으며, 궁중

6 심숙경, 「연화대무의 역사적 변천과정에 관한 연구」, 숙명여자대학교 석사학위논문, 1993, 14쪽.

7 李裕元, 『林下筆記』 卷16 「文獻指掌編」.

8 심숙경, 위의 논문, 16~17쪽.

정재로 <수보록受寶籙>, <몽금척夢金尺>, <오양선五羊仙>, <포구락抛毬樂>, <무고舞鼓>가 사용되었다. 이러한 종친형제를 위한 연회는 사신연과 달리 <수보록>과 <몽금척> 정재가 사용되었다. 이 정재들은 이성계가 왕이 될 것이 미리 천명天命으로 예견된 것임을 강조하는 내용으로 종친간의 연회에서는 중국 악무보다는 왕권의 정당성을 강조하는 내용이 더욱 부각되었다는 것을 알 수 있다.

<포구락>은 여기들이 두 대로 나누어 노래 부르고 춤을 추며 포구문에 공을 던져 공이 들어가면 꽃을 주고 들어가지 않으면 붓으로 얼굴에 점을 찍는 놀이적인 성격의 당악정재이다. 포구락은 고려 문종 27년(1073)에 팔관회에서 교방 여제자 초영 등이 새로 전해온 것으로 기록되어 있다.

> <포구락抛毬樂>은 심존중沈存中의 『몽계필담夢溪筆談』에 이르기를, "해주海州의 사인士人 이신언李愼言이 꿈에 어느 곳에 이르러 수전水殿 안에서 궁녀들이 공놀이하는 것을 구경하고 돌아왔다. 산양山陽의 채순蔡純이 이에 대한 전傳을 지어서 이 일을 서술하였는데 그 내용이 매우 자세하다." 하였다. <포구락>의 악곡은 모두 10여 결闋로 되어 있는데, 그 가사가 지극히 맑고 곱다. 지금의 이 놀이가 필시 여기에서 시작되었을 것이다. 송나라 교방악敎坊樂의 세 번째를 <포구락>이라 한다.[9]

이 글을 통해 <포구락>이 송나라 교방악의 일종으로 악곡의 가사가 맑고 고운 내용으로 되어 있다는 것을 알 수 있다. 다음 기록에서 사신연에서 왕이 사신과 함께 <포구락>을 즐긴 것을 알 수 있다.

> 술이 세 순배 돌아가자 기생이 <포구락>을 하였으나, 8인이 모두 맞히지 못하였다. 정사正使가 말하기를, "옛날에 송나라 인종仁宗이 여러 신하들을 모아서 물고기를 낚고 있었는데, 여러 신하들은 모두 물고기

9 李裕元, 『林下筆記』 卷16 「文獻指掌編」.

를 잡았으나 황제만 잡지 못했습니다. 여러 신하들이 지은 시 가운데 '물고기가 용안을 두려워하여 낚시에 올라오기가 더디구나(魚畏龍顏上釣遲)'라는 글귀가 있었습니다. 전일에 태평관에서 <포구락>을 했을 때에는 모두 잘 맞혔는데, 지금 대궐 안에서는 모두 맞히지 못하니, 바로 용안을 두려워하는 것입니다. 청컨대 다른 기생으로 하여금 다시 공을 던지도록 하소서." 하였다. 임금이 그대로 따르니, 다른 기생들은 모두 맞혔다.[10]

이 글은 왕과 중국 사신이 <포구락>을 보면서 기생이 모두 공을 넣지 못하여 다른 기생들이 다시 공을 던져 넣게 된 상황을 보여주고 있다.

향악정재 <무고舞鼓>는 궁중정재 가운데에서도 예술적이고 놀이적인 성격의 춤으로 중국 사신연에서 선호되었다. <무고>의 기원은 고려시대의 이혼李混이 영해에 귀양 갔을 때 바다에 뗏목이 떠내려 온 것을 가져다가 북을 만들어서 춘 춤이라고 알려져 있다. 다음의 기록을 통해 보면 중국의 사신들이 <무고>를 중국으로 가져가기도 할 만큼 인기가 있었음을 알 수 있다.

창성昌盛과 윤봉尹鳳 두 사신에게 각각 무고舞鼓 1개씩을 주었다.[11]

무고는 중국의 한대漢代에도 <건고무建鼓舞> 등의 기록이 있으나[12] 북의 형태나 북춤의 양상을 상세히 알 수 없다. 그러나 중국에도 북춤이 존재하였으며 중국 사신에게도 낯설지 않은 것이었을 것이라 생각된다. 다음 기록에서는 중국 사신이 무고와 아박을 직접 잡고 두드리며 춤을 추기도 한 것을 알 수 있다.

---

10 『성종실록』 성종 7년(1476) 2월 24일(무술).

11 『세종실록』 세종 11년(1429) 7월 14일(무오).

12 허영일, 『(증보개정판) 민족무용학』(서울: 민속원, 2011), 211쪽.

> 종친宗親이 태평관에서 사신을 위하여 연회를 하는데, 조양이 소서시笑西施로 하여금 실과 소반을 이게 하고, 스스로 상아 아박牙拍과 무고舞鼓를 잡고 두드리며 춤을 추어 한껏 즐겁게 놀다가 파하였다.[13]

이 기록에서 무고와 같이 사신들이 춘 춤인 <아박> 정재는 고려시대 '동동動動'으로 불리다가 조선시대에 '아박牙拍'으로 이름이 바뀐 것이다. 박拍은 중국무용에서도 사용되는 악기로 중국 측 기록에도 보인다. 『청회전도清會典圖』에는 이렇게 기록되어 있다.

> 박은 경릉무악慶隆舞樂에 쓰이는 것으로 자단목으로 4판을 만드는데, 세 판을 묶고 나머지 한 판으로 박을 친다.[14]

이 글에서 보면 중국에서도 박을 사용하여 추는 춤이 있었으며 4판으로 되어 있었다는 것을 알 수 있다. 이로 미루어 볼 때 중국에서도 유사한 춤이 있어 중국 사신들에게도 익숙한 기예였기 때문에 스스로 나서서 박을 치면서 춤출 수 있었을 것이라 생각된다.

이상에서 살펴본 태종조 사신연의 정재들은 사신을 위로하고 흥을 돋우는 놀이적인 성격을 갖고 있었을 뿐 아니라, 중국의 취향에 맞는 익숙한 정재들로 선택되었음을 알 수가 있다.

2. 조선후기 청나라 사신연

조선 영조조에 『통문관지通文館志』에는 조선후기 청나라 사신의 접대를 위한 입경연향入京宴享이 기록되어 있다. 『통문관지』는 조선 시대 중국 및

13 『세종실록』 세종 2년(1420) 4월 18일(병진).

14 강미리, 「아박무에 관한 연구 -동동의 현대적 수용」, 『한국무용연구』 8, 1990, 85쪽.

일본과의 외교와 통상 관계를 수록한 책으로 조선후기 사신연의 상황을 비교적 자세히 알 수 있다. 『통문관지』를 통해 본 영조조인 1725년 입경연향의 의례절차를 살펴보면 다음과 같다.

<표 3> 영조조 입경연향

의례	음악	춤
중국 사신과 더불어 읍양하고 연청宴廳 가운데에 들어가 재배함		
의자에 나아가 다례茶禮를 행하고 과반果盤을 들면	여민락 연주, 노래하는 자 계단 위에 섬	
찬안饌案을 바침, 화반花盤을 바침, 휘건을 바침, 염수鹽水를 바침	여민락 연주	
소선小膳을 바침	여민락 연주	
제1작, 고기를 자르고 만두를 바침	보허자악	광수무 藍衣
제2작, 탕과 초미初味를 바침	정읍악	아박무 黑綃衣
제3작	보허자악	향발무 紅衣
제4작	정읍악	고무 藍衣
제5작	여민락	광수무 綠衣
제6작	여민락	광수무 深綠衣
제7작	여민락	광수무 綠衣
제8작, 제9작	여민락	광수무 藍衣
탕과 7미味를 바침, 완배례를 청하면	향악 연주	사무私舞를 춤
완배례를 마친 후 전하와 사신이 읍하고 마침		

위의 표에서 살펴보면, 청나라 사신연의 연향은 잔을 올리는 절차는 9차례였으며, 음악은 <여민락>, <정읍악>, <보허자악>, <향악>이 사용되었다는 것을 알 수 있다. 또한 조선전기 사신연과 달리 당악을 먼저 연주하고 당악정재를 추는 법칙이 사라졌으며 향악정재만으로 이루어진 것을 볼 수 있다. 이 연회에서 추어진 향악정재는 <광수무>를 제외하고 <아박무>와

<향발무>, <고무鼓舞> 등 무구舞具를 사용하는 놀이적인 춤이라고 할 수 있다. 이를 통해 보면 조선후기 사신연의 성격은 정치적인 성격보다는 사신을 위로하고 흥을 돋우는 놀이적인 성격의 연향이었음을 알 수 있다.

이 연회에서 추어진 궁중정재는 <광수무>, <아박무>, <향발무>, <고무>인데, 그 중에 <광수무>는 5작, 6작, 7작, 8작, 9작 등 5회에 걸쳐 반복적으로 추어졌다. <광수무>는 조선말기 숙종 기해년(1719)의 『진연의궤』에 기록되어 있다. 이 진연의 순서는 제3작부터 정재가 추어지기 시작하여, <초무初舞>, <아박>, <향발響鈸>, <무고舞鼓>를 춘 후 <광수무>를 추고 <처용무處容舞>를 마지막에 추었다. <광수무>는 흥이 무르익을 무렵 마지막 잔을 올릴 때 추었던 것으로 보아 연회의 구성상 클라이맥스에 가까운 정재였음을 알 수 있다.

<광수무>는 『순조무자진작의궤』「악장」의 설명에 양梁나라 간문제簡文帝의 시詩인 "다시 살짝 손을 드리우고, 넓은 소매로 홍진을 스치네(且復小垂手, 廣袖拂紅塵.)"와 『패문운부佩文韻府』에 기록된 이백李白이 고구려무를 보고 지은 시詩인 "너울너울 넓은 소매로 춤추니, 흡사 해동에서 새가 날아오는 듯(翩翩舞廣袖, 似鳥海東來.)"의 구절로 설명되어 있다. 이백의 시는 같은 의궤에 <고구려무>의 악장과도 같다. <광수무>는 고구려의 무용을 기원으로 하고 있으며, 넓은 소매를 하고 추는 춤이라는 것을 알 수 있다. 따라서 북방민족계열의 춤인 <광수무>는 여진족이 건국한 청나라 사신에게 선호되어 채택된 것일 가능성이 있다.

다음으로 조선전기 사신연과 달리 후기 사신연에 추가된 정재로 <향령무>가 있는데, <향령무>의 창사는 여러 신선이 왕에게 축수하고 곡식을 바치러 왔다는 <오양선五羊仙>의 창사를 그대로 사용하고 있다는 점이 주목된다.[15] <오양선>은 조선전기 명나라 사신연에 사용된 당악정재로, 당악정재가 사라진 조선후기 청나라 사신연에도 같은 내용의 정재가 궁중정재

15 박은영, 『궁중무용해설집』(서울: 국악춘추사, 2006), 210~211쪽; 이은경, 「18세기 조선과 류큐의 궁중연향에 관한 연구」, 한국예술종합학교 무용원 전문사학위논문, 2011, 25쪽.

종목을 바꾸어 향악정재 <향령무>로 추어졌음을 알 수 있다. 이것은 조선 왕실과 신료들이 한족의 명나라를 천자의 나라로 섬기다가 지금껏 오랑캐라고 일컬었던 청나라와 교류하게 된 복잡한 상황이 담겨져 있는 것으로 보이며 궁중정재 변화 양상의 일면을 알 수 있게 해준다.

마지막으로 연회의 마지막에 개인적인 춤으로 짐작되는 <사무私舞>를 추었다는 점이 특징이라고 할 수 있는데, <사무>에 대해서는 일본과 여진의 사신들이 조선의 조정의 회례연 등에서 개인적인 춤을 추었다는 기록이 이미 『조선왕조실록』에 수차례 등장한다.

> 근정전勤政殿에 나아가 음복연飮福宴을 베풀었다. 왕세자王世子가 효령대군孝寧大君 이보李補, 영응 대군永膺大君 이염李琰, 영의정領議政 신숙주申叔舟, 여러 집사執事 및 왜인倭人, 야인野人 등과 더불어 반열班列에 나아가 절하고 꿇어앉았다. 임금이 자리에서 내려와 음복주飮福酒를 마시고 되돌아가 자리에 오르니, 세자와 이염李琰, 신숙주 이하 모두 차례로 술을 올렸다. 왜인과 야인에게 명하여 층계에 올라와 가무歌舞를 하게하고, 날이 저물어서 파하였다.16

이 기록을 통해 궁중연회에서 흥이 무르익고 나면 왜인과 야인이 임금의 명으로 층계에 올라와서 춤을 추었다는 것을 알 수 있다. 이렇게 연회에서 <사무>를 춘 것은 주목할 만한 사실로, 고려시대와 조선 초기에 왕과 사신들도 춤을 추는 일이 있었던 것과 상통하는 바가 있다. 사신연 이외에도 임금과 신하들이 궁중연회에서 춤을 추기도 하였다.

> 임금이 사람을 시켜서 <문덕곡文德曲>을 노래하게 하고, 도전에게 눈을 껌벅이면서 하는 말이, "이 곡은 경이 찬진撰進한 바이니 경이 일어나서 춤을 추라." 하니, 도전이 즉시 일어나 춤을 추었다. 임금이 상의上

16 『세조실록』 세조 10년(1464) 1월 16일(기사).

衣를 벗고 춤을 추라 하고, 드디어 귀갑구龜甲裘를 하사하고는 밤새도록 심히 즐기다가 파하였다.[17]

> 임금이 백관을 거느리고 태상전太上殿에 나아가 헌수獻壽하니, 여러 공후公侯와 청성백靑城伯 심덕부沈德符, 문하 시랑찬성사門下侍郞贊成事 성석린成石璘, 청천백淸川伯 이거인李居仁 등이 시연侍宴하였다. 성석린이 아뢰기를, "옛날에 당나라 태종太宗이 고조高祖에게 헌수하고 일어나 춤추니, 고조도 또한 일어나 춤추었습니다. 원하건대, 성상께서 일어나 춤추소서." 하니, 임금이 곧 일어나 춤추니, 태상왕도 또한 일어나 춤추고, 지극히 즐거워하다가 파하였다. 이거인에게 수정대水精帶 1요腰를 하사하였다.[18]

이러한 기록을 통해서 왕은 연회에서 신료들에게 춤을 추라고 명하기도 하였으며 직접 춤추기도 하였다는 것을 알 수 있다. 왕과 신료들이 춘 춤의 형태가 어떠하였는지는 분명히 알 수는 없지만, 다음 기록을 보면 연회에서 신료가 춘 춤 가운데 호무胡舞가 있었음을 알 수 있다.

> 임금이 크게 웃고 장난삼아 이구李璆로 하여금 주먹으로 이계전을 때리게 하니, 신숙주가 말하기를, "내가 만약 손으로 때리게 되면, 비록 명의名醫로 이름난 전순의全順義, 임원준任元濬 같은 사람이 좌우에서 서로 교대하며 구호한다 하더라도 끝내 효험이 없을 것이다." 하였다. 겸사복兼司僕 최적崔適에게 명하여 호무胡舞를 추게 하였다. 최적은 향화向化한 중추원 부사中樞院副使 최보로崔甫老의 첩의 아들이다. 또 이계전으로 하여금 일어나 춤추게 하였으며, 파할 무렵에는 밤이 2고鼓나 되었다.[19]

---

17 『태조실록』 태조 4년(1395) 10월 30일(경신).

18 『정종실록』 정종 1년(1399) 6월 1일(경자).

19 『세조실록』 세조 1년(1455) 8월 16일(기미).

이렇게 궁중연회에서 춤을 추었다는 기록은 조선 중기 연산군(1476~1506) 시기까지 나타나고 중종 이후에는 사라진다.[20] 그러다가 조선 후기 사신연에서 공식적인 의례의 하나로 자리 잡은 것이다. 호무는 역시 북방 민족의 춤이었다는 것으로 미루어볼 때, 조선후기 청나라 사신들이 연회에서 춘 <사무>와도 상통하는 바가 있을 것이라 여겨진다.

3. 사신연의 변화 양상

앞에서 조선전기의 명나라 사신연과 조선후기 청나라 사신연을 비교하면서 궁중정재의 전체적으로 달라진 체제와 개별 궁중정재의 차이점에 대해서 살펴보았다. 그런데 위에서 살펴본 연회 외에도 조선 시대 사신연은 상황에 따라 궁중정재 종목이나 연행 형태가 조금씩 달라지며 변화하였다. 특히 태종 시기에서 세종 시기까지는 사신연 등 중국과의 외교를 위해 다수의 신악新樂이 창작되었다.

태종 때인 1402년에 <근천정覲天庭>과 <수명명受明命> 정재가 하륜河崙에 의해 새로 지어졌다. <근천정>은 이방원이 왕자였을 당시 명나라에 입조入朝하였던 일을 찬양한 악장이며, <수명명>은 명명明命을 내린 황제에게 감사하며 축원하는 내용이다.

세종대에도 태종의 명으로 사신들을 위한 신악이 창제되었는데, 궁중정재 종목으로는 <하황은賀皇恩>, <하성명賀聖明>, <성택> 정재가 있다. <하황은>은 세종 1년(1419) 1월에 변계량에 의해 지어진 정재로 황제를 높이고 은혜에 감사하는 내용이며, 같은 해 12월에 지어진 <하성명>은 황제의 덕을 찬양하고 만복을 기원하는 내용으로 도가, 불가, 유가의 내용을 두루 갖춘 악장이다. <성택> 정재는 왕모와 협무 8인이 팔괘를 형상하는 춤을

20 조경아, 「조선, 춤추는 시대에서 춤추지 않는 시대로 -왕의 춤을 중심으로」, 『한국음악사학보』 40, 2008, 575쪽.

추는 것으로 『악학궤범』에 그 절차가 잘 나타나 있다. 이 정재들은 명나라와의 사신연을 비롯하여, 회례연과 내진연 등에서도 사용되었다.

성종 때 악서樂書인 『악학궤범』의 「시용 하례 및 연향악」에도 사신연의 의례가 기록되어 있는데, 이때에 사용한 정재는 초무로 <금척무金尺舞>를 추었고, 둘째 잔부터 각 잔마다 여러 정재를 추었으며 마지막에 <광수무廣袖舞>를 춘 것이 기록되어 있다. 둘째 잔부터 추어진 여러 정재들은 "그 전날 임금님께 품稟하여 임금님이 여러 정재 중에서 점찍은 것을 받아 온다"고 기록되어 있다. 이로 보아 연회 전날 왕이 직접 상황에 맞게 정재 종목을 정하여 주었다는 것을 알 수 있다.[21]

『악학궤범』의 기록에는 사신연에 참가하는 여기女妓와 악공樂工의 수가 정전예연正殿禮宴일 경우 악공이 60명에 여기가 100명이나 되었으며, 사신동궁연의 경우 악공 45명에 여기가 60명, 사신 종친연의 경우 악공 30명에 여기가 40명이나 되는 등 매우 규모가 큰 연회였음을 알 수 있다.[22]

이처럼 사신들을 위한 연회에서는 정재를 공연했는데 그 공연자는 바로 여기였으니, 여악女樂이 사신연에서 매우 중요한 위치를 차지하고 있었다는 것을 알 수 있다. 그런데 이토록 중요한 여악을 놓고 사신연에서 여악을 공연하지 말아야 한다는 주장과 공연해야 한다는 두 주장이 맞서 끊임없는 논쟁이 이어졌다.

명나라 사신들은 여악에 대해 심한 거부감을 보일 때가 간혹 있었다. 사신이 환관이 아닌 문관인 경우는 더욱 그러하였다. 이유인 즉, 명나라에서는 남악만 사용했지 여악을 사용하지 않았으며, 또 여기를 이용해 사신을 현혹시키려 한다고 오해한 측면도 일부 있었다. 하지만 조선에서는 여악을 조선 고래의 풍속이라고 여겼기 때문에 반드시 여악을 사행하려고 하였다. 그래서 명나라 문관 사신인 예겸倪謙과 동월董越의 완곡한 청을 받아들여 음

21 이종숙, 「조선초기 사신연의 궁중악무 연구: 태종-성종조의 조 · 명 관계를 중심으로」, 131~150쪽 참조.

22 이종숙, 위의 논문, 150~151쪽 참조.

악 자체를 아예 연주하지 않았던 경우도 있었지만, 세조의 경우처럼 "사신은 조서만 반포할 뿐인데 어찌 조선의 풍속을 고칠 수 있는가?"라며 여악을 그대로 시행하기도 했다. 즉 조선과 명의 예악禮樂의 풍토가 달랐기 때문에 이러한 마찰이 있었던 것이다.[23]

조선의 신료들 중 일부는 명나라 사신들이 여악에 대해 거부감을 대해 거부감을 보인다는 이유를 들어 여악의 폐지를 주장하기도 하였다. 이러한 상황은 다음 기록들에서 알 수 있다.

> 부사직副司直 이상李相이 상서上書하기를, "…… 본조本朝에서 중국 사신을 잔치로 대접할 때에 대개 여악女樂을 사용하는데, 그것이 윗나라를 공경하고 손님을 대접하는 성의에 있어서는 지극하오나, 그러나 제齊나라 사람의 여악이 이미 성인聖人에게 비웃음을 받았는데, 하물며 전하의 존엄하신 지위로써 어찌 기녀들의 가무를 어전에서 사용하게 하겠나이까. 또한 중국의 전례典禮도 아니옵니다. 신의 생각으로는 이제부터는 전하께서나 동궁께서 친히 잔치하시는 날에는 남악男樂만 사용하고 여악을 쓰지 말아서 우러러보기에 존엄성이 있게 하옵고, 여러 군君이나 재상宰相의 잔치에는 그대로 여악을 써서 사신을 위로하고 기쁘게 할 것이옵니다. ……" 라고 하였다. 우찬성右贊成 김종서金宗瑞가 아뢰기를, "여악女樂은 역대로 쓰지 않았고 중국도 그러하오니, 일체의 모든 빈객 잔치에 모두 쓰지 말게 하소서." 하였는데, 끝내 실행하지 아니하였다.[24]

이 글에서 보듯이 이상李相은 사신연에서, 임금이 중국 사신에게 직접 베푸는 잔치에서는 여악을 사용하지 말고 군君이나 재상이 베푸는 잔치에서만 여악을 사용하자고 청하였다. 그러나 김종서는 중국의 예에 따라 모든

---

23 신태영, 『명나라 사신은 조선을 어떻게 보았는가 -황화집 연구』(서울: 다운샘, 2005), 232쪽, 238쪽.

24 『세종실록』 세종 30년(1448) 1월 18일(을사).

잔치에서 여악을 사용하지 말자고 청하였다. 이러한 조정 신료들의 여악 폐지 요구에도 불구하고 궁중연회에 여악을 쉽게 사라지지 않았다. 그러나 태종 이후 세종 시기에는 여악을 없애고 남악男樂의 기예만을 사용하기도 하였으며, 이후 상소에도 이를 근거로 여악을 없애야 한다는 주장이 이어졌다.

> 세종世宗 때에는 정전에서 여악을 쓰지 않고 무동舞童에게 가면을 씌워서 썼을 뿐이며, 세조世祖 초년에도 이 제도를 따랐었는데 중년에 이르러 여악을 써 본 일이 있으나, 이것은 훈구勳舊들과 한때 서로 즐기려 한 것이고, 만세토록 늘 시행할 제도는 아니었습니다. 또 중국 사신을 대할 때에도 여악을 쓴다면 보고 듣기에 어떠하겠습니까? 지난봄에 두 사신이 왔을 때 굳이 물리치고 허락하지 않았는데도 전하께서 여러 번 청하시므로 허락하였으나, 저 사람들이 반드시 '조선은 예의의 나라이므로 모든 일을 시행할 때마다 중국의 제도를 지키지만, 여악 한 가지만은 참으로 중국과 어그러진다.'고 생각하였을 것이니, 어찌 문명文明에 누가 되지 않겠습니까? 또 외국 사자使者에게 잔치를 내릴 때에도 여악을 쓰나, 이것도 선왕이 하시던 일이 아닌데 오늘날 행하는 것이 옳겠습니까? 신 등은 삼가 바라건대, 이제부터는 정전에서 쓰지 말고 외국 사자에게 쓰지 말아서, 보고 듣는 것을 바루고 대체大體를 엄하게 하소서.25

이처럼 여악 폐지론자들은 여악이 중국의 예와 다르며 사신들이 여악을 거부한다는 이유를 들어 사신연에서 여악을 공연하지 말자고 주장하였다. 또한 이 글에서 세종 때 여악을 폐지하고 무동이 가면을 쓰고 공연하였다는 것을 알 수 있다.

성종 22년(1491)에 대사헌 김여석金礪石 등이 상소하여 여악을 폐지하자

25 『성종실록』 성종 8년(1477) 1월 13일(임자).

고 주장하자 윤필상尹弼商과 어세겸魚世謙 등은 다음과 같이 반대하였다.

> 헌부憲府에서 말한 바가 매우 바르기는 합니다. 연향에 여악을 쓴 것은 조종조祖宗朝로부터 행하여 온 지 이미 오래인데도, 무릇 중국의 전적典籍에 밝은 덕망 높은 선비들이 자주 우리나라가 예의禮義의 나라임을 칭했지만, 여악을 쓴다 하여 비난하였다는 것은 듣지 못하였습니다. 사방 열국列國에는 각기 풍속이 있는 법이며, 그 일이 대체에 해로움이 없는 것은 공자께서도 오히려 버리지 않으셨으니, 향나鄕儺나 엽교獵較 따위가 바로 그것입니다. 이제 중국에서는 관리가 창기娼妓와 자는 것을 금하는 법이 있지만, 갑자기 고치지 못하여 사가私家의 연향에는 다 쓰고 있으며, 조정의 연향에 이르러서도 으레 창우倡優의 잡희雜戲를 쓰는데, 이것이 어찌 여악보다 낫겠습니까? 이 또한 옛 풍습을 그대로 따르고 고치지 아니한 징험일 것입니다. 이제 비록 고치지 않더라도, 예의를 모르는 나라가 되지는 않을 것입니다. 옛 그대로 따르는 것이 편할 것입니다.[26]

윤필상과 어세겸은 여악 폐지가 옳은 의견이기는 하지만, 나라마다 풍습이 다르고, 또 대체에 해롭지 않다면 그대로 시행하는 것이 이롭다는 점을 들어 여악을 그대로 사용할 것을 주장하였다. 성종은 이 주장을 받아들여 여악을 예전처럼 시행하도록 하였다.

이렇게 중국의 사신들의 요구로 시작된 여악 폐지 논쟁은 조선후기에는 외연에서는 무동이, 내연에서는 여기가 정재를 추는 것으로 정착되었다가, 조선후기 순조 시기 이후에는 내연에도 무동이 정재를 담당하기도 하였다. 그러나 여악이 완전히 사라지진 것은 아니었다.[27] 이것은 우리 민족의 가치관 가운데 음양의 조화를 통해 풍류와 흥을 추구하려는 정신이 깊이 자리하고 있었음을 보여준다고 하겠다.

---

26 『성종실록』 성종 22년(1491) 12월 29일(신미).

27 이명성, 「조선후기 궁중공연예술 연구」, 영남대학교 박사학위논문, 2012, 34쪽.

이상에서 사신연을 조선전기 명나라 사신연과 조선후기 청나라 사신연으로 나누어서 살펴보았다. 그 결과 조선 초기 태종 시기의 사신연에서는 궁중정재로 <오양선>, <연화대>, <포구락>, <무고>, <아박>이 있었으며, 당악정재를 먼저 사용하고 향악정재를 나중에 사용하였다는 사실을 알 수 있었다.

구체적으로 <오양선> 정재는 다섯 명의 신선이 하늘에서 내려와 이삭이 여섯 개 달린 곡식을 왕에게 주었다는 내용으로, '외양선外羊仙'이라고도 불린 것으로 보아 외국인인 명나라에서 오는 사신을 신선에 빗대었을 가능성이 있다고 보았다. <연화대무>와 <포구락>은 중국의 궁중무용의 인기 있는 종목으로 중국 사신들을 위로하고 예를 다하기 위해 연출되었을 것이라고 여겨진다. 다음으로 향악정재인 <무고>와 <아박>은 놀이적 성격의 정재로 중국 사신들이 스스로 춤을 출 정도로 즐기던 정재였으며, 중국 사신에게도 익숙한 무구舞具로서 잔치의 흥을 돋우는 역할을 하였다.

조선후기 영조 시기의 청나라 사신연에서는 향악정재인 <광수무>, <아박무>, <향발무>, <고무>가 연행되었으며 당악정재는 공연되지 않았다. 이 연회에는 광수무가 다섯 번에 걸쳐 반복적으로 추어졌는데 이를 통해 청나라 사신이 가장 선호하는 궁중정재가 광수무였다는 것을 알 수 있었다. 광수무를 청나라 사신이 선호한 이유로는 광수무가 넓은 소매를 사용하는 고구려 춤인데, 고구려는 북방민족계열의 춤으로서 청나라 사신들에게 채택된 것으로 보이나 앞으로 연구할 필요가 있다. 또한 조선전기의 <오양선> 정재는 사라졌으나, 그 내용은 향악정재 <향령무>의 창사로 남아 전승되고 있었다.

마지막으로 조선후기 사신연의 특이한 사항은 잔치의 마지막에 사신들의 개인적인 춤으로 보이는 <사무私舞>가 추어졌다는 것인데 이는 고려시대와 조선 초기에 왕과 신하가 연회에서 춤추었던 것과도 상통하는 바가 있다. 이를 통해 궁중연회에서 <사무>를 추었던 전통이 우리나라에 있었으며, 이 전통은 중종 이후 사라졌다가 조선후기에 청나라 사신의 사신연에 다시 나타나게 되었음을 알 수 있다.

이 외에도 세종시기에는 태종의 명에 따라 <수명명>, <하황은>, <하성명>, <성택> 정재가 새롭게 창작되었으며, 이들 정재는 사신연을 비롯하여 회례연 등 상황에 따라 여러 연회에서 추어졌다. 궁중의 여악은 중국 사신의 폐지 요구에서 비롯되어 점차 사라지고 무동정재가 더욱 풍부해졌으나 여악은 완전히 폐지되지 않았다는 점도 알 수 있었다.

21세기에 세계는 점점 가까워져 여러 다양한 문화가 공존함과 동시에 글로벌화 되고 있다. 즉 경제와 문화가 점점 가까워져 그야말로 세계가 하나의 가족이 되고 있는 상황이다. 이러한 시대에 옛것을 익혀 새로운 것을 깨우치는 온고지신의 정신으로 조선시대 사신연의 변화 양상에 대해 주목할 필요가 있다. 지금까지의 작업을 통해 본 것처럼, 조선은 사신연에서 공연된 궁중정재 종목을 통해 양국의 서로 다른 문화를 조화시켜 외교에 성공적으로 활용하였다. 이러한 조선의 지혜에서 현대의 국제적인 예술교류를 이해하고 세계 속에서 문화선진국으로 나아갈 수 있는 방법론을 찾을 수 있지 않을까 기대해 본다.

참고문헌

『朝鮮王朝實錄』

『通文館志』

『東史綱目』

『林下筆記』

강미리, 「아박무에 관한 연구 –동동의 현대적 수용」, 『한국무용연구』 8, 1990.

박은영, 『궁중무용해설집』, 국악춘추사, 서울, 2006.

신태영, 『명나라 사신은 조선을 어떻게 보았는가 –황화집 연구』, 다운샘, 서울, 2005.

심숙경, 「연화대무의 역사적 변천과정에 관한 연구, 숙명여자대학교 석사학위논문, 1993.

이명성, 「조선후기 궁중공연예술 연구」, 영남대학교 박사학위논문, 2012.

이은경, 「18세기 조선과 류큐의 궁중연향에 관한 연구」, 한국예술종합학교 무용원 석사학위논문, 2011.

이재숙, 『조선조 궁중의례와 음악』, 서울대학교출판부, 서울, 1999.

이종숙, 「조선초기 사신연의 궁중악무 연구: 태종–성종조의 조・명 관계를 중심으로」, 『한국음악사학보』 27, 2001.

이지양, 「오양선무의 전파와 전승 –그 역사적 의미 변화」, 한국예술종합학교 무용원 세계민족무용연구소 콜로퀴엄 자료, 2012. 8.

조경아, 「조선, 춤추는 시대에서 춤추지 않는 시대로 –왕의 춤을 중심으로」, 『한국음악사학보』 40, 2008.

허영일, 『증보개정판 민족무용학』, 민속원, 서울, 2011.

조선 태조조 당악정재의 지속과 변화에 관한 의미

이정노
전 세계민족무용연구소 상임연구원

고려시대에 송宋나라로부터 유입된 당악정재唐樂呈才는 송나라 궁중에서 연행되던 교방악敎坊樂이며, 당시 송나라에서 유행했던 사악詞樂이었다. 즉 음악(樂)·노래(歌)·춤(舞)으로 구성된 이 공연 양식에서 노래가사에 해당하는 부분은 사詞인데, 사는 당나라 때 속문학俗文學의 성격을 가진 민간사民間詞에서 출발하여 송나라 때 사대부에 의해 문인화文人化된 것이다. 송사宋詞는 대곡大曲과 산사散詞로 나뉜다. 『고려사高麗史』「악지樂志」<당악唐樂> 조에도 대곡과 산사가 수록되어 있는데, 대곡이 우리가 알고 있는 고려시대의 '당악정재'다. 그러나 「악지」에 기록된 대곡과 산사의 내용을 보면 오락성과 세속성이 다분히 나타나고 있어 본래의 사, 즉 정재 가사의 내용과 성격을 짐작할 수 있다. 다만 '당악정재', 즉 대곡의 주제는 왕과 왕실의 송축과 태평성대를 구가하는 내용이 주를 이룬다. 그리고 대곡 역시 오락성과 흥취적 요소를 다분히 내포하고 있다. '당악'의 이러한 양상은 사치스럽고 향락적이었던 고려의 잔치 공간에 부합될 수 있었다고 보인다.

하지만 이러한 성향의 당악이 예악사상을 국가이념으로 표방했던 조선

* 이 글은 세계민족무용연구소의 『민족무용』 제20집에 게재한 것임.

에 이어졌다. 오늘날 당악정재는 유교 공연문화로 인식되고 있다. 본고에서는 본래 당악정재의 성격이 유교적 공연물이 아니라 송사의 성격을 다분히 내포한 오락적, 세속적 산물이라는 점에 주목하여 1장에서는 송사의 특성과 고려 궁중에 유입된 배경을 살피도록 할 것이다. 2장에서는 이러한 고려의 당악정재가 조선에 유입되어 유교 의례 공간에 설행되었던 사회적 배경을 살피고, 고려시대와 달라진 양상과 의미를 논하고자 한다.

1. 고려시대에 연행된 당악정재의 양상

1) 고려 궁중에 유입된 송사宋詞와 『고려사』「악지」의 〈당악〉

'당악정재'는 고려시대에 송나라에서 수입된 궁중 악무인 교방악教坊樂이다. 이 교방악은 송나라 때 유행했던 사악으로, 따라서 고려시대에 유입된 당악정재는 본래 송의 사악이라 할 수 있다. '당악정재'라는 표현은 오늘날 한국 궁중무용의 한 명칭으로 통용되고 있지만, 고려시대에 수입될 당시에는 이 용어가 쓰이지 않았다. 고려시대의 '당악정재'에 대한 기록은 『고려사』「악지」의 <당악> 편장에 실려 있는데, 이곳에는 악樂·가歌·무舞 종합 형태로 구성된 '당악정재' 뿐 아니라 악樂과 가歌로만 구성된 형태가 수록되어 있다. 즉 악·가·무와 악·가의 형태에서 '가' 부분인 노래가사에 해당하는 부분을 '사詞'라고 하는데 악·가·무로 결합된 형태의 사를 '대곡大曲', 악·가로 결합된 형태의 사를 '산사散詞'라고 한다. 다시 말하면 『고려사』「악지」 <당악> 편장은 '대곡'과 '산사'로 구성되어 있으며, 대곡이 조선시대 『악학궤범』에 수록될 때 '당악정재'로 표기된 것이다. 즉 『고려사』「악지」 <당악> 편장에 수록된 대곡과 산사는 송나라 때 유행했던 송사宋詞[1]이

1 김수경, 「동문선 소재 치어, 구호를 통해본 고려시대 정재의 연행 양상」, 『한국시가연구』 7, 2000, 322쪽.

면서, 송의 궁중에서 연행되었던 교방악이자 사악詞樂이다.

사詞는 당대唐代에 생성된 민간가요의 가사에서 출발한 양식이다. 당과 오대五代를 거치면서 모든 계층에 두루 퍼진 사는, 송대宋代에 이르러 문인들의 문학 양식인 문인사文人詞의 형태로 발전하였다.[2] 북송 시대에는 사가 매우 발전한 시기였는데, 대중에게 인기를 얻으며 발달하게 된 가장 큰 이유는 경제발전과 도시발달이라고 할 수 있다. 경제적으로 번영한 도시에는 시민계층이 형성되고 속문학이 발달한다. 속문학은 시민계층의 세속적인 생활 감정을 담은 세속성, 쾌감을 불러일으키는 자극성, 즐거움과 여유를 느낄 수 있는 오락성, 문화적 수준이 낮은 사람도 쉽게 접근할 수 있는 통속성을 지닌다. 북송 시대에는 이러한 속문학의 발달 분위기에 따라 속사俗詞가 나타나게 되었다.[3] 결국 당대에 속俗의 성격을 가지고 유행했던 민간사民間詞가 송대를 거치며 문인들에 의해 아화雅化(문인사文人詞)되었는데, 이것이 송대의 사라고 할 수 있다. 이에 송사에는 아雅와 속俗의 요소가 모두 흐르고 있으며 시대에 따라 아사雅詞가 발달하기도, 속사俗詞가 우세하기도 하면서 전개되어 갔다.[4] 속사에는 염정사艶情詞가 주를 이룬다. 미녀와 염정을 노래한 염정사는 북송의 사대부들이 비하하기도 했지만, 유가적인 압박에서 벗어나 즐길 수 있어 내심으로 환영하기도 했다.[5]

흔히 '당악정재'의 주제가 임금의 송축頌祝, 송도頌禱를 주 내용으로 한다는 사실 때문에 『고려사』 「악지」에 수록된 '당악'도 그러한 성향으로 인식할 수 있다. 그러나 '당악'은 대곡과 산사로 구성된 송사이며, 따라서 송사가 가진 특성을 다분히 내포하고 있었다는 점에 주의해야 한다. 이 점에서 북송 대의 유명한 사 작가들, 즉 구양수, 유영, 소식,[6] 조단례, 조기, 이갑,

---

2 김예림, 「유영의 기려사 연구」, 숙명여자대학교 석사학위논문, 2012. 1쪽.

3 이동향, 『송사의 아와 속 -염정사를 중심으로』, 『중국어문학』 30, 1997, 62쪽.

4 이동향, 위의 책, 54~55쪽.

5 이동향, 위의 책, 62쪽, 63쪽.

6 이동향에 따르면 소식은 시에서 다루는 제재를 사에서도 다루었다고 한다. 따라서 염정은 물론이고 우정과 인생의 감회, 농촌 생활 및 산수자연, 공명과 우국憂國 등 다양한 주제를

원일, 안수의 작품이 『고려사』「악지」에 실렸다는 점에 주목할 필요가 있다. 특히 유영은 『고려사』「악지」 <당악> 편장에 가장 많은 사를 남긴 인물인데 <전화지령>, <취봉래만>, <경배악>, <하운봉만>, <우림령만>, <어가행령>, <임강선만>, <낭도사령> 등 8수가 수록되어 있다. 일찍이 궁중 작가로써 활동했던 유영은 젊은 날을 기루妓樓에서 보내며 염정사를 많이 지었다고 한다.[7] 『고려사』「악지」에 나타난 유영의 작품은 크게 송축과 오락[8]으로 되어 있는데, 「악지」 <당악>조에 실린 대곡과 산사 역시 이 두 부류로 나뉜다.

「악지」 <당악>조에 수록된 대곡은 춤의 절차가 기록된 5곡<헌선도>, <수연장>, <연화대> <포구락>, <오양선>과 절차가 없는 2곡 <석노교>, <곡파>이 있다. 또 산사는 <억취소憶吹簫> 이하 41편이 있고 가사는 <금전악金殿樂>, <감황은感皇恩>, <화심동花心動>이 각각 2편씩이어서 총 44편[9]이 된다. 여기서 대곡 7종의 사를 살펴보면 이들의 주제는 대체로 장수기원·덕성찬양·태평시절 기원·궁궐잔치묘사[10] 등으로 나타남을 볼 수 있다. 그러나 산사의 주제는 더욱 다양하게 나타나는데, 궁중의 연악과 임금의

포괄했다고 한다. 그는 소식은 사를 철저히 사대부화 하여 사대부의 생활과 정서를 담아낸 새로운 사의 경지를 개척하였다고 평가하고 있다. 이동향, 『송사의 아와 속 -염정사를 중심으로』, 67쪽.

7 이동향, 위의 책, 66~67쪽.

8 박현규에 의하면 유영의 작품은 두 가지로 나누어 볼 수 있다고 한다. 첫째는 국가의 가례나 제례에서 군왕을 칭송하거나 국가를 송축하기 위해 연주된 것이며 〈취봉래〉, 〈경배악〉이 이 범주에 속한다고 한다. 다른 하나는 왕실 연회에서 환락의 즐거움과 인생의 슬픔을 가미시켜 오락성을 부추이기 위해 연주되었는데 유영의 〈하운봉〉, 〈전화지〉가 이 범주에 속한다고 한다. 따라서 후자의 경우에는 화려한 무대와 성대한 연회 장면을 부려富麗한 가사로 그리거나 짧은 인생 속에서 괴로움을 구슬픈 가사로 묘사하고 있으며 아악의 성질보다 오락의 성격을 강하게 풍기고 있다고 한다. 기왕에 『고려사』「악지」〈당악〉 속에 화려한 풍류와 여성의 언어가 많이 들어가 있다는 논평은 바로 이런 경우를 두고 말한 것이라고 한다. 박현규, 「한국 고문헌 속의 북송 유영 작품과 기록 검토」, 『중국어문논총』 20, 2001, 60쪽.

9 차주환(역), 『고려사악지』(서울 :을유문화사, 1972), 138쪽.

10 김미영, 「『악학궤범』 당악정재의 규칙성과 사상성 연구」, 성균관대학교 박사학위논문, 2009, 112~113쪽에서 주로 참고하였음.

송축 뿐 아니라 이별의 슬픔, 버림받은 부녀의 원한, 인생무상 등의 주제들이 담겨 있음을 볼 수 있다. 김수경이 '송사의 내용 중 가장 두드러진 서정으로 인생의 무상감과 사랑하는 이에 대한 그리움'[11]이라 지적한 것은, <당악> 편장에 수록된 대곡과 산사의 작품 중에는 산사의 비중이 훨씬 높고, 산사 중에도 송축이나 태평성대 등 궁중을 배경으로 하는 주제보다는 민간적 정서가 주요했기 때문이다. 그러나 2장 2절에서 기술하겠지만, 왕과 궁중을 배경으로 하는 주제에서도 오락적이고 흥취적인 양상이 다분했음을 확인할 수 있다.

그러면 송사는 언제 고려에 들어왔을까. 『고려사』「악지」에 수록된 <당악>의 수입에 관한 기록은 거의 찾아보기 어렵다. 일반적으로 타국의 공연물이 궁중으로 유입될 때에는 특별한 계기가 있게 마련이다. 그리고 이때 국가의 공식적인 절차를 거쳤을 것이 일반적이지만, 당악정재의 유입에 대한 연원을 찾기 어려운 상태에서 비공식적인 경로에 의한 수입 가능성을 고려해볼 수 있다. 즉 이미 고려 민간에 수용되었던 송사를 왕실에서 끌어들였을 가능성을 내포하고 있는 것이다. 이 점에서 민간 교류에 의한 수용설에 주목할 수 있다. 그렇다면 고려 민간에 퍼져있던 송사는 언제 왕실로 수용되었으며 그 배경은 무엇이었는지 다음 장에서 살피도록 한다.

2) 고려 당악정재의 수입 시기에 대한 고찰

주지하듯이 당악정재가 처음 고려 궁중에 들어온 시기는 문종 때이다. 1073년(문종 27)에는 <답사행가무>, <포구락>, <구장기별기>가, 1077년(문종 31)에는 <왕모대가무>가 들어왔다. 이 중 <답사행가무>, <구장기별기>, <왕모대가무> 3곡을 제외한 <포구락>만 조선으로 이어졌다. 위 세 가지 대곡이 전하지 않는 이유는 고려의 실정에 맞지 않아서였을 것으로 여겨진다.[12] 그러면 『고려사』「악지」 <당악>조에 수록된 나머지 4 종목

---

11 김수경, 「동문선 소재 치어, 구호를 통해본 고려시대 정재의 연행 양상」, 323쪽.

<헌선도>, <수연장>, <연화대>, <오양선>은 언제 수입되었을까. 송의 교방악, 즉 송사가 고려 궁중에 수입된 배경은 궁중수용설과 민간수용설로 나누어 볼 수 있다. 궁중수용설의 경우 문종 이후 공식적인 기록을 찾을 수 없지만 「악지」 산사에 수록된 송나라 사 작가들의 활동 시기를 바탕으로 11세기 중반에서 12세기 초, 즉 문종조에서 예종조에 이르는 시기[13]로 추정하기도 하며, 고려와 송나라 간의 사신 교류 상황을 근거로 그 최초의 기록이 있는 문종 27년(1073년)에서 양국 관방교류가 단절된 의종 18년(1164년) 사이, 즉 북송 후기에서 남송 초 사이에 대부분 이루어진 것으로 예측하기도 한다.[14]

그러나 이미 고려 민간에 들어온 송사를 고려 궁중에서 끌어들여 실정에 맞도록 개선하여 썼을 가능성도 고려해 볼 수 있다. 가령 당시 고려와 송 사이에는 공사貢使 외에도 상인들의 대규모 교역이 있었고, 이를 통해 중국에서 악기 등이 들어오기도 했으므로 이 가운데 교방악도 수입되었을 것[15]을 추측할 수 있기 때문이다. 특히 유영의 사작품의 경우에는 중국 대륙 뿐 아니라 주변의 국가까지 전해지는 등 국제적으로 널리 유행[16]되고도 있었다. 민간수용설 중에는 최근 신태영의 논의가 주목되는데, 그는 고려가 민간 무역이나 공식 사절단 등 여러 방면의 노력으로 정재를 만들어내었다고 보았다. 왜냐하면 만약 고려의 당악정재가 모두 송으로부터 받아들인 것이라면 중국 문헌에 이름이 보여야 하고, 또 정재의 사와 사의 작자도 밝혀져야 하는데 실상은 그렇지 못하다는 것이다. 그는 송의 교방악이 고려에 전

---

12 송방송은 『고려사』 「악지」에 〈포구락〉을 제외한 〈답사행가무〉, 〈구장기별기〉, 〈왕모대가무〉 3곡의 정재가 전승되지 않는 이유에 대해, 초연 이후 고려의 귀족사회에서 환영을 받지 못했거나 전승과정에서 연주절차가 매우 복잡했을 것 등을 언급하였다. 송방송, 『한국음악통사』(서울: 일조각, 1998), 186쪽.

13 차주환, 『고려 당악의 연구』(서울: 동화출판공사, 1983), 47～48쪽; 심숙경, 「고려 · 송시기 역사 동향 및 악무 교류 상황」, 『무용예술학연구』 11, 2003, 81쪽 재인용.

14 심숙경, 「당악정재 헌선도를 통해 본 고려, 송시대 악무樂舞 교류」, 『무용예술학연구』 10, 2002, 144쪽.

15 김정희, 「당송 악무의 고려 전래에 대한 고찰」, 『중국어문논총』 17, 1999, 279～280쪽.

16 박현규, 「한국 고문헌 속의 북송 유영 작품과 기록 검토」, 54쪽.

래되어 고려의 당악정재가 되었다고 이해하기보다, 고려가 송의 대곡大曲 양식을 차용하여 자신들이 필요로 하는 가무희를 자체적으로 만들어나간 것[17]이라고 보았다.

이처럼 국가 간의 교류가 아니라 왕실 자체의 필요성에 의해 궁중으로 끌어들인 경우라면, 송사에 대해, 또는 송사의 궁중 유입을 시도한 고려의 왕에 대해 주의를 기울여 볼 필요가 있다. 여기서 사작詞作을 즐겨했으며, 대곡 연행에 반드시 동원되는 구호口護와 치어致語가 창작되기 시작한 예종에 주목할 필요가 있다. 예종은 직접 시詩와 사詞를 짓는 등 문풍을 일으키기에 힘썼는데 기록상으로는 예종이 사를 가장 많이 지은 군왕으로 알려져 있다. 『고려사』「예종 세가」의 기록에 보면 예종은 <영춘락迎春樂> <만년환萬年歡> <수성명壽星明>[18] 등의 사를 여러 차례에 걸쳐서 지었음을 알 수 있다. 사는 장단구로 된 대다가 그 율조가 복잡하여 짓기가 쉽지 않은데 예종은 사작에 퍽 익숙하였다고[19] 한다. 여기서 주목할 점은 위에서 열거한 사들 중 <영춘락>과 <만년환>이 『고려사』「악지」 <당악>조에 속한 사라는 점이다. <영춘락>은 산사이고 <만년환>은 대곡이다. 이러한 예종의 사 애호 경향은 궁중의 송사 수용에 있어서 상당히 영향을 미쳤을 가능성을 시사해 준다고 할 수 있다.

예종대의 송사 수용과 관련하여 또 한 가지 주목할 사실은 구호와 치어의 창작이 시작되었다는 점이다. 구호와 치어는 대곡에 있어 서장序章의 성격을 지닌 것으로서 본격적인 정재의 절차로 들어가기 전에 앞으로 진행될 정재의 내용에 대한 소개와 임금에 대한 송축을 주요 내용으로 하고 있다.[20] 『고려사』「악지」에 기록된 <헌선도>, <오양선>, <수연장> 등의 대

---

17 신태영, 「고려 당악정재의 전래와 수용」, 『국악원논문집』 31, 2015, 67쪽.

18 선려조의 〈임강선〉도 예종이 친히 지은 작품으로 알려져 있으나 앞서 살폈듯 〈임강선〉은 송나라 유영이 지은 사詞 작품이다. 조규익은 『고려사』「악지」 〈임강선〉은 유영의 〈임강선〉을 차운하거나 모방한 새로운 버전이었을 가능성이 크다고 하였다. 조규익, 「여말선초 악장의 중세적 관습 및 변이 양상」, 『우리문학연구』 44, 2014, 329쪽.

19 차주환(역), 『고려사악지』, 333~334쪽.

20 김수경, 「동문선 소재 치어, 구호를 통해본 고려시대 정재의 연행 양상」, 287쪽.

곡에는 반드시 구호와 치어가 들어가 있다.[21] 『동문선』의 기록을 살펴보면 구호와 치어는 고려 예종-고종대로부터 저작되기 시작했음을 발견하게 된다. 이 시기는 송으로부터 들어온 악가무와 사문학이 활발하던 시기로, 크고 작은 연희를 통해 왕과 귀족 문신들이 시를 주고받았음을 『고려사』에서 다수 확인할 수 있다.[22] 이처럼 왕실의 행사가 있을 때 상층계급에 있는 문인들이 그 행사의 성격에 맞는 내용의 치어, 구호를 지어 왕에게 바쳤던 양상을 엿볼 수 있다.[23] 치어, 구호의 작자인 문인들은 모두 당시 문文과 악樂에 조예가 있었음은 물론 송으로부터 전래된 사를 즐겨 창작했던 사람들이었다.[24]

치어와 구호의 창작을 시작했던 점은 곧 대곡의 연행이 활성화되었다는 점과 상통한다고 할 수 있으며 따라서 궁중에 대곡의 소비가 커진 것을 의미한다고 볼 수 있다. 대곡의 활성화는 왕실 권위의 강화와 연동된다고 할 수 있는데, 이는 대곡에 나타나는 주요 주제가 왕에 대한 송도頌禱로, 송도는 왕의 경사로움이나 복, 또는 장수를 기리거나 비는 행위라는 점에서 왕권을 강화하는 기제로 활용되었을 가능성이 크기 때문이다. 여기서 송도, 송축의 표현이 도교적 언어로 구사되었다는 점[25]에도 주목할 필요가 있는데 고려시대에 도교는 왕실의 권위를 높이고자 했을 때 끌어들였던 종교였다. 특히 예종은 도교의 최고신인 원시천존元始天尊을 숭배하면서 본격적인 도교 진흥에 힘썼던 왕이었다. 예종조에는 여진 정벌 실패로 왕권이 약화되었으며 약화된 왕권을 대송관계를 통해 만회하려고 했다.[26] 또한 집권 초

---

21 김수경, 「동문선 소재 치어, 구호를 통해본 고려시대 정재의 연행 양상」, 287쪽.

22 김수경, 위의 논문, 304쪽.

23 김수경, 위의 논문, 305쪽.

24 김수경, 위의 논문, 322쪽.

25 대곡에는 도교적 양상이 다양한 측면에서 농후하게 함유되어 있다. 『고려사』 「악지」 <당악>에 실린 다섯 대곡에는 인물의 배역, 장소와 시간, 송도또는 장수를 구현하는 방식, 의물과 무구 및 복식, 음악 등이 모두 도교적 표현방식, 또는 선계仙界의 공간으로 설정되어 구사되고 있다. 이에 대한 자세한 내용은 신태영, 「여 · 송 악무 교류와 당악정재의 도교적 성격」, 『민족무용』 19, 2015 참조.

반부터 계속된 자연재해와 흉년, 그리고 전염병의 만연으로 인해 백성들의 삶이 극도로 피폐해졌다.[27] 이러한 전쟁 뒤에 당면한 민심수습과 민생구제, 그리고 송과의 유대관계를 강화하기 위해 예종이 선택한 방안은 도교를 수용하는 것이었다. 도교는 그 의례인 초醮를 지냄으로써 왕의 위상을 높이는 데 기여하였다.[28] 재齋·초醮 의식은 궁극적으로 천재지변을 막고 국태민안을 비는 데에 목적이 있었다.[29] 왕이 초를 지내는 것은 왕이 하늘에 직접 제사를 지내고 천변의 기양祈禳을 주관할 수 있는 것이라 보기 때문에, 천명을 받은 통치자로서 왕의 권위가 강화되는 논리로 작용[30]할 수 있었다.

대곡, 구호, 치어 모두 왕에 대한 송축을 노래한 것이며 이들은 모두 왕을 중심으로 하는 궁중 연회에서 직접적으로 표명된 것들이기 때문에 왕권 강화와 부합된다고 할 수 있다. 대곡에 중심을 이루는 도교적 표현 역시 예종조에 진흥되었던 도교적 양상과 무관하지 않다. 이러한 점에서 <포구락>을 제외한 나머지 4 대곡을 자체적으로 만들었다면 예종대가 유력하고, 또 고려의 대곡들은 이 시기에 활발히 연행되었을 것으로 짐작된다.[31] 그러

26 채웅석, 「고려 예종대 도가사상·도교 흥기의 정치적 성격」, 『한국사연구회』 142, 2008, 111쪽.

27 김병인, 「고려 예종대 도교 진흥의 배경과 추진세력」, 『전남사학』 제20집, 11쪽.

28 채웅석, 「고려 예종대 도가사상·도교 흥기의 정치적 성격」, 116쪽.

29 김철웅, 「고려중기 도교의 성행과 그 성격」, 『사학지』 28, 1995, 125~128쪽. 김병인, 「고려 예종대 도교 진흥의 배경과 추진세력」, 8쪽에서 재인용.

30 채웅석, 위의 논문, 116쪽.

31 여기서 주목할 점은 『고려사』 「악지」에 수록된 5 대곡 중 <포구락>에서만 송축의 내용이 보이지 않는다는 점이다. 이는 본래 송나라의 교방악은 '송축'만을 주제로 하는 작품들은 아니었다는 점을 시사해주는 것이라 볼 수 있다. 다시 말하면 처음 송나라 궁중으로부터 공식적으로 전해졌던 고려 문종조(1073년)의 네 대곡 중에는, <왕모대가무>와 같은 송축의 의미가 담긴 작품도 있고(이 작품은 춤을 추며 '군왕만세', '태평성대' 등의 글자를 만듦) <포구락>처럼 오락성이 짙은 놀이 위주의 작품도 있었다고 할 수 있다. 즉 본래 송의 교방악은 송축 뿐 아니라 잔치의 즐거움만을 나타내는(물론 궁중을 배경으로 한 태평성대의 잔치를 말하는 것이겠지만) 대곡이 혼합되어 있었을 것으로 생각된다. 그러나 송의 교방악을 받아들인 후 고려 궁중에서 창작될 때 송축의 주제를 부가시킨 작품으로 탄생시켰을 것이라 생각된다. 비록 신태영의 앞의 논문에 의하면 <포구락> 역시 중국문헌에 보이지 않기 때문에 문종조 당시 명칭이 변경되어 수입되었을 것으로 보고 있다. 그러나 『고려사』 「악지」, <당악>에 기록된 나머지 네 대곡이 송축을 주제로 하고 <포구락>만 제외된다는 점은 (명칭은 변경되었을지라도) 문종조에 수용된

나 이렇듯 도교적 언어와 표현이 다분한 대곡이 조선시대에도 지속되었다. 고려의 문화를 배척하고 거부했던 조선에서 어떤 이유로 당악정재를 수용했을까. 다음 장에서 살펴보도록 하겠다.

2. 태조조 당악정재의 지속과 변화

1) 유교적 의례 공간에서의 설행

유교를 국시로 삼았던 조선은 500여년의 시간 동안 각종 유교 의례와 연향의 공간 속에 정재 연행을 존속시켜옴으로써, 오늘날 그 공연물의 성격도 유교적인 것으로 자연스럽게 인식되어지고 있는 듯하다. 그러나 앞서 살핀바, 송사를 본형으로 하는 '당악정재'는 유교적 공간에 적합한 공연물이라 보기 어려웠다.

주지하듯 당악정재대곡가 처음 도입된 시기는 고려 문종조이며 공연된 공간은 연등회였다. 이후 대곡의 연행 기록은 팔관회와 연등회에서 주로 나타나고 있다. 특히 팔관회는 태조 왕건이 훈요십조에서 국가의 공식행사로 지속시키려는 의지를 표명했으며[32] 고려시대에 들어서는 건국한 후부터 거의 매년 개경과 서경에서 거행되었던 것으로 보인다.[33] 팔관회는 다른 어떠한 국가의례보다도 성대하게 거행된 국가제전이었다. 군신 간의 엄격한 위계에 따른 의례가 시행되었지만 일반백성에게도 개방된 백희가무가 연

작품들은 송 교방악대곡의 형태를 보다 온전히 흡수했기 때문으로 사료된다. 다만 <포구락>이 송축의 주제가 아니어도 단절되지 않고 고려와 조선에서 연행되었던 것은 그만큼 사랑을 받았기 때문이었을 것이다.

32 고수미, 「고려시대 팔관회의 성격 변화와 문인층의 인식」, 제주대학교 석사학위논문, 2014, 7쪽.

33 한홍섭, 「백희가무를 통해 본 고려시대 팔관회의 실상 -팔관회는 불교의례인가?」, 『민족문화연구』 47, 2007, 347쪽.

출되었고, 왕의 환궁에 따른 성대한 행렬 속에서 다채롭고 화려한 성격의 행사가 펼쳐졌다.[34]

이 시기에 연행된 당악정재의 성향은 놀이적 성격이 강했음을 확인할 수 있다. <헌선도>가 나오는 가장 이른 시기의 기록인 『고려사』를 보면, 의종 21년(1167) 4월 하청절에 관현방과 대악서에서 <헌선도>, <포구락> 등의 '가무놀이'를 준비하여 공연했다는[35] 기록이 있다. 또한 이색李穡(1328~1396년)의 시詩인 <산대잡극>에서도 <헌선도>로 보이는 공연이 등장하는데, 나례의식에서 주로 공연되는 <처용무>와 줄타기 같은 곡예놀이와 함께 <헌선도>가 '산대잡극'[36]으로 인식되고 있음을 볼 수 있다. 즉 <헌선도>를 '가무놀이'로 표현한 점, '산대잡극'의 연희 범주로 포괄한 점 등은 이 시기의 당악정재들이 유교적 궁중 의례의 연향물이라기보다는 의례 후 가무백희[37]의 일환으로 인식되었다는 점을 알 수 있게 한다. 실제 고려의 궁중연회는 화려하고 사치스러워서 비난을 받을 정도였는데, 팔관회 또한 금욕적이고 종교적인 팔계율과는 달리 화려하며 풍류적이고 향락적이기까지 했다. 고려의 팔관회는 불교의례와 연관을 맺고 있지만 채붕을 설치하고 불교 교리에서 금지하던 백희가무를 즐기기도 하였다고 한다.[38]

---

34 한홍섭, 「백희가무를 통해 본 고려시대 팔관회의 실상 -팔관회는 불교의례인가?」, 347~348쪽.

35 "무안일. 하청절河淸節 왕의 탄신일이므로 만춘정으로 행차하였다. 왕이 재추宰樞 · 신하들과 연흥전에서 연회를 베풀었다. 이때 대악서와 관현방에서 채붕, 준화, <헌선도>, <포구락> 등의 가무놀이를 다투어 준비하였다. …… 왕의 배는 비단으로 장식하고 비단으로 돛을 만들었으며, 정신을 잃고 놀았는데 그 놀이가 지나치게 사치스럽고 화려하였다." 『고려사』 의종毅宗 21년(1167) 4월 8일. 장정수, 「당악정재 <포구락>의 역사적 전재」, 『세계민족무용연구소학술총서1호』, 2005, 63쪽 재인용.

36 "산대를 맺은 모양 봉래산 같고 바다에서 온 선인은 과일을 바치네 북과 징소리 천지를 울리고 처용의 소맷자락 바람에 휘날리네 긴 장대 위 사람 평지처럼 놀고 폭발하는 불꽃은 번개처럼 보이네 태평스런 이 기상 그려내고자 하나 늙은 신하 붓이 재주 없음을 부끄러워하네." 강경호, 「당악정재 <헌선도>의 실현 양상과 창사 변화」, 2005, 151쪽에서 인용.

37 강경호, 「당악정재 <헌선도>의 실현 양상과 창사 변화」, 151쪽.

38 장정수, 「당악정재 <포구락>의 역사적 전개」, 『세계민족무용연구소학술총서1』, 2005, 62~63쪽.

이렇듯 고려시대에 연행된 대곡은 산악백희를 중심으로 각종 재예 잡희가 펼쳐진 팔관회와 연등회에서 연행된 홍취적 성격의 공연물이었다. 그러나 오늘날 '당악정재'는 아정한 유교적 연향물이라는 인식이 지배적이다. 이는 조선시대의 입장에서 고려시대의 당악정재를 유교적 관점으로 바라보았던 시각이 작용한 것이라 보아진다. 고려시대의 '당악'이 연행된 공간인 연등회와 팔관회는 유교적 시각으로 분류된 '가례嘉禮' 속에서 이해되고 있었기 때문이다.

연등회와 팔관회는 『고려사』「예지」의 <가례잡의嘉禮雜儀> 편에서 다뤄지고 있다. 『고려사』는 조선 초기에 유자儒者에 의해 쓰여졌다. 「예지」는 고려시대에 편찬된 「상정고금례」 등을 참고하여 유교적 시각에서 '오례五禮'로 편집된 자료다. 그러나 고려는 불교 국가이면서 유교, 도교, 음양풍수설 등 여러 사상이 존재하던 사회였으므로 유교 의례인 오례를 중심으로 편제되기 어려웠다.[39] 하지만 이러한 오례의 분류는 연등회와 팔관회에서 연행된 당악을 '가례', 즉 유교적 연향의 공연물로 인식하게 한 경향이 있다고 보인다. 연등회와 팔관회는 불교, 도교적 행사였음은 주지의 사실이지만, 이곳에서 연행된 '당악'은 조선의 유교 연향공간에 활성화됨으로써 '가례'의 존속이라는 인식을 초래한 것이 아닌가 생각된다. 그러나 불교국가인 고려시대의 상황에서 가례, 즉 국가잔치 행사라고 한다면 유교적 성격보다는 비유교적(불교적, 도교적)[40] 성향이었음을 추측하는 것이 훨씬 자연스럽다. 앞서 살폈듯 고려의 대곡들은 나례나 연등회, 팔관회와 같은 비유교적 공간에서 홍취·오락 중심의 '놀이' 또는 '잡희'적 성격으로 취급되었음을 확인했으며, 이러한 점 때문에 조선에서는 당악정재에 대한 비판이 끊임없이 제기되었기 때문이다.

하지만 무엇보다 궁중 잔치에서 사용된 공연물은, 국가 이념이 바뀐 공

---

39 김창현, 「『고려사』 예지의 구조와 성격」, 『한국사학보』 44, 2011, 78쪽.

40 도교사상은 고려 때 들어와 불교와 함께 지배계층이나 지식층에 의해 수용된 사상들 가운데 하나였다. 조규익, 「조선조 악장과 정재의 문예미적 상관성 연구」, 『한국시가연구』 10, 2001, 102쪽.

간에서도 여전히 쓰일 수 있는 도구라는 점도 간과해서는 안 된다. 대곡의 경우 도교적 색채가 다분히 나타나지만 송축을 주요 주제로 다룬다는 점에서 왕을 중심으로 치러지는 유교적 연향 공간에서도 효과적으로 활용될 수 있는 공연 품목이었다고 할 수 있다. 따라서 공연물이 불교적(또는 도교적) 공간이었든 유교적 공간이었든 간에, 왕의 송축을 핵심 내용으로 하는 대곡은 왕을 중심으로 하는 잔치의 공간에서 쓰일 수 있었던 유용한 공연물이었던 것이다. 이는 불교·도교적 잔치 속에서 연행된 고려의 대곡이 유교국가인 조선의 연향에서도 이어갈 수 있었던 배경이기도 하다.

그렇다고 해도 이러한 불교와 도교적 연향 공간에서 설행되었던 '당악'이 유교 국가이념을 표방한 조선에 전승되었다는 점은 좀 더 정치적인 문제와의 연관성을 고려해 보게 한다. 조선은 고려 문화를 폐기하고자 했지만, 예악사상禮樂思想을 정치이념으로 표방했던 조선에서는 음악문화의 전승은 불가피했을 것으로 보이기 때문이다. 치국의 명분과 이념을 제도화하고자 한 조선은[41] 왕의 통치와 관련되는 행위나 제도의 모든 이론적·정신적 기반을 예악사상에 두었다.[42] 다시 말하면 군신, 장유, 부자, 형제 등 모든 공적·사적인 계서적 인간관계들은 음악을 통해 조화를 이루어 만민이 일체가 될 수 있다는[43] 이치라 할 수 있다.

예禮가 질서를 위한 것이라면 악樂은 조화를 위한 것으로, 예는 분별하여 다르게 하고 악은 통합하여 같게 한다는 서로 보완적인 역할의 이념이다.[44]

이성계는 역성혁명을 통해 조선조를 개창했으며, 조선의 지배 이념은 불교에서 유교로 바뀌었다.[45] 지배세력의 기반은 고려 말의 신흥사대부 계층이었으며 이들의 세계관은 성리학으로, 성리학은 조선왕조의 이념적 바

41 장정수, 「당악정재 <포구락>의 역사적 전개」, 71쪽.

42 조규익, 「조선조 악장의 통시적 의미: '태조-성종조'를 중심으로」, 『국제어문』 27, 2003, 38쪽.

43 조규익, 「조선조 악장과 음악관」, 『온지논총』 7, 2001, 216쪽.

44 송지원, 「음악의 근원」, 『음악, 삶의 역사와 만나다』(과천: 국사편찬위원회, 2011), 32쪽.

45 조규익, 「조선 초기 악장을 통해 본 전환기의 실상」, 『온지논총』 15, 2006, 24쪽.

탕[46]이 되었다. 신흥사대부 계층들은 성리학에서 말하는 계서적 구분의 논리를 내세우며 모순과 역리의 현실을 개혁하고자 했다.[47] 계서적 구분의 명분은, 상하의 질서를 구분하되 조화를 강조하는 예악사상에 닿아 있는 것이었다.

궁중에서 계서적 국면들의 조화를 드러낼 수 있는 공간은 국왕을 중심한 잔치, 즉 연향[48]이었다. 국왕 잔치는 왕이 신료와 종친, 사신, 백성들에게 베푸는 자리이며 반대로 신하, 사신, 왕실 종친 등이 왕을 위해 올리는 잔치도 있었다. 국왕 잔치는 군신의 질서와 화락和樂을 보여주는 자리로서의 의미가 매우 컸으며, 왕은 이를 통해 원활한 통치 기반을 만들어가고자 했다. 왕은 연향 자리를 통해 음식, 술, 가무 등을 베풂으로서 충성을 이끌어내고 정치적 지지를 받아내려 했다.[49] 조선 초기의 국왕 연향은 군신 간의 의義를 세울 수 있었고 공경을 통한 화락과 상하의 정을 통할 수 있는 자리가 되었다.[50] 그렇다면 유교의 예악 이념이 실현되던 조선에서 고려의 대곡은 어떤 모습으로 전개되었을까. 다음 절에서 살핀다.

2) 창사唱詞의 변화

앞서 '놀이', '잡희'로 표현된 <헌선도>, <포구락> 등을 살펴보았듯, 고려시대의 대곡은 조선의 유교적 의례 공간에 순조롭게 받아들여지지 않았던 것으로 보인다. 특히 <포구락>의 경우 '잡기이고 사연이 길어 회례악으로 적절하지 않다'[51]는 지적은 조선에서의 인식을 단적으로 보여준다고 할

---

46 조규익, 「계층화의 명분과 기득권 수호 의지 -선초 악장의 이중성」, 『고전문학연구』 23, 2003, 36쪽.

47 조규익, 위의 논문, 38쪽.

48 조선시대 궁중연향의 종류는 크게 회례연, 진연, 양로연이 있다. 김종수, 「조선시대 궁중연향의 변천」, 『동방학』 6, 2003. 참고.

49 한정수, 「여말선초 국왕 잔치의 문제와 연향의 성립」, 『조선시대사학보』 62, 2012, 7쪽.

50 한정수, 위의 논문, 15쪽. '연향'은 건국 초 군신의 질서와 화합에 크게 기여하였다고 할 수 있다. 한정수, 6쪽.

수 있다. 이에 『악학궤범』의 <포구락>에서는 꽃이 만발한 선계를 배경으로 선녀와 놀이에 빠져 있는 몽환적인 분위기가 나타난 <동천경색사洞天景色詞>[52]와 화려한 잔치 자리에서 무기舞妓들의 춤을 묘사한 '만정라기滿庭羅綺'[53] 창사가 삭제되었다. 그리고 새로 창작된 <포구락> 창사의 4곡은 한결 단아한 내용으로 군왕에 대한 송축의 의도를 확연히 드러내는 방향으로 손질되었다.[54] 즉 <포구락>은 조선 초에 들어서서 전반적인 분위기와 창사의 내용에 변화가 나타났다. 가령 고려시대에는 연극적 요소가 강하고 창사의 내용이 공연 과정을 서사적으로 그려내면서 전체적인 분위기가 탐닉에 가까웠다면,[55] 조선 초에는 향락적 성격에서 벗어나 군왕 송축의 의도를 명확히 하면서 경기競技적인 측면을 강조하는 방향으로 변개[56]되었던 것이다.

한편 조선에서는 대곡의 형태를 바탕으로 한 새로운 작품을 직접 창작하기도 했다. 앞서 살폈듯 예악사상을 기조로 운영된 조선에서는 왕을 주축

---

51 『조선왕조실록』 세종 14년 3월 16일조 : "포구락은 잡기이지만 어느 시대에서도 쓰이지 않은 때가 없고, 지금 중국의 조정에서도 또한 잡기도 연주하니 폐지할 수 없다. 그러나 사연이 너무 길어서 회례의 악으로서 적합하지 않으니 폐지하는 것이 어떻겠는가." 장정수, 「당악정재 〈포구락〉의 역사적 전개」, 75쪽에서 재인용.

52 "동천洞天의 경치는 늘 봄철인데 약간 붉고 조금 흰 꽃들이 얇은 꽃받침에서 피네. 아름다운 자리에 오래 솟는 것은 쇠향로의 짙은 연기인데 향기가 비단 장막에 엉기네. 아리따운 신선들이 가무를 묘하게 보여주면서 꽃을 잡고 서로 언약하네. 채색구름 속에서 달은 굴러가고 붉은 실로 잔 그물이 느슨하니 마음대로 웃고 떠들면서 포구락을 하네. 바람에 펄럭이는 수놓은 소매가 아름답나니 별 같은 눈동자를 굴리는 버들 같은 허리는 부드럽고 가냘프네. 첫 알에서 이기면 환성이 땅바닥에 가까워지고 꽃빛이 가냘프고 아름답네. 자리에 가득한 훌륭한 빈객들은 신선의 음악을 즐겨 들으면서 서로 술잔을 권하네. 음악이 끝나려 하는데 채색구름을 흔들면서 함께 떠나서 하늘로 돌아가네." 여운필(역주), 『고려사악지』(서울: 월인, 2011), 138~139에서 인용.

53 "뜰에 가득한 비단옷이 빛나는데 맑은 조정의 단청한 누각에서 잔치가 열리네. 막 피어난 연꽃처럼 한창 흐드러졌으니 금술잔을 자주 권하기를 아끼지 마시라. 가까운데서 보니 버들 같은 허리가 꺾일 듯한데 다시 보니 춤추며 도는 것이 날리는 눈과 같네. 이렇게 즐거운 잔치로 노는 시절이니 즐거운 노랫소리 끝내기를 결코 재촉하지 말라." 이상 여운필(역주), 『고려사악지』, 143쪽에서 인용.

54 장정수, 「당악정재 〈포구락〉의 역사적 전개」, 76쪽.

55 『조선왕조실록』 태종 3년 4월 13일조, 성종 7년 2월 24일조. 장정수, 「당악정재 〈포구락〉의 역사적 전개」, 76쪽 참고.

56 장정수, 위의 논문, 79쪽.

으로 하는 계서적 위계를 확보하고자 했다. 그러나 이를 위해서는 무엇보다 먼저 새로운 왕조에 대한 믿음이 요구되었을 것이고, 이에 건국 초 태조조에는 새 왕조 창업의 정당성을 보여주는 방향으로 정재의 창작이 이루어졌다. 정재는 음악과 춤, 그리고 노래가 종합적으로 결합된 공연 장르다. 각 종목은 저마다 다른 주제를 가지고 있고 이에 따른 특성을 함유하고 있다. 그리고 악·가·무 '정재'의 구성 요소 중에서 주제의식을 가장 뚜렷이 담고 있는 부분은 노래가사, 즉 창사라고 할 수 있다. 그러나 이 창사가 고려 때는 송사宋詞로 불렸는데 조선에서는 '악장樂章'의 성격이 가미되었다는 점에 주목할 일이다. 본래 '악장'이란 명칭의 작품은 고려조에 등장하였다. 즉 고려에서는 오직 선대先代의 왕업만을 추모하고 찬송할 목적으로 악장을 만들었고, 따라서 이를 사용한 분야도 제향에 한정되었었다.[57] 그러나 조선조에 들어와서 악장의 내용이나 쓰임새는 조회, 연향은 물론 개인적 진상으로까지 넓어졌다. 그 결과 악장은 이념이나 목적의식을 담아서 전달할 수 있는 효율적인 장르라는 인식을 갖게 되었다.[58]

태조 때는 개국공신 정도전이 왕조 창업을 합리화 하는 악장을 지어 올렸다. 정도전은 태조 2년에 <몽금척>, <수보록>, <문덕곡>, <납씨곡>, <정동방곡>, <궁수분곡> 등의 악장을 지어 올렸는데, 이 중 <몽금척>, <수보록>, <문덕곡>에 음악과 춤을 붙어 악·가·무의 종합 연행물, 정재[59]의 형태로 제작되었다. 이 중 당악정재의 형식을 띤 <몽금척>과 <수보록>은 다소 특수한 양상을 보이고 있다. <몽금척夢金尺>과 <수보록受寶籙>은 각각 금척金尺과 보록寶籙을 통해 이성계가 왕위의 자격을 부여받았음을 표명한 내용이다. 그러나 <몽금척>과 <수보록>이 정도전의 다른 악

---

57 조규익, 「조선초기 악장의 문화사적 의미 -목적문학론의 첫 대두와 그 창작적 실현」, 『국어국문학』 100, 1988, 384쪽.

58 조규익, 위의 논문, 385쪽.

59 〈몽금척〉, 〈수보록〉, 〈문덕곡〉은 태조 2년(1393) 7월에 가사만 있는 악사의 형태로 지어졌고 같은 해 10월에 가사에 선율이 붙었다. 그 뒤 태종 2년(1402)에는 〈몽금척〉 〈수보록〉 〈문덕곡〉 정재가 공연되었다. 조경아, 「정도전 악장 정재의 가무악 요소에 담긴 상징과 비유」, 『무용역사기록학』 33, 2014, 178쪽 참조.

장들과 비교해 나타나는 특징은, 다른 악장들이 왕의 실질적 치적을 언급한 반면 <몽금척>과 <수보록>은 계시, 또는 도참예언을 통해 왕위 계승의 정당성을 드러냈다는 것이다.[60] 결국 유교 국가에서 왕이 될 자격은 덕德이 있는 자에게 주어지는 것인데,[61] 금척과 보록을 받은 이성계가 유덕자有德者라는 점을 이성계의 실제 치덕 아닌 계시와 도참예언[62]을 통해 드러냈다는 것이다. 이처럼 실덕實德이 아닌 '계시와 예언'으로 표현한 점은 고려시대 창사에서 보여지는 특수성과도 연결시켜 볼 수 있다. 즉 현실의 일이 아닌 비현실의 일을 개입한 점은, 고려시대 창사에서 신선神仙을 통해 왕을 선계와 연결시킨 점과 같은 맥락에서 해석해 볼 수 있다. <수보록>에서 보이는 도참사상도 도교사상의 하나였던 점을 볼 때, 태조조의 당악정재 <몽금척>과 <수보록>은 유교적으로 온전히 쇄신된 작품은 아니었던 것으로 보인다. 그러나 이러한 양상은 태조조 정도전의 당악정재 창사에만 나타났던 특수한 현상[63]이기도 했다.

이상으로 유교의 공연문화로 인식되는 당악정재에 대하여, 고려시대에 유입된 당시의 모습과 조선으로 이어지면서 변화된 양상을 살펴보았다. 당

---

60 태종 초기에 〈몽금척〉과 〈수보록〉은 비판의 대상이 되었다. 태종은 1411년태종 11에 〈몽금척〉과 〈수보록〉이 태조의 실덕이 아니라며 비판하였다. 〈몽금척〉은 꿈속에 있던 일이고, 〈수보록〉은 도참지설인데 가송하는 것은 마땅치 않다고 여겼던 것이다. 조경아, 「정도전 악장 정재의 가무악 요소에 담긴 상징과 비유」, 197쪽 참고.

61 조경아, 「정도전 악장 정재의 가무악 요소에 담긴 상징과 비유」, 184~185쪽.

62 〈금척사〉는 하늘의 뜻을 통해 금척을 받는 꿈을 꾸었다는 내용의 전반부와, 인물됨을 비교하면서 금척을 받을 조건을 드러내고 있는 내용의 후반부로 이루어져 있다. 여기서 덕이 있는 자가 금척을 받을 만한 자로 묘사되고 있는데 이를 이성계로 비유하였다. 조경아, 「정도전 악장 정재의 가무악 요소에 담긴 상징과 비유」, 184쪽. 또 〈수보록〉의 악장인 〈보록사〉에는 목자木子가 왕이 된다고 나와 있는데 여기서 목자는 바로 이성계를 가리키며 주초, 비의, 삼전삼읍三奠三邑이 목자를 보좌하여 왕업을 이룬다는 내용이 기록되어 있다고 한다. 조경아, 193쪽.

63 〈몽금척〉과 〈수보록〉을 제외한 정도전의 악장들 〈문덕곡〉, 〈납씨곡〉, 〈궁수분곡〉, 〈정동방곡〉은 모두 태조 이성계의 실덕의 이야기가 나타나 있다.

악정재는 본래 송나라 궁중의 교방악으로 송나라에서 유행했던 사악詞樂이었다. 사악은 악·가·무로 구성된 대곡과 악·가로 구성된 산사가 있는데 가歌, 즉 노래가사 부분에 해당하는 것이 송사宋詞이다. 『고려사』 「악지」에 이 사는 <당악>조에 실려 있다. 송사는 속俗과 아雅의 성향을 모두 내포하고 있으며 주제면에 있어서 세속적이고 염정적인 내용도 많이 다루고 있다. 단 우리가 알고 있는 '당악정재', 즉 대곡의 경우는 왕과 왕실의 송축과 태평성대를 구가하는 내용이 주를 이룬다. 그러나 이 또한 오락성과 흥취적 요소가 강했음을 볼 수 있는데, 이는 고려시대의 사치스럽고 향락적인 연향의 공간에 부합되는 특성이라고 할 수 있다.

고려의 이러한 '당악'이 조선조에 이어졌다. 역성혁명을 통하여 조선을 건국한 태조 이성계는 고려의 문화를 배척하고 유교를 국시로 삼았으나, 고려 음악의 수용은 예악사상을 정치이념으로 표방했던 조선에서 불가피한 현실이었다고 본다. 성리학은 조선왕조의 이념적 바탕이 되었으며 건국의 지배세력인 신흥사대부 계층들은 성리학에서 말하는 계서적 구분의 논리를 내세웠다. 계서적 명분은 상하 질서의 구분과 조화를 표방하는 예악사상과 부합되었다. 그러나 무엇보다 왕조국가에 있어 계서 관계의 최고 정점은 왕이었고, 따라서 새로운 왕조의 창업에 대한 정당성을 표명할 필요가 있었다. 개국공신 정도전은 왕조 창업을 합리화하는 악장을 지었고 이후 여기에 음악과 춤이 붙어 '정재呈才'의 형태로 만들어졌다. 정도전의 악장은 이성계가 왕위를 계승받을 유덕자有德者임을 표명한 것이었으나, 실제 치덕이 아닌 계시와 도참예언을 통한 것이었다는 점에서 고려시대의 창사와 부합하는 점이 있다. 즉 도교적 신선의 말을 빌어 왕에 대한 송축을 극대화하던 고려 대곡의 창사 내용은, 계시와 도참을 통해 왕위를 보장받을 수 있다는 비현실적 존재의 힘을 끌어들인 태조조 악장의 논리와 상통한다. 이처럼 태조조의 당악정재 <몽금척>, <수보록>은 유교적으로 온전히 쇄신된 작품은 아니었지만, 송축의 주제가 핵심이었던 고려시대 창사唱詞에서, 조선적 이념에 부합하는 악장의 삽입을 시도했다는 점에서 의미가 있다. 악장에 왕실의 이념을 메시지로 담아 악樂과 무舞와 함께 바치어 올렸던 정도전의 '악장의 정재화' 사례는 향후 조선조 정재 창작에 표본[64]이 되었고, 이후 '정재呈才'는 조선 왕조에 대표적인 공연문화로 자리 잡게 되었다.

고려의 대곡당악정재 5종목은 국가이념이 달랐던 조선에도 이어졌다. 대곡은 조선을 거치는 동안 유교 의례공간 속에 존속되면서 유교적 공연물로 인식되어진 바 크다. 하지만 이들은 분명 불교국가인 고려에서도 연행되었던 공연물이었고 무엇보다 대곡에는 송과 고려에서 수용했던 종교인 도교적 양상이 다분히 함유되어 있었다. 왕조국가에 있어 왕의 송축을 주지로 하는 공연물은 왕조 교체가 일어난 후에도 여전히 통용될 수 있는 문화코드였다. 당악정재를 유교적 문화라고 바라보기보다 왕권 강화의 도구로서 활용했던 궁중문화의 산물로 이해하는 것이 더 합당하게 여겨진다.

---

64 조경아, 「정도전 악장 정재의 가무악 요소에 담긴 상징과 비유」, 178쪽.

참고문헌

송방송, 『한국음악통사』, 일조각, 서울, 1998.

차주환역, 『고려사』「악지」, 을유문화사, 서울, 1972.

차주환, 『고려 당악의 연구』, 동화출판공사, 서울, 1983.

여운필 역주, 『고려사 악지』, 월인, 서울, 2011.

강경호, 「당악정재 <헌선도>의 실현 양상과 창사 변화」, 『세계민족무용연구소』 학술총서 1, 2005.

고수미, 「고려시대 팔관회의 성격 변화와 문인층의 인식」, 제주대학교 석사학위논문, 2014.

김미영, 『악학궤범』 당악정재의 규칙성과 사상성 연구, 성균관대학교 박사학위논문, 2009.

김병인, 「고려 예종대 도교 진흥의 배경과 추진세력」, 『전남사학』 20, 2003.

김수경, 「동문선 소재 치어, 구호를 통해본 고려시대 정재의 연행 양상」, 『한국시가연구』 7. 2000.

김영희, 「정재악장의 춤 표현에서 풍(風)과 관련한 움직임에 관한 연구」, 『대한무용학회논문집』, 2011.

김예림, 「유영의 기려사 연구」, 숙명여자대학교 석사학위논문, 2012.

김정희, 「당송 악무의 고려 전래에 대한 고찰」, 『중국어문논총』 17, 1999.

김종수, 「조선시대 궁중연향의 변천」, 『동방학』 6, 2003.

김철웅, 「고려중기 도교의 성행과 그 성격」, 『사학지』 28, 1995.

박현규, 「한국 고문헌 속의 북송 유영 작품과 기록 검토」, 『중국어문논총』, 20, 2001.

송지원, 「음악의 근원」, 『음악, 삶의 역사와 만나다』, 국사편찬위원회, 2011.

신태영, 「고려 당악정재의 전래와 수용」, 『국악원논문집』 31, 2015.

심숙경, 「당악정재 헌선도를 통해 본 고려, 송시대 악무(樂舞) 교류」, 『무용예술학연구』 10, 2002.

심숙경, 「고려 • 송시기 역사 동향 및 악무 교류 상황」, 『무용예술학연구』, 11, 2003.

이동향, 『송사의 아와 속 –염정사를 중심으로』, 『중국어문학』 30, 1997.

장정수, 「당악정재 <포구락>의 역사적 전재」, 『세계민족무용연구소』 학술총서 1, 2005.

조규익, 「여말선초 악장의 중세적 관습 및 변이 양상」, 『우리문학연구』 44, 2014.

조규익, 「조선조 악장과 정재의 문예미적 상관성 연구」, 『한국시가연구』 10, 2001.

조규익, 「조선조 악장의 통시적 의미 –'태조–성종조'를 중심으로」, 『국제어문』 27, 2003.

조규익, 「조선 초기 악장을 통해 본 전환기의 실상」, 『온지논총』 15, 2006.

조규익, 「계층화의 명분과 기득권 수호 의지 –선초 악장의 이중성」, 『고전문학연구』 23, 2003.

조규익, 「조선조 악장과 음악관」, 『온지논총』 7, 2001.

조규익, 「궁중정재의 선계 이미지, 그 지속과 변이 양상」, 『한국문학과 예술』 1, 2008.

조규익, 「조선초기 악장의 문화사적 의미 –목적문학론의 첫 대두와 그 창작적 실현」, 『국어국문학』 100, 1988.

조경아, 「정도전 악장 정재의 가무악 요소에 담긴 상징과 비유」, 『무용역사기록학』, 33, 2014.

채웅석, 「고려 예종대 도가사상 • 도교 흥기의 정치적 성격」, 『한국사연구회』 142, 2008,

한정수, 「여말선초 국왕 잔치의 문제와 연향의 성립」, 『조선시대사학보』 62, 2012.

〈연화대〉의 시대별 변천과 계승

신태영
세계민족무용연구소 전임연구원

조선의 <연화대> 정재는 고려의 <연화대>를 계승한 것이며, 고려의 <연화대>는 중국 당·송의 <자지무>에서 유래했다고 한다. 그리고 중국의 <자지무>는 수·당의 궁중무악이 대체로 그러하듯 중국 고유의 것이 아닌 외국의 악무이며, 그 중에서도 중앙아시아에서 들어온 춤으로 알려져 있다. <자지무>가 중국으로 전래된 시기는 명확하지 않지만 늦어도 7세기 무렵에는 전래되었을 것이므로, 한국의 <연화대>는 중앙아시아에서 중국, 그리고 다시 한국으로 1,300여 년에 걸쳐 전래된 오랜 문화교류의 산물이라 할 수 있다.

<자지무>는 최소 1,300여 년이 지나는 동안 다양한 경로로 여러 곳으로 전파되어 수많은 변종이 생겨났을 것이다. 우리는 이러한 <연화대> 연구를 통하여 악무의 전파와 수용 양상, 그리고 전통 문화의 계승과 보존에 대해서도 다각도로 논의할 수 있을 것이다.

<연화대>에 대한 연구는 일찍부터 있어 왔고 관련 연구물도 비교적 많은 편이다. 연구 분야도 <연화대>의 기원과 변천, 그 복식과 의물, 그리고

* 이 글은 세계민족무용연구소의『민족무용』제20집에 게재한 것을 수정한 것임.

<학연화대처용무합설>에 이르기까지 다양하다. 그 중 <자지무>와 <연화대>의 관계 또는 시대적 변천을 다룬 대표적인 성과로 심숙경과 박은옥의 연구를 들 수 있다. 심숙경은 「연화대무의 역사적 변천과정에 대한 연구」에서 <연화대무>의 형태와 구성, 반주 음악, 구호와 창사, 복식과 무구 등으로 나누어 변천 과정을 정리하였고, 또 「당악정재 연화대와 중국 자지무의 관계」에서 두 춤의 관계에 대해 역사적 측면과 구조적 측면으로 나누어 살펴보았다. 이를 통해 <연화대무>가 <자지무>를 계승한 것이라는 기존의 설을 재확인하고 또 각 부분별 변천 과정을 살필 수는 있었지만, 이를 종합한 시대별 변천 과정을 살피기에는 아쉬운 점이 있었다.[1] 박은옥은 한국의 <연화대>가 중국 <자지무>의 원형과 어떻게 연결되는지 파악하려고 하였다. 그 결과 고려의 <연화대>는 송나라 가무희의 형식을 차용하여 새로운 연출형식으로 변화된 것으로 보았다.[2]

하지만 이들 연구는 모두 한국의 <연화대>가 중국의 <자지무>와 어떻게 영향 관계를 가지는지에 초점이 있어 오히려 <연화대>가 그 자체로 어떻게 변천되어 왔는지에 대한 논의는 부족한 면이 있다. 또한 <자지무>의 기원설도 사실상 몇몇 설을 답습하고 있어, 여러 기원설을 모아 비판적으로 재검토할 필요성이 제기된다.

이 글에서는 이런 성과를 바탕으로 <자지무>의 기원설에 대해 재검토하고, 또 <연화대>가 중국의 당・송, 한국의 고려・조선 등 시대별로 어떻게 변천되어 오늘날까지 전승되었는지 살펴보고, <연화대>가 앞으로 어떤 길로 나아가야 하는지에 대해서도 생각해보고자 한다. 이를 통해 <연화대>의 복원과 재연에 작은 도움이 되었으면 한다.

---

1 심숙경, 「연화대무의 역사적 변천과정에 대한 연구」, 숙명여대 석사학위논문, 1993; 심숙경, 「당악정재 연화대와 중국 자지무의 관계」, 『대한무용학회논문집』 70-2, 2012.

2 박은옥, 「자지무와 연화대」, 『고려당악』(서울: 문사철, 2010), 65쪽.

1. 〈자지무〉의 기원

일반적으로 <자지무>는 서역에서 전래했다고 하지만 물론 이에 대한 이설도 있다. 선행 연구에서는 <자지무>의 기원설을 대체로 석국설·탁발위설·남만설 등으로 삼분하고, 질지설을 석국설과 함께 다루거나 표국설을 누락시키는 경우도 종종 있었다.[3] 본고는 이를 모두 포함하여 다섯 가지로 나누었다. 곧 남쪽에서 유래했다는 남만설과 표국설, 북쪽에서 유래했다는 탁발위설, 그리고 서쪽에서 유래했다는 질지설과 석국설 등이 그것이다.

남만설은 남송인인 곽무천郭茂倩(1041~1099)의 다음과 같은 주장에서 비롯되었다.

> 심아지沈亞之(781~832)의 부賦에 "그 옛날 신조神祖께서 서융西戎을 이기셨을 때, 빈객들이 바친 연회의 춤雜舞을 수없이 공연했다네. 자지무가 참으로 너무나 아름다워, 가인佳人에게 명해 익히도록 했다네."라고 하였다. 그러한 즉 서융의 춤인 것처럼 보이지만, 지금 춤추는 사람들의 의관을 살펴보면 남만의 복장과 유사하니 아마도 남만의 여러 나라에서 나온 듯하다.[4]

심아지의 부란 「자지무부柘枝舞賦」를 말한다. 여기서 신조는 당의 개국조가 아니라 석국으로 정벌 나가 대원도독부(658~751)를 세운 고종을 말한다. 당이 서역을 정벌하자 여러 나라에서 자국의 악무를 자의 반 타의 반으로

---

3 기원설에 대해서는 여러 선행 연구가 있지만 대체로 비슷하다. 본고는 왕극분 저, 차순자 역, 『중국무용사』(서울: 동남기획, 2002), 35쪽; 심숙경, 「당악정재 연화대와 중국 자지무의 관계」, 『대한무용학회논문집』 70-2, 2012, 157~159쪽; 박은옥, 『고려당악』(서울: 문사철, 2010), 47~51쪽; 남종진, 「당대의 시가에 나타난 자지무」, 『외국학연구』 28, 2014, 402~404쪽의 연구를 주로 참조하여 기존 견해를 재검토하였다.

4 (宋) 郭茂倩, 『樂府詩集』 卷56 : "柘枝, 本柘枝舞也. 其後字訛爲柘枝. 沈亞之賦云, '昔神祖之克戎, 賓雜舞以混會. 柘枝信其多妍兮, 命佳人以繼態.' 然則似是戎夷之舞, 按今舞人衣冠, 類蠻服, 疑出南蠻諸國也." '잡무雜舞'는 연회에서 추는 춤을 말한다. 교묘郊廟에서 추는 춤은 아무雅舞라고 한다.

바쳤고, 그 악무는 연회의 오락용 악무가 되었다. 그런데 그 여러 악무 중에서도 <자지무>가 빼어나서 이를 배우게 했다는 것이다. 그러나 심아지의 이러한 증언에도 불구하고 곽무천은 복장이 남만과 비슷하다는 이유로 남만에서 <자지무>가 유래했을 것이라고 했다. 이러한 곽무천의 주장을 이어 갈립방葛立方(?~1164)은 아예 "남만의 여러 나라에서 나와 당에서 성행하였다."[5]라고 단언하기에 이르렀다. 그러나 곽무천의 주장은 복식의 유사점에 착안해 추측한 것에 불과하다.

표국설은 표국驃國에서 당 덕종 정원貞元 18년(802) 정월에 악을 바쳤다는 기록에 따른 것이다. 그런데 『악서樂書』에서도 말하고 있듯이 표국의 악과 비슷한 것이 중국의 <자지무>가 있다는 것이지 <자지무> 자체가 표국에서 유래했다는 말은 아닌 것으로 보인다.[6] 그러나 이채문은 서역의 악무가 중원에 유입된 역사는 아주 오래되었고, 한 종목의 악무가 어느 한 시기에 유입되었다고 단정하기는 어렵다며, 건무의 <자지무>는 서역기원설이 합당하지만 연무의 <자지무>는 표국 기원설이 합당하다고 보았다.[7]

탁발위설은 <자지무>는 원래 북위北魏(386~534) 탁발拓抜(拓跋)의 무용이었는데 금나라 사람들이 그 이름이 좋지 못하다고 여겨 '탁拓을 자柘로, 발抜을 지枝'로 바꾸었다는 『석상부담席上腐談』과 『옥당가화玉堂嘉話』 등의 설에서 유래하였다.[8] 『고려사』 「악지」에서도 "연화대는 본래 탁발위에서 나왔다.

5 (宋) 葛立方, 『韻語陽秋』 卷15 : "柘枝舞 起於南蠻諸國 而盛於李唐."

6 (宋) 王溥, 『唐會要』 卷33 「南國諸侯」 : "驃國樂, 貞元十八年正月, 驃國王來獻, 凡有十二曲, 以樂工三十五人來朝. 樂曲, 皆演釋氏經論之詞. 驃國, 在雲南西, 與天竺國相近. 故樂多演釋氏之詞. 每爲曲, 皆齊聲唱, 各以兩手十指, 齊開齊斂, 爲赴節之狀, 一指一抑, 未嘗不相對, 有類中國柘枝舞." 이외에 『樂書』(卷159 驃國) · 『御製律呂正義後編』(卷84 樂制考 7) · 『冊府元龜』(卷570 夷樂), 『玉海』(卷108 唐驃國樂 圖 驃國獻樂頌)에도 같은 내용들이 보인다.

7 이채문, 「서역 악무의 중원 유입과 전파」, 『동아시아 전통 춤의 교류와 수용』, 한국예술종합학교 세계민족무용연구소 심포지엄 발표논문집, 2015. 5, 45~46쪽.

8 (元) 俞琰, 『席上腐談』 卷上 : "『瑣碎錄』云 '柘枝舞 本北魏拓抜之名 易拓爲柘 易抜爲枝.'"; 『玉堂嘉話』 卷3 : "柘枝舞 本拓抜舞, 金人 以名不佳 改之." 이 외에도 『欽定續文獻通考』(卷119 樂考 散樂百戲 · 宋) · 『說郛』(卷25下 席上腐談) · 『海録碎事』(卷16 音樂部 · 歌舞門 · 柘枝舞) · 『類說』(卷47 柘枝) · 『居易錄』(卷8) 등에도 보인다.

(蓮花臺, 本出於拓跋魏.)"라고 하여 이 설을 따르고 있다. 흔히들 <자지무>의 유래를 설명하며 글자의 형태가 서로 비슷해서 점차 바뀌어 '자지柘枝'로 정착되었다고 하지만, 위의 기록에 의하면 그렇지 않음을 알 수 있다. 그리고 '척拓과 자柘'는 목판본에서 충분히 혼동될 수 있으므로 그럴 수 있다 치더라도 '발跋과 지枝'는 서로 혼동되기 어렵다는 점에서도 글자가 유사해 바뀌었다는 기존의 설은 그리 설득력이 없어 보인다.

이 탁발위설은 대체로 부정되고 있는데, 특히 왕극분은 남만설과 탁발설에 대해 현재 서남일대와 북방 여러 민족의 전통 민간무용에서 <자지무>와 같은 흔적을 찾을 수 없다는 점을 들어 두 설을 부정하였다. 하지만 심숙경이 지적하고 있듯이[9] 북위는 서역의 돈황敦煌과 구자龜玆까지 영토를 확대했으므로 북위를 통해 서역 악무가 중원으로 유입되었을 가능성은 여전히 있다. 구자와 석국은 서로 지역이 다르지만 석국의 <자지무>가 구자에 유입되었을 가능성이 있기 때문이다. 만약 북위를 거쳐 유입된 것이라면 그 시기는 당나라 이전이 되며, 이 경우에는 북위는 발생점이 아닌 통과 지점이 된다.

질지설은 『문원영화文苑英華』 79권에 실린 노조盧肇의 <호남 관쌍자지무부湖南 觀雙柘枝舞賦: 호남에서 쌍자지무를 보고>의 "예전엔 질지의 기예요, 지금은 자지라 이름하네.(古也郅支之伎, 今也柘枝之名.)"라는 구절에서 유래한 것으로 보인다. 왕극분은 질지郅支는 중앙아시아의 강포이江布爾 일대라고 하였고, 심숙경과 박은옥은 한나라 때의 도시인 탈라스Talas(呾邏斯)로 석국에 속한다며 질지설과 석국설을 동일시하였다.

그런데 '질지'는 지명이기도 하지만 인명이기도 하다. 바로 흉노 좌현왕인 질지 선우(재위: 기원전56~기원전36. 서흉노)로 이름은 호도오사呼屠吾斯이다. 질지 선우는 동생 호한야呼韓邪 선우(재위: 기원전58~기원전31. 동흉노)와 극심한 갈등을 겪다가 내전이 일어났는데, 패주한 호한야는 신하들의 반대에도 불

---

9 심숙경, 「당악정재 연화대와 중국 자지무의 관계」, 『대한무용학회논문집』 70-2, 대한무용학회, 2012, 159쪽.

구하고 한漢 선제宣帝에게 항복하고 그 신하가 되어 세력을 유지하였다. 질지는 이후 흉노 내부를 통합하고 영토를 확장하여 아랄해에 이르는 광대한 제국을 건설하였다. 하지만 결국 한의 급습을 받아 흉노 지배층 1,500여 인과 함께 살해당하였고, 질지가 확장한 영토는 호한야의 차지가 되었다.[10]

질지 선우의 영토를 질지라고 부를 수는 있지만, 질지의 영토는 광대했으므로 어느 한 지역만을 특정하기는 어렵다. 그런데 앞의 노조 부의 "예전엔 질지의 기예요, 지금은 자지라 이름하네"에서, 자지가 석국이라는 나라 이름이라면 질지도 나라 이름이 되어야 대가 맞는다. 이에 필자는 질지는 도시 이름보다는 질지 선우의 나라라는 뜻으로 보아야 하지 않을까 생각한다. 만일 이렇게 본다면 그 유입 시기는 기원전으로까지 소급될 수 있을 것이다.

석국설은 석국과 자지가 같은 나라를 가리킨다는 점에 착안한 것이다. 곧 『신당서新唐書』에서 석국石國을 '자지柘支·자절柘折·자시赭時'라고도 부른다고 하였는데,[11] 이 기록이 <자지무>가 석국에서 기원했다는 결정적 단서가 되었다. '자지柘支'와 '자지柘枝'는 표기상의 차이일 뿐으로 페르시아어 'Chaj'의 음역이다. 『신당서』 외에도 앞서 언급했던 심아지의 「자지무부」도 서역에서 들어왔다는 증거가 될 수 있다.

석국은 소그디아나Sogdiana의 동북쪽 끝으로, 현 우즈베키스탄의 사마르칸트Samarkand 일대에 있었던 고대 국가인데, 시르다리야강과 아무다리야강 사이에 있으며 사마르칸트를 중심으로 한 제라프샨강 유역을 지칭한다. 소그디아나는 '소그드인이 사는 지역'이라는 뜻으로 고대 페르시아제국의 서쪽에 있던 주州였다. 현재는 우즈베키스탄에 대부분 속해 있고 북서쪽 일부가 타지키스탄에 속해 있다. 중국에서는 속특粟特이라고 했다. 곧 석국·자지·속특 등은 모두 같은 지역을 지칭한 말이다. 최치원崔致遠(857~?)의 <향악잡영鄕樂雜詠> 5수 중의 <속독束毒>도 바로 이 석국을 말한다.

---

10 사와다 이사오(저), 김숙경(역), 『흉노』(서울: 아이필드, 2007), 79~82쪽.

11 『新唐書』 卷221下 列傳 卷146下 「西域」: "石, 或曰柘支, 曰柘折, 曰赭時."

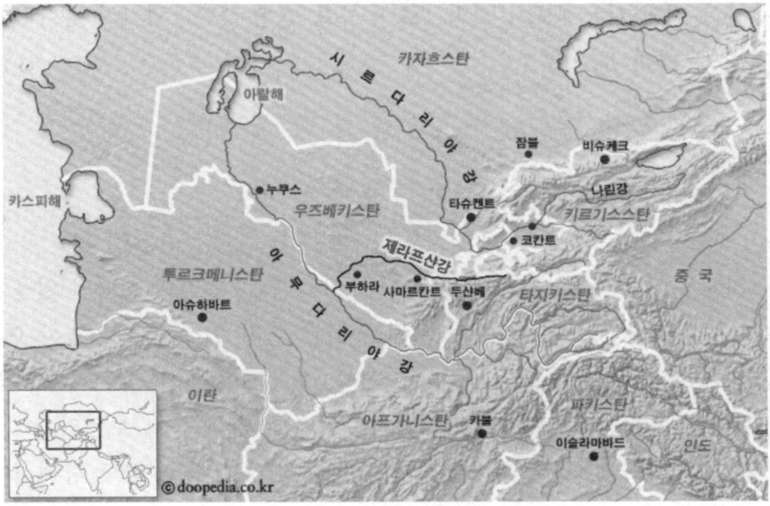

<제라프샤강 유역의 석국> 출처:『두산대백과사전』

그러나 지금까지의 이러한 설들은 모두 문헌상의 추측일 뿐이고, <자지무>가 석국에서 유래했다는 것을 실증하려면 실제 춤과 비교하는 작업이 필요하다. 즉 소그디아나 지역의 유물에 나타난 그 당시의 춤과 복식, 그리고 그 지역에 남아 있는 전통 악무 등의 편린으로 당나라 <자지무>의 기록과 그 유사성을 따져보는 작업이 선행되어야 할 것이다.

<자지무>가 언제 중원으로 유입되었는지는 분명하지 않다. 다만 <자지무>의 기원설을 재검토해 보면, 질지 선우(재위: 기원전56~36), 탁발위의 북위(386~534), 당의 대원도독부(658~751) 등으로 그 유입 시기를 나누어 볼 수 있다. 세 시기 모두에서 서역 춤이 유입되었을 가능성이 충분하고 또 그 춤 중에 <자지무>가 있을 수 있다. 하지만 <자지무>가 당나라에서 널리 유행했다는 점에서 본격적으로 유입된 시기는 아무래도 당의 대원도독부가 설치된 658년 이후가 아닐까 생각한다. 일예로 포도주가 중국에 소개된 것은 당이 서역과 전쟁을 치를 때로 포도주는 당의 귀족층을 중심으로 빠르게 퍼져나갔다. 이처럼 서역의 문화가 본격적으로 중원에 유입되었던 그 시기에 <자지무>도 함께 유입된 것으로 보인다. 설령 그 이전에 <자지

무>가 유입되었다 해도 본격적으로 주목을 받은 것은 7세기의 당나라 때였음은 분명해 보인다.

2. 중국 당의 〈자지무〉

<자지무>는 당(618~907) 현종 개원開元(713~741) 연간의 교방의 일을 기록한 최영흠崔令欽의 『교방기敎坊記』에 건무로 실려 있다. 또 당 소종 연간(888~904)에 활동한 단안절段安節이 편찬한 『악부잡록樂府雜錄』에도 건무곡健舞曲에 자지柘枝의 이름이 연무곡軟舞曲에 굴자屈柘의 이름이 보인다.[12]

당은 중엽부터 국운이 기울어졌는데, 이에 따라 궁중 연악도 함께 쇠퇴의 길로 들어섰다. 당은 이 시기에 교방 제도를 더 이상 유지할 수 없게 되자 교방의 여기를 수백 명씩 감축시키기도 했는데, 바로 이 시점에 궁중의 연악이 민간으로 흘러들어가 대대적으로 확산되었다. <자지무>를 제재로 삼은 시가는 당 후기인 800년부터 850년 사이에 집중적으로 나타나는 이유도 여기에 있다.[13] 궁중뿐 아니라 민간에까지 <자지무>가 확대되었으며, 이를 전문으로 추는 예인들까지 등장하였으니 이를 자지기柘枝妓라 했다.

'자지무'나 '자지기' 외에도 '자지'와 연관된 단어들이 여럿 있다. 자지랑柘枝娘은 <자지무>를 추는 예인을 말하며, 사패의 이름인 자지인柘枝引은 원래는 당나라 교방의 곡명이었다. 자지대柘枝隊는 송나라 때의 대무의 하나이고 자지사柘枝詞는 <자지무>를 출 때 부르는 노래의 가사이며, 자지고柘

12 (唐) 崔令欽, 『敎坊記』「進點 軟舞 健舞」: "〈垂手羅〉·〈回波樂〉·〈蘭陵王〉·〈春鸚囀〉·〈半社渠〉·〈借席〉〈烏夜啼〉之屬, 謂之軟舞. 〈阿遼〉·<u>〈柘枝〉</u>·〈黃獐〉·〈拂林〉·〈大渭洲〉·〈達摩〉之屬, 謂之健舞."; (唐) 段安節, 『樂府雜錄』, 「舞工」. "健舞曲, 有〈棱大〉·〈阿連〉·〈柘枝〉·〈劍器〉·〈胡旋〉·〈胡騰〉. 軟舞曲, 有〈涼州〉·〈綠腰〉·〈蘇合香〉·<u>〈屈柘〉</u>·〈團圓旋〉·〈甘州〉等."

13 남종진, 「당대의 시가에 나타난 자지무」, 『외국학연구』 28, 중앙대학교 외국학연구소, 2014, 406쪽.

枝鼓는 <자지무>를 출 때 치는 북이고 자지화모柘枝花帽는 <자지무>를 출 때 쓰는 모자이다. 자지전柘枝顚(자지는 미치광이)은 송나라 구준寇准을 가리키는데 <자지무>를 몹시 좋아하는 사람을 일컫기도 한다. 이처럼 '자지'와 관련된 여러 어휘가 생길 정도로 <자지무>는 많은 사랑을 받았다.

『악부잡록』에는 건무곡에 <자지>가 있고 연무곡에 <굴자>가 있다고 하였고, 『악원樂苑』에서는 우조羽調에 <자지곡柘枝曲>이 있고 상조商調에 <굴자지屈柘枝>가 있다고 하였다.[14] 즉 건무인 우조의 <자지>와 연무인 상조의 <굴자지>의 두 종류가 있는데, <자지>를 소재로 지은 시가는 많이 보이지만 <굴자지>를 소재로 지은 작품은 매우 드물어, 온정균溫庭筠(812?~866)의 <굴자사屈子詞> 이외에는 그리 보이지 않는다. 곧 <굴자지>는 그리 널리 유행하지 못했으며 문인가객들에게도 크게 주목받지 못했다는 것인데, 그 이유에 대해 남종진은 우조는 그 소리가 울림이 있고 비장하고 격렬한 반면 상조는 그 소리가 한스럽고 비통하므로, 연회에서 흥을 돋우기 위해서는 <굴자지>보다는 <자지>가 더 적절했기 때문일 것이라고 하였다.[15]

왕극분은 무용의 반주 악곡의 선율이 같기 때문에 <굴자지>는 <자지>가 발전・변화한 것으로, <자지>가 정통한 서역 민족 민간무라면 <굴자지>는 한족 전통 무용과 융합된 것이라고 하였는데,[16] 이후의 연구자들도 대체로 이 설에 동의하고 있는 것으로 보인다. 그런데 정말 <굴자지>가 한족의 전통 무용과 융합된 것이라면, 즉 한족화된 무용이라면 오히려 후대로 갈수록 <자지>보다 <굴자지>가 더 대대적인 환영을 받아 더 많이 공연되고 더 많이 시가의 제재가 되어야 하지 않았을까 하는 의구심이 든다.

한편 구자龜玆를 굴지屈支라고도 부른다는 점에서 <굴자屈柘>・<굴자

14 (宋) 郭茂倩, 『樂府詩集』 卷56 「舞曲歌辭 · 雜舞 · 柘枝詞」 注 : "『樂府雜録』曰 '健舞曲有柘枝, 軟舞曲有屈柘.' 『樂苑』曰 '羽調有柘枝曲, 商調有屈柘枝. 此舞, 因曲爲名.'"

15 남종진, 「당대의 시가에 나타난 자지무」, 407쪽.

16 왕극분(저), 차순자(역), 『중국무용사』(서울: 동남기획, 2002), 30쪽.

지>가 바로 '굴지의 춤'일 가능성도 배제할 수는 없다. 즉 연무의 <굴자지>는 돈황 너머의 위구르인 자치구인 신강성의 곡차현庫車縣에서 유래한 것이고, 건무의 <자지>는 그보다 더 서쪽에 있는 소그디아나의 석국에서 유래한 것일 수도 있다.

그럼 당의 <자지무>는 어떤 모습이었을까? 다행히 <자지무>에 대한 시가가 비교적 풍부하게 남아 있어 당시의 모습을 상상해볼 수 있다. 백거이白居易(772~846)는 <자지기柘枝妓>에서 이렇게 읊었다.

비단 자리 하나 평평하게 펼쳐지자	平鋪一合錦筵開
화고를 연이어 세 번 쳐 재촉하네	連擊三聲畫鼓催
붉은 촛불 일렁이며 아름다운 연인 일어나	紅蠟燭移桃葉起
자색 비단 적삼 움직이며 자지기가 나오네	紫羅衫動柘枝來
띠에 드리운 금장식 허리에서 꽃이 무겁고	帶垂鈿胯花腰重
모자에 구르는 금방울 하얀 얼굴 도는구나	帽轉金鈴雪面回
바라보다 곡이 끝나 붙잡아도 머물지 않고	看卽曲終留不住
구름 흩어지고 비 내리는 양대로 향하누나	雲飄雨送向陽臺[17]

화려한 비단 자리를 깔고 그 위에서 춤을 추었는데, 먼저 화려하게 채색한 북을 세 번 연달아 울리자 자지기가 일어나 무대로 나온다. 자지기는 자색 비단 적삼을 입었고 허리에는 금붙이로 치장했는데 도톰한 꽃무늬가 인상적이다. 모자에는 <자지무>의 특징인 금방울이 울리고 있고 그 때마다 백설처럼 하얀 얼굴도 함께 돈다고 했다. 금방울을 손이나 발이 아닌 모자에 달았다고 했는데, 그렇다면 이 금방울을 울리기 위해 머리와 몸이 격하게 움직였을 것이다. 마지막 구절은 자지기를 무산巫山에 사는 신녀神女에 비유했다.

이 시에서처럼 <자지무>는 북소리를 매우 중시한 것으로 보인다. 『교방

---

17 『全唐詩』 卷446 白居易 〈柘枝妓〉. '桃葉'은 애첩이나 아리따운 여자, 桃葉妓는 歌妓를 가리킨다.

기』에서는 붕거棚車 위에서 북을 치는 것은 <자지> 아니면 <아료파阿遼破> 라고[18] 한 것처럼 북은 <자지무>의 특징적 요소였다. 북소리에 맞추어 등장하고 춤을 추었는데, 왕극분은 타악기를 위주로 반주를 한 무용은 "선명한 리듬과 열정적인 분위기, 명쾌한 풍격 등의 특징을 갖추고 있어야만 하는데, <자지무>가 곧 이러한 특징을 모두 지니고 있었다."라고 하였다.[19]

자지기는 북소리에 맞추어 가느다란 허리를 유연하게 움직였으니, 유우석劉禹錫은 <화낙천자지和樂天柘枝: 백낙천의 자지시에 화답하며>에서 "북소리가 남은 박자 재촉하니 허리가 부드럽게 움직이고, 빗방울이 꽃에 점을 찍듯 땀방울 비단옷에 배어나오네."[20]라고 하였고, 서응徐凝은 "허리가 가늘어야만 자지무를 잘 출 수 있다네.(腰細偏能舞柘枝)"[21]라고 할 정도였다. 또 유우석은 "몸이 가벼워 뼈가 없는 듯, 보는 사람들 모두들 놀라네. 곡이 끝나자 몸을 돌려 나가는데, 아름다운 눈동자 사람들을 쏘아보네."[22]라고 하여, <자지무>의 특징을 뼈가 없는 사람이 움직이듯 가볍고 부드럽게 움직이는 춤사위와 마지막에 퇴장하면서 관객들에게 보내는 자지기의 고혹적인 눈매에서 찾았다.

『전당시全唐詩』에 실린 관련 시 30여 편을 분석한 남종진은 그 복식에 대해 "금방울이 달린 높은 비단 모자, 소매가 길고 소매통이 좁은 붉은색 계통의 비단저고리, 푸른색 배심, 자색 허리띠, 붉은 비단 신발을 착용하고, 머리는 틀어 올리고, 얼굴에는 분을 뽀얗게 바르고, 이마에는 화전(꽃잎 모양 무늬)을 장식한 모습이었다."라고 하였고 또 "허리가 잘록하고 몸놀림이 유연한 자지기는 발목을 이용한 스텝으로 박자를 맞추고, 완곡하게 회전하면

---

18 (唐) 崔令欽, 『教坊記』: "凡棚車上 擊鼓 非柘枝則 阿遼破也."

19 왕극분(저), 차순자(역), 『중국무용사』, 26쪽.

20 『全唐詩』 卷360 劉禹錫 〈和樂天柘枝〉 : "柘枝本出楚王家, 玉面添嬌舞態奢. 鬆鬟改梳鸞鳳髻, 新衫別織鬬雞紗. 鼓催殘拍腰身軟, 汗透羅衣雨點花. 畫筵曲罷辭歸去, 便隨王母上煙霞."

21 『全唐詩』 卷74 徐凝 〈宮中曲二首〉 제2수 : "身輕入寵盡恩私, 腰細偏能舞柘枝. 一日新妝拋舊樣, 六宮爭畫黑烟眉."

22 『全唐詩』 卷354 劉禹錫 〈觀柘枝舞二首〉 제2수 : "山鷄臨清鏡, 石燕赴遙津. 何如上客會, 長袖入華裀. 體輕似無骨, 觀者皆聳神. 曲盡回身去, 層波猶注人."

서 관객들에게 고혹적인 눈길을 건넨다."라고 춤의 특징을 정리하였다.[23]

한편 <자지무> 공연에 대해 『악무잡록』에서는 『악원樂苑』을 인용해 이렇게 말하였다.

> 두 명의 여동을 쓰는데 모자에 금방울을 달아서 박자에 맞추어 돌 때마다 소리가 난다. 이들이 올 때는 두 연꽃 속에 숨어 있다가 꽃이 터진 이후에야 나타난다. 대무對舞를 추며 상점相占하는데, 실로 춤 중에서도 아묘雅妙한 것이다.[24]

연꽃 속에 두 여동이 숨어 있다가 나타난다는 설정은 『고려사』 <연화대>의 관련 기록에도 보인다. 이에 대해 진양陳暘(1064~1128)은 『악서樂書』에서 '우조에 <자지곡>이, 상조에 <굴자지>가, 각조에 <오천자지>가 있다'고 하고 위의 『악원』의 기사를 인용한 후, "그러나 지금의 제도는 다르다. 역시 시절에 따라 가감되어서 그런 것일까? 당 현종 시절(712~756) 이후엔 이 <자지>를 사람들이 좋다 하지 않는 이들이 없었다."[25]라고 하였다. 이로 보아 연꽃 두 개를 배치하는 구성은 이미 송에서는 사라지고 당에서만 존재했던 것 같다. 그러나 모든 <자지무>에서 다 연꽃을 사용한 것 같지는 않다. 유우석이 <관자지무觀柘枝舞>에서 "긴 소매로 화려한 양탄자에 오르네."[26]라고 했듯이 양탄자 위에서 주로 공연한 것으로 보인다. 한편 <오천자지>는 진양의 기록 외에는 찾기 어렵다. 후술하겠지만 송에서는

---

23 남종진, 「당대의 시가에 나타난 자지무」, 412쪽, 416쪽.

24 (宋) 郭茂倩, 『樂府詩集』 卷56 舞曲歌辭 · 雜舞 〈柘枝詞〉 : "『樂苑』曰: 羽調有柘枝曲, 商調有屈柘枝, 此舞因曲爲名, 用二女童, 帽施金鈴, 抃(一作抃)轉有聲. 其來也, 於二蓮花中藏, 花坼而後見. 對舞相占, 實舞中雅妙者也."

25 (宋) 陳暘, 『樂書』 卷184 「柘枝舞」 : "柘枝舞童, 衣五色繡羅寬袍, 胡帽銀帶. 案唐『雜說』羽調有柘枝曲, 商調有掘柘枝, 角調有五天柘枝. 用二童, 舞衣帽施金鈴, 抃轉有聲. 始爲二蓮華, 童藏其中, 華拆而後見, 對舞相占, 實舞中之雅妙者也. 然與今制不同矣. 亦因時損益然邪? 唐明皇時, 那胡柘枝, 衆人, 莫不稱善."

26 『全唐詩』 卷354 劉禹錫 〈觀柘枝舞〉 其二 : "山鷄臨淸鏡, 石燕赴遙津. 何如上客會, 長袖入華裀. 體輕似無骨, 觀者皆聳神. 曲盡回身處, 層波猶注人."

<자지무> 대곡을 공연할 때 여기들이 자지령柘枝令이 연주되면 오방무를 추었는데, 이 오방무가 <오천자지>와 관련이 있을 것으로 생각된다. 그렇다면 이 <오천자지>는 당이 아닌 송의 <자지무> 양식일 수 있다.

이를 종합해보면, 당나라의 <자지무>는 건무의 우조 <자지>와 연무의 상조 <굴자지>가 있었고, 혼자서 추는 독무와 둘이 짝을 이루어 추는 쌍자지무가 있었다. 그 중 건무의 <자지>는 금방울이 달린 모자를 쓰고 붉은색 계열의 좁은 소매 옷을 입고 화려하게 치장한 자지기가, 북소리에 맞추어 금방울을 울리며 가느다란 허리를 부드럽고 경쾌하게 움직이면서 춤을 추다가 마지막에 고혹적인 눈길로 관객을 사로잡는 춤이라 할 수 있다. 또한 <자지무>는 당 현종 이후 크게 유행했는데, 경쾌한 <자지>는 많은 대중적인 사랑을 받았지만 상대적으로 한스럽고 비통한 <굴자지>는 그렇지 못했다. 이러한 점에서 <굴자지>가 한족화된 춤이라기보다는 오히려 석국이 아닌 구자 지역에서 유래한 춤일 가능성이 더 크다고 하겠다.

3. 중국 송의 〈자지무〉

당(618~907)에 이어 혼란을 극복하고 등장한 송(960~1279)은 비록 당의 악무제도를 계승했다고 하지만, 당 멸망 이후 50여 년이 지나서야 세워졌다. 그렇다면 당의 악무도 그대로 계승되었을 리 없고 전란을 거치면서 많은 변화가 있었을 것이다. 연악은 당에서 극을 이룬 것으로 보이며 이후 송에서는 점차 쇠락해 잡극에 흡수되는 모양새를 보인다. 송의 대곡隊曲에는 당의 대곡 중 일부만 따서 공연하는 적편摘遍 현상이 두드러지게 나타나며, 이로 인해 그 길이도 대폭 짧아졌다.

송말원초에 살았던 유염俞琰의 『석상부담席上腐談』에서는 "지난번에 관기가 <자지무>를 추는 것을 보았는데, 머리에 한 붉은 물건을 이고 있었는데 몸체는 길고 머리를 뾰족하여 엄연히 뿔 모양이었다."[27]라고 했는데, 이것이 호모胡帽를 말하는 것 같지만 송에는 수많은 <자지무>가 존재했으므로 호모도 한 종류였다고 단정하기는 어려울 것 같다.

사호史浩(1106~1194)의 『무봉진은만록鄮峰眞隱漫錄』에 송 <자지무>의 연행 과정이 수록되어 있는데, 사실상 이 기록이 송의 <자지무>를 파악할 수 있는 거의 유일한 자료라 할 수 있다. 창사에 빠진 구절이 많아 정확한 내용은 알기 어려우나 공연 절차는 다음과 같다.

> 다섯 사람이 청廳을 향해 한 줄로 서면 죽간자가 구句를 읊는다.
>
> (중략)
>
> 읊기를 마친 후, 후행의 악대가 인자引子 반 단락을 연주하면 입장한다.
>
> 이어서 자지령柘枝令을 연주하면 나누어져 오방무五方舞를 춘다.
>
> 춤이 끝나면 죽간자가 다시 읊는다.
>
> "마침 보건대, 금방울이 짤랑거리고 비단 모자가 너울너울 춤을 주니, 방년의 아름다운 동기童妓들이 비취색 소매에 붉은 비단의 고운 옷을 입고(翠袂紅綃之麗服) 우아하게 서역의 춤을 추오니, 중국인이 아닌 듯 하옵니다. 의당 계단 아래에 이르게 하여 또렷이 보시옵소서."
>
> 읊기를 마치면, 화심花心이 나와서 읊조린다.
>
> "저희들의 이름이 악부에 올라 있어 어려서부터 춤추는 모양을 익혔습니다. 아름다운 잔치가 성대하게 열리어 우아한 음악이 연주되오니, 감히 말단의 재주를 바치어 맑은 노랫소리로 돕고자 하옵니다. 그러나 감히 마음대로 할 수 없어 엎드려 처분을 기다리옵니다."
>
> 읊기를 마치면 죽간자가 물어 읊는다.
>
> "이미 맑은 노래와 묘한 춤이 있다면 어찌하여 바치지 않는고?"
>
> 화심이 대답해 읊는다.
>
> "옛 음악이 어디에 있습니까?"
>
> 죽간자가 물음에 읊는다.
>
> "일부가 엄연히 있느니라."

27 (元) 俞琰, 『席上腐談』 卷上 : "嚮見官妓舞柘枝, 戴一紅物, 體長而頭尖, 儼如角形."

화심이 대답해 읊는다.

"다시 음악이 울리면 앞으로 나아가겠습니다."

읊기를 마치면 후행에서 삼대三臺를 한 번 연주하고 다섯 사람이 춤을 춘다. 춤을 마치면 후행에서 다시 사조射鵰를 연주하고 이어서 가두歌頭를 연주한다. 춤을 마치면 모두들 가두를 창한다.

(중략)

창을 마치면, 후행에서 타견朶肩 한 편을 연주한다.

연주를 마치면, 이어서 박호접撲胡蝶을 연주하고, (또 화미畫眉를 연주하고) 춤을 추며 돌면서 감사하는 인사를 마치면 모두들 자지령을 창한다.

(중략)

또 창하다.

(중략)

창을 마치면 후행이 자지령을 연주하고 춤을 춘다.

춤을 마치면 죽간자가 읊으며 무대를 보낸다.

(중략)

읊기를 마치면 후행이 자지령을 연주하고 무대를 내보낸다.[28]

이처럼 죽간자와 동기인 화심이 대사를 주고받은 후 춤을 추고, 춤을 모두 마치면 죽간자의 안내에 따라 퇴장한다. 송의 대곡이 모두 이러했던 것은 아니고 죽간자의 문답이 없이 가무자가 직접 대사를 읊는 간단한 형식

---

28 (宋) 史浩, 『鄮峰眞隱漫錄』 卷45 「柘枝舞」 : "五人對廳一直立, 竹竿子句念. …… 念了, 後行吹引子半段, 入場. 連吹柘枝令, 分作五方舞. 舞了, 竹竿子又念. '適見, 金鈴錯落, 錦帽蹁躚, 芳年玉貌之英童, 翠袂紅綃之麗服, 雅擅西戎之舞, 似非中國之人. 宜到階前, 分明祗對.' 念了, 花心出念. '但兒等名忝樂府, 幼習舞容. 當芳宴以宏開, 屬雅音而合奏, 敢呈末技, 用讚清歌, 未敢自專, 伏候處分.' 念了, 竹竿子問念. '既有清歌妙舞, 何不獻呈?' 花心答念. '舊樂何在?' 竹竿問念. '一部儼然.' 花心答念. '再韻前來.' 念了, 後行吹三臺一遍, 五人舞. 舞罷, 後行再吹射鵰遍, 連歌頭. 舞了, 衆唱歌頭. …… 唱了, 後行吹朶(肩)遍一片. 吹了, 連吹撲胡蝶遍, (又吹畫眉遍) 舞轉謝酒了, 衆唱柘枝令. …… 又唱. …… 唱了, 後行吹柘枝令舞. 舞了, 竹竿子念, 遣隊. …… 後行唱柘枝令, 出隊." '( )'의 경우 양인리우의 『중국고대음악사』(서울: 솔출판사, 1999), 511쪽을 참조하여 보충하였다.

도 있었다.29 죽간자의 소개가 있기 전에 오방무를 추었고 의상도 붉은색 계열의 소매가 아닌 비취색 소매로 바뀌었으나, 전반적으로 붉은색 옷을 입는 것은 비슷하다. 5명이 오방무를 추었는데 오방무는 전술했듯이 각조角調의 <오천자지>와 연관이 있을 것으로 보인다.

또한 <자지무>뿐 아니라 함께 실려 있는 <채련무採蓮舞>·<태청무太清舞>·<검무劍舞> 등에도 "(죽간자) 이미 맑은 노래와 묘한 춤이 있다면 어찌하여 바치지 않는고(既有清歌妙舞, 何不獻呈)? - (화심) 옛 음악이 어디에 있습니까(舊樂何在)? - (죽간자) 일부가 엄연히 있느니라(一部儼然). - (화심) 다시 음악이 울리면 앞으로 나아가겠습니다(再韻前來)."의 구절이 반복된다. 곧 "재운전래(再韻前來)"는 본격적으로 가무가 시작된다는 신호인 셈이다.

연주되는 곡은 '인자引子·자지령柘枝令·삼대三臺·사조射鵰·가두歌頭·타견朶肩·박호접撲胡蝶' 등 7곡인데, 여기에 화미畫眉를 포함시키면 모두 8곡이다.30 창은 「가두」와 「자지령」 두 종인데 「자지령」은 전·후로 나누어 창하였다. 창사의 내용은 궐문이 많아 명확하지 않지만 『고려사』와 『악학궤범』의 「연화대」와는 그 제목과 내용이 아예 다른 별도의 작품이다.

위의 <자지무>는 성인이 아닌 여동이 춘다. 송의 소아대小兒隊는 72명으로 구성되어 있고 10개의 대가 있었는데 그 중 첫 번째로 자지대柘枝隊가 있었다. 이들은 오색 수놓은 비단에 넓은 포袍를 입었고 호모胡帽를 썼으며 은대銀帶를 매었다.31 하지만 날씬하고 고혹적인 눈길의 자지기가 아닌 여동이 등장한다는 점에서 그 춤의 난이도와 춤사위가 많이 달랐을 것이다.

물론 송의 <자지무>를 동기만 추었던 것은 아니다. 구준寇准의 자지전柘枝顛 고사를 보아도 동기뿐 아니라 성인의 자지기도 여전히 존재했다. 구준

---

29 양인리우, 『중국고대음악사』, 512쪽.

30 『欽定四庫全書』의 『무봉진은만록』에는 '又吹畫眉遍'의 구절이 보이지 않는데(앞의 주 참조) 양인리우의 『중국고대음악사』에는 들어 있다. 아마도 참조한 판본이 서로 달라서인 듯하다.

31 『宋史』 志 95 樂 17 : "隊舞之制, 其名各十. 小兒隊, 凡七十二人, 一曰柘枝隊, 衣五色繡羅寬袍, 戴胡帽, 系銀帶."

은 <자지무>를 몹시 좋아해서 손님이 오면 반드시 <자지무>를 추도록 했는데 매번 반드시 날이 다하도록 춤추게 했기 때문에, 그 당시에 구준을 자지전(자지는 미치광이)이라 불렀다고 한다. 구준의 자지기였던 어느 비구니에 의하면 당시에 <자지무> 수십 편이 있었지만 이미 10분의 2~3으로 줄었다고 했다.[32] 『석림연어石林燕語』에서는 구준이 24인을 써서 <자지무>를 추게 했다고 한다.[33]

송의 <자지무>는 대곡의 경우 당 대곡을 적편하여 5인의 여동이 춤을 추었으며 그 의상은 소매가 붉은색에서 비취색으로 바뀌기는 했으나 붉은색 계통의 옷을 입었다. 궁중 밖에서도 <자지무>가 크게 유행하였는데 수많은 종류의 <자지무>가 만들어졌으며, 이에 따라 그 인원수도 다양했으리라 생각된다. 이처럼 서역에서 들어온 <자지무>가 변화·분화되어 다양한 종류로 발전하였지만, 송조를 끝으로 <자지무>는 중국에서는 그 자취를 찾기 어려워졌다.

4. 고려의 〈자지무〉와 〈연화대〉

고려조의 <연화대>는 『고려사』「지」에 비교적 자세하게 실려 있다. 그런데 『고려사』는 세종 31년(1449)에 편찬하기 시작해 문종 원년(1451)에 완성되었으니, 조선이 개국한 1392년에서 60여 년이 지난 시점으로 실제 고려에서 공연되었던 <연화대>와 다소 차이가 있을 수 있다는 점을 염두에 두어야 할 것이다.

한편 고려 인종 1년(1123)에 고려를 방문한 송 서긍(徐兢)은 『선화봉사고

32 (宋) 沈括, 『夢溪筆談』 卷5 「樂律」 1 : "柘枝, 舊曲遍數極多, 如『羯鼓錄』所謂渾脱解之類, 今無復此遍. 冦萊公, 好柘枝舞, 會客必舞柘枝, 每舞必盡日, 時謂之柘枝顛. 今鳳翔, 有一老尼, 猶萊公時柘枝妓云 '當時柘枝, 尙有數十遍, 今日所舞柘枝, 比當時十不得二三. 老尼尙, 能歌其曲, 好事者, 往往傳之."

33 (宋) 葉夢得, 『石林燕語』 卷4 : "寇萊公性豪侈 所臨鎮燕會, 常至三十醆 必盛張樂, 尤喜柘枝舞用二十四人 每舞連數醆 方畢 或謂之柘枝顛."

려도경宣和奉使高麗圖經』에서 고려에 <자지> 등의 기예가 있다고 했다.[34] '연화대'라고 하지 않고 '자지'라고 한 것으로 보아 그 당시까지는 '자지무'로 불렸을 가능성이 있다. 『선화봉사고려도경』은 고려에 대한 종합보고서적 성격을 갖기 때문에 기록에 매우 신중을 기했을 것이다. 만일 당시에 '연화대'로 불렸다면 그러한 사실 또한 함께 기록되었을 것이므로, '자지무'에서 '연화대'로 명칭이 바뀐 것은 1123년 이후일 것으로 생각된다.

『고려사』의 <연화대>는 앞서 언급했듯이 송 사호의 『무봉진은만록』에 실린 <자지무>와 『고려사』의 <자지무>는 상당한 차이가 있다. <연화대>에서는 송의 <자지무>처럼 죽간자의 소개 전에 미리 춤을 추지 않는다. 죽간자도 "화려한 잔치가 밤낮으로 열리니, 천 가지 즐거운 일이 일시에 옵니다. 연방蓮房에서 화하여 나오니 자태가 아름다운데, 묘한 춤 아름다운 노래는 이 세상의 재주가 아니옵니다."[35]라고 구호를 통해 여동을 소개하지만 여동과의 문답은 없다. <연화대>의 음악도 오운개서조인자五雲開瑞朝引子·중선회인자衆仙會引子·백학자白鶴子·헌천수령獻天壽令·최자령嗺子令·삼대령三臺令·하성조賀聖朝·반하무班賀舞 등의 8곡을 연주한다는 점에서 그 곡의 수는 송의 <자지무>와 같지만 '삼대'를 제외하고는 공통된 음악 이름이 없다.

인원도 송의 <자지무>는 여동 5명에 죽간자가 있지만, <연화대>는 여동 2명에 죽간자 2명뿐으로 비교적 단출하다. <연화대>의 여동은 단장丹粧을 했는데, 『고려사』에는 무복이나 합립의 그림이 없어 자세한 것은 알 수 없지만 조선의 『악학궤범』 8권의 「연화대복식도설」에 따르면, 단의丹衣는 소매 끝에 백초白綃와 녹라綠羅를 달고 상裳은 홍라로 만들되 홍라와 녹라의 유소를 드리우고 그 상단에 녹라를 댄다. 또한 소매 끝이 여타의 정재처럼

34 (宋) 徐兢, 『宣和奉使高麗圖經』 卷40 「樂律」: "若女伎, 則謂之下樂. 凡三等, 大樂司二百六十人, 王所常用. 次管絃坊一百七十人, 次京市司三百餘人, 亦有柘枝·抛毬之藝. 其百戲數百人, 聞皆敏捷特甚. 然以時王俟衣制未終, 工人執其器而不作, 聲律之度, 不可得而考也."

35 『高麗史』 卷71 「志」 25 樂 2 「蓮花臺」: "綺席光華卜晝開. 千般樂事一時來. 蓮房化出英英態. 妙舞姸歌不世才."

넓지 않고 좁다. 『악학궤범』에 연화대만 별도의 복식이 있다는 것은, 연화대의 유래가 여타의 정재와 다른 독특한 면이 있다는 뜻이다. 이것은 <연화대>가 서역의 <자지무>에서 유래했으므로 서역의 복색을 어느 정도 유지하려는 노력이 반영되었다고 보아야 할 것이다.

<연화대>는 <미신사>·<일난풍화사>·<낭원인간사> 등 세 곡을 창하는데 송의 <자지무>는 <가두>와 <자지령> 등 두 곡뿐이고 그 창사도 완전히 다르다. 그런데 <연화대>는 <미신사>만 <연화대>의 창사일 뿐 나머지 두 곡은 <헌선도>의 창사로 선도를 바친다는 내용으로 되어 있어, 사실상 <연화대>의 내용과 일치하지 않는다. 아마 애초에는 완전한 작품이었는데 몽고와의 전란 와중에 유실되었다가 후대에 임시로 다른 창사를 넣어 만든 것이 그대로 굳어진 것은 아닐까 생각해보지만, 그 명확한 이유는 알 수 없다.

그런데 『동문선東文選』 104권 치어致語에 이지저李之氐(1092~1145)의 <포구락 치어抛毬樂致語>와 <연화대 치어蓮花隊致語>가 실려 있어 주목된다. 치어致語는 원래 나라에 경사가 있을 때 임금에게 올리던 글을 말한다. 『동문선』 104권에는 20여 편의 치어가 실려 있는데, 이 중에는 <등석치어燈夕致語>·<팔관치어八關致語>·<갑자년 영주 교방치어甲子年 迎主 敎坊致語>·<등석 헌선도 교방치어燈夕 獻仙桃 敎坊致語> 등이 <책왕태자 어연치어冊王太子 御宴致語> 등과 나란히 실려 있다. 곧 왕태자를 책봉하는 중요한 경사뿐 아니라 등석이나 팔관회 등도 나라의 경사로 보아 신하들이 치어를 지어 임금에게 바쳤다는 것을 알 수 있다. 고려조에 이지저는 문신과 무신의 두 명이 있는데, 글을 지었다는 점에서 과거에 장원급제한 문신 이지저일 것이다.

이지저의 <포구락 치어>와 <연화대 치어>는 '연송사일 여대염어(宴宋使日 女隊念語: 송 사신에게 연회를 베푸는 날의 여대의 치어)'라는 제목 하에 실려 있어 사신 환영 연회용 무곡의 대사임을 알 수 있다. 아울러 일반적으로 치어는 신하가 임금에게 올리는 축하의 글인데, 여기서는 대곡의 출연자를 대신하여 지은 글로 대본의 대사와 같아 여느 치어와는 그 성격이 다르다. 이지저가 지은 여기의 치어는 이러하다.

> 엎드려 듣자오니, 성대한 음식을 나란히 벌여 놓으시고 아름다운 손님에게 예악을 갖추어 연회를 베풀고 관현악을 번갈아 연주하여 성덕의 형용을 드러내셨사옵니다. 여기에 특이한 기예가 있으니 진선부眞仙府에서 왔사옵니다. 아리따운 요조숙녀가 꽃봉오리 속에서 자라났으니 하얀 학이 퍼덕거리며 옥의 형상을 쪼아 열려고 하옵니다. 가곡은 봉황새끼의 묘함을 다하였고 춤의 자태는 난鸞새의 가벼운 날갯짓을 떠올리게 합니다. 온 좌석의 즐거움을 돕고자 하여 천년의 만남을 경하 드리옵니다. 첩들은 강구康衢(태평성세)의 말기末技요 법부法部(교방)의 천공賤工인지라, 재주 없음을 헤아리지 아니하옵고 삼가 구호를 바치옵니다.
>
> "쌍머리채를 예쁘게 꾸미고 신선의 누대에서 내려오니
> 정녕 사원에서 성대한 잔치 여는 때를 만났사옵니다.
> 한바탕 행락行樂의 일 돕고자 하여
> 붉은 담요 위에서 거듭 배회하옵니다."36

정재의 치어로서는 상당히 긴데, 두 동녀는 진선부에서 인간세상으로 내려와 꽃봉오리 속에서 자랐으며, 하얀 학이 옥의 형상을 한 꽃봉오리를 쪼았다고 하였다. 자신들의 춤을 봉황의 새끼와 난새에 비유해 새의 춤을 본뜬 것임을 암시했다. 자신들을 선녀라고 소개했으면서도 정작 치어의 마지막 부분에서는 교방의 천한 공인이라고 자신들을 소개하여 앞뒤가 일치하지 않는다.

---

36 『東文選』卷104 致語 李之氏 〈蓮花隊致語〉: "蓮花隊致語. 伏聞尊俎駢羅, 燕嘉賓以禮樂, 管絃交作, 表盛德之形容. 有玆異技之流, 來自眞仙之府, 青蛾窈窕, 毓在於芳苞, 皓鶴翩翻, 啄開於玉貌. 歌曲盡鳳雛之妙, 舞態回鸞翅之輕. 資一座之歡娛, 慶千齡之會遇, 妾等康衢末技, 法部賤工, 不揆不才, 謹呈口號. '雙鬟綽約下仙臺, 正値琳宮盛燕開. 欲助一場行樂事, 紅絲毯上重徘徊.'"

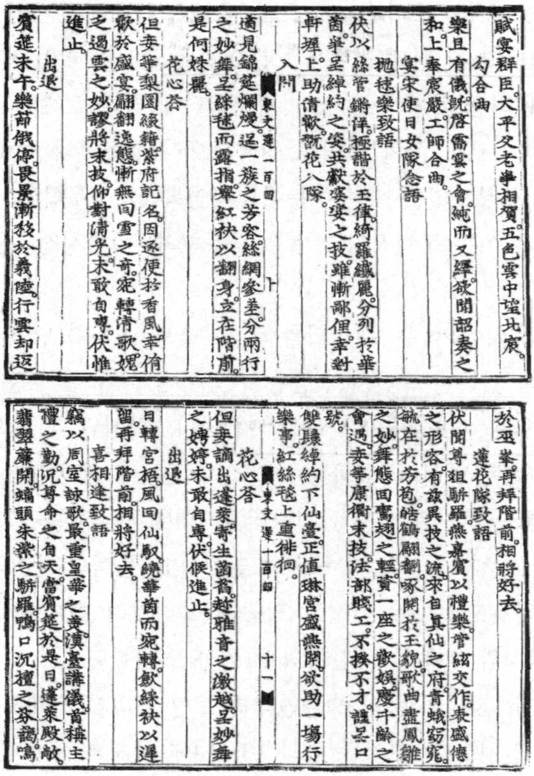

賦宴群臣大平父老爭相賀五色雲中望北宸
勾合曲
樂且有儀既啓需雲之會純而又繹欲聞韶奏之
和上奉宸嚴工師合曲
宴宋使日女隊念語
抛毬樂致語
伏以絲管鏘洋極諧於玉律綺羅纖麗分列於華
茵幷呈綽約之姿共獻婆娑之技雖慚鄙俚幸對
軒墀上助清歡謹花八隊
入門
東文選 一百四
適見錦筵爛熳逞一簇之芳容綵綱參差分兩行
之妙舞呈綵毬而露指舉紅袂以翻身立在階前
是何姝麗
花心答
但妾等梨園綠籍紫府記名因逐便於香風幸侑
歡於盛宴翩翻逸態慚無回雪之奇宛轉清歌媿
乏過雲之妙謬將末技仰對清光未敢自專伏惟
進止
出退
賓筵未午樂節俄停畏景漸移於義陸行雲却返

於巫峯再拜階前相將好去
蓮花隊致語
伏聞尊俎駢羅燕嘉賓以禮樂管絃交作表盛德
之形容有殊異技之流來自眞仙之府青蛾窈窕
毓在於芳苞皓鶴翩翻啄開於玉貌歌曲盡鳳雛
之妙舞態回鸞翅之輕資一座之歡娛慶千齡之
會遇妾等康衢末技法部賤工不揆不才謹呈口
號
雙驂綽約下仙臺正值琳宮盛燕開欲助一場行
樂事紅絲毬上重徘徊
東文選 一百四 十一
花心答
但妾謫出蓬萊寄生菡萏趁雅音之激越呈妙舞
之娉婷未敢自專伏候進止
出退
日轉宮梧風回仙馭繞華茵而宛轉歛綵袂以遅
留再拜階前相將好去
喜相逢致語
竊以周室詠歌最重皇華之美漢臺講儀首稱主
禮之勤況尊命之自天當賓筵於是日蓬萊殿敞
翡翠簾開鵷頭朱紫之駢羅鴨口沉檀之芬藹鳴

『동문선』 권104 <宴宋使日 女隊念語>

『고려사』「연화대」의 주에는 여동이 연꽃 속에 있다가 꽃이 터지면 나온다고 했는데,[37] 여기서는 이 부분을 직접 연출하지는 못하고 '학이 꽃봉오리를 쪼다'는 치어로 대신하며, 『고려사』「연화대」의 주에 없던 '학'을 등장시켰다. 비록 학이 쫀 꽃이 어떤 종류인지 말하지 않았지만 연꽃임은 자명하다. 『동문선』에는 최자崔滋(1188~1260)가 지은 <차이수교방소아시운次李需教坊少娥詩韻: 이수의 교방 소아 시에 차운하며>라는 40구 20운의 차운시

37 『高麗史』 卷71 「志」 25 樂 2 「蓮花臺」: "蓮花臺, 本出於拓跋魏. 用二女童, 鮮衣帽, 帽施金鈴, 扑轉有聲. 其來也, 於二蓮花中藏之, 花坼而後見. 舞中之雅妙者, 其傳久矣."

두 편이 있다. 여기서 소아는 여동으로 세말의 나례에서 여동을 보고 지은 시이다. 그런데 그 첫 번째 시에서 “상부相府에 연꽃이 피어 새 곡조를 전하고, 창루娼樓에 버들 꺾어 묵은 노래 파하였다네.”[38]라고 하였고, 두 번째 시에서 “응당 번거로이 학의 부리로 연꽃봉오리 쪼는구나(應煩鶴觜拆蓮窠).”라고 하여 학이 꽃봉오리를 쪼는 부분이 <학연화대처용무합설>의 설정과 유사하다. 연꽃을 여는 구체적인 방법은 곽무천의 『악부시집』 등에는 보이지 않는다.

이 <연화대 치어>에는 ‘화심답花心答’과 ‘출퇴出退’[39]가 함께 들어 있는데, 화심의 답변이 있다면 죽간자의 물음이 있어야 하나 이 부분은 보이지 않는다. 유실되었을 수도 있으나 확실하지 않다. ‘화심답’과 ‘출퇴’는 모두 춤을 마치고 아뢰는 말인데, 출퇴는 죽간자의 치어에 해당한다. 화심답의 마지막 구절 “엎드려 진퇴의 명을 기다리옵니다(伏候進止).”는 <오양선> 마지막 부분인 왕모 치어의 마지막 구절과 일치하고, 출퇴의 마지막 구절 “섬돌 앞에서 재배하옵고(再拜階前), 서로 의좋게 물러가려 하나이다(相將好去).”도 <포구락> 마지막 부분인 죽간자의 치어와 일치한다.

한편 이지저(1092~1145)의 생몰연대를 보면 고려가 송에서 교방악을 들여온 시기와 일치한다. 고려는 송과 1071년에 국교를 재개했으며, 1123년에 서긍이 다녀갔고 1127년에 북송이 멸망했으며, 고려는 1164년에 송은 1173년에 마지막 사절단을 파견하였다.[40] 그리고 고려가 송의 교방악을 들여온 기록은 문종 25년(1071)부터 예종 11년(1116) 사이에 집중적으로 나타난다. 이로 보면 송의 교방악을 배워 고려의 당악정재를 새롭게 만든 시기에 이지저가 일정한 기여를, 어쩌면 상당한 기여를 했을 수도 있다. 고려조의 문헌은 전하는 것이 매우 적어서 이지저의 치어과 같은 작품이 얼마나

38 『東文選』 卷18 七言排律 崔滋 〈次李需敎坊少娥詩韻〉 : “蓮開相府傳新曲, 柳折娼樓罷舊歌.”

39 『東文選』 卷104 致語 李之氐 〈蓮花隊致語〉 : “花心答. ‘但妾謫出蓬萊, 寄生菡萏, 趁雅音之激越, 呈妙舞之娉婷, 未敢自專, 伏候進止.’ 出退. ‘日轉宮梧, 風回仙馭, 繞華茵而宛轉, 斂綵袂以遲留, 再拜階前, 相將好去.’”

40 김한규, 『한중관계사 I 』(서울: 아르케, 1999), 391쪽.

되는지 알 수 없지만, 이를 통해 정재의 치어를 상황에 따라 새로 만들어 쓰기도 했으며, 나아가 고려가 송의 교방악을 흡수하여 고려식으로 변용시켰다는 증거도 될 수 있을 것이다. 또한 이지저가 치어를 지은 시기는 정확히 알 수 없지만 서긍이 '연화대'가 아닌 '자지'라고 언급한 점에서 서긍이 다녀간 1123년 이후가 아닐까 생각한다. 하여간 이지저의 치어는 우리가 알고 있는 『고려사』의 <연화대>의 모습이 전부가 아니라는 점을 일깨워준다. 곧 고려의 <연화대>는 하나의 고정된 닫힌 양식이 아니라 상황에 따라 가감될 수 있는 유동적이고 개방적인 형식이었던 것이다.

고려조의 <연화대>는 송조의 <자지무>와 매우 달랐다. 송의 <자지무>를 배웠다면 비슷한 부분이 다수 있어야 할 텐데, 죽간자가 등장하며 삼대의 악곡을 연주한다는 점 외에는 그리 유사하지 않으며, 오히려 당의 쌍자지무의 <굴자지>와 유사한 점이 더 많아 보인다. 그렇다면 고려조 이전부터 당에서 들어온 <자지무> 중, 특히 쌍자지무의 <굴자지>를 기본 바탕으로 삼고, 여기에 송의 교방악 지식을 적용하여 고려의 <연화대>로 재창조했다고 보아야 할 것이다.[41] 이지저의 치어를 통해 <연화대>의 춤사위는 새의 날갯짓을 본 딴 것으로 짐작된다. 한편 세말의 나례에서 함께 공연된 가무백희 중, 학이 연꽃을 쪼는 모습이 있는데, 이지저의 치어에서는 말로만 이루어졌지 직접 학이 등장하지는 않는다. 물론 이지저(12세기 전반부)와 최자(13세기 전반부)의 시대가 다르므로 후대에 실제로 학을 등장시켰을 수도 있다. 하여간 고려조에서부터 조선조의 <학연화대처용무합설>에서 학과 연화대를 연결시킨 것과 같은 설정이 이미 보인다는 점이 이채롭다.

---

41 고려의 <연화대>와 당 · 송의 <자지무>에 대해서는, 신태영, 「고려 당악정재의 전래와 수용」, 『국립국악원논문집』 31, 국립국악원, 2015, 82~83쪽 참조.

5. 조선의 〈연화대〉와 그 연관 정재

조선조에서 <연화대>의 이름은 『조선왕조실록』 태종 2년(1402) 6월 5일(정사)의 '국왕 연사신악國王宴使臣樂'에 보인다. 『악학궤범』(성종 24년, 1493)에는 고려와 조선조의 <연화대>가 각각 3권과 4권의 당악정재로 기록되어 있고, 권5에 <학연화대처용무합설>이 향악정재로 따로 기록되어 있어, 15세기 말의 <연화대>의 모습을 전해주고 있다. 이 외에 조선 후기에 창작한 <연화무>는 비록 그 기원을 <자지무>에서 찾기도 하지만 연화병을 받들고 등장한 6명이 연꽃을 들고 춤을 춘다는 점에서 <연화대>와는 별개로 다루어야 할 것이다.

15세기 말의 <연화대>는 고려 <연화대>의 <일난풍화사>를 창하는 부분부터 하성조를 연주하는 부분까지가 없다. 그 대신 마지막에 『고려사』에서는 죽간자의 구호 후에 두 동녀가 재배하고 바로 물러나지만 『악학궤범』에서는 후인자를 연주하면 죽간자가 물러나 두 동녀의 좌우에 선 채로 음악이 그치며 끝난다. 『고려사』에서는 합립을 언제 쓰는지 명확하지 않았지만 『악학궤범』에서는 그 시점이 명시되어 있다. 곧 반하무를 연주하면 두 동녀가 나와 '도약무跳躍舞'를 하고, 춤이 끝나면 동녀끼리 서로 합립을 머리에 얹어주며 이후 악사가 합립의 끈을 매어준다는 설정이 포함되어 있다. 이후 재차 도약무를 해서 방울 소리를 낸다. 곧 합립을 쓰고 춤을 추는 부분을 클라이맥스로 설정한 것이다. 그리고 박을 치는 곳이 명시되어 있어 공연 절차가 보다 분명해졌다.

5권의 「시용향악정재도의」의 <학연화대처용무합설>에서는 그 절차가 명시되어 있다. 이에 따르면 12월 그믐 하루 전날 5경 초에 악관 등이 대궐로 나아간다. 구나驅儺의 행사가 끝나면 내정內庭에 지당구池塘具를 설치하고 두 동녀를 연꽃 가운데에 앉힌다. 이후 처용무 ⇨ 학무 ⇨ 연화대 ⇨ 처용무 ⇨ 창(<미타찬彌陀讚> · <본사찬本師讚> · <관음찬觀音讚>)의 순서로 진행한다. 이 <학연화대처용무합설>에서의 <연화대>의 절차도 학이 연꽃을 열어주었을 뿐이지, 그 이후는 4권의 <연화대>의 절차와 같은 것으로 보인다. 박은옥은 <학무>와 <연화대>를 연결시킨 것을 평하여 '중국 <자지무>의 원형에 더 가깝게 되었는데, 이것은 여러 기록을 참조하여 원형을 복원하려는 동기에서 비롯되었다.'고 하였으나,[42] 이미 이러한 구성은 앞서 언급했듯이 고려조부터 보인다. 고려조의 나례에서도 <처용무>가 공연되었을 것이니, 가장 인기 있는 종목 셋을 하나의 세트로 묶어 나례의 대단원을 장식한 것이 아닐까 한다.

『악학궤범』 이후 <연화대>의 변천은 의궤를 중심으로 살펴야 하는데, <연화대>가 공연되었던 기록은 이러하다.[43]

의궤명	공연연도	정재명	무원수	결영 · 창기 등	비고
『甲子進宴儀軌』	영조 20년 1744.10	연화대	6		
『己丑進饌儀軌』	순조 29년 1829.02	연화대	협무 2 동기 2	1(결영)	草綠丹衣 사용 시작
『丁丑進饌儀軌』	고종 14년 1877.12	연화대무	협무 2 동기 2		
『丁亥進饌儀軌』	고종 24년 1887.01	연화대무	협무 2 동기 2	2 (附鶴舞舞童)	
『壬辰進饌儀軌』	고종 29년 1892.09	학무 · 연화대무	협무 2 동기 2 청학 1 황학 1	27 (唱妓 前隊 7 中隊 12 後隊 8)	蓮花冠 사용 시작
『辛丑進宴儀軌』	광무 05년 1901.07	학무 · 연화대무	협무 2 동기 2 청학 1 황학 1	26 (창기 전대 7 중대 11 후대 8)	
『辛丑進宴儀軌』	광무 05년 1901.05	연화대무	협무 2 동기 2 (청학 1 황학 1)		

42 박은옥, 『고려당악』(서울: 문사철, 2010), 69쪽.

43 이흥구 · 손경순, 『한국궁중무용총서2』(서울: 보고사, 2009), 370~382쪽을 참조하여 작성하였다.

『壬寅進宴儀軌』	광무 06년 1902.04	학무 · 연화대무	협무 2 동기 2 (청학 1 황학 1)	25 (창기 전대 7 중대 11 후대 7)	
『壬寅進宴儀軌』	광무 06년 1902.11	학무 · 연화대무	협무 2 동기 2 (청학 1 황학 1)	26 (창기 전대 7 중대11 후대8)	

* 무원수에서 죽간자 2명은 제외하였음.
* '(청학 1 황학 1)'은 하루에 2회 공연될 때, 두 번째 공연에서 학무가 공연되지 않은 경우임.

위 표에 의하면 '연화대'는 고종 14년(1877)부터 '연화대무'로 불렸으며, 광무 5년(1901) 5월에는 비록 '연화대무'라고 했지만 청학과 황학의 공연 다음에 이어서 공연되었기 때문에 그 이전의 '학무 · 연화대무'와 다를 바 없다. 그렇다면 고종 29년(1892)부터 <연화대>는 단독 공연되지 않고 <학무>와 <연화대무>가 합쳐져서 공연된 셈이다. <연화대>가 실려 있는 『정재무도홀기』 6종에도 모두 <학무> 다음에 <연화대무>가 나온다는 점에서 사실상 한 세트로 공연되었음을 알 수 있다. 그러나 더 중요한 것은 고종 29년부터 합립이 사라지고 연화관으로 대체되었다는 점이다.

이에 앞서 순조 29년(1829)부터 "화통 위로 떠있던 윤시輪矢가 모정으로 내려앉고 황홍장미의 형태가 커졌으며 합립의 도투락 첩금의 형태가 크고 정교"해졌는데, 이제는 합립이 채 피지 않은 연꽃 봉오리의 연화관으로 아예 바뀐 것이다.[44] 주지하다시피 <연화대>는 합립에 두 개의 금방울을 달아 그 소리를 내는 것이 특징이라 할 정도로 합립의 상징적 의미는 매우 컸다. 하지만 '연화대'라는 이름에 걸맞게 아예 연화관으로 바뀌었기 때문에 더 이상 방울 소리를 들을 수 없게 되었으므로, 이는 <연화대>의 근간이 바뀌었다고 보아야 할 정도의 큰 변화라 할 것이다.

<연화대> 복식은 순조 29년(1829)에 큰 변화가 있었다. 우선 영형領形이 직령直領으로 바뀌고 홍색이 아닌 초록단의草綠丹衣를 입었다.[45] 연꽃에서 나

44 김경실, 「조선시대 연화대무 동기복식 고증 및 재현」, 『복식』 52-6, 2002.09, 7쪽. 복식에 대한 상세한 변천 과정은 본 김경실의 논문 참조.

오므로 연꽃잎의 붉은색이나 꽃술의 노란색 계통의 색이어야 합당할 것 같은데 오히려 연꽃의 잎사귀 색으로 바뀐 것이다. 상의는 초록단의, 하의는 홍초말군紅綃襪裙과 홍라상紅羅裳, 띠는 금화홍라대金花紅羅帶, 한삼은 옥색한삼玉色汗衫, 신은 진홍단혜眞紅緞鞋로, 광무 6년(1902)까지 대체로 이를 유지한 것으로 보인다.[46]

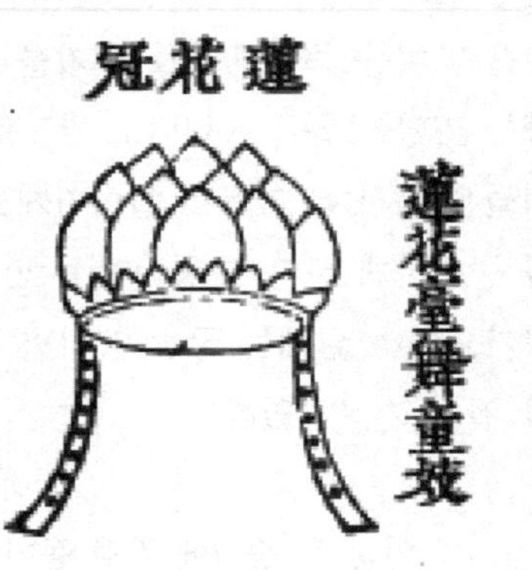

<『壬辰進饌儀軌』「卷首・圖式」>

무원도 기존에는 죽간자 2명을 제외하면 동기 2명에 불과했는데, 영조 20년(1744)부터 인원이 6명으로 크게 늘었다가, 이후로 협무 2명과 동기 2명으로 구성되어 죽간자까지 총 6명으로 늘었다. 2명이 추는 연화대가 4명으로 늘어난 것이다. 또한 합립의 끈을 매어주거나 창하는 부속 인원들이 고종 29년(1892)부터 크게 늘어난 것을 볼 수 있다. 이전에 죽간자를 포함해 4명이 공연하던 것에 비하면 상당히 규모가 커지고 성대해졌다.

음악에서도 큰 변화가 있었다. 고려의 <연화대>는 8곡을 사용하였는데, 『악학궤범』에는 중서회인자와 반가무를 그대로 사용했으나, 이미 오운개서조인자가 전인자와 후인자로 헌천수령만이 헌천수만으로 바뀌었고, 백학자・최자령・삼대령・하성조가 사라졌다. 이에 따라 <연화대>의 내용과 불일치했던 헌천수령의 <일난풍화사>와 최자령의 「낭원인간사」도 사라졌다. 이후 고종 30년(1893) 계사년 『정재무도홀기』 이후로는 모두 승평지곡昇平之曲이나 봉생지곡鳳笙之曲의 보허자령步虛子令만을 사용하였다.

조선조는 <연화대> 정재를 여느 정재보다도 특히 중요시한 것으로 보인다. 『신증동국여지승람新增東國輿地勝覽』에는 선상選上 여기 중 150명을 공

---

45 김경실, 「조선시대 연화대무 동기복식 고증 및 재현」, 4쪽.

46 이홍구・손경순, 『한국궁중무용총서2』, 387~391쪽.

헌한다고 하였는데, 특히 <연화대> 10명과 의녀醫女 70명을 3년마다 여러 고을의 여종 중에서 연소한 자를 뽑아 올린다고 하였으며, 진연進宴이 있을 때는 52명을 뽑아 올린다고 별도로 기록하였다.[47] 이렇게 서울로 올라온 여기들은 다시 본 고을로 돌아가게 되는데, 그 고을에서 궁중에서 익힌 정재를 공연하게 된다. 고종 9년(1872)에 편찬된 정현석鄭顯奭(1817~1899)의 『교방가요敎坊歌謠』에는 궁중이 아닌 지방에서 공연된 <연화대>에 대해 다음과 같이 기록하였다.

> 연꽃 두 송이에 각각 동기 한 명씩을 숨겨둔다. 백학 한 쌍이 뜰에서 춤을 추며 올라오는데 마주보고 춤을 추다가 부리로 쪼면, 꽃 속에서 선동仙童이 나와 학을 타고 춤을 춘다. 이것은 곧 <학무>에서도 겸용한다.
>
> 몇 줄기 홍련이 땅에서 자라는데
> 한 쌍의 백학이 깊은 연못에서 우네.
> 꽃봉오리 쪼아 터트리자 선자가 나와
> 색동치마로 등에 올라 사뿐사뿐 춤추네.[48]

<학무>와 <연화대>를 차례로 공연한 것과 같은 구성인데, 학이 청학과 백학도, 청학과 황학도 아닌 백한 한 쌍으로 되어 있다. 더 주목되는 것은 궁중의 청학과 백학은 연꽃 속에서 동녀가 나오자 놀라 달아났지만, 여기서는 오히려 그 동자를 등에 태우고 춤을 춘다는 설정이다. 지방의 <연화대>가 중앙의 <연화대>보다 진일보한 것이다. 선동은 동기인데 화관을 쓰고 홍색 적삼을 입었다. 국립중앙도서관에 소장된 『교방가요』에는 적색 적

---

47 『新增東國輿地勝覽』 卷3 東國輿地備考 第2 漢城府 貢獻・選上.

48 鄭顯奭, 『敎坊歌謠』 〈蓮花臺〉: "蓮花二朶, 各藏一童妓. 白鶴一雙, 自庭舞上, 對舞以啄啄, 花中仙童, 出騎鶴而舞. 此乃兼用鶴舞也. 數朶紅蓮陸地生, 一雙白鶴九皐鳴. 啄破花心仙子出, 霓裳跨背舞輕盈."

삼에 청색 치마인데, 고려대학교에 소장된 『교방제보敎坊諸譜』에는 황색 적삼에 홍색 치마를 입었고, 학의 다리도 전자는 흰색, 후자는 황색으로 그려져 있다.

『교방가요』 (국립중앙도서관 소장)

『교방제보』(고려대학교 소장)49

49 그림 출처: 정현석(편저), 성무경(역주), 『敎坊歌謠』(서울: 보고사, 2002), 영인본 59쪽, 본문 181쪽.

조선조의 『악학궤범』에 나타난 15세기 말의 <연화대>는 고려의 것보다 많이 단순해졌다. 이후 큰 변화 없이 이어지다가 문헌상 영조 20년(1744)부터 죽간자를 제외한 무원이 2명에서 6명으로 늘었고, 이후 <학무>가 없으면 4명, <학무>가 같이 공연되면 6명으로 늘었다. 복식은 순조 29년(1829)부터 붉은색에서 초록색으로 큰 변화를 보였고, 고종 29년(1892)에는 합립 대신 연화관을 사용하였으며 <학무>와 함께 공연되는 것이 정례화되었다. 음악 또한 크게 줄어 후대에는 보허자령 하나만을 사용하였다. 이러한 조선 후기의 <연화대>를, 무원을 늘리고 창기를 대폭 보강하여 더욱 화려하고 성대하게 꾸몄다고 평하기도 한다. 그러나 오히려 겉모습은 화려해졌지만 내실을 기하지는 못했으니, 기울어져가는 왕조의 운명을 보는 듯 씁쓸한 심정을 지울 수 없다. <연화대>는 섣달그믐 나례 때 <학연화대처용무합설>로 대규모로 편성되어 공연되기도 했다. 또한 중앙의 정재가 지방으로 전파되면서 연꽃에서 나온 무동이 학 등에 올라타 춤을 추는 양상으로까지 발전하였다. 이 외에 <연화무>가 있으나, 연꽃을 소재로 했다는 점 외에는 큰 유사성이 없어 별개의 작품으로 보아야 할 것이다. 고려의 <연화대>는 조선조에 들어 더욱 다채롭게 변모하여 발전하였음을 확인할 수 있다.

이상으로 <연화대>의 다섯 가지 기원설에서부터 중국의 당과 송의 <자지무>, 그리고 고려와 조선의 <연화대>에 대해 왕조별로 살펴보았다. <자지무>가 중원에 유입된 시기는 질지 선우(재위: 기원전56~36), 탁발위의 북위(386~534), 당의 대원도독부(658~751) 등 세 시기로 나눌 수 있는데, 모두 서역에서 유래했다는 점은 같다. 서역과의 교류 시기가 매우 길기 때문에 서역 춤의 하나인 <자지무>가 어느 특정 시기에만 들어왔을 것이라고 판단하기에는 무리가 있다. 하지만 <자지무>가 당나라 때 널리 유행했다는 점에서, 본격적으로 유입된 시기는 대원도독부가 설치된 658년 이후 서역의 문화가 중원에 본격적으로 유입되면서 함께 들어온 것으로 보인다.

당나라의 <자지무>는 건무의 우조 <자지>와 연무의 상조 <굴자지>가 있었고, 건무의 경쾌한 <자지>는 많은 사랑을 받았지만, 상대적으로 한스럽고 비통한 <굴자지>는 그렇지 못했다. 이러한 점에서 필자는 <굴자지>가 한족화된 춤이라는 기존 설에 의문을 표하고, 오히려 구자 지역에서 유래한 춤일 가능성을 제기하였다. 송의 <자지무>는 매우 다양하게 분화·발전하였다. 그 중 5인의 동기로 이루어진 자지대는 당 대곡을 적편한 송 대곡의 양식에 따라 죽간자와 문답을 주고받으면서 공연을 하였다.

이후 중국에서 사라진 <자지무>는 고려에서 새롭게 발전해 나갔다. 고려에 언제부터 <자지무>가 있었는지는 확실하지 않다. 어쩌면 통일신라 때 당을 통해 들어온 것이 고려조로 계승되었을 가능성도 있다. 즉 고려의 <연화대>는 송의 것을 그대로 들여왔거나 송의 <자지무>를 적절히 가감한 것이 아니라, 고려가 송의 발달된 교방악을 받아들이면서 습득한 지식으로 기존에 들어와 있던 <자지무>를 재편성하여 재창조한 것으로 보인다. 즉 죽간자가 등장하는 등 일련의 양식은 송의 <자지무>와 관련이 있으나 그 무원수와 춤은 오히려 당의 쌍자지의 <굴자지>와 유사한 점이 많기 때문이다. <자지무>가 <연화대>라는 명칭으로 바뀐 것도 송의 서긍이 다녀간 1123년 이후로 보인다. 한편 『동문선』에 남아 있는 이지저의 여러 치어를 통해, 고려에서는 상황에 따라 무희와 죽간자의 대사를 적절히 가감하여 사용했음을 알 수 있었다. 그렇다면 우리가 『고려사』「악지」를 통해 아는 <연화대>는 하나의 고정된 닫힌 양식이 아니라 상황에 따라 융통성 있게 사용할 수 있는 열린 형식이었던 것이다.

조선조에서 <연화대>는 후기로 가면서 많은 변화를 거쳤다. 조선의 <연화대>는 고려의 것에 비해 많이 단순해졌지만, 오히려 후기로 가면서 <학무>와 나란히 공연되기도 하고 또 아예 두 춤이 결합되어 무원이 늘고 복식도 대폭 바뀌었으며 <자지무>의 상징이라고 할 수 있는 합립이 연화관으로 바뀌는 등 근본적인 변화가 일어나기도 했다. 또한 <학연화대처용무삽설> 등으로 다른 종목과 함께 대규모로 편성되어 공연되었다. 한편 <연화대>는 지방의 관아에서도 인기리에 공연되었다. 고려조에서도 이처럼 많은 변화가 있었을 것으로 보이지만 문헌의 한계로 고증할 수는 없는 점이 아쉽다.

현재도 <연화대>는 <연화대무>라는 이름으로 전승되어 공연되고 있으며, <학무>·<처용무> 등과 합쳐져 <학연화대합설무>·<학연화대처용무합설> 등으로 공연되고 있다.

고종 29년(1892) 이래로 <학무>와 <연화대무>가 나란히 공연되었지만, 대한민국에 들어 <학무>만 중요무형문화재 제40호로 1971년 1월 8일에 지정되었다. 이후 1993년 12월 16일부로 그 명칭이 <학연화대합설무>로 바뀌었고, 그 보유자는 이흥구로 지정되었다. 이흥구는 김천흥과 김보남에게 전수받았는데,[50] 고종조에 사용했던 연화관 대신에 다시 합립을 사용하고 있다. 현재 학연화대합설무보존회가 이를 전승·보존하고 있다.

한편 국립국악원에서는 2010년 2월 28일에 <국립국악원 정월대보름 공연: 달꿈, 보름땅 -04. 궁중 대보름 축제 '보름달 같은 우리나라'>에서 <학연화대처용무합설>를 공연한 적이 있다. 당시 백학 4마리와 연꽃 4송이가 등장했으며, 연꽃 속의 무원 외에도 6명이 별도로 나와 도합 10명의 무원이 손에 꽃을 들고 백학과 같이 춤을 추었고, 이후 처용 5명이 나와 춤을 추었다. 오방처용무 뒤로 대보름날 강강술래 등등을 펼치는 영상을 보여주기도 했다. 벽사진경의 나례 의식의 대단원이라 할 수 있는 <학연화대처용무합설>을 현대적인 감각으로 새롭게 연출한 것이다.

이처럼 <연화대>는 <자지무>에서 <연화대>로 바뀌었으며, <연화대무> 단독 공연은 물론, 다른 종목과 합쳐져 <학연화대무>·<학연화대처용무합설> 등으로 그 모습을 달리하며 변천하였다. 이러한 점에서 하나의

50 이흥구, 『학연화대합설무』(서울: 도서출판피아, 2006), 267~270쪽. "학연화대합설무의 전승은 조선말 이왕직 아악부에서 함화진·이수경 등이 전승해 오다가 그 후 이왕직 아악부 2기생인 이병호와 김천흥에 이어 3기생인 이강본, 김보남으로 계승되었다. 그리고 해방 후에는 구 이왕직 아악부로 이어져 오언 것을 1951년에 국립국악원이 설립되면서 1955년부터 김보남, 김천흥으로부터 국악사양성소 제1기생인 이흥구에게 승계·전승되었다."(270쪽)

원형을 선정하여 이를 고정시켜 유지하려는 노력보다는, 전통은 전통대로 계승하여 공연하되 각 시대별로 중요 <연화대>를 선정하여 복원하려는 노력과 함께, 이와는 별도로 오늘날의 현실에 맞게 가감하여 우리시대를 대표할 만한 새로운 <연화대>를 재창조해야 하지 않을까 생각한다.

물론 재창조란 외형적 변화뿐 아니라 내용적 변화까지 담보해야 할 것이다. 정재는 춤도 중요하지만 창사 또한 그 비중을 무시할 수 없다. 춤만 보고서는 그 춤의 내용과 의미를 파악하기 어려운 점이 분명 있다. 그러나 창사의 내용은 오늘날 듣고서 이해할 수 없으며 또 매우 지루하므로 첫 구절만 부르고 생략하고는 한다. 하지만 정재의 의미를 분명하게 전달하고자 한다면, 그리고 정재가 악樂·가歌·무舞의 종합체가 맞는다면, 정재의 창사를 모두 부를 수 있는 새로운 방법을 찾아내야 할 것이다.

모든 의식은 나름의 의도를 지니고 있다. 그렇다면 복원 과정에 있어서도 그 외양뿐 아니라 그 내면의 정신적 계승도 중요하게 여겨야 할 것이다. 궁중춤은 이 춤을 받는 대상이 분명했다. 상황에 따라 차이가 있기는 했지만 그 주된 대상은 단연 군왕이었다. 그렇다고 21세기에 대통령만을 그 대상으로 삼을 수는 없다. 상황에 맞게 춤을 받을 대상을 분명하게 정해 그에 합당한 메시지를 담아야 할 것이고, 그렇다면 창사의 부분적 개작 또한 필요하다. 과거처럼 태평성대를 축원하고 평화를 기원하는 소망을 담는 것은 물론이고, 우리 시대의 가장 시급한 문제, 가장 중요한 문제를 담아 태평성대를 축원해야 하지 않을까 생각한다.

참고문헌

『高麗史』
『東文選』
『新增東國輿地勝覽』
『全唐詩』
『新唐書』
『宋史』
(唐) 段安節, 『樂府雜錄』
(唐) 崔令欽, 『教坊記』
(宋) 葛立方, 『韻語陽秋』
(宋) 郭茂倩, 『樂府詩集』
(宋) 史浩, 『鄮峰眞隱漫錄』
(宋) 徐兢, 『宣和奉使高麗圖經』
(宋) 葉夢得, 『石林燕語』
(宋) 沈括, 『夢溪筆談』
(宋) 王溥, 『唐會要』
(宋) 陳暘, 『樂書』
(元) 俞琰, 『席上腐談』

김경실, 「조선시대 연화대무 동기복식 고증 및 재현」, 『복식』 52-6, 2002.09.
김한규, 『한중관계사』 Ⅰ, 아르케, 서울, 1999.
남종진, 「당대의 시가에 나타난 자지무」, 『외국학연구』 28, 2014.
박은옥, 『고려당악』, 문사철, 서울, 2010.
사와다 이사오(저), 김숙경(역), 『흉노』, 아이필드, 서울, 2007.
성무경(외 역), 『완역집성 정재무도홀기』, 보고사, 서울, 2005.
신태영, 「고려 당악정재의 전래와 수용」, 『국립국악원논문집』 31, 2015.
신현규(역), 『고려사악지』, 학고방, 서울, 2011.
심숙경, 「연화대무의 역사적 변천과정에 대한 연구」, 숙명여자대학교 석사학위논문, 1993.
심숙경, 「당악정재 연화대와 중국 자지무의 관계」, 『대한무용학회논문집』 70-2, 2012.
양인리우(저), 이창숙(역), 『중국고대음악사』, 솔, 서울, 1999.
여운필(역), 『역주 고려사 악지』, 월인, 서울, 2011.
왕극분(저), 차순자(역), 『중국무용사』, 동남기획, 서울, 2002.
이채문, 「서역 악무의 중원 유입과 전파」, 『동아시아 전통 춤의 교류와 수용』, 한국예술종합학교 무용원 부설 세계민족무용연구소 심포지엄 발표논문집, 2015.04.

이혜구(역주), 『악학궤범』, 국립국악원, 서울, 2000.

이흥구, 『학연화대합설무』, 국립문화재연구소 편, 도서출판피아, 서울, 2006.

이흥구・손경순, 『한국궁중무용총서』 2, 보고사, 서울, 2009.

정현석(저), 성무경(역), 『교방가요』, 보고사, 서울, 2002.

최진형, 「당악정재 연화대의 변천과 전승」, 『한국 전통무용의 변천과 전승』, 한국예술종합학교 세계민족무용연구소, 2005.

중국 궁중 연향악무의 역사적 변천

남종진
세계민족무용연구소 전임연구원

연향악무宴饗樂舞는 의례나 연향에서 조흥助興하던 악무로, 역사적으로는 연악宴樂, 연악燕樂, 연악讌樂으로 약칭하였다.[1]

'연악'이라는 말은 서주西周 때부터 사용되었는데, 당시에는 대개 <잔치를 열어> 즐겁게 한다'는 동사적 의미였다. 예컨대 『주역周易』에 "군자는 그것을 보고서 음식을 먹고 '연악宴樂'한다.", 『시경詩經』 <녹명鹿鳴>에 "내게 맛난 술이 있으니, 그것으로 가빈嘉賓의 마음을 '연악燕樂'한다.", 『좌전左傳』 문공文公 4년 조의 "예전에는 제후가 왕을 조정朝正하면 왕은 그들에게 '연악宴樂'하였다."라고 한 것은 모두 '잔치를 열어 즐겁게 하다'라는 동사적 의미이다.[2] 그러나 때로는 "제사祭祀과 향사饗食에는 연악燕樂을 연주한다."[3]는 기록처럼, '연례燕禮'[4]에서 사용한 악무를 일컫는 말로도 사용하였다. 후

* 이 글은 세계민족무용연구소의 『민족무용』 제20집에 게재한 것을 수정한 것임.

1 '연宴', '연燕', '연讌'은 자의字義가 서로 통가通假된다.

2 『周易』 需卦 象辭 : "雲上於天, 需, 君子以飮食宴樂."; 『詩經』 「小雅」 〈鹿鳴〉 : "我有旨酒, 以燕樂嘉賓之心."; 『左傳』 文公 4年 : "昔諸侯朝正於王, 王宴樂之."

3 『周禮 · 春官宗伯』 : "鍾師 …… 凡祭祀 · 饗食, 奏燕樂. 以鐘鼓奏之."

4 '연례燕禮'의 '연燕'은 '연음燕飮', 즉 제후가 신하와 술과 음식을 즐기던 '향사饗食'의 의례이다.

대에 이르러 연악은 대개 제례악무로 사용된 아악雅樂과 상대하여 각종 의례와 연향에서 사용한 속악俗樂을 가리키는 의미로 쓰이면서, 중국을 비롯한 동아시아에서 아악과 더불어 악무의 양대 지주를 이루었다. 이처럼 연악은 그 의미와 범주는 비록 시대에 따라 다르게 규정되기도 하였지만[5] 그것이 지닌 고유한 오락성과 조흥의 기능은 다르지 않았다. 그래서 엄격한 규정에 따라 연행되던 제례악무와는 달리 시대와 계층을 초월하여 누구나 즐겨서 궁중과 민간에서 널리 성행하였다.

한편 중국 궁중연악의 역사를 살펴보면, 동주東周 시기 이래로 민간의 속악俗樂을 널리 받아들이고, 또 한漢나라 이래로는 서역西域을 비롯한 사방四方의 외래악무를 널리 수용하면서 그 내용과 외연을 살찌워 마침내 당唐나라에 이르러서는 연악의 황금시대를 구가하게 되었다. 뿐만 아니라 당·송宋 시기에는 일본열도와 한반도 등지로 확산되면서 동아시아 궁중연악의 성립과 발전에도 크게 기여하였다. 이렇게 보면, 중국을 비롯한 동아시아 궁중연악의 역사는 교류와 수용의 산물이며, 그 과정에서 중국의 궁중연악은 허브의 역할을 수행하였다고 말할 수 있다. 따라서 동아시아 궁중연악의 역사를 제대로 알기 위해서는 중국 궁중연악의 성립과 변천의 과정을 먼저 이해할 필요가 있겠다.

중국에서 궁중연악이 싹트고 성장하여 전성에 이르기까지의 과정은 어떠하였고, 각 변천의 단계마다 궁중연악은 어떤 특징을 지녔으며, 그것은 어떤 역사적 의미를 갖는 것일까?

---

5 주나라 때에 '연악'은 천자나 제후가 연향이나 빈객 접대에서 사용하던 악무를 가리켰고, 진秦나라 때에는 궁중연향악무를 가리켰으며, 위진남북조시대에는 연음宴飮, 유락遊樂, 오락에서 연행하는 악무의 범칭으로 쓰였다. 또 당, 송 시대에는 의미와 범위가 보다 다양해져 궁중의 속악 가운데 한족漢族의 고유 악무, 외래악무, 창작악무, 민간에서 수용한 악무를 두루 가리키는 말이었는가 하면, 의례에서 사용한 다부기多部伎을 가리키거나 십부기十部伎의 하나인 〈연악燕樂〉 4종만을 일컫기도 하였고 또 외래악무와 융합한 속악만을 구별하여 가리킨 말이기도 하였다.

1. 궁중연향악무의 태동 -맹아와 제도적 수용

1) 하夏·상商의 궁중악무와 연향

당唐나라 두우杜佑은 『통전通典』에서 중국의 악무는 복희伏羲의 <부래扶來>에서 시작되었고, 그 발자취는 신농神農의 <부지扶持>와 황제黃帝의 <함지咸池>로 이어졌다고 기록하였다.[6] 중국 무용의 유구한 역사를 엿볼 수 있는 기록이기는 하나 신화와 전설의 시대인 상고上古의 사정을 담은 것이어서 사실여부는 확인할 수 없다.[7] 그러나 신뢰할 만한 기록인 상商나라 갑골편甲骨片의 복사卜辭에는 제사, 기년祈年, 기우祈雨의 의식에서 쓰인 <대호大濩>, <예무隸舞>, <주무奏舞>, <우무羽舞>, <우무雩舞>, <용무龍舞> 등에 관한 언급이 있어서, 그 무렵에는 악무가 궁중의 제사나 의식의 일부로 쓰였음을 알 수 있다.

한편 옛 문헌에는 하夏나라 우禹의 아들 계啓이 대목大穆의 들판에서 <구가九歌>를 보며 "덩실덩실 춤을 추었다."는 기록이 나오는데, 이것은 계가 제신祭神과 기공紀功의 의식에 쓰던 악무를 개인적 오락거리로 전용한 것이다. 전국시대의 사상가인 묵자墨子는 이 일을 비난하였는데,[8] 이것이 문헌에서 확인되는 최초의 연악 관련 기록이다. 그 후에도 개인의 욕구충족을 위해 악무를 사용한 사례는 적지 않다. 예컨대 하夏나라 걸桀이 여악女樂을 3만 명이나 두었다거나,[9] 상나라 주紂가 <북리무北里舞>와 <미미악靡靡樂>을 만들어 주지육림酒池肉林의 연회를 즐겼다는 것이 그런 것인데,[10] 그들이 즐

6 『通典·樂典』: "歷代沿革上: 伏羲樂名扶來, 亦曰立本. 神農樂名扶持, 亦曰下謀. 黃帝作咸池. 少皞作大淵. 顓頊作六莖. 帝嚳作五英. 堯作大章. 舜作大韶. 禹作大夏. 湯作大護. 周武王作大武. 周公作勺."

7 중국의 옛 문헌에 기록된 상고 악무의 문제점에 대해서는 남종진, 「중국 고대 무용사 기술에 있어서의 몇 가지 문제점」, 『공연문화연구』 25, 한국공연문화학회, 2012, 34~42쪽 참조.

8 『墨子·非樂上』: "殷乃淫溢康樂, 野于飮食, 將將銘銘. …… 故上者天鬼弗戒, 下者萬民弗利."

9 『管子·輕重甲』: "昔者桀之時, 女樂三萬人, 端譟晨樂, 聞於三衢."

긴 악무는 모두 말초적 감정을 자극하는 오락성이 강한 악무였을 것이다. 이런 기록은 후세에 부풀리거나 꾸며낸 이야기일 수 있겠으나 이런 사례는 취향이 극단적인 군주가 궁중에서 속악을 남용한 것일 뿐 제도나 규범에 따라 연향에서 악무를 연행한 훗날의 사례와는 판이한 것이다.

2) 양주兩周의 궁중연향악무

중국의 궁중에서 악무가 처음으로 제도화된 것은 서주 때의 일이다. 서주 초기에 주공周公은 국가의 각종 제도를 정비하였는데, 주공의 '제례작악制禮作樂', 즉 '예악제도의 제정'은 궁중악무가 국가의 제도에 편입되는 역사적 출발점이었다.

당시 주공이 제정한 예악제도에는 궁중악무에 관한 규정도 포함되었다. 여기에는 누가 무엇을 주관하고 또 어떤 악무를 어떤 용도에서 연행하는지가 명확하게 규정되었는데, 그 자세한 내용은 『주례周禮』「춘관종백春官宗伯」에 전한다.

서주의 궁중악무는 춘관종백에 속한 대사악大司樂이 관장하였는데, 주악奏樂, 가창歌唱, 춤을 전담하는 1,500여 명으로 구성되어 제사祭祀, 전례典禮, 기우祈雨, 납제臘祭, 구역驅疫, 교육敎育, 연향宴饗 등에서 육악六樂, 소무小舞, 구하九夏, 산악散樂, 이악夷樂, 매악韎樂, 이악夷樂, 연악燕樂, 만악縵樂, 개악愷樂, 금주金奏 등을 연행하여 의식을 도왔다. 이 가운데 오례五禮 중의 가례嘉禮과 빈례賓禮에 속한[11] 연사燕射, 빈객賓客, 향사饗食에서는 궁시무弓矢舞, 산악散樂, 이악夷樂, 우무羽舞, 약무籥舞 등을 연행하였는데,[12] 연악, 우무, 약무 등은 제례용 악무인데, 접빈이나 향사의 의례에서도 사용하도록 규정하였다. 이처

---

10 『史記 · 殷本紀』 : "於是使師涓作新淫聲, 北里之舞 靡靡之樂."

11 가례는 향음鄕飮, 혼관婚冠, 빈사賓射, 연향燕饗, 진번脤膰, 경하慶賀의 의례이고, 빈례는 주나라 왕실과 제후 사이의 친화를 도모하는 의례이다.

12 『周禮 · 春官宗伯』 : "燕射, 帥射夫以弓矢舞."; "旄人: 掌敎舞散樂 舞夷樂, 凡四方之以舞仕者屬焉. 凡祭祀 賓客, 舞其燕樂. 籥師: 掌敎國子舞羽吹籥, 祭祀則鼓羽籥之舞, 賓客饗食則亦如之."

럼 서주 시기에는 궁중연악이 처음으로 제도에 편입되었으나 제례악을 겸용兼用함에 따라 독자적 지위를 아직 얻지는 못한 상태였다.

그러나 동주에 이르자 사정이 크게 달라졌다. 이 무렵에 이르면 서주 초기에 만들어진 예악제도는 유명무실해지고 그 대신 속악이 성행하여 궁중연악의 주류를 이루었다. 춘추전국시대에는 제후의 세력이 강화되어 권력이 분산되면서 주나라 왕실의 권위가 크게 떨어졌다. 그 때문에 봉건제封建制, 정전제井田制, 종법제宗法制와 더불어 문화의 지주 역할을 하던 예악제도는 크게 동요하였고, 마침내 천자의 악무를 참람僭濫하는 지경에까지 이르렀다.[13] 예악제도의 붕괴라는 소용돌이 속에서 민간에서 나온 신악新樂인 '정위지음鄭衛之音'이 열국列國에 널리 퍼져나갔다. 신악은 여악女樂과 창우倡優를 내세워 사람들의 감성을 파고들어[14] '음악淫樂'이라는 멍에를 쓰게 되었지만 마침내 궁중에 들어가 각종 연향에서 조흥助興의 도구가 되어 궁중연악으로 자리 잡았다. 나아가 신악은 경쟁국을 약화시키는 정치적 도구로 이용되기도 하고 또 화친의 상징물로 타국의 군주에게 선사되는 등 여러 경로로 빠르게 퍼져나갔다.[15]

신악이 궁중에 수용되자 마침내 궁중악무는 제사나 의례 중심에서 오락 중심으로 재편되었고, 연악은 궁중악무의 주류가 되었다. 그리하여 제례 중심의 아악과 오락 중심의 연악은 궁중에서 영역을 뚜렷이 나누어 다른 길을 걷게 되었는데, 이런 기능의 분화는 이후 아악은 곧 제례악무를 뜻하고, 연악은 곧 연향악무를 뜻한다는 이분법적 인식을 갖게 만들었다. 하지만

13 당시에는 예법에 벗어난 큰 잔치를 열어 명성을 높이려는 일이 많았는데, 노魯나라의 계손씨季孫氏가 사저에서 천자의 팔일무八佾舞을 즐기자 공자孔子가 개탄한 일화는 널리 알려져 있다.(『論語 · 八佾』 참조)

14 위魏나라 문후文侯가 자하子夏에게 아악을 들으면 졸릴까 불안하지만 정위지음을 들으면 피로가 풀린다고 고백한 것이나,(『禮記 · 樂記』 참조) 제齊나라 선왕宣王이 맹자에게 자신이 평소 아악을 멀리한 것을 변명한 것은 동주시기에 지배층 사이에 신악新樂이 유행하였다는 사실을 반증한다.(『孟子 · 梁惠王』 참조)

15 정鄭나라는 진晉나라 도공悼公에게 공격을 받자 악사樂師, 여악女樂, 악기를 보내 화친을 청하였고, 노魯나라가 강성해질 것을 우려한 제齊나라 경공景公은 가무기歌舞妓 80명을 정공定公에게 선사하였다.

다른 한편으로 악무 환경의 급격한 변화는 사람들에게 악무의 본질과 기능을 돌아보게 만들어 다양한 악론樂論을 내놓게 되었는데, 이는 이후 동아시아 악무 문화의 사상적 기틀이 되었다.

요컨대 중국 고대의 악무는 제의성祭儀性 악무 위주이던 상나라의 악무에서 출발하여 서주에 이르러 예제禮制의 확립과 더불어 정치적 기능과 교화적 기능이 유난히 강조되었으나, 동주에 이르면 오락적 기능이 강화되어 연악이 본격적으로 발전하는 큰 변화가 있었다.[16]

2. 궁중연향악무의 성장 –아속 · 중외의 교류와 수용

1) 양한兩漢 시기의 궁중연향악무

양한 시기에는 민간의 속악, 외래의 악무, 각종 잡희雜戲가 궁중에 두루 수용되어 궁중연악의 영역이 확대되면서 종목과 양식이 한층 풍요로워진 시기였다. 즉 이 시기에는 궁중의 연악 전담 기구가 설치되어 민간의 악무를 두루 수집함으로써 속악이 궁중에 수용되었고, 또 대외 교류의 확대에 따라 서역西域 등지에서 다양한 악무가 중원中原에 전래됨으로써 중원과 외래의 악무가 융합하게 되었다. 이런 수용과 융합을 거치며 민간의 역동성과 외래적 다양성이 궁중악무에 더해졌고, 마침내 속악 중심의 궁중연악은 한층 다양성을 갖추게 되었다.

(1) 궁중연악기구의 설치와 민간 속악의 수용

이 시기에 민간의 속악이 궁중에 수용된 데는 제도의 뒷받침이 있었다. 전한前漢 때에 궁중의 악무 기구로 태악서太樂署와 악부樂府를 두었고, 후한後

16 중국 고대 악무의 시대에 따른 기능 변화의 양상에 대해서는 허동성, 「중국 고대 악무의 기능 변화 양상」, 『공연문화연구』 27, 한국공연문화학회, 2013, 151~174쪽 참조.

漢 때에는 태여악서太予樂署와 황문고취서黃門鼓吹署를 두었다. 태악서와 태여악서는 아악을 전담하고 악부와 황문고취서는 속악을 주로 관장하여, 그 기능과 역할에 구분이 있었다. 이 가운데 악부는 전한 무제武帝가 전국의 예인藝人을 불러 모아 설치한 것으로, 각지의 민간 악무를 수집하고 배악配樂하고 연행하는 일을 맡았다.[17] 따라서 악부에서 담당한 악무 가운데는 상화相和, 무곡舞曲, 잡곡雜曲 등 민간악무가 비중이 높았다.

당시 악부를 거쳐 민간의 속악은 대거 궁중으로 유입되어 궁중에는 여악女樂이 넘쳐났던 것으로 보인다. 전한 말기에 애제哀帝가 궁중에 속악이 횡행하는 풍조에 반감을 느끼고 악부를 해체한 일이[18] 그런 사정을 짐작케 한다. 하지만 악부가 해체된 이후에도 이미 속악에 길들여진 사람들의 기호는 달라지지 않았다. 후한에 들어서자 황문고취서를 설치한 것이 그것을 반증한다. 황문고취서는 군신연群臣宴에서 연행하는 일이 주요한 업무였다.[19] 양한의 궁중 잡무雜舞로 <상화가相和歌>에 음악과 춤을 더한 <상화대곡相和大曲>, 무왕벌주武王伐紂의 사적을 찬양한 <파투무巴渝舞>, 주나라의 수무袖舞를 계승한 <장수무長袖舞>, 역동적이고도 우아한 <반무盤舞>와 <고무鼓舞>, 무기를 들고 추는 <간척무干戚舞>, 악기를 들고 추는 <탁무鐸舞> 등이 대표적이다.

(2) 서역악무의 전래와 수용

서역西域의 악무가 중원中原과 접촉하기 시작한 것은 전한 무렵의 일이다. 전한의 무제는 서역의 누란樓蘭, 대원大宛, 고사姑師 등을 정벌하고, 또 안식安息, 오손烏孫, 신독身毒 등과 교류하면서 서역으로 통하는 실크로드를 열었는

---

17 무제는 이연년李延年을 협률도위로 삼아 오吳, 초楚, 연燕, 대代, 제齊, 정鄭 등지에서 314편의 노랫말을 수집하였는데, 당시 악부에 속한 악공과 무자는 800명이 넘었다.

18 전한의 애제哀帝는 궁중연악에 대해 부정적이었는데, 『한서漢書』「예악지禮樂志」 등의 따르면, 애제는 악부를 해체하고 악부에 속한 829명 가운데 388명은 아악을 관장하는 부서인 태악서로 전속시키고 나머지는 전원 해고하였다.

19 『後漢書 · 禮儀志』 劉昭注 : "漢樂有四品, 一是太予樂, 二是雅頌樂, 三是黃門鼓吹, 四是短簫鐃歌. …… 黃門鼓吹, 天子所以宴樂群臣, 詩所謂坎坎鼓我, 蹲蹲舞我者也."

데, 이 일은 중원과 서역 제국諸國 사이의 문화교류에 물꼬를 튼 사건이었다. 당시에 장건張騫은 <마하둘摩訶兜勒, Mahadur>을 장안長安에 전했는데, 이 일은 실크로드를 통한 문화교류의 신호탄이었다.[20] 이후 중원과 서역 사이의 문화교류는 꾸준히 이어졌다. 역사기록에 따르면, 후한 안제安帝(106~125년) 때에는 천축天竺에서 잡기雜伎가 전해졌고,[21] 영제靈帝(156~189년) 때에는 도성의 황제, 귀족, 관료가 호악胡樂을 다투어 즐겼다.[22] 이런 사실에서 양한 시기에 다양한 외래악무가 한나라 궁중에 전해져 궁중연악으로 즐겨 연행되었음을 알 수 있다.

(3) 잡희의 수용과 발전

양한 무렵에는 노래, 음악, 춤을 동반한 보편적 악무 이외에도 다양한 퍼포먼스를 보여주는 잡희雜戲가 궁중과 민간에서 널리 성행하였다. 그래서 잡희는 궁중연악의 주요한 레퍼토리 가운데 하나였다.

역사기록에 따르면, 전한 무제는 제국의 위엄을 과시하려고 "파유巴俞, 도로都盧, 해중海中, 탕극碭極, 만연漫衍, 어룡魚龍, 각저角抵 등 희악戲樂을 만들어"[23] 한나라 도성을 찾아온 사이四夷의 빈객을 접대하였다. 이 가운데 대표적 잡희는 각저이다. 각저는 전국 시대의 강무講武, 즉 사냥솜씨를 겨루는 무술경연에서 유래하여 진秦나라 때에 각력角力, 각기角伎, 곡예曲藝, 활쏘기(射), 수레몰기(御) 등을 겨루는 곡저穀抵로 개편된 것을 다시 확대한 것이다. 당시 무제가 "원봉元封 3년(기원전 108년) 봄에 각저를 만들자 300리 안에 있는 사람들이 모두 그것을 구경하였다."[24]고 한다.

각저는 본래 간단한 공연에 잡기를 더한 것이었는데, 여러 계층에서 좋

---

20 『樂府詩集 · 橫吹曲辞』: "博望侯张骞入西域, 传其法於西京, 唯得摩诃兜勒一曲."

21 『通典 · 樂典』: "漢安帝時, 天竺獻伎, 能自斷手足, 刳剔腸胃, 自是歷代有之."

22 『後漢書 · 五行志』: "靈帝好胡服 胡帳 胡牀 胡坐 胡飯 胡空侯 胡笛 胡舞, 京都貴族皆竟爲競之."

23 『漢書 · 西域傳』: "作巴兪 都盧 海中 碭極 漫衍 魚龍 角抵之戲以觀視之."

24 『漢書 · 武帝紀』: "元封三年春, 作角抵之戲, 三百裏內皆采觀."

아하자 여기에 무술 따위를 더하여 희극, 가무, 놀이, 해학이 어우러진 종합적 공연예술로 발전하였다. 당시 각저의 종목으로는 척검擲劍, 도환跳丸, 심동尋橦, 칠반무七盤舞, 어룡만연魚龍曼衍, 총회선창總會仙倡, 동해황공東海黃公, 용마병기龍馬甁伎, 어무魚舞, 오동인봉무梧桐引鳳舞, 희거戱車, 주삭走索, 표면인豹面人, 동자童子, 치마기馳馬伎 등이 있었다.

각저는 잡기 성격의 것이지만 악대의 반주가 동반되었기 때문에 산악散樂으로도 불렸다. 또 후한에 이르러서는 '백희百戱'로 불렸는데, 이는 여러 잡기를 모은 것이라는 의미이다. 후한 시기 백희의 종목으로는 <오획강정烏獲扛鼎>, <도로삭동都盧索橦>, <충협연탁沖狹燕濯>, <흉돌섬봉胸突銛鋒> 등이 있었다.

요컨대 양한 시기에는 궁중연악에 민간의 속악과 서역 등지에서 전래한 악무가 수용되고, 또 각종 잡기를 한데 묶은 산악잡희가 더해지면서 악무의 유래가 다양해졌고 아울러 그 양식과 종목에도 큰 변화가 있었다. 이는 궁중연악기구의 설립에 따른 민간 속악의 수용과 군사적 정복이나 외교적 교류를 통한 서역과의 문화적 교류의 확대가 주요한 배경이었다. 그리하여 양한 시기에는 민간의 속악이 궁중을 넘나들고 외래악무가 궁중과 민간에서 성행하면서 궁중 연악과 민간 연악의 경계를 뚜렷이 나누기 어려운 양상을 보였다.

2) 위진남북조시대의 궁중연향악무

위진남북조시대의 궁중연악은 양한의 유산을 계승하여 발전시키는 한편 외래악무를 본격적으로 수용함으로써 당나라에 이르러 궁중연악이 전성을 구가하는 토대를 마련한 시기였다. 당시 궁중연악은 청상악淸商樂과 호악胡樂, 즉 외래악무의 두 가지 부류로 나눌 수 있다.

(1) 청상악의 성립

위진남북조시대에도 궁중에 속악 전담 기구를 설치하고 여악女樂을 두어 연향악무가 크게 성행하였다. 예컨대 위魏나라 조조曹操는 "음악을 즐겨 하루 종일 예인을 곁에 두었고",25, 남조南朝 제齊나라의 폐제廢帝(449~465)는 여악에 탐닉하여 궁중에 수많은 악무예인을 두었다고 전한다.26

위진남북조시대의 대표적 궁중연악은 청상악淸商樂이다. 청상악의 기원에 대해서는 견해가 구구하지만 주나라의 정성鄭聲에 뿌리를 두고 양한 이래로 남북조시대까지 전승되던 중원 한인漢人의 고유 속악을 가리킨다.27 훗날 조비曹丕가 처음 설치한 청상서淸商署에서 수집하여 보존하였기 때문에 '청상악'으로 불리게 되었다. 청상악은 청상서가 설치된 이후로 서진西晉 때까지는 궁중에서 즐겨 연행되었고 궁중연악의 중추가 되었다. 그러나 서진 말기에 영가永嘉의 난亂28이 일어나 청상서의 악공들이 양주凉州와 장강長江 일대로 흩어지면서 청상악은 현지의 악무와 어울려 서역의 서량악西凉樂과 남조南朝의 오가吳歌와 서곡西曲으로 변화하였다. 훗날 북위北魏의 효문제孝文帝와 선무제宣武帝가 오가와 서곡을 손에 넣어 궁중에 들이고29, 이것을 호악胡樂이나 선왕지음先王之音과 구별하여 청상악으로 명명하였다. 당시 청상악 가운데는 모시옷을 입고 우아하게 추는 <백저白紵>, 접시와 술잔을 돌리며 추는 <배반杯柈>, 한나라의 <건무巾舞>를 계승한 <공막公莫>, 왕소

---

25 『三國志 · 魏書 · 武帝紀』: "操爲人輕易無威重, 好音樂, 倡優在側, 恒以日達夕."

26 『南齊書 · 崔祖思列傳』: "戶口不能百萬, 而太樂雅鄭, 元徽時校試, 千有餘人. 後堂雜伎, 不在其數."

27 청상악의 기원에 대해서는 구대九代의 유성遺聲이라는 설, 고대의 <상가商歌>에서 나왔다는 설, 한나라 이래 민간의 속악이라는 설 등이 있다. 이것을 종합하면 청상악은 선진의 곡조를 이용하여 한나라 때에 만든 것으로, 한나라 이래 일반인의 정취를 담은 민간의 세속 악무라고 하겠다. 馮雙白 · 王寧寧 · 劉曉眞, 『圖說中國舞蹈史』(杭州: 浙江教育出版社, 2001), 73쪽.

28 영가의 난은 311년(영가 5년)에 흉노의 유총劉聰이 낙양洛陽을 함락하고 서진西晉의 회제懷帝을 죽인 사건이다. 이 사건으로 서진은 남쪽으로 달아나 동진東晉을 세웠고, 북방에서는 오호십육국이 서로 각축을 벌이게 되었다.

29 『通典 · 樂典』: "初, 孝文皇帝討淮漢, 宣武帝定壽春, 收其聲伎. 江左所傳中原舊曲明君 聖主 公莫 白鳩之屬, 及江南吳歌 荊楚西聲, 總謂淸商."

군王昭君의 이야기를 담아낸 <명군明君>, 남조의 대표적 여악女樂인 <옥수후정화玉樹後庭花>, 오가에서 나온 <전계前溪> 등이 유명하다.

청상악은 위, 진 시기에는 양한 이래로 전승된 중원의 전통 악무였으나 남북조시기에 이르러 장강長江 일대의 악무와 융합하여 남북의 악무가 융합된 모습이 되었고, 이것이 궁중으로 들어가 다시 궁중연악이 된 셈이다. 이후 청상악은 수나라 때에는 청상기淸商伎라는 이름으로, 칠부기七部伎 체제에 편입되어 중원의 고유 악무를 대표하게 되었다.

(2) 외래악무 수용의 확대

위진남북조시대에는 많은 외래악무가 중원에 수용되었다. 당시 중원에 전해진 외래악무는 4세기 말부터 6세기 중반까지의 200년 가까운 동안에 걸쳐 전해졌다. 그 가운데 주요한 것으로는 천축악天竺樂, 구자악龜茲樂, 고창악高昌樂, 서량악西凉樂, 소륵악疏勒樂, 안국악安國樂, 강국악康國樂, 고려악高麗樂 등이 있었다.

천축악은 4세기 전반에 지금의 중국 간쑤성甘肅省 우웨이武威에 있던 전량前凉에 전해졌고,[30] 구자악은 동진東晋 시기인 383년에 처음으로 양주凉州에 전해지고[31] 또 5세기에 중원의 복지腹地인 장안長安과 낙양洛陽에 전해졌다.[32] 또 소륵악과 안국악은 5세기 중반에 중원에 전해지고 6세기 중반에 다시 중원에 전해졌고, 강국악은 6세기 중반에 북주北周에 헌정되어[33] 장안에 전해졌다.[34]

당시 정복, 귀부歸附, 헌정 등을 통하여 중원과 강남의 왕조에 전해진 외

30 『隋書 · 音樂志』 : “天竺者, 起自張重華據有凉州, 重四譯來, 貢男伎, 天竺卽其樂焉.”

31 『隋書 · 音樂志』 : “龜兹者, 起自呂光滅龜兹, 因得其聲. 呂氏亡, 其樂分散.”

32 『隋書 · 音樂志』 : “後, 魏平中原, 復獲之.”

33 『通典 · 樂典』 : “及周武帝聘突厥女爲后, 西域諸國來賸, 遂薦有龜兹 疏勒 康國 安國之樂.”

34 남북조시기에 외래악무가 중원에 전래된 자세한 상황에 대해서는 남종진, 「중국 남북조시기 외래악무의 중원 전래와 수용」, 『동양예술』 28, 한국동양예술학회, 2015, 51～74쪽 참조.

래악무는 궁중의 의례나 연향에서 연행되었을 것으로 보인다. 북주의 무제武帝 때에는 외래악무 가운데 천축악, 구자악, 소륵악, 안국악, 강국악, 서량악, 고려백제악의 7종을 따로 묶어 '국기國伎 7부'를 두었다.[35] '국기 7부'는 '7국의 악무'라는 뜻으로, 이 가운데 다수는 훗날 수나라의 칠부기에 수용되었는데, 편제된 종목과 그 숫자가 유사하여 그 관련성이 주목된다.[36]

위진남북조시대는 정치적 군사적으로 변동이 극심한 시기였다. 그런데 잦은 전란과 왕조의 흥망은 역설적으로 서로 다른 지역의 사람과 문화가 접촉하는 기회가 되었다. 그래서 청상악처럼 남북의 악무가 융합하게 되었고, 또 사방의 외래악무가 중원에 전해져 중원 고유 악무의 양식, 기풍, 내용을 크게 바꿔놓았다. 이처럼 중원에 전해진 외래악무는 훗날 당나라에 이르러 궁중연악의 장엄한 편제라고 불리는 십부기 체제의 근간이 되었고, 나아가 동아시아 악무의 교류와 형성에 있어서 징검다리 역할을 하였다는 점에서 그 역사적 의미가 크다.

3. 궁중연향악무의 전성과 전향 -개방, 창조, 변용

1) 당나라의 궁중연향악무

당나라는 궁중연악이 절정을 구가한 시기였다. 이 시기에는 정치적 안정과 경제적 번영 속에 국가의 악무제도가 효율적으로 관리되고 악무 인재를 체계적으로 양성하였으며 또 새로운 연악이 창작되는 등 악무의 발전에 충분한 토양이 갖추어졌다. 특히 연악은 궁중에서의 각종 의례와 결합되면서

35 『通典 · 樂典』: "周武帝有龜茲 疏勒 安國 康國之樂. 初張重華時, 天竺重譯致樂伎. 宋得高麗百濟伎. 周師滅齊, 二國獻其樂, 合西凉樂. 凡七部, 謂之國伎."

36 북주의 '국기 7부'와 수나라 칠부기의 관계는 허영일 이채문 남종진, 「수 · 당 다부기의 연원과 연행 양상」, 『민족무용』 19, 세계민족무용연구소, 2015, 58~59쪽 참조.

오락성과 예술성을 두루 갖춤으로써 가장 중추적 악무로써 기능하였다.

당나라의 궁중연악은 잘 갖추어진 악무제도 속에서 운용되고 발전하였다. 당시의 궁중연악은 다부기多部伎 시스템과 교방악敎坊樂의 두 가지로 대표된다. 이 가운데 <청상악>, <구자악>, <고려악> 등의 십부기十部伎, <파진악破陣樂> 등의 대형 연악, <녹요綠腰> 등의 소형 가무, <예상우의霓裳羽衣> 등의 대곡大曲은 당나라의 궁중연악에서 각기 나름의 독특한 위상과 매력을 지닌 것이었다.

(1) 다부기 편제의 확립 –십부기와 양부기

중국 연악의 절정을 구가한 당나라 전기의 궁중연악은 부기로 상징된다. 부기는 크게 두 가지로, 하나는 구부기九部伎를 확대하여 완성한 십부기十部伎이고, 다른 하나는 십부기를 재편하여 만든 좌부기左部伎와 입부기立部伎의 양부기兩部伎이다.

십부기는 수隋나라의 칠부기七部伎에서 유래한 것으로, 칠부기를 확대한 구부기를 다시 확대한 것이다. 칠부기는 589년경에 수나라 문제文帝가 '공성작악功成作樂'의 관례에 따라 통일왕조의 수립을 기념하여 중中·외外의 악무를 묶어서 만든 것이다. 칠부기는 <국기國伎>, <청상기>, <고려기>, <천축기>, <안국기>, <구자기>, <문강기文康伎>로 구성되었는데, 궁중의 연향에서 처음으로 사용한 다부기 편제였다. 609년경에 양제煬帝는 칠부기 가운데 <국기>는 <서량기>로, <문강기>는 <예필禮畢>로 각각 개명하고,[37] 여기에 <강국기>와 <소륵기>를 더하여 구부기로 확대하였는데, 당나라는 본래 이 구부기를 답습하였다.[38] 그러나 637년에 태종太宗은 <예필>을 폐지하고, 대신 640년에 <경운악景雲樂>, <경선악慶善樂>, <파진악破陣樂>, <승천악承天樂>의 <연악燕樂> 4종을 만들어 여기에 더하고,[39] 또 642

---

37 <문강기>는 진晉나라 유량庾亮의 가기家伎이 유량의 가면을 쓰고 춤을 춘 데서 유래한 것인데, 구부기에서 마지막에 연행하여 <예필>로 불렸다.

38 『舊唐書 · 音樂志』: "高祖登極之後, 享宴因隋舊制, 用九部之樂."

년에 <고창기高昌伎>를 더하여 당나라 궁중연악의 장엄한 편제인 십부기를 완성하였다.[40] <고창기>를 더하여 구부기를 십부기로 개편한 것은 단순한 편제의 확대를 넘어 '천하의 질서를 완성하였다'는 의미를 부친 것이었다.[41]

십부기는 궁중의 태상시太常寺에 속한 태악서太樂署가 담당하였다. 태상시는 주나라의 춘관종백春官宗伯에서 시작하여 전한 초기에 태상太常으로 이름이 바뀐 기구로,[42] 당나라 초기에는 종묘제례 등의 국가 의례를 전담하였다. 당나라는 수나라의 제도대로 태상시에 여덟 부서를 두었는데,[43] 태악서는 고취서鼓吹署와 함께 궁중악무를 전담하는 기구였는데, 태악서는 악공 양성과 궁중 제사, 의식, 연회 등을 맡았던 반면 고취서는 황제의 의장儀仗에 쓰이는 고취악鼓吹樂을 주로 맡았다.

그런데 십부기 가운데 8종이 외래악무이고, 또 십부기가 자기가 멸망시킨 수나라 칠부기의 편제를 수용하여 확대하였다는 점은 당나라 문화의 개방성을 잘 보여준다. 이처럼 당나라는 망국의 악무와 외래악무를 모두 수용하여 국가를 상징하는 악무로 삼았는데, 이런 측면은 역설적으로 당나라의 궁중연악이 형식적 다양성과 역동성을 확보하여 황금기를 구가할 수 있었던 원동력이 되었다. 또한 <연악> 4종은 이후 고종高宗의 <대정악大定樂>과 <상원악上元樂>, 무측천武則天의 <장수악長壽樂>, <천수악天授樂>, <조가만세악鳥歌萬歲樂>, <성수악聖壽樂>, 현종의 <용지악龍池樂>, <소파진

---

39 <연악燕樂> 4종은 왕조의 번영과 태종의 무공武功과 문덕文德을 찬양하려고 만든 작품으로, 나중에 연악을 좌부기坐部伎과 입부기立部伎로 나눌 때 그대로 수용하였다.

40 『通典 · 樂典』: "至貞觀十六年十一月, 宴百寮, 奏十部. 先是, 伐高昌, 收其樂, 付太常. 至是增爲十部伎."

41 당나라 태종이 고창을 정복한 일은 당나라의 서역 진출의 완성을 의미하는 쾌거였는데, 그 과정에서 얻은 <고창기>를 구부기에 더하여 십부기로 만든 것은 당나라 궁중연악의 지주적 편제를 '최종적으로 완성'하였다는 의미가 있다. 이에 대한 자세한 논의는 허영일 · 이채문 · 남종진, 「수 · 당 다부기의 연원과 연행 양상」, 2015, 70~72 참조.

42 『通典 · 職官』: "今太常者 …… 周時曰宗伯, 爲春官, 掌邦禮. 秦改曰奉常, 漢初曰太常, 欲令國家盛大常存, 古稱太常."

43 『舊唐書 · 職官志』: "太常寺: …… 太常卿之職, 掌邦國禮樂郊廟社稷之事, 以八署分而理焉: 一曰郊社, 二曰太廟, 三曰諸陵, 四曰太樂, 五曰鼓吹, 六曰太醫, 七曰太卜, 八曰廩犧, 總其官屬, 行其政令, 少卿爲之貳."

악小破陣樂〉, 〈광성악光聖樂〉 등이 창작되는 데에 본보기가 되었는데, 이는 당나라의 궁중연악이 단순한 수용과 계승을 넘어서 창작으로 나아가는 지평을 개척한 출발점이었다.

한편 십부기의 편제에서 양부기 편제가 파생되었다. 양부기 편제는 십부기 가운데 전조前朝에서 수용한 악곡은 제외하고 대신 새로 만든 악곡을 더하여, 연행의 용도, 규모, 형식에 따라 당堂 아래에 서서 연주하는 입부와 당 위에 앉아서 연주하는 좌부로 편제하였다.[44] 좌부기는 무자舞者 3~12명으로 이루어진 소규모로, 복식이 화려하고 무태가 우아하고 기교가 뛰어난 반면 입부기는 64~180명으로 이루어진 대규모로 장엄한 광경이었다. 좌부기의 종목은 〈연악〉을 비롯한 6종이었고, 입부기의 종목은 〈안악安樂〉을 비롯한 8종이었다.[45]

(2) 교방악의 성황 –건무과 연무 그리고 대곡

다부기 이외에 당나라의 궁중악무로 교방악이 있었다. 교방은 당나라 때에 태악서와는 별도로 궁중의 속악俗樂과 산악散樂을 전담하던 기구로[46], 교방에서 맡은 궁중연악을 교방악이라고 한다. 당나라의 교방악은 건무健舞와 연무軟舞의 두 부류로 나뉜다. 건무와 연무는 대개 민간의 악무가 궁중으로 들어와 연향에서 연행된 것으로, 건무는 빠르고 역동적인 기풍인 반면 연무는 느리고 부드러운 기풍이다. 『교방기敎坊記』와 『악무잡록樂舞雜錄』에는 건무와 연무의 종목이 열거되어 있는데, 『교방기』에는 연무로 〈수수라垂手

44 『新唐書 · 禮樂志』 : “太宗貞觀中, 始造宴樂. 其後又分爲立坐二部, 堂下立奏謂之立部伎, 堂上坐奏謂之坐部伎.”

45 좌부기의 종목은 〈연악〉4종, 무측천 때의 〈장수악長壽樂〉, 〈천수악天授樂〉, 〈조가만세악鳥歌萬歲樂〉, 현종 때의 〈용지악龍池樂〉, 〈소파진악小破陣樂〉이고, 입부기의 종목은 〈안악安樂〉, 〈태평악太平樂〉, 〈파진악破陣樂〉, 〈경선악慶善樂〉, 〈대정악大定樂〉, 〈상원악上元樂〉, 〈성수악聖壽樂〉, 〈광성악光成樂〉이었다. 〈파진악〉과 〈경선악〉은 좌부기의 〈연악〉에도 같은 종목이 있는데, 이것은 입부기의 〈파진악〉과 〈경선악〉을 실내악으로 개편한 것이다.

46 『舊唐書 · 職官志』 : “武德以來, 置於禁中, 以按習雅樂, 以中官人充使, 則天改爲雲韶府, 神龍復爲敎坊.”

羅＞, ＜회파악回波樂＞, ＜난릉왕蘭陵王＞, ＜춘앵전春鶯囀＞, ＜반사거半社渠＞, ＜차석借席＞, ＜오야제烏夜啼＞가, 건무로 ＜아료阿遼＞, ＜자지柘枝＞, ＜황장黃麞＞, ＜불림拂林＞, ＜대위주大渭州＞, ＜달마지達摩支＞가 수록된 반면 『악부잡록』에는 연무로 ＜양주凉州＞, ＜녹요綠腰＞, ＜소합향蘇合香＞, ＜굴자屈柘＞, ＜단원선團圓旋＞, ＜감주甘州＞가, 건무로 ＜능대棱大＞, ＜아련阿連＞, ＜자지柘枝＞, ＜검기劍器＞, ＜호선胡旋＞, ＜호등胡騰＞이 수록되어, 서로 어긋나는데, 시기에 따른 종목의 변화를 반영한 흔적으로 보인다.[47]

한편 당나라 궁중에서는 대곡大曲이 발전하였다. 대곡은 가무대곡歌舞大曲이라고도 하며 음악, 춤, 노래로 이루어진 악무 조곡組曲이다. 즉 동일 궁조宮調의 '편遍' 약간을 묶은 투곡套曲이라는 것이다. 대곡은 산서散序, 중서中序, 파破의 세 단락으로 나뉘어 엄밀하게 구성되었다.[48] 『교방기』에는 대곡 46종이 실려 있는데, 여기에는 창작 작품, 청상악 계승 작품, 외래악무 등이 포함되었다. ＜예상우의霓裳羽衣＞, ＜우림령雨淋鈴＞, ＜천추악千秋樂＞, ＜박미薄媚＞, ＜이주伊州＞ 등은 창작 작품이고, ＜옥수후정화玉樹後庭花＞, ＜범용주泛龍舟＞, ＜채상采桑＞, ＜반려伴侶＞ 등은 청상악 계승 작품이며, ＜취혼탈醉渾脫＞, ＜천심만穿心蠻＞, ＜돌궐삼대突厥三臺＞ 등은 서역에서 전해진 것이다. 이 가운데 가장 잘 알려진 작품은 ＜예상우의＞로 현종이 음악을 지었고, 나중에 서량절도사 양경술楊敬述이 바친 인도의 ＜파라문곡婆羅門曲＞에 따라 ＜예상우의무霓裳羽衣舞＞를 만들었다고 한다.[49]

---

47 『교방기』는 현종 개원開元(713~741) 연간의 교방 제도와 일화를 기록하였고, 『악부잡록』은 소종昭宗 연간(888~904)에 편찬되어 만들어진 시기가 제법 차이가 난다.

48 대곡의 구성을 보면, 산서는 절주가 자유로운 기악으로 독주, 윤주輪奏, 합주로 이루어지고 노래나 춤은 없다. 중서는 절주가 고정적이고 만판慢板이며 노래 위주에 기악 반주가 따른다. 또 노래만 하고 춤은 추지 않거나 노래에 맞추어 춤을 추기도 한다. 파는 '무편舞遍'이라고도 하는데, 절주에 변화가 많고 춤이 위주에 기악 반주가 따르고, 때로는 반주에 맞추어 노래하기도 한다.

49 『樂府詩集 · 舞曲歌辭』＜雜舞＞ : "樂苑曰: 霓裳羽衣曲: 開元中, 西涼府節度楊敬述進. 鄭愚曰: 玄宗至月宮, 聞仙樂, 及歸, 但記其半. 會敬述進婆羅門曲, 聲調相符, 遂以月中所聞爲散序, 敬述所進爲曲, 而名霓裳羽衣也."

(3) 궁중연향악무 전담기구의 확대

당나라 궁중연악의 발전에는 그 이면에 악무 기구의 전문화가 있었다. 당나라 초기에는 태상시가 궁중의 예악을 전담하였고, 교방에서는 연악을 관장하였다. 당나라 중기에 이르러 기구가 비대해지자[50] 관리운용의 효율성을 위해 악무 기구를 확대하였는데, 기존의 교방 이외에 외교방外教坊을 두어 속악을 전담하게 하여 기능을 전문화하고,[51] 또 이원梨園을 두어 인재를 조기에 발굴하여 양성하는 시스템을 갖추었다.[52] 이밖에도 현종의 치세에는 도성 장안長安에 법곡法曲을 익히던 이원별교원梨園別教院이, 동도 낙양에는 속악을 교습하는 이원신원梨園新院을 두었다. 이처럼 당나라 때에는 악무 예인의 조기 발굴과 체계적 교육에 노력하였는데, 이는 궁중연악의 수준을 제고하는 바탕이 되었다.

악무 기구의 확대 또는 신설은 악무 관련 정책과 연행의 전문화를 가져왔고 나아가 체계적 인재 양성을 가능케 하였다. 이처럼 현종 때에 악무 기구는 전문화되었고, 그에 따라 궁중연악 역시 절정기를 구가하였는데, 이런 점은 당시의 궁중연악이 사회적 환경을 배경 삼아 발달한 것이지만 또한 현종과 같은 군주의 관심과 혜안 그리고 추진력이 또한 큰 힘을 발휘한 것이었음을 보여준다. 또 당나라 이후로 모든 왕조에서 태상시와 교방을 두어 궁중의 아악과 속악을 분장하게 한 것은 바로 현종이 제도화 한 악무 관리시스템에서 유래한 것이다.

---

50 『新唐書 · 禮樂志』: "唐之盛時, 凡樂人音聲人太常雜戶子弟隸太常及鼓吹署, 皆番上總號音聲人至數萬人."

51 714년에 현종은 교방과 별도로 장안長安과 낙양洛陽에 좌우 교방을 두었다. 이것을 외교방이라고 부르는데, 내교방은 궁중연악을 전담하였고 외교방은 궁중 밖의 연행까지 맡았다.

52 이원은 현종이 개인적 취향에 따라 714년에 설립한 기구로 법곡法曲을 다루었다. 당시 이원에 속한 악공과 무자는 수백 명으로 좌부기에서 선발된 톱클래스의 예인이었다.

2) 송나라 이후 궁중연향악무의 변모

송나라 이후로 궁중연악은 절정의 시기를 넘어서 마침내 갈수록 쇠퇴하는 모습을 드러냈다. 기실 궁중연악은 당나라가 중기에 이르러 안사安史의 난을 겪으며 기울어가는 왕조의 운명과 함께 이미 쇠락의 길로 접어들고 있었다. 당시 궁중연악의 쇠락은 교방의 통합 같은 악무 기구의 축소에서 단적으로 드러난다.[53]

송나라에 들어서자 민간에서는 도시와 산업이 발달하여 경제적 여유가 생긴 시민계층이 늘어나면서 대중적 취향의 다양한 예술장르가 상황을 누렸지만 궁중의 사정은 크게 달랐다. 당시 궁중연악은 당나라의 성세에 견주면 전반적으로 위축된 국세만큼이나 움츠러든 모습이었다.

송나라의 연악은 대무隊舞로 대표된다. 당시 궁중에는 소아대小兒隊와 여제자대女弟子隊가 있었고, 민간에는 이동공연단인 무대舞隊가 널리 성행하였다. 궁중대무로는 소아대로 <자지柘枝>, <검기劍器>, <바라문婆羅門>, <취호등醉胡騰> 등 10종이 있었고, 여제자대로는 <보살만菩薩蠻>, <포구락抛球樂>, <가인전모란佳人剪牡丹>, <채련採蓮> 등 10종이 있었다.

궁중 대무는 당시 궁중연악을 대표하는데, 이는 당나라의 대곡을 소규모로 개편한 것이었다고 할 수 있다. 즉 궁중 대무는 당나라 당시에 10편遍 내지 수십 편에 이르는 장편으로 만들어진 대곡에서 그 일부를 잘라내어 재구성하는, 이른바 '적편摘遍'의 방법으로 만든 것이었다. 이렇게 적편한 것을 이용하여, 여기에 창사唱詞, 대사(念白), 춤을 더하고 때로는 스토리를 덧보태 조화시킨 것이다. 또한 모든 연행자를 '죽간자竹竿子', '후행後行', '구대勾隊', '견대遣隊', '가무대歌舞隊', '화심花心' 등으로 역할을 나누어 각자 고유한 역할을 수행하게 하였다.

---

53 현종 이후, 헌종憲宗 때에 장내교방仗內敎坊이 설치되었으나, 819년에 우교방과 장내교방이 좌교방에 흡수되어 교방은 축소되었다. 이처럼 교방은 당나라 전성기에는 크게 확대되었으나 안사의 난 이후로 기울어가는 국세와 더불어 통합 축소되는 운명을 맞이하고 말았다.

송나라의 대무가 지닌 이런 특징은 당나라의 대곡과는 크게 달라진 점이다. 당나라 대곡은 모든 것을 춤과 노래를 통하여 표현하였기 때문에 무척 추상적이고 또 단조로웠다. 그러나 송나라의 대무는 노래, 춤, 대사를 두루 사용하고, 또 연향자의 배역을 명확히 나누었기 때문에 표현에 한층 유리했다. 이런 까닭으로 연행의 규모는 당나라의 대곡보다 한결 작아졌지만 전체적 구성은 한층 짜임새가 있어서 그 예술적 면모 역시 한층 세련된 양상이었다.

송나라 궁중대무의 독특한 구성은 이후 원, 명, 청나라의 궁중연악에서도 보편적 양식으로 답습되었다. 하지만 대무 위주의 판에 박힌 구성에 앞 시대의 곡명曲名을 그대로 답습하는 등 창조적이지 못한 태도는 끝내 악무의 활력과 생명력을 상실하게 만들었다. 아울러 송나라 이래로 이학理學을 중시한 사회적 풍조는 검약한 기풍을 중시함으로써 화려함을 지향하는 연악의 발전을 가로막았다. 게다가 원나라 이후로 잡극雜劇과 남희南戲를 비롯한 희극戲劇이 남북 지역을 막론하고 크게 발전함에 따라 궁중 악무문화의 중심 또한 희극으로 빠르게 옮아가고 말았다. 희극은 노래, 춤, 대사, 동작을 통하여 관객에게 통속적 스토리를 효과적으로 전달할 뿐 아니라 화려한 분장, 세트, 음악 등으로 대중의 관심과 흥미를 끌며 큰 사랑을 받았고, 이에 따라 궁중악무에 종사하던 악공과 무자舞者마저 대중적 관심과 나은 미래를 기대할 수 있는 희극계로 옮겨가면서 궁중연악은 마침내 경쟁력을 상실하고 말았다.

중국의 궁중악무는 주나라 때에는 아악이, 한나라와 위진남북조시대에는 잡희가, 당·송 시기에는 연악이, 원·명·청 시대에는 희극의 악무가 그 시대를 대표한다. 궁중연향악무의 경우는 옛 문헌의 기록에 따르면, 하夏의 계啓에게서 시작되지만, 이것이 궁중에서 제도로 수용된 것은 서주 이래의 일이었다. 당시 주공이 만든 예악제도 속에서, 연향악무는 제례나 의식에서 사용하던 악무를 함께 사용하는 방식으로 제도화되었다. 이후 동주시대에 이르러 사회의 향락 풍조에 편승하여 민간의 속악이 대거 궁중으로 유입되면서 연향악무는 궁중악무의 주류적 지위를 갖게 되었는데, 당시 급격한 변화는 오히려 사람들에게 악무의 본질과 기능을 깊이 성찰하게 만드는 계기가 되었다.

한나라에 이르러서는 서역 등지에서 악무가 중원으로 전해지면서 악무의 국제 교류가 시작되었고, 또 궁중에는 악부樂府를 설치하여 속악을 널리 수용하였다. 이와 더불어 각저角抵로 불린 잡희가 성행하여 궁중연향악무의 양식이 다양해지는 변화가 있었다.

위진남북조 때에는 전란에 따른 인적 교류로 남북, 중외, 아속의 악무가 서로 융합하는 시대적 특징을 보였다. 그리하여 궁중의 연향악무를 관장하던 청상서清商署에서 중원의 고유 악무인 청상악清商樂과 그 밖의 여러 외래 악무를 널리 받아들여, 북주北周 때에 이르러서는 궁중에 '국기國伎 7부'를 두게 되었다.

당나라 때에는 궁중연향악무가 민간 악무, 외래악무와 서로 융합하여 전성기를 구가하였다. 당시 연향악무는 궁중의 각종 의례와 결부되어 악무에 대한 심미적 취향과 진전된 표현이 집중되며 예술성과 오락성을 두루 갖추게 되었고, 여기에 사회적 환경과 제도적 뒷받침이 따르면서 궁중악무의 중추로 우뚝 서게 되었고 마침내 중국무용의 역사에서 가장 화려한 꽃을 피웠다. 당시 악무제도의 완비와 그에 따른 예인藝人의 체계적 양성 그리고 신악의 창작 등은 궁중연향악무의 발전에 든든한 밑거름이 되었다. 당나라의 궁중연향악무는 십부기와 양부기의 장엄한 다부기 편제와 건무, 연무, 대곡 등의 교방악으로 대표된다.

송나라 때에는 민간의 악무가 발전한 반면 궁중의 연향악무는 위축되었다. 그 무렵 궁중연향악무는 당나라 때의 대곡을 소형화한 대무로 상징된다. 대무는 원, 명, 청나라로 그 명맥을 이어갔지만 정제된 양식에 오히려 창조성이 얽매이면서 새로이 번창한 희극에게 궁중연향악무의 주도적 지위를 끝내 넘겨주고 말았다.

요컨대 중국 궁중연향악무의 역사는 상고의 전설적 시대에 태동하여 서주에 이르러 처음으로 국가의 악무제도에 편입되었고, 이후 장구한 세월 동안 부침을 겪으며 국가와 궁중의 의례 및 각종 연향에서 본연의 기능을 수행하였다. 특히 양한과 위진남북조시대에는 민간과 외래의 악무와 융합하여 속화俗化과 국제화를 거쳤고, 이것이 계승되어 당나라에 이르러서는 마침내 궁중연향악무의 성세를 누렸다. 그러나 송나라에 이르자 성리학의 고담한 사고에 견제를 받아 소형화되고 양식화되면서 점차 역동성을 상실하면서 원, 명, 청나라로 명맥을 이어갔지만 마침내 신흥의 오락거리로 등장하여 아속雅俗과 경향京鄕을 석권한 희극에게 그 자리를 내주고 말았다.

참고문헌

『史記』

『漢書』

『後漢書』

『三國志』

『晉書』

『南齊書』

『隋書』

『舊唐書』

『新唐書』

『樂府詩集』

安井 衡(著), 『論語集說』(漢文大系 1), 富山房, 東京, 1984.

安井 衡(訂), 『孟子定本』(漢文大系 1), 富山房, 東京, 1984.

伊藤長胤(通解), 『周易經翼通解』(漢文大系 16), 富山房, 東京, 1984.

星野 恒(校訂), 『毛詩』(漢文大系 12), 富山房, 東京, 1984.

竹添進一郎(會箋), 『左氏會箋』(漢文大系 10), 富山房, 東京, 1984.

安井 衡(纂詁), 『管子纂詁』(漢文大系 21), 富山房, 東京, 1984.

服部宇之吉(評點), 『禮記鄭注』(漢文大系 17), 富山房, 東京, 1984.

鄭玄(注), 賈公彦(疏), 『周禮注疏』, 北京大學出版社, 北京, 2000.

이민홍(역주), 『通典: 樂典』, 박문사, 서울, 2011.

南卓, 『羯鼓錄 樂府雜錄 碧鷄漫志』, 上海古籍出版社, 上海, 1987.

任半塘, 『敎坊記箋訂』, 北京, 中華書局, 2012.

馮雙白・王寧寧・劉曉眞, 『圖說中國舞蹈史』, 浙江敎育出版社, 杭州, 2001.

남종진, 「중국 고대무용사 기술에 있어서의 몇 가지 문제점」, 『공연문화연구』 25, 한국공연문화학회, 2012.

남종진, 「태종 무측천 현종의 당대 전기 악무 발전에 대한 공헌」, 『동양예술』 24, 한국동양예술학회, 2014.

남종진, 「중국 남북조시기 외래악무의 중원 전래와 수용」, 『동양예술』 28, 한국동양예술학회, 2015.

허동성, 「중국 고대 악무의 기능 변화 양상」, 『공연문화연구』 27, 한국공연문화학회, 2013.

허영일・이채문・남종진, 「수・당 다부기의 연원과 연행 양상」, 『민족무용』 19, 세계민족무용연구소, 2015.

제2부

동아시아의 사상과 악무문화

동아시아 일무의 예악론적 함의와 미학

이민홍
성균관대학교 명예교수

동아시아 일무佾舞의 역사는 장구하다. 서기전 6세기 공부자(기원전 551~479)가 편찬한 『춘추春秋』 은공隱公 5년 9월조에, 고중자考仲子의 궁宮에서 육일무六佾舞를 추었다는 기사가 나온다. 이어서 고중자의 궁에 만萬(五代의 大舞를 지칭)을 거행 할 때, 공公이 종중衆仲에게 몇 개의 우羽(깃털을 잡은 열[列, 佾])로 춤춰야 하는지를 묻자, 천자는 팔일八佾, 제후諸侯는 육일六佾, 대부大夫는 사일四佾, 사士는 이일二佾이라고 답한 뒤, 무릇 춤은 팔음八音을 조절하여 팔풍八風을 시행하는 것이므로, 팔일 이하로 해야 한다고 진언하자, 처음으로 6열로 하여 육일무를 추었다고 했다. 춤은 팔음을 조절하여 팔방의 풍기風氣에 기인한 연고로 팔풍을 행하는 것이라 했다. 오직 천자만이 물수物數를 총괄할 수 있기 때문에 팔일무를 출 수 있다는 각주가 첨가되어 있다. 노나라의 경우 문왕文王과 주공周公의 묘廟에 국한하여 팔일무를 봉행할 수 있었다. 팔풍의 명칭은 문헌마다 차이가 있다. 위의 『춘추좌씨전春秋左氏傳』 부주附註에 동방은 곡풍谷風, 동남은 청명풍淸明風, 남방은 개풍凱風, 서남은 양풍凉風, 서방은 창합풍閶闔風, 서북은 부주풍不周風, 북방은 광막풍廣莫風, 동북은

---

* 이 글은 동방한문학회의 『동방한문학』 제68집에 게재한 것임.

융풍融風이라 했다.[1]

무도는 팔음八音(金·石·絲·竹·木·革·土·匏 등의 악기)을 조절하여 팔풍의 함의를 펼치는 것이며, 팔풍은 곧 팔괘八卦(乾·兌·離·震·巽·坎·艮·坤 등『주역』의 이치와 팔방)의 바람이라고 정의했다. 풍을 맹萌이라 규정하는 이유는 만물을 양성하고 공적을 성취하는 것이기에 팔괘를 형상한 것으로 보았다. '맹'은 싹이고, 식물이 싹을 틔운다는 의미와 사물의 시작과 조짐이라는 의미가 있는데, 식물이 싹이 트고 일들이 시작되는 조짐은 바람의 영향이라는 해석은, 춤의 본원적 함의를 이해하는데 도움이 된다.[2]

주자朱熹(1130~1200)는 팔괘의 방위를 복희씨伏犧氏(太皞)의 팔괘방위를 부연한 문왕文王의 설을 좇아 건乾은 서북, 태兌는 서방, 리離는 남방, 진震은 동방, 손巽은 동남, 감坎은 북방, 간艮은 북동, 곤坤은 남서 방위로 일반화했다. 이는 소자邵子(邵雍, 1011~1077) 등의 견해를 계승한 것이다.[3] 방위를 표시 하는 명칭은 다양하다. 색채에 기준한 오방색五方色(靑·白·朱·玄·黃)도 있고 동서남북 중앙 등의 용어도 있지만, 무용의 본원적 논리와 연관된 것은 주역의 팔괘방위이다. 춤은 팔풍을 행하는 것이고, 팔풍은 팔괘의 방향에서 불어오는 바람이고 이에 포함된 문물이기도 하다.

팔괘는 방위를 말하는 동시에 심오한 논리를 갖고 있다. 따라서 춤은 현재 우리가 알고 있는 상식 이상의 고매한 철학이 내포되어 있다. 복희씨가 팔괘를 제작한 근저에 대해 다음과 같은 견해가 있다. 복희씨가 최초로 천하의 통치자가 되었을 때, 선대 성인의 법도가 없었기 때문에 우러러 천상

---

1 『春秋左氏傳』 隱公 5年 9月 : "九月考仲子之宮, 初獻六羽 …… 九月 考仲子之宮, 將萬焉, 公問羽數於衆仲, 對曰, 天子用八, 諸侯用六, 大夫四, 士二. 夫舞所以節八音而行, 故自八以下, 公從之. 於是初獻六羽, 始用六佾也."(附註, 朱曰, 八風, 東方谷風, 東南淸明風, 南方凱風, 西南凉風, 西方閶闔風, 西北不周風, 北方廣莫風, 東北融風也. 八音皆奏而舞曲齊之, 故所以節八音也. 八方風氣由舞而行, 故舞所以行八風也. …… 唯天子得盡物數, 故以八爲列, 諸侯則不敢用八.)

2 『白虎通疏證』 卷7 : "八風節侯及王者, 順承之政, 風者, 何謂也? 風之爲言萌也. 養物成功, 所以象八卦.(『御覽』引「考異郵」云, 風之爲言萌也. 又引『禮通』云; 風, 萌也. 養物成功, 所以象八卦也. 『左傳』 隱五年云, 夫舞所以節八音而行八風, 『疏』引「服注」云, 八風, 八卦之風."

3 『周易大全』 卷首 「易本義圖」, 「文王八卦方位之圖」 51頁 참조.

을 관찰하고, 아래로 대지의 법칙을 살피고, 조수鳥獸의 문채를 보고, 땅의 도리를 살펴 가깝게는 육체와 멀리는 사물의 이치를 취하여, 이를 근거하여 팔괘를 만들어 신명神明의 덕을 통하고, 만물의 정을 형상했다고 했다.[4] 우리가 지금 추고 있는 춤에는 이 같은 심오한 이론체계가 있다.

일무의 경우 천자 8일, 제후 6일, 대부 4일, 사 2일이다. 일佾은 열列이며 매 일의 무자 수는 6명, 4명 등 몇 가지 설이 있지만, 후대에 와서 8명으로 굳어졌다. 일무를 출 때 면관을 착용하고 도끼를 쥐고 몸을 구부리고 들며 헤쳤다가 모이는 동작을 취한다. 춤추는 행렬의 장단은 천명을 받아 개국했거나 이를 계승한 제왕의 공적을 노래한다. 절도에 부합되는 인간의 동작 중 최고가 춤인데, 춤을 추는 이유는 양기를 발동시켜 사물을 올바른 방향으로 인도하기 위해서이다.[5]

1. 일무의 예악론적 함의

예악 가운데 예는 땅에 근원(法地)했기 때문에 음陰이고, 악은 하늘의 법(法天)을 따랐기 때문에 양陽이라는 본원적 논리가 깔려있다. 일무에서 '일'은 춤추는 무자의 대열을 뜻하는 것으로 줄을 지어 추는 무대舞隊를 말한다. 일무는 오신무娛神舞이므로 춤사위가 엄숙하고 전아하여, 관중들의 감성을 자극하는 흥미로운 요소가 거의 없다. 일무는 예악론을 근저에 깔고 있고, 예와 악은 음양사유陰陽思惟를 포용하고 있다. 악樂은 양이고 예禮는 음이며, 악은 하늘, 예는 땅과 관련되어 있다.

---

4 『白虎通疏證』 卷9 : "右論伏羲作八卦. 伏羲作八卦, 何? 伏羲始王天下, 未有前聖法度, 故仰則觀象於天, 俯則觀法於地, 觀鳥獸之文, 與地之宜, 近取諸身, 遠取諸物, 於是作八卦, 以通神明之德, 以象萬物之情也."

5 『淵鑑類函』 卷186 「樂部」 3 舞 1 : "天子八佾, 諸侯六, 大夫四, 士二佾, 佾 列也, 每佾八人. 每服冕而執戚, 有俯仰張翕之容, 所以受命而歌王者之功也. 人之動而有節者, 莫若舞, 肆舞所以動陽氣而導物也."

악의 영역 중에서 가장 큰 비중을 차지하고 있는 것이 무도이다. 악가樂歌, 악제樂制, 악현樂懸, 악률樂律 등 무수한 갈래가 있지만, '악무'가 막중한 위치를 점하고 있는 까닭도 여기에 있다. 악은 덕을 기리고 무는 공적을 형상한다. 숫자를 기준으로 할 경우 양은 홀수이고 음은 짝수이다. 악무 역시 양에 속하기 때문에 무대의 줄 수가 8일·6일·4일·2일 등 음수陰數로 형성된다고 했다. 일수佾數를 짝수로 한 것은 음양의 조화를 위한 구도이다.

중국 고대의 육대악六代樂도 무용이 큰 비중을 차지했다. 창업주들의 정치적 승리와 역성혁명의 위업을 구가하는 데는 노래와 음악도 중요하지만, 그보다도 관중들에게 개국의 위업을 선양하기 위해서는 무도의 춤사위만큼 효과적인 것이 없다. 중원 고대의 육대악은 전부 공업을 성취하면 악을 새로 짓고, 정치가 안정되면 예를 제정한다는 예악인식에 근거했다.

새로운 왕조가 개창되면 전대의 것을 버리고 새로운 예악을 제정하는 것이 관례였다. 악은 덕을 형상하고 공적을 기리는 것을 목적으로 한다. 이를 상덕표공象德表功이라 했다. 왕조가 바뀌면 예악 의식에 근거하여 정삭正朔과 복색服色 및 휘호徽號와 기계器械 등을 바꾸어 전조前朝와 차별화 한 것이다.[6]

'황제黃帝의 <함지咸池>, 요堯의 <대장大章>, 순舜의 <대소大韶>, 우禹의 <대하大夏>, 탕湯의 <대호大濩>, 주周 무왕武王의 <대무大武> 등 육대악은, 문헌에 따라 명칭의 차이가 나기도 하나 그 본질은 동일했다. 본질이 같은데도 불구하고 명칭을 바꾼 것은 전통적 예악인식에 근거한 것이다. 이들 육대악의 핵심 주제는 개국시조의 업적을 기려 그 역성혁명을 합리화하고 구가하는 내용이다. 함지악은 도가 천하의 사람에게 두루 펼쳐진다는 의미이고, 대장악은 요임금 시대에 인의가 크게 시행 되었다는 뜻이며, 소소악簫韶樂은 순이 요의 도를 잘 계승했다는 함의이다. 대하악은 요순의 정치를

6 『白虎通疏證』 卷8 三正 : "王者受命改正朔, 何? 明易姓, 示不相襲也. 明受之于天, 不受之于人, 所以變易民心, 革其耳目, 以助化也. 故「大傳」曰, '王者始起, 改正朔, 易服色, 殊徽號, 異器械, 別衣服也.'"

더욱 완미하게 했다는 의미이고, 대호악은 탕왕이 도탄에 빠진 백성을 구제한 점을 기리는 내용이다. 대무악은 은나라의 폭군 주왕紂王을 무력으로 정벌한 사실을 합리화한 악장이다. 육대악이 육대무로도 일컬어지는 이유는, 이들 악무가 주로 춤으로 구성되었기 때문이다.[7]

주나라가 고대 육대악을 모두 되살려 국가 공식의례에 사용한 까닭은, 이전까지 존속했던 모든 나라의 문물을 통합하고 융합하여 중원의 정통권력을 계승하여 창출했다는 치적을 천하에 공포하는 데 목적이 있었다. 주나라는 수천 년에 걸쳐 전승된 이들 악무를 묘정廟庭에서 연희하면서 천하 유일의 천명을 받아 개창된 정통 왕조임을 대내외에 천명했다. 진秦 시황 이전에 황제라는 호칭이 생기기 이전까지 최고 지도자의 명호는 천자나 왕이었다. 당시 왕은 황제였기 때문에 일무의 경우도 최고의 품계인 팔일무를 추어 선대왕들을 예찬했다.

노나라의 실권자 계씨가 천자만 행할 수 있는 팔일무를 그의 가묘家廟에서 춤춘 사실을 두고, 공부자가 격노한 것은 당대 사회를 지탱하던 예악론의 기본 틀을 파괴했기 때문이다. 노나라는 제후국이지만 개국공신 주공의 업적을 기려 주나라로부터 천자예악을 행할 수 있는 특혜를 받았다. 이에 대해 제후국인 노나라에 성왕成王이 천자예악天子禮樂을 준 것도 잘못이고, 주공의 아들 백금伯禽이 이를 수용한 것도 잘못이라는 비판이 줄곧 제기 되었다.[8] 팔일무를 연희할 수 있는 곳은 주공의 사묘祀廟이다. 주공의 후손인 계씨가 주공의 직계 사묘가 아닌, 자신의 선대 사묘에서 감히 팔일무를 연

---

7 『白虎通疏證』 卷3 「論帝王禮樂」 : "又天下樂之者, 樂所以象德而殊名也 …… 禮之更制, 不可枚擧, 如改正朔, 易服色, 殊徽號, 易器械, 別衣服皆是. ……『禮記』曰 '黃帝樂曰咸池, 顓頊樂曰六莖, 帝嚳樂曰五英, 堯樂曰大章, 舜樂曰簫韶, 禹樂曰大夏, 湯樂曰大濩, 周樂曰大武象, 周公之樂曰酌, 合曰大武. …… 黃帝曰咸池者, 言大施天下之道而行之, 天之所生, 地之所載, 咸蒙德是也. …… 堯曰大章, 大明天地人之道也. 舜曰蕭韶者, 舜能繼堯之道也. 禹曰大夏者, 言禹能順二聖之道而行之, 故曰大夏也. 湯曰大濩者, 言湯承衰能護民之急也. 周公曰酌者, 言周公輔成王 能斟酌文武之道而成之也. 武王樂象者, 象太平而作樂, 示己太平也. 合曰大武者, 天下始樂周之征伐行武. 故詩人歌之曰 '王赫斯怒 爰整其旅'."

8 『論語』 卷3 「八佾」 : "程子曰, '周公之功, 固大矣. 皆臣子之分所當爲, 魯安得獨用天子禮樂哉. 成王之賜, 伯禽之受, 皆非也. 其因襲之弊, 遂使季氏僭八佾, 三家僭雍徹. 故仲尼譏之.'"

희한 것은, 당대의 예악질서를 본원적으로 파괴한 행위였다.

일무에는 논리 정연한 미학이 있었다. 일무의 이 같은 미학은 중세를 거쳐 지금까지 거의 원형을 지닌 채 계승되고 있다. 악현樂懸의 경우도 통치자의 위계에 따라 궁현宮懸, 헌현軒懸, 판현判懸, 특현特懸이 있는 것처럼, 일무 또한 8일, 6일, 4일, 2일이 있다. 천자는 팔일무, 제후는 육일무, 대부는 사일무, 사는 이일무를 추었다. 특별한 경우를 제외하고 동아시아에서는 통시적으로 이를 준수했다.[9]

일무의 무열은 제사를 받는 주향 인물과 제사를 올리는 주관자의 신분에 따라 구분되었다. 사묘에 봉안된 신위가 천자이거나, 천자가 참여하여 의식을 거행할 때에는 팔일무를 추었고, 제후왕의 사묘에 제의를 봉행할 때는 육일무를 추었고, 이로부터 점강漸降하여 대부는 사일무, 사는 이일무를 추었다. 조선조 초기에는 팔일무를 추었는데, 제후는 육일무를 추는 것이 마땅하다고 하여 일수를 축소했다가, 단기 4230년 광무光武 원년(1897)에 원구圓丘와 종묘제례에는 팔일무, 중사中祀에는 육일무를 추었다.[10] 중원 왕조를 의식하여 정조正祖(1752~1800)대에 성균관 문묘文廟에서는 육일무를 행했으며, 한 일의 무자는 6인이었고 총 무자의 수는 36명이었다. 조선조는 제후국임을 자인하여 동아시아의 예악질서를 준수했다.[11]

악현 역시 천자는 동서남북 4면에 악기를 매달았고, 제후는 3면, 대부는 2면, 사는 1면에만 악기를 걸어, 위계 신분에 따라 그 제도가 엄연히 달랐다. 악현도 일무와 마찬가지로 천자는 4면이고 무행은 8일, 제후는 3면 무행 6일, 대부는 2면 무행 4일, 사는 1면 무행은 2일이었다. 천자가 팔일무를 봉행하는 이유는 나라 안의 풍風(풍속)을 살펴서 8음으로 절도 있게 하여 8

9 『白虎通疏證』 卷3 「論天子諸侯佾數」: 天子八佾, 諸侯四佾, 所以別尊卑. ……天子宮懸四面, 舞行八佾, 諸侯軒懸三面, 舞行六佾, 大夫判懸二面, 舞行四佾, 士特懸一面, 舞行二佾.”

10 『增補文獻備考』 卷104 「樂考」 15 樂舞 : “國初必用八佾, 而其後變爲六佾, 未知其所以然. …… 今上光武元年, 祀圓丘, 宗廟, 始用八佾, 中祀用六佾.”

11 尹愭, 『泮中雜詠』 「釋菜」 : “文舞武舞, 各三十六人, 是謂六佾. 掌樂院典樂, 分排衆樂生. 先爲文武, 左執籥右執翟, 周旋俯仰. 文舞既退, 乃爲武舞, 着赤幘, 左執干右執戚, 發揚蹈厲之際, 每干戚相搏有聲, 皆依鼓聲及鐘磬爲節.”

풍을 행했기 때문이다. 무도는 악의 한 분야이므로 악현과 결부시켜 일무를 행했다. 일설에는 천자는 8일, 제공諸公은 6일, 제후는 사일무를 행했다는 기록도 있는데, 천자와 공公, 후侯, 백伯, 자子, 남男의 5등급에 근거한 것으로, 공은 천자의 직속 관원이므로 지방에 군임 하는 제후보다 한 단계 높은 위계로 인식한 소이이다.

예禮는 음陰이고 악樂은 양陽이기 때문에 음수인 팔풍八風, 육률六律(黃鐘·太簇·姑洗·蕤賓·夷則·無射), 사시四時를 법으로 삼았다. 8풍과 6율은 천기天氣인 바, 하늘과 땅을 도와서 만물을 형성시킨다. 또 악은 기氣를 좇아 변화하여 만민으로 하여금 성명性命을 이루게 한다고 했다. 『공양전公羊傳』 주에 팔일무는 8명을 한 열로 하여 64명이 행하고, 육일무는 육률을 기준하여 36명이 행했고, 4인을 한열로 하여 16명이 추는 사일무는 춘·하·추·동의 사계를 본 딴 것이다. 일무의 한 열 무자를 일률적으로 8명이라는 설과, 팔일무는 8명, 육일무는 6명, 사일무는 4명으로 보는 설도 있다. 천자가 행하는 팔일무에서 8은 8풍을 상징한 것으로 천하를 교화시킨다는 의미로 해석했다. 이 경우 팔일무는 교화천하敎化天下의 정치적 목적도 있었다. 악무는 천하(中原과 四夷諸國)를 지배하기 위한 도구로 활용한 제국주의적 전략의 일환이다. 팔일은 팔풍, 육일은 육률六律, 사일은 사계四季, 대부는 이일二佾이지만 악을 사용할 수 없고, 사士와 함께 원칙적으로 각종 행사에 금슬琴瑟만을 연주할 수 있었다.[12]

일佾에 대한 해석도 다양하다. 일은 무자의 열列을 말하는 데, 천자는 1일을 8명으로 하여 64명이 추고, 제공諸公은 6일, 제후는 4일로서, 1일을 각각 6명과 4명으로 하여 36명의 무자와 16명의 무자가 행한다고 고문헌에 반복

---

12 『白虎通疏證』 卷3 「論天子諸侯佾數」: "樂者, 陽也. 故以陰數, 法八風, 六律, 四時也. 八風六律者, 天氣也. 助天地成萬物者也. 亦猶樂所以順氣變化, 萬民成其性命也.(隱五年, 公羊傳注云, 八人爲列, 八八六十四人, 法八風. 六人爲列, 六六三十六人, 法六律. 四人爲列, 四四十六人, 法四時. 獨斷云, 天子八佾, 八八六十四人, 八者, 象八風, 所以風化天下也. 公之樂六律, 所以象六律也. 候之樂四佾, 所以象四時. 亦用今文說也.) 故『春秋公羊傳』曰, 天子八佾, 諸公六佾, 諸侯四佾. 『詩傳』曰, 大夫士琴瑟御."

적으로 나온다. 또 한편으로 모든 일무의 1일은 8명으로 규정하여 천자의 8일은 64명, 제후의 6일은 48명, 대부의 4일은 32명, 사의 2일은 16명이 행했다는 설도 있다.

일무에서 1일의 무자 수를 8명 또는 6명으로 해석하는 사례는 한대漢代부터 제기되었는데, 이는 춘추삼전春秋三傳의 주석에 의거한 것이다. 『논어』 주와 『문선文選』 주에는 1일의 무자 수를 8명으로 보았다. 본래는 8명을 1일로 삼았지만, 8명을 6명으로 감했다는 설도 있으나 그것은 정론이 되지 못한다고 했다. 춤사위 역시 보수성이 매우 강해서 쉽게 줄과 무자 수를 변개하기는 어렵다. 일무는 중요한 악무의 한 장르이다.

천자는 궁현을 설치하여 음악을 연주하고 이 음악에 맞추어 팔일무를 춘다. 제후왕은 헌현의 연주에 맞추어 육일무를, 대부와 사는 판현과 특현이 연주하는 음악에 맞추어 사일무와 이일무를 행했다. 일무뿐만 아니라 악에도 예악적 장치가 있었다. 그 한 사례로 천자가 식사를 할 때 반드시 악을 연주했으며 제후도 악을 물리치지 않았고, 사 역시 비록 정규악은 베풀지 않았으나 거문고와 비파를 연주하면서 식사를 했다. 선비가 거문고를 곁에 두는 풍속도 이에서 기인한 듯하다.[13]

『번로繁露』 「삼대개제三代改制」에 상商나라를 준거하여 국가를 경영하는 나라는 일원무溢圓舞를 추고, 하夏나라를 기준하여 나라를 통치하는 왕조는 일방무溢方舞를 추고, '질가이념質家理念'을 기본으로 국가를 다스리는 왕조는 일타무溢橢舞를 행하며, '문가이념文家理念'을 법으로 하여 통치하는 국가는 일형무溢衡舞를 춘다고 했다.[14] 일원무와 일방무 및 일타무와 일형무가 어떤 춤인지는 미상이지만, 일원무는 상나라 일방무는 하나라와 관계가 있고, 일

---

13 『白虎通疏證』 卷3 「論侑食之樂」: "王者食所以有樂何也? 樂食天下之太平, 富積之饒也. 明天子至尊, 非功不食, 非德不飽. 故傳曰, 天子食, 時擧樂. 王者所以日四食何? 明有四方之物, 食四時之功也. ……『論語』曰, 亞飯干適楚, 三飯繚適蔡, 四飯缺適秦. 諸侯三飯, 卿大夫再飯, 尊卑之差也. 弟子職曰, 暮食復禮, 士也. 食力無數. 庶人職在耕桑, 戮力勞役, 飢卽食, 飽卽作, 故無數."

14 李敏弘, 「동아시아 역대왕조의 開國과 質·文 五行 三正論」, 『民族文化』 40, 2012에서 質家와 文家에 대해 구체적으로 논한 바 있다.

타무는 질가 이념, 일형무는 문가 이념과 각각 관계가 있다.

하나라는 문가, 은나라는 질가 논리로 국가를 통치했다. 일원, 일방, 일타, 일형은 각각 원형, 사각형, 타원형, 직선형의 무렬舞列과 관련이 있는 것으로 생각되지만 그 실상은 알 수가 없다. 노魯나라와 진晉나라는 주周나라 제도를 본 따 8명을 한 일로 하여 8일 또는 육일무를 행했다. 이 경우 합주하는 악은 궁현악과 헌현악 등이었고, 무열의 무자는 8명으로 했다가, 나중에 6명으로 축소했는데 이는 정론이 아니라고 했다. 위의 일원무, 일방무, 일타무, 일형무 등도 팔일무와 연관이 있는 듯하다.[15]

당唐의 두우杜佑(734~812)가 편찬한 『통전通典』에 8세기 이전까지 논의되었던 일무에 대한 논리를 채옹蔡邕(132~192)의 「월령장구月令章句」를 인용하여 정리했다. 천자가 나라의 풍속을 살펴서 악을 만든 것은, 8음을 조화시켜 8풍을 행하기 위해서이다. 그리하여 천자는 팔일무, 제후는 육일무, 대부는 사일무, 사는 이일무를 춘다. 일은 무자의 줄을 말하는데, 한 열은 8명이다. 춤 출 때는 면류관을 쓰고 도끼를 잡고 구부렸다 올려다보며 펼쳤다가 합치는 용태와 행렬의 길고 짧은 제도가 있으니, 이는 천명을 받아 공업을 이룬 업적을 구가하기 위해서이다. 인간의 몸짓 동작 가운데 절도에 부합되는 것은 춤만 한 것이 없으니, 발랄한 춤사위는 양기를 충동시켜 사물을 인도하기 때문이라고 논했다.[16]

---

15 『白虎通疏證』 卷3 「論天子諸侯佾數」 : "繁露三代改制云, 法商而王舞溢圓, 法夏而王舞溢方, 法質而王舞溢橢, 法文而王舞溢衡, 魯, 晉皆周制, 若皆以八人爲列, 則六佾, 四佾, 其方安在."

16 『通典』 卷145 「樂典」 : "蔡邕月令章句曰, 天子省風而作樂, 所以節八音而行八風. 天子八佾, 諸侯六, 大夫四, 士二. 佾, 舞列也, 每佾八人. 每服冕而執戚, 有俯仰張翕之容, 行綴長短之制, 所以受命, 而歌王者之功也. 人之動而有節者莫若舞, 肆舞所以動陽氣而導物也."

2. 팔일무와 팔풍 · 팔절 · 팔괘

팔일무는 왕조의 개창이 천명에 근거했음을 형상하여 정권의 정체성을 선대왕이나 선현들의 영전에 헌무獻舞함과 동시에, 이를 관람하는 신민臣民들로 하여금 충성하게 요구하는 기능이 있었다. 따라서 일무는 동아시아 악무 중 가장 비중이 높고 예술성이 탁월한 무용으로서 자리매김 했다. 일무의 위상이 이 처럼 높음에도 불구하고 본거지인 중원에서는 소멸한데 반해, 우리나라가 이를 완벽하게 계승하여 화석으로서 보존하는 데 그치지 않고, 지금도 연희되는 것은 세계 무도사상舞蹈史上 혁혁한 업적이다.

팔풍은 8절기와 접맥되어 있다. 입춘은 조풍, 춘분은 명서풍, 입하는 청명풍, 하지는 경풍, 입추는 양풍, 추분은 창합풍, 입동은 부주풍, 동지는 광막풍 등이 불기 시작하는데, 천자는 이 불어오는 바람(八風)에 근거하여, 입춘에는 죄인을 사면하고, 춘분에는 강역과 경작지를 정리하고, 입하에는 폐백을 제후에게 하사하고, 하지에는 대장大將의 변별 및 유공자를 봉하고, 입추에 토공土功 보상과 사향四鄕에 예를 베풀고, 추분에 해이된 금슬 등 악기를 조율하고, 입동에 궁궐과 변방 성곽을 수리하고, 동지에 중대 범죄자를 처형했다. 팔풍이 이처럼 시절을 맞추어 불기 때문에 음양변화의 道가 이루어져 만물이 성장한다. 왕자王者는 마땅히 팔풍의 원리를 좇아 팔정八政(食(식생활), 貨(경제), 祀(제사), 司空(토지관계), 司徒(교육), 司寇(사법), 賓(외교), 師(군사))을 행하는데, 이는 팔괘와도 부합된다.[17]

팔일무는 8풍과 팔정에 연계되고, 8풍은 8괘와 8방과도 접맥되며 8음도 엮어져 있다. 춤은 팔음을 조절하여 팔풍을 실행하고 팔괘에 부응함으로 매 열은 8명으로 구성되었으며 합하여 64명이 되는 까닭은 주역의 64괘를 상징한 것으로 이해했다.[18] 팔풍으로 호칭된 춤 중에 팔풍무八風舞가 있는데,

---

17 『淵鑑類函』 天部 6 風 1 : “易通卦驗, 立春條風至, 赦小罪出稽留. 春分明庶風至, 定封疆修田疇. 立夏清明風至, 出幣帛禮諸侯. 夏至景風至, 辨大將封有功, 立秋凉風至, 報土功禮四鄉. 秋分閶闔風至, 解懸垂琴瑟不張. 立冬不周風至, 修宮室完邊城. 冬至廣漠風至, 誅有罪斷大刑. 八風以時至, 則陰陽變化道成, 萬物得以育生. 王者當順八風, 行八政, 當八卦也.”

이 춤은 그 춤사위로 봐서 오경五經에 입각한 정통 팔풍의 개념에 벗어난 것임에도 불구하고, 팔풍과 연계시킨 점이 흥미를 끈다. 당 예종睿宗(재위 710~712)대 전후 축흠명祝欽明(字는 文思)이 스스로 팔풍무에 능하다고 말하고 황제 어전에 이 춤을 춰서 황제를 웃겼는데, 이 괴이한 춤을 본 당시 예부시랑 노장용盧藏用이 탄식해 마지않았다.[19]

팔풍의 논리를 깐 정통 팔일무는 동아시아의 우주원리를 품고 있기 때문에 천자가 천하를 통치하는 근저가 된다. 『회남자淮南子』의 팔풍에 대한 설명도 유의할 만하다. 동지 후 45일에 간괘艮卦의 조풍條風(일명 融風)이 불어오고, 45일에 진괘震掛의 명서풍明庶風이 오고, 45일에 손괘巽卦의 청명풍淸明風이 오고, 45일에 리괘離掛의 경풍景風이 오고, 45일에 곤괘坤卦의 양풍涼風이 오고, 45일에 태괘兌卦의 창합풍閶闔風이 오고, 45일에 건괘乾卦의 부주풍不周風이 오고, 45일에 감괘坎卦의 광막풍廣漠風이 불어온다고 했다. 이들 팔풍을 입춘, 춘분, 입하, 하지, 입추, 추분, 입동, 동지 등 팔절에 비의했고, 아울러 팔음의 악기와 황종, 대여, 태주, 협종, 고선, 중여, 유빈, 임종, 이칙, 남여, 무역, 응종 등 12율려律呂와도 대비시켰다.[20]

문헌에 따라 약간의 차이는 있으나 대체적인 윤곽은 같다. 팔풍과 팔절, 팔괘, 팔음이 이처럼 정치하게 결합되어 있는데, 과연 명실이 상부하는지에 관해서는 그 오묘한 이치를 알 수 없지만, 고대와 중세에는 절실하게 인식했고, 이를 팔일무로 연희하여 통치와 정연하게 결합시켰다. 팔풍을 팔 절기와 연결시켜, 팔풍에 맞추어 정사를 펼쳤다. 이와 같이 시정施政과 팔풍을

---

18 『古今圖書集成』 第85「舞部考」1 : “『禮記』祭統注, 舞所以節八音, 而行八風, 所以應八卦, 故每佾又用八人, 合而爲六十四人焉, 則重卦之象也.”

19 『淵鑑類函』 卷286「舞」3 : “八風 · 四表(孔帖, 唐博士祝欽明, 帝宴群臣, 欽明自言能八風舞, 帝許之, 欽明體肥醜, 據地搖頭脘目左右顧盼, 帝大笑, 吏部侍郎盧藏用曰, 是舉五經埽之.)”

20 『淮南子』 卷3「天文訓」: “何謂八風, 距日冬至四十五日, 條風至.(艮卦之風, 一名融, 爲竽也.) 條風至四十五日, 明庶風至, (震掛之風也, 爲管也.) 明庶風至四十五日, 淸明風至.(巽卦之風也, 爲柷也.) 淸明風至四十五日, 景風至, (離掛之風也, 爲弦也.) 景風至四十五日, 涼風至.(坤卦之風也, 爲塤也.) 涼風至四十五日, 閶闔風至.(兌卦之風也, 爲鍾也.) 閶闔風至四十五日, 不周風至.(乾卦之風, 爲磬也.) 不周風至四十五日, 廣漠風至.(坎卦之風也, 爲鼓也.)”

접맥시킨 점이 주목되고, 여기에 근거하여 춤사위의 원리로 삼아 팔일무를 추었다. 그러므로 당대에 연희되는 춤을 관찰하여 통치의 호불호를 판단하는 척도로 삼기도 했다. 부주풍을 위시한 팔 절기와 연계된 팔풍은 우주만물의 생성과 배양의 모티프로 해석하고 이를 경국제민에 대입했다.

8괘 중 건乾은 팔음八音(악기) 중의 석음石音(磬), 바람은 부주不周, 방향은 서북이다. 감坎은 혁음革音(鼓), 바람은 광막廣莫, 방향은 북방이다. 간艮은 포匏(笙, 竽), 바람은 융融, 방향은 북동이다. 진震은 죽음竹音(簫, 篪), 바람은 명서明庶, 방향은 동방이다. 손巽은 목음木音(柷, 敔), 바람은 청명淸明, 방향은 동남이다. 리離는 사음絲音(琴, 瑟), 바람은 경景, 방향은 남방이다. 곤坤은 토음土音(塤), 바람은 량凉, 방향은 남서이다. 태兌는 금음金音(鐘), 바람은 창려閶闔, 방향은 서방이다.

부주풍의 '부주'는 하늘의 도리가 널리 펴져 미치지 않은 데가 없다는 뜻이고, 광막풍의 '광막'은 크고 광대하여 땅속의 생물을 키운다는 뜻이다. 융풍의 '융'은 밝다는 뜻으로 땅에서 만물을 키운다는 의미이며, 명서풍의 '명서'는 밝고 많다는 의미로서 만물의 생성을 명료하게 볼 수 있다는 뜻이다. 청명풍의 '청'은 깨끗함이고, '명'은 밝음으로 만물을 청결하게 생성한다는 뜻이다. 경풍의 '경'은 크다는 의미로 만물을 장대하게 키운다는 뜻이며, 양풍의 '양 '은 음기로써 그 바람이 서늘하여 땅을 상징하고, 창합풍의 '창합'은 만물이 흙으로 다시 돌아가는데 음기를 닫고 양기를 불러온다는 것으로 인식했다. 팔풍에 대한 이 같은 해석은 난해하여 이것이 춤과 여하히 연계되는지는 명료하게 다가오지 않는다. 천자는 팔풍이 향유하는 이런 긍정적 논리를 실천해야 한다는 당위성을 춤을 통하여 형상한 것이다.[21]

---

21 『通典』 卷143 「樂典」 3 五聲八音名義 : "八音者, 八卦之音, 謂之八風也. 一曰 乾之音石, 其風不周.(乾主於石, 故磬音屬之. 其風謂之不周. 不周者, 象天道廣被, 無不周徧.) 二曰 坎之音革, 其風廣寞(坎主皮革, 鼓音屬之. 其風 謂之廣莫. 廣者, 大也. 莫者, 虛無也. 言時風體大, 養物於地下, 陽氣虛無, 難見之道, 故以廣莫之名.). 三曰 艮之音 匏, 其風融.(艮主於匏, 故笙竽屬之. 其風謂之融. 融者, 明也. 建寅之時 風養物出於地, 地有可明見, 故謂之融.) 四曰 震之音竹, 其風明庶. (震主於竹, 故以簫 · 篪之音屜之. 其風謂爲明庶. 庶者, 衆也. 言風之生物, 明見者衆, 故爲明庶.) 五曰 巽之音木, 其風淸明.(巽主木, 故柷 · 敔之音屬之. 其風謂之淸明. 淸者, 潔也. 明

춤의 역사는 멀리 갈천씨葛天氏(三皇 때 君號)는 소꼬리를 잡고 발을 움직여 춤추며 팔결八闋(재민, 현조, 수초목, 분오곡, 경천상, 건제공, 의지덕, 총금수지극)을 노래하여 금수초목과 제왕의 덕 등을 구가하여, 악무로 천하를 경영했다는 기록들은 요순시대 이전 까지 거슬러 올라간다. 주양씨朱襄氏(炎帝)대에 양기가 극성하여 바람과 폭양曝陽이 강하여 만물이 결실이 없어 사달士達(주양씨의 신하)이 오현금을 만들어, 음기를 불러와 뭇 생물을 소생시켰고, 도당씨陶唐氏(堯王의 諡號)의 집권 초에는 음기가 과도하게 집적되어, 물길이 막혀 홍수가 범람하여 민심이 음울해지자, 춤을 춰서 이를 해소했다고 하였으니, 이로써 보건데 춤은 음양을 조화하는 기능을 가졌다고 고인들은 인식했음을 확인할 수 있다.[22]

춤은 고대부터 반역하던 민족과 국가를 귀순시키는 정치적 기능도 있는 것으로 믿었다. 반란을 일으킨 유묘국有苗國을 정벌했다가 뜻을 이루지 못하고 돌아온 뒤, 순임금이 크게 문덕을 베풀어 대궐 뜰의 두 계단 사이에 간무干舞와 우무羽舞를 춘 뒤 70일 만에, 유묘가 항복해 왔다는 기록이 이를 증명한다. 춤의 역할과 효용은 고대로 올라 갈수록 이처럼 그 강도가 심대했다.[23] 8음과 8괘가 하나로 통합되어 천자가 이를 총괄하여 천하를 통치하기 위해 팔일무를 행한다고 인식했다. 동아시아의 춤은 그 근저에 이처럼 고도의 이론체계를 정연하게 깔고 있다. 8음과 8방 8풍 8괘의 논리가 팔일무에 실제 어떻게 내재하는지 그 오묘한 구도와 의미를 정확히 파악하지는

者, 淨也. 言風生萬物, 皆淸潔明淨, 故謂之淸明.) 六曰 離之音絲, 其風景.(離主於絲, 故琴 · 瑟之音屬之. 其風謂之景. 景者, 大也. 其風養萬物, 皆長大明盛也, 故謂之景.) 七曰 坤之音土, 其風涼(坤主於土, 故塤音屬之. 涼者. 陰氣也, 故謂之涼.) 八曰 兌之音金, 其風閶闔.(兌主於金, 故鐘音屬之. 其風謂之閶闔, 閶者, 唱帥之義. 闔者, 覆闔之理. 謂時萬物將歸復於土, 陽唱而入, 陰隨而闔, 故謂之閶闔.)"

22 『呂氏春秋』 仲夏紀 第5「古樂」: "昔古朱襄氏之治天下也, 多風而陽氣蓄積, 萬物散解, 果實不成, 故士達作爲五弦瑟, 以來陰氣, 以定群生. 昔葛天氏之樂, 三人操牛尾, 投足以歌八闋. 一曰載民, 二曰玄鳥, 三曰遂草木, 四曰奮五穀, 五曰敬天常, 六曰建帝功, 七曰依地德, 八曰總禽獸之極. 昔陶唐氏之始, 陰多滯伏而湛積, 水道壅塞, 不行其原, 民氣鬱閼而滯著, 筋骨瑟縮不達, 故作爲舞以宣導之."

23 『書傳』 卷2「虞書」 大禹模 : "帝乃誕敷文德, 舞干羽于兩階, 七旬有苗格."

못한다. 천자는 팔일무를 추었고, 팔일은 팔풍과 팔괘 및 8절기와 관련이 있다. 입춘에서 동지를 아우르는 8절기는 1년의 총합이다.

이 부문에서 『서전書傳』의 "왕(天子)은 한 해의 전체인 년年을 총괄하고, 경사卿士는 한 달을, 일반 관료는 날을 살핀다. 그리고 사시의 운행이 바뀌지 않으면 풍년이 들고, 정치가 잘되면 백성들도 훌륭하여, 국가도 태평하게 된다고 했다." 서경의 이 기술에서 천자가 제후나 경대부와 달리 팔일무를 추어서 신을 즐겁게 할 필요가 있었을 것이다.[24] 새해에 천자가 신료들에게 책력을 반포하는 것은 통치권의 확보라는 정치적 의도가 있었다. 소위 중원의 천자가 주변 제후국에 책력을 내려주는 전통도 같은 논리이다.

해를 일컫는 호칭도 시대에 따라 달랐다. 하夏나라는 세歲, 상商(殷)나라는 사祀, 주周나라는 년年, 당우唐虞(요, 순)는 재載라 했다. 세는 세성歲星(목성)이 한 자리를 움직이는 데서 취한 것이고, 사는 사계절이 끝나는 데서 뜻을 취했으며, 연은 벼가 익는 시간을 상징했고, 재는 사물이 끝났다가 다시 시작한다는 의미를 취했다. 한 해를 말하는 세, 사, 연, 재 등의 호칭 또한 새로운 왕조가 개창되면 전 왕조의 제도를 모두 바꾼다는 중원왕조의 전통에 기인한 것이며, 아울러 천자가 일 년을 총괄한다는 인식과도 연관이 있다.[25]

시대가 흘러 4세기 무렵에는 팔일무가 최고 통치자의 권위와 비위를 맞추는 오인적娛人的 기능이 첨가된 징후가 나타났다. 그 한 예로 후위後魏의 도무황제道武皇帝(371~409)가 거동할 때(398), 선대 황제를 기리기 위해 왕하와 송신곡 등의 연주에 맞추어 팔일무를 행했고, 그가 창작한 황시무皇始舞를 추었고 종묘를 출입할 때도 팔일무를 추었다는 기록이 있다. 따라서 4세기 전후에 팔일무는 오신娛神 영역에서 외연을 넓혀, 통치자의 위엄을 장엄하는 영역으로 확산되었다.[26]

---

24 『書傳』 卷6 「周書」 洪範 :"曰 王省惟歲, 卿士惟月, 士尹惟日, 歲月日時無易, 百穀用成, 乂用明, 俊民用章, 家用平康."

25 『爾雅奏疏』 釋天 第8 : "載, 歲也. 夏曰歲(取歲星行一次). 商曰祀(取四時一終). 周曰年(取禾一熟). 唐虞曰載(取物終更始). 歲名."

26 『通典』 卷142 「樂典」 樂 2 : "天興元年冬, 詔尙書吏部郎鄧彦, 定律呂, 協音樂. 及追尊曾祖, 祖,

3. 팔일무와 천자예악

팔일무는 천자예악天子禮樂의 압권이다. 동아시아 악무 논리에서 노래는 덕을 칭송하여 형상하고, 춤은 통치자의 공로와 업적을 주로 형상한다고 했다. 제왕의 입장에서 볼 때 그가 가진 덕성도 중요하겠지만, 진실로 백성들에게 자랑하고 싶은 것은 자신이 이룩한 업적일 수도 있다. 그렇다면 당대의 지도자가 선대왕의 업적과 자신의 공적을 과시하기 위해, 노래보다 시각에 호소하는 춤을 더 중시했을 것이다. 공부자가 생존했던 서기전 6세기에 노나라의 실권자인 계씨가 팔일무를 그의 사가私家 가묘 앞뜰에서 연출한 까닭도 여기에 있었다.

공부자가 통렬하게 비판했던 노나라의 일개 신하에 불과한 계씨는 이일무를 추는 것이 당연한데도 불구하고, 천자만이 가능한 팔일무를 행한 것은 참람함의 극이다. 진양陳暘(북송대의 인물) 역시 팔일무를 8풍을 행하고 8음을 조화시킨 악이기 때문에 8명의 무자가 한 줄을 이룬 것이라 했다.[27] 『여씨춘추呂氏春秋』에 전욱顓頊이 제위에 올라 하늘의 뜻과 합치하여 정풍正風이 행해지자, 비룡飛龍으로 하여금 팔풍을 본 따 음을 짓게 하고 이를 '승운承雲'이라 명명했고, 아울러 8풍을 팔괘지풍八卦之風이라 한 해석도 참고가 된다.[28] 동아시아 예법에 노래는 당상에서 부르고 춤은 당하에서 추었다. 노래를 당상에서 부른 것은 인성人聲을 춤보다 고귀하게 여겼기 때문이다. 노래는 덕을 칭송하고 춤은 공적을 형상한다는 인식과 관계가 있다. 당상의 노래와 당하의 춤이 함께 공연될 경우 관중은 당하의 춤에 더 관심을 가졌을 법도 하다.[29]

考諸帝, 樂用八佾 舞皇始舞. 皇始舞, 道武所作也, 以明開大始祖之業, 後更製宗廟, 皇帝入廟門, 奏王夏. …… 皇帝出, 奏總章, 次奏八佾舞, 次奏送神曲."

27 陳暘, 『樂書』 卷85 「論語訓義」 : "八佾, 天下有道, 禮樂自天子, 故揚雄曰, 周之禮樂庶事之備也, 天下無道, 禮樂自諸侯出. …… 蓋舞所以行八風節八音, 克諧而樂成焉, 故舞必以八人爲佾."

28 『呂氏春秋』 仲夏紀 「古樂」 : "帝顓頊生自若水, 實處空桑, 乃登爲帝, 惟天之合, 正風乃行(惟天之合, 德與天合風化也, 趙云, 言八方之風, 各得其正也.), 其音若熙熙凄凄鏘鏘, 帝顓項好其音, 乃令飛龍作效八風之音(八風, 八卦之風), 命之曰承雲, 以祭上帝."

팔일무는 팔일무八溢舞 또는 팔우무八羽舞로도 일컬어졌다. 『한서』「예악지」에 "1000명의 무동舞童이 팔일八溢을 이루어 춤을 추었다."는 기록을 두고, 안사고顔師古(당대의 인물, 7세기)는 '일佾'과 '일溢'은 같은 뜻으로 춤의 대열을 지칭한 것이라고 했다. 남조南朝 송나라 왕소지王韶之(武帝 少帝代의 黃門侍郎, 420~424?)가 "당堂에서는 육호六瑚(珊瑚로 만든 제기)를 바쳤고, 뜰에서 팔우八羽를 춤췄다."고 한 점을 참작하면 팔일무를 팔일무八溢舞 또는 팔우무八羽舞라고도 칭했음을 알 수 있다.[30]

『송서宋書』「악지」에 우약무羽籥舞를 문선무文宣舞로 고쳤다는 기록이 있는 데, 이는 깃털과 피리를 쥐고 일무를 한 것과 연관이 있으므로, 우약무가 팔일무일 가능성이 있다.[31] 『문헌통고』「악고樂考」는 '입춘, 입하, 입추, 입동' 등 사절기에 팔일의 운교지무雲翹之舞와 운교육명지무雲翹育命之舞 등의 춤을 추었다고 했다. 후한 장제章帝(57~88) 건초建初 5년(80) 팔일무는 절기에 맞추어 동교東郊·남교南郊·서교西郊·북교北郊에서 봉행했다.[32] 중국에서 팔일무는 청대清代까지 지속되다가, 청조 말엽 만주국 수립을 전후하여 조정이나 일반인들의 관심 밖에 밀렸다가, 공산주의 정권 수립을 전후하여 봉건 잔재라는 인식과 함께 소멸되었다. 이와는 달리 우리나라는 팔일무를 민족악무로 승화시켜 지금까지 종묘나 문묘에서 장중하게 봉행하고 있다.

일무는 오신무娛神舞의 압권으로 모든 무용의 근간이 되는 춤사위의 하나이다. 동아시아 무용의 원류에 해당되는 육대악六代樂(六舞)도 일무가 큰 몫

---

29 『白虎通疏證』 卷3 「論歌舞異處」 : "歌者在堂上, 舞者在堂下何? 歌者象德, 舞者象功, 君子上德而下功. 「郊特牲」曰, '歌者在上.' 『論語』曰, '季氏, 八佾舞於庭.' 『書』曰, '下管鞀鼓, 笙鏞以間(記彼文云, 歌者在上, 貴人聲也.).'"

30 『漢書補注』 禮樂志 樂部 : "千童羅舞成八溢(師古曰, 溢與佾同, 溢, 列也. 先謙曰, 郊祀志, 滅南越後, 始用樂舞益 用歌兒千, 盛言之, 合効歡虞泰一 (師古曰, 虞與娛同.)."

31 『宋書』「志」 卷9 樂 1 : "又改魏昭武舞曰, 宣武舞, 羽籥舞曰, 宣文舞. 咸寧元年 詔, 定祖宗之號, 而廟樂同用正德大豫之舞."

32 『文獻通考』 卷128 「樂」 1 : "建初五年, 始行十二月迎氣樂, 立春之日, 迎春於東郊, 歌青陽, 八佾舞雲翹之舞, 入夏之日, 迎夏於南郊, 歌朱明, 八佾舞雲翹之舞, 先立秋十八日, 迎黃靈於中兆, 歌朱明 八佾舞雲翹育命之舞, 立秋之日, 迎秋於西郊, 歌西皓 八佾舞育命之舞, 立冬之日, 迎冬於北郊, 歌元冥 八佾舞育命之舞."

을 차지했다. 일무 가운데 종묘나 문묘 의식과 황제의 거동 시에 사용되었던 팔일무는 최상위의 춤이었다. 한나라 무제 때에도 팔일무가 연희되었음이 확인된다.

위나라 명신이 왕랑王朗(삼국시대 魏 文帝 때의 인물)에게 올린 표문에 음악은 춤을 위주로 한다는 주장이 있었고, 춤이 악무라는 장르로 독립될 정도로 악 가운데 중시된 분야였다. 황제黃帝의 <운문雲門>부터 주나라의 대무에 이르기까지 전부 태묘太廟의 무악舞樂 명칭이다.[33]

위나라 문제文帝(187~226) 황초黃初 2년(221) 한나라의 파투무巴渝舞를 소무무昭武舞, 종묘안세무宗廟安世舞를 정세악正世樂, 가지악嘉至樂을 영령악迎靈樂, 무덕악武德樂을 무송악武頌樂, 소용악昭容樂을 소업악昭業樂, 운교무雲翹舞를 봉상무鳳翔舞, 육명무育命舞를 영응무靈應舞, 무덕무武德舞를 무송무武頌舞, 문시무文始舞를 대소무大韶舞, 오행무五行舞를 대무무大武舞로 명칭을 바꾸었다. 위나라를 창업한 문제의 야심적인 악무인식을 읽을 수 있다.

명제明帝(205~239) 태화太和(227~232) 초에 소詔를 내려 "예악의 제작은 사물을 류분類分하고 공업을 표창하여 근본을 잊지 않으려는 것이다. 무릇 음악은 춤을 위주로 하는 바, 황제의 운문으로부터 주나라의 대무도 모두 태묘에서 연행되는 춤 이름이다."라고 한 사실에서도 춤이 음악에 차지하는 통시적 위상과 비중을 알 수가 있다. 명제의 상기 묘악廟樂과 춤에 대한 정의에 대해 조신들은 "악무는 몸동작으로 공적을 형상하고, 음성音聲은 가영歌詠으로 나타내는 것인데, 교묘郊廟에 이를 올리면 귀신이 그 조화를 흠향하고, 조정에 연주하면 군신이 절도를 즐겨 천하에 성덕을 두루 알게 하는 것이 예악의 목적"이라고 상주했다.[34]

---

33 『淵鑑類函』 卷186 「舞」 1 : "魏名臣奏王朗表曰, '凡音樂以舞爲主, 自黃帝雲門, 至周之大武, 皆太廟舞樂名也.'"

34 『宋書』 「志」 卷9 樂 1 : "文帝, 黃初二年, 改漢巴渝舞曰昭武舞, 改宗廟安世樂曰正世樂, 嘉至樂曰迎靈樂, 武德樂曰武頌樂, 昭容樂曰昭業樂, 雲翹舞曰鳳翔舞, 育命舞曰靈應舞, 武德舞曰武頌舞, 文始舞曰大韶舞, 五行舞曰大武舞, ……明帝 太和初, 詔曰, '禮樂之作, 所以類物表庸, 而不忘其本也, 凡音樂以舞爲主, 自黃帝雲門以下, 至於周大武, 皆太廟舞名也.' …… 於是公卿奏曰, 臣聞德盛而化隆者則, 樂舞足以象其形容, 音聲足以發其哥詠, 故薦之郊廟, 而鬼神享其和, 用之

왕조가 바뀔 때 마다 전조의 악무를 폐기한 뒤 제례작악制禮作樂을 시도했다. 그러나 여러 가지 사정에 의해 이것이 여의치 못하면 적어도 명칭만이라도 교체하는 것이 관례였다. 『예기』에 정리된 "악이 종묘에 연희되면 군신상하가 화경和敬, 족장 향리에 연주되었을 때 노소가 화순和順, 규리閨門에 행했을 때 부자 형제가 화친和親"의 경계로 나아간다는 악무 효용론은 동아시아의 불변의 논리였다.[35]

주나라는 필수로 악무로서 국자國子를 교육했는데, <운문대권>, <대함>, <대소>, <대호>, <대하>, <대무>를 추었고, 육률六律, 육려六呂, 오성五聲, 팔음八音, 육무六舞를 망라하여 이를 합주하여 귀신에게 제사함으로서, 나라를 평화롭게 하고 만백성을 화합하며, 내방한 빈객을 편안케 하고, 멀리 있는 사람들을 즐겁게 하며 조수를 춤추게 한다는 지적은, 악률과 관련된 『시경』의 노래들을 국풍國風이라 명명한 것도 동일한 인식에 말미암은 것이다. 대저 '6율 6여 5성 8음'을 포용하여 일시에 육무를 종합하여 연희한 이유는, 주나라가 전대 악무를 전부 수용한 정통 왕조임을 과시하여, 사해를 평정 하고 아울러 민심을 수습키 위한 전략적 목적에서였다.[36]

동진이 멸망한 뒤 남북조 시대 송조宋朝의 문제文帝(407~453) 원가元嘉 13년(436) 일무에 관한 해묵은 논의가 다시 제기되었다. 두예杜預(晉代人, 3세기)가 『좌전左傳』 주에 언급한 제후는 6일 36명, 대부는 4일 16명, 사는 2일 4명이라 한 것은 잘못이라고 했다. 춤은 팔풍과 화흡하여 성립되었으므로, 반드시 한 줄이 8명으로 구성된 무열로 추어져야 마땅하니, 천자 8일 64명, 제후 6일 48명, 대부 4일 32명, 사 2일 16명으로 보는 것이 정당하다는 복건服虔(漢代人, 2세기)의 설을 정론으로 삼았다.[37]

朝廷則, 君臣樂其度. 四海之內, 徧知至德之盛, 而光輝日新者, 禮樂之謂也."

35 『禮記』 卷18 「樂記」 第19 : "是故, 樂在宗廟之中, 君臣上下同聽之, 則莫不和敬. 在族長鄕里之中, 長幼同聽之, 則莫不和順. 在閨門之內, 父子兄弟同聽之, 則莫不和親."

36 『文獻通考』 卷128 「樂考」 1 歷代樂制 : "以樂舞敎國子, 舞雲門大卷 · 大咸 · 大韶 · 大夏 · 大濩 · 大武, 以六律六呂五聲八音六舞, 大合樂以致鬼神祇, 以和邦國, 以諧萬民, 以安賓客, 以說遠人, 以作動物."

37 『通典』 卷147 「樂典」 第7 舞佾議 宋 : "宋文帝, 元嘉十三年, …… 唯杜氏注左傳佾舞云, 諸侯六

4. 조선조 일무의 전개 양상

조선조는 초기에 팔일무를 추다가 숙종 무렵부터 두예의 일무설佾舞說을 정법으로 삼아 정조 때 전 후까지 제후예악으로 종묘의식과 문묘석전을 거행했기 때문에, 1일의 무자 수를 6인으로 하여 36명의 무자가 육일무를 추었다. 석전의식 때 문무만 춘 것이 아니라 무무까지 함께 거행했다. 조선조 석전일무는 중국과 한가지로 춘계(2월) 추계(8월) 상정일上丁日에 봉행되었다. 중국에는 원래 춘하추동 4계절에 석전이 행해지다가 춘추로 축소되었다. 문무를 우약무羽籥舞, 무무를 간척무干戚舞로도 일컬었다.

한민족의 숙원이었던 칭제건원의 의지를 실천에 옮긴 고종(1852~1919)이 중원 왕조의 책봉의 질곡을 벗어나, 천단을 축조하여 제천의례를 통해, 제위를 하늘로부터 받아 중국과 동격으로 천자로 등극한 후, 종묘와 문묘에 팔일무가 공식적으로 장엄하게 행해졌다. 광무황제光武皇帝(1897~1906)가 팔일무를 봉행한 것은 대한제국이 명실상부한 자주국가로서, 천자예악에 입각한 천명을 받아 조선조를 재조再造한 황제국가임을 세계만방에 선포한 역사적 위업이다.

팔일무는 조선조의 자체 기년인 광무光武 원년(단기 4230, 서기 1897) 이후부터, 동아시아에서 가장 체계화되고 정비된 종묘와 문묘에서 엄숙하게 거행되었고, 지금도 고대를 거쳐 중세로 전승된 팔일무의 의식과 춤사위를 여타의 국가들이 모두 잃어버린 것과 달리, 우리만이 거의 원형대로 완벽하게 보존한 채 실시하고 있다. 일부 사학자나 지식인들이 고종황제의 칭제건원의 역사적 위업을 폄하하고 과소평가하는 인식은 또 다른 사대적 양태로서, 그 고리를 차제에 확실히 끊어야 할 숙제이다.

무명자無名子 윤기尹愭(1741~1826)는 문묘 석전의례의 일무에 대해 "문묘

六三十六人以爲非也. 夫舞者所以節八音也, 八音克諧, 然後成樂, 故樂必以八八爲列, 自天子至士, 降殺以兩, 兩者, 減其二列耳. 杜以爲一列又減二人, 至士止四人, 豈復成樂? 按服虔注左傳云; '天子八八, 大夫四八, 士二八.' 其議甚允."

의 뜰에 전악典樂의 지휘에 맞추어 육일무를 추는데, 문무를 추고 난 뒤 무무를 행했다. 무무는 도끼와 방패 문무는 피리와 꿩의 깃털을 잡고, 절도에 따라 이리저리 움직이며 춤을 추는 데, 춤사위가 엄숙하고 성대했다."라고 칠언시로 읊은 다음, '문무와 무무는 각각 36명의 무자로 구성된 육일무이다. 왼손에 피리 오른손에 꿩의 깃털을 잡고, 빙글빙글 돌며 숙이고 쳐다보는 자세를 취했다. 문무가 물러나면 무무가 시작되는 데, 붉은 두건을 쓰고 왼손에 방패 오른손에 도끼를 쥐고, 이리 뛰고 저리 뛰며, 방패와 도끼를 부딪치는 소리가 묘정에 울려 퍼지고, 북소리 종소리 석경소리 등과 화흡하여 절도에 맞게 춤을 추니, 춤사위가 장중하고 엄숙했다.'고 묘사했다.[38]

조선 초기에 문묘에서 팔일무를 추다가, 선조(1552~1608) 41년(1608) 이호민李好閔(1553~1634)이 중국에 사신으로 갔을 때, 변두籩豆(대나무와 나무로 만든 제기)와 일무의 수에 대해 묻자, 중국 인사가 변방 국가는 변두는 여덟 개로 하고, 춤은 육일무가 합당하다는 말을 듣고 이를 조정에 보고한바 있다. 이후 숙종(1661~1720) 29년(1703) 국초에 팔일무를 추다가 그 후 육일무로 바꾸었다는 기록이 있다. 이호민의 건의에 의한 것인지는 알 수 없지만, 정조(1752~1800)에는 문묘에서 육일무를 추었다.[39] 1787년에 부총관인 류의양柳義養(1718~?, 1788년에 『春官通考』를 저술했다.)은 팔일무는 제례에 가장 중요한 사항으로 등가와 헌가의 중간에 위치해야 함에도 불구하고 편중되었다고 비판하고 육일무의 배치에 관해 언급했는데, 여기서 정조대에 팔일무와 육일무의 시행 문제가 거론되었지만, 결국 육일무로 굳어졌음을 읽을 수 있다.[40]

---

38 尹愭, 『無名子集』「泮中雜詠」220首 釋菜 : "六佾舞庭典樂分, 由來武舞後於文, 武執戚干文籥翟, 周旋蹈厲各紛紛(文舞武舞各三十六人, 是爲六佾. 掌樂院典樂, 分排衆樂生. 先爲文舞, 左執籥, 右執翟, 周旋俯仰. 文舞旣退, 乃爲武舞. 着赤幘, 左執干, 右執戚, 發揚蹈厲之際, 每干戚相搏有聲. 皆依鼓聲及鐘磬爲節.)."

39 『太學志』 卷3 「禮樂」 : "肅宗二十九年癸未, 國初用八佾, 而其後變爲六佾."

40 『正祖實錄』 卷24 秋七月 戊辰 : "副總管 柳義養上疏曰, '八佾舞祭禮之所重也, 登歌在階上, 軒架在庭下, 八佾在其間 …… 則六佾之設也, 以三佾在正路之西, 三佾在正路之東, 庶無地窄之慮, 而似合於禮意.'"

악은 정치와 직결된다(樂與政通)라고 했는데, 악 중에서 무용만큼 정치와 밀착된 장르는 없다. 고대의 소위 육대무가 그 대표적인 사례이며, 조선조 개국과 동시에 동아시아 공통의 예악론에 입각하여 창제된 아악의 문무·무무와 속악의 보태평지무保太平之舞와 정대업지무定大業之舞 등이 이를 웅변으로 말하고 있다. 아악의 문무와 무무는 동아시아 육대악의 대소大韶와 대무大武를 계승한 것이고, 속악의 보태평지무와 정대업지무는 한국의 독창적 민족악무의 구현이다.

동아시아의 일무는 그 역사가 장구하다. 서기전 6세기 공부자가 조술한 『춘추』 은공 5년 9월조에, 고궁자考仲子의 궁에서 육일무를 추었다는 기록이 나온다. 천자는 팔일 제후는 육일 대부는 사일 사는 이일무를 추어야 한다고 논증하고, 아울러 춤은 팔음八音과 팔풍八風에 근거했다는 논의도 제기되었다. 일무는 예악론과 접맥되어 예는 땅, 악은 하늘에 근본 했다는 주장과 함께 음양사유陰陽思惟와도 접맥시켰다.

중원 왕조의 경우 역성혁명을 이룩하면 전조의 예악을 버리고 새로운 예악을 창조한다는 제례작악制禮作樂을 원칙으로 했다. 그리하여 문질文質, 정삭正朔, 복색服色, 휘호徽號, 기계器械 등을 모두 바꾸었다. 일무 역시 음양의 조화에 입각하여 팔음, 팔풍, 육율, 사시, 팔괘, 팔정, 팔절 등 음수와 결부시켰다.

일무에도 천자예악과 제후예악을 엄격하게 적용하여, 천자가 아니면 팔일무를 출수가 없었으며 궁현을 쓸 수 없다는 예악론이 확실하게 작용했다. 천자만이 팔일무를 작하여 천신과 종묘에 봉안된 선대 제왕에 제사를 지낼 수 있었고 팔일무八溢舞, 팔우무八羽舞, 일원무溢圓舞, 일방무溢方舞, 일형무溢衡舞 등으로 일컬어지기도 했다. 팔일무는 <대함大咸>, <대장大章>, <댁소大韶>, <대하大夏>, <대호大濩>, <대무大武> 등의 묘악廟樂인 육대무六代舞(六樂 六舞)가 근간이 되었고, 이들 춤이 왕조에 따라 명칭은 바뀌었지만 본질에는 변화가 없었다.

한국의 역대 왕조는 고려조에 중원의 원구제천圓丘祭天 제도를 받아드려 팔일무를 추다가 후기에 천자가 아닌 제후국이라는 현실을 극복하지 못하고 내심으로 앙앙불락했으나, 중원정권의 위세에 눌려 표면적으로는 동아시아의 예악질서에 순응했다. 조선조의 경우 초기와 중기에 간헐적으로 팔일무를 연행되다가, 중원의 강력한 통일 정권이 수립되면 보국안민을 위해 이를 접고 육일무로 대신했다.

명실상부한 팔일무는 대한제국 시대에 원단圓壇의 제천의례와 종묘제향에서 추어졌다. 동아시아에 있어서 일무는 단순히 무도에만 머문 것이 아니라 이처럼 정치적 상황과 연계되어 있었다. 소위 21세기에 접어든 오늘에도 또 다른 분야에서 팔일무와 같은 질곡은 없는 것인지를 짚어볼 이유가 있다.

참고문헌

杜佑,『通典』.

尹愭,『無名子集』「泮中雜詠」.

陳暘,『樂書』.

『古今圖書集成』.

『論語』.

『三國史記』.

『三國遺事』.

『書經』.

『呂氏春秋』.

『淵鑑類函』.

『禮記』.

『爾雅奏疏』.

『正朝實錄』.

『周易』.

『增補文獻備考』.

『太學志』.

『漢書補注』.

『淮南子』.

李敏弘,「동아시아 역대 왕조의 開國과 質文 五行 三正論」,『민족문화』40, 한국고전번역원, 2012.

조선 태조조 창작정재와 예악사상

수성의 염원과 경계

신태영
세계민족무용연구소 전임연구원

『예기禮記』「악기樂記」에서 “악樂을 종묘에서 군왕과 신료, 윗사람과 아랫사람이 함께 들으면 모두들 화경和敬하게 되고, 족장과 향리에서 연장자와 연하자가 함께 들으면 모두들 화순和順하게 되고, 일반 가정에서 부모와 자식, 형과 동생이 함께 들으면 모두들 화친和親하게 된다.”라고 하였다. 그리고 악은 부자와 군신을 화합和合시키고 만민을 친부親附하게 하기 때문에 선왕先王이 악의 제도를 세웠다고 하였다.[1] 이처럼 악은 군신과 만민을 화和하게 만드는 힘이 있다.

종묘에서 연주하는 악은 제례악으로 아악을 말한다. 이 아악을 들으면 군신 상하가 모두 화경和敬하게 된다고 하였다. 하지만 아악뿐 아니라 연악[2]

* 이 글은 동방한문학회의 『동방한문학』 제59집에 게재한 것임.

1 『禮記 · 樂記』: “樂在宗廟之中, 君臣上下同聽之, 則莫不和敬, 在族長鄕里之中, 長幼同聽之, 則莫不和順, 在閨門之内, 父子兄弟同聽之, 則莫不和親. 故樂者, 審一以定和, 比物以飾節, 節奏合以成文, 所以合和父子君臣, 附親萬民也. 是先王立樂之意也.”

2 본고에서는 궁중의 여러 제사에서 연주하는 제례악을 아악雅樂, 궁중의 여러 잔치에서 연주하는 연례악을 연악宴樂, 궁중의 춤을 정재呈才라 하였고, 정재의 치어致語 · 구호口號 · 창사唱詞 등을 모두 악장에 포함시켰다. 참고로, 조선 초에는 아악서雅樂署에서 아악의 악기 연주만을 담당하였고 노래(악장)와 춤(일무佾舞)은 봉상시奉常寺에서 담당하였다. 전악서典樂署에서는 연례

도 이러한 성격을 지닌다고 보아야 할 것이다. 곧 연악을 통해 군신동락君臣同樂과 군신화경君臣和敬을 이루고자 한 것이다. 그런데 예악을 보다 더 적극적으로 활용하여 이 악이 일정한 방향성, 즉 그 당대의 특정한 정치적 목적을 내포한다면, 이는 예악사상을 현실 정치에 더 적극적이고 직접적으로 활용한 사례가 될 것이다. 즉 화和에 그치지 않고 화和가 특정한 방향으로 향하게 악을 이용한다는 것이다. 이러한 사례는 조선 초기 태조조에서 세종조 초기까지 창작된 여러 정재에서 볼 수 있다.[3] 악장 자체가 칭송과 경계라는 두 가지 목적과 효용을 가진다면, 이미 그 속에 방향성이 들어 있다고 보아야 할 것이다. 본고는 정재를 통해 그 방향성을 추적하고자 한다.

궁중무용인 정재呈才는 '고귀한 분에게 재주를 바친다'라는 뜻의 어구였지만, 조선조에 들어 명사로 정착되었다. 고귀한 사람에게 재주를 바치기 위해서는 그 예를 극진히 하면서도 동시에 「악기」에서 "악은 즐거움이다(樂者樂也)."라고 한 것처럼 흥을 중요시한다. 극진한 예 속에서 최고의 기량을 지닌 악을 펼쳐 보이는 것이 바로 정재이다. 정재는 문헌 속에 기록된 악장을 현실 세계로 불러내어 직접 생생하게 보여준다. 그러기에 정재는 조정에서의 군신 간의 화합은 물론 정치적 방향성까지 내포하여 예악사상을 훌륭하게 구현할 수 있는 장치로써 작용할 수 있었던 것이다.

궁중무용인 정재는 춤이 중심이지만 사실 가歌·악樂·무舞, 곧 노래와 곡조와 춤이 복합적으로 어우러진 종합공연예술이다. 조선 초기에 창작된 정재는 모두 악장이 먼저 만들어진 다음에 이를 토대로 악과 무를 입혀 완성하였으므로 그 악장에 정재의 메시지가 잘 드러나 있다. 본고에서 살피고자 하는 <몽금척夢金尺>(금척金尺)·<수보록受寶籙>·<문덕곡文德曲> 정재는 모두 정도전의 악장을 바탕으로 한 것이다. 정도전의 악장은 이 외에도 「납씨곡納氏曲」·「궁수분곡窮獸奔曲」·「정동방곡靖東方曲」·「신도가新都歌」 등 7편이 있는데 그 중 앞의 <몽금척>·<수보록>·<문덕곡> 등 3편이

악을 담당하였다.

3 태종과 세종 초의 하륜과 변계량의 악장에 대해서는 신태영(2013) 참조.

정재로 만들어졌고, 중종 13년에 「동동」의 가사가 음사淫辭라 하여 <신도가>의 가사로 대치한 적이 있다.

이 세 악장에 대해서는 문학계에서는 물론이고 무용계에서도 중요하게 다루어지고 있다. 국문학계에서는 일찍부터 악장에 관심을 기울였는데 그 광범위한 연구는 조규익에 의해 이루어졌다. 조규익은 정도전의 악장에는, 임금이 천리를 망각하고 치도의 요체를 따르지 않을 경우 어렵게 세운 나라가 언제든지 붕괴될 수 있으므로 임금에게 우회적인 방법으로나마 치도의 대강을 진언하여 새로 이루어진 질서를 고착시키려는 의도가 담겨 있다고 하였다. 김영수는 정도전의 악장을 예악사상적인 측면에서 연구하였다. 한편 박현숙은 악장이 아유의 문학이 아님을 <문덕곡>을 통해 보여주고자 하였다. 곧 <문덕곡>에 언급된 내용은 모두 실재했던 공덕이었음을 입증하면서, 유교에서의 성군의 자질이란 권력이 아닌 도덕성이라고 할 때, "악장의 본령인 '공덕에 대한 송축'을 아유성으로 해석할 개연성은 거의 없다고 할 수 있다."라고 하였다.[4]

무용학계에서도 정도전의 악장으로 만들어진 정재에 깊은 관심을 보였다. 그 중 성윤선은 <문덕곡>은 민본과 덕치사상이 형상화된 것으로, <몽금척>과 <수보록>은 천인합일설에 근거해 건국과 왕권의 정당성을 합리화하려는 것으로 보았다. 박은영은 박사논문에서 <몽금척>과 <수보록>은 조선 건국의 정당성을 위해 마련된 악장이라며 "유교철학에 위배되는 도참적이고 예언적인 조짐"까지도 악장화 할 수 있었던 것은 정도전은 유학자이면서도 현실적 정치 감각이 탁월했기 때문일 것이라고 하였다. <문덕곡>은 민본주의와 덕치사상을 내재하고 표방하고 있다고 의미를 부여하였다. 그리고 <문덕곡>이 조선 초기 이후 사라진 이유는 명확히 알 수 없지만, "왕조 개창의 지배 이념적 가치와 효용성이 퇴색"되었기 때문일 것이라고 하였다.[5]

---

4 조규익(2005), 402쪽; 김영수(2003); 박현숙(2011), 24쪽.

5 성윤선(1995), 114쪽; 박은영(2006), 102쪽, 140쪽.

한동안 악장이 군왕에게 아부나 일삼는 어용내지 아유 문학이란 기롱을 받았지만, 여러 연구자들의 오랜 노력으로 이러한 오명이 점차 벗겨지고 있다. 무지의 소치로 한 번 오명을 씌우는 일은 쉬웠지만 그 오명을 벗는 일은 너무나 어려워 보인다. 조선은 물론 역대 우리나라 왕조가 중국의 속국이라는 그릇된 인식 또한 악장과 같은 길을 걷고 있다. 한 쪽에서는 속국이 아닌 것은 너무나 당연한데 왜 쓸데없이 이러한 말을 하느냐고 하는가 하면, 다른 한 쪽에서는 여전히 너무나 당당하게 속국이었다고 자랑스럽게 기재하고 있는 실정이다.

조선이 명분과 의리를 생명보다 중요시 했다는 것은 주지의 사실이다. 심지어 자신이 비리 사건에 연루되면 사실 여하를 막론하고 사퇴하여 조사를 받는 것을 당연하게 여겼다. 그러한 사회에서 비록 대상이 군왕이라고는 하지만 문학적 재능으로 아부를 일삼고 문학을 어용의 수단으로 전락시킨다는 것은 지극히 비정상적인 상황에서나 가능한 이야기라 할 것이다. 또한 조선이 개국하면서 그 명분의 하나로 사대를 언급한 것은 사실이지만 그렇다고 사대 그 자체가 개국의 목적이 될 수 없는 것은 당연하다. 맹자의 말처럼 이소사대는 자국을 보호하기 위한 정책상의 수단일 뿐이다.

예악사상은 정치와 밀접한 관련을 갖는다. 조선의 정재가 예악사상을 바탕으로 한다면 그 정재는 창작 당대의 정치적 상황과 일정한 관련이 있을 것이다. 본고는 이러한 점에 유의하여 조선 초기 정재의 악장을 통해, 그 정치적 배경과 창작된 의도 및 전달하고자 하는 메시지가 무엇인지 살펴보고자 한다. 이러한 작업을 통해 예악사상의 추상적 논의를 탈피하여 보다 구체적인 논의에 접근할 수 있을 것으로 기대한다. 또한 이러한 작업은 오늘날 정재를 공연하는 사람의 입장에서도 유익하리라 생각한다. 만일 해당 정재가 이미 600년 전에 개국한 왕조의 정치 선전물적 성격이 짙다고 인식한다면 얼마나 많은 열의를 이끌어낼 수 있겠는가? 자신이 공연하는 정재에 대해 보다 깊이 이해하고 또 긍지도 가질 수 있다면 당연히 더욱 더 열정적으로 임할 수 있을 것이다.

1. 정도전의 악무인식 : 공성작악功成作樂

주지하다시피 조선왕조를 세워 초대 군왕이 된 사람은 이성계(1335~1408년)였지만, 그 조선을 기획하여 탄생시키고 조선의 내용을 채운 사람은 정도전(1342~1398년)이었다. 이성계와 정도전은 유비와 제갈량의 수어지교와 같은 관계였다. 정도전은 비록 조선 개국 7년 만에 이방원(1367~1422년)이 일으킨 왕자의 난에 살해되었지만, 7년이라는 짧은 시간 동안 조선 문물의 기반을 다져놓았고 조선은 그 위에서 성장해 갔다. 이것은 정재의 내용이 된 악장에 있어서도 예외가 아니어서 정도전은 조선 악장의 개조라고 평해진다.[6]

정도전은 앞서 언급한 <몽금척>·<수보록>·<문덕곡> 이외에도「납씨곡」·「궁수분곡」·「정동방곡」·<신도가> 등 7곡의 악장을 지었다. 이 중 정재로 만들어진 것은 앞의 세 편이다. 정도전이 개국 초의 바쁜 일정에도 시간을 내어 악장을 지은 것은 예악이 치국에 있어 매우 중요하다고 인식했기 때문이다.[7]

정도전은 예악에 대한 많은 글을 남기지는 않았지만 그 중요성과 시급성에 대해서 깊이 인식하고 있었다. 정도전은 태조에게 올린 전箋과『조선경국전朝鮮經國典』「예전禮典·총서總序」에서 각각 이렇게 말하였다.

> 신이 보건대, 역대 이래로 천명을 받은 군왕은 무릇 공덕이 있으면 반드시 악가樂歌로 나타내어서 그 당시를 빛나게 하고 후세에서도 볼 수 있도록 하였습니다. 그러므로 "한 시대가 일어나면 반드시 한 시대의 제작制作이 있다."라고 말한 것입니다.[8]

---

6 조규익(2005), 403쪽.

7 정도전의 예악사상에 대해서는 김영수(2003) 참조.

8『태조실록』2년 07월 26일(기사) : "臣觀, 歷代以來, 受命之君, 凡有功德, 必形之樂歌, 以焜燿當時而垂示後來. 故曰 '一代之興, 必有一代之制作.'"

> 삼가 주상 전하는 위로는 하늘에 호응하고 아래로는 인민에 순응하시고 왕위에 오른 뒤 옛것을 상고하고 나라를 경륜하시어 모든 사물이 질서가 잡히고 조화를 이루었으니 지금이 바로 예악이 일어날 때입니다.[9]

앞의 전은 태조 2년(1393) 7월에 <몽금척>·<수보록>·「문덕」을 지어 태조에게 올리면서 쓴 것으로 역성혁명을 이룬지 만 1년 무렵이다. 뒤의 「예전·총서」는 그 이듬해 3월에 올렸다. 혁명을 시작한지 채 2년도 되지 않았는데 정도전은 창업이라는 큰 공을 세웠으니 지금이 바로 악을 새롭게 지을 때이고 예악이 일어날 시기라고 강조하였다. 『예기』「악기」편의 "왕이 된 자는 공업이 이루어지면 악을 만들고 정치가 안정되면 예를 제정한다.(王者, 功成作樂, 治定制禮.)"는 구절을 들어 이러한 주장하였다.

그러나 '공성功成'의 '공功'이 창업 자체를 가리키는 말은 아닐 것이다. 혁명이냐 찬탈이냐를 결정하는 것은 정권 쟁취가 아니라 그들이 그 정권으로 무엇을 했느냐에 따라 결정되기 때문이다. 「악기」의 "공업이 이루어지면 악을 만들고 정치가 안정되면 예를 제정한다"는 구절에 대해, 『백호통의白虎通義』에서는 '천하의 인민이 굶주리고 추위에 떠는데 어떻게 예와 악을 만들어 즐길 수 있겠느냐'면서 태평해진 뒤에야 이러한 일을 하는 것이라고 했다.[10] 왕부지王夫之도 이 구절을 풀이하길 "공업이 이루어지면 천하가 편안해지고 백성의 마음이 기쁘게 된다. 그래서 악을 지어서 그 공업을 빛내는 것이다. 정치가 안정되면 천하가 하나가 되어서 정치교화가 행해진다. 그래서 예를 제정하여 그 치세를 꾸미는 것이다."라고 하였다.[11]

조선이 개국하여 짧은 시간에 많은 치적을 쌓았다 해도 아직 태평성세를

---

9 鄭道傳, 『三峰集』 권7 「朝鮮經國典 上·禮典·總序」: "恭惟主上殿下, 上以應乎天, 下以順乎人, 作其卽位, 稽古經邦, 庶事萬類, 以序以和, 禮樂之興, 惟其時矣."

10 班固, 『白虎通義·禮樂』: "太平乃制禮作樂何. 夫禮樂, 所以防奢淫. 天下人民飢寒, 何樂之乎. 功成作樂, 治定制禮."

11 김승룡(편역주), 『樂記集釋』 1(서울: 청계출판사, 2002), 295쪽: "功成, 則天下安而民心悅. 故作樂以昭其功. 治定, 則四海一而政教行. 故制禮以文其治."

이루어 민심을 안정시키고 인민의 지지를 광범위하게 얻은 것은 아니었다. 이성계가 제아무리 백성의 신망을 얻었다 해도 연이어 세 왕을 폐위시키고 자신이 권좌에 올라갔다는 것은 또 다른 문제인 것이다. 설사 개국 이전에 이룬 전제 개혁(1390~1391년)까지 치더라도 실질적인 개혁 정치는 5년 정도였고, 위화도 회군(1388년)까지 소급해도 7년여에 불과했다. 그런데도 정도전은 이미 공업이 이루어졌다며 예와 악의 제정을 서둘렀고 태조도 이에 동의하였다. 태조는 정도전에게 채색 비단을 상으로 내리고 <몽금척>·<수보록>·<문덕>을 악공에게 익히도록 한 것이다.

그렇다면 이토록 서두른 이유는 무엇이었을까? 실제로 공업이 이미 완수되었다고 생각했을까? 충분한 것은 아니지만 그래도 이 정도면 큰일을 한 것이라고 스스로를 위로한 것일까? 이들의 혁명이 어느 정도는 완수된 것은 물론 사실일 것이다. 그러나 더 정확한 답을 얻기 위해서는 먼저 이들 세 악장에 대해 살펴보는 것이 순서일 것이다. 정도전은 세 악장을 올리는 이유에 대해 이렇게 말하였다.

> 우리 주상 전하께서 아직 등극하지 않으셨을 때, 꿈에 신인神人이 금자(金尺)를 주면서, "이것을 가지고 국가를 고르게 다스리시오."라고 하였고, 또 어떤 사람이 이상한 글을 바치면서, "이것을 숨겨두고 함부로 남에게 보이지 마십시오."라고 하였는데, 그 후 10여 년 만에 그 말이 과연 들어맞았습니다. 이것은 모두 하늘이 오늘날의 일을 미리 알려 주신 것입니다.
>
> 전하께서는 넓으신 도량으로 여러 사람의 말을 받아들이시어, 여항에 사는 자잘한 백성 한 명이라도 안정된 곳을 얻지 못하면 반드시 이를 아셨고, 이를 아시면 반드시 넉넉하게 구휼해주셨습니다. 그런데도 오히려 사람들이 해야 할 말을 다하지 못할까 염려하시어 언로言路를 활짝 열어 놓으셨습니다. 또 공신들을 정성스럽게 대우해주시고 신서信書를 내려 주시고 金石에 새기셨으니 공신을 보전하시는 것도 지극하셨습니다. 전조 말에 정치와 법도가 무너지고 토지 제도(경계經界)가 바르지 못하여 백성이 그 해를 받게 되었고, 예악이 일어나지 않아 관원이

> 그 직분을 잃게 되었습니다만, 전하께서 모두 다 바로잡아 안정시키셨습니다. 천도天道가 저와 같았고 인도人道가 이와 같았으니, 공을 비교하고 덕을 헤아려 본다면 비할 바가 없을 것입니다.
>
> 이것을 마땅히 성시聲詩로써 전파하고 현가絃歌에 올려 끝없이 전하여서 이를 들은 사람들이 성덕聖德의 만분의 일이라도 알게 해야 할 것입니다. 신이 비록 불민하지만 성대를 만나 개국 공신의 말석에 참여하였고 다행히 문필로써 태사太史의 직책을 겸하게 되었으니 감격하여 뛰고 싶은 마음을 이길 수가 없습니다. 삼가 천명을 받은 상서로움과 정치를 행한 아름다운 점을 기록하여 악사樂詞 3편을 짓고 이를 써서 전문箋文에 따라 바치옵니다.[12]

성인이 나타날 때 상서로운 조짐이 있는 것처럼, 이성계가 군왕이 되기 전에 꿈에 금척을 받은 일과 어떤 사람이 이상한 글을 바치며 앞날을 예언한 일 등이 모두 그 상서로운 조짐에 해당한다고 하였다. 일견 터무니없는 견강부회처럼 들릴 수 있으므로 그러한 예나 치적을 나열하여 그 상서로운 조짐이 허황된 일이 아니라는 점을 실증하고자 했다.

태조의 구체적인 공적으로는 백성을 구휼하였으며 언로를 열어놓았고 공신을 후대했으며 토지제도를 바로잡았다는 것을 들고, 이것은 어느 누구에게도 비할 바 없는 큰 공적이라고 칭송하였다. 그러나 빈민은 언제든지 다시 나타날 수 있고 언로도 다시 막힐 수 있으며, 역대로 공신을 역적으로 몰아 처단한 예는 숱하게 있었고 토지제도가 문란해지는 것도 언제든지 가능한 일이다. 이러한 점에서 초심을 잃지 말라는 경계도 동시에 하고 있다

12 『태조실록』 2년 07월 26일(기사) : "我主上殿下, 在潛邸, 夢神人以金尺授之, 若曰 '以此均齊家國.' 又有人得異書以獻之曰 '秘之勿妄示人.' 後十數年, 其言果驗. 是皆天以今日之事, 預告之也. 殿下以寬弘之量, 容受衆言, 凡閭巷之間, 微細之民, 一有不得其所者, 必知之, 知之, 必加優恤. 猶恐人之不言, 開言路也廣矣. 待功臣以誠, 賜以信書, 刊諸金石, 保功臣也. 至矣. 前朝之季, 政廢法壞, 經界不正, 民受其害, 禮樂不興, 官失其守, 殿下一皆正而定之. 以天道則如彼, 以人道則如此, 較功度德, 無與爲比. 是宜播之聲詩, 被之絃歌, 傳之罔極, 俾聞者知聖德之萬一焉. 臣雖不敏, 遭遇盛代, 得與開國功臣之末, 幸以文筆兼太史之職, 不勝感激踊躍之至. 謹記受命之瑞爲政之美, 撰樂詞三篇繕寫, 隨箋以獻."

고 보아야 할 것이다.

하여간 이러한 큰 공적은 시와 음악으로 만들어 널리 알려야 마땅하므로, 태사의 직분에 있는 자신이 이 일을 자임하여 세 편의 가사를 바친다고 하였다. 큰 공적을 선양하는 것이 악장을 지은 이유이자 목적인 것이다. 그런데 위의 글에서 든 공적 언론·공신·토지·예악 등 네 항목은 <문덕곡>에 모두 들어 있다. 그렇다면 세 악장 중 정도전이 정작 중요하게 여긴 것은 <몽금척>이나 <수보록>보다는 <문덕곡>이라고 보아야 할 것이다.

위의 인용문만으로도 일견 새로운 나라를 열고 새로운 시대를 열어가는 정도전의 자부심과 자긍심이 엿볼 수 있다. 정도전으로 대표되는 개국공신, 곧 집권층들은 혁명의 목적이 일정 정도 달성되었다고 여겼던 것이다. 이제 개국 세력의 대표격인 정도전은 그간의 일을 악장으로 정리하고 새로운 단계로 넘어가고자 하는 시점에 있었던 것이다. 즉 공성작악의 악장을 통해 초심을 잃지 말고 개혁에 더 박차를 가하고자 했던 것으로 보인다.

2. 〈몽금척〉과 〈수보록〉

<몽금척>과 <수보록>정재가 언제 만들어졌는지는 명확하지 않지만, 태종 2년(1402) 6월에 정한 '국왕연종친형제악國王宴宗親兄弟樂'과 '국왕연군신악國王宴群臣樂'에서 '몽금척정재' '수보록정재'라고 표기되어 있는 것으로 보아 이미 태조조에 정재로 만들어진 것으로 보인다.[13] 태조 2년(1393) 7월 26일(기사)에 전箋을 올리며 <신도가>를 제외한 6편의 악장을 만든 이유에 대해 아뢰었고, 같은 해 10월 27일(기해)에 도평의사사의 잔치자리에서 이들 신악新樂을 태조에게 올렸다.[14] 악장을 올린 지 석 달 만에 노래로 만들어 불렀으니 <몽금척>과 <수보록>의 춤도 함께 만들어졌거나 아니면 노래

---

13 『태종실록』, 2년 6월 5일(정사).

14 『태조실록』, 2년(1393) 7월 26일(기사), 10월 27일(기해).

를 만든 지 얼마 안 되는 이른 시기에 만들어졌을 것이다.

<몽금척>은 꿈속에서 금척을 받은 것을 축하는 춤이다. 천명의 상서로움의 상징인 금척을 자자손손 이어져 천년 억년에 이르라고 축원하였다.

> 상제께서 살피심이 너무나 밝으신지라
> 길한 꿈이 금척과 합치되었다네.
> 덕이 맑은 자는 노쇠했고 정직한 자는 고집스러우니
> 덕 있는 이라야 이 일에 딱 맞는다네.
> 상제께서 우리 백성들 마음 헤아리시어
> 국가를 고르게 다스리도록 하시었다네.
> 곧도다 이 부록이여, 상서로운 명을 받으셨으니
> 아들에 전하고 손자에 이르게 하시어 천년 억년 이르소서.[15]

<몽금척> 정재의 치어에서, 신인이 금으로 된 자를 주면서 '경시중(慶復興)은 맑은 덕을 지녔지만 늙었고 최삼사(崔瑩)는 정직하다는 명성이 있지만 고집스럽다. 오직 태조만이 문무를 겸하였고 덕과 학식이 있어서 백성들의 중망이 귀의한다'라고 하였다.[16] 즉 당대에 경복흥과 최영 등의 라이벌이 있었지만 이들은 모두 자격이 부족하다는 뜻이다. 창사에도 "상제께서 우리 백성의 마음 헤아리시어, 국가를 고르게 다스리도록 하시었다네."라고 하여, '백성의 중망이 귀의한다'라는 신인의 말이 실제 사실과 부합한다고 하였다. 즉 이성계가 천명을 받아 나라를 새로 연 것은 백성들의 바람과 일치하는 것으로, <몽금척> 정재의 내용이 허황된 이야기를 꾸며낸 것처럼 보이지만 '백성의 중망'을 받았다는 점에서 이는 '엄연한 사실'이라는

15 『樂學軌範』 卷4 : 「時用唐樂呈才圖說 · 金尺」. "惟皇鑑之孔明兮, 吉夢協于金尺. 淸者耄矣兮直其戇兮, 有德焉是適. 帝用度吾心兮, 俾均齊乎家國. 貞哉厥符兮受命之祥, 傳子及孫兮彌于千億."

16 『樂學軌範』 卷4 : 「시용당악정재도설 · 금척」. "慶侍中, 有淸德, 且耄矣. 崔三司, 有直名, 然戇也. 謂太祖資兼文武, 有德有識, 民望屬焉. 乃以金尺授之." 『三峰集』 「夢金尺(幷序)」의 서문과 내용이 같다.

뜻이 된다. 또한 천명이라는 것도 백성들의 마음을 헤아려서 나온 것이므로, 백성의 마음을 얻는 것이 곧 천명을 얻은 것이라는 등식이 성립한다. 곧 조선 개국의 정당성을 민심을 얻었다는 점에서 찾고 있는 것이다.

> 인군의 지위는 높다면 높은 것이요, 귀하다면 귀한 것이다. 그렇지만 천하는 매우 넓고 만민은 너무나 많아, 한 번이라도 백성의 마음을 얻지 못한다면 크게 우려할만한 일이 생길 것이다. 하민은 매우 약하지만 힘으로 위협할 수 없고, 매우 어리석지만 지혜로 속일 수 없는 자들이다. 백성의 마음을 얻으면 복종하고 얻지 못한다면 떠나갈 것이니, 백성이 떠나가고 귀의하는 그 사이는 털끝만큼의 틈도 없는 것이다. 그러나 이른바 백성의 마음을 얻는다는 것은 사사로운 뜻으로 구차하게 되는 것도 아니고 도를 어겨 명예를 구하는 것으로 되지도 않는다. 그 방도는 역시 인仁에 있을 뿐이다.[17]

『조선경국전』의 맨 첫 부분인 「정보위正寶位」의 일부이다. 위 글이 저서의 첫 부분에 위치한다는 점에서 그 중요성을 가늠해볼 수 있을 것이다. 정도전은 보위를 바로하기 위해서는 무엇보다 민심을 얻어야 하고 민심을 얻기 위한 방법은 오직 인仁뿐이라고 역설하였다. 백성들은 너무나 미약하고 어리석기에 위정자들은 이들을 무시하고 독단의 정치를 펼치기 쉽다. 하지만 정도전은 이 보잘것없는 백성들이야 말로 힘과 지혜로 굴복시킬 수 없는 존재들이며, 군왕의 보위는 바로 이들의 마음을 얻는 데에서 출발한다고 보았다. 곧 '민심의 획득'에서 권력의 정당성을 찾고 있는 것이다.

<몽금척>의 퇴구호에서 만세를 축수하면서 "즐거움이 극에 이르기 전에, 얼른 경계敬戒하는 마음을 돌이키소서.(未及懽娛之極, 遽回敬戒之心.)"라는

---

17 정도전, 『삼봉집』 권7 : 「朝鮮經國典 上 · 正寶位」. "人君之位, 尊則尊矣, 貴則貴矣. 然天下至廣也, 萬民至衆也. 一有不得其心, 則蓋有大可慮者存焉. 下民至弱也, 不可以力劫之也, 至愚也, 不可以智欺之也. 得其心則服之, 不得其心則去之, 去就之間, 不容毫髮焉. 然所謂得其心者, 非以私意苟且而爲之也, 非以違道干譽而致之也, 亦曰'仁'而已矣."

조언도 잊지 않았다. 공경스럽고 조심스러운 마음을 잃어버린다면 신인이 이성계에게 금척을 준 것처럼 언제든지 다른 사람에게도 금척을 줄 수 있기 때문일 것이다.

<수보록> 정재의 창사에서는, "석벽을 갈라서, 이서異書를 얻었구나. 굳세고 굳센 목자木子여, 시운을 타고 일어나리라. 누가 그를 도울까, 주초走肖의 그 덕이리라. 비의非衣의 군자君子가, 금성金城에서 오며, 삼전三奠 삼읍三邑이, 도와 공을 이루며, 신도神都의 터를 정하여, 팔백 년을 전하리라."[18]라고 하였다. 이성계가 혁명을 이룰 때 주초走肖(조준趙浚)·비의군자非衣君子(배극렴裵克廉)·삼전삼읍三奠三邑(정도전鄭道傳·정총鄭摠·정희계鄭熙啓) 등이 도울 것이라는 도참설을 바탕으로 하고 있는데, 개국 과정을 예언하여 그 정당성을 인정받으려는 의도로 보인다.

그런데 훗날 태종도 지적한 바이지만 정작 이 두 창사에는 태조의 실제의 덕을 기록한 내용이 없다.[19] 조준과 정도전을 빼고는 이렇다 하고 개국에 도움을 준 사람들이 없었다. 오히려 <몽금척>은 백성의 마음인 천명을 얻었다는 메시지를 전달하고 있고 <수보록>도 여러 신하들의 도움이 없으면 창업의 대업을 이룰 수 없다는 메시지를 전달할 뿐이다. <몽금척>과 <수보록>의 메시지는 <문덕곡>에서 더 명확해진다.

3. 〈문덕곡〉

앞서 언급했듯이 『조선왕조실록』에 의하면 태조 2년(1393) 7월 26일(기사)에 악장 <문덕곡> 등을 올렸는데, 석 달 뒤인 10월 27일(기해)에 전악서

18 『악학궤범』 권4 「시용당악정재도설 · 受寶籙」: "彼高矣山, 石與天齊. 于以剖之, 得之異書. 桓桓木子, 乘時而作. 誰其輔之, 走肖其德. 非衣君子, 來自金城. 三奠三邑, 贊而成之. 奠于神都, 傳祚八百. 我寵受之, 曰惟寶籙."

19 『태종실록』 11년 윤12월 25일. 신태영(2003) 44쪽 참조. 태종의 태조 정재 삭제 시도에 대해서는 조규익(2005) 446~450쪽 참조.

의 무공방武工房을 거느리고 새 음악을 태조에게 올렸다. 그리고 그 달 30일(경신)에는 여러 훈신勳臣을 불러 잔치를 열었는데, 태조는 <문덕곡>을 노래하게 하고 정도전에게 "이 곡은 경이 찬진撰進한 것이니 경이 일어나 춤을 추어야 할 것이오."라고 하였다. 정도전은 일어나 춤을 추었고 태조는 정도전에게 귀갑구龜甲裘를 하사하였다. <문덕곡>은 <몽금척>과 <수보록>과 달리 춤이 아닌 노래 위주로 구성되어 있다는 점에서 춤보다는 노래에 주안점에 둔 정재로 눈으로 보는 것보다는 귀로 들으며 의미를 마음속에 새겨야 하는 정재였다.

<문덕곡> 치어에서 태조의 대표적 공덕으로 언로를 확대하고 공신을 보전하고 경계를 바로잡고 예악을 정한 것이라 하고, '개언로장開言路章 · 보공신장保功臣章 · 정경계장正經界章 · 정예악장定禮樂章' 등 네 장으로 나누어 노래하였다. 앞서 정도전이 올린 전箋에는 태조의 공적으로 토지 제도 개혁과 함께 언로言路의 확장과 공신功臣의 우대가 들어 있는데, 그 구제적인 내용이 <문덕곡>의 하위 장에서 설명되었다. 곧 정도전은 태조와 신료들에게 개국 초의 치국을 위한 요체를 뽑아 악장으로 노래한 것이다.

> 궁궐이 구중으로 엄숙하고 깊으니
> 하루에도 만 가지 기무가 어지러이 쌓여 있도다.
> 군왕은 백성들의 실정을 잘 알아야 하나니
> 언로를 활짝 열어 사방의 소리 잘 들으셨도다.
> 언로를 여심을 그대는 보지 못하였는가
> 우리 임금님의 덕이 순임금과 같으시도다.
> 아으, 우리 임금님의 덕이 순임금과 같으시도다.[20]

---

20 『악학궤범』 권5 「時用鄕樂呈才圖儀 · 文德曲」 : "法宮이有儼深九重ᄒᆞ시니, 一日萬機紛其叢ᄒᆞ샷다. 君王이要得民情通ᄒᆞ샤 大開言路達四聰ᄒᆞ시다. 開言路君不見가 我后之德이與舜同ᄒᆞ샷다. 아으 我后之德이與舜同ᄒᆞ샷다." 『三峰集』에는 "開言路君不見"이 "開言路臣所見"으로 되어 있고, 마지막의 "아으 我后之德이與舜同ᄒᆞ샷다." 구절이 없다.

<문덕곡>의 제일 처음에 위치한 '개언로장'으로 언로 확장의 중요성을 노래하고 있다. 군왕은 구중궁궐 속에서 하루에도 만 가지 기무를 처리해야 하는 입장이므로 백성들의 실상을 제대로 알 수가 없다. 만약 백성들의 실상을 모르고 탁상공론을 일삼다가는 전조의 사태를 맞을 수도 있는 것이다. 그렇다면 어떻게 해야 하는가? 언로를 크게 열어서 사방의 소리를 들어봐야 한다. 그래야 불통의 독선과 독주가 아니라 소통의 정치를 이룰 수 있는 것이다. 그런데 문제는 언로를 어떻게 여느냐에 있다. 단서는 그 다음에 위치한 '보공신장'에 보인다.

> 성인이 천명 받아 나는 용을 타시니
> 많은 선비가 다투어 구름처럼 따르도다.
> 꾀와 힘을 다하여 그 공을 이루셨으니
> 산하에 맹세하여 처음과 끝을 보존하셨도다.
> 공신을 보호하심을 그대는 보지 못하였는가
> 우리 임금님의 덕이 무궁히 드리워지리라.
> 아으, 우리 임금님의 덕이 무궁히 드리워지리라.[21]

이성계가 천명을 받고 비룡飛龍을 타고 일어나자 수많은 선비들이 다투어 구름처럼 따랐다고 하였다. 이것이 창업의 대업을 이룰 수 있었던 실질적인 힘이자 개국의 정당성이었다. 곧 구름처럼 많은 선비들의 도움이 없었다면 불가능했던 일이었고, 그렇기 때문에 태조가 그 은공을 잊지 않고 공신들을 보호한다는 것이다. 공신을 보호한다는 것은 너무나 당연한 일 같지만 늘 그랬던 것은 아니다. 중국 한나라 고조는 공신들을 두루 왕으로

21 『악학궤범』 권5 「시용향악정재도의 · 문덕곡」: "聖人受命乘飛龍ᄒᆞ시니 多士ㅣ競起如雲從ᄒᆞ샷다. 騁謀效力이成厥功ᄒᆞ시니 誓以山河로保始終ᄒᆞ샷다. 保功臣君不見가 我后之德이垂無窮ᄒᆞ샷다. 아으 我后之德이垂無窮ᄒᆞ샷다." 『삼봉집』에는 "騁謀效力"이 "協謀効力"으로 "保功臣君不見"이 "保功臣臣所見"으로 되어 있고, 마지막의 "아으 我后之德이垂無窮ᄒᆞ샷다." 구절이 없다.

봉했지만 차례로 역모의 혐의를 씌워 제거하였으며, 명 태조도 의옥疑獄 사건을 수차 일으켜 수십만 명을 처형하여 공신과 잠재적 저항 세력을 제거했다. 정도전도 이러한 점을 염두에 두었을 것이다.

하지만 이 '보공신장'에는 다른 의미도 있는 것으로 보인다. 특히 '개언로장' 다음에 '보공신장'이 위치했다는 점을 고려할 때 더욱 그러하다. 다시 말해 공신들이 창업에 큰 공헌을 한 만큼 조선왕조 운영에 직간접적으로 참여할 지분도 함께 갖게 된다. 그러므로 여기서 공신을 보호한다는 것은 정당한 보상과 이들의 신분과 안전에 대한 보호를 의미하겠지만, 동시에 창업 후 나라를 다스릴 때에도 이들의 의견을 적극 받아들이고 이들에게도 큰일을 담당할 수 있도록 배려해야 한다는 의미도 함께 들어 있는 것으로 보아야 할 것이다. 그리고 이렇게 될 때에만 "우리 임금의 덕이 무궁히 드리워"질 수 있다. 만약 이를 망각하고 독주한다면 임금의 덕이 무궁히 드리워질 수 없다는 점을 늘 상기해야 한다는 충고이기도 하다.

이로써 <문덕곡>의 맨 처음에 불리는 '개언로장'의 의미도 더 분명해진다. 언로의 확장이란 다른 누구보다도 공신들의 말에 귀를 더 기울여야 한다는 뜻으로 볼 수 있다. 군왕의 독재가 아니라 신하들과 협의해서 나라를 이끌어야 한다는 것이다. 이것은 정도전의 정치철학이었고 실제로 조선은 이러한 방향으로 나아갔다. 조선은 무장들이 모여서 창업한 나라가 아니라 태조의 무력과 문신들의 지지로 이루어진 나라였다. 무력을 태조만이 가지고 있었으므로 사실상의 주도권은 태조에게 있었던 것이다.[22] 따라서 군왕의 독주를 사전에 차단해야 할 필요성이 있었다. 정도전은 군왕의 전제정치가 아닌 훌륭한 신하를 재상으로 발탁하여 그 신하를 통한 정치를 꿈꾸었다. 요즘의 입헌군주제나 내각제와 유사한 구상을 한 것이다. 이런 점에서도 군왕의 독주는 사전에 차단해야 했다.

태조도 이러한 의도를 잘 알았는지 공신들을 불러 주연을 베푼 자리에서, "과인이 이 자리에까지 이르게 된 것은 경들의 힘이오. 서로 함께 공경

22 국사편찬위원회, 『한국사』 22권, 1995, 32~33쪽.

하고 삼가서 자손만대에까지 이르기를 기약함이 옳을 것이오."[23]라고 하고는 <문덕곡>을 부르도록 하였다. 또 李穡에게 잔치를 베풀 때 <문덕>과 <무공>의 두 곡조를 들었는데, 한편으로는 이러한 칭송을 듣는 것이 고려의 충신인 이색에게 무안했는지 '노래의 칭송이 실정보다 지나쳐서 들을 때마다 부끄럽다'라고 하였다. 그러자 옆에 있던 정도전이 "전하께서 이러한 마음이 있기에 이러한 노래를 지은 것입니다."라고 하였다.[24] 만에 하나 부끄러운 마음이 들거든 더욱 분발하라는 뜻인데, 이 칭송과 경계가 곧 악장의 목적이자 효능이라 할 것이다.

> 경계가 무너졌건만 오래도록 수리 못하여
> 강자는 빼앗고 약자는 빼앗겨 서로 으르렁 거리거늘,
> 우리 임금님께서 바로잡으시어 크게 두루미치길 바라시니
> 창고는 가득 찼고 백성들 편히 쉬었도다.
> 경계를 바로잡았음은 그대는 보지 못하였는가
> 임금님이시어, 즐거움을 천년 누리시리이다
> 아으, 임금님이시어, 즐거움을 천년 누리시리이다.[25]

무너진 경계를 바로잡았다는 것은 고려 말에 문란해진 토지 제도를 바로잡았다는 뜻으로, 공양왕 3년(1391) 5월에 단행한 과전법科田法을 말한다. 무신의 난과 원의 간섭기를 거치면서 권문세족들이 대규모의 농장을 소유하였고 이로 인해 농민들은 피폐해졌고 나라에서는 관료에게 줄 전지조차 부

---

23 『태조실록』 4년 10월 30일 : "寡人之得至於此 卿等之力也 相與敬愼 期至子孫萬世可也"

24 『태조실록』 4년 12월 25일 : "上宴韓山伯李穡 判三司事鄭道傳亦與焉 上聞文德武功二曲 曰 歌頌功德 實惟過情 每聞此曲 予甚愧焉 道傳對曰 殿下有此心 歌所以作也"

25 『악학궤범』 권5 「시용향악정재도의 · 문덕곡」 : "經界毁矣라久未修ᄒᆞ야, 强幷弱削相忽烋커늘. 我后ㅣ正之ᄒᆞ샤 期甫周ᄒᆞ니, 倉廩이充富코 民息休ᄒᆞ두다. 正經界君不見가, 烝哉樂愷享千秋ᄒᆞ샷다. 아으 烝哉樂豈享千秋ᄒᆞ샷다." 『삼봉집』에는 "正經界君不見"이 "正經界臣所見"으로 되어 있고, 마지막의 "아으 烝哉樂豈享千秋ᄒᆞ샷다." 구절이 없다. 『악학궤범』에는 "包休"로 되어 있으나 오자이기에 『삼봉집』의 "忽烋"로 바로잡았다.

족한 실정이었다. 이에 충선왕이나 공민왕이 권문세족의 토지겸병을 억제하려고 했지만 모두 실패했었다. 이후 우왕 1년(1388)에 위화도 회군을 한 후, 이성계와 정도전 등의 개혁세력이 정권을 장악하자 본격적으로 사전개혁에 착수하였다. 그리하여 공양왕 2년에 공사전적公私田籍을 모두 불사르고 이듬해에 과전법을 공포하여 시행하였던 것이다.[26] 이 전제 개혁조치는 우리나라 역사상 최초로 무상몰수와 무상분배를 단행한 혁명적인 사건이었다. 토지를 재분배하여 관료들에게 150결에서 10결의 토지를 수조지收租地를 주었는데, 이 과정에서 이성계에게 우호적이지 않았던 관료들은 10결이나 5결의 군전軍田만 받기도 하였다. 이러하여 새로 단행된 전제 개혁 정책으로 인해 산천을 경계로 삼았던 권문세족들은 중소지주로 몰락하였지만 국가의 재정은 넉넉해졌고 민생도 안정될 수 있었으며, 무공으로 인기가 높았던 이성계는 백성의 마음까지도 얻을 수 있었다.[27]

'정경계장'은 이성계와 정도전이 백성의 신망을 얻고 기득권층의 세력을 크게 약화시킬 수 있었던 중요한 계기를 노래한 것이다. 하지만 이것은 결국 민생이 안정되어야 한다는 말로 귀결될 수 있다. 권문세력이 백성의 지지를 받지 못한 것은 이들이 비상식적이고 불법적으로 상상을 초월하는 막대한 이익을 독차지했기 때문이다. 이익을 독차지한다는 것은 결국 누군가의 정당한 이익을 빼앗는다는 뜻이다. 백성들의 지지는 결국 그들에게 이익을 주는 사람에게 돌아갈 것이다. 민심이 곧 천심이므로 민심이 귀의했다는 것은 천명을 얻었다는 말과 같다. 그렇다면 '정경계장'은 민심을 얻는 것은 민생 안정이라는 경제문제에 달렸음을 강조한 악장이라 할 것이다.

> 정치하는 요체는 예악에 있나니
> 가까이는 안방으로부터 온 나라에 이른다네.
> 우리 임금님께서 정하시어 법칙을 드리우셨으니

---

26 송수환(1995), 228쪽.

27 한영우(2004), 61쪽.

질서가 바로잡히어 평화롭고 즐거워하였도다.
예악을 정하심을 그대는 보지 못하였는가
공업이 이루어져 치세가 되었으니 무극과 짝하시도다.
아으, 공업이 이루어져 치세가 되었으니 무극과 짝하시도다.[28]

마지막 '정예악장'이다. 정치의 요체는 예악에 있으니, 규방부터 나라 전체까지 적용되지 않는 것이 없다고 하였다. 여기서의 예악은 물론 유교적 예악이다. 개국세력들은 신유학의 이념에 의거하여 백성을 예악사상으로 교화하여 태평성대를 만들고자 하였다.

「악기」에서는 "예禮로 그 뜻을 인도하고 악樂으로 그 소리를 조화롭게 하며, 정政으로 그 행실을 일치시키고, 형刑으로 그 간사함을 막는다. 예·악·형·정은 그 귀결점은 하나이니, 백성의 마음을 같게 하여서 치도治道로 나아가는 것이다."라고 하였다.[29] 비록 「악기」에서 예·악·형·정의 목적은 한가지라고 하였지만, 공자는 그 적용 순서에 있어서 차이를 두었다. 곧 "인도하기를 정政으로 하고 가지런히 하기를 형刑으로 하면 백성들이 (형벌을) 면하려고만 하고 부끄러움을 모르게 된다. 인도하기를 덕으로 하고 가지런히 하기를 예로 하여야 부끄러움도 알게 되고 또 바르게 될 것이다."라고 하여,[30] 정·형보다는 예·덕을 우선시 하여야 한다고 하였다. 비록 공자는 예·악이 아니라 예·덕이라 했지만, 이 역시 '정예악장'에 적용될 수 있다고 본다. 정령과 형벌이 아닌 예와 악으로 백성을 교화해야 한다는 뜻이다. 다시 말해 문덕과 문치의 정치를 강조했다고 하겠다.

<문덕곡>은 이처럼 '정언로장·정공신장·정경계장·정예악장'으로 이

---

28 『악학궤범』 권5 「시용향악정재도의 · 문덕곡」 : "爲政之要ㅣ在禮樂ᄒᆞ니, 近自閨門이오達邦國ᄒᆞ니라. 我后ㅣ定之ᄒᆞ샤垂典則ᄒᆞ시니, 秩然以序코和以懌ᄒᆞ샷다. 定禮樂君不見가, 功成治定이配無極ᄒᆞ샷다. 아으 功成治定이配無極ᄒᆞ샷다." 『삼봉집』에는 "定禮樂君不見"이 "定禮樂臣所見"으로 되어 있고, 마지막의 "아으 功成治定이配無極ᄒᆞ샷다." 구절이 없다.

29 『禮記 · 樂記』 : "禮以道其志, 樂以和其聲, 政以一其行, 刑以防其姦. 禮樂刑政, 其極一也, 所以同民心而出治道也,"

30 『論語 · 爲政』 : "道之以政, 齊之以刑, 民免而無恥, 道之以德, 齊之以禮, 有恥且格."

루어져 있는데, 본고는 그 순서에 유의하고자 한다. 조선이 천년만년을 이어져 가기 위해서는 제일 중요한 것이 언로의 확대, 즉 소통이고 그 다음이 독주와 독선이 아닌 신료들과의 협의의 정치이며, 그 다음이 민생의 안정이고 마지막으로 예악에 의거한 정치를 해야 한다는 뜻이 된다. 언로가 통해야 신료들의 말을 제대로 들을 수 있고, 그래야 민생이 안정될 수 있으며, 민생이 안정되어야 백성을 예악으로 순조롭게 인도할 수 있는 것이다. 맹자가 "오로지 죽음을 구제하기에도 부족할까 두려운데 어느 겨를에 예의를 다스리겠습니까?"[31]라고 말한 것도 이러한 의미일 것이다.

비록 <문덕곡>의 내용이 현재 완료되어 진행되고 있는 상태로 불리고 있지만 기실 앞으로도 계속 그렇게 해야 한다는 의미도 들어 있다. 군왕이 순임금으로 칭송되고 그 성덕이 무궁하게 이어질 것이라는 말은, 단순한 아부성의 발언이 아니라 혁명을 완수하기 위해 마음이 해이해지지 않도록 조심하라는 엄중한 충고인 것이다. 태조와 정도전을 비롯한 당대 사람들은 이러한 경고가 말로 끝나는 것이 아니라 실제로 실행에 옮겨질 수 있다는 것을 몸소 체험하고 증험한 사람들이다. 따라서 이들이 하는 말은 혁명을 경험하지 못한 후대의 사람들이 듣는 말과는 그 질이 달랐을 것이다. <용비어천가龍飛御天歌> 마지막 125장처럼 "님금하 아ᄅᆞ쇼셔 락수洛水예 산행山行 가이셔 하나빌 미드니잇가"라는 섬뜩한 경고까지는 차마 하지 못하겠지만 정도전이 진정으로 하고 싶었던 말은 125장과 같은 말이었을 것이다.

태조 정권 초의 정도전의 악장에는 조선의 민심이 안정되지 않았으므로 조선 개국의 정당성을 강변하기 위한 의도도 포함되어 있을 것이다. 그러나 정도전의 악장은 곡조를 입혀서 궁중에서 연주되었으며 정재로 만들어져서도 궁중에서 공연되었다. 주 대상은 군왕이고 그 다음이 관료들이지, 일반 백성이 아니라는 점에 유의해야 한다. 일반 백성들은 이 정재를 접할 수 있는 기회가 많지 않다. 또 가사도 한문 위주로 되어 있다. 만일 일반

31 『孟子 · 梁惠王上』 7장 : "今也制民之産, 仰不足以事父母, 俯不足以畜妻子, 樂歲終身苦, 凶年不免於死亡. 此惟救死而恐不贍, 奚暇治禮義哉."

백성들을 대상으로 했다면 세종 이후에 한글로 정착된 가사가 있었을 것이다. 궁중 안의 신료들은 대부분 이성계를 지지하는 이들이므로, 이들에게 개국의 정당성을 강변할 이유는 상대적으로 줄어든다. 다시 말해 개국의 정당성보다는 군왕과 신료들을 대상으로 초심을 잃어버리지 말고 혁명을 완수하기 위해 노력하자는 다짐과 염원의 성격이 더 강하다고 보아야 할 것이다. 즉 태조 2년에 정도전이 올린 악장 3편에는 정도전과 이성계 등 개국파의 창업의 긍지는 물론, 이러한 위업이 영원히 전해지기를 바라는 수성의 염원이 더 강렬하게 담겨 있다고 보아야 할 것이다.

지금까지 조선 태조조에 창작된 악장을 통해 그 정치적 배경과 창작 의도, 그리고 그 전달하고자 하는 메시지가 무엇인지 살피고, 이를 통해 예악사상과 정재의 관계에 대해 보다 구체적으로 살펴보았다.

정도전은 역성혁명이 성공한 지 채 만 2년도 되지 않아, 한 시대가 일어나면 반드시 한 시대의 제작이 있어야 한다며 지금이야 말로 예악이 일어날 때라고 하였다. 조선의 개혁정치는 고려말의 위화도 회군 이후부터 치더라도 기꺼해야 7년여에 불과했다. 비록 짧은 기간이었지만 정도전은 개혁이 일정 정도 달성되었다고 보고, 그간의 업적을 정리하여 칭송하고 이를 통해 초심을 잃지 말자는 경계의 의도에서 새로운 예악을 일으키고자 하였다.

정도전의 이러한 생각은 유가의 전통적인 공성작악功成作樂의 예악관에 기반한 것이다. 그 결과 정도전은 처음으로 악장을 창작하였고, 그 중 <몽금척>·<수보록>·<문덕곡> 등이 궁중 무용인 정재로 만들어져 궁중 연향에서 사용되었다.

<몽금척>은 꿈에 신인神人에게 부록符籙으로 금척을 받은 일을 정재로 만든 것이다. 일견 '꿈'이라는 점에서 구차스럽기도 하고 허황되기도 하지만, <몽금척>의 치어나 창사를 통해 보면 '백성의 중망'이 이 태조에게 귀의하기 때문에 금척을 혁명하라는 징표로 받았다는 의미를 읽을 수 있다.

즉 혁명의 정당성을 천명에서 찾되 그 근거로 민심을 제시하였다. 혁명은 개인적 욕심이 아니라 '민심이라는 천명'을 따랐다는 뜻이 된다. <수보록>은 예언서를 얻은 일을 정재로 만든 것이다. 그런데 그 예언서는 '많은 사람들의 도움'을 받아 그 힘으로 새로운 수도의 터를 정하고 800년을 전하리라는 내용이었다. <몽금척>과 <수보록>의 메시지는 <문덕곡>에서 더 분명해진다.

<문덕곡>은 '개언로장開言路章·보공신장保功臣章·정경계장正經界章·정예악장定禮樂章' 등 네 부분으로 이루어져 있으며, 춤보다는 노래가 중심인 정재이다. 즉 눈으로 보고 감상하는 것보다는 귀로 듣고 그 의미를 새겨야 하는 정재였다. '개언로장'은 언로를 크게 열어 민심, 곧 백성들의 실정과 그들의 바람을 잘 알아야 한다는 내용이고, '보공신장'은 나라를 연 것은 태조 혼자의 힘이 아니라 많은 사람들이 협력했기 때문이니 공신들을 잘 보호해야 한다는 내용이다. 그런데 이 내용에는 창업에 협력한 만큼 새 왕조를 운영하는 데에도 참여할 권리가 있다는 의미로도 읽을 수 있다. 이렇게 되었을 경우 '개언로장'에서의 언로란 무엇보다도 공신의 말을 잘 들어야 한다는 의미를 지니게 된다. 곧 조선을 군왕 혼자가 아니라 공신들과 함께 다스려야 한다는 뜻이다. '정경계장'은 강자가 약자의 토지를 빼앗지 않도록 토지의 경계를 잘 다스려야 한다는 내용으로 경제 정책과 관련이 있다. 나라의 생산력은 농민에게 나오고 농민의 힘은 토지에서 나온다는 점에서, 토지 경계를 바로 잡고 유지하는 일은 나라의 존립 여부에 관련된 일이다. '정예악장'은 정치의 요령이 예악에 있으므로 예악을 바로 잡아야 한다는 내용이다.

<문덕곡> 정재는 각 장의 순서에 유의해야 한다. 조선이 천년만년을 이어져 가기 위해 제일 중요한 것은 바로 언로의 확대, 즉 '소통'이 첫째이고, 소통을 위해서는 군왕의 독주와 독선이 아닌 '신료들과의 협의의 정치'가 둘째이며, 협의의 정치를 통한 '민생의 안정'이 셋째이고, 민생의 안정을 통한 '예악에 의거한 정치'가 넷째가 된다. 다시 말해 언로가 통해야 신료들의 말을 제대로 들을 수 있고, 그래야 민생이 안정될 수 있으며 민생이 안정되

어야 백성을 예악으로 순조롭게 인도할 수 있다는 뜻이다. 실로 <문덕곡>은 정치의 요체를 집약해 놓았다고 할 것이다.

태조 정권 초에는 혁명의 정신을 강조하여 혁명을 완수하고 수성을 이루어야 하는 사명이 있었다. 이를 위해서 정도전은 군왕과 중신들이 혁명의 의미를 되새기고 스스로 귀감으로 삼을 수 있도록 <몽금척>·<수보록>·<문덕곡> 등의 악장을 만들었고, 이들 악장은 정재로 만들어 혁명의 정신을 널리 알리고자 하였다. 이들 정재에는 혁명이 성공할 수 있었던 이유, 그리고 창업의 긍지와 칭송이 담긴 것은 물론이지만, 이보다는 '수성의 염원과 경계의 마음'이 더 강렬하게 들어 있었다.

그간 정도전의 악장을 바탕으로 한 정재의 주 내용 내지 사상을 조선 건국의 정당성에서만 찾으려고 하거나 악장을 아부의 장르로만 파악하려는 동향이 있었다. 하지만 지금까지 살핀 바와 같이 정도전의 악장이나 그 정재는 새로운 나라를 세우게 된 이유를 민심과 많은 사람들의 협력에서 찾고 이를 유지하기 위해서 어떻게 해야 하는지를 주된 내용으로 삼고 있음을 알 수 있다. 또한 정재는 일반 백성들을 대상으로 한 것이 아니라, 주향유자가 군왕이고 그 다음이 조정의 신료들이다. 그렇다면 개국의 정당성을 굳이 힘주어 군왕과 신료들에게 대대적으로 선전할 필요는 사실상 없다고 보아야 할 것이다. 그보다는 이들 정재를 통해 힘겨웠던 혁명 과정과 그 혁명이 성공했던 이유를 회상하고, 아울러 혁명을 완수하고 길이 태평성세를 이루기 위한 경계의 의도에서 만들었다고 보아야 할 것이다. 이것이 바로 정도전의 악장을 바탕으로 태조조에 창작된 정재에 내재해 있는 예악의 방향이었고, 이 방향에 따라 정재에서 예악사상이 훌륭하게 구현될 수 있었다고 하겠다.

악장이 칭송과 경계를 주목적으로 한다는 점에서, 이를 바탕으로 한 정재 역시 칭송과 경계에서 주목적을 찾아야 할 것이다. 그리고 정재의 의미를 올바로 이해하려면 그 가사인 악장의 올바른 이해가 선행되어야 한다. 정재의 의미를 올바로 이해하고 정재를 공연하는 것과 그렇지 않은 것은 공연자의 마음가짐부터 차이가 있을 것이다. 정재의 의미를 단순히 왕조 개국의 정당성을 강변하는 정치 선전물이나 아유의 산물로 이해한다면, 공연자가 자신이 공연하는 정재에 대해 강한 애정을 갖기가 쉽지 않을 것이다. 하지만 위와 같은 정재의 의미를 올바로 이해한다면 해당 정재에 강한 애정을 가지고 보다 열정적으로 공연할 수 있을 것이다.

<문덕곡> 정재의 내용은 조선초기뿐 아니라 600여 년이 지난 현재의 대한민국에서도 필요한 내용들이다. 소통의 정치와 협의에 의한 정치, 파렴치한 황금만능주의가 아닌 인본주의에 근본한 민풍의 순화, 그리고 민생의 안정이 절실한 시대라고 느끼는 것은 비단 필자만이 아닐 것이다. 그렇다면 정재를 과거의 추억을 회상하는 박물관의 유물이 아니라 현재의 삶 속에서도 살아 숨 쉴 수 있는 귀중한 유산으로 계발해야 되지 않을까 생각해 본다.

참고문헌

『太祖實錄』.

『太宗實錄』.

『禮記』.

김승룡(편역주), 『樂記集釋 1』, 청계출판사, 서울, 2002.

鄭道傳, 『三峰集』[『한국문집총간 5』], 민족문화추진회, 서울, 1990.

班固, 『白虎通義』.

반고(저), 신정근(역), 『백호통의』, 소명출판, 서울, 2005.

成俔(편), 『樂學軌範』, 국립국악원, 서울, 2011.

이혜구(역주), 『신역 악학궤범』, 국립국악원, 서울, 2000.

국사편찬위원회, 『한국사: 22』, 국사편찬위원회, 과천, 1995.

조규익, 『조선조 악장의 문예미학』, 민속원, 서울, 2005.

한영우, 『다시 찾는 우리역사: 2』, 경세원, 서울, 2004.

김영수, 「정도전의 악장문학 연구」, 『동양학』 44, 단국대학교 동양학연구소, 2003.

박은영, 「궁중정재의 시대적 변천과 철학성 연구」, 한양대학교 박사학위논문, 2006.

박현숙, 「정도전의 <문덕곡> 연구」, 『한국어와 문화』 9, 2011.

성윤선, 「조선전기 궁중정재의 유교정치사상에 관한 연구」, 성균관대학교 석사학위논문, 1995.

송수환, 「조선 전기의 과전법체제와 수취제도」, 『한국사: 7』, 한길사, 1995.

신태영, 「조선 초기 창작정재의 악무와 예악사상」, 『동방한문학』 55, 2013.

조선 태종 · 세종조 창작정재와 예악사상

〈근천정〉 · 〈수명명〉·〈하황은〉 · 〈하성명〉을 중심으로

신태영
세계민족무용연구소 전임연구원

두우杜佑(735~812년)는 『통전通典』「악전樂典」에서 “춤은 노래만으로는 부족하기 때문에 손을 젓고 발을 굴러서 그 모습을 움직이고 그 일을 형상한 것이니 그것을 악樂이라고 일컫는다. 악은 성인이 즐기는 것이니 사람의 마음을 선하게 할 수 있기 때문이다.”[1]라고 하였다. 노래로 자신의 심정을 다 표현할 수 없기 때문에 최종적으로 춤을 통해 표현한다는 것이다. 이렇게 가사와 곡조와 춤이 결합되어야 완전한 악樂이 될 수 있다. 그럼 그 악으로 무엇을 하는가? 악으로 사람의 마음을 선하게 교화시키는 것이다. 성인이 악을 즐기는 것은 개인적인 향락이 아니라 이러한 효능이 있기 때문이다. 이와 같은 이유로 악은 일찍부터 정치교화의 중요한 수단으로 사용되었다.

악을 완성시키는 것은 춤이고 춤의 대표적인 예는 궁중무용이다. 궁중무용은 왕조가 있으면 어느 시대에나 있었겠지만 조선조의 궁중무용은 보다 특별한 점이 있다. 조선 왕조는 당시 최첨단 학문이었던 성리학을 이념으

---

* 이 글은 동방한문학회의 『동방한문학』 제55집에 게재한 것임.

1 杜佑, 『通典 · 樂典』: “舞也者, 詠歌不足. 故手舞之足蹈之, 動其容象其事, 而謂之爲樂. 樂也者, 聖人之所樂, 可以善人心焉.”

로 개국한 나라였고 그 이념을 유학의 예악사상禮樂思想을 통해 구현하고자 하였다. 그리고 이러한 예악사상이 예술 쪽으로 극명하게 반영한 것이 바로 정재呈才였다.

정재는 일반적으로 조선의 궁중무용을 뜻하는 용어로 사용되지만, 보다 엄밀하게 말하면 음악과 가사까지 포함한 그야말로 악樂·가歌·무舞의 종합예술이라고 할 것이다. 주지하다시피 예악사상은 정치교화를 위한 것이다. 이런 점에서 예악사상이 반영된 조선조의 정재는 정치교화와 밀접한 관계를 가지게 된다. 다시 말해 정재의 창작은 특정한 정치적 배경 하에서 의도적으로 이루어졌다고 보는 것이 합당할 것이다.

정재의 상징적 의미를 가장 극명하게 보여주는 것은 치어致語와 구호口號, 그리고 그 노랫말인 창사唱詞이다. 정재의 음악이나 춤은 소리와 모양을 통해 형상화한 것이므로 이를 이해하기는 쉽지 않다. 그러나 그 가사는 문자로 기록되어 있으므로 상대적으로 그 의미를 쉽게 파악할 수 있다. 정재는 가사·곡조·춤의 결합체이지만 가사가 먼저 만들어지고 여기에 곡조와 춤을 입히게 된다. 그러므로 가사의 내용과 그 가사가 탄생한 배경을 살핀다면 정재에 깃들어 있는 예악사상과 함께 그 의미도 보다 잘 이해할 수 있을 것이다.

정재의 가사인 창사唱詞는 국문시가에서는 악장樂章이라고 한다. 처음으로 악장을 창작한 사람은 정도전鄭道傳이었고 그의 악장 중 <몽금척夢金尺>·<수보록受寶籙>·<문덕곡文德曲> 등 3편이 정재로 만들어졌다. 그 뒤를 이어받아 태종조에 하륜이 지은 악장 중 <근천정覲天庭>·<수명명受明命>의 2편이 정재로 만들어졌으며, 다시 세종 초에 변계량이 지은 악장 중 <하황은荷皇恩>·<하성명賀聖明>의 2편이 이후 정재로 만들어졌다. 이리하여 태조와 태종, 그리고 세종 초까지 새롭게 창작된 정재는 모두 7편이다.

그 이후로는 변계량의 죽음을 전환점으로 악장의 새로운 길이 열렸다. 이전의 악장은 군왕의 한 가지 일만을 노래하였기 때문에 조종 공덕의 성대함을 총체적으로 노래하지 못했다는 단점이 있었다. 그래서 그 대안으로 <용비어천가龍飛御天歌>를 창작하게 되었고, 이를 기점으로 개인이 주도했던 사찬적私撰的 악장이 관찬적官撰的 악장으로 그 성격이 바뀌었다.[2] 이 글에서는 하륜과 변계량의 악장 4편에 대해 살펴보고자 한다.[3] 태종과 세종은 비록 시대가 다르지만 세종 초의 두 악장은 모두 태종의 의중이 반영되어 있다. 이러한 점에서 함께 다루고자 한다.

<근천정>·<수명명>·<하황은>·<하성명> 등 4편의 정재는 국문학계는 물론이고 무용학계에서도 중요하게 다루어지고 있다. 먼저 무용학계 성과를 보면, 성윤선은 4편 모두 사대사상이 반영된 정재로 보면서도 이러한 사대사상은 곧 국가 존립의 수단이므로 자주성이나 주체성을 버린 것은 아니라고 주장하였다. 이에 비해 성기숙은 "<하황은>은 조선의 왕은 명의 황제가 내리는 명령에 무조건 복종해야만 하는 수직적 복종관계에 있었음을 실천한 정재"라며 사대사상의 정재 대부분이 "조선이 명에 대해 복종과 순종으로써 신하의 예를 다함을 거듭 강조하는 내용으로 채워져 있다."라고 하였다. 이종숙은 <근천정>·<수명명>은 명의 내전에서 연왕燕王의 승리를 예감하고 새로운 대명관계를 위해 준비한 것이며, <하황은>은 세종의 고명을 받는 사신연을 위해, <하성명>은 조선 사신을 명에 보낼 때 사용하는 악으로 제작되었다고 하였다. 김율희는 <하황은>은 "명나라의 속국이었던 조선은 임금의 자리에 오르기 위해서 먼저 명 황제의 인가를 받아야 했으며, 이러한 수직적 복종관계를 원활하게 유지하여야만 했다."라고 주장하여 <하황은>을 철저하게 사대적인 관점에서 해석하였다. 그러나 조선은 명의 속국이 아니었으며, 명 황제의 외교적 승인은 조선 군왕의 즉위 이후에 형식적으로 이루어졌다는 점을 지적하지 않을 수 없다. 박은영은 박사논문에서 이 4편은 모두 표면적으로는 중국에 대한 사대적 예의를 표방한 내용으로 채워져 있지만 이면적으로는 조선왕조의 입장에서 혁명의 정당성을 보장받기 위한 제도적 장치로 지어진 것이라고 하여 논의를 진전시켰다.[4] 그러나 개국한 지 30여 년이 지나서도 혁명의 정당성을 구가

---

2 조규익(2005), 451쪽, 566쪽.

3 정도전의 악장은 별도의 글에서 살필 예정이다.

할 필요가 있었는지는 의문으로 남는다.

국문학계에서는 일찍부터 악장에 관심을 기울였는데, 그 광범위한 연구는 조규익에 의해 이루어졌다. 특히 조규익은 하륜의 <근천정>·<수명명>을 천자에 대한 조근朝覲이나 수명受命 사실을 표면적 주제로 드러내어 태종이 치자로서의 덕망을 지니고 있다는 점을 이면적 주제로 부각시켰다고 하였다. 류창규는 태종의 왕위 계승의 정당성을 부여하기 위한 목적으로 <근천정>과 <수명명>을 창작하였다고 주장하였지만, 아쉽게도 정치적 배경에만 치중하여 정작 악장에 대한 분석은 행하지 않았다. 조규익은 변계량의 악장 전반에 걸쳐 연구했지만 그의 <하황은>과 <하성명>의 주제의식에 대해서는 구체적으로 언급하지 않았다.[5]

정재의 창사인 악장은 왕조에 대한 칭송을 전제로 한다. 그렇다고 무조건 칭송하고 미화하는 아부의 문학은 아니다. 조선의 사대부는 명분과 의리를 생명보다 중요시했으므로 아부의 문학을 일삼았을 리는 없다. 만약 그랬다면 후대는 물론 당대에서조차 비판이 끊이질 않았을 것이다. 조선이 비록 명에 대한 사대를 기치로 개국하였지만 명에 대한 사대가 개국의 목적이 될 수 없음은 자명하다. 사대는 어디까지나 약소국이 강대국을 컨트롤하여 나라와 백성의 안위를 지키기 위한 수단이지 그 자체가 목적이 될 수는 없다.

이러한 점에서 조·명 관계를 상명하복식 내지 속국처럼 보는 견해는 수정되어야 한다. 또한 조선 초기에 창작된 정재를 일률적으로 개국의 합리화 내지 사대사상으로만 바라보는 관점도 재고를 요한다. 조선조에서 창작된 정재가 예악사상적 배경으로 태어났다면 이는 곧 정재에 고도의 정치적 목적이 반영되었다고 볼 수 있다. 따라서 정치적 상황을 무시하고 일률적으로 재단할 수는 없을 것이다. 본고는 이러한 점에 유의하여 조선 초기에

4 성윤선(1995), 114쪽. 성기숙(2000), 86~87쪽. 이종숙(2001), 155쪽. 김율희(2002), 52쪽, 57쪽. 박은영(2006), 105쪽.

5 조규익(2005), 453쪽; 류창규(2009), 199쪽; 조규익(2005), 참조. 조규익은 『선초악장문학연구』(서울: 숭실대학교출판부, 1990)에서 이미 하륜과 변계량의 악장을 모두 다루었다.

창작된 정재의 창사를 통해 해당 정재가 어떠한 정치적 배경에서 탄생했으며 그 창작된 의도와 전달하고자 했던 메시지가 무엇이었는지 살펴보고자 한다. 이러한 작업을 통해 예악사상과 정재의 관계에 대해서도 보다 깊이 이해할 수 있을 것이다.

1. 태종조의 〈근천정〉·〈수명명〉 -왕위 계승의 정당성과 왕권의 강화

하륜河崙(1347~1416)은 태종의 장인인 민제閔霽와의 친분으로 이방원과 가까워졌다. 일찍이 정도전 등이 사병을 혁파하려고 하자 하륜은 이방원에게 먼저 선수를 치자고 하였고, 실제로 1차 완자의 난 때 충청도 관찰사였던 하륜은 재빨리 도성으로 군사를 이끌고 와 이방원을 도왔다. 이 공으로 정종 즉위 후 정사공신定社功臣 1등에 책록되었다. 2차 왕자의 난 때도 이방원을 도와 태종의 집권에 큰 공을 세웠기 때문에 좌명공신佐命功臣 1등에 책록되었고, 이후 왕권 강화와 제도 개편에 매진하며 태종 정권의 실세로 군림하였다. 그가 지은 <근천정覲天庭>과 <수명명受明命>의 두 악장은 태종이 왕자시절에 명 태조를 만난 일과 등극한 후 명 혜제에게 고명誥命을 받은 일을 노래한 것이다. 그 후 하륜은 명 성조에게 재차 고명을 받아 오는 중요한 역할을 수행했다. 이성계에게 정도전이 있다면 이방원에게는 하륜이 있었던 것이다.

하륜이 태종 2년(1402) 6월 9일에 올린 <근천정>과 <수명명>은 태종의 큰 칭찬을 듣고 곧바로 연향악宴享樂으로 만들어졌다. 이보다 앞서 6월 5일에 각종 연회의 절차와 연회에서 연주할 악곡을 정했는데,[6] 아마 태종과 하륜은 이에 만족하지 못하고 급히 새로운 곡을 위해 악장을 만든 것으로 보

6 『태종실록』 2년 6월 5일, 9일.

인다. 그렇다면 하륜의 두 악장은 특정한 정치적 목적 하에서 기획된 것으로 추측할 수 있을 것이다. 아울러 태종 2년 6월 5일에 정해진 악곡은 애초의 계획과 달리 변형되어 시행되었을 것으로 보인다.

<근천정>의 구호口號와 치어致語에는 정재를 만든 이유가 제시되어 있다. 그 구호에서는, "재빨리 천자의 조정에 조근하여, 황제의 두터운 은혜를 입었습니다. 처음으로 왕위를 받아, 왕업을 길이 여셨습니다. 모두들 기뻐하여서, 삼가 축하드리옵니다."[7]라고 하였다. 치어에서 설명하기를 태종이 왕위에 오르기 전에 명에 들어가 황제를 뵙고 예우를 받아 돌아온 일을 기념하여 노래를 만들었다고 하였다.[8] 이방원은 1388년 서장관으로, 그리고 1394년에는 왕자를 입조시키라는 명의 요구로 중국에 간 적이 있다. <근천정>은 1394년의 일을 말한다. 그 당시 조선과 명은 사이가 좋지 않았다. 명은 갖은 트집을 잡으며 조선을 굴복시키려고 하였는데 이방원이 명 태조를 만나 외교적 문제를 해결하고 돌아온 것이다.

그러나 물론 이후로도 조선과 명의 갈등은 계속되었다. 1396년에는 표문 문안 작성자인 정총鄭總이 명 남경에 압송되었다가 살해되기까지 했다. 당시 명은 정총에게 관직을 주며 머물러 있도록 회유하였지만 정총은 명 태조가 준 의복을 끝내 거부하다가 투옥되어 살해되었다.[9] 표문의 문안에 문제가 있다는 것은 그야말로 트집에 불과했던 것이다. 조선과 명의 갈등은 1398년과 1400년 사이에 풀어지기 시작했다. 양국의 태조가 모두 물러났고 명은 조선의 도움이 필요했기 때문에 가능했다.[10] 이 과정에서 실질적인 태

---

7 『樂學軌範』 卷4 〈觀天庭〉: "利觀天庭, 承帝眷之優渥. 端膺寶歷, 啓王業之延長. 擧有懽忻, 恭陳頌禱."

8 『樂學軌範』 卷4, 〈觀天庭〉: "太宗, 以潛邸, 入觀天庭, 蒙被帝眷禮而遣還. 國之老幼, 懽忻慶忭, 相與歌之也."

9 莊非非 공저, 김승일 역(2005), 406쪽.

10 1398년 해 5월에 명 태조가 사망했다. 8월에 이방원이 난을 일으켜 정도전을 살해하고 권력을 장악하여 조선 태조도 사실상 일선에서 물러났다. 이로써 우연히 갈등의 주체가 사라진 것이다. 더군다나 태종이 즉위한 1400년에는 명에서 내전이 일어났고(靖難의 役), 조선의 戰馬가 급히 필요했던 명 혜제는 조선과의 국교 정상화를 위해 태종의 즉위를 승인하여 책봉을 행하였다. 그러나 내전 결과 연왕은 혜제를 패퇴시키고 황위에 올라 성조가 되었다. 연왕(성조)은 조선의 전

종의 역할은 미미하기 짝이 없었다.11

왕자께옵선
덕음德音이 매우 빛나시옵니다.
그 학문은 빛나고
그 문장은 옥과 같으시옵니다.

천자께서 교지를 내리시니
나라 사람들 두려워 어쩔 줄 몰랐습니다.
군부君父의 사신이 되어
감히 한가로울 수 없으셨습니다.

천자를 뵙고
자세하게 아뢰었습니다.
모함이 모두 사라졌으니
국가의 경사이옵니다.

부지런한 왕자님께서는
삼가 옳은 방편을 따르셨습니다.
전대專對하고 돌아오시니
종사宗社의 영광이옵니다.

마를 1만 필이나 확보하여 많은 도움을 받았다. 조선은 혜제와 연왕 모두에게 전마를 공급했던 것이다(김한규, 1999, 578쪽). 성조의 생모인 공비(碽妃)는 고려인이라는 설이 있다(장비비, 2005, 409쪽).

11 사실 지대한 공헌을 하기는 했다. 당시 조선과 명은 요동을 놓고 경쟁하고 있었는데, 이방원의 난으로 태조와 정도전의 요동정벌 계획이 중단되었기 때문에 결과적으로 주요 갈등 원인이 사라지게 되었다. 조선과 명의 국교 정상화는 "사실상 명의 요동 지배에 대한 조선의 승인을 전제하고 성립"된 것이다.(김한규, 1999, 590쪽 참조).

굳세고 굳센 우리 임금님
오래 사시고 강녕하시옵소서.
왕자님께서 돌아오시니
그 즐거움 한이 없사옵니다.[12]

<근천정>은 모두 5장으로 되어 있다. 일이 진행된 시간 순서로 이루어져 있지만, 처음과 끝 장은 태종에 대한 칭송으로 이루어져 있고, 중간의 세 장이 내용인데 태종의 실제 업적은 제일 가운데 있는 세 번째 장이다.[13] 기존 연구에서는 대체로 사대사상이 반영된 정재로 보고 있는데, 조선이 명을 상국으로 인정하고 있다는 점에서 맞는 지적이다. 그러나 <근천정>의 내용을 보면 사대가 주 내용이 아니라 태종의 왕자시절 활약이 주 내용을 이루고 있고 명 태조에 대한 칭송은 어디에도 없다. 오히려 3장에서 "모함이 모두 사라졌으니(貝錦消沮)"라고 하여 양국 갈등 원인이 명 쪽에 있다는 점을 분명히 했다. 명을 상국으로 인정한 것은 그 당시 국제역학관계를 반영한 수사적 표현에 지나지 않는다.

이에 비해 <수명명>은 사대를 핵심 주제로 삼고 있는 것처럼 보인다.

부지런하신 우리 임금님
밝은 덕에 삼가 머무르셨습니다.
효우孝友로 정사를 베푸시니
좋은 명망 끝이 없사옵니다.

공경하고 힘쓰시는 마음가짐으로

---

12 『樂學軌範』 卷4 〈觀天庭〉: "振振王子, 德音孔彰. 緝熙其學, 奎壁其章. 天子有旨, 邦人震惶. 惟君父使, 不敢或遑. 旣見天子, 敷納維詳. 貝錦消沮, 家國之昌. 勉勉王子, 夙遵義方. 專對來歸, 宗社之光. 桓桓我王, 壽考而康. 王子來歸, 其樂無疆." 『浩亭集』에 따라 彊을 疆으로 수정하였다.

13 〈觀天庭〉과 〈受明命〉의 표면적 주제와 이면적 주제의 구조에 대해서는 조규익(2005) 438~443쪽 참조.

사대를 한결같이 하시었습니다.
황제의 가르침 받들어 드날리시니
해 뜨는 곳까지 미치었사옵니다.

황제께서 밝은 명령 내리시니
금인金印이 빛나옵니다.
또 무엇을 주셨는가
구장九章의 곤의衮衣옵니다.

임금님께서 절하고 명을 받으시니
천자의 덕 거룩하고 밝습니다.
임금님께서 절하고 명을 받으시니
종사宗社의 영광이옵니다.

아, 즐겁도다 우리 임금님
하늘의 경사를 받으셨습니다.
인仁을 체득하여 백성을 보호하시니
천년토록 오래 사시옵소서.

아, 즐겁도다 우리 임금님
해 떠오르듯 밝으시옵니다.
법도를 남기시어 바로잡으시니
만세토록 받들 것이옵니다.[14]

<수명명>의 치어에서 태종이 예로써 사대하여 천자가 밝은 명을 내리

14 『樂學軌範』 卷4 「受明命」 : "亹亹我王, 德明敬止. 孝友施政, 令望不已. 翼翼乃心, 事大惟一. 奉揚聲敎, 漸于出日. 帝錫明命, 金印斯煌. 又何錫之, 衮衣九章. 王拜受命, 天子聖明. 王拜受命, 宗社與榮. 於樂我王, 荷天之休. 體仁保民, 壽考千秋. 於樂我王, 如日之升. 貽謨克正, 萬世其承."

고 인장印章과 면복冕服을 내렸기 때문에 이 노래를 만들었다고 하였다. 태조는 명 태조와의 갈등으로 고명誥命을 받지 못했지만 태종은 두 번이나 받았다. 정종 때 고명을 청하여 태종 1년(1401) 6월 12일에 명 혜제가 태종의 직위를 인정하는 고명을 보내왔다.[15] 이 <수명명>은 조선에서는 처음으로 고명을 받은 일을 기념하여 만 1년이 되는 시점인 태종 2년 6월 9일에 만든 것이다.[16] 이후 조카 혜제를 축출하고 등극한 삼촌 성조도 태종 3년 4월 8일에 고명을 보내왔는데, 하륜이 성조의 등극을 축하하러 갔다가 중국 사신과 함께 이를 가지고 왔다.[17] 이러한 내용은 <수명명>의 3장과 4장에 보인다.

5장에서는 고명을 받은 일을 "인仁을 체득하여 백성을 보호하시니(體仁保民)"라고 노래하였다. 명에게 즉위 승인을 받았기 때문에 갈등(전쟁)을 피할 수 있었고 이렇게 되어 백성들을 보호할 수 있었다는 뜻이다. 비록 4장에 황제에게 절을 하고 고명을 받았다고는 했지만 이것은 고명을 받는 의식을 표현한 것이고, <수명명> 전체적으로 명 황제에 대한 찬사는 "천자의 덕 거룩하고 밝도다(天子聖明)." 외에는 보이지 않는다. 오히려 사대를 행하여 나라를 보호한 태종의 공을 높이 평가하고 있다. 따라서 명 황제를 칭송하는 구절은 고명을 받은 것을 높이 평가하기 위한 수사적 표현이며, 이 악장이 사신연使臣宴에서 공연되었을 경우 상대국을 배려하는 차원에서 예의상 들어갈 수 있는 수준의 내용이다. 한 가지 더 주목할 점은 효우孝友와 인仁을 강조했다는 점인데, 이것은 골육상잔을 벌이고 즉위한 태종의 약점을 보완하려는 의도였을 것이다.

---

15 『태종실록』 1년 6월 12일.

16 이종숙(2001)은 내전에서 연왕(성조)이 승리할 것을 예감하고 그 사절단을 맞이하기 위해 사전에 준비한 것으로 보았는데(133쪽), 이 또한 가능성이 있다. 그러나 본고는 외교적 차원보다는 국내 정치적 목적이 더 크다고 본다. 연왕은 처음에는 열세였지만 영왕 주권과 합세하면서부터 조카인 혜제와 치열한 공방전을 벌이다가 태종 2년(1402) 6월에 수도 남경을 기습하여 함락시켰다. <수명명>을 지었을 때는 시기적으로 성조의 승리를 몰랐을 것이다.

17 『태종실록』 2년 10월 15일, 3년 4월 8일.

이처럼 <근천정>과 <수명명>의 주인공은 태종이다. 만약 진정 사대를 위해 창작되었다면 사대를 받는 명이나 명 황제에 대한 칭송이 주를 이루어야 이치상 마땅할 것이다. 사대는 태종의 치적을 드러내기 위한 수단일 뿐이다. 사대가 아닌 태종의 치적을 나타내기 위해 두 정재를 만들었던 것이다.

그렇다면 왜 이토록 정권 초부터 태종의 공을 부각시켜야 했을까? 그 이유는 태종의 즉위 과정을 통해 알 수 있다. 곧 즉위 과정이 정당하지 못했기 때문이다. 이방원은 정몽주를 살해했다. 이 일로 개국에 지대한 공을 세웠지만 만인의 지탄을 피할 수 없었고, 오히려 이방원의 과격함에 위협을 느낀 태조와 정도전을 비롯한 많은 사람들에게 견제를 받게 된다. 또한 태조는 자신의 자식들을 개국공신으로 봉하지도 않았다. 그러니 이방원은 큰 불만을 품을 수밖에 없었다. 이후 이방원은 동생 이방석이 세자로 책봉되자 난을 일으켜 세자를 비롯해 정도전까지 살해하고(1398.8) 정권을 장악하였다. 그리고 자신이 세자가 되려고 했지만 결국 여의치 않자 이방과를 세자로 삼게 하여 왕위에 앉혔다(1398.9). 그 후 선제공격을 가한 이방간을 살해하고(1400.1) 정종 2년(1400)에 세제世弟가 되었으며 그 해 11월에 왕위를 선양받아 군왕이 되었다.

비록 선위의 방식으로 군왕이 되었지만 골육상잔의 쿠데타로 정권을 장악했다는 것은 다 아는 사실이었다. 태종은 한양에 머물지 못하고 태상왕이 된 태조를 피하여 개성에서 정치를 행할 정도로 상황이 좋지 않았다. 더 큰 문제는 군왕이 되었다고 해서 그 정당성을 자동으로 인정받는 것도 아니라는 점이다. 선위를 반대한 26명을 자원안치自願安置시켰으며(태종 1년 2월 2일), 2년에는 신문고를 설치하여 자신에 반대하는 세력을 색출하려고 하였다. 또 그해에 친세조 세력인 조사의趙思義의 난이 있었고, 4년에는 사돈이며 공신인 이거이李居易가 역모를 꾀하였다 하여 폐서인이 된 사건이 있었다. 이후로도 잡음이 끊이질 않았다.

태종은 자신의 정통성을 확보하기 위해 태종 6년과 9년에 13세(16세)의 어린 세자에게 선위한다고 선포하여 신하들의 반대 여론을 이끌어내기도 했다. 자신의 측근인 하륜과 조영무 등에게 이를 알리고 반대 여론을 일으키도록 유도한 것이다.[18] 이 모든 일들은 정통성의 결여 때문에 국정을 올바로 이끌 수 없었다는 반증이기도 하다. 그 당시 조선에서는 태종의 집권을 원하지 않았던 것이다. 더군다나 개국조인 태조를 쿠데타로 퇴위시키고 개국공신인 정도전을 살해했다는 사실은 더 받아들일 수 없었을 것이다.

태종은 자신이 왕위를 계승한 것이 정당하다는 정통성을 인정받아야 하는 심각한 문제가 있었다. 이 문제가 해결되지 않으면 즉위하자마자 레임덕에 빠질 수 있었고 실제로 그러한 일들이 나타났다. 태조 이성계는 외적을 물리치고 과전법을 시행하는 등 실질적인 공덕이 있어 비교적 광범위한 지지층이 있었기 때문에 신료를 자신의 지지층으로 대충 채울 수 있었다. 그러나 이방원은 실질적인 공덕이 없어 지지층이 얕았기 때문에 지지자로만 신료를 채울 수는 없었다. 이성계와 달리 오로지 무력에 의존해 집권했기 때문에 무력을 유지해야만 했고 그래서 세종에게 양위하고 상왕으로서 퇴위하면서도 군권을 끝까지 잡고 있었던 것이다.

태종은 취약한 왕권을 강화하기 위해 공신 세력을 억압하고, 정치 세력화되는 외척과 관료들을 제거하고자 하였다. 그리고 심지어는 친세자 세력조차 반왕 세력으로 보아 억제하고 제거하였다. 이 과정에서 하륜만이 정치세력화하지 않았기 때문에 살아남을 수 있었다.[19] 아울러 태종은 왕권을 강화하기 위해 명 태조처럼 재상직을 없애고 6조를 군왕이 직접 통괄하려 하였다. 그러나 이것은 조선처럼 거대한 국가에서는 쉽지 않은 일이었다.[20]

---

18 태종 정권의 정통성 문제는 『한국사』 22권(1995, 35~40쪽) 참조.

19 『한국사』 22권(1995), 41~47쪽.

20 명 태조는 재상직을 없애고 6부를 황제가 직접 통괄하였지만 그 부작용이 만만치 않았으며, 결국 의도치 않게 후대에 환관조직이 비대해져서 관료조직을 압박하기에 이르렀다. 태종도 명의 제도처럼 재상직을 없애려고 했지만 이것은 업무 효율적인 면으로 보아도 가능한 일이 아니었다. 그 대신 오랜 논의 끝에 의정부와 육조를 분리하여 의정부가 육조를 관리하되 모든 재정·군기·인사권 등 행정업무는 육조에서 관할하도록 하였다. 이로써 의정부의 권한이 약화되고 군왕의 권한이 강화되었지만, 군왕도 의정부와 협의해야 했으므로 군왕의 독주를 막을 수 있었다. 태종의 입장에서는 관료들이 상호 견제하게 되어 어느 누구에게 권력이 집중되지 않도록 했기 때문에 군권을 자신이 가지고 있는 한 안심할 수 있었던 것이다.

이렇듯 정통성의 결여로 인해 취약해진 왕권을 강화하려는 노력은 태종 집권 내내 이루어졌다. 정치적으로 매우 불안했던 정권 초기에 이러한 국면을 타파 내지 완화시키기 위해 마련된 것이 바로 하륜의 악장 <근천정>과 <수명명>이었다. 하륜의 악장 두 편을 본 태종은 권근權近에게 교서를 짓게 하였는데, 그 교서에서는 하륜의 자질이 명민하고 학술이 정밀하며 보는 바가 바르고 뛰어나며 온 힘을 다해 사직을 바로하고 정성으로 천명을 도왔다고 높이 평가하고는, 이 두 악장을 관현에 올려 연향악宴享樂으로 삼도록 하라고 명하였다.[21] 태종이 이처럼 하륜을 극찬하고 곧바로 연향악으로 만들게 했다는 것은 태종이 이 두 악장을 매우 만족스럽게 여겼다는 증거이다. 하륜의 인품과 업적을 극찬하여 그가 지은 악장의 위상을 한껏 높인 것도 두 악장을 연향악으로 만들기 위한 포석이었다. 태종과 하륜은 이 두 악장을 통해 태종의 실덕實德을 명과의 관계에서 찾고 이를 사대로 포장하여 태종이 군왕이 될 명분이 충분히 있다고 신료들을 설득하려는 의도였다. 국내적으로 취약한 정권의 정당성을 외세의 힘을 빌려 충당하려고 한 것이다. 그리고 그 대가는 고토인 요동을 사실상 포기하는 결과로 나타났다.

태종 11년(1411) 태종은 태조의 사적을 노래한 <몽금척>과 <수보록>이 실제의 덕이 아닌 꿈속 일과 도참설을 노래했다는 점을 명분으로 들어 삭제하고, 그 대신 자신의 실덕實德을 노래한 <근천정>과 <수명명>을 제일 먼저 연주한 후, 태조의 나머지 악장인 <정동방正東方>·<납씨곡納氏曲>·<문덕곡文德曲>·<무덕곡武德曲> 등을 연주하라고 하였다. 태조의 악장을 모두 제거한다는 것은 현실적으로 불가능했기 때문에 일단 두 악장을 제거하고 자신의 악장을 먼저 노래하게 하여 자신을 태조보다 부각시키려는 의도가 엿보인다. 그러나 태종의 계획은 곧바로 신하들의 거센 반발에 부딪혔고 결국 하륜의 중재로 <몽금척>만 삭제하고 태종의 두 악장에 이어 <수보록>을 세 번째로 연주하는 것으로 매듭지었다. 태조의 나머지 악장

21 『태종실록』 2년 6월 9일, 12월 26일.

을 뒤로 배치한 것은 이들 악장이 잔치가 파할 때 연주되는 곡이라는 이유에서였다.22

비록 '실덕' 운운했지만 이것은 명분에 불과하고, 실은 태조와 정도전에 대한 반감과 함께 개국의 실질적인 공이 자신에게 있다는 말을 하고 싶었을 것이다. 곧 음악을 통해 자신의 위상을 태조 위로 올리려는 고도의 정치적 계산이 깔려 있었다. 이 또한 자신의 왕권을 강화하려는 취지가 연향곡에까지 미친 사례로, 예악과 정치의 상관성을 구체적으로 보여주는 사례라고 할 것이다.

이렇듯 태종조에 창작된 하륜의 두 악장은 단순히 사대를 위해 창작되었다고 보기보다는 왕위계승의 정당성과 왕권의 강화라는 정치적 목적을 위해 창작되었다고 보아야 할 것이다. 여기서 우리는 악곡이나 정재가 정치와 얼마나 밀접한 관련이 있는지를 볼 수 있다. 가무의 정치적인 효용성을 깨닫고 이를 적극적으로 활용한 것은 결국 예악사상과 상통한다 하겠다.

2. 세종조의 〈하황은〉·〈하성명〉 –국제정세의 안정과 평화의 염원

<하황은荷皇恩>과 <하성명賀聖明> 정재는 변계량卞季良(1369~1430)이 지은 악장에 따라 만들어졌다. <하황은>은 세종 1년(1419) 1월 8일에, <하성명>은 12월 26일에 세종에게 올려졌다. 변계량은 고려조에서 문과에 급제하였으며, 태종조에서 문한을 도맡아 이후 20여 년 간 문형文衡이 되어 조선의 문교정책을 좌지우지한 거목이었다. 상왕인 태종이 사신 접대에 쓸 목적으로 변계량에게 악장을 짓도록 하여 <하황은>을 만들었다. <하성명>은 변계량이 "봉교奉敎"하여 만들었다고 했는데,23 구체적으로 누구의

22 『태종실록』 11년 윤12월 25일. 논의 과정은 조규익(2005, 446~450쪽)과 류창규(2009, 199~206쪽) 참조.

교지인지는 알 수 없지만 전후 사정상 역시 상왕인 태종의 교지를 받든 것으로 보인다. 그렇다면 비록 제작 시기와 내용은 세종조의 일이지만 태종 시대의 이념이 반영된 악장이라 할 수 있을 것이다.

세종이 명의 고명을 받은 것은 세종 1년(1419) 1월 19일이었고, <하황은>은 이보다 며칠 전인 1월 8일에 만들어졌다. 사전에 지시를 했겠지만 급조했다는 인상을 지울 수 없다. 세종이 고명을 받도록 한 것은 태종의 계획에 따른 것이다. 세종 즉위년(1418) 9월 7일에 상왕이 된 태종은 사신에게 잔치를 베풀면서 <수명명> 곡을 만든 것은 의도가 있다고 말하자, 사신이 세종에게 황제의 고명을 받도록 하려는 의도임을 이미 알고 있다고 대답하였다.[24] 상왕이 된 태종이 세종에게 힘을 실어주고자 명 황제의 고명을 받을 수 있도록 주선한 것이다.

중국과 조선은 책봉·조공 관계에 있었는데, 이것은 국가와 국가 간에 이루어지는 계약이 아니라 군왕 대 군왕으로 개인끼리 이루어지는 계약이었다.[25] 따라서 책봉을 받고 조공을 했다고 해서 이를 속국으로 인식해서는 안 된다. 만일 책봉을 받았다 하여 속국이 된다면 이러한 의식 절차는 한 번이면 충분하다. 하지만 그렇지 않았기 때문에 군왕이 바뀔 때마다 이러한 계약을 다시 되풀이해야 했다. 여진족의 경우 명과 조선에게 이중으로 책봉을 받는 경우가 43%나 되었다.[26] 책봉이 종속관계를 의미한다면 동시에 두 나라에서 책봉을 받을 수는 없는 일이다. 또한 책봉으로 받은 작위는 국내외적으로 전혀 사용하지 않았고 단지 당사자끼리만 사용하였다. 책봉이란 지금의 국제관계에서 상대국의 대표가 바뀌면 그 지지 의사를 표명하는 것과 유사한 행위였다.

---

23 『세종실록』 1년 1월 8일.

24 『세종실록』 즉위년 9월 7일, 1년 1월 8일, 19일 기사 참조.

25 구범진(2010), 363쪽.

26 김한규(1999), 599~604쪽.

<하황은>의 치어에서는 세종이 부왕인 태종의 명으로 임시로 나랏일을 맡았다가 황제의 고명을 받은 것을 기념하여 노래를 지었다고 하였다.[27] <수명명>과 그 중심 제재가 같을 뿐더러 그 구조도 유사하다.

혁혁한 시조께서
우리 동방을 만드셨습니다.
아들과 손자에게 전하여서
대대로 명철한 왕이 계시었습니다.

그 모습은 금과 옥과 같았으니
하늘이 총명함을 내리셨사옵니다.
효성스럽고 또 공손하며
어질고 또 정성스러우셨습니다.

성학을 밝히시어
날마다 부지런히 힘쓰셨습니다.
밝으신 부왕께옵서
참으로 아들을 잘 알아보셨습니다.

이에 연로하시어
나랏일을 맡기셨사옵니다.
황제께서 그렇다 말씀하시고
밝은 명을 내리셨습니다.

임금님께서 절하여 머리를 조아리시니
황제가 신성하옵니다.

27『樂學軌範』卷4 〈荷皇恩〉:“賀皇恩, 受錫命也. 殿下以父王之命, 權攝國事, 尋受皇帝誥命, 國人懽忭, 作賀皇恩也.”

황제가 신성하시니
은혜가 조선에 넘치옵니다.

대소 신민이 춤추고 뛰니
감격이 하늘과 땅에 다하였습니다.
종사가 면면히 이어져
억만년을 이어갈 것이옵니다.[28]

하륜의 <수명명>에서는 첫 장에서 태종의 덕을 노래했는데, 변계량의 <하황은>은 시조가 동방을 만들었다고 하여 중국과 별개의 세계라는 것을 노래하였다. 곧 변계량은 지금은 비록 제후국이 되어서 명의 고명을 받기는 하지만 조선은 엄연히 천자국이었다는 메시지를 주고 싶었던 것이다. <하황은>에는 태종의 의중 외에도 변계량 나름의 의지가 반영되어 있어, <수명명>과 비록 그 제재는 같지만 그 성격은 다르다 할 것이다. 이어서 역대로 성군이 있었는데 지금의 현 임금도 그렇다며 구체적으로 효孝·제悌·인仁·성誠의 덕을 칭송하고 학문도 뛰어나다고 노래했다. 이어서 부왕 태조에게 왕위를 이어받은 사실과, 이러한 덕성을 인정하여 명에서 고명을 내려준 일을 노래했다.

<수명명>처럼 "사대를 한결같이 하시도다(事大惟一)"라는 구절은 사라졌지만 역시 "임금님께서 절하여 머리를 조아리시니, 황제가 신성하도다. 황제가 신성하시니, 은혜가 조선에 넘치도다."라고 하여 명 황제를 직접적으로 칭송하였다. 이러한 구절이 끼어든 이유는 이 <하황은>의 창작 목적 때문이다. 명의 사신을 대접한다는 외교적 목적 하에서 기획된 것이기 때문에 조선이 명을 배반하지 않는다는 사실을 알리고 양국의 관계를 튼튼히

---

28 『樂學軌範』 卷4 〈荷皇恩〉: "赫赫始祖, 造我東方. 傳子及孫, 世有哲王. 金玉其相, 天賦聰明. 旣孝且悌, 旣仁且誠. 緝熙聖學, 惟日亹亹. 明昭父王, 允也知子. 迺倦于勤, 迺托國事. 皇帝曰兪, 錫是明命. 王拜稽首, 皇帝神聖. 皇帝神聖, 恩溢朝鮮. 小大舞蹈, 感極天淵. 綿綿宗社, 彌萬億年." 〈수명명〉과 비교하기 위해 편의상 장을 나누었음.

하기 위한 일종의 외교적 수사로 볼 수 있다. 국내 정치용으로 제작된 정재가 국제 정치용으로 본격적으로 기획되는 순간이다.

<하황은>에서 세종의 효孝·제悌·인仁·성誠 등의 덕성을 칭송한 이유는, 악장은 실제의 공덕을 칭송해야 하는 것인데 어린 세종이 그러한 공덕이 있을 리가 없으므로 이렇게 말한 것이기도 하겠지만, 그보다는 세종이 장자가 아니라 셋째였기 때문으로 보인다. 즉 왕위 계승 서열 3위인 충녕대군이 세자가 되어 왕위를 선위 받았기 때문에 그 정당성을 보여줄 필요가 있었던 것이다. 태종이 직접 주선해서 고명을 받도록 한 것도 이러한 왕위 계승의 정당성을 확보해주려는 의도였을 것이다. 이로 보아 태종이 명에게 고명을 받은 일이 비록 자신의 왕위 계승 정당성을 100% 보장해주지는 못했지만, 그래도 상당한 정치적 효과가 있었으리라 짐작할 수 있다.

<하황은>이 외교적 수사에 그친 것에 비한다면 <하성명>은 더 직접적으로 명 황제의 덕을 칭송하였다. 그 구호에서는 "성신聖神께서 등극하여 다스리시니 화합의 기운이 두루 흐릅니다. 하늘과 땅에서도 상서로움을 내리시고 여러 복이 모두 이릅니다. 지극한 즐거움과 경사스러움을 이기지 못하여 송도頌禱의 사辭를 진술하옵니다."[29]라고 하여, 명 황제의 뛰어난 정치교화를 기뻐한 조선에서 황제의 장수를 빈다고 그 주제를 말하였다. <하성명>은 사언고시 16구가 1장씩 모두 3장으로 이루어져 있는데, 그 중 제1장은 이러하다.

> 황제의 지극한 덕德이
> 하늘에 밝게 이르렀습니다.
> 하늘은 감로甘露를 내리고
> 땅은 예천醴泉을 내었습니다.
> 하수河水가 맑아 거북이 나타났고

---

29 『樂學軌範』 卷4 〈荷皇恩〉: "聖神御統, 叶氣旁流. 天地生祥, 諸福畢至. 不勝歡慶之極, 庸陳頌禱之辭." 『세종실록』(1년 12월 26일)에는 "不勝歡慶之極"의 '極'이 '至'로 되어 있다.

영지靈芝가 빛나고 빛납니다.
금수金水 서빙瑞氷의
여러 형상이 벌여져 있습니다.
오색 상서로운 구름이
뭉게뭉게 일어나 향기롭습니다.
절강浙江 비하淝河가
감응하여 밝게 나타납니다.
지극한 상서로움이
앞뒤로 연이어 일어납니다.
모두들 머리를 조아리며
천자님의 만수무강을 비옵니다.[30]

1·2구에서는 황제가 지극한 덕德을 지녔다고 칭송하고 이어서 열두 구에 걸쳐 상서로움을 나열한 후 마지막 두 구에서 황제의 장수를 기원하였다. 나머지 두 장도 같은 구성으로 이루어져 있다. 황제의 덕성으로 2장에서는 인仁을, 3장은 성誠을 제시하고, 각각의 덕성으로 인해 여러 상서로운 조짐들이 나타났다고 나열한 후, 마지막으로 황제의 장수를 기원하거나(1·2장) 만복을 기원하는(3장) 형식으로 되어 있다. 나열한 상서로움의 종류도 각 장마다 차이가 있는데, 1장은 천지 자연현상의 상서로움을 2장은 조수鳥獸의 상서로움을 3장은 불보살佛菩薩의 상서로움을 열거하였다. 이처럼 <하성명>은 명 황제의 구체적인 공덕은 기술되어 있지 않고 추상적인 공덕만 명시하였다. 공덕의 내용이 추상적이므로 어느 황제에게나 적용시킬 수 있었다. 다시 말해 언제 어떤 황제가 사신을 보내왔어도 이를 공연할 수 있다는 장점이 있는 것이다.[31]

---

30 『樂學軌範』 卷4 〈荷皇恩〉 : "惟帝至德, 昭格于天. 天降甘露, 地出醴泉. 河清龜見, 靈芝曄曄. 金水瑞氷, 諸象布列. 五彩慶雲, 紛紛郁郁. 浙江淝河, 感應昭宣. 禎祥之至, 前後聯緜. 大小稽首, 天子萬年."

31 이종숙(2001)은 사은사를 보낼 때, 연주하기 위하여 미리 준비한 것이라고 보았다(139쪽 참조).

물론 변계량이 철저한 사대주의자이기 때문에 이러한 악장을 지었다고도 볼 수 있을 것이다. 그러나 여러 정황상 그런 것 같지는 않다. 변계량은 태종이 제후국이라는 이유를 들어 폐지하려고 한 제천에 대해 다음과 같은 상소문을 올려 그 부당성을 역설하였다.

> 우리 동방은 단군이 시조이니, 무릇 하늘에서 내려왔으며 천자가 분봉한 나라가 아닙니다. 단군이 내려온 것은 당요唐堯의 무진년이니 지금까지 삼천여 년이나 됩니다. 하늘에 제사하는 예가 어느 시대에 시작되었는지는 알 수 없지만, 그러나 천여 년이 되도록 바뀐 적이 없습니다. 우리 태조 강헌대왕께서도 이러한 이유로 제천을 더욱 부지런히 행하셨습니다. 신은 하늘에 제사지내는 예는 폐지할 수 없다고 생각합니다.[32]

변계량은 조선은 예로부터 하늘에서 내려온 단군이 세운 나라이지 중국 천자가 봉해준 나라가 아니며 그 역년도 중국과 똑같아 하등 꿀릴 이유가 없으니, 천년을 이어온 제천을 함부로 폐지할 수 없다고 주장하였다. 즉 조선이 비록 사대를 하고 있기는 하지만 중국의 일개 제후국이 아니므로 당연히 천자국의 예악을 갖추어야 한다는 의미이다. 변계량의 자주성이 엿보이는 대목이다.[33] 그러므로 <하황은>이나 <하성명>을 지었다 하여 그를 사대주의자로 몰고 갈 수는 없다고 본다. 오히려 태종의 명으로 또 외교적 필요성에 의해 마지못해 지었을 가능성이 있다.

<하황은>의 내용으로 보면, 조선의 백성들이 기뻐하여 노래까지 만든 것은 조선의 어진 임금에게 명 황제가 고명을 내렸기 때문이다. 기뻐하는 전제조건이 고명을 내렸다는데 있다. <하성명>에서도 조선의 백성이 좋아

---

32 『태종실록』, 16년 6월 1일. "吾東方, 檀君始祖也. 蓋自天而降焉, 非天子分封之也. 檀君之降, 在唐堯之戊辰歲, 迄今三千餘禩矣. 祀天之禮, 不知始於何代, 然亦千有餘年, 未之或改也. 惟我太祖康獻大王, 亦因之而益致謹焉. 臣以爲祀天之禮, 不可廢也."

33 변계량의 제천의식에 대해서는 신태영(2005) 참조.

하는 것은 단순히 명 황제이기 때문이 아니라 명 황제가 지극한 덕德·인仁·성誠을 지녔고 이러한 모습을 조선에 보여주었기 때문이다. 조선을 우대한다는 전제조건이 있는 것이다.

이러한 악장을 사신연에서 정재로 만들어 공연한다면 이를 직접 본 사신은 물론이고 명의 황제들도 깊은 인상을 받을 것이다. 사실 명은 조선을 제외한 사방의 모든 나라들과 갈등을 겪고 전쟁까지 치르고 있었다. 명 태조가 조선이 자진해서 사대의 예를 갖추고 오자 이를 의심한 것은 일견 당연한 일이었다. 그런데 자신들의 황제를 칭송하는 노래와 춤을 만들어 공연까지 한 것이다. 명의 사신은 이를 보고할 것이고 명 황제를 비롯한 신료들도 기분이 좋았을 것이다.

실제로 <하황은> 덕분이었는지 그 해 8월 17일에 사신이 와서 세종이 등극한 것을 다시 축하하고 잔치를 베풀어 준다는 내용의 칙서를 전달하였다. 사신이 태종에게 황제의 말을 전하며, "중국에 술이나 과일이 없는 것은 아니지만 길이 멀다 하시고, 생견生絹 300필과 안팎 옷감 30필과 양 1000마리를 주시며 술과 과일 값으로 쓰라고 하셨습니다."라고 하였다. 사신이 왕복하는데 대략 6개월이 소요된다는 점에서, 고명을 가지고 1월에 왔던 사신이 돌아가 조선의 상황을 보고하자 곧바로 특별히 잔치를 베풀어주라고 명한 것으로 보인다. 그렇다면 그 해 12월에 만들어진 <하성명>은 잔치에 대한 답례의 성격을 지님과 동시에, 악무의 외교적 효용성을 새롭게 인식하고 악무를 외교에 보다 적극적으로 활용하기 위해 만들었다고 볼 수 있을 것이다. 한편 세종 2년 4월에는 명 사신이 <하성명가賀聖明歌>의 족자를 보고 극구 칭찬하며 이 글을 써서 달라고 요청한 일이 있었다.[34] 이 또한 악무를 외교에 성공적으로 활용한 결과라고 할 것이다.

명은 황제의 덕德·인仁·성誠을 칭송하는 노래와 춤을 보고 조선에 대해 깊은 호의를 갖게 될 것은 분명하다. 양국의 군왕이 서로 호의를 갖게 된다면 여러 외교적 문제가 수월하게 풀릴 수 있다. 더군다나 명은 애초부터 조

---

34 『세종실록』 2년 4월 9일.

선에 대해 자유로운 무역을 금지하고 사절단을 통한 무역만 허락하였기 때문에 조선은 발달된 문물이나 필요한 물자를 들여오는데 많은 애로사항이 있었다. 이러한 점을 해결하는 데에도 큰 도움이 되었을 것이다.

변계량이 지은 두 악장에는 비록 사대적 성격이 있지만 이것은 강자로부터 자국을 보호하기 위한 수단이었고, 악장의 문구는 그 당시 관념으로는 어차피 명과 교류를 하는 상황에서 그리 문제가 되지 않는 상투적인 표현이라 할 수 있다. 변계량의 두 악장은 명의 사신이 왔을 때 공연하여 양국의 관계를 더욱 돈독하게 만들기 위한 것이었다. 양국의 관계를 안정시켜 국제 정세를 안정시키고 이를 통해 평화를 염원하는 마음이 담겨 있는 것이다. 즉 <하성명>과 <하황은>을 일방적으로 사대주의의 산물로 보기보다는, 정재를 외교적 차원에서 적극 활용하여 양국의 평화로운 관계를 고착시키고 이를 통해 내치에 전념하여 조선의 안녕과 번영을 모도하려고 한 산물로 보아야 할 것이다.

앞에서 살핀 악장 4편은 모두 각 정권의 초기에 지어졌으며, 작자들은 모두 정권의 실세이거나 거목이었다. 즉 해당 정권이 처한 상황에서 가장 필요로 하는 내용들을 악장으로 짓고 곡조를 입혀 연주했으며 춤을 더하여 정재로 만들어간 것이다.

골육상잔의 쿠데타로 즉위한 태종은 왕위 계승 명분이 취약했고 이로 인해 왕권이 약화될 우려가 있었다. 이에 하륜은 태종이 명과의 갈등을 해결했다는 것을 명분과 실덕實德으로 삼아 <근천정>과 <수명명>을 만들었다. 여기에는 왕위 계승을 정당화하고 왕권을 강화하려는 의지가 들어 있었다. 세종 초의 정재는 태종의 명으로 만들어진 것이다. 서열 3위였던 충녕대군이 특별한 공적이 없이 등극했기 때문에 그 정당성에 힘을 실어주기 위해 <하황은>을 만들었고, 명나라와의 교빙 관계를 돈독히 하기 위한 목적으로 <하성명>을 만들었다. 변계량의 두 악장은 모두 국내외 정치・외교적 목적으로 만들어졌다. 이 두 악장에 사대적 성격이 있기는 하지만 사대는 약소국이 강대국을 컨트롤하여 나라의 안위를 지키려는 수단이지 결코 그 자체가 목적이 될 수는 없다. 이러한 점에서 <하황은>과 <하성명>을 명과의 관계를 돈독히 하여 국제 정세를 안정시키고 이를 통해 내치에 전념하여 조선의 평화와 번영을 꾀하려는 의지의 반영으로 보아야 할 것이다.

정재를 공연하는 사람의 입장에서도, 자신이 공연하는 정재가 단순히 사대사상의 발현이라고 인식하고 공연하는 경우와 그렇지 않고 개개의 정재별로 그 의미를 올바로 인식하고 공연하는 경우는, 분명 그 공연에 임하는 자세에서부터 많은 차이를 가져올 것이다. 이러한 점에서도 정재의 의미를 재확인하는 작업이 필요하리라 생각한다.

악을 완성시키는 것은 춤이고 조선의 경우 춤의 대표는 궁중무용이다. 최종 단계인 춤이 입혀져야 정재가 완성된다. 주시하다시피 정재에는 유가의 예악사상이 내재해 있다. 예악사상은 예와 악을 통해 정치교화를 펼치려는 사상으로 조선 문물은 모두 예악사상을 바탕으로 이루어졌다 해도 과언이 아닐 것이다.

예는 차이를 중시하고 악은 조화를 중시한다. 그래서 예는 땅과 같고 악은 하늘과 같다고 표현하기도 한다. 이러한 예와 악은 동전의 양면과 같아서 서로 같아질 수도 없지만 분리될 수도 없다. 그러나 현실적으로 예와 악을 동전의 양면처럼 함께 사용하는 일은 생각처럼 쉽지 않다. 이러한 점에서 예와 악을 동시에 드러내 보이는 정재는 그 의미가 크다고 할 것이다.

정재呈才는 글자 그대로 '재주를 드러낸다'는 뜻으로 명사가 아니라 어구인데, 이것이 '고귀한 분에게 재주를 드린다, 바친다'라는 의미의 명사로 본격적으로 사용된 것은 조선이었다. 정재는 고귀한 분에게 재주를 바치기 때문에 예를 매우 중요시 하면서도 '악樂은 즐거움(樂)이다'라는 말처럼 흥을 중요시한다. 또한 악은 공을 형상한 것(夫樂者 象成者也)이기 때문에 아무 일이나 악으로 만들 수는 없다. 따라서 절제된 예禮 속에서 최고의 악樂을 펼쳐 보이는 것이 바로 정재이다. 이러한 점에서 정재는 예악사상의 꽃이라고 표현할 수 있을 것이다.

지금까지 본고는 정재의 창사인 악장을 중심으로 개개의 정재에 어떠한 정치적 의도가 깃들어 있는지 살펴보았다. 악장 자체가 칭송과 경계라는 두 가지 목적과 효용을 가지고 있고 또 정치적 상황은 수시로 변하는 것이므로, 서로 다른 시기에 창작된 악장을 바탕으로 이루어진 정재를 한두 개의 잣대로 재단하는 방식을 지양하고, 개개의 정재별로 어떠한 배경에서 어떠한 의도를 가지고 창작되었는지 살펴보고자 하였다. 이러한 작업을 통해 예악사상이 정재에 투영된 방식과 양상을 이해하고, 정재의 의미와 그 중요성을 깨닫는데 일조할 수 있기를 바란다.

참고문헌

『太宗實錄』

『世宗實錄』

『禮記』「樂記」

杜佑(저), 이민홍(역), 『通典: 樂典』, 박문사, 서울, 2011.

成俔(편), 『樂學軌範』

河崙, 『浩亭集』

卞季良, 『春亭集』

구범진, 「동아시아 국제질서의 변동과 조선-청 관계」, 『동아시아 국제질서 속의 한중관계사』, 동북아역사재단, 서울, 2010.

김율희, 「조선 세종조 궁중정재 창사에 나타나는 예악사상 연구」, 이화여자대학교 석사학위논문, 2002.

김한규, 『한중관계사』 II, 아르케, 서울, 1999.

류창규, 「태종대 하윤의 악장 창작과 그 정치적 의미」, 『한국사학보』 35, 고려사학회, 2009.

박은영, 「궁중정재의 시대적 변천과 철학성 연구」, 한양대 박사학위논문, 2006.

성기숙, 「조선전기 궁중정재의 예악사상과 형상의식 연구」, 성균관대학교 석사학위논문, 2000.

성윤선, 「조선전기 궁주정재의 유교정치사상에 관한연구」, 성균관대학교 석사학위논문, 1995.

신태영, 「춘정 변계량의 상소문으로 본 조선초기의 제천 의식」, 『인문과학』 36, 성균관대학교 인문과학연구소, 2005.

이민홍, 『한국 민족 악무와 예악사상』, 집문당, 서울, 1997.

이종숙, 「조선초기 사신연의 궁중무악 연구」, 『한국음악사학보』 27, 2001.

莊非非(공저), 김승일(역), 『(북경대학 한국학 연구센터 한국학 총서) 한중관계사』, 범우, 서울, 2005.

조규익, 『선초악장문학연구』, 숭실대학교 출판부, 서울, 1990.

조규익, 『조선조 악장의 문예미학』, 민속원, 서울, 2005.

당 태종의 악무에 대한 인식과 관념

남종진
세계민족무용연구소 전임연구원

중국에서 악무樂舞[1]는 오랜 역사를 지닌다. 옛 문헌에 수록된 상고上古 시대의 악무에 관한 기록은 논외로 하더라도,[2] 악무가 예악禮樂 제도로 정착된 주周나라 이후만 하더라도 그 역사는 3000년이 넘는다. 하지만 예악 제도는 시대에 따라 변화하였고,[3] 악무 또한 시대마다 정치, 사회, 문화 환경이 달라짐에 따라 그 형식, 내용, 기능, 위상에 적지 않은 변화가 있었다. 중국의 무용역사학자들은 중국의 악무는 주나라 시기에는 아악雅樂이, 한·

* 이 글은 한국공연문화학회의 『공연문화연구』 제27집에 수록한 것을 발췌한 것임.

1 과거 동아시아에서 음악·노래·무용의 복합체를 가리켜 '악樂'이라고 하였다는 것은 주지의 사실이다. 류쓰원劉史文은 "옛 음악은 시가와 무용이 하나로 융합된 것으로 '악樂' 또는 '악무樂舞'라고 불렀다. 수나라와 당나라 때에도 음악과 무용은 분화되지 않아서 악곡樂曲 가운데 다수가 무곡舞曲이었다."라고 하였다. 『中國隋唐五代藝術史』(北京: 人民出版社, 1994), 172쪽 참조. 이 글에서도 이런 관례에 따른다.

2 남종진, 「중국 고대 무용사 기술에 있어서의 몇 가지 문제점」, 『공연문화연구』 제25집, 한국공연문화학회, 2012, 34~42쪽 참조.

3 중국의 예악 제도는 주나라 때에 성립된 이래로 한漢·위魏·남북조南北朝의 변천기, 수隋·당唐의 정형기, 송宋·원元·명明·청淸의 쇠퇴 및 소멸기를 거쳤다. 項陽, 「中國禮樂制度四段階論綱」, 『音樂藝術』 2010年 第1期, 11~20쪽 참조.

위 · 남북조 시기에는 산악散樂이, 당 · 송 시기에는 연악宴樂이, 원 · 명 · 청 시기에는 희곡戲曲 관련 악무가 돋보였다고 평가한다. 그 가운데서도 궁중을 중심으로 한 연악이 크게 발전한 당나라(618~907년) 시기는 가장 빛나는 시기로 꼽힌다.

한나라와 더불어 '한당성세漢唐盛世'로 불리는 당나라 시기는 정치, 경제, 외교적으로는 물론 문화적으로도 찬란한 유산을 남긴 시기였다. 악무 또한 예외가 아니었다. 당나라 때의 악무는 그 발전 단계에 따라, 초석을 다진 초당初唐, 전성을 구가한 성당盛唐, 국세 쇠퇴에 따른 문화 전이로 세속화된 중당中唐과 만당晩唐 시기로 나눌 수 있다.[4] 태종太宗 이세민李世民의 정관貞觀의 치세治世에서부터 고종高宗 이치李治과 무측천武則天 무조武曌을 거쳐 현종玄宗 이융기李隆基의 개원開元의 성세盛世로 이어진 초당부터 성당까지는 당나라의 악무가 체계를 갖추고 나아가 전성을 구가한 시기로, 태종은 그 개척자였고, 현종은 그 대성자였다.

당나라의 악무는 태종 정관 시기부터 현종 개원 시기에 이르는 동안 전례 없는 발전을 이루었다. 악무의 계승과 창작이라는 측면에서는 첫째, 수나라 이래의 궁중 악무를 계승하고 민간에서 전승된 악무를 수용하고 이민족과 외래의 악무를 받아들여 십부기十部伎를 완비하였고 둘째, 삼대무三大舞[5]를 비롯하여 예술성과 오락성을 겸비한 건무健舞과 연무軟舞을 창작하였으며 셋째, <예상우의무霓裳羽衣舞>로 대표되는 대곡大曲을 완성한 등을 꼽을 수 있다. 또 전문적 악무 기구를 만들어 운영하였는데, 태상시太常寺에는 태악서太樂署과 고취서鼓吹署을 두어 각각 아악雅樂, 연악燕樂과 의전儀典을 맡기고, 달리 교방敎坊을 설치하여 산악散樂과 속악俗樂을 담당하게 하였으며,[6]

4 초당 · 성당 · 중당 · 만당의 4기로 나누는 것은 명나라 고병高棅이 『당시품휘唐詩品彙』에서 당시唐를 품평하기 위하여 편의적으로 설정한 데서 비롯되었는데, 당나라의 문화사를 논할 때 보편적인 시기구분법으로 적용된다. 각 시기의 구체적 연대는 견해가 다소 다르지만, 대개 초당(618~712년), 성당(713~765년), 중당(766~835년), 만당(836~907년)으로 나눈다.

5 3대무는 무무武舞인 <파진악破陣樂>(칠덕무七德舞), 문무文舞인 <공성경선악功成慶善樂>(구공무九功舞)과 <상원무上元舞>를 가리킨다.

또 이원梨園을 두어 법곡法曲을 교습하고 악공樂工을 양성하였다.[7]

이러한 일련의 과정에서 태종의 공헌은 당나라 악무의 기틀을 마련하고 나아가 성당 시기에 이르러 악무가 전성을 구가할 수 있는 토양을 마련하였다는 것이다.

아래에서는 역사서 등을 비롯한 문헌자료에 근거하여, 태종은 악무에 대하여 어떤 인식을 지니고 있었으며, 또 그것은 구체적 악무 정책과 실천에 있어서 어떻게 반영되었는지를 살펴보고자 한다. 이는 성당 시기에 이르러 연악이 전성을 구가하게 된 기본 배경을 파악함으로써, 당나라 악무의 역사적 변천을 이해하는 출발점이 된다.

당나라 태종太宗 이세민李世民은 당나라의 제2대 황제로, 626년부터 649년까지 24년 동안 황제의 자리에 있었던 인물이다. 그는 대당제국大唐帝國의 기틀을 마련하여 역사적으로 정관貞觀의 치세治世로 불리며 후세에 명군明君의 본보기가 되었다. 이세민은 618년에 부친인 고조 이연李淵을 따라 군사를 이끌고 도성인 장안長安으로 들어가 당나라 왕조를 세웠고, 이후 여러 차례 정복에 나서 설인고薛仁杲, 유무주劉武周, 두건덕竇建德, 왕세충王世充 등 군벌을 제압하여 왕조의 통일에 기여한 공로로 진왕秦王이 되었다. 626년에는 현무문玄武門의 정변을 일으켜 황태자이던 형 이건성李建成을 제압하고, 다시 또 고조를 압박하여 황제의 자리에 넘겨받았다. 이후 태종은 방현령房玄齡, 두여회杜如晦, 위징魏徵 등의 의견을 적극적으로 받아들여 중앙집권을 강화하고 율령을 정비하고 학교제도와 과거를 정착시키는 등 문치文治를 이룩하였고, 밖으로는 돌궐突厥을 제압하고 토번吐蕃을 회유하여 강역을 넓혔다.

---

6 『舊唐書 · 職官志』: "武德以來, 置於禁中, 以按習雅樂, 以中官人充使, 則天改爲雲韶府, 神龍復爲敎坊."; 『新唐書 · 百官志三』: "開元二年, 又置內敎坊於蓬萊宮側. 有音聲博士, 第一曹博士, 第二曹博士."

7 『新唐書 · 禮樂志』: "玄宗旣知音律, 又酷愛法曲, 選坐部伎子弟三百敎於梨園, 聲有誤者, 帝必覺而正之, 號皇帝梨園弟子."

이처럼 이세민은 출중한 군사 전략가였고 뛰어난 정치가였지만 다른 한편으로는 서예가이자 시인으로도 역사에 이름을 남긴 문화 인물로, 악무의 발전에 있어서도 큰 발자취를 남겼다. 특히 역사 기록을 비롯한 관련 기록을 살펴보면, 그가 보여준 악무에 대한 인식과 악무에 대한 구체적 정책 그리고 새로운 악무의 창작 등은 모두 그 당시는 물론이고 이후의 악무 발전에 기여한 바가 매우 컸다.

당나라의 강성한 국력, 안정된 정치, 번영한 경제, 활발한 대외무역, 빈번한 대외교류, 남북 문화의 교류, 다민족의 융합 등은 당시 악무가 크게 발전할 수 있었던 밑바탕이 되었음에 틀림없다. 그러나 물질적 번영과 국세의 강성함이 문화와 예술의 발전을 저절로 가져오는 것은 결코 아니다. 문화가 정치적 안정, 경제적 번영과 더불어 발전하려면 또 다른 요인과 환경이 필요하다. 따라서 혹자는 당나라 당시에 악무가 크게 발전할 수 있었던 구체적 요인으로 국세國勢, 국책國策, 인주人主, 인재人才, 방침方針 등 다양한 요인을 지적한다.[8] 이 가운데 국세가 하드웨어라고 한다면, 정책이나 방침, 인력 양성, 군주의 관심과 안목 등은 소프트웨어가 될 것이다. 나아가 전통적 시대에 있어서는 문화에 대한 군주의 관심, 안목, 의지 등은 정책 방향의 수립이나 시행 그리고 관련 인력의 양성 등의 방향을 결정짓는 가장 중요한 요인이었다고 할 것이다. 태종의 경우에도 악무에 대한 그의 인식과 태도는 당나라 초기의 악무 정책에 있어서 그 방향과 내용을 결정지었다고 할 수 있다. 뿐만 아니라 이후 당나라 악무의 성격과 발전의 방향을 아울러 결정지었다고 하더라도 과언이 아니다.

먼저 역사서의 기록을 비롯한 문헌기록을 통하여 태종은 악무에 대하여 어떻게 인식하였고, 또 어떤 입장이었는지 살펴보면, 악무에 대한 전통적 사고를 부정하는 속에서도 실용적 효용성을 추구한 면모를 엿볼 수 있다.

8 程云, 「漢唐樂榮衰之回顧」, 『音樂研究』, 1988年 第2期, 52~59쪽 참조.

1. 악여정통론과 물동심감론에 대한 부정

'악여정통론樂與政通論'과 '물동심감론物動心感論'은 중국 유가儒家의 악무에 대한 전통적 인식을 보여주는 핵심적 개념들이다. 먼저 악여정통론은 악樂이 정치적 도덕적 교화를 이룩하는 도구가 된다는, 악의 효용론에 대한 유가의 핵심적 주장이다. 이에 대한 초기 기록인 『예기禮記 · 악기樂記』에서는 악과 정치의 상호 관계를 다음과 같이 선언하였다.

> "잘 다스려지는 세상의 음(樂)은 편안하여 즐거우니 그 정치는 조화롭고, 어지러운 세상의 음(樂)은 원망하여 분노하게 만드니 그 정치에는 어그러지며, 망국의 음(樂)은 슬퍼서 백성들을 곤혹스럽게 만든다. 소리와 음(樂)의 이치는 정치와 통하는 것이다."[9]

『예기』의 「악기」는 한나라 무렵의 기록으로 추정하므로, 이는 본래 한나라 당시 유가들의 악무에 대한 보편적 인식을 대변하는 것이라고 할 것이다. 하지만 이 구절은 유가의 전형적인 악여정통樂與政通 관념의 문헌적 근거가 되어 예전에는 물론 오늘날에도 유가의 악무 관념을 거론할 때에 주요한 근거로 인용된다. 요컨대 악여정통론은 악을 정치 또는 사회와 동일시하거나 일체화하고, 악을 정치적 순화나 도덕적 교화를 달성하는 도구로 간주하는 태도를 의미한다.

그런데 역사 기록을 보면, 당나라 태종은 유가의 악과 정치의 관계 설정에 대한 전형적 태도를 단호하게 부정하는 태도를 보여준다. 정관貞觀 2년(628년) 6월, 태종은 대당아악大唐雅樂을 새롭게 정비하고 나서 신하들과 악무의 효용에 대한 논쟁을 벌였다. 그 자리에서 태종은 나라의 흥망興亡은 악과는 무관하다는 소신을 피력하였다.[10] 당시 어사대부이던 두엄杜淹은 가

---

9 『禮記 · 樂記』: "治世之音, 安以樂, 其政和; 亂世之音, 怨以怒, 其政乖; 亡國之音, 哀以思, 其民困. 聲音之道與政通矣."

까운 시대의 역사를 거론하며, 국가의 흥망은 악에서 영향을 받는다는 주장을 펼쳤다.

> "이전 시대의 흥망은 사실상 음악 때문이었습니다. 진陳나라는 망할 무렵에 <옥수후정화玉樹後庭花>를 만들었고, 북제北齊는 망할 무렵에 <반려곡伴侶曲>을 만들었습니다. 길 가던 사람들이 그 곡을 듣고 모두 슬퍼하며 눈물을 흘렸는데, 망국의 음악이라고 하는 것이었습니다. 그런 사례로 보면 음악 때문인 것입니다."[11]

<옥수후정화>는 남조 진나라의 마지막 황제인 후주後主 진숙보陳叔寶이 지은 것으로 알려져 있다. 그런데 진나라가 망할 당시에 후주는 궁중에서 애희愛姬 장려화張麗華과 함께 이것을 즐기고 있었다고 한다. 그래서 후세 사람들은 <옥수후정화>가 궁중에서 유행하면서 사치 풍조가 만연하고 음락淫樂한 생활을 하였기 때문에 진나라가 멸망하게 되었다고 생각하였다. 또 <반려곡>은 북제의 후주後主이 만든, 대단히 슬픈 곡으로 알려져 있다. 당시 호인胡人과 환관들에게 이 곡을 주고받으며 부르게 하면, 모두들 눈물을 줄줄 흘렸다고 전한다.[12] 따라서 두엄의 주장은 남조南朝의 진陳나라와 북조北朝의 북제北齊가 음악淫樂, 즉 감정이 지나친 악 때문에 멸망하였다는 음악망국론淫樂亡國論으로, 앞서 거론한 악여정통론의 구체적 예시인 셈이다.

하지만 두엄의 이런 주장에 대하여, 태종은 반박하였다.

> "예악禮樂을 제정한 것은 성인聖人께서 사안에 따라 교화를 펼쳐 절제하게 하려는 것인데, 정치의 성쇠가 어떻게 거기에서 비롯되겠는가?"[13]

---

10 『舊唐書 · 音樂志』: "至貞觀二年六月奏之. 太宗曰: '禮樂之作, 蓋聖人緣物設教, 以爲撙節, 治之隆替, 豈此之由?'"

11 『貞觀政要 · 禮樂』: "御史大夫杜淹對曰: '前代興亡, 實由於樂. 陳將亡也, 爲「玉樹後庭花」; 齊將亡也, 而爲「伴侶曲」. 行路聞之, 莫不悲泣, 所謂亡國之音. 以是觀之, 實由於樂.'"

12 『文獻通考 · 樂』: "北齊後后主亦自能度曲, …… 別采新聲, 爲無愁伴侶曲, 音韻窈窕, 極於哀思. 使胡兒閹宦輩齊聿唱和之, 曲終樂闋, 莫不隕涕."

이 말에서 태종은 제도화된 악은 절제의 목적을 이루기 위한 교화의 수단일 뿐이며, 악은 국가의 치란治亂이나 흥망에 구체적으로 작용하지는 못한다고 판단하였음을 알 수 있다.

한편 물동심감론物動心感論은 소리(樂)가 사람의 감정을 이끈다는, 음악에 대한 유가의 인식론적 사고이다. 일찍이 선진先秦 시대의 유가儒家인 순황荀況은 <악론樂論>에서 다음과 같이 주장하였다.

> "간사한 소리가 사람을 감동시키면 도리를 거스르는 기운이 따라서 움직이는데 도리를 거스르는 기운이 구체화되면 혼란이 벌어진다. <그러나> 올바른 소리가 사람을 감동시키면 도리에 맞는 기운이 따라서 움직이는데 도리에 맞는 기운이 구체화되면 잘 다스려진다."[14]

하지만 태종은 유가의 이런 논리를 부정했다. 『구당서舊唐書 · 음악지音樂志』에는 정관貞觀 2년(628년) 6월에 태종이 어사대부 두엄杜淹과 논쟁한 다음과 같은 일화를 싣고 있다. 당시 태종은 두엄의 주장에 반박하며 이렇게 말하였다.

> "소리가 어떻게 사람을 감동시킬 수 있겠는가? 슬프고 기쁜 감정은 사람의 마음에 달린 것이지 음악 때문이 아니다. 장차 망하려 하는 나라의 정치에서는 그 백성이 틀림없이 고통스러울 것이니, 고통스러운 마음에 영향을 받아 그 음악을 들으면 슬픈 것일 뿐이지 어떻게 음악 소리 그 자체에 슬픔이나 원망이 있어 즐거운 사람을 슬프게 만들 수 있겠는가?"[15]

---

13 『舊唐書 · 音樂志』: "至貞觀二年六月奏之. 太宗曰: '禮樂之作, 蓋聖人緣物設教, 以爲撙節, 治之隆替, 豈此之由?'"

14 『荀子 · 樂論』: "凡奸聲感人而逆氣應之, 逆氣成象而亂生焉. 正聲感人而順氣應之, 順氣成象而治生焉."

15 『舊唐書 · 音樂志』: "太宗曰: 不然, 夫音聲豈能感人? 歡者聞之則悅, 哀者聽之則悲, 悲悅在於人心, 非由樂也. 將亡之政, 其人必苦, 然苦心相感, 故聞而則悲耳, 何樂聲哀怨, 能使悅者悲乎?"

태종은 악과 사람의 감정의 관계를 유가의 전통적 관점과는 정반대로 이해하였다. 즉 슬퍼하거나 기뻐하는 감정은 사람이 처한 환경이나 마음가짐에서 비롯되는 것이지 음악과는 무관한 것이므로 음악 그 자체가 사람을 기뻐하거나 슬퍼하게 만들 수는 없다는 것이다. 그러므로 태종은 이렇게 덧붙였다.

> "지금 <옥수후정화>와 <반려곡>이 모두 남아 있는데, 내가 그대를 위해 연주하더라도 그대가 슬퍼하지 않을 것이라는 것을 분명히 알 수 있다."[16]

앞서 말했듯이 <옥수후정화>와 <반려곡>은 모두 대단히 슬픈 음악이라고 전한다. 비록 애절한 곡조이기는 하지만 지금은 새로운 세상이고 그것을 듣는 사람의 처지나 마음가짐이 결코 슬프지 않기 때문에 들더라도 마음이 슬퍼지지는 않을 것임이 분명하므로, 음악이 사람의 감정을 움직인다는 물동심감론은 오류라는 주장이다. 훗날 송나라 사마광司馬光은 시를 지으면서 이 일화를 근거로 "당나라 사람들은 <반려곡>을 들어도 더 이상 슬퍼하고 마음 아파하지 않았으니, 악樂은 비롯되는 구석이 있다는 것을 알겠다."[17]라고 하여 태종의 견해와 상통하는 입장을 내비쳤다.

논자들은 이들 기록을 근거로 삼아, 태종의 악무에 대한 인식을 혜강嵇康이 <성무애락론聲無哀樂論>에서 제기한 명제와 연관시켜 해석하기도 한다. 혜강은 중국 삼국 시대 위魏나라의 사상가이자 문학가이자 음악가로, 정시正始 말년에 "명교名教를 초월하여 자연自然에 맡긴다"는 주장을 내세우며 현학玄學의 풍조를 이끌었던, 완적阮籍 등 이른바 죽림칠현竹林七賢의 핵심 인물 가운데 한 사람이다. 그가 내놓은 성무애락론에서는 "소리에는 기쁨이

---

16 『舊唐書 · 音樂志』: "太宗曰: …… 今玉樹伴侶之曲, 其聲具存, 朕能爲公奏之, 知公必不悲耳."

17 司馬光, 〈和范景仁緱氏別後見寄求決樂議雖用其韻而不依〉: "唐民聽伴侶, 不復含悲酸. 乃知樂有源, 鐘鼓皆波瀾."

나 슬픔이 없다"고 주장하는데, "소리와 사람의 마음은 길과 궤도가 달라 서로 겹치지 않는다."[18]는 구절에서 그 논지가 집약적으로 드러난다. 즉 혜강은 음악은 좋고 나쁨이 있을 뿐이지 슬픔이나 기쁨과는 무관하다고 주장하고, 슬픔과 기쁨은 음악을 듣고 감정이 일어난 뒤에 생기는 것이므로 음악 그 자체와는 관계가 없다고 주장했다. 요컨대 "음악은 소리의 조직이고, 슬픔이나 기쁨은 심리 현상이므로 이 둘은 본질적으로 전혀 상관이 없다."[19]는 것이다. 따라서 태종이 "슬프고 기쁜 감정은 사람의 마음에 달린 것"이라고 한 주장은 결국 소리(樂)가 감정을 지배한다는 순자의 주장과는 완전히 배치되는 것이다.

2. 인화人和과 악화樂和의 조화 추구

태종은 앞서 인용한 일화에서처럼 "포악한 정치에 시달리는 백성들은 마음이 고통스럽기 때문에 음악을 들어도 슬픈 것이니, 삶이 편안하면 음악도 조화로워진다"라고 주장하고, 나아가 사람의 화합이 음악의 조화를 가져온다고 보았다.

역사기록을 보면, 앞서 인용한 일화에서 태종과 두엄이 논쟁을 벌이던 중에, 상서우승이던 위징魏徵이 나서 "악은 인화人和에 달려 있는 것이지 음조音調에서 나오는 것이 아니다."라고 말하자, "태종은 공감했다."라고 전한다.[20] 뿐만 아니라 태종이 '인화人和'를 통한 '악화樂和'를 추구하였음을 보여주는 또 다른 일화들이 전한다. 정관 11년(637)에 협률랑 장문수張文收가 나머지 악도 손질하여 바로잡자고 태종에게 건의하자, 태종은 그것을 허락하

---

18 嵇康, 〈聲無哀樂論〉: "聲之與心, 殊途異軌, 不相經緯."

19 장파(지음), 백승도(옮김), 『중국미학사』(서울: 푸른숲, 2012), 296쪽

20 『舊唐書 · 音樂志』: "尙書右丞魏徵進曰: '古人稱; 禮云禮云, 玉帛云乎哉! 樂云樂云, 鐘鼓云乎哉! 樂在人和, 不由音調.' 太宗然之."

지 않고 이렇게 말하였다.

> "사람이 화합하면 악樂도 화합한다. 수나라 말기에 천하가 혼란에 휩싸였을 때, 비록 음률을 고쳤지만 악은 결국 화합하지 못했다. 만약 백성들이 안락하다면 음률도 저절로 조화를 이룰 것이다."[21]

좋은 정치가 펼쳐지고 사회가 안정되어 민심이 편안해지면 사람의 화합이 이루어지고, 그러면 악은 저절로 조화로워져 음악의 조화가 이루어진다는 주장은 기실 정치가 악무에 앞선다는 관점이다. 일부 논자들은 태종이 보여준 이런 관점을 근거로, 태종은 악무가 사람의 감정을 분발시키고 풍속을 바꾸고 정교政教를 이룩하는 중요한 기능을 가졌다는 사실조차 모르는 악무의 문외한이라고 비난하기도 한다.[22]

태종의 악무에 대한 이런 관점은 효용론의 관점 일변도로 악무를 바라보는 유가의 전통적 관념과는 달리 반영론의 관점에서 악무를 바라보는 것으로, 악무를 바라보는 관점은 다르지만 나름대로 타당한 견해라고 할 것이다. 또한 태종은 악무의 공리성을 내세우는 효용론의 관점을 전적으로 부정하지도 않았다. 그는 "사람이 화합하면 음악도 화합한다"는 관점에서 악무를 통하여 '인화'의 목적을 이루려는 모습을 보여주었다.

> "정관 7년(633) 정월 <파진악破陣樂>을 <칠덕무七德舞>로 이름을 바꾸었다. 계사일에 현무문玄武門에서 3품 이상의 주목州牧, 지방장관과 만이蠻夷의 추장들에게 연회를 베풀고 <칠덕무>와 <구공무九功舞>를 연출하였다. 태상경이던 소우蕭瑀가 아뢰기를, '칠덕무가 훌륭한 전공戰功을 묘사하는 데에 미진한 구석이 있으니, 유무주劉武周 · 설인고薛仁杲 · 두건덕竇建德 · 왕세충王世充 등을 사로잡는 모습을 사실적으로 연출하십

---

21 『舊唐書 · 音樂志』: "十一年, 張文收復請重正餘樂, 帝不許, 曰: '朕聞人和則樂和, 隋末喪亂, 雖改音律而樂不和. 若百姓安樂, 金石自諧矣.'"

22 崔岩, 〈評唐太宗的音樂觀〉, 『洛陽師專學報』, 1999年 第4期, 60~62쪽 참조.

시오.'라고 건의하였다. 하지만 태종은 말하기를 '저들은 한 세월 영웅이었다. 지금 조정에 있는 신하들 가운데 많은 사람들이 북쪽으로 바라보며 그들을 섬겼는데, 만약 예전 주인이 굴욕을 당하는 모습을 보게 된다면 마음이 상하지 않을 수 있겠는가?'라고 하였다. 소우는 사죄하여 말하기를 '그런 점은 신이 어리석어 미처 생각하지 못하였습니다.'라고 하였다."[23]

유무주, 설인고, 두건덕, 왕세충 등은 모두 수나라 말기의 군벌들로, 이세민은 624년부터 7년에 걸쳐 그들을 평정하였다.[24] 당시 이세민이 유무주를 평정한 것을 기념하여 군사들이 연출한 것이 바로 <파진악>이었다. 이세민은 그런 상황에서 무척 사려 깊게 행동하였다. 이세민은 소우의 요청대로 사실을 생생하게 묘사한다면 자신의 공적은 돋보이게 마련이지만, 투항한 군벌과 그들의 부하 다수를 조정에 기용한 상황에서 서로 불화不和가 빚어지는 것은 자명한 일이었다. 그것은 당시의 인재 기용 원칙에도 부합되지 않을 뿐 아니라 인화人和의 원칙에는 더욱이 걸맞지 않는 것이었다. 그래서 이세민은 이것을 적당하게 덮어버림으로써 오히려 악樂의 조화를 통하여 인화人和를 이루는 기회로 삼았다. 이런 사례를 통하여 태종은 악의 사회적 영향력을 의식하고 있었으며, 악을 인화를 이룩하는 수단으로 삼기도 하였다는 것을 알 수 있다.

중국의 무용사에 있어서 연악의 황금시대로 꼽히는 당나라의 악무 발전은 태종 이세민이 그 서막을 열었다. 태종은 십부악十部樂을 완비하여 당나라 연악의 기본 골격을 갖추는 이외에도 대당아악大唐雅樂을 제정하여 당나

23 『資治通鑑』 卷194 "貞觀七年, 春, 正月, 更名破陣樂曰七德舞. 癸巳, 宴三品已上及州牧蠻夷酋長於玄武門, 奏七德九功之舞. 太常卿蕭瑀上言: '七德舞形容聖功, 有所未盡, 請寫劉武周薛仁果竇建德王世充等擒獲之狀.' 上曰: '彼皆一時英雄, 今朝廷之臣往往嘗北面事之, 若睹其故主屈辱之狀, 能不傷其心乎?' 瑀謝曰: '此非臣愚慮所及.'"

24 趙克堯(지음), 김정희(옮김), 『당태종 평전』(서울: 민음사, 2011), 55~74쪽 참조

라 아악의 기본 체계를 마련하여 아雅과 속俗을 아우르는 성과를 거두었다. 이는 당나라 초기의 정치적 통일에 따른 산물이기도 하지만 악무에 대한 태종의 독창적이고 개방적인 사고에 기인한 바가 컸다.

태종은 유가儒家의 악무에 대한 전통적 관념인 물동심감론物動心感論이나 악여정통론樂與政通論을 부정하였는데, 악무는 사람의 마음을 근본적으로 움직일 수는 없으며 국가의 흥망성쇠도 악무와 직접적 연관성은 없다고 인식하였다. 오히려 삶이 즐거우면 악무도 조화로워진다는 인식에 근거하여 인화人和를 통한 악화樂和를 내세웠다.

태종의 악무에 대한 인식은 악무 관련 정책이나 새로운 악무의 창작 등에 구체적으로 반영되었다. 그는 종래의 인습적 사고에서 벗어나 망국亡國의 음악과 외래의 음악을 수용하는 개방성을 통하여 대당아악을 제정하여 예악제도를 세우고, <연악燕樂>을 만들어 십부악을 완비하고, 새로운 연향악무를 창작하여 당나라의 악무 제도를 조속히 정착시켰고 아울러 연악의 황금시대를 이끌었다.

참고문헌

『舊唐書』

『新唐書』

『貞觀政要』

『通典』

『資治通鑑』

『文獻通考』

『荀子』

『樂府詩集』

『全唐文』

『夢溪筆談』

왕극분(저), 고승길(역), 『중국무용사』, 교보문고, 서울, 2004.

왕극분(저), 차순자(역), 『중국무용사: 수당오대』, 동남기획, 서울, 2002.

이해원, 『당제국의 개방과 창조』, 서강대학교 출판부, 서울, 2013.

장 파(저), 백승도(옮김), 『중국미학사』, 푸른숲, 서울, 2012.

趙克堯(등), 김정희(옮김), 『당태종 평전』, 민음사, 서울, 2011.

劉史文(等), 『中國隋唐五代藝術史』, 人民出版社, 北京, 1994.

王克芬, 『萬舞翼翼: 中國舞蹈圖史』, 中華書局, 北京, 2012.

于 平, 『中外舞蹈思想槪論』, 人民音樂出版社, 北京, 2002.

于 平, 『中外舞蹈思想槪論』, 人民音樂社, 北京, 2002.

남종진, 「중국 고대 무용사 기술에 있어서의 몇 가지 문제점」, 『공연문화연구』 25, 한국공연문화학회, 서울, 2012.

劉淸明・姜宇丹, 「從隋唐時期宮廷燕樂的發展看中國傳統音樂的傳承與演變」, 『長春師範學院學報』2006年 第4期, 長春, 2006.

劉喜國, 「舊唐書和新唐書樂志研究」, 『溫州大學學報』 第22卷 第2期, 溫州, 2009.

柏紅秀, 「論唐太宗的音樂思想」, 『鹽城師範學院學報』 第27卷 第2期, 鹽城, 2007.

李 蕊, 「唐代宮廷宴樂興盛發展的歷史探究」, 『電影評介』 2009年 第10期, 北京, 2009.

張樹國, 「漢至唐郊祀制度沿革與郊祀歌辭研究」, 『陝西師範大學學報』 2008年 1期, 西安, 2008.

程 云, 「漢唐樂榮衰之回顧」, 『音樂研究』 1988年 第2期, 北京, 1988.

崔 岩, 「評唐太宗的音樂觀」, 『洛陽師專學報』 第18卷 第4期, 洛陽, 1999.

項 陽, 「中國禮樂制度四段階論綱」, 『音樂藝術』 2010年 第1期, 北京, 2010.

일본 사자춤의 사상적 배경과 연행 형태의 유형적 고찰

남성호
세계민족무용연구소 전임연구원

주지하듯이 사자가 서식하는 곳에서는 사자춤이 없으며 오히려 사자가 서식하지 않는 지역에서 사자춤이 널리 전승된다. 한국과 중국, 일본에는 사자가 서식하지 않지만 사자춤이 일찍부터 전승 발전되었다. 동아시아 삼국의 사자춤은 모두 외부에서 전래되었다는 점에서 배경이 유사하고 또 각각 독특한 연행형태로 나타나기 때문에 지역적 특성을 이해하는 데 매우 귀중한 단서를 제공한다. 그리고 사자춤은 예술적인 표현양식으로서의 가치도 중요하지만 동일한 문화적 요소가 지역적 특수성을 유지하면서 독자적으로 발달하였다는 측면에서 역사적 가치와 의의가 있다고 하겠다.

고대 동서양의 문화교류는 다방면에 걸쳐 활발하게 전개되었는데 그 문화교류의 대표주자가 바로 사자춤이었다. 특히 실크로드 문화의 종착지로 일컬어지는 일본열도에서 사자춤은 크게 꽃피우게 된다. 한국의 사자춤은 북청사자놀이를 비롯하여 가면극의 일부로서 존재하며 현재 여덟 개 지역에 전승되고 있다. 이에 비하면 일본의 경우 사자춤이 전승되는 지역은 7,000~8,000여 곳에 달한다. 사자춤이 없는 지역이 없을 정도로 전국적으

* 이 글은 『한국구비문학회』의 『구비문학연구』 제32호에 게재한 것임.

로 분포하며 일본의 민속예능 중에서 양적으로도 많고 역사도 가장 오래되었다.[1] 그만큼 일본민속예능에서 사자춤이 차지하는 비중이 크기에 일찍부터 학계의 주목을 받아왔다. 그런데 사자춤의 종류나 존재양태가 매우 다양하여 일정한 분류기준으로 언급하기 어렵다. 그래서인지 사자춤에 대한 기존 연구의 가장 큰 화두는 기원과 분류에 관한 것이었다. 사자가 일본에서 서식하는 동물이 아니고, 사자춤은 외국에서 유입되었다는 사실에 대해서는 이론의 여지가 없지만, 분포지역에 따라 확연하게 다른 연행형태를 보여서 외래유입설만으로 모든 사자춤에 적용시킬 수 없는 한계가 있다.

우선 명칭만 보더라도 일본어로 사자는 '시시シシ'라고 하는데 이는 반드시 사자 즉 라이온만을 일컫는 말이 아니다. 즉 사슴을 가노시시鹿, 멧돼지를 이노시시猪라고 하여 옛날에는 육식동물을 시시라고 통칭하기도 하였다. 따라서 '시시'라고 부르는 사슴이나 멧돼지의 동물의장 춤이 이미 널리 분포하고 있기 때문에 사자춤이 국외에서 유입되었다는 사실은 인정하면서도 일본 고유 기원설이 등장하게 되는 근거가 되어왔다. 즉 사슴과 멧돼지는 일찍부터 일본에 서식하던 동물이며 외부로부터 사자춤이 유입되기 이전에 원시적인 토템신앙으로서 동물의장 춤이 존재하였다는 보편성을 들어 일본 고유의 사자춤이 존재했다는 주장이다. 대표적인 예가 야나기타 구니오柳田国男의 사자춤 일본 고유 기원설이다.[2] 그에 의하면 예부터 사슴춤(鹿舞) 전승이 있었으며 여기에 중국에서 사자춤이 유입되면서 보다 널리 확산되었다는 것이다. 사자춤의 노래에 사슴을 노래한 내용이 포함되어 있다는 점, 뿔이 달린 사자탈(頭)이 남아 있다는 점을 그 증거로 내세우고 있다. 이러한 사자춤 일본고유 기원설은 오데라 유기치小寺融吉에 의해 계승되었다. 오데라는 외래유입 사자춤과 일본고유 사자춤이 있었다고 보고 일본고유의 사자춤은 원시적인 토템사상에 기반을 두고 있음을 강조하였다.[3]

---

1 西角井正大, 『民俗芸能』(東京: ぎょうせい, 1979), 189쪽.

2 柳田国男, 「獅子舞考」, 『民俗芸術』 第3巻 第1号, 1930. 1, 243~260쪽.

3 小寺融吉, 「固有の獅子と輸入の獅子」, 『民俗芸術』 第3巻 第1号, 1930. 1, 233~242쪽.

그리고 나카야마 타로中山太郎[4]는 야나기타의 일본고유 기원설을 인정하면서도 사자탈에 뿔이 달린 것을 두고 사슴에서 유래한다고 보기에는 무리가 있음을 지적하였다. 그는 사자춤과 관련된 토착적인 설화를 소개하면서 외래유입 사자춤과 일본 고유 사슴춤은 그 목적이 다르며 형식에 있어서도 2인 사자춤은 외래도입 사자춤이며 1인 사자춤은 일본 고유 사자춤이라고 언급하였다. 또 2인 사자춤은 주로 불교사원에서, 1인 사자춤은 주로 신사에서 연행되어왔음을 지적하였다.

한편 혼다 야스지本田安次는 사자춤의 기원에 대해 일본고유 기원설보다 외래유입설에 무게를 두고 있다. 그는 사슴춤과 같은 후류風流 계통의 1인 사자춤이 고대의 문헌에는 거의 나타나지 않으며 근세 이후의 문헌에만 나타나고 있다는 점, 1인 사자춤은 관동지역과 동북지역 즉 일본의 동부지역에 한정되어 분포하고 있다는 점, 그리고 일본 서부지역에 분포하고 있는 북춤(太鼓踊)의 형식과 노래가사 등이 매우 유사하다는 점을 근거로 근세 이후 북춤(太鼓踊)의 변형된 모습이라고 주장하였다.[5] 그 후 야마지 고조山路興造는 혼다의 학설에 기초하면서 사자춤의 예능사적 검토를 통하여 동북지역의 후류계통의 1인 사자춤과 기악계통의 2인 사자춤을 별개의 예능으로 취급해야 하며 사자무獅子舞와 사자용獅子踊으로 구분하여 표기해야한다고 제안하였다.[6]

이러한 사자춤 기원에 관한 선행연구 중 예능사적인 입장에서 발생기원과 연희형태가 다르다는 이유로 별도의 예능으로 취급해야한다는 야마지의 주장에 기본적으로 동조면서 본고는 일본의 사자춤을 개관하고 사자춤이 일본사회에 널리 보급하게 된 이유와 구체적인 연행 형태의 차이에 대

---

4 中山太郎, 「獅子舞漫考」, 『民俗芸術』 第3巻 第1号, 1930. 1, 205~216쪽. 사자춤의 사자머리에 뿔을 단 것은 반드시 사자 이외의 동물을 지칭하지는 않으며 사자춤의 특성상 사자의 장식성을 강조하기 위해 뿔을 덧붙일 수 있다는 개연성을 지적하였다.

5 本田安次, 「獅子舞考」, 『延年』(東京: 木耳社, 1969), 51~77쪽.

6 山路興造, 「三匹獅子舞の成立」, 『民俗芸能研究』 第3号, 1986.5, 50~66쪽; 「山伏神樂 · 番樂の源流」, 『民俗芸能研究』 第6号, 1987.11, 1~18쪽; 「獅子舞の原型とその変容」, 『民俗芸能研究』 第41号, 2006.9, 1~19쪽 참조.

해서 논하는 것이 목적이기 때문에 기악계통의 사자춤(獅子舞)과 후류風流 계통의 사자춤(獅子踊)을 함께 취급한다.

일본 사자춤에 대한 본격적인 연구는 1930년 『민속예술: 사자무 연구民俗藝術: 獅子舞研究』가 나오면서 본격화되었다. 이것은 사자춤의 현황이라는 측면에서 지방의 사자춤에 대한 조사보고와 사자춤의 민속학적인 계통을 세우려는 시도였다. 그리고 1980년대 『마츠리まつり』의 사자춤 특집호[7]가 3회에 걸쳐 일본의 최북단에서 최남단인 오키나와에 이르기까지 각 지역의 사자춤을 소개하였다. 그 밖에 지방행정단위에서 문화재보존과 전승의 일환으로 민속예능에 대한 보고서가 나오면서 사자춤에 관한 보고는 거의 망라되었다고 해도 과언이 아니다. 특히 혼다 야스지는 전국의 사자춤에 대한 치밀한 조사와 문헌자료를 정리 보고하여 사자춤 연구에 큰 진전을 이루었다.[8] 사자춤에 대한 보고서는 일일이 거론할 수 없을 정도로 방대한 양에 이르기 때문에 모든 사자춤을 연구대상으로 한다는 것은 현실적으로 거의 불가능할 정도이다.

한편 한국에서 일본 사자춤에 대한 기존 연구는 개괄적 소개차원에서 언급한 것[9]을 제외하면 한·일, 혹은 한·중·일의 사자춤에 대한 비교의 일환으로 다루어져 왔다.[10] 한국의 사자춤과 일본, 중국의 사자춤 가운데 일부를 선택하여 서로 비교한 것이 대부분이다. 비교연구의 대상으로 모든 사자춤을 망라할 수는 없겠지만 선택된 대상이 마치 일본의 대표적인 사자춤으로 취급하는 것은 한계점이라고 지적하지 않을 수 없다. 왜냐하면 앞

---

7 まつり同好会, 『まつり』 42号(1984), 43号(1984), 44号(1985) 1~386쪽 참조.

8 本田安次, 『延年』(東京 : 木耳社, 1969), 51~85쪽, 1099~1122쪽 참조.

9 전경욱, 『북청사자놀음』(서울: 화산문화, 2001), 202~212쪽 참조.

10 折野和己, 「韓日 獅子舞의 比較研究」, 고려대학교 석사학위논문, 1990. 12. 1~97쪽; 김현주, 「한·중·일 사자무 전래사적 비교연구」, 『대한무용학회논문집』 33, 2002, 25~48쪽; 宋和姸, 「한·일 獅子舞에 의한 동물모방춤의 형태적 특이성」, 경희대학교 석사학위논문, 1994, 1~63쪽; 李應寿, 「五色獅子の源流」, 『日本学報』 44, 2000. 6, 565~577쪽; 李應寿, 「沖縄浦添の勢理客獅子と韓国」, 『日本学報』 61, 2004. 11, 615~628쪽; 高年世, 「韓·日 獅子舞 比較研究: 북청사자놀음과 이세다이카구라伊勢大神樂를 중심으로」, 전북대학교 석사학위논문, 2006, 1~126쪽 참조.

서 언급했듯 일본 사자춤의 7,000~8,000 종류에 이르는 다양성 및 기원에 대한 복잡한 논의 등에 대한 이해가 전제되어야 한다는 점에서 그러하다.

이 글은 일본에 왜 이렇게 많은 사자춤이 존재하는가에 대한 의문에서 출발한다. 아울러 기존의 선행연구를 기조로 하면서 사자춤의 연희양식을 살펴보고, 또 기원과 발생에 초점을 둔 기존의 분류가 아니라 사자춤의 연행형태에 초점을 맞추어 일본 사자춤에 대하여 개관하고자 한다. 다시 말해서 1인 사자춤, 2인 사자춤, 혹은 기악계통의 사자춤, 후류계통의 사자춤에 대한 기존의 선행연구를 바탕으로 하면서, 행렬 중심의 2인 사자춤, 연희 중심의 1인 사자춤이라는 담론이 일정 부분 성립되고 있음에 착안하여 사자춤의 기능적 역할에 초점을 맞추어 행렬 중심의 사자춤, 연희 중심의 사자춤으로 분류하고 그 양상들을 살펴보고자 한다. 재차 강조하지만 이렇게 다양한 사자춤이 전승하게 된 사상적 배경을 염두에 두면서 논의를 전개하고자 한다.

1. 사자춤의 개념

사자춤이 널리 분포하게 된 사상적 배경을 탐색하기 위해서 '사자'에 대한 일본인들의 기층적인 사고를 이해하는 것은 매우 중요하다. 먼저 일본인들이 사자에 대해서 어떻게 인식하고 있는지부터 살펴보아야 할 것이다.

일본인들에게 사자는 매우 친숙한 동물이다. 일본인의 생활관습과도 같은 종교인 신도神道의 신사에 가면 사자상獅子像을 쉽게 목격할 수 있다. 예를 들어 신사입구의 양쪽에 사자상과 박견상狛犬像이 설치되어 있다. 사자와 박견에 대해서는 다소 이설이 있지만 사자는 뿔이 없으며 입을 벌리고 왼쪽에 위치하며, 박견은 뿔이 있으며 입을 다문 모습으로 오른쪽에 위치하고 있다. 사자와 박견은 부가쿠舞樂[11]에서 서로 쌍을 이루는 춤으로 등장한다. 고대 부가쿠의 사자춤은 좌방악의 사자춤, 우방악의 박견이 교대로 등장하는 쓰가이마이番樂이기도 하였다.[12] 일본의 고대 예능과 관련하여 자주 인용되는 『신서고악도信西古樂圖』에는 박견의 모습이 사자와 함께 등장한다.[13] 이 그림에는 신라박新羅狛으로 소개하고 있는데 머리는 물론 양손과 양발도 박견의 얼굴 형상을 하고 있다. 부가쿠의 박견의 형상도 이와 유사하였을 것으로 추측하지만 박견춤은 이미 이른 시기에 단절되어 자세한 것은 알 수 없다. 오늘날 두 마리가 쌍으로 등장하는 사자춤은 사자와 박견의 모습에서 변화된 것으로 짐작할 수 있다.

일본의 사자춤을 언급할 때 주의를 요하는 것은 용어상의 문제이다. 한국어의 사자춤과 사자무獅子舞는 '춤'과 '무' 즉, 한글과 한자라는 차이 외에는 변별성이 드러나지 않지만 일본에서는 엄격하게 시시마이獅子舞와 시시오도리獅子踊를 구분하고 있다. 즉 무舞와 용踊의 개념적 차이가 있다. 일반적으로 사자춤이라고 하면 당연히 시시마이를 지칭하지만 특정지역 혹은 특수한 경우에 한해서 시시오도리獅子踊라는 용어를 쓴다. 예를 들어 2인 사자춤에서 시시오도리라는 표현은 거의 사용하지 않으며 1인 사자춤 일부에 한해서 사용한다. 사실 '마이舞'와 '오도리踊'는 사자춤에 한정되지 않고 예능 전반에 걸쳐 개념적 차이가 있다. '마이'는 춤 중에서도 회전하다 라는 뜻의 마와루廻る에서 왔으며, '오도리'는 도약跳躍을 뜻한다. 가부키歌舞伎의 춤은 오도리, 노가쿠能樂의 춤은 마이라고 한다. 전문가에 의한 의식성儀式性이 강한 춤을 마이라고 한다면 서민적이고 대중적인 춤은 대체로 오도리라고 부른다.[14] 또 지역적 성격도 내포하고 있어 교토지역의 춤은 마이의 요소가 강하고 도쿄지역에서는 오도리 요소가 돋보인다.

시시마이獅子舞의 명칭에서도 사자춤이 불교나 신도의 사원에 거점을 두고 있으며 의식성이 강한 사자춤 본래의 속성을 잘 보여주고 있다. 한편 시

11 부가쿠舞楽 : 아악雅樂은 순수 음악인 간겐管絃과 춤이 동반되는 부가쿠舞楽로 구분한다. 부가쿠는 좌방무(左舞)와 우방무(右舞)로 나누어진다.

12 쓰가이마이番舞에 대해서는 남성호, 『일본민속예능 춤추는 신神 연구』(서울: 어문학사, 2010), 343쪽 참조.

13 <신서고악도信西古樂圖>는 고대 일본의 예능을 묘사한 것이 아니라 중국의 산악백희散樂百戲를 모사한 것이라는 해석이 유력하다.

14 郡司正勝, 『日本舞踊辞典』(東京: 東京堂出版, 1977), 66, 375쪽.

시오도리獅子踊의 경우, 종교의식과 분리 독립된 경우가 많으며 오락적인 측면이 강조된다. 2인 사자춤은 거의 대부분 시시마이이며 1인 사자춤도 일부를 제외하고는 시시마이라고 한다. 1인 사자춤 중에서 특히 시시오도리라고 부르는 것은 모두 일본고유계통의 사자춤으로 분류된다.[15]

그런데 사자춤의 기원설은 외래기원설, 일본고유설이 있으며 이를 계통상으로 외래기원 사자춤을 기악계통, 일본 고유 사자춤을 후류風流 계통으로 분류한다.

이렇게 다양한 사자춤이 전래하게 된 이유는 사자춤 유래담 등에서 찾아볼 수 있다. 즉, 백수의 왕이라고 일컫는 사자의 힘을 빌려 악귀와 액을 물리치고 복을 초래한다는 기본적인 기복신앙에 기초를 두고 있다. 또 사자춤 전승의 원동력은 사자춤 연행 이유이기도 한 사자춤의 효능담에서 찾아볼 수 있다.

- 사자춤을 추기 시작하자 오랫동안 풍년이 계속되었다 그래서 후세에 이것을 '풍년의 춤'으로 전하고 있다. _秋田縣鹿角郡尾去澤町[16]
- 사자의 바람(風)을 쬐면 병이 낫는다. _東京都青梅市澤井
- 사자춤 역을 연기한 사람이 신었던 짚신은 안전한 출산을 위한 부적이 된다. _東京西多摩郡檜原村樋里
- 사자춤의 천(幕)을 어린이의 이불피로 사용하면 어린이가 건강하게 자란다. _東京稻城市青渭
- 사자에 머리를 물리면 두통이 낫는다.
- 사자가 마을 신사에 사람을 모아 춤을 추면 오곡이 풍년이 든다.
- 큰 화재가 있을 때 사자를 모신 곳은 화를 면하였기 때문에 사자는 화재 예방에 효과가 있다. _東京藤澤
- 사자머리는 귀신들을 쫓고 악마를 물리치는 주술적 힘이 있다.[17]

---

15 본고에서는 특별한 조건 없이 사자춤이라고 하면 사자무獅子舞를 지칭하며, 시시오도리로 한정할 때에만 '獅子踊'라고 표기한다.

16 横田孝平, 「越後小千谷の獅子舞」, 『民俗芸術』 1-10, 1928, 71쪽.

이러한 효능담에서 보듯이 사자춤은 풍년기원, 질병퇴치, 건강회복, 화재 예방 등 다방면에 걸쳐 재앙을 물리치는 주술적 힘이 있다고 믿었고, 인간에게 이익을 가져다주는 신神 혹은 신의 대리자로서 숭배대상이 되었다.

이와는 달리 사자를 부정적인 존재로 취급하는 경우도 있는데 사자춤이 끝나고 난 후 사자가면(頭)을 태워 버리는 풍속이 있다. 사자를 태워버린다는 것은 사자를 신으로 여기는 것이 아니라 인간에게 피해를 가져다주는 기피해야 할 존재로 인식하고 있음을 보여준다. 또 사냥꾼 혹은 산신山神이 사자(사슴, 멧돼지) 위에 올라타거나 사냥을 하기도 하는 등 사자를 퇴치하는 장면이 연출되기도 한다. 이는 사슴, 멧돼지 등 일본에 서식하는 야생동물이 농작물에 피해를 주기 때문에 이를 막기 위한 유감주술적인 행위에서 사자춤이 비롯되었다는 사자춤 기원설 중 일본고유설의 근거가 된다. 사자가면(頭)을 불에 태우거나 사자를 퇴치해야 할 동물로 상정하는 경우는 대부분 1인 사자춤이다. 사자의 권위를 강조하거나 그 자체의 위엄을 보여주는 2인 사자춤과는 기능적 차이를 보여준다. 하지만 사자의 효능담이나 유래담에서 알 수 있듯이 일본에서 사자는 대체로 인간에게 행운을 가져다주는 권위와 힘을 상징하는 존재이며 사자를 신神 또는 신의 대리자로 인식하게 되었다.

2. 사자춤의 연행 형태와 권현權現 신앙

1) 행렬(行道)로서의 사자 춤

사자춤은 기본적으로 2인 사자춤과 1인 사자춤으로 나뉘지만[18] 실제로는

---

17 中村規, 「獅子の概念に関する考察: 民俗芸能に登場する獅子舞を通じて」, 『芸能』 第3号, 通巻420号, 1997.3, 72~73쪽.

18 本田安次, 앞의 글, 53쪽.

1인 사자, 2인 사자, 3인 사자[19], 3인 이상 여러 명으로 구성되는 사자 등 다양하다. 이는 사자 한 마리를 몇 사람으로 구성하느냐에 따른 분류이다. 사자가 네발 달린 짐승이라는 점에서 두 사람으로 한 마리를 구성하는 것이 가장 기본적인 형태라고 할 수 있다. 즉 두 사람이 사자의 머리와 사자 꼬리를 각각 담당하는 경우가 보다 사실적인 모습에 가깝다고 하겠다. 일본에 처음 사자춤이 유입되었을 때에도 2인 사자춤이었다. 이에 비해서 1인 사자춤, 3인 사자춤, 혹은 3인 이상으로 구성된 사자춤은 기본형인 2인 사자춤에서 파생 혹은 변형된 모습이라고 할 수 있다.

이러한 사자의 구성은 사자춤이 연행되는 행사의 성격과 관련이 깊다. 사자춤이 처음 시작된 기악伎樂에서는 행렬의 선두 혹은 행사의 첫 부분에 등장하여 부정한 것을 물리치는 일종의 액막이 역할을 담당하였는데 대부분 2인 사자춤이었다. 행렬의 선두 혹은 행사의 첫 부분에 등장하는 2인 사자춤은 기악伎樂 및 부가쿠舞樂에서 잘 나타난다.

기악 혹은 부가쿠 계통 사자춤의 특징을 야마지 고조山路興造는 다음과 같이 정리하고 있다.

① 사자는 행렬의 선두역할을 한다.(액막이)

② 사자는 행렬(行道)에서 걸어가는 네발 달린(2인 사자)이다.

③ 사자는 맹수이기 때문에 고삐 잡는 사람(口取)이 따른다.

④ 사자를 놀리는 역이 있다.(두 명의 사자아이)[20]

행렬의 선두로 구성된 사자는 한 마리 혹은 두 마리인 경우가 있으며 규모가 큰 경우에는 다섯 마리, 일곱 마리가 등장하는 경우도 있다. 사자 한 마리에 고삐를 잡는 사람과 사자를 놀리는 아이가 등장하는 것이 특징적인 점이다.

---

19 3인 사자의 사례로서는 효고현兵庫県 미마사카시美作市 미야하라宮原 텐비키신사天曳神社의 사자춤, 군마현 간라초甘楽町 아키하타秋畑의 사자춤 등이 있는데 2인 사자춤 혹은 1인 사자춤의 변형된 모습이라고 할 수 있다.

20 山路興造, 앞의 글, 3쪽.

사자춤이 문헌에 처음 나오는 것은 기악에서이다. 기악 전래에 대해서는 흠명 천황欽明天皇(540~572년) 때 오나라에서 귀화한 지총智聡이 불상 등과 함께 기악 한 세트를 전했다고 하는 『신찬성씨록新撰姓氏錄』과 612년에 백제의 미마지味摩之가 일본에 귀화하여 기악을 전했다는 『일본서기日本書紀』의 기록이 있으나, 기악에 사자춤이 있었는지는 알 수 없다. 다만 『법륭사가람연기급유기자재장法隆寺伽藍緣起及流記資財帳』(747년)[21]에 기악도구 열한 점이 소개되어 있는데 여기에 사자가면(獅子頭) 두개와 오색 털로 된 사자의상, 그리고 사자아이(獅子児)의 가면 네 개와 의상이 있었다는 기록에서 기악에 사자춤이 있었음을 알 수 있다. 『서대사자재유기장西大寺資材流記帳』(771년)[22]에는 사자가면 두 개와 사자아이 가면 네 개가 기록되어 있다. 또 『광륭사자재교체실록廣隆寺資財交替実録帳』(858년)에도 사자 한 마리와 사자아이 두 명의 기록이 있으며, 『관세음사자재장觀世音寺資材帳』(904년)의 구기악舊伎樂 항목에 사자가면 두 개가 있지만 크게 파손되어 사용할 수 없다는 기록과 신기악新伎樂에는 사자 한 마리와 사자아이 두 명이 있다는 기록이 있다. 사자는 기본적으로 두 마리였으며, 때로는 사자 한 마리가 등장하는 경우도 있었다. 불교사원의 자재기록으로 보아 사자춤이 연행되었다는 사실은 확인할 수 있지만 실제 사자춤이 어떻게 연행되었는지는 확인할 수 없다. 단지 『교훈초教訓抄』(1233년)에 아악의 일부로서 전하고 있는 기악妓樂 항목을 통해서 기악 사자춤의 구체적인 연행형태를 유추할 수 있을 뿐이다.

---

21 伎樂壹拾壹具
師子貳頭 五色毛在
袴四腰
師子子肆面 衣服具
治道貳面 衣服具
吳公壹面 衣服具

22 庇二枚 寺所作
治道二面
獅子二頭
獅子児四面
吳公二面

기악은 석가탄신일(4월 8일)이나 기악회伎樂會(7월 15일)에 연행되었는데 먼저 행렬(行道)이 있고 이어서 기악의 각 종목이 연행되었다. 행렬은 사자를 선두로 각 곡목의 배역(踊物), 관악기 연주자(笛吹), 법회관계자로 관을 쓴 승려들(帽冠), 타악기 연주자(打物) 순으로 이어졌다. 그리고 행렬이 끝나고 가장 먼저 사자춤(師子舞)으로부터 기악의 본 공연이 시작되었다.

> 先 師子舞
>
> 其詞、一越調音、似<陵王>破、喚頭。
>
> 古記、破喚頭三反、高舞三反、口下三反。何事哉。[23]

사자춤은 아악의 <능왕陵王>과 유사한 음악에 맞추어 춤을 추는데 머리를 세 번 높이 쳐들고 땅에 세 번 엎드리는 동작을 하였다.[24] 고개를 쳐들거나 숙이는 동작은 사자를 흉내 내는 동작으로 볼 수 있지만 그 자체에 특별한 내용이 있었던 것 같지는 않다. 교훈초의 저자인 고마노 지카자네狛近真도 머리를 세 번 높이 들고 세 번 엎드리는 동작이 무엇을 의미하는지 의문(何事哉)을 제시하고 있다. 사자춤의 내용이 너무 간단하게 기록되어 있어 더 이상의 구체적 연행모습은 알 수 없지만 사자의 위엄을 보여주는 행위였을 것으로 추측된다. 사자를 흉내 내는 동작을 보임으로써 사자의 존재 자체를 부각시키려는 행위였음을 알 수 있다. 이는 부정을 없애고 무대를 정화한다는 액막이가 주요 기능이었을 것이다.

앞에서 언급한 불교사원의 자재기록에서 사자아이獅子児의 존재가 있었음을 확인할 수 있는데 『교훈초』에는 사자아이에 대한 언급이 보이지 않는다. 『교훈초』의 저자가 아악(악기, 특히 피리) 담당자였기 때문에 기악 사자춤

---

23 植木行宣, 「校注『教訓抄』」(『古代中世芸術論』[日本思想大系], 1973), 88쪽: "是以爲行道.立次第者、先師子、次踊物、次笛吹、次帽冠、次打物　三鼓二人、銅拍子二人."

24 이두현은 사자아가 조종하여 사자가 춤을 추었을 것이라고 추측하고 있지만 『교훈초』에는 사자아의 모습은 보이지 않는다. 사자아가 없을 수도 있다. 李杜鉉, 『韓國假面劇』(서울: 서울대학교 출판부, 1994), 61쪽.

에 사자아이를 누락시켰을 가능성도 있지만 실제로 사자아이가 없었을 가능성도 배제할 수 없다. 아악 관장기관인 가가쿠료雅樂療가 설치되고 아악이 정비되면서 기악은 축소되어 아악으로 편성되었는데 『교훈초』가 쓰인 당시에는 이미 기악의 존재가 미미했기 때문이다.[25] 또 앞에서 언급한 사원의 기악관련 자재장의 기록으로 보아 기악이 처음 도래되었을 당시 사자 두 마리에 사자아이 네 명이었던 것이 아악雅樂이 등장하면서 기악이 점차 쇠퇴하고 사자춤도 사자 한 마리와 사자아이 두 명으로 축소된다. 결국 한 마리의 사자만이 남게 되고 사자아이는 없어지거나 다른 역할로 바뀌었을 수도 있다.[26] 이때 사자아이가 고삐를 잡고 있다는 것은 맹수이기 때문에 제어하기 위한 목적도 있겠지만 사자탈을 쓰고 사자 몸통을 이루는 막 안에서 행동하기 때문에 사자의 움직임을 유도하는 역할을 했을 것으로 보인다. 즉, 사자춤의 움직임을 원활하게 하기 위한 역할을 하였을 것이다.

기악이 점차 쇠퇴의 길로 접어들게 되면서 사자춤은 축소 혹은 변화되었으며 지방으로 전파되면서 민속예능으로 자리 잡게 된다. 기악의 가면들은 현재 200여 개가 전해지고 있는데 가면 자체가 매우 이국적인 얼굴 모습을 하고 있으며 남근 흔들기(マラフリ)나 나이 많은 고승의 기저귀를 빨기(ムツキアライ)와 같은 매우 골계적인 내용으로 현재 사자춤 이외에 민속예능으로 전해지고 있는 곡목은 거의 볼 수 없다. 기악의 여러 곡목 중에서 사자춤만이 민속예능으로 전승되고 있음은 사자춤이 지닌 정화의 의미, 즉 신앙적인 기능이 있었음을 보여준다고 하겠다.

다시 말하면 기악에서 사자춤은 스토리나 특정 내용을 갖춘 춤이 아니라 이국적인 모습과 권위를 상징하는 존재로서 가볍게 머리를 들어 올리거나 땅에 엎드리는 단조로운 동작으로 구성되었다.

---

25 徐禎完, 「伎樂追跡考: 『教訓抄』 해석과 한일 가면극연구」, 『日本学報』 61-2, 2004. 531~551쪽.

26 「年中行事絵巻」의 축제 행렬도나 「北野天満宮祭礼絵巻」의 사자춤 그림에서 볼 수 있듯이 사자아이는 보이지 않고 북(鼓)을 치는 자들이 보인다.

부가쿠에서도 사자춤이 등장하는데 기악의 사자춤에서 도입되었는지 이와는 달리 아악의 사자가 따로 존재했었는지는 알 수 없지만[27] 틀림없이 두 사람이 한 마리의 사자를 구성하는 2인 사자춤임에는 틀림없다. 법회에 등장하는 부가쿠의 사자춤은 다음과 같이 여러 문헌에 등장한다.

○ 兩師子出臥舞台巽坤。 __「法成寺金堂供養記」(1022년)

○ 舞人持桙登舞台上鎭而退歸、 次左右師子出臥舞台巽坤。 __『江家次第』興福寺　供養(1081년)

○ 師子出臥舞台巽坤 …… 次雅樂寮相卒樂人至前所發樂　河曲子新古、 経本道到樂屋前立　師子立、 舞如前。 __「尊勝寺供養記」, 『群書類聚』(1102년)

○ 次師子出自左右樂屋方、 臥舞台艮・巽角、 件師子付緋綱、 舞者四人、 京中業者応召、 單衣左赤右青、 末濃袴左蘇芳右　袴、 毛沓付爪、 綾師子四人、 左右舞人進之左右各二人、 面形、 半臂・表袴・団扇・糸鞋・襪・袙・單衣、 大口給之、 讎四人左右舞人各二人進之。 __『知信記』(1132년)[28] (방점은 인용자)

여기에서 사자춤의 공통적인 특징은 무대의 남동쪽(巽)과 남서쪽(坤) 혹은 남동쪽과 동북쪽(艮) 구석에 엎드리고 있다는 점이다. 즉 사자는 법회가 진행되는 동안 다른 방해가 없도록 법회를 수호하는 것이 주된 역할임을 알 수 있다. 춤을 추었다고 하더라도 그것이 어떠한 춤이었는지 기록되어 있지 않기 때문에 정확히는 알 수 없다. 『지신기知信記』에서 사자는 붉은색(심홍색)의 고삐를 매고 있으며 사자춤꾼이 네 명인 것으로 보아 두 마리의 사자임을 알 수 있으며 사자아이(綾師子)와 고삐를 잡는 사람(讎)이 각각 네 명으로 구성되어 있다. 앞에서도 언급한 기악의 사자춤과 마찬가지로 사자아이와 고삐를 잡는 사람은 2인사자로 구성되어 있는 사자춤꾼의 행위를 유도하고 사자 존재자체의 위엄을 강조하기 위한 역할로 볼 수 있다.

---

27 山路興造, 「獅子舞の原型とその変容」, 『民俗芸能研究』 41, 2006, 8쪽.

28 山路興造, 앞의 글에서 재인용, 8~12쪽.

사자춤의 연행형태를 알 수 있는 「일길사병비예산행행기日吉社並比叡山行幸記」에 의하면 박견은 땅에 엎드리고 사자는 무대에 올라가 사방으로 예를 표한 후 본존 및 증성證誠을 향해 절을 하고 나면 고삐를 잡는 사람이 등장하여 사자에 고삐를 걸고 파리 쫓기를 하고 무대의 좌우 구석에 앉는다고 하였다. 사자의 행위로서는 사방을 향해 예를 표하고 절을 하는 매우 제한된 행위였다. 현재 전승되고 있는 오사카의 사천왕사四天王寺의 성령회聖霊会의 사자춤에서도 사자 두 마리가 등장하여 좌방사자가 바깥으로, 우방사자가 안쪽으로 무대를 돌고 난 다음에 반대로 걸어 내려가는 매우 간단한 동작에 지나지 않는다.

이상과 같이 부가쿠의 사자춤은 불교사원의 법회 때 널리 연행되었지만 특별한 내용으로 구성된 연출이라기보다는 무대의 구석에 눕거나 사자 주위에서 파리를 쫓는 정도로 단순한 행위였다. 물론 엄숙한 분위기에서 진행되는 법회에 활발하고 약동적인 춤이 어울리지 않기 때문이기도 하겠지만 장중하고 엄숙한 분위기를 유지하기 위해 춤 행위가 매우 제한적이었음을 충분히 이해할 수 있다. 즉 기악이나 부가쿠의 사자춤은 이국적인 풍모를 가진 존재 자체만으로도 충분한 역할을 했던 것이다. 현재 지방축제의 일환으로 행해지는 사자춤은 거의 마지막 단계, 즉 축제행사가 끝날 무렵에 등장하는 경우[29]가 많은 데 비해 기악과 부가쿠에서는 행렬의 선두나 무대의 첫 부분에 등장하였다. 이와 같이 연행한 위치나 순서만을 보더라도 사자춤은 정화와 액막이의 기능에 중점이 있었으며 2인사자로서 사자의 사실성이 강조되고 존재자체에 의의가 있었음을 확인할 수 있다. 이러한 사자춤이 지방으로 전파되면서 민중들의 손에 의해 한층 더 다양하고 생기 있고 발랄한 모습으로 변형 파생하게 된다.

29 민속연희의 일부로서 연행되는 사자춤은 대부분 행사의 종결부분에 등장한다. 이는 축제 현장에 모여든 여러 신들을 돌려보내고 난입한 잡귀들을 물리치고 진정시킨다(鎮め)는 의미가 강하다.

2) 연희로서의 사자춤

지금까지 기악과 부가쿠의 사자춤이 주로 사자가 지닌 위엄과 장엄함을 과시하는 것이었다면 여기에서 언급하고자 하는 것은 연희로서 극적인 내용을 담고 있는 사자춤이다. 이러한 사자춤은 네발을 가진 사실적인 사자의 모습보다는 한사람이 한 마리의 사자를 구성하는 1인 사자춤에서 뚜렷하게 나타난다. 1인 사자춤은 관동지방의 삼두사자춤(三匹獅子舞)을 비롯하여 동북지역의 시시오도리鹿踊 등이 있으며 미야자키현宮崎県의 다카치호가구라高千穂神楽나 시로미가구라銀鏡神楽 등에서도 볼 수 없다. 특히 삼두사자춤과 시시오도리는 기악계통의 사자춤과는 기원이나 발생 및 연기형태 등 여러 면에서 전혀 다른 특징을 보여주고 있다. 1인 사자춤은 한사람이 사자탈을 쓰고 가슴에 북(羯鼓)을 달고 연주하면서 춤을 추는 형태로서 사실적인 사자모습과는 거리가 멀다. 네발 달린 사자가 아니라 직립한 사자의 모습이 되기 때문이다. 즉 원래의 사자모습과는 거리가 있다. 사자의 존재 자체가 지닌 위엄보다는 화려하게 장식하고 격렬한 동작을 보여주는 즉 구경꾼(관객)을 염두에 둔 사자춤이라고 할 수 있다. 그래서 사자탈(頭)도 반드시 사자의 모습이 아니며 오히려 사슴이나 멧돼지 등 다른 동물형상으로 등장하는 경우가 많다. 또 기악계통의 사자춤이 축제(법회)나 가구라와 같은 전체 행사의 일부로서 구성되어 있는 경우가 많은 데 비해 1인 사자춤은 전체 행사에서 큰 비중을 차지하거나 사자춤 자체가 하나의 독립된 예능으로 자리매김하는 경향이 강하다. 1인 사자춤도 행렬에 참여하기도 하지만 행렬의 길을 정화하는 액막이가 주된 기능은 아니다. 1인 사자춤의 대표격이라고 할 수 있는 삼두사자춤은 관동지역에 집중적으로 분포되어있으며 사자춤의 한 유형을 이룰 정도로 독특한 양상을 보이고 있다. 이 삼두사자춤의 구체적인 연희형태를 살펴보기로 하자.

삼두사자춤은 1인으로 구성된 사자 세 마리가 등장하는 사자춤을 일컫는다. 이는 일본 서부지역에 널리 분포되어 있는 장식성을 강조하는 후류風流 계통의 북춤에 사자탈을 쓰게 되면서 형성되었다고 한다. 북춤은 꽃 갓을 쓴 춤꾼이 북을 치면서 피리(笛)나 사사라의 반주와 노래에 맞추어 춤을 추는 것으로 춤꾼이 머리에 사자탈을 썼느냐의 유무와 춤꾼 수에 차이가 있을 뿐 매우 유사하다.[30]

또한 삼두사자춤은 기본적으로 수사자 두 마리에 암사자 한 마리로 구성된다. 그리고 꽃갓(花笠)을 쓰고 여장女裝한 어린이 네 명이 사자 주위에서 스리사사라고 하는 악기를 연주한다. 스리사사라는 대나무 끝을 잘게 쪼개어 다발로 묶어 홈이 난 막대기를 긁어 소리를 내는 악기이다. 사자춤은 여러 종목이 있는데 그 중에서 암사자 감추기(雌獅子隠し)라는 특정 종목이 연행된다.[31] 암사자를 사이에 두고 수사자 두마리가 서로 차지하려고 싸움을 하는 등 삼각관계를 나타내기도 하는데 소박하지만 연극적인 구성을 갖추고 있다. 이러한 구성이 가능한 것은 역시 1인 사자춤이기 때문에 어느 정도 행동의 자유로움이 있기에 가능하다. 다케우치竹内勝太郎는 일찍이 2인 사자춤에서 1인 사자춤이 파생하였는데 그 이유는 2인 사자춤으로서는 도저히 자유롭게 움직일 수 없었으며 연기적인 행위가 요구되었기 때문[32]이라고 주장하였다. 기악계통의 사자춤에도 1인 사자가 있었다는 사실로 보아 2인 사자춤에서 1인 사자춤으로의 전환되었다는 주장에 대한 구체적인 검증자료가 결여되어 있지만 사자춤을 연기적인 측면에서 연희사적으로 접근하고 있다는 점은 주목할 만하다.

그러면 1인 사자춤의 실제 모습은 어떠하였는지 문헌자료를 통하여 살펴보자.

사자탈을 쓰고 가슴에는 갈고羯鼓를 매달고 연주하면서 추는 1인 사자춤의 전형적인 모습은 『인륜훈몽도휘人倫訓蒙図彙』(1690년)에서 찾아볼 수 있다. 그림에서도 알 수 있듯이 머리에 뿔이 난 동물(사자) 가면을 쓰고 가슴에 갈고를 달고 오른손으로 북채를 들고 두드리고 있다. 그런데 얼굴을 사자

30 本田安次, 앞의 글, 71~75쪽.

31 山路興造, 「三匹獅子舞の成立」, 『民俗芸能研究』 3, 1986. 5, 51쪽.

32 竹内勝太郎, 「獅子舞の演劇史的意義」, 『民俗芸術』 3-1, 1930. 1, 230쪽.

가면으로 가리지 않고 드러내 놓고 있다는 사실이 주목된다. 얼굴 표정으로 보아 젊은이 혹은 소년인 것 같다. 등 뒤로 늘어뜨린 것은 사자의 몸통을 이루는 막이다. 그리고 짚신을 신고 각반을 차고 있어 행동하기 편한 복장을 하고 있다. 물론 묘사된 모습만으로 구체적인 사자춤의 연행형태를 유추하기란 쉽지 않지만 손발이 자유로우며 말(축언祝言)도 자유롭게 할 수 있는 상태였음은 짐작할 수 있다.

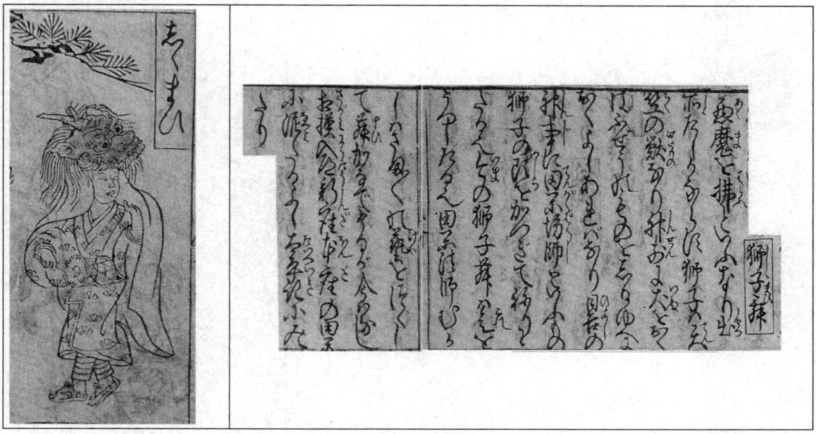

『인륜훈몽도휘人倫訓蒙図彙』의 사자무

그림과 함께 사자춤에 대한 간단한 설명이 덧붙여있는데 사자는 악마를 쫓는 존재로 어디에서 왔는지 알 수 없지만 천축天竺(인도)의 짐승이며 덴가쿠 법사田樂法師가 사자탈을 메고 다니면서 다양한 예능을 보여주고 춤을 추었으나 지금은 볼 수 없다는 내용이다.

에도東京를 비롯하여 동해도東海道(에도와 교토 사이의 태평양 연안 도로)의 풍물과 명소 유적을 그림과 함께 소개한 아사이 료이浅井了意(1612~1691년)의 『동해도명소기東海道名所記』에는 보다 활동적인 1인 사자춤의 모습이 묘사되어 있다. 사자탈을 쓰고 등 뒤로 막을 늘어뜨리고 있으며 두 손에 북채를 잡고 북(갈고)을 치며 허리에는 칼을 차고 있다. 주위에는 어린이들이 사자 주위를 둘러싸고 무서워 달아나기도 하고 호기심으로 접근하기도 하며 즐겁게 놀고 있다. 사자탈을 쓴 자의 동작은 매우 자유로우며 동적으로 표현되어 있다. 또 어린이에게 놀림감이 되기도 하는 등 2인 사자춤에서 보이는 사자의 위엄과 장엄한 분위기를 연출하는 것과는 매우 거리가 멀다.

<近世職人尽絵巻> (東京国立博物館 소장)

일본 에도시대의 다양한 직업을 풍속화로 소개하는 <근세직인진회권近世職人尽絵巻>(鍬形蕙斎, 1764~1824년)에도 삼두사자춤이 묘사되어 있는데 매우 동적인 모습이다. 피리와 북의 반주에 맞추어 물구나무서기를 하거나 가슴에 매달고 있는 북을 치면서 춤추는 동작이 묘사되어 있다.

또 근세 이후 성립된 것이지만 1인 사자춤으로 에치고사자越後獅子 혹은 가쿠베사자角兵衛獅子라고 불리는 사자춤이 있다. 이는 엄밀하게 말하자면 사자춤이라기보다는 곡예에 가까운 것이다. 7세에서 14세 정도의 어린이가 사자탈을 쓰고 거리 예능(大道芸)을 방불케 하는 곡예를 보여준다. 비록 사자탈을 머리에 쓰고 있기는 하지만 사자춤이라기보다는 관객의 시선을 사로잡는 볼거리를 제공하는 데에 주안점이 놓여있다.

한편 삼두사자춤과는 달리 사슴춤(鹿踊), 사자춤(獅子踊)이라고 불리는 소위 시시오도리獅子踊가 동북지역에 전승되고 있다. 이는 가슴에 북(갈고)을 매달고 연주하면서 추는 춤(太鼓踊系)과 북을 매지 않고 추는 춤(幕踊系)으로 나뉜다. 등장하는 사자(사슴)는 8마리 혹은 12마리가 한조를 이룬다. 여러 마리의 사자들 중에 우두머리 사자가 있으며 암사자와 수사자가 여러 가지 대형을 갖추기도 하고 등에 꽂은 꽃장대(신神을 내리는 신대[히모로기]라고도 한다)를 바닥에 두드리기도 하는 등 다양한 춤을 보여준다. 삼두사자춤에서 보이던 암사자 감추기 등과 같은 극적인 요소가 포함되기도 한다.

『東海道名所記』第5巻 (와세다대학 도서관 소장)

이러한 극적인 요소가 풍부한 1인 사자춤은 노가쿠能樂나 가부키歌舞伎에 도입되었다. 신앙에 바탕을 둔 민속예능으로서의 사자춤과는 달리 노가쿠나 가부키에서는 배우들의 자유로운 동작이 강조되는 만큼 사자춤도 1인 사자춤이 된 것이 당연한 일일지도 모르겠다. 주로 소위 석교모노石橋物이라고 일컬어지는 고전예능이다. <석교>는 노가쿠의 작품으로 사자춤의 기원과 위엄을 표현함으로써 노가 단순한 오락물이 아니라 신앙적인 바탕에 기반하고 있음을 보여준다. 노가쿠 <석교>의 줄거리는 다음과 같다. 오에사다모토大江定基는 출가하여 법명을 적소법사寂昭法師라고 한다. 그는 중국, 인도의 불교 유적을 순례하는 가운데 중국의 청량산清涼山 기슭에 도착한다. 선경이라고 할 만큼 아름다운 곳이다. 산으로 들어가는 입구에는 좁고 긴 석교石橋가 놓여있다. 다리 건너편에는 문수보살文殊菩薩의 정토浄土이다. 법사가 다리를 건너려고 할 때 나무꾼(樵)(혹은 동자童子, 늙은이[老翁]인 경우도 있음)이 나타나 이 다리는 깊이 1000장丈이나 되는 계곡에 걸려있는데 폭이 1척, 길이 3장으로 된 석교石橋이기 때문에 아무리 고승이라도 고행을 마치지 않는 자는 다리를 무사히 건널 수 없다고 한다. 잠시 기다리게 하고는 나무꾼은 사라진다. (후반부: 무대 정면에 다다미 1장과 모란꽃이 놓인다.) 그리고 란조乱序라고 하는 긴박감 넘치는 특수한 음악에 맞추어 사자가 등장하여 모란꽃을 놀리면서 호쾌한 춤을 춘다.33

노가쿠能樂에 사자가 등장하게 된 것은 덴가쿠田樂의 영향으로34 기악 계통이나 부가쿠 계통 혹은 민속예능으로서의 사자춤과는 구별된다. 사자는 불교에서 문수보살이 타고 다니는 동물로 나타나는데 이와 관련된 이야기이다. 사자춤은 무서운 가면을 쓰고 화려한 의상을 입고 등장한다. 노가쿠의 엄숙한 분위기에는 2인 사자가 등장할 만도 한데 2인 사자가 아니라 1인 사자이다. 사자의 사실적인 묘사보다는 사자의 경쾌한 움직임이나 스토리를 표현하는 데 있어서 1인 사자춤이 훨씬 유리했기 때문일 것이다. 또 경우에 따라 두 마리의 사자가 등장하기도 하는데 머리털이 흰 사자와 붉은 사자이다. 흰 사자는 장중하게, 붉은 사자는 경쾌하게 춤을 춘다. 오늘날에는 전반부를 생략하고 후반부 즉 사자춤만으로 연출하는 경우가 많은데

33 西野春雄 · 羽田昶, 『能 · 狂言事典』(東京: 平凡社, 1987), 72~73쪽.

34 小寺融吉, 「固有の獅子と輸入の獅子」, 『民俗芸術』 3-1, 1930. 1, 239쪽.

경사스러운 춤으로 여긴다.

노가쿠의 <석교>는 가부키에 영향을 주어 다양한 가부키 사자춤이 창작되기도 한다. 가부키에서는 상생사자相生獅子, 경사자鏡獅子, 침사자枕獅子, 연사자連獅子 등 다양한 작품으로 각색 연출된다. 노가쿠와 가부키는 발생시기와 성격이 다르긴 하지만 전통예능의 장르로 재창작되었다는 것은 사자춤이 일반인들에게 큰 인기가 있었음을 의미한다. 상생사자는 전반부에서 여인(유녀遊女, 즉 기생 혹은 젊은 여인)이 홍백 천으로 된 사자머리를 양손에 들고 춤을 추고, 후반부에서는 상의 한쪽 어깨를 벗은 채 부채 갓을 쓰고 모란가지를 든 사자모습으로 등장한다. 손에 사자머리를 들고 춤을 추는 모습은 『신서고악도』에 등장하는 신라박新羅狛의 5두 사자, 즉 머리뿐만 아니라 양손과 양발도 사자머리로 되어 있는 것을 연상케 한다.

그 밖에 노가쿠의 석교물 이외에 민간의 다이가구라의 사자춤을 응용하여 가부키화한 에치고사자越後獅子, 키오이사자勢獅子, 쿠라마사자鞍馬獅子 등의 작품들이 있는데 모두 1인 사자춤으로 되어 있다.

이상과 같이 노와 가부키의 경우 사자의 위엄 있는 모습을 보여주는 2인 사자춤이더라도 크게 무리가 없었을 터인데 굳이 1인 사자춤으로 연출한 것은 사자 자체가 지닌 위엄보다는 무대 위에서 자유로운 연기력이 요구되었기 때문이라고 할 수 있다. 결국 1인 사자춤이 2인 사자춤에 비하여 훨씬 내용이 풍부하며 다른 예능과 공존하기에 유리했기 때문일 것이다.

3) 신의 대리자로서의 사자춤

지금까지 일본의 사자춤을 1인 사자춤과 2인 사자춤으로 나누어 그 기능과 표현상의 특징에 대해서 살펴보았다. 1인 사자춤과 2인 사자춤은 발생기원에서부터 연행형태에 이르기까지 많은 차이가 있다. 일인 사자, 2인사자 이외에 3명 이상, 수십 명으로 구성되는 지네百足와 같은 사자춤도 있다[35]. 일본의 사자춤이 그만큼 다양하다는 것을 보여준다. 그 가운데 1인 사자춤과 2인 사자춤의 특징을 동시에 지니고 있으며 또한 1인 사자춤도 아니고 2인 사자춤도 아닌 애매한 형태를 띠고 있는 사자춤이 있다. 일본의 대표적인 민속예능 중의 하나인 다이가구라太神樂의 사자춤과 야마부시가구라山伏神樂의 사자춤(權現舞)에서 찾아볼 수 있다.

다이가구라는 이세 신궁伊勢神宮이나 아츠타 신궁熱田神宮의 신인神人(신사에 소속되어 있으며 신사에 관련된 잡역을 담당하던 하급 신직神職)이 사자탈(頭)을 휴대하고 전국을 순회하면서 연행하던 가구라神樂를 말한다. 본래는 2인 사자춤이었는데 언제부터인가 1인 사자춤의 형태로 변화되었던 것이다. 다이가구라의 다이는 다이太 혹은 다이大로 표기하기도 하고, 다이다이가구라라고 해서 다이다이太太, 혹은 다이다이大大라는 접두어를 붙여 부르기도 한다. 이에 대해서는 두 가지 학설이 있는데 하나는 가구라의 규모나 봉납하는 금액의 과다에 따른 대중소大中小의 '다이大(다이太)'의 의미이며 특별히 규모가 크고 많은 경비(講金)을 냈을 때에는 '다이다이가구라大大神樂' 혹은 '다이다이가구라太太神樂'라고 하였는데 이것이 점차 일반화되면서 '다이가구라太神樂'로 정착되었다는 설이다.[36] 또 하나는 '대체하다' 혹은 '대신하다' 라는 뜻의 '다이代' 혹은 '다이다이代代'에서 발음상 유사한 '다이大(다이太)'로 바뀌었다는 학설로 다이가구라代神楽의 효과가 신사참배와 동일하다는 것에서 시작되었다는 설이다.[37]

다이가구라는 내용과는 관계없는 가구라의 미칭으로 사자춤에만 국한된 것은 아니다. 하지만 사자춤으로서의 다이가구라는 사자춤의 전파에 큰 영향력을 행사했으며 오늘날 사자춤이 널리 유행하게 되는 계기가 된 것임은 이론의 여지가 없다. 신사참배와 동일한 효과가 있다고 믿는 신앙심이야말로 전국적으로 사자춤이 분포하게 되는 결정적인 역할을 하였던 것이다. 즉 신사참배를 하는 대신 사자춤을 추었다는 것은 사자는 곧 신의 대리자이며 신의 권현權現(아바타)이라고 믿었던 것이다.

---

35 사사라는 대나무 솔과 같은 것으로 홈이 파진 막대기를 긁어 소리를 내는 민속악기이다.

36 小寺融吉, 『芸術としての神楽の研究』(東京: 地平社書房, 1929), 1~14쪽.

37 西津井正慶, 『神楽研究』(東京: 壬生書院, 1934), 157~158쪽.

신사참배는 헤이안 시대(794~1185년)말부터 유행하였는데 대표적인 것이 구마노 신사熊野神社 참배이다. 구마노는 신화속의 존재인 이자나미노 미고토伊邪那美命의 장례를 치른 곳으로 유명한데 천황의 참배가 이어지면서 구마노 참배는 천황이나 귀족에 이어 서민들에 이르기 까지 크게 유행하였다. 이것이 근세에 들어오면서 이세신궁 참배로 이어진다. 전국에서 참배객들이 모이고 이세신궁의 참배가 사회적 풍습으로 자리 잡게 되자 이세신궁 근처에 살고 있던 가구라 담당자(神人)들이 사자탈(頭)을 지참하고 전국으로 돌면서 사자춤을 추고 이세신궁의 부적으로 배포하게 된다. 즉 이세가구라의 사자춤을 이세신궁을 참배하는 것과 동일한 효능이 있다고 믿게 하였던 것이다. 점차 가구라 담당자(神人)의 사자춤을 지방 사람들이 직접 배워 연희하게 되면서 정착하게 되었던 것이다.

다이가구라는 곡예와 같은 곡목이 첨가되기도 하고 묵극형식의 연극으로 진행되기도 하지만 그 중심은 사자춤에 있다. 집집마다 돌아다니면서 앞마당이나 현관입구에서 복을 빌어주고 부정을 없애는 춤사위로 이루어진다. 손에는 봉폐와 방울을 들고 흔든다. 현행의 사자는 두 명으로 구성된 2인사자이지만 뒤꼬리를 담당하는 자는 사자의 일부에서 벗어나 사자의 꼬리를 들고 뒤따르는 보조자로 전락하였다. 가끔 꼬리역이 피리(横笛) 연주자를 겸하기도 한다. 과거 사자춤의 연행 형태에 대해서는 정확히 알 수 없지만 앞에서 언급한 『인륜훈몽도휘人倫訓蒙図彙』의 다이가구라代神樂 항목에 묘사된 그림을 통해 어느 정도 유추할 수 있다. 두 명으로 구성된 사자가 사사라(簓)38와 츠즈미(장고 모습을 한 소형 악기)의 반주에 맞추어 춤을 추고 있다. 여기에서 주목하고자 하는 것은 사자의 뒷다리를 담당하는 자가 얼굴을 사자 몸통 밖으로 내놓고 있다는 점이다. 사자 꼬리부분에서 얼굴을 내밀고 있는 사람은 다소 코믹한 모습을 하고 있는데 웃음을 유발시키는 역할로 보인다. 기악이나 부가쿠의 2인 사자춤이 지니고 있는 장중하고

---

38 사사라(簓)는 대나무솔 같은 것으로 홈이 패인 막대기를 긁어서 소리를 내는 민속악기의 일종이다.

엄숙한 모습과는 사뭇 다르다. 현재 연행되고 있는 다이가구라의 사자춤처럼 꼬리를 담당하는 자가 아직 사자몸통에서 완전히 이탈하지는 않았지만 2인 사자춤에서 변형된 과도기적인 모습을 볼 수 있다.

이와 같이 변형된 사자의 모습은 하야치네 가구라早池峰神楽의 곤겐權現춤에서도 볼 수 있다. 하야치네가구라는 하야치네산 기슭에 위치하고 있는 다케岳와 오츠구나이大償[39] 부락에서 연행되고 있는 가구라이다. 이때 가구라의 담당자가 야마부시山伏였기 때문에 야마부시가구라山伏神楽라고도 한다. 야마부시는 영험한 산에서 수행을 한 슈겐도修験道의 전문적인 사제자를 말한다. 슈겐도는 일본 고유의 산악신앙과 불교가 습합되고 도교道教, 음양도陰陽道 등의 요소가 가미된 일본 특유의 종교이다. 야마부시는 산에서 수행을 하고 마을로 내려와 종교 활동의 일환으로써 가구라를 연행했던 것이다. 슈겐도의 야마부시들이 연행하는 가구라는 일본 동북지역에 분포되어 있는데 이와테현岩手県에서는 야마부시가구라 혹은 곤겐마이權現舞라고 부르며 아키타현秋田県에서는 반가쿠番舞, 아오모리현青森県 일대에서는 노마이能舞라고 한다. 하야치네 가구라를 비롯해 야마부시가구라에서 가장 중요한 부분을 차지하고 있는 것이 곤겐마이權現舞라고 일컬어지는 사자춤이다.

하야치네 가구라는 7월 31일에서 8월 1일에 걸쳐 하야치네 신사 경내에서 정기적으로 거행되는 행사(例大祭)를 비롯하여 새해맞이나 가옥을 신축했을 때 혹은 집안에 경사가 있을 때 의뢰를 받아 연행한다. 또 농한기인 겨울(정월)에는 사자가면(頭)을 들고 마을(霞)을 돌면서 복을 주고 걸립을 한다. 특히 사자춤은 하야치네 가구라를 달리 곤게마이權現舞라고 통칭할 정도로 가장 중요한 부분을 차지한다. 사자춤은 화재를 예방하고 액을 물

39 두 부락의 가구라 구성은 거의 대동소이하지만 다케의 산신山神은 입을 다물고 있고 (阿), 오츠구나이의 산신은 입을 벌린(吽) 모습을 하고 있다. 또 다케는 남성춤이, 오츠구나이는 여성춤이 중심이 되고 있는 등 대조적인 특징이 있다. 大迫町観光協会(編), 『早池峰神楽』(盛岡: 郷土文化研究会, 1995), 40~41쪽.

『인륜훈몽도휘人倫訓蒙図彙』의 <다이가구라代神樂>

하야치네 가구라 <곤겐마이權現舞>
사진제공: 岳神楽保存会

리치며 재난이나 질병으로 벗어나기 위해서, 또는 신축가옥이나 선박이 제조되었을 때 불운을 막고 복을 비는 기도의 의미가 있으며 조상공양의 목적으로 조상의 무덤에서 연행되기도 한다.

하야치네 가구라의 곤겐마이도 두 명으로 구성된다는 측면에서 기본적으로는 2인 사자춤이다. 그러나 실제 꼬리역(스코토리すことり라고 한다)은 사

자 몸통 밖에서 사자의 꼬리(막)를 잡고 뒤따르는 형태를 취하기 때문에 완전한 2인 사자춤이라고는 할 수 없다. 꼬리역이라기 보다는 보조자 혹은 조수라는 용어가 어울릴 정도이다. 먼저 꼬리역이 등장하여 무대 중앙에 사자머리(獅子頭)를 높이 들고 앉아 있으면 머리역(頭役の舞手)이 사자머리를 향해 박수를 치고 고개를 숙여 예를 표한 후 부채와 방울을 들고 공중으로 높이 던져 받는 등의 춤을 춘다. 이를 시타마이下舞라고 한다. 일종의 신의 강림을 기원하는 춤이다. 시타마이下舞의 마지막에는 허리에 차고 있던 칼을 빼어 들고 예를 취한다. 사자춤을 출 때에는 칼을 허리에 차지 않는다.

시타마이가 끝나면 사자머리(곤겐)을 향해 두 손을 모아 예를 취하고 꼬리역에게 사자머리를 받는다. 머리역은 사자머리를 손에 들고 몇 차례 회전하며 춤을 춘 후 사자 몸통(막) 안으로 들어간다. 이 때 꼬리역은 사자의 꼬리부분의 막을 잡고 머리역이 원활하게 춤출 수 있도록 보조를 맞추며 뒤따른다. 머리역은 사자의 위턱과 아래턱을 잡고 부딪치게 하여 소리를 낸다. 이를 이빨 치기歯打ち라고 한다. 구경꾼들이 무대(가구라전) 위로 올라오면 사자 입으로 구경꾼들의 머리를 물기도 하고頭かじり 사자 밑으로 통과하기胎内くぐり를 한다. 사자에게 물리거나 사자 밑을 통과하면 건강하고 운이 좋아진다고 하여 많은 사람들이 참가한다. 이어서 제관(타유)이 쌀을 담은 쟁반을 들고 나와 사방으로 뿌리고 사자 입에 물이 담긴 국자를 물린다. 이때 꼬리역은 사자몸통 뒤에서 천을 크게 펼쳐 위엄 있는 사자의 모습을 연출한다. 제관은 사자 입에 물린 국자를 받아 사방으로 뿌린다. 이는 화재예방火伏せ의 의미가 있다고 한다. 여기에서 주목할 점은 머리물기, 몸통 통과하기, 물 뿌리기와 같은 구체적인 내용을 가진 행위를 한다는 점과 등장하는 사자는 한 마리라는 점, 그리고 두 사람으로 사자를 구성하지만 춤의 기본은 머리역 한사람에 의해 연행된다는 점이다.

기악이나 부가쿠 계통의 행렬중심의 사자춤은 두 마리가 등장하는 것이 기본이며 다섯 마리, 일곱 마리가 등장하는 경우도 있는 것으로 보아 사자의 숫자가 그렇게 중요하지 않는 듯하다. 하지만 곤겐마이와 다이가구라의 사자춤은 기본적으로 한 마리가 등장한다.

이때 사자춤을 곤겐마이權現舞라고 하는데 곤겐權現이라는 명칭에서 사자의 성격을 찾아볼 수 있다. 곤겐마이의 '곤겐權現'은 화신化身 혹은 분신이라는 뜻으로 불교에서 온 용어이다. '곤權'은 '가짜' 혹은 '임시'라는 뜻이며 '겐現'은 '나타나다'는 뜻이다. 즉 가짜 혹은 임시로 나타난다는 의미이다. 이는 본래 인도의 '아바타'라는 용어에서 나온 말이다.

권현은 부처가 중생을 구제하기 위해 임시로 나타나는 모습을 말하는데 불교가 일본에 유입 정착하는 과정에서 기존의 토착종교(神祇)와 충돌하면서 일본의 본지수적本地垂迹 사상으로 뿌리를 내리게 된다. 본지는 시작도 끝도 없는 절대적인 존재인 부처가 중생을 구제하기위해 자취(迹)를 여러 곳에 늘어뜨렸는데(垂) 이것이 신이 되어 여러 형태로 나타나게 된다는 것이다. 일본의 신들은 근본은 모두 불보살이며 부처나 신은 모두 하나라는 사상이다. 이 용어는 법화수량품法華壽量品에 보이는데 원래는 영원한 석가 즉 절대적이고 이상적인 부처를 본지로 하고 깨우침을 통해 진리를 깨달은 현실적이고 역사적인 석가를 수적垂迹으로 생각했던 것이다.[40] 인도의 권현(아바타) 사상이 일본에 유입되어 일본의 본지수적 사상을 배태하게 된다. 즉 부처가 본지라면 일본의 신들은 수적이라는 사상이다. 절대적인 존재인 부처가 중생들의 이익을 위해 일본에 나타난 것이 일본의 신들이라는 논리이다. 사자를 권현이라고 한 것은 신들을 대신해서 이 세상에 나타난다는 뜻이다. 일본의 신은 부처의 권현이며 사자는 신의 권현이라면 사자는 부처의 권현의 권현이 되는 셈이다. 신들을 대신해서 나타난 것이 사자춤이라고 여겼던 것이다. 이러한 사상이 일본 사자춤의 기저에 깔려 있기 때문에 전국적인 분포를 보일 정도로 사자춤이 널리 성행하게 되었으며 근세 이후에 등장한 사슴이나 멧돼지, 기린, 용과 같은 동물의장 춤도 사자춤으로 불리는 배경이 되었던 것이다.

결국 근본적인 존재가 있고 이를 대신에서 임시로 모습을 드러낸다는

---

40 辻善之助, 「本地垂迹説の起源について」, 『日本仏教史之研究』[続編](東京: 金港堂書籍, 1931), 49쪽.

'본지수적'에 기초한 권현사상이야말로 사자춤이라는 공연예술의 근간을 이루는 동기를 제공한다. 이러한 현상은 일본의 축제현장에서도 살펴볼 수 있다. 일본의 축제도 물론 지역에 따라 다양하여 일률적으로 언급할 수는 없지만 축제기간 동안 신들의 임시 거처, 혹은 일시적인 거처를 마련하여 인간 세상에 나타난다. 이것이 바로 오타비쇼お旅所라고 일컬어지는 신들의 임시 거처이다. 신들은 인간 세상에 상주하는 것이 아니다. 일시적으로 나타났다가는 다시 신들의 세계로 돌아가는 것으로 여겨왔다.

오타비쇼와 가설무대에 대해서는 별도로 소개하겠지만 가설무대가 탄생되는 배경에는 이러한 본지수적 사상이 작용하고 있음을 알 수 있다. 요컨대 '대신', '일시적', '임시로' 인간 세상에 나타나는 본지수적 사상은 일본문화의 근간을 이룬다고 해도 과언이 아니다. 사자춤이 전국적으로 널리 확산 보급되어 정착되어 온 배경에는 권현權現의 사상이 크게 영향력을 행사했을 것으로 여겨진다. 다이가구라의 '다이代'와 본지수적 사상의 '곤겐權現'은 원래의 존재가 아니라 대체적인 존재라는 측면에서 유사성을 발견할 수 있다. 결국 역사적으로 일본 사회에 권현사상이 널리 확산되어 있었기 때문에 사자춤이 쉽게 뿌리를 내릴 수 있게 되었으며 또한 다양한 모습으로 나타나는 배경이 되었던 것이다.

이상과 같은 배경을 가진 곤겐마이權現舞와 다이가구라太神楽의 사자춤은 연행 형태에 있어서도 사자춤의 전개과정을 보여주는 중요한 단서를 제공한다. 원래 두 사람으로 구성된 2인 사자춤이었지만 점차 보다 자유로운 행동과 다양한 내용을 담아내기 위해서 1인 사자춤도 2인 사자춤도 아닌 중간형태의 양식이 창출되었다고 볼 수 있다. 물론 이러한 변화현상은 퇴화 혹은 진화로서의 변형이라기보다는 다양함을 추구하는 가운데 자연스럽게 도출된 문화현상이라고 보는 것이 타당할 것이다.

일본의 사자춤은 동물의장動物擬裝 춤의 한 양식이지만 민속예능을 비롯하여 고전예능인 노가쿠나 가부키에 이르기까지 다양한 장르에 자주 등장하며 민속예능의 70%를 점한다고 할 정도로 일본 사회의 기층문화로서 자리매김하고 있다.

일본의 사자춤은 계통상으로도 여러 갈래이며 다양한 지역성으로 인해 무수한 연구논문이나 보고서가 나왔지만 전체적인 모습을 파악하기 어려운 점이 있었다. 이에 일본 사자춤의 전체적인 모습을 조감하기 위해 기존의 외래계통의 기악사자춤과 고유계통의 풍류사자춤을 연행형태에 초점을 맞추어 행렬중심의 2인 사자춤, 연희중심의 1인 사자춤, 그리고 2인 사자춤과 1인 사자춤의 중간형태를 띠고 있는 곤겐마이權現舞와 다이가구라太神楽의 사자춤으로 나누어 살펴보았다.

구체적으로 기악에서 행렬의 선두, 혹은 법회를 수호하는 사자춤은 두 명으로 구성되어 있으며 사자가 지닌 상징성과 권위를 강조하는데 그 역점이 있었다면, 시시오도리獅子踊 등으로 불리는 1인 사자춤은 네발 달린 사자가 아닌 직립사자로서 연극적인 내용이나 곡예 등의 예능적인 요소들이 결합되어 볼거리를 제공하는 데 역점을 두고 있다. 또 노가쿠나 가부키와 같은 고전예능에는 2인 사자춤이 아니라 1인 사자춤으로 나타나는데 이는 공연예술로서 다양한 연기와 자유로운 활동이 요구되었기 때문이라고 볼 수 있다. 한편 2인사자이면서 사자의 꼬리역이 사자의 몸통 밖으로 나와 머리역의 보조자로 전락하고 있음에서 사자춤의 변화양상을 엿볼 수 있다.

그런데 일본 사자춤의 형상은 반드시 사자에 국한되지는 않는다. 사슴이나 멧돼지를 비롯하여 상상의 동물인 용이나 기린 등도 사자춤이라는 용어로 불리고 있다. 이러한 동물들을 영물靈物인 사자로 상정하고 그 힘을 빌려 가정이나 마을의 안전과 풍요를 기원하는 신앙에서 출발하고 있다. 기악과 부가쿠 자체는 쇠퇴하였지만 그 중에서 사자춤은 다른 곡목과는 달리 민간에 뿌리를 내리면서 변화 발전해왔던 것이다.

신들은 인간에게는 보이지 않는 존재이다. 이러한 신들의 대리인 혹은 신들의 사자使者로서 등장하는 것이 권현權現, 즉 곤겐權現이다. 사자춤이 발달하게 된 사상적 배경으로서 신사참배의 대체적인 행위로서 다이가구라와 신의 대리자로서의 권현(곤겐)의 존재가 있었음을 살펴보았다. 즉 일본의 여러 신들이 부처의 대리로 등장한다는 신불습합, 본지수적本地垂迹 사상이 표상화된 것, 그것이 사자춤이라고 할 수 있겠다. 요컨대 신神의 대리자로서의 사자춤, 혹은 신사참배의 대신으로 전개된 다이가구라의 사자춤은 사자춤의 확산에 중간단계를 보여주고 있으며 이는 일본 사자춤의 전파에 가장 큰 역할을 해왔다.

사자춤의 형성과 전개에 큰 영향을 끼친 '곤겐權現'사상과 '다이代'의 개념은 일본공연예술 나아가 일본 문화의 근간을 이루는 핵심임을 알 수 있다. 일본 사자춤에 내포되어 있는 '곤겐'과 '다이'의 개념을 통해 향후 동아시아의 사자춤의 전개과정을 비교연구하고 새로운 해석을 부여하는 데 기초가 되기를 전망해 본다.

참고문헌

『信西古樂圖』, 日本古典全集刊行会, 東京, 1927.

『人倫訓蒙図彙』, 1690.

古野清人,『獅子の民俗』, 岩崎美術社, 東京, 1968.

大迫町観光協会(編),『早池峰神楽』, 郷土文化研究会, 盛岡, 1995.

渡辺伸夫,「太々神楽」, 本田安次 編『講座日本の民俗 8: 芸能』, 有精堂出版, 東京, 1979.

柳田国男,「獅子舞考」,『民俗芸術』3-1, 1930.

服部幸雄 富田鉄之助 広末保,『歌舞伎事典』, 平凡社, 東京, 1983.

本田安次,「獅子舞について」,『まつり』42号 特集 獅子舞Ⅰ, 1984.

本田安次,『延年』, 木耳社, 東京, 1969.

山路興造,「獅子舞の原型とその変容」,『民俗芸能研究』41, 2006.

山路興造,「山伏神樂・番樂の源流」,『民俗芸能研究』6, 1987.

山路興造,「三匹獅子舞の成立」,『民俗芸能研究』3, 1986.

山路興造,「囃子物から風流踊りへ」,『民俗芸能研究』43, 2007.

三隅治雄,「獅子舞い」,『日本民俗学大系: 9」, 平凡社, 東京, 1958.

尚学図書(編),『故事・俗信ことわざ大辞典 』, 小学館, 東京, 1982.

西角井正大,『民俗芸能』, ぎょうせい, 東京, 1990.

西津井正慶,『神楽研究』, 壬生書院, 東京, 1934.

笹原亮二, 『三匹獅子舞の研究』, 思文閣, 京都, 2003.

笹原亮二,「獅子舞を見に行くこと: 現在と民俗芸能研究を巡って」,『民俗芸能研究』16, 1992.

小寺融吉,「固有の獅子と輸入の獅子」,『民俗芸術』3-1, 1930.

植木行宣,「校注『教訓抄』」,『古代中世芸術論』[日本思想大系], 岩波出版社, 東京, 1973.

神田より子,「関東の獅子舞」,『まつり』42号 特集 獅子舞Ⅰ, 1984.

辻善之助,「本地垂迹説の起源について」,『日本仏教史之研究』[続編], 金港堂書籍, 東京, 1931.

朝比奈威夫,「鼻高と獅子」,『芸能論叢』[本田安次博士古稀記念会編], 錦正社, 東京, 1976.

竹内勝太郎,「獅子舞の演劇史」,『民俗芸術』3-1, 1930.

中嶋奈津子, 「早池峰神楽の継承と伝播: 東和町における弟子神楽の変遷」, 『民俗芸能研究』 45, 2008.

中山太郎,「獅子舞漫考」,『民俗芸術』3-1, 1930.

中村規,「獅子の概念に関する考察: 民俗芸能に登場する獅子舞を通じて」,『芸能』3, 1997.

中村茂子,「風流踊りと三頭シシ踊りの接点: 佐渡の「小ジシ舞」を事例として」,『民俗芸能研究』43, 2007.

村山修一,『本地垂迹』, 吉川弘文館, 東京, 1974.

高年世,「韓・日 獅子舞 比較研究: 북청사자놀음과 이세다이카구라(伊勢大神楽)를 중심으로」, 전북대학교 석사학위논문, 2006.
김현주,「한・중・일 사자무 전래사적 비교연구」,『대한무용학회논문집』33, 대한무용학회, 2002.
李應寿, 「五色獅子の源流」,『日本学報』44, 2000.
李應寿,「沖縄浦添の勢理客獅子と韓国」『日本学報』61, 2004.
박진태,「쿠차(龜玆) 사자탈춤의 전파와 한국적 변용」,『비교민속학』33, 2007.
徐禎完,「伎樂 追跡考:『教訓抄』해석과 한일 가면극연구」,『日本学報』61-2, 2004.
宋和妍,「한・일 獅子舞에 의한 동물모방춤의 형태적 특이성」, 경희대학교 석사학위논문 1994.
이두현,『韓國假面劇』, 서울대학교 출판부, 서울, 1994.
전경욱,『북청사자놀음』, 화산문화, 서울, 2001.
折野和己,「韓日 獅子舞의 比較研究」, 고려대학교 석사학위논문, 1990.

제3부

동아시아의 문학과 악무문화

『시경』「국풍」의 악무시에 나타난 주대 악무의 양상

이채문
세계민족무용연구소 전임연구원

『시경詩經』은 동아시아에서 가장 오랜 역사를 지닌 시가집이다. 여기에는 주周나라 당시 민간 가요의 노랫말을 비롯하여 궁중의 연향악宴饗樂과 제례악祭禮樂의 악장樂章[1]이 수록되어 있다. 『시경』에 수록된 이들 작품은 비록 사랑, 감상, 풍자, 노동, 송축, 기도, 사냥, 전쟁, 찬양, 역사 등 다양한 소재를 담고 있지만, 작품의 유래를 따져서 말한다면 사실상 한 편 한 편이 모두 '악무시樂舞詩'라고 말하더라도 지나치지 않을 것이다. 그래서 전국시대의 사상가 묵적墨翟은 『시경』을 일러 "시 300을 읊고, 시 300을 연주하고, 시 300을 노래하고, 시 300을 춤춘다."[2]고 말하였고, 전한前漢의 역사가 사마천司馬遷은 "시詩 300편은 공자孔子는 모두 연주하고 노래하여 소무韶舞와 아송雅頌의 음악에 맞추려고 하였다."[3]라고 말하기도 하였다.

* 이 글은 한국중문학회의 『중국문학연구』 제56집에 게재한 것임.

1 '악장樂章'은 조선 초기에 나온 시가의 한 형태로, 본래 나라의 제례祭禮와 연례宴禮에서 연행하던 궁중악宮中樂에 맞추어 부르던 노랫말을 이른다. 여기에서는 편의상 '무곡舞曲의 노랫말'을 지칭하는 용어로 차용한다.

2 『墨子 · 公孟』: "誦詩三百, 弦詩三百, 歌詩三百, 舞詩三百."

3 『史記 · 孔子世家』: "三百篇, 孔子皆弦歌之, 以求合韶舞雅頌之音."

이런 사실에 비추어 보면, 『시경』에 수록된 시는 본질적으로 악무樂舞와 관계가 있기에 넓은 의미에서 '악무시'라고 말할 수 있는 것이다.

한편 『시경』에는 악무가 주요한 소재가 되거나 주된 내용을 이루는 작품 역시 적지 않다. 이런 부류의 작품이 바로 논자들이 말하는 '악무시'이다. 이는 특정한 악무를 소재로 삼거나 그 연행의 양상 따위를 담아낸 작품은 좁은 의미에서의 '악무시'에 해당한다. 아무튼 『시경』은 어떤 관점에서 보더라도, 중국 고대의 악무 문화와 관계가 무척 밀접한 문헌인 것이다. 이런 까닭으로 『시경』과 예악禮樂의 상관성에 대해서는 국내에서도 많은 연구가 이루어졌으나 『시경』을 선진先秦 시대의 예악론禮樂論을 살피기 위한 출발점이나 연장선으로 삼아 예禮와 악樂의 본질이나 상호관계를 살피는 이론적 분석이나 역사적 접근이 주로 이루어졌다.[4] 따라서 이 글에서는 미시적 관점에서, 『시경』의 국풍國風에 수록된 '악무를 소재로 삼아서 해당 악무의 연행 양상을 묘사한' 협의의 악무시만을 그 대상으로 하여, 『시경』과 악무시의 관계를 살펴보고, 나아가 주나라 당시의 악무는 『시경』에 어떤 모습으로 묘사되었는지 살펴보겠다.

1. 『시경』과 예禮·악樂·무舞

『시경』의 시가 지어진 시기는 서주西周 초기(기원전 1100년 전후)부터 춘추春秋 중엽(기원전 600년 전후)까지의 500여 년 동안이다. 『시경』과 악무의 관계

4 선진시대의 예악사상에 관련된 글로는 선우미정, 「先秦儒家의 禮樂思想에 관한 연구」, 성균관대학교 박사학위논문, 2008; 심규호, 「고대 樂論의 사회사적 고찰」, 『중어중문학』 19, 1996; 심성호, 「先秦 詩樂의 결합과 분리」, 『중국어문학』 29, 1997; 심성호, 「禮·樂·詩의 분화」, 『중국문학연구』 16, 서울, 1998; 김학주 외, 「季札觀樂을 통해 본 樂의 의미와 지향」, 『중국문학』 64, 2010 등이 있고, 『시경』과 예·악·무에 관련된 논문으로는 김해명, 「중국 雅樂의 형성과 詩經의 관계」, 『중어중문학』 33, 2003; 김해명, 「중국 周代의 雅樂의 盛衰와 詩經의 관계」, 『중국어문학논집』 26, 2004; 김학주, 「詩經을 중심으로 본 중국 고대의 禮樂舞」, 『한국무용사학』 13, 2012 등이 있다.

를 파악하기 위해서는 먼저 이 시기에 있어서 시詩·악樂·무舞의 지위는 어떠하였는지 또 그것의 상호 관계는 어떠하였는지를 살펴볼 필요가 있다.

무왕武王이 상商나라를 무너뜨리고 주周나라를 세운 이후, 계급 간의 갈등이 완화되었고, 노예제 경제는 생산력이 제고되면서 한층 발전하고 번영하였으며, 이에 따라 문화도 두드러지게 향상되었다. 무왕武王이 주나라를 건국하고 2년 만에 병으로 세상을 떠나자 뒤를 이은 성왕成王이 아직 나이가 어렸기 때문에 무왕의 동생 주공周公 단旦이 왕권을 대행하였다. 주공은 하夏나라와 상商나라의 예악禮樂과 의례儀禮를 보완하고 고쳐서 체계를 갖춘 일련의 예악제도禮樂制度를 제정하였다.

주나라의 예악제도는 상당히 엄정한 체계를 이루고 있었는데, 특히 예와 악이 긴밀하게 결합되어 있었다는 점이 큰 특징이었다. 당시 예악은 비록 종교적 색채가 짙어서 이전 시대의 유풍遺風에서 완전히 벗어나지는 못하였지만 그 성격은 전혀 달랐는데, 특히 정치적 성격이 크게 강화되었다.

주나라는 상나라가 멸망한 역사적 교훈을 잊지 않기 위하여, 상나라의 예악과 형정刑政에 관련된 전통을 그대로 따르면서도, 주나라 왕실의 통치를 튼튼하게 만들 수 있는 일련의 조치를 채택하여 정치, 사회, 경제, 문화의 여러 방면에 걸쳐 꼼꼼하고 엄정한 제도를 완비하였다. 그리하여 정치에 있어서는 봉건제도封建制度를, 사회에 있어서는 종법제도宗法制度를, 경제에 있어서는 정전제도井田制度를, 문화에 있어서는 예아제도禮樂制度를 각각 지주로 삼았다.

이 가운데 종법제도는 대종大宗과 소종小宗의 층위 구분을 통하여 피라미드식 혈연 종족 관계를 구성하는 것이었다. 그 가장 상층에는 천자天子인 주나라 임금이 있었다. 적장자嫡長子 이외의 형제들은 제후諸侯·경卿·대부大夫에 봉해졌는데, 이들은 주나라 임금의 입장에서 보면 소종에 해당되었다. 하지만 이들은 자신의 봉국封國 안에서는 다시 대종이 되며, 왕위王位 역시 적자嫡子를 혈통의 중심으로 삼아 계승하는 방법을 답습하였는데, 이는 이후 3000년에 걸친 중국의 봉건사회에서 예禮의 가장 중요한 원칙으로 내려왔다. 따라서 당시 문화의 지주이던 예악제도는 사실상 씨족종법제도氏族

宗法制度와 등급명분제도等級名分制度가 하나로 결합된 것이었다.

주나라는 씨족종법제도와 표리를 이루는 등급명분제도를 예악제도의 기본 준칙으로 삼아 가족과 국가를 하나로 묶었다. 왕王·공公·경卿·대부大夫·사士라는 계급 피라미드의 각 단계마다에는 군신君臣·부자父子·상하上下·존비尊卑를 엄격하게 나누는 예법을 규정해 놓았다. 따라서 신분이 다른 계층은 태어나서 죽을 때까지, 인사人事에서 제사祭祀까지, 그리고 일상생활에서 정치활동에 이르기까지 타고난 신분에 상응하는 예악에서 벗어날 수 없었다.

시대적 변화에 따라 새로운 예법禮法이 시행되면서 아악雅樂이 등장하였는데, 아악은 통치자들의 적극적 지원을 받아 빠르게 정착하였고, 그리하여 주나라는 중국 역사상 최초로 엄밀하게 갖추어진 아악, 즉 궁중악宮中樂을 가질 수 있게 되었다. 궁중악은 통치자가 직접 참여하는 천지天地·신령神靈·선조先祖 등에 대한 제사 의식에서 가장 많이 사용되었는데, 주나라 때에는 실제로 교사郊社·종묘宗廟·궁정의례宮廷儀禮·향사鄕射·군사대전軍事大典 등 여러 의식에서 사용하는 악무를 모두 아악에 포괄시켜 말하기도 하였다. 따라서 아악은 통치 계층 사이에서 예禮를 직접 동반하는 각종 활동, 예컨대 길례吉禮·흉례凶禮·빈례賓禮·군례軍禮·가례嘉禮 등에서 대단히 주요한 구성 요소가 되었고, 그런 활동이 갖는 정치적 의미와 엄숙한 분위기 때문에 아악은 마침내 '중정화평中正和平'하고 '전아순정典雅純正'한 성격을 갖추게 되었다.

아울러 이것은 의식에 참여하는 통치자와 귀족을 비롯하여 그들 자제들에 대한 교육의 의미를 중요하게 여긴 결과이기도 하였다. 이처럼 당시 통치자들이 국가적 차원에서 아악을 만들고 시행한 주된 까닭은 미적 감수에 대한 요구를 만족시키기 위한 것이 아니라 통치 계층 사이의 예의를 통한 교화敎化에 있었다. 그러니까 서주西周의 통치자들은 악樂을 예禮에 부속시켜 교화를 위한 정치적 도구로 활용함으로써 사람들을 통치에 순종하게 하여 천하를 수월하게 다스리려는 의도가 담겨 있었던 것이다. 따라서 악이 지닌 본질과 내용을 전면에 내세워 교화에만 관심을 쏟았을 뿐 악이 주는 감동과 예술성의 여부에는 전혀 관심을 두지 않았다.

한편 춘추전국 시대에 이르자 사회 변혁이 격렬해지면서 이해관계가 다른 계층 사이에는 악에 대한 관점과 태도를 놓고 날카로운 대립이 생겨났다. 서주 초기에 제정한 예악 제도는 왕권의 쇠퇴와 더불어 그 효력을 잃었고, 마침내 예악의 숭고하던 지위는 바닥으로 추락하여 회복할 수 없는 지경에 이르렀다.

『시경』의 시대에 있어서 악은 예악제도를 이루는 한 부분이었으며, 오늘날처럼 단순한 음악의 의미는 아니었다.

시詩·악樂·무舞의 관계 또한 삼위일체의 것으로서, 이 가운데 악은 당시 문학예술 가운데 중요한 한 가지였으며, 여러 가지 문학예술을 총칭하는 것이었다고 말할 수 있다. 그러나 후대로 내려오면서 시가 독립적인 지위를 얻게 되고 마침내 춘추시대에 이르러서는 시와 악이 분리되기에 이르렀다.[5]

2. 주대의 궁중 악무와 『시경』

『시경』이 생산된 연대에 해당되는 주나라의 악무 상황을 살펴볼 필요가 있다. 왜냐하면 당시의 악무 상황에서 『시경』이 어떠한 위치에 있었는지를 알 수 있기 때문이다.

주나라 궁중 악무 상황을 간략히 살펴보면 다음과 같다. 대표적인 주나

---

5 沈成鎬, 「禮·樂·詩의 분화」, 『중국문학연구』 16, 1998. 29쪽. 이 논문에서 심성호는 분화되지 않은 고대의 종합문화를 예禮라고 규정하고, 예에서 악樂, 악에서 시詩가 분화되었음을 기술하고 있다. 고대 중국에서는 예는 정치제도·행정법규·사회규범·종교의식·외교의례·양국 간의 전쟁 등 사회적 효용의 모든 것을 종합하는 힘을 가지고 사회를 규정하는 성질의 종합문화이며, 이 예에서 음악이 분화되었고, 예에서 분화된 음악에서 시가 분화된 것으로 설명하고 있다. 고대의 음악은 예의 실천에 동반되는 부용물에 지나지 않았으며, 주대에 와서 음악이 예에서 분화되었고, 넓은 범위의 악에서 시가 분화되기 시작한 것은 춘추 말기부터라고 설명하고 있다.

라 아악은 '육대무六代舞'[6]이다. 주나라는 건국 초기에 예악을 제작하였는데, 이전부터 전해오던 <운문雲門>, <대장大章>, <대소大韶>, <대하大夏>, <대호大濩>를 모아 정리하였다. 여기에 새로 창작한 <대무大武>를 더하여 '육대무'를 제정하였다. 이 여섯 가지 무용을 또한 문무文舞와 무무武舞로 분류하였는데, <대하>이상은 문무에, <대호>와 <대무>는 무무에 넣었다.[7]

이들의 공연 의식과 용도 등에 관한 규정은 문헌에 명백하게 기록되어 있어서 마음대로 행할 수 없었다.[8] 육대무 가운데 <대무>는 주나라 무왕이 상나라를 무너뜨리고 그 공적을 찬양하기 위해 창작한 새 악무이다. 무용이 여섯 단락이니 노래도 분명 여섯 장이 있을 것이나 지금 확실히 단정할 수 있는 것은 세 장 뿐이다. 즉 <무武>, <뇌賚>, <환桓>인데, 이는 『시경』의 「주송周頌」 부분에 들어 있다. 이 세 편의 시는 원래 무용 <대무>의 노래였을 것이다.

주나라 궁중에는 육대무와 소무小舞[9] 이외에도 민간 가무인 산악散樂과 주변의 소수 민족 무용인 사예악四裔樂이 있었다. 이 두 가지 무용 역시 제사에 사용하였으나 주로 연회석상에서 행해졌다. 이외에 의식 무용에 속하는 것으로 <궁시무弓矢舞>가 있는데, 이것은 대사례大射禮를 행할 때에 추었

6 서주 시기 통치자들의 제사에 가장 많이 사용되었고, 그로 인해 후대 유가들에 의해 아악의 전범으로 떠받들어졌던 악무들, 즉 황제黃帝의 악무로 주대에는 천신天神에 제사지낼 때 사용했던 〈운문대권雲門大卷〉, 요堯임금 때 개편된 악무로 주대에는 지신地神에 제사지낼 때 사용된 〈대함大咸〉(대장大章), 순舜임금의 악무로 주대에는 사망四望에 제사지낼 때 사용된 〈대소大韶〉, 우禹임금의 악무로 주대에는 산천山川에 제사지낼 때 사용된 〈대하大夏〉, 탕湯임금의 악무로 주대에는 선비先妣인 강원姜嫄에 제사지낼 때 사용된 〈대호大濩〉, 주공周公의 악무로 주대에는 선조先祖인 후직后稷에 제사지낼 때 사용된 〈대무大武〉를 육부악무六部樂舞(육대지악六代之樂)라고 칭하였다.

7 孫景琛(著), 차순자(옮김), 『중국무용사』[선진편](서울: 신지서원, 2004). 151쪽.

8 그 예로 『周禮 · 春官 · 大司樂』에 상세히 기록되어 있다. "乃奏黃鐘, 歌大呂, 舞雲門, 以祀天神. 乃奏太簇, 歌應鐘, 舞咸池, 以祭地祗. 乃奏姑洗, 歌南呂, 舞大韶, 以祀四望. 乃奏蕤賓, 歌函鐘, 舞大夏, 以祭山川. 乃奏夷則, 歌小呂, 舞大濩, 以享先妣. 乃奏無射, 歌夾鐘, 舞大武, 以享先祖."

9 소무小舞는 주나라 궁중 악무의 편제 가운데 하나로, 육대무(六大舞)를 대무(大舞)라고 한 편제에 대응한 이름이다. 〈불무(帗舞)〉 · 〈우무(羽舞)〉 · 〈황무(皇舞)〉 · 〈모무(旄舞)〉 · 〈간무(干舞)〉 · 〈인무(人舞)〉가 소무에 해당한다.

으며, 춤을 출 때는 활과 화살을 무구로 사용하였다.

또 만무萬舞도 유행하였다. 역사서에서 만무를 언급한 부분이 아주 많지만, 예로부터 해석이 달랐다. 일설에는 만무를 문무와 무무를 모두 포괄하는 무용의 총칭이라고 하였다. 또는 오직 무무만을 가리키는 것이라 하기도 하고, 어떤 무용의 고유 이름이라고도 한다. 『시경』의 「패풍邶風」 <간혜簡兮>에는 한 여인이 만무를 추는 한 무자舞者를 사모하는 감정이 묘사되어 있다.

이와 같이 주나라의 다양한 악무 문화 속에서 『시경』의 시편은 악무의 가사歌詞이기도 하고, 때로는 악무 상황을 상세히 묘사하기도 하였다.

3. 『시경』 「국풍」의 악무시

여기에서는 협의의 의미로 직접 악무를 언급하거나 악무의 광경이 묘사된 시에 한정하여 살펴보겠다.

『시경』에는 악무의 자세한 모습을 묘사한 시편이 무척 많다. 예를 들면 「패풍邶風」의 <간혜簡兮>, 「왕풍王風」의 <군자양양君子陽陽>, 「정풍鄭風」의 <탁혜蘀兮>, 「진풍陳風」의 <완구宛丘>·<동문지분東門之枌>, 「소아小雅」의 <벌목伐木>·<빈지초연賓之初筵>, 「주송周頌」의 <유청維淸>, 「노송魯頌」의 <유비有駜>, 「상송商頌」의 <나那> 등이 그런 것이다. 이런 부류의 작품 이외에도 악무를 직접 거론하지는 않았지만, 앞선 학자들이 설명한 것에 따르면, 악무와 관계가 있는 작품들이 더 있다. 예를 들면 「주송周頌」의 <작酌>·<무武>·<뢰賚>·<반般>·<환桓>[10] 같은 작품이 그런 것이다.

10 이들 「주송周頌」의 시편詩篇은 주공周公의 악무로 주대에는 선조인 후직后稷에게 제사지낼 때 사용된 〈대무大武〉라는 한 조組의 무곡이었는데, 뒤에 각각 한 편씩 분리된 것이라고 한다. 가오헝高亨은 『시경금주詩經今注』에서 「주송」의 시가 31편 가운데 곳곳에 〈대무大武〉 6편의 가사를 보존하고 있다는 사실을 고증하였다. 그는 현존하는 『시경』 가운데 〈아장我將〉·〈무武〉·〈작酌〉·〈환桓〉·〈뢰賚〉·〈반般〉의 6편은 본래 〈대무〉의 6단락이었는데, 금본今本 『

『시경』에 실린 악무시는 세 가지 부류로 나눌 수 있다. 첫째, 공연의 성격을 지닌 악무시[11]로, 여기에는 「패풍」의 <간혜簡兮>, 「소아」의 <벌목伐木>·<빈지초연賓之初筵> 등이 있다. 둘째, 종교의식이나 제례의식에 사용된 악무시로, 여기에는 「주송」의 <유청維淸>, 「노송」의 <유비有駜>, 「상송」의 <비궁閟宮>·<나那>와 「주송」의 <작酌>·<무武>·<뢰賚>·<반般>·<환桓> 등이 있다. 셋째, 민간의 악무시로, 여기에는 「왕풍王風』의 <군자양양君子陽陽>, 「정풍鄭風」의 <탁혜蘀兮>, 「진풍陳風」의 <완구宛丘>·<동문지분東門之枌> 등이 있다.[12]

여기에서는 국풍만을 대상으로 한정하여, 첫 번째와 세 번째 부류의 작품만 차례대로 살펴본다.

제례악이 악무의 중심을 이루었던 하夏나라와 은殷나라 때에도 다른 한편으로 연향악이 성행하였고, 후대로 내려와 주대 후기에 이르러서는 연향악 계통의 악무가 제례악으로 연행됨에 따라 아악雅樂이 이제껏 누리던 권위와 신성성은 크게 위축되었다. 특히 정치적으로 혼란하던 전국시대에 이르자 유가儒家에서 이상理想으로 여기던 예악 사상은 오히려 현실에 맞지 않는 구시대의 유물로 폄하되었고, 그리하여 주나라의 아악은 권위가 실추되고 명맥은 위태로워졌다. 게다가 군웅이 각축을 벌이던 시대에 여러 나라에서 성행하던 다양한 악무가 서로 활발하게 교류하여 각국의 속악俗樂에 외래의 악무가 유입되면서 아악은 더욱 빠르게 쇠퇴하고 말았다.

또 주나라 후기에는 상업 발전, 교역 증가, 신흥 계급의 흥기 등에 따라 왕실과 귀족의 전유물이었던 아악 이외에도 신악新樂이 본격적으로 그 모습을 드러내기 시작하였다. 그리하여 전국시대에는 민간은 물론이고 통치

시경』에 편차가 뒤죽박죽인 상태로 나뉘어 실리게 되었다고 하였다.

11 공연되어지는 악무시는 특정한 목적을 가지고 상황에 맞추어 공연하며 부르는 노래와 춤을 말한다. 예컨대 조상의 제사·조회·연례燕禮·군례軍禮 등의 의식에서 사용된 것을 가리킨다. 楊蔭瀏, 『中國古代音樂史稿』(北京: 人民音樂出版社, 1990), 38쪽 참조.

12 郭春林, 「詩經中的舞蹈詩及其民俗闡釋」, 『九江學院學報』 2006年 第2期 참조.

계급을 포함한 사회의 상류층에까지 널리 성행하게 되었다. 당시 유가들은 신악을 일러 '정위지악鄭衛之樂'이니 '세속지악世俗之樂'이니 하면서 무시하고 비판하였지만 예악제도의 경직된 틀에 갇혀있던 아악, 즉 고악古樂의 활력을 돌이키기에는 역부족이었다. 결국 서주西周(기원전 11세기~기원전 771년) 후기에는 조정의 권위가 쇠퇴하면서 사회의 계급 질서에 토대를 둔 악무에 대한 등급 규정과 예악제도는 사실상 붕괴되고 말았다. 그리고 내용과 형식에 있어서 한층 경직화된 아악은 왕실과 귀족 계층의 향락에 대한 요구를 충족시키지 못하면서 빠르게 쇠퇴하고 말았다.

요컨대 춘추전국시대에 들어 예악제도가 붕괴하면서 아악은 서서히 자신의 역사적 사명을 마감하였고, 아울러 '정위지성'의 등장은 예악의 붕괴를 가속화하는데 가장 적극적 역할을 하였다. 그리하여 주나라 당시에 400년이 넘는 세월 동안 예악 문화와 더불어 번영을 구가하던 아악은, 사회 변혁에 따른 신진 세력을 상징하는 신악으로 대체되고 말았다.

신악은 내용적 측면에서는 민간의 감정을 진솔하게 담아냈고, 형식적 측면에서는 특정한 틀에 얽매이지 않았기 때문에 참신한 변화를 이룰 수 있었다. 국풍에 수록된 악무시는 대부분 이런 신악의 성격을 지니는 것들이다. 해당되는 몇몇 작품을 살펴보기로 한다.

1. 공연 성격의 악무시

먼저 패풍邶風에 실린 <간혜簡兮>는 다음과 같다.

제1장

정말 멋지네 정말 멋져	簡兮簡兮
막 춤을 추려는데	方將萬舞
해는 한낮이고	日之方中
앞줄 첫머리에 서 있네	在前上處

제2장	
크고 멋진 저 남자	碩人俁俁
종묘 뜰에서 춤을 추는데	公庭萬舞
힘은 호랑이 같고	有力如虎
쥐고 있는 고삐 실을 다루듯 하네	執轡如組
제3장	
왼손엔 피리잡고	左手執籥
오른손엔 꿩깃 들고	右手秉翟
얼굴 붉게 상기되니	赫如渥赭
임금께서 술잔 내리시네	公言錫爵
제4장	
산에는 개암나무	山有榛
습지에는 감초	隰有苓
내 사랑하는 님은 누구	云誰之思
서쪽의 고운 님	西方美人
그 고운 님은	彼美人兮
서쪽 사람이라네	西方之人兮

이 작품에 대한 옛 사람의 평가를 보면, 「모시서毛詩序」에서는 "나라가 어지러워져 현인賢人이 뜻을 이루지 못하고, 천한 춤꾼(舞者)의 신분에 있는 것을 한탄한 것"[13]이라고 하였고, 『시집전詩集傳』에서도 "나라가 어지러워 현인이 뜻을 이루지 못하고, 천한 춤꾼(舞者)의 신분에 있는 것을 탄식한 것"[14]이라고 똑 같이 평하였다.

---

13 『毛詩序』: "簡兮, 刺不用賢也. 衛之賢者, 仕於伶官, 皆可以承事王者也."

14 『詩集傳』: "賢者不得志, 而仕於伶官, 有輕世肆志之心焉, 故其言如此. 若自譽而實自嘲也."

하지만 이 작품은 한 여인이 사랑하는 무서舞師를 찬미하여 부른 사랑의 노래이다.

이 시는 모두 네 단락으로 나뉘어져 있다. 제1장에서는 막 춤 추려는 모습을, 제2장에서는 무무武舞를 추는 멋진 사내의 모습을 묘사하였다. 우람한 체구에 늠름한 위풍, 맹호에 견줄 만한 힘으로 동아줄로 단단히 엮은 말고삐를 움켜쥐고 있다. 이와 반대로 제3장에서는 왼손에는 피리를, 오른손에는 꿩 깃을 잡고, 점잖으면서도 우아하게 문무文舞를 춘다. 제4장의 첫 두 구절 "산에는 개암나무, 습지에는 감초(山有榛, 隰有苓.)"는 연애나 애정을 은유적으로 표현하는 후렴구에 해당된다. 『시경』 국풍에서 이 구절이 나오는 시편은 대부분 남녀의 사랑을 노래한 것들이다.

제2장에서 추는 무무武舞는 방패(干)나 도끼(戚)를 들고 춤을 추기 때문에 달리 간척무 또는 간우무干羽舞라고도 하고, 제3장의 문무文舞는 피리를 닮은 악기인 약籥이나 꿩의 깃털인 적翟을 들고 춤을 추기 때문에 약적무籥翟舞라고 부른다.

이 시편은 주周나라 천자의 무대舞隊가 위衛나라를 찾아가 공연을 펼치는 모습을 담은 것일 수도 있는데, 그 규모가 성대하였다는 것을 작품에서 알 수 있다. 작품의 시적 화자는 공연을 지켜보던 한 아가씨이다. 무대를 이끄는 사내를 보고 첫눈에 반한 아가씨가 자신의 마음을 시詩로 담아낸 것이다. 이 작품을 통하여 당시 추었던 춤의 형식을 엿볼 수 있는데, 힘차고 빠른 동작으로 사냥을 하고 수레를 모는 동작 따위를 표현한 것이다.

제2장에 나오는 '만무萬舞'는 춤의 총칭이다. 즉 방패나 도끼를 들고 추는 무무와 꿩깃과 피리를 들고 추는 문무를 통틀어 일컫는 말이다. 또 '쥐고 있는 고삐 실을 다루듯 하네(執轡如組)'라고 한 것은 말을 쉽게 모는 모습을 형용한 것으로, 사실상 무무武舞를 추는 모습을 담아낸 것이다.

역사서에는 만무萬舞를 언급한 부분이 매우 많다. 하지만 그 해석은 예로부터 서로 달랐다. 일설에는 만무를 문무文舞와 무무武舞를 모두 포괄하는 무용의 총칭이라고 하였는가 하면 무무武舞만을 가리키는 것이라고도 하고, 또 혹자는 특정한 춤을 가리키는 명칭이라고 한다. 그러나 지금 남아 있는 자료를 종합해보면, 만무는 특정한 춤의 이름이라기보다는 춤에 대한 총칭으로 보는 것이 타당할 것이다. 왜냐하면 춤을 연행할 때, 한 가지 춤만 추는 것이 아니라 적어도 몇 가지를 연행하기 때문이다. 여러 가지 춤이 어우러져야만 '만무를 춘다(奏萬舞)'고 말할 수 있는 것이다. 따라서 만무는 여러 가지 춤을 두루 가리킨 말로, 그 가운데는 문무와 무무도 포함된다고 할 것이다.

혹자는 만무는 ＜대호大濩＞[15]를 가리키는 것으로, 매력적인 춤이라고 말하기도 한다. 그 근거로는 두 가지를 내세운다. 당시 魯나라에서는 고매高禖라는 신에게 제사를 바칠 때 만무를 춘다는 기록이 있고,[16] 또 춘추春秋 시대에 초楚나라의 영윤인 자원子元이 만무로 문왕文王의 부인을 유혹하였다는 기록이[17] 그것이다. 이 또한 타당성이 있는 주장이다. 앞의 작품에서도 보았듯이, 무자는 문무와 무무를 멋지게 추어 구경하던 아가씨의 마음을 송두리째 빼앗았으니 말이다.

15 대호大濩는 『주례周禮』의 「춘관春官」 「대사악大司樂」는 "…… 이칙으로 연주하고 중려로 노래하며 대호를 춤추어 선비에게 제사지낸다.(……乃奏夷則, 歌小呂, 舞大濩, 以享先妣.)"라고 하였는데, 탕湯임금의 악무로 주대에는 선비인 강원에게 제사지낼 때 사용한 악무였다.

16 『시경』의 「노송魯頌」 〈비궁閟宮〉에 "萬舞洋洋"이라는 구절이 있는데, 이것은 선비에게 제사를 지낼 때 〈만무萬舞〉를 추었다는 사실을 알려준다. 이런 내용으로 보아 '만무'는 여러 가지 춤을 일컫는 의미로 이해할 수 있으나 〈대호〉라는 춤과 같은 것인지는 확실하지 않다. 계급사회에서는 모든 사람이 의례 무용을 출 수 없었다. 특히 제사에 참여한 많은 젊은 남녀들이 감정을 주고받을 때 〈대호〉가 아닌 다른 무용을 분명히 추었을 것이다. 그래서 "만무양양萬舞洋洋"하게 성대한 장면을 형성하였을 것이다.

17 『좌전左傳』 양공襄公 28년조에 "초楚나라 영윤 자원子元이 문왕의 부인을 유혹하고자 그녀의 궁궐 옆에서 만무를 추게 하였다. 부인이 이를 듣고 울면서 말했다. '선왕先王(초楚나라 문왕文王)께서는 이 춤으로 군대를 훈련시켰습니다. 오늘 영윤께서 원수를 갚지 않으시고 미망인 옆에 계시니, 이 또한 이상하지 않습니까?'"라고 하였는데, 여기에서는 만무를 군사를 조련할 때 사용하였다고 했으니, 간척干戚을 든 무무武舞임에 틀림없다. 영윤 자원이 이용한 춤의 유혹성은 그 춤 내용이 본래 음탕하다는 뜻이 아니라 무용 예술이 지닌 본질, 즉 힘과 아름다운 표현을 두고 이른 것으로서, 사람들의 청춘 활력을 불러일으키기에 충분하다. 춤을 잘 추는 젊은이는 자신의 뛰어난 무용 기예로 역량을 과시하여 아가씨들의 사랑을 얻었던 것이다.

2. 민간 악무시

「왕풍王風」에 실린 <군자양양君子陽陽>을 살펴보면 다음과 같다.

제1장
의기양양한 우리 그이 君子陽陽
왼손에 생황 들고 左執簧
오른손으로 나를 불러 방으로 들어가니 右招我由房
정말 즐겁네 其樂只且

제2장
즐거워하는 우리 그이 君子陶陶
왼손에 새깃 들고 左執翿
오른손으로 나를 불러 춤추자고 하니 右招我由敖
정말 즐겁네 其樂只且

이 작품에 대한 옛 사람의 평가를 보면, 「모이서毛詩序」에서는 "군자君子들이 어지러운 세상을 당하여 적당히 녹봉이나 받아먹으며 몸을 보전하고 해로운 것을 멀리함을 노래한 것"[18]이라고 평하였고, 『시집전詩集傳』에서는 "행역行役에서 돌아온 남편이 고생하던 일을 모조리 잊고 기쁨으로 충만한 모습을 보고 그의 부인이 찬미한 것"[19]이라고 평하였다.

하지만 이 작품은 무사舞師를 연인으로 둔 여인이 사랑의 기쁨을 노래한 것으로, 더불어 사랑의 마음을 담은 춤을 함께 추는 모습을 담아낸 것이다.

「왕풍王風」은 동주東周의 도성인 낙양洛陽 일대에서 불리던 민요이다. 제1장은 한 남자가 황簧을 들고 춤을 추며 집안에 있는 아가씨를 불러내는 장

18 『毛詩序』: "君子陽陽, 閔周也. 君子遭亂, 相招爲祿仕, 全身遠害而已."
19 『詩集傳』: "此詩疑亦前篇婦人所作, 蓋其夫旣歸, 不以行役爲勞, 而安於貧賤以自樂, 其家人, 又識其意而深歎美之, 皆可謂賢矣."

면이다. 황簧은 곧 생笙으로, 13~19개의 가느다란 대를 바가지로 만든 바탕에 세우고 주전자 귀대 비슷한 부리로 불어서 연주하는 취주악기로, 춤출 때는 무구舞具로 사용하기도 한다. 따라서 생을 들고 춤을 추었다면 그 춤은 바로 <노생무蘆笙舞>[20]일 것이다. 제2장에서는 깃털을 들고 춤을 추는 모습을 묘사하였다. 아가씨도 무대에 함께 서서 즐겁게 함께 춤을 춘다. 깃털을 손에 들었다는 점에서 다른 춤으로 볼 수도 있으나, 깃털은 본래 노생에 장식으로 사용되던 것이다. 따라서 시적 화자가 글자를 변환하기 위하여 다른 표현을 사용한 것일 뿐, 역시 <노생무>일 것이다. 깃털을 노생무의 장식품으로 볼 수 있는 까닭은 지금 전하는 <노생무>에도 그런 관습이 행해지기 때문이다. 게다가 사랑을 춤의 주된 내용으로 삼았다는 점도 매우 닮은 점이다.

다음은 「정풍鄭風」에 실린 <탁혜蘀兮>이다.

제1장
마른나무 잎새야 마른나무 잎새야　　蘀兮蘀兮
바람이 너를 날려 보낼라　　風其吹女
사랑하는 임이시여　　叔兮伯兮
그대가 노래 부르면 내 화답하리　　倡予和女

제2장
마른나무 잎새야 마른나무 잎새야　　蘀兮蘀兮
바람이 너를 날려 보낼라　　風其漂女
사랑하는 임이시여　　叔兮伯兮
그대가 노래 부르면 내 화답하리　　倡予要女

이 작품에 대한 옛 사람의 평가를 보면, 「모시서毛詩序」에서는 "홀忽을 풍

20 孫景琛(著), 차순자(옮김), 『중국무용사』[선진편](서울: 신지서원, 2004), 62쪽, 195쪽 참조.

자한 것이다. 임금은 약하고 신하가 강하여 이끌지 않아도 조화하게 되었기 때문이다."[21]라고 하였고, 『시집전詩集傳』에서는 "이성을 그리는 음녀淫女의 노래"[22]라고 평하였다.

하지만 이 작품은 여인이 연인을 만나 부른 노래이다. 작품에서 낙엽이 바람에 날린다고 한 것은 사내들이 자신에게서 멀어질까 염려하는 마음을 담아낸 것이다. 자신은 사내들이 유혹한다면 얼마든지 응하겠다는 것이다.

「정풍」에 실려 있는 21편의 작품은 연애시가 대부분이어서 예로부터 대표적인 음시淫風으로 평가되었다.

'정위지음鄭衛之音'은 중국 고대 음악사에서 오랫동안 논란이 된 문제 가운데 하나이다. '정위지음'이라는 말은 글자 그대로 주나라 때에 정鄭나라와 위衛나라의 지방 색채가 강한 음악을 가리킨다. 주나라 무왕武王이 상商나라를 멸망시킨 후, 상나라의 도읍지를 패邶・용鄘・위衛의 세 곳으로 나누고, 주왕紂王의 아들 무경武庚과 자신의 두 동생인 관숙管叔과 채숙蔡叔을 각각 그곳에 봉하였다. 그러나 무왕이 죽자 관숙과 채숙은 무경과 결탁하여 반란을 일으켰고, 이에 주공周公 단旦은 반란을 평정하고 무경과 관숙은 주살하고 채숙은 멀리 유배하였다. 성왕成王 때에 이르러 대규모 분봉分封을 하는 과정에서 무왕의 또 다른 동생인 강숙康叔은 상나라의 옛 땅인 조가朝歌로 가서 위衛나라를 세우고 은나라 민족을 노예로 삼았다. 정鄭나라는 지금의 중국 산시성陝西省 화현華縣에 세워졌다가 나중에 허난성河南省 일대로 옮아가 '신향新鄉'이라고 불리었다.[23] 이렇게 보면 '정위지음'은 결국 상나라 민족의 종교적 성격과 음악적 채취가 짙게 남은 민족 음악인 셈이다.

'정위지음'은 내용면에 있어 일반 백성들의 진실한 감정을 솔직하게 드러내었고, 형식면에 있어 한 가지 틀에 얽매이지 않아 참신한 변화를 보였다. 그 때문에 '정위지음'은 사회의 각계각층으로부터 사랑을 받아 음악의

21 『毛詩序』: "蘀兮, 刺忽也, 君弱臣强, 不倡而和也."

22 『詩集傳』: "此淫女之詞, 言蘀兮蘀兮, 則風將吹女矣, 叔兮伯兮, 則盍倡予, 而予將和女矣."

23 劉再生, 『中國古代音樂史簡述』(北京: 人民音樂出版社, 1989), 57쪽.

새로운 조류를 이루었고, 당시 정통 아악雅樂에 큰 충격을 주는 한편 춘추春秋 말기 예악 제도의 붕괴를 재촉하였다.

다음은 「진풍陳風」에 실린 <완구宛丘>이다.

제1장

그대는 경쾌하고 아름답게	子之湯兮
완구 위에서 춤추는데	宛丘之上兮
정말로 그대를 사랑하지만	洵有情兮
헛된 사랑 바라지 않아요	而無望兮

제2장

둥둥 북을 치며	坎其擊鼓
완구 밑에서 춤추는데	宛丘之下
겨울 여름 없이	無冬無夏
백로 깃 들고 춤을 추네	值其鷺羽

제3장

탕탕 장군 두드리며	坎其擊缶
완구 길가에서 춤추는데	宛丘之道
겨울 여름 없이	無冬無夏
백로 깃 부채 들고 춤을 추네	值其鷺翿

「모시서毛詩序」에서는 이 작품은 "진陳나라 유공幽公이 방탕무도放蕩無度하게 노는 것을 풍자한 것"[24]이라고 평하였다. 또 어떤 이는 작품에서 "둥둥 북을 치며(坎其擊鼓)"라고 한 구절을 지적하며 이 작품은 무축巫祝을 노래한 것이라고 한다.[25] 하지만 이 작품은 무녀舞女를 연인으로 둔 한 젊은이가 무

24 『毛詩序』: "宛丘, 刺幽公也, 淫荒昏亂, 游蕩無度焉."

25 孫景琛(著), 차순자(옮김), 『중국무용사』[선진편], 197쪽 참조.

녀를 사모하여 부른 노래이다.

해오라기 깃털을 든 사람들은 완구宛丘[26]에 가득 모여 훨훨 나는 듯이 춤을 춘다. 게다가 여름이든 겨울이든 때를 가리지 않고 늘 즐거워하며 마음껏 즐긴다.

한나라 학자 정현鄭玄이 지은 『시보詩譜』에 의하면, 진陳나라는 복희씨伏羲氏의 유지遺址라고 한다. 순舜임금의 후손 가운데 우알보虞閼父라는 자가 있었는데, 주周나라 무왕武王에게서 도요陶窯를 관리하는 도정陶正을 지냈다. 무왕武王은 우알보가 재주가 뛰어나고, 또 순임금의 후손이라는 점을 참작하여, 우알보의 아들 규만嬀滿을 진陳나라에 봉封하여 완구의 옆에 도읍하게 하고, 또 만딸 대희大姬를 아내로 삼게 하였다. 규만은 곧 진나라 호공胡公이다. 진나라는 지금의 중국 허난성河南省 화이양淮陽과 안후이성安徽省 북부에 해당된다. 이 지역은 땅이 넓고 평탄하며 큰 산이나 호수는 없다. 서쪽으로는 외방산外方山이 바라보이고 동쪽으로는 맹저盟豬에 이른다. 하지만 태희는 자식이 없어서 무당과 푸닥거리를 하고 또 귀신가무鬼神歌舞를 즐겼다고 한다.[27] 그래서 진나라에는 가무를 즐기는 풍속이 생겨났다고 한다.

한편 「진풍陳風」에 실린 <동문지분東門之枌>은 다음과 같다.

제1장

동문에는 흰 느릅나무	東門之枌
완구에는 도토리나무	宛丘之栩
자중씨네 따님이	子仲之子
그 밑에서 춤을 추네	婆娑其下

26 완구(宛丘)는 사방은 높고 중간이 낮은 분지에 만들어진 유희장. 뒤에는 지명이 되어 나라 사람들이 유관하는 장소로 변하였다. 『수경주水經注』에 따르면, 완구는 진陳나라 성남城南, 길 동쪽에 있었으며, 동문東門에서 완구에 이르는 곳은 모두가 가무의 장소였으며, 이곳이 바로 완구의 거리라고 하였다.

27 朱熹, 『詩集傳』(臺北: 臺灣學生書局, 民國69), 315쪽.

제2장

좋은 날 그대를 선택하러	穀旦于差
남쪽 들에 갔었네	南方之原
삼베 길쌈은 아니하고	不績其麻
그녀는 춤을 추네	市也婆娑

제3장

좋은 날 그대를 선택하러	穀旦于逝
여러 번 왔었네	越以鬷邁
그대를 보니 금규화 같은데	視爾如荍
내게 한 줌의 산초를 주네	貽我握椒

이 작품에 대한 옛 사람의 평가를 보면, 「모시서毛詩序」에서는 "사내와 계집들이 할 일도 제쳐놓고 어울려 노는 것을 혐오하여 이 시를 읊었다"[28]고 하였고, 『시집전詩集傳』에서는 "남녀들이 교외로 몰려 나가 노래하고 춤을 추며 즐기는 모습을 노래한 것"[29]이라고 평하였다.

그러나 이 작품은 화창한 봄날에 청춘 남녀가 어울려 춤과 노래로 서로 짝을 찾는 상황에서 한 청년이 아름다운 아가씨로부터 사랑의 메시지를 받고 화답하여 부른 노래이다.

호승공胡承珙은 『모시정전毛詩後箋』에서 "<완구宛丘>와 <동문지분東門之枌>은 무축巫祝이 귀신에게 제사지내기 위하여 지은 것인데, 자중子仲은 박수무당이고 원씨原氏는 무녀이다."[30]라고 하였다. 그러니까 이 작품에 나오는 여인을 1년 내내 해오라기 깃털을 들고 춤을 추는 무당으로 본 것이다. 따라서 여인이 추는 춤을 '무무巫舞'라고 하였다.

28 『毛詩序』: "東門之枌, 疾亂也. 幽公淫荒, 風化之所行, 男女棄其舊業, 亟會於道路, 歌舞於市井爾."

29 『詩集傳』: "此男女聚會歌舞, 而賦其事以相樂也."

30 胡承珙(撰), 『毛詩後箋』(長沙: 黃山書社, 1999), 599~609쪽 참조.

사실 무무는 민간무와 여러 측면에서 연관되기 때문에 명확하게 구분하기는 어렵다. 이 작품에 묘사된 춤은 무무일 가능성은 높지 않지만, 설령 무무라고 하더라도 춤을 추는 사람은 무녀가 아니라 평범한 여인일 수 있다. 그렇다면 춤을 추는 것은 종교적 의식의 일환으로서가 아니라 스스로 즐기기 위한 것이다.

이상 살펴본 두 작품 가운데 <완구>는 당시 진나라 민간 악무의 모습을 아주 자세하게 담아낸 것이고, <동문지분>은 명절을 맞이하여 청춘 남녀가 노래하고 춤추며 즐기는 장면을 담아낸 것이다. 사랑을 주제로 한 두 작품은 모두 당시 진나라 민간에서의 악무 광경을 잘 보여준다.

『예기禮記』에는 "시詩는 사람의 생각을 말하는 것이고, 노래는 사람의 음성을 가락에 담아내는 것이며, 춤은 사람의 자태와 동작을 연출하는 것이다. 이 세 가지는 모두 사람의 마음에서 비롯된다."[31]라고 하였다. 이 말은 고대에는 시가·음악·무용이 하나로 결합되어 있었다는 의미이다. 또한 이 말은 악무가 서로 혼합된 원초적 예술의 단계에서 발생하게 된 계기를 말하는 것이기도 하다. 즉 사람의 감정은 고조되면 말로 하다가, 노래하게 되고, 춤추게 된다는 것이다.

서론에서 말했듯이 『시경』에 수록된 시가는 모두 악무시의 성격을 지닌 것이지만, 본고에서는 그 범위를 「국풍國風」에서 노래와 춤이 함께 표현된 작품만을 대상으로 하여 주나라 때의 악무시에 대하여 살펴보았다.

해당 작품을 통하여 당시 연행된 악무와 민간 악무의 광경이 국풍에 수록된 시가에 어떻게 반영되었는지를 살펴보았다. 악무를 소재로 한 이들 작품은 당시의 풍속을 담은 민간 악무이거나 의례에서 사용되다 민간으로 흘러나온, 이른바 '변풍變風'으로 불리던 신성新聲의 악장樂章이 대부분이다. 그것은 형식이 한층 자유로워지고, 작자의 속내를 허심탄회하게 담아낼 수

31 『禮記·樂記』: "詩, 言其志也. 歌, 詠其聲也. 舞, 動其容也. 三者皆本於心."

있는 형식이었기 때문이었을 것이다.

이 글은 대상 범위를 「국풍國風」에 한정하여 살펴보다 보니 『시경』 전체의 악무 상황을 살피기에는 부족한 구석이 적지 않다. 따라서 향후에는 『시경』 전체로 그 대상을 넓혀서 종교나 제사에 쓰인 악무시인 아雅·송頌 부분까지 논의하여야만 당시의 악무 상황을 한층 뚜렷하게 파악할 수 있을 것이다.

참고문헌

毛亨(傳), 鄭玄(箋)『毛詩鄭箋』, 臺灣中華書局, 臺北, 民國72.

朱熹(撰),『詩集傳』, 臺灣學生書局, 臺北, 民國59.

胡承珙(撰), 郭全芝(校點)『毛詩後箋』, 黃山書社, 合肥, 1999.

馬瑞辰(撰),『毛詩傳箋通釋』, 中華書局, 北京, 1989.

송천호 · 이채문(편역),『시경』, 명지대학교출판부, 서울, 2001.

孫景琛(著), 차순자(옮김),『중국무용사』[선진편], 신지서원, 서울, 2004.

郭春林,「詩經中的舞蹈詩及其民俗闡釋」,『九江學院學報』2006年 2期, 2006.

吳全蘭,「巫風的餘韻: 國風中的歌舞」,『詩經研究總刊』第5輯, 學苑出版社, 2003.

심성호,「禮樂詩의 분화」;『중국문학연구』16, 한국중문학회, 1998.

김해명,「중국 雅樂의 형성과 詩經의 관계」,『중어중문학』33, 한국중어중문학회, 2003.

선우미정,「先秦儒家의 禮樂思想에 관한 연구」, 성균관대학교 박사학위논문, 2008.

김학주,「詩經을 중심으로 본 중국 고대의 禮樂舞」,『한국무용사학』13, 무용역사기록학회, 2012.

남종진,「중국 고대 무용사 기술에 있어서의 몇 가지 문제점」,『공연문화연구』25, 한국공연문화학회, 2012.

허동성,「중국 고대 악무의 기능 변화 양상」,『공연문화연구』27, 한국공연문화학회, 2013.

당시를 통해 본 궁중 연악 십부기

남종진
세계민족무용연구소 전임연구원

당시唐詩는 중국 시가문학의 최고봉으로 꼽힌다. 청나라 때에 편찬된 『전당시全唐詩』에 수록된 당시만 하더라도 작가가 2,250여 명에 작품은 48,900수에 이르며 다양한 소재, 주제, 기풍, 양식을 망라한다. 한편 『전당시정화분류감상집성全唐詩精華分類鑑賞集成』에서는 당시 가운데 418가 2,706편의 작품을 선별하여 소재에 따라 55부部 227문門 1175류類로 나누었는데,[1] 이것은 『전당시』에 수록된 작품 가운데 겨우 5퍼센트만을 대상으로 한 것이지만 역시 당시의 다양한 면모를 엿보기에 충분하다. 당시에서 다룬 다양한 소재 가운데는 악무樂舞도 물론 포함되었다. 『전당시정화분류감상집성』에서는 「예술부藝術部」의 「무도문舞蹈門」을 <검기무劍器舞>, <예상우의무霓裳羽衣舞>, <호선무胡旋舞>, <호등무胡騰舞>, <자지무柘枝舞>, <진왕파진악秦王破陣舞>, <자무字舞> 등의 항목으로 나누고 각 악무를 소재로 한 대표작품을 1편씩 선별하여 실었다.

당대唐代(618~907년)는 궁중의 연향악무가 전성을 구가한 시기로, 특히

* 이 글은 한국중국학회의 『중국학보』 제69집에 수록한 것임.

1 潘百齊, 『全唐詩精華分類鑑賞集成』(南京: 河海大學出版社, 1989).

태종의 시대인 정관貞觀의 치세治世부터 현종의 시대인 개원開元의 성세盛世까지는 중국 악무의 황금시대로 꼽히며 찬란한 성황을 구가한 시기였다. 당시에는 수나라에서 수용한 구부기九部伎를 십부기十部伎로 확대하여 궁중 연악 시스템을 완비하였고, 대당아악大唐雅樂 <십이화十二和>를 제정하여 국가의 예악제도를 정비하였으며, 악무기구를 확대하여 악무행정의 전문화와 인력양성의 체계화를 도모하였다. 또 '아雅'와 '속俗', '한漢'과 '호胡'를 융합하여 다양한 신악新樂을 창작하고, 전문이론서를 편찬하는 등 많은 노력을 기울였다. 이는 정치적 통일에 따른 사회적 안정, 경제적 번영, 군주의 애호, 개방적 사고, 문화적 융합이 어우러진 결과였다.

이러한 당시 악무의 발전상에 대해서는 『수서隋書』 「음악지音樂志」, 『구당서舊唐書』 「음악지音樂志」, 『신당서新唐書』 「예악지禮樂志」, 『통전通典』 「악전樂典」, 『당회요唐會要』, 『문헌통고文獻通考』 「악고樂考」 등의 사서史書·정서政書·유서類書의 관련 기록에서 그 대략을 살필 수 있다. 그러나 이 기록들은 앞선 기록을 전사轉寫하여 내용이 대체로 중복되므로 정보의 양이 문헌의 양과 비례하는 것은 결코 아니다. 따라서 당시 악무에 대한 개괄적 정보는 보여주지만 개별 악무의 변천과정이나 연행양상에 대한 자세한 사정까지 알려주지는 않는다. 게다가 중당 이후에는 궁중의 악무기구가 축소 또는 해체되면서 악공樂工과 무자舞者가 흩어졌고, 또 송대 이후에는 희곡이 궁중 악무를 빠르게 대체하면서 그나마 전승되던 궁중 악무마저 대부분 명맥이 끊어지고 말았다. 비록 일부 종목은 일본으로 건너가 도가쿠唐楽라는 이름으로, 고마가쿠高麗楽와 더불어 일본 부가쿠舞楽의 지주가 되어 전승되고, 또 일부는 민간의 악무에 흡수되어 명맥을 이었다고 하지만,[2] 이 또한 변용되었거나 편린만 남았을 뿐이어서 그 온전한 면모를 살피기는 어렵다.

2 중국예술연구원의 무용인류학자 우윈밍巫允明은 중국 안후이성安徽省 구이츠시貴池市 류제진劉街鎮의 나제儺祭에서 연행하는 <산무傘舞>, 후난성湖南省 신화현新化縣 수이처진水車鎮의 <나면사자儺面獅子>, 산시성山西省 루청潞城의 <공잔供盞> 제사 등을 민간에 남아있는 중국 궁중 악무의 흔적으로 꼽는다. 巫允明, 「中國古代宮廷和儀式舞蹈的體現與遺存」, 『한국예술종합학교 무용원 이론과 심포지엄 프로시딩』, 한국예술종합학교, 2012, 41～68쪽 참조.

이처럼 당대의 악무는 문헌기록의 미비와 전승의 단절 때문에 특정 악무의 양상을 자세히 알기는 어렵다. 그런데 역사기록 이외에 당시 악무의 모습을 담아낸 것에는 도상圖像 자료와 악무를 소재로 한 시가가 있다. 벽화壁畫·화상석畫像石·무용舞俑·도화圖畫 등에 담긴 악무의 연행 장면은 현장성이 있고 또 시각적 효과가 뛰어나기 때문에 악무의 양상을 살피는 데에 있어서 소중한 자료가 된다. 또 악무를 소재로 창작한 시가 역시 악무의 배경과 연행 양상을 이해하는 데에 있어서 도움이 된다. 악무를 소재로 한 시가는 당시 널리 유행한 <호선무胡旋舞>·<호등무胡騰舞>·<자지무柘枝舞> 등이 주요한 소재가 되었지만 더러는 궁중 연악인 십부기十部伎의 종목을 소재로 삼은 것도 있다. 십부기를 소재로 한 작품들은 역사기록의 미비와 전승의 단절에 따른 한계를 조금이나마 메워주기 때문에 십부기의 양상을 한 걸음 다가서 이해하는 데에 도움이 된다. 따라서 아래에서는 당대의 시가 가운데 십부기를 소재로 지은 작품에 나타난 해당 악무의 연행 양상, 배경, 인식 등을 살펴보겠다.

1. 십부기를 소재로 한 당시

십부기十部伎는 당대 궁중 연악의 골간이다. 연악宴樂은 달리 '연악燕樂' 또는 '연악讌樂'이라고도 하는데, 북송의 학자 심괄沈括은 "선왕지악先王之樂은 '아악雅樂'이고, 앞 시대에 새로 만든 것은 '청악淸樂'이며, 호부胡部와 합쳐진 것은 '연악燕樂'이다."[3]라고 정의하였다. 그러니까 연악은 아악과 상대하여 궁중에서 사용하던 '속악俗樂'을 가리키는 것으로, 여기에는 청상악淸商樂[4],

3 『夢溪筆談·樂律』: "自唐天寶十三載, 始詔法曲與胡部合奏, 自此樂奏全失古法. 以先王之樂爲雅樂, 前世新聲爲淸樂, 合胡部者爲宴樂."

4 청상악淸商樂(淸樂, 淸商伎)은 한漢나라 이래로 내려온 한족의 민간악을 위魏나라 효문제孝文帝가 호악胡樂이나 '선왕지음先王之音'과 구분하여 성립된 것이다. 역사기록에 따르면 수隋나라가 멸망하자 청상악은 흩어져 당나라 때에는 <백설白雪>, <공막公莫>, <파투巴渝> 등 63곡만 남았

외래악外來樂, 창작악創作樂, 민간악民間樂이 두루 포함된다.

당대의 연악은 구부기九部伎와 십부기十部伎, 좌부기坐部伎와 입부기立部伎로 나뉘는데, 이는 궁중 연악의 양대 지주를 이루었다. 부기部伎는 달리 부악部樂이라고도 하는데, 수나라 때에 여러 가지 악무를 골라 묶음으로 만든 것에서 유래하였다. 처음에는 일곱 가지였기 때문에 칠부기七部伎(七部樂)로 불리다가 나중에 구부기(九部樂)로 확대되었고, 당대에 이르러 다시 십부기(十部樂)가 되었다. 칠부기의 성립부터 십부기가 완성되기까지의 과정은 다음과 같다.

수나라를 건국한 문제文帝 양견楊堅은 궁중의 연향을 비롯한 각종 대전大典에서 사용할 목적으로 남북조시대까지 유행하던 악무를 모아 칠부기를 제정하였다. 여기에는 전래되던 <국기國伎>와 한족의 고유 악무인 <청상기淸商伎>를 비롯하여 외래악무인 고구려의 <고려기高麗伎>, 천축의 <천축기天竺伎>, 우즈베키스탄 부카라Bukhara의 <안국기安國伎>, 신강新疆 쿠차庫車(Kucha)의 <구자기龜玆伎> 그리고 <문강기文康伎>가 포함되었다. 칠부기는 여러 악무를 묶은 '부기'를 궁중의 연향 의례에서 사용한 첫 사례였다. 그 후 양제煬帝 양광楊廣은 칠부기 가운데 <국기國伎>를 <서량기西凉伎>로, <문강기文康伎>를 <예필禮畢>로 각각 명칭을 바꾸고, 소그디아나Sogdiana에서 전래한 <소륵기疎勒伎>와 우즈베키스탄 사마르칸드Samarkand 지역에서 전래한 <강국기康國伎>를 더하여 구부기로 확대하였다.[5] 당나라를 개국한 고조高祖 이연李淵은 수나라의 구부기를 그대로 사용하였으나,[6] 태종太宗 이세민李世民은 637년(정관 11년)에 <예필>을 폐지하는 대신 3년 뒤에 <연악燕樂> 4종을 창작하여 구부악에 넣고, 또 지금의 신장위구르자치구 투루판Turfan에 있던 고창高昌을 정벌하고 받아들인 <고창기高昌伎>를 642

다고 한다.

5 『隋書 · 音樂志』: "始开皇初定令, 置七部樂. 一曰國伎, 二曰淸商伎, 三曰高麗伎, 四曰天竺伎, 五曰安國伎, 六曰龜玆伎, 七曰文康伎. …… 及大業中, 煬帝乃定淸樂 · 西凉 · 龜玆 · 天竺 · 康國 · 疏勒 · 安國 · 高麗 · 禮畢, 以爲九部. 樂器工衣創造旣成, 大備於玆矣."

6 『舊唐書 · 音樂志』: "高祖登極之後, 享宴因隋舊制, 用九部之樂."

년 11월에 구부기에 더하여 십부기를 완성하였다. 십부기는 한족의 <연악燕樂>과 <청상기淸商伎>를 제외하면 모두 외래 악무라는 점에서 당나라의 개방성과 그에 따른 중·외 문화의 폭넓은 교류와 융합을 엿볼 수 있다.

십부기는 당대 연악의 본체이자 당대 연악의 대명사이기도 하다. 십부기는 악부樂部를 연계시켜 연행하는 방식으로 제국의 위엄을 과시함으로써 사방이 귀의한다는 정치적 의미를 부친 것이었다. 따라서 조회 의식, 사절 접대, 궁중 연회 같은 황제가 하사한 특별한 경우에만 연행되었다. 당대의 구부기와 십부기를 요약하면 다음과 같다.

<표 1> 당대의 구부기와 십부기

<table>
<tr><th>구부기</th><th colspan="2">십부기</th><th>악무의 유래</th></tr>
<tr><td rowspan="4">–</td><td rowspan="4">연악
燕樂</td><td>경운악景雲樂</td><td rowspan="4">637~641년(태종 정관 11~16년)에 창작</td></tr>
<tr><td>경선악慶善樂</td></tr>
<tr><td>파진악破陣樂</td></tr>
<tr><td>승천악承天樂</td></tr>
<tr><td>청상기</td><td colspan="2">청상기淸商伎</td><td>중원中原에서 전승된 한족漢族의 고유 악무</td></tr>
<tr><td>서량기</td><td colspan="2">서량기西凉伎</td><td>지금의 간쑤성甘肅省 우웨이武威 지역에서 전래한 악무</td></tr>
<tr><td>천축기
부남기</td><td colspan="2">천축기天竺伎
부남기扶南伎</td><td>천축天竺과 부남扶南에서 전래한 악무[7]</td></tr>
<tr><td>고려기</td><td colspan="2">고려기高麗伎</td><td>고구려에서 전래한 악무</td></tr>
<tr><td>구자기</td><td colspan="2">구자기龜玆伎</td><td>신강新疆 쿠차庫車 Kucha 일대에서 전래한 악무</td></tr>
<tr><td>안국기</td><td colspan="2">안국기安國伎</td><td>우즈베키스탄 부카라Bukhara에서 전래한 악무</td></tr>
<tr><td>소륵기</td><td colspan="2">소륵기疏勒伎</td><td>소그디아나Sogdiana 지역에서 전래한 악무</td></tr>
<tr><td>강국기</td><td colspan="2">강국기康國伎</td><td>우즈베키스탄 사마르칸트Samarkand에서 전래한 악무</td></tr>
<tr><td>–</td><td colspan="2">고창기高昌伎</td><td>신강新疆 투루판吐魯番 Turfan 일대에서 전래한 악무</td></tr>
<tr><td>예필禮畢</td><td colspan="2">–</td><td>진晉 유량庾亮이 만든 악무. 일명 <문강기文康伎>.
태종太宗 때 폐지함</td></tr>
</table>

7 『당회요唐會要』에는 구부기와 십부기에 〈천축기〉 대신 〈부남기〉가 실려 있다. 그러나 『수서隋書』, 『구당서舊唐書』, 『통전通典』에는 모두 〈천축기〉가 실려 있다. 〈부남기〉는 오늘날의 캄보디아 지역에 있던 부남扶南에서 전래한 악무이다.

십부기 가운데 당시의 창작에 소재로 쓰인 종목은 창작계열의 악무로는 <연악燕樂> 중의 <경선악慶善樂>과 <파진악破陣樂>이 있고, 외래계열의 악무로는 <서량기西凉伎>, <고려기高麗伎> <부남기扶南伎>가 있었다. 『전당시』 등에는 <경선악>, <부남기>, <고려기>를 소재로 한 작품이 각 1편, <서량기>를 소재로 한 작품이 2편, <파진악>을 소재로 한 작품이 3편 등 모두 8편이 전한다. 이는 <호선무胡旋舞>, <호등무胡騰舞>, <자지무柘枝舞> 등 서역 계통의 악무를 소재로 한 시가가 다수 창작되었던 것에 비하면 미미하지만 희소성 때문에 자료로서의 중요성은 오히려 높다고 할 수 있다. 십부기의 종목을 소재로 삼아 창작한 시가작품을 개관하면 다음과 같다.

<표 2> 십부기의 종목을 소재로 창작한 당시

작 자	작자생몰	작 품 명	출 처	대상악무
이세민	598~649	<공성경선악무사功成慶善樂舞詞>	전당시 15	연악・경선악
미 상	~	<파진악破陣樂>	전당시 15	연악・파진악
장 열	667~730	<파진악사破陣樂詞>(2수)	전당시 89	연악・파진악
왕 유	701~761	<부남곡가사扶南曲歌詞>(5수)	전당시 125	부남기
이 백	701~762	<고구려高句麗>	이태백집 6	고려기
원 진	779~831	<화리교서신제악부- 서량기和李校書新題樂府- 西凉伎>(12수)	전당시 419	서량기
백거이	772~846	<서량기西凉伎>	백낙천집 4	서량기
		<칠덕무七德舞>		연악・파진악

2. 당시에 나타난 십부기의 양상

1) 시가 속의 외래 부기: 〈서량기〉・〈고려기〉・〈부남기〉

(1) <서량기西凉伎>

<서량기>는 남북조시대에 중원에 전래한 외래악무로, 수나라 때에 <국기國伎>라는 이름으로 칠부기에 편입되어 당나라의 십부기까지 전승된 것이다. <서량악>은 오호십육국五胡十六國의 하나인 서량西凉(400~421)의 악무를 가리키는 것이 아니라 지금의 중국 간쑤성甘肅省에 있던 실크로드의 중

진 양주涼州 지역에서 전래한 악무로 즉 '서쪽 양주 지역의 악무'라는 뜻이다. 『신당서』에는 <서량기>의 유래에 대하여 다음과 같이 기록하였다.

> <서량악西凉樂>은 부씨符氏[8] 말년에 처음 나왔다. 여광呂光과 저거몽손沮渠蒙遜 등이 양주涼州를 정벌하고 구자龜茲의 음악을 변용하여 만들고 <진한기秦漢伎>라고 불렀다. 후위後魏의 태무제太武帝(408~452)가 하서河西를 평정하고 그것을 손에 넣어 <서량악>이라고 불렀다. 후위에서 후주後周로 넘어갈 무렵에는 <국기國伎>라고 불렀다. 후위 때로부터 수나라 때까지 모두 이것을 소중히 여겼다.[9]

이 기록에 따르면, <서량기>는 남북조시대에 양주에서 전래하였으며, 구자의 음악을 활용하여 만든 것이다. <서량기>를 소재로 창작한 시가로는 중당 시인 원진元稹의 <화이교서신제악부和李校書新題樂府>(12수)와 백거이白居易의 <서량기西凉伎>가 있다.

첫째, 원진(779~831년)의 <화리교서신제악부십이수>는 12수로 이루어진 화운시和韻詩로, 그 가운데 <서량기西凉伎>라는 부제를 붙인 네 번째 작품이 <서량기>를 소재로 지은 것이다. 『전당시』에 전하는 작품은 7언 23구와 9언 2구의 모두 179자로 구성된 장편이다.

이 작품은 "내가 들으니 지난 날 서쪽 양주는(吾聞昔日西凉州)"이라고 시작하여, 이것이 전문傳聞에 의지하였고 과거의 특정 시점을 배경으로 하였다는 사실을 밝혔다. 이어서는 양주의 번영한 풍경과 생활 풍속을 전문에 근거하여 소개하였고, 중반부에 이르러 <서량기>를 연행하는 광경을 묘사한 대목이 나온다.

---

8 부씨符氏는 후위後魏(386~557)를 가리킨다. 남북조시대에 탁발씨拓跋氏가 세운 북위北魏 · 동위東魏 · 서위西魏를 역사에서는 '후위後魏'라고 하여 조위曹魏와 구분한다.

9 『新唐書 · 禮樂志』: "西凉樂者, 起符氏之末. 呂光沮渠蒙遜等據有凉州, 變龜茲聲爲之, 號爲秦漢伎. 後魏太武旣平河西, 得之, 謂之西凉樂. 至魏周之際, 遂謂之國伎. 魏代至隋咸重之."

가서한이 부서를 열고 잔치를 벌이니 哥舒開府設高宴
산해진미 맛난 술이 눈앞에 펼쳤구나 八珍九醞當前頭
앞에서는 온갖 잡기 현란하게 다투어 前頭百戲競撩亂
공과 칼 오르내리며 눈서리가 날리고 丸劍跳躑霜雪浮
사자는 뒤흔들자 채색 털이 곤두서고 獅子搖光毛彩竪
호등무 취하여 추니 온몸은 유연하지 胡騰醉舞筋骨柔10

가서한哥舒翰(?~756)은 현종 이융기李隆基 때의 장수로 752년에 토번吐蕃을 정벌하고 양주凉州에 막부幕府를 개설한 인물이다. 따라서 작품의 첫머리에서 작자가 밝힌 "지난 날"이라는 시점은 가서한이 살았던 시대를 가리킨다. 그러니까 원진은 자신보다 한 세대 이전에 있었던 일을 소재로 삼은 셈이다. 위에 인용한 부분은 가서한이 현지의 막부에서 연회를 열고 <서량기>를 즐기는 광경을 묘사한 대목인데, 쇠공(丸)과 칼(劍)을 놀리는 산악散樂이 현란하게 펼쳐지고, 사자무가 등장하고, 흥에 도취하여 호등무胡騰舞를 춤춘다. 쇠공과 칼을 놀리는 산악은 한나라 이래로 전해진 백희百戲의 종목이지만 사자무와 호등무는 서역에서 전래한 외래계열의 악무이다.

둘째, 백거이(772~846년)의 <서량기>는 정원貞元(785~805년) 연간의 사정을 담은 것이라고 밝혀두어, 그가 살았던 시대에서 가까운 과거의 일을 담아낸 작품임을 알 수 있다. 『백낙천시집白樂天詩集』에 전하는 작품은 3언 1구와 7언 39구의 모두 276자로 구성된 장편이다. 작품은 첫머리에서 <서량기>의 연행 장면을 자세하게 묘사하였다.

가면을 쓴 오랑캐와 가면을 쓴 사자는 假面胡人假獅子
나무 깎아 머리삼고 실로 꼬리 삼았다 刻木爲頭絲作尾
눈알에는 금칠하고 이빨에는 은칠하고 金鍍眼睛銀貼齒

10 『全唐詩』 卷419.

털옷을 잽싸게 털고 두 귀 흔들어대니 奮迅毛衣擺雙耳
사막에서 만 리 먼 길 온 것만 같구나 如從流沙來萬裡
자줏빛 수염에 눈 움푹한 두 오랑캐는 紫髯深目兩胡兒
북치고 춤추며 뛰쳐나와 뭐라뭐라하지 鼓舞跳粱前致辭[11]

이 대목은 사자무의 연행 광경을 묘사하면서, 사자랑獅子郎을 "가면을 쓴 오랑캐"라고 표현하여, 사자무가 외래의 악무임을 밝혔다. 이어서는 연희에 등장한 사자의 모습을 자세히 묘사하고, 또 두 명의 사자랑이 치어致語하는 모습을 진술하였다. 하지만 이 작품에서 연행의 광경을 묘사한 장면은 여기에서 그치고, 작품의 중반부에 이르면 정원 연간에 변방의 군영軍營에서 사자무가 연행되어 큰 호응을 받았음을 알려주는 대목이 나온다.

정원 때에 변방 장수들 이 곡을 좋아하여 貞元邊將愛此曲
술 취해 앉아서 웃으며 보고 또 보았었지 醉坐笑看看不足
손님군사 모아놓고 삼군에게 잔치 베풀면 享賓犒士宴三軍
사자와 오랑캐가 언제나 눈앞에 있었도다 獅子胡兒長在目[12]

앞서 원진의 작품에서는 당시 연행된 <서량기>의 레퍼토리로 철환鐵丸과 검술劍術 등의 산악, <호등무胡騰舞>[13]와 사자무가 나오지만 백거이의 작품에는 사자무가 <서량기>의 전부인 것처럼 묘사되었다.

사자무는 서역에서 기원하여 베트남, 중국, 한국, 류큐琉球, 일본 등지에 널리 전승된 춤이다. 중국에서는 사자무를 달리 무사舞獅, 무사자舞獅子, 사무獅舞, 사등獅燈, 사사耍獅라고도 하는데, 연희의 기풍에 따라 문사文獅와 무사武獅로 나누고,[14] 또 전승 지역에 따라 북사北獅와 남사南獅로 구분한다.[15]

---

11 『白樂天詩集』 卷4 「諷諭」.

12 『白樂天詩集』 卷4 「諷諭」.

13 원진元稹의 시에 "호등무를 취하여 추니 온몸 유연하지"라고 한 구절은 판본에 따라서는 원문의 "등騰"이 "희姬"로 되어 있어서 "오랑캐 계집 춤에 취하니 온몸 유연하지."로 풀이된다. 이렇게 되면 〈호등무〉도 없어진다.

백거이의 작품에 묘사된 사자의 모습은 나무를 깎아서 머리를 만들고, 실로 꼬리를 만들고, 금으로 눈알을 칠하고, 은으로 이빨을 붙인 정교한 모습이고, 또 사자랑이 등장하여 사자를 희롱하고 치어를 하는데, 이는 북방 계열의 사자무인 북사이자 문사의 계열에 속한다.

사자무가 언제 중국에 전래되었는지는 정확하게 알 수 없지만, 당나라 때에 사자무는 민간은 물론 궁중까지 들어가 연악의 주요 레퍼토리가 되었다. 원진과 백거이의 작품에서는 당시 사자무가 병영에서 널리 유행한 사실을 반영하였다. 그런데 당시 궁중에서는 십부기의 <구자기>와 입부기의 <태평악太平樂>에서 사자무를 연행하였다. <구자기>에 속한 사자무는 <오상사자五常獅子>라고 하는데, 『악부잡록樂府雜錄』에는 다음과 같이 기록하였다.

> 연희 가운데는 <오상사자五常獅子>가 있는데, (사자는) 키가 1장 남짓하고 각각 오색의 복장을 착용한다. 사자 한 마리당 사람은 12명씩이다. 붉은 머리띠를 두르고, 무늬 있는 상의를 착용하고, 붉은 먼지떨이를 드는데, 사자랑獅子郞이라고 부른다.[16]

---

14 문사文獅는 사자가 공을 빼앗으려고 하거나 공을 놀리거나 굴리는 등의 기민한 동작으로 사자를 온순하고 귀엽게 표현하고, 무사武獅는 사자가 도약 · 구르기 · 때리기 · 밧줄타기 등을 하는 동작으로 용맹과 위엄을 과시하는 데에 치중한다. 북방 계통의 사자무는 문사가 많고, 남방 계통의 사자무는 무사가 많다. 허영일, 「문화복합체로서의 동아시아 전통 춤 연구를 위한 제언: 한 · 중 · 일 사자춤의 대조 고찰을 바탕으로」, 『민족무용』 16, 한국예술종합학교 세계민족무용연구소, 2012, 15~16쪽 참조.

15 북사는 사자의 몸통을 정교하게 만들고 황금빛으로 치장한다. 머리는 단순하게 만드는데, 붉은 것은 수사자이고, 초록인 것은 암사자이다. 대개 암수 한 쌍으로 춤을 추는데, 때로는 별도로 새끼사자가 등장하여 서로 놀리기도 한다. 그래서 북사는 잡기에 가까운 모습이라는 평을 듣기도 한다. 두 사람이 한 팀을 이루어 연희하고, 징이나 북 따위로 반주를 한다. 남사는 연희자의 동작을 빌어 사자의 위엄을 내보이는데 치중하며, 기마자세를 중요하게 여긴다. 역시 두 사람이 한 팀을 이룬다. 사자의 얼굴 치장에 공을 많이 들이는데, 눈동자와 입술을 움직일 수 있다. 또 머리에는 뿔이 나 있다. 예전에는 뿔을 쇠로 만들었는데, 사자춤을 추다가 흔히 벌어지는 싸움에 대처하는 용도였다고 한다. 湯立許 · 梅林琦, 「南獅與北獅的文化比較」, 『軍事體育進修學院學報』 第25卷 第4期, 2006, 33~34쪽 참조.

16 『樂府雜錄』: "龜兹部: 戲有五常獅子, 高丈餘, 各衣五色. 每一獅子有十二人, 戴紅抹額, 衣畵衣, 執紅拂子, 謂之獅子郎."

또 입부기의 여덟 악곡 가운데 하나인 <태평악太平樂>은 달리 <오방사자무五方師子舞>라고도 부르는데, 『구당서』에는 다음과 같이 기록하였다.

> <태평악>은 <오방사자무>라고도 부른다. 사자와 지수鷙獸는 서남이西南夷 천축국天竺國과 사자국師子國[17]에서 전래하였다. 털을 꿰매 만들고, 사람이 그 속에 들어가 고개를 쳐들어 쳐다보았다 고개를 숙여 엎드렸다 하고, 두 사람은 밧줄을 잡아당기거나 채찍질하며 희롱한다. 다섯 마리의 사자는 제각기 방향을 나타내는 색깔에 선다. 140명이 <태평악>을 노래하고, 무자는 발을 사용하고, 밧줄을 잡은 사람은 곤륜昆侖[18]의 모습으로 차려입는다.[19]

반면 <서량기>는 편종, 편경, 탄쟁, 소쟁, 신공후, 수공후, 비파, 오현생, 소, 필률, 소필률, 적, 횡적, 요고, 제고, 첨고, 동발, 패를 사용하였고, 독무獨舞인 백무白舞와 4인무인 방무方舞를 연행하였다고 역사기록에 실려 있다.[20] 원진과 백거이의 작품에 나타난 <서량기>와는 그 모습이 크게 다르다. 따라서 원진과 백거이가 묘사한 사자무는 사실상 십부기 중의 <서량기>와는 무관하며 오히려 십부기 중의 <구자기>나 입부기 중의 <태평악>과 관계가 있는 셈이다. 그런데도 사자무를 주요하게 묘사하면서 <서량기>라고 제목을 붙인 것은 의문인데, 여기에는 두 가지 추론이 가능하다. 첫째, 당시 내지에 있던 작자들이 서역을 비롯한 중앙아시아와 지금의 중국령 서북지방에서 전래한 악무에 대한 명확한 인식이 없었기 때문에 당시 유행하던 사자무가 양주에서 연행되었다는 이유만으로 그것을 <서량기>로 간주하

---

17 사자국師子國은 의사자국擬師子國이라고도 하며, 스리랑카Sri Lanka의 옛 이름이다.

18 곤륜昆侖은 인도차이나반도와 동남아시아 사람을 일컫던 옛 이름이다.

19 『舊唐書 · 音樂志』: "太平樂, 亦謂之五方師子舞. 師子鷙獸, 出於西南夷天竺, 師子等國. 綴毛爲之, 人居其中, 像其俯仰馴狎之容. 二人持繩秉拂, 爲習弄之狀. 五師子各立其方色. 百四十人歌太平樂, 舞以足, 持繩者服飾作昆侖象."

20 『新唐書 · 禮樂志』: "西凉伎, 有編鐘, 編磬皆一, 彈箏, 掃箏, 臣箜篌, 豎箜篌, 琵琶, 五弦笙, 蕭, 觱篥, 小觱篥, 笛, 横笛, 腰鼓, 齊鼓, 簷鼓皆一, 銅鈸二, 貝一. 白舞一人, 方舞四人."

였을 수 있다. 둘째, 앞서 인용한 『신당서』의 기록에서 "양주를 정벌하고 구자의 음악을 변용하여"라고 하였듯이 <서량기>가 본래 구자의 악무를 변용하여 성립된 것과 무관하지 않을 수 있다. <서량기> 또는 <서량악>은 크게 두 가지 의미가 있는데, 하나는 십부기 중의 <서량기>를 가리키는 것이고, 또 하나는 서량의 기풍을 지닌 악무를 두루 일컫는 것이다.[21] 따라서 작자는 후자의 의미를 취하였을 가능성도 있다. 십부기는 현종玄宗 때에 이미 좌부기坐部伎와 우부기右部伎로 개편되면서 <서량기>를 비롯한 다수의 외래악무는 연행되지 않았다. 그러므로 원진과 백거이 당시에는 이미 <서량기>가 광의의 의미로 사용되었을 가능성이 높다. 이 점에 대해서는 더 진전된 고찰이 필요하다.

한편 백거이의 <서량기>는 마지막 부분에 이르러 변방에 주둔한 군사가 토번에게 영토를 빼앗기고도 <서량기>에 탐닉하는 현실을 개탄하는 대목이 나온다.

변경에 부질없이 주둔한 십만의 병졸들은　　緣邊空屯十萬卒
배부르고 등따숩게 그저 세월만 축낸다지　　飽食溫衣閒過日
버려진 백성들은 양주에서 애가 끊이건만　　遺民腸斷在凉州
장졸들은 우두커니 되찾을 생각조차 없어　　將卒相看無意收
천자께선 그 생각에 괴롭고 안타까워하니　　天子每思長痛惜
장군은 말씀 고하려도 부끄러울 따름이라　　將軍欲說合慚羞
어찌하여 아직도 서량기를 보면서　　奈何仍看西凉伎
부끄러워 아니하고 웃고 즐기는가　　取笑資歡無所愧
지혜와 힘없어서 되찾진 못한대도　　縱無智力未能收
어떻게 서량기를 재미삼아 하는가　　忍取西凉弄爲戲[22]

21 王克芬, 『中國舞蹈史』[隋唐五代部分](北京: 文化藝術出版社, 1987), 109~110쪽 참조.
22 『白樂天詩集』 卷4 「諷諭」.

이것은 <서량기>의 연행에 대하여 직접 묘사한 것이 아니기 때문에 연행 상황을 이해하는 데에는 도움이 되지 않지만 <서량기>가 폭넓게 유행하였던 시대 상황을 읽어낼 수 있다. 이 작품은 "봉강의 신하를 풍자한다(刺封疆之臣也)"는 부제를 달았듯이 전란으로 고통 받는 백성들의 고단한 삶을 동정하고 현실의 문제점을 지적하여 개선을 요구하려는 데에 주지가 있다. 이는 작자가 이 작품을 풍유시諷諭詩로 분류한 데서도 확인된다. 따라서 이 작품은 다른 현행시演行詩나 관무시觀舞詩와는 구별되어야 하는데 이런 점은 원진의 작품도 마찬가지이다. 원진의 작품도 마지막 구절에서 "변방 모든 성의 장수들은 연회만 즐기는데, 이 곡조를 들을 때마다 부끄러운 줄이나 알려나?(連城邊將但高會, 每聽此曲能不羞.)"라고 꼬집었다. 그러나 이들 작품이 비록 세태를 비꼬고 지적하려는 의도에서 나온 것일지라도, 작자의 주제의식과는 별개로, 사자무의 연행 상황을 묘사한 것은 당시 악무의 면모를 살필 수 있는 자료로서의 가치가 높다.

2) <고려기高麗伎>

십부기 가운데 <고려기>를 소재로 한 작품으로는 이백李白(701~762년)이 지은 <고구려高句麗>가 있다. <고려기>의 고려는 고구려를 가리킨다. 이백은 "당나라에는 또 고려곡高麗曲이 있는데, 이경李勁이 고구려에서 가지고 온 것이다. 나중에 <이빈인夷賓人>이라고 고쳤다."라고 해제를 붙였는데, 해제의 내용은 『문헌통고』에 "<괴뢰병월조이빈곡傀儡幷越調夷賓曲>은 이경이 고구려(高麗)를 격파하고 들여온 것이다."[23]라고 한 기록과 일치한다.[24] <고구려>는 5언 4구의 짧은 작품으로 전편은 다음과 같다.

23 『文獻通考 · 樂考』: "隋唐九部樂有高麗伎. 唐武后時, 尙餘二十五曲. 貞元末, 唯能集一曲. 衣服亦浸衰敗, 失其本風. 傀儡幷越調夷賓曲, 李勁破高麗所進也."

24 754년(천보 13년) 7월 10일, 태악서太樂署에서 많은 악곡의 이름을 정식으로 개정할 때, <고려곡高麗曲>을 <이빈인夷賓人>이라고 고쳤다.

금꽃달린 절풍모 쓰고서　　金花折風帽
백마들은 천천히 도누나　　白馬小遲回
펄럭이는 너른 옷소매는　　翩翩舞廣袖
해동에서 날아온 새인가　　似鳥海東來[25]

절풍모는 고구려 사람이 신분이나 남녀의 구별 없이 즐겨 쓰던 고깔 모양(弁形)의 관모이다.[26] 작품에서는 "금꽃달린 절풍모"라고 하였는데, 절풍모는 본래 장식이 없는 평범한 모자이지만, 좌우에 새의 깃털을 꽂아 신분의 차이를 내보이기도 하였다. 『수서隋書』에는 고구려 사람들은 "귀한 사람은 붉은 비단으로 관을 만들고 금과 은으로 장식한다."[27]고 하였는데, 이 기록은 "금꽃 달린 절풍모"라는 묘사와 잘 어울린다. 한편 『구당서』에 기록한 <고려기>의 악공과 무자의 복식은 다음과 같다.

> 악공은 새의 깃털로 장식한 자색 비단모자, 노란색 너른 소매, 자색 비단 띠, 통이 넓은 바지, 붉은색 가죽신, 오색 띠를 착용한다. 무자는 4인으로, 몽치머리를 뒤로 늘어뜨리고, 이마를 붉게 바르고, 금귀고리로 장식한다. 두 사람이 노란저고리와 긴 치마에 적황색바지를 받쳐 입고 소매를 길게 늘어뜨리고 검은색가죽신을 착용하고, 짝을 지어 마주서서 춤을 춘다.[28]

이백은 무자의 복식과 무태를 "펄럭이는 너른 옷소매"라고 묘사하고 "새"에 비유하였다. "펄럭이는 너른 옷소매"는 "노란색 너른 소매"라고 한 역사서의 기록과 합치된다. 또 『구당서』의 기록에서 연상되는 무태는 "해

25 『李太白集』 卷6 「樂府」.

26 『한국고전용어사전』의 〈피관皮管〉조. http://terms.naver.com/

27 『隋書 · 東夷傳』: "人皆皮冠, 使人加挿鳥羽, 貴者冠用紫羅, 飾以金銀."

28 『舊唐書 · 音樂志』: "工人紫羅帽, 飾以鳥羽, 黃大袖, 紫羅帶, 大口袴, 赤皮靴, 五色條繩. 舞者四人, 椎髻於後, 以絳抹額, 飾以金瑺. 二人黃裙襦, 赤黃袴, 極長其袖, 烏皮靴, 雙雙並立而舞."

동에서 날아온 새"라는 시구와 어울린다. 그런데 "백마들은 천천히 도누나"라고 한 것은 흰옷을 입은 무자舞者가 느리게 선무旋舞를 추는 모습을 묘사한 것으로 보이지만 역사기록에는 아무런 단서가 없다. 혹자는 원문의 "백마白馬"는 "백석白舄"의 잘못으로 무자의 신발을 묘사한 것으로 보기도 한다.[29] 이런 설명은 문맥상으로 보면 자연스러우나 『구당서』에 악공은 "붉은색 가죽신"을, 무자는 "검은색 가죽신"을 착용한다고 기록한 것과는 분명하게 다르다.

그런데 『구당서』에는 <고려기>는 "무측천武則天의 재위(684~704년) 때까지는 25곡이 있었으나, 지금은 1곡만 익히고 있을 뿐이며, 복식도 차츰 달라져 본래의 모습을 잃었다."[30]라는 기록이 있는데, 그렇다면 이백은 이미 복식이 달라진 <고려기>를 보았을 가능성도 배제할 수 없다. 따라서 "백마白馬"는 "백석白舄"의 잘못이거나 아니면 무자가 백의白衣를 착용한 모습을 형용한 것일 수도 있다. 그렇다면 어느 경우이든 <고구려>의 이 구절은 <고려기>의 변화 양상을 보여주는 자료로써의 가치가 높다.

3) <부남기扶南伎>

<부남기>는 <천축기天竺伎>, <남조악南詔樂>, <표국기驃國伎> 등과 함께 중국의 남서쪽에서 전래한 외래악무이다.[31] 『당회요唐會要』에 따르면, 수나라 양제 때에 임읍국林邑國[32]을 평정하고 부남扶南의 악공樂工과 포금匏琴을 손에 넣어" 중국에 전했으나 "거칠고 저속하여", "천축악을 이용하여 소리만 옮겨 적고" 부기에는 포함시키지 않았다고 한다.[33] 그러나 당나라 고조

---

29 安旗(主編), 『李白全集編年注釋: 上』, 436쪽. 이해원, 『당제국의 개방과 창조』, 673쪽의 주 58에서 재인용.

30 『舊唐書 · 音樂志』: "武太后時尙二十五曲, 今惟習一曲, 衣服亦浸衰敗, 失其本風."

31 <南詔樂>은 793년에 처음 전래한 南詔의 악무로, 나중에 <南朝奉聖樂>을 만들었고, <驃國樂>은 지금의 미얀마Myanmar에서 전래한 악무이다.

32 林邑은 지금의 베트남 중부 지방에 있던 참파Champa로, 唐代에는 林邑으로, 宋代에는 占城으로 불렀다.

33 『唐會要』 卷33: "扶南天竺二國樂, 隋代全用天竺, 列於樂部, 不用扶南. 因煬帝平林邑國, 獲扶

무덕武德 원년(618년)에 이르러 <천축기> 대신 구부기에 포함시켜 네 번째로 연주하였다는 기록이 있다.[34] 그러나 다른 기록에서는 <부남기> 대신 <천축기>를 구부기에 포함시켰는데, 어느 것이 옳은지는 알 수 없다.[35]

<부남기>를 소재로 삼은 시가 작품으로는 왕유王維(701~761년)가 지은 <부남곡가사扶南曲歌詞>가 전한다. 이 작품은 5언 6구 형식으로 구성된 5수의 연작시로, 전편은 다음과 같다.

(1)

비취 새 휘장으로 날아들더니　　翠羽流蘇帳
봄잠에 동트도록 열리지 않네　　春眠曙不開
수줍어 얼굴엔 홍조 피어나고　　羞從面色起
아양은 말소리에 묻어 나누나　　嬌逐語聲來
새벽부터 소양전 가자고 하며　　早向昭陽殿
임금께선 내시를 채근 하시지　　君王中使催

(2)

당상에는 맑은 소리가 울리고　　堂上青絃動
당 앞에는 비단방석 펼쳐졌다　　堂前綺席陳
일제히 부르는 노녀들의 노래　　齊歌盧女曲
대무를 춤추는 낙양의 무희들　　雙舞洛陽人
경국지색미녀를 바라보노라니　　傾國徒相看
좋아하는 마음 어찌 알려는지　　寧知心所親

南工人及其匏琴, 樸陋不可用. 但以天竺樂轉寫其聲."

34 王維 〈扶南曲歌詞五首〉 題辭: "通典云: 武德初, 因隋舊制, 奏九部樂, 四曰扶南."

35 남송의 역사학자 호삼성胡三省은 『자치통감주資治通鑑注』에서 무덕武德 원년(618) 5월 신미조에 "突厥始畢可汗遣骨咄祿特勒來, 宴之於太極殿, 奏九部樂."라고 한 기록에 대하여 "杜佑曰 : 武德初, 因隋舊制, 九部樂: 一讌樂, 二淸商, 三西凉, 四扶南, 五高麗, 六龜茲, 七安國, 八疏勒, 九康國. 前一百八十卷隋大業四年引杜佑註, 九部樂於此不同. 又考宋祁新唐志: 唐有十部樂, 有十四國技, 以八國入十部; 而不明指八國爲何國, 此亦異同而難考者也."라고 자세하게 주석을 달았다. 胡三省 『資治通鑑注』 「唐紀」 참조.

(3)
향기는 허공으로 가득 퍼지고 香氣傳空滿
꽃의 그림자는 발을 비추는데 妝華影箔通
노래는 하늘 멀리 퍼져나가고 歌聞天仗外
춤은 궁궐 누대를 벗어나누나 舞出御樓中
날 저물면 어디로 돌아가려나 日暮歸何處
꽃 너머 보이는 장락궁이로세 花間長樂宮

(4)
궁녀는 다시 궁궐로 돌아와서 宮女還金屋
자려는데 다시 밝을까 두렵고 將眠復畏明
봄이오니 가벼운 차림이 좋아 入春輕衣好
한 밤에도 살포시 치장하였지 半夜薄妝成
날이 새면 조정의 전각에서는 拂曙朝前殿
섬돌에 패옥소리 부산할 테지 玉墀多佩聲

(5)
아침 햇살 비단 창에 비추는데 朝日照綺窗
미인들 거울 앞에 모여 앉았네 佳人坐臨鏡
살짝 그은 눈썹먹 옅어 아쉽고 散黛恨猶輕
꽂은 비녀 삐딱하여 투덜 투덜 插釵嫌未正
한마음으로 서둘진 말자면서도 同心勿遽遊
다행히도 봄단장은 끝마쳤구나 幸得春妝竟[36]

이 작품은 제사題辭에서 <부남기>는 "하서河西에서 전래되었다."[37]라고

---

36 『全唐詩』 卷125.

37 王維 〈扶南曲歌詞五首〉 題辭: "唐書禮樂志云: 天寶樂曲, 皆以邊地名. 自河西至者, 有扶南樂舞."

하였다. 이것은 잘못된 설명이다. 부남은 오늘날의 캄보디아, 라오스 남부, 베트남 남부와 태국 동남부 일대에 있던 고대 국가로 '발남跋南'이라고도 부른다. 그러므로 오늘날 중국의 서북 지역을 일컫는 '하서河西'와는 무관하다.

이 작품에는 소양전昭陽殿, 장락궁長樂宮, 낙양洛陽 등 공간적 배경을 드러내는 말이 나오는데, 이것은 모두 한나라 때의 전각명과 도시명으로,[38] 마치 한나라를 시간적 배경으로 삼은 것처럼 보인다. 또 제2수에서 거론한 노녀盧女는 거문고에 능했다는 위魏나라 무제武帝 때의 궁녀 이름으로[39] 후세에는 악기 연주에 뛰어난 사람을 가리키는 시적 언어로 사용되었다. 따라서 당나라의 이야기가 아닌 것처럼 보이지만 이전 왕조의 사례를 차용하는 것은 시가의 창작에 있어서는 매우 일반화된 기술 기법일 뿐이다. 이 작품은 내용과 정조로 보아 당대 궁중 악기樂妓의 일상을 담은 궁사宮詞이다.

5수의 작품은 <부남기>를 연행하는 궁중 악기의 일상을 시간적 추이에 따라 관찰자의 시점에서 담아냈다. 제1수에서는 밤늦게 연행을 마치고 지쳐 잠든 여기와 이른 새벽부터 여기를 찾는 황제의 모습을 절묘하게 대비시켰다. 여기는 더 쉬고 싶지만 황제는 아침부터 또 공연이 보고 싶다. 작품에서 "비취새"는 악기를 가리킨다. 악기의 복식이 비취빛이어서 그렇게 묘사한 듯하다. 『구당서』에는 <부남기>의 복식을 "조하의朝霞衣를 착용하고 행전行纏을 매고 적피화赤皮靴를 신는다(朝霞行纏, 赤皮靴.)"고 하여, 아침노을을 닮은 붉은 색 무복을 착용한 것으로 보이지만, 숙소로 돌아온 여기는 평상복으로 갈아입었을 것이다. 제2수에서는 현악 반주에 따라 나란히 노래하고 비단방석 위에서 춤을 추는 <부남기>의 연행 광경을 스케치하였다. "대무를 춤추는 낙양의 무희들"이라고 한 것은 『구당서』와 『신당서』에 모두 "무자는 2인이다.(舞者二人.)"라고 한 기록과 일치한다. 제3수에서는

---

38 소양전昭陽殿은 조비연趙飛燕 자매가 거주하였다는 궁전 이름이고, 장락궁長樂宮은 고조의 황후인 태후太后의 거처로 미앙궁未央宮, 건장궁建章宮과 함께 한나라의 3대 궁전으로 꼽힌다. 또 낙양洛陽은 후한後漢의 도성이었다.

39 『樂府詩集』「雜曲歌辭」「盧女曲」題解: "盧女者, 魏武帝時宮人也. 故將軍陰升之姊. 七歲入漢宮, 善鼓琴."

한껏 고조된 공연장의 분위기를 "노래는 하늘 멀리 퍼져나가고, 춤은 궁궐 누대를 벗어나누나."라고 묘사하고, 이어서 "날 저물면 어디로 돌아가려나."라고 하여 공연이 이제 막바지에 이르렀음을 일러준다. 제1수에서 "새벽부터 소양전 가자고 하며, 임금께선 내시를 채근하시지."라고 하고, 제3수에서 "날 저물면 어디로 돌아가려나."라고 한 것에서 <부남기>는 궁중에서 아침저녁 가리지 않고 연행되었음을 알 수 있다. 이는 제4수의 첫머리에서 숙소에 돌아온 악기가 "자려는데 다시 밝을까 두렵다"며 내일의 공연에 대한 부담감을 드러낸 데서도 확인된다. 이어서 "날이 새면 조정의 전각에서는, 섬돌에 패옥소리 부산할 테지."라고 한 것은 궁중과 조정의 많은 이들이 <부남기>를 즐기기 위하여 모여 드는 모습을 상상한 것으로 보인다. 따라서 문학적 과장을 감안하더라도 <부남기>는 왕유의 당시에는 궁중에서 대단한 인기를 누렸다는 사실을 엿볼 수 있다. 아울러 이는 <부남기>를 연행하는 여기들의 일상적 화려함의 뒤에 가려진 단조롭고 고단한 일상에 대한 동정을 부친 것이기도 하다. 제5수에서는 다시 아침이 밝고 일상으로 돌아온 여기들이 공연에 나서기 위해 단장하는 모습을 그렸다. 이렇게 보면 5편의 연작은 궁중 여기의 반복적 일상을 시간적 추이에 따라 담아낸 다큐멘터리인 셈이다.

하지만 <부남기>의 연행 상황에 대한 정보는 매우 빈약하여 수나라 양제 때에 "거칠고 저속하여" 수용하지 않았다는 기록과는 다른 은근하고 부드럽고 우아한 분위기를 설명할 근거는 찾을 수 없다. 하지만 당시 궁중연악의 성황과 작자 왕유의 지위를 고려한다면, 왕유가 묘사한 내용이 근거가 없지는 않을 것이다. 왕유가 살았던 8세기 전반 무렵은 개원開元의 치세로, 당시 현종은 교방敎坊을 확대하고 이원梨園을 설치하는 등 궁중의 악무기구를 확대하고 전문화하여 궁중 연악이 전성을 구가하였고,[40] 왕유는 그 무렵에 감찰어사, 태자중윤, 중서사인, 상서우승 등 궁중의 고위관직을 지냈기에 궁중 연악을 관람할 기회가 많았을 것이기 때문이다.

---

40 彭松(等), 『中國古代舞蹈史綱』(北京: 北京舞蹈學院, 1998), 128~131쪽 참조.

2. 시가 속의 창작 부기: 〈경선악〉·〈파진악〉

<연악燕樂>은 십부기 가운데 첫 번째 부기로 당나라에 이르러 민간의 악무를 수용하여 새로 만든 것으로 궁중의 연향악무를 일컫는 연악宴樂과는 구별되는 개념이다. <연악>은 태종 이세민이 황제의 자리에 있을 때에 만들었는데, 그 경위에 대해서는 다음과 같이 전한다.

> (정관貞觀) 14년(640)에 상서로운 구름(景雲)이 나타나고 황하黃河의 물이 맑아지는 현상이 일어나자 장문수張文收는 <주안硃雁>과 <천마天馬> 등의 옛 사례에 따라 <경운하청가景雲河淸歌>를 짓고 <연악燕樂>이라고 명명하였다. 여기에 음악을 배합하여 모든 음악 가운데 으뜸으로 삼았는데, 설날 조회에서 가장 먼저 연주하는 것이 이것이었다.[41]

장문수는 음률에 밝아 협률랑協律郎을 지내고 또 『신악서新樂書』 12책을 편찬한 음악전문가였다. <주안硃雁>은 옛 악부樂府의 곡조로 <주안朱雁>이라고도 하는데, 한나라 무제武帝 때에 붉은 기러기를 잡은 일을 길하게 여겨 만든 악곡이라고 전한다.[42]

당시 장문수가 만든 <경운하청악景雲河淸樂>을 <경운악景雲樂>이라고 하는데, 이것은 <연악> 가운데서 지위가 으뜸이었다. <연악>은 <경운악景雲樂>·<경선악慶善樂>·<파진악破陣樂>·<승천악承天樂>의 네 종목인데,[43] 모두 황제를 송찬하고 제국의 번영을 축원하는 내용을 담은 것이었다.

1) <경선악>

<경선악慶善樂>은 <연악燕樂>의 두 번째 종목으로, 태종이 문덕文德으로

---

41 『舊唐書 · 音樂志』: "十四年, 有景雲見, 河水淸, 張文收采古硃雁, 天馬之義, 制景雲河淸歌, 名曰宴樂. 奏之管弦, 爲諸樂之首, 元會第一奏者是也."

42 『漢書 · 武帝紀』: "行幸東海, 獲赤雁, 作朱雁之歌."

43 『新唐書 · 禮樂志』: "分四部, 一景雲舞, 二慶善舞, 三破陣舞, 四承天舞."

평화롭고 번영된 제국을 이룩한 것을 송찬한 문무文舞이다. 역사기록에는 <경선악>에 대하여 다음과 같이 전한다.

> <경선악>은 태종太宗이 만든 것이다. <구공무九功舞>라고 부르는데, 유장하고 평정한 무태舞態로 문덕文德이 흘러넘쳐 천하가 편안하고 즐거움을 표현하였다. 정월초하룻날의 연향과 국가의 큰 경사에서 <칠덕무七德舞>와 나란히 조정에서 연행하였다.[44]

> <경선악>은 무자는 4인이며, 소매가 너른 자색 비단두루마기와 사포絲布로 만든 바지를 착용하고, 가채를 쓴다.[45]

<경선악>을 소재로 한 작품으로는 태종 이세민이 지은 <공성경선악무사功成慶善樂舞詞>가 있다. 무곡舞曲의 악장樂章인 이 작품은 5언 20구로 구성되었으며 전편은 다음과 같다.

수구는 오래된 자취일 뿐이고	壽丘惟舊蹟
풍읍은 지난 시절 터전이로다	豐邑乃前基
월여가 여러 제왕 이어받으니	粤餘承累聖
현호가 여기에 또한 있었도다	懸弧亦在玆
약관나이에 운세 새로 만나서	弱齡逢運改
칼을 뽑아 반듯이 바로잡았다	提劍鬱匡時
앞서 이끌어 팔황을 평정하고	指麾八荒定
어르고 달래 만국을 다스리니	懷柔萬國夷
산을 넘어서 재물을 바쳐오고	梯山咸入款
바다 건너서 찾아오려 애써서	駕海亦來思

44 『舊唐書 · 音樂志』: "慶善樂, 太宗所造也. 名九功之舞, 舞蹈安徐, 以象文德洽而天下安樂也. 冬正享燕及國有大慶, 與七德舞偕奏於庭."

45 『新唐書 · 禮樂志』: "慶善樂, 舞四人, 紫綾袍, 大袖, 絲布袴, 假髻."

선우는 무장에서 모시고 있고	單于陪武帳
일축은 문비에서 지키고 섰다	日逐衛文枇
병풍에 기대 사악을 조회하고	端扆朝四岳
무위하며 모든 일을 맡겨둔다	無爲任百司
굳은 지조 가을하늘보다 맑고	霜節明秋景
얇은 얼음은 물가에서 맺힌다	輕冰結水湄
초목들은 들판 가득 시드는데	芸黃遍原隰
볏단들은 넉넉히 쌓여 있도다	禾穎積京坻
고향에 돌아와 함께 잔치하며	共樂還鄕宴
이처럼 대풍시를 같이 즐긴다	歡此大風詩[46]

이 작품은 수많은 전고를 운용하여 한껏 멋을 부려서 마치 묘악廟樂의 악장이나 제왕의 만사輓詞와도 같은 분위기를 지닌다. 작자 이세민은 중국 인문의 시조로 불리는 황제黃帝의 출생지에서부터 악장을 시작하였다. 원문의 "수구壽丘"는 황제의 출생지라고 전하고, "풍읍豐邑"은 한나라의 개국황제 유방劉邦의 고향이다. 이 작품은 권좌에 오른 태종이 632년(정관 6년) 9월 기유일에 경선궁慶善宮에서 신하들과 연회를 베풀다 흥에 겨워 지은 것이다.[47] 경선궁은 지금의 산시성陝西省 우궁武功에 있던 이연李淵의 구택舊宅 가운데 하나로, 이세민이 태어난 곳이다. 따라서 제3구에서 "여러 제왕 이어받았다"고 하였고, 제4구에서 "현호"를 들먹여 자신이 이곳에서 태어났다는 사실을 말하였다.[48] 그러므로 제1구부터 제4구까지는 이세민이 황제와 유방을 계승하여 제국을 열었다는 것을 자임한 말이다. 훗날 태종은 모후 두태후竇太后를 위하여 경선궁 자리에 자덕사慈德寺라는 사찰을 세웠다고 하는

---

46 『全唐詩』 卷15 「舞曲歌辭」.

47 『新唐書 · 禮樂志』: "太宗生於武功之慶善宮. 貞觀六年, 幸之, 宴從臣, 賞賜閭里, 同漢沛宛. 帝歡甚, 賦詩, 呂才被之管弦, 名曰功成慶善樂."; 『册府元龜』 卷109 「帝王部」 「宴享」 : "六年九月己酉, 至慶善宮, 宴三品以上, 於渭水之濱. 帝甚歡, 賦五言詩."

48 "현호懸弧"는 사내아이가 태어나면 문의 왼쪽에 내걸던 활을 말한다.

데,[49] 그 때문에 이 작품은 달리 <정관륙년행자덕사구택십운貞觀六年幸慈德寺舊宅十韻>이라고도 한다.

이어지는 제5구부터 제18구까지는 이세민의 입신 과정과 치적을 칭송하는 내용을 담았다. 제5구의 "운세 새로 만나서"는 수나라가 기울자 열여덟의 나이로 입신하여 군벌들을 평정하며 점차 세력을 키운 일을 가리킨다. 제7구의 "팔황을 평정하고"는 수나라를 멸망시킨 일을 가리키고, 제8구부터 제14구까지는 자신이 무력에만 의존하여 나라를 반석에 올린 것이 아니라 훌륭한 덕망으로 사방이 스스로 귀의하게 만들었음을 드러냈다. 특히 제11구와 제12구에서 "선우는 무장에서 모시고 있고, 일축은 문비에서 지키고 섰다."라고 한 것은 흉노의 군왕인 선우와 일축이 영채와 전각에서 보필한다는 말로, 사방의 이민족이 자신의 무덕武德과 문덕文德에 귀의하였음을 상징적으로 드러낸 말이다. 제17구와 제18구의 "초목들은 들판 가득 시드는데, 볏단들은 넉넉히 쌓여 있도다."라고 한 것은 『시경詩經』의 시구를 차용한 것이다. 즉 "초지화 누렇게 시들었네. 마음의 근심이여. 이 마음 아프구나."[50]와 "자손들의 노적가리 언덕처럼 쌓이고 산처럼 쌓였구나."[51]라고 한 것에서 나왔다. 백성들의 살림살이가 넉넉해진 것은 자신이 나라와 백성을 근심한 덕택임을 밝히고, 아울러 고전을 차용하여 자신의 문학적 소양을 은근히 드러낸 포석이다. 제19구와 제20구에서 "고향에 돌아와 함께 잔치하며, 이처럼 대풍시를 같이 즐긴다."라고 한 것은 『사기史記』「고조본기高祖本紀」에서 한나라 유방이 고향 패현沛縣을 찾아가 <대풍가大風歌>를 지었다는 일화를 모방한 것이다.

이 작품은 악장 성격의 것이어서 앞서 살펴본 작품처럼 연행의 양상에 대한 기술은 전혀 없지만 이세민이 자신의 정치적 입신과 양명의 과정을 통시적으로 담아내었다는 점에서 그 창작의 의도를 잘 헤아릴 수 있다.

---

49 『舊唐書 · 地理志』: "太宗臨幸, 宴群臣賦詩, 後廢爲慈德寺."

50 『詩經』「小雅」<苕之華>: "芸其黃矣, 心之憂矣, 維其傷矣."

51 『詩經』「小雅」<甫田>: "曾孫之庾, 如坻如京."

2) <파진악>

<파진악破陣樂>은 당나라의 악무 가운데 가장 널리 알려진 종목이다. 흔히 <파진악>·<구공무九功舞>, <상원무上元舞>를 당나라의 3대 악무라고 부른다. <구공무>는 앞서 살펴본 <경선악>의 다른 이름이기도 하다. <파진악>은 <경선악>과 마찬가지로 이세민을 송찬하는 내용을 담은 것이나, 무무武舞 계열에 속하는 종목으로, 달리 <칠덕무七德舞>라고 부른다. 역사기록에 따르면, <파진악>은 620년 4월에 진왕秦王의 신분이던 이세민이 군벌 "유무주劉武周를 격파하자 하동河東의 백성들은 거리에서 춤을 추며 노래를 부르고, 군인들은 함께 <진왕파진악秦王破陣樂>의 곡을 만든"[52] 것에서 유래하였다고 한다. <파진악>은 역사적으로 여러 차례 변천을 거쳤다. 태종은 <파진악>을 <칠덕무>로 개작하였고, 고종高宗은 <신공파진악神功破陣樂>으로 개편하여 묘악廟樂에 편입시켰으며, 현종玄宗 때에는 <소파진악小破陣樂>으로 개편하였다. 또 국외로도 전파되어 일본에서는 도가쿠唐楽의 레퍼토리 가운데 하나가 되었고, 우리나라에서는 조선 세종대에 <정대업定大業>을 만드는 본보기가 되었다.[53] <파진악>을 소재로 삼아 창작한 시가로는 악부樂府 <파진악破陣樂>, 장열張說의 <파진악사 2수破陣樂詞二首>, 백거이白居易의 <파진악破陣樂> 등 3편이 전한다.

첫째, 악부 <파진악>은 5언 4구의 형식으로, 전편은 다음과 같다.

율명을 받아들고 황제께 작별하고 受律辭元首
장수들과 함께 역신을 토벌하였다 相將討叛臣
일제히 파진악을 드높이 노래하여 咸歌破陣樂
다 함께 태평 이룬 이를 칭송한다 共賞太平人[54]

---

52 『隋唐嘉話』: "太宗之平劉武周, 河東士庶歌舞於道, 軍人相與爲秦王破陣樂之曲."

53 <파진악>의 역사적 변천에 대해서는 沈冬, 『唐代樂舞新論』(北京: 北京大學出版社, 2004), 52~91쪽과 김미영, 「唐代 破陣樂 연구: 太宗·高宗·玄宗 시기를 중심으로」, 『동양예술』 16, 한국동양예술학회, 2011, 317~348쪽 참조.

이 작품은 앞서 기술한, 이세민이 하동의 군벌 유무주를 진압한 일을 축하한 군중의 노래인 <진왕파진악>의 노랫말을 수집하여 정착시킨 것으로 보인다. 그러므로 이 작품은 당대 <파진악>에 관한 최초의 악장으로 보아도 무방할 것이다. 문인의 손질을 거쳤겠지만, 민간에서 부른 노랫말에 기초한 것이기 때문에 대단히 소박하며 표현이 단순하고 직설적이다.

제1구에서는 "율명을 받아들고 황제께 작별하고"라고 하였는데, 율명은 황제의 명을 받아 군사적 토벌을 감행하는 일로, 아직은 난세의 군벌 가운데 한 사람이던 이세민의 유무주 진압에 대하여 정당성을 부여하려는 의도적 수사라고 하겠다. 당시 이세민이 유무주를 토벌한 일은 그가 지휘한 두 번째 대전투였는데, 619년 11월에 출정하여 이듬해 4월에 완전한 승리를 거두었다.[55]

제2구에서는 "장수들과 함께 역신을 토벌하였다"라고 하였는데, 이는 인화人和를 중요하게 내세운 이세민의 면모를 은근히 드러낸 대목이다. 이처럼 작품의 전반부는 이세민이 무공武功으로 입신한 사실을 간결하게 담아냈다. 작품의 후반부는 이세민의 무공에 대한 사람들의 반향을 담아냈다.

제3구와 제4구에서는 당시 사람들이 뜨겁게 호응하여 "일제히" "노래하여" "다 함께" "칭송한다"라고 하여, 민심이 이세민에게로 돌아감을 부각시켰다.

비록 짧은 내용이지만 그 전개를 보면 <파진악>의 성립 배경에 대한 역사기록을 입증한다. 하지만 "일제히" "노래하고", "다함께" "칭송한다"는 묘사처럼, 최초 <파진악>은 군중 악무의 형식이고, 또 이세민의 무공武功을 송찬하는 성격의 것이라는 일반화된 사실을 확인할 수 있을 뿐 <파진악>의 연행 양상에 관한 보다 진전된 정보는 얻을 수 없다.

둘째, 악부 <파진악>의 뒤를 잇는 작품으로는 <파진악破陣樂> 3수가 있

54 『全唐詩』 卷15 「舞曲歌辭」 「凱樂歌辭」.

55 趙克堯 · 許道勳(저), 김정희(역), 『당태종 평전』(서울: 민음사, 2011), 61쪽.

다. 이 가운데 1편은 작자를 알 수 없어서 창작된 시기도 알 수 없다. 나머지 2편은 초당初唐(618~712년) 무렵에 재상을 지낸 문학가 장열張說(667~730년)의 작품이어서 그 창작 시기를 가늠할 수 있다. 먼저 작자를 알 수 없는 <파진악>은 7언 4구로 구성되었는데 전편은 다음과 같다.

가을 드니 사방엔 흙바람이 몰아치는데　　秋來四面足風沙
먼 길 원정가는 사람 잠시 집을 떠난다　　塞外征人暫別家
천릿길 마다 않으니 갈 길 하도 멀어도　　千里不辭行路遠
시간이 머지않아 하늘 끝까지 이르리라　　時光早晚到天涯[56]

비록 <파진악>이라는 제목을 붙였지만 앞서 살펴본 악부 <파진악>과는 창작의 취지나 내용이 전혀 다르다. 이 작품은 당나라가 한창 대외 전쟁을 벌이던 무렵에 성행하던 변새시邊塞詩와 그 사유나 기풍이 비슷한데, 변방으로 출정을 앞둔 시적 화자의 막막한 심정을 담아낸 서정시이다. 작품에 나타난 "가을", "황사바람", "변방", "원정", "천릿길", "하늘 끝" 등의 시어가 그런 특징을 보여준다. 작자는 <파진악>이라는 제목을 빌어 혼란, 출정, 평정, 태평으로 이어진 <파진악>의 내적 의미를 차용하려 한 것 이외에는 악무 <파진악>과의 다른 연관성은 찾기 어렵다.

한편 장열이 지은 <파진악사> 2수의 전편은 다음과 같다.

(1)
한나라병사가 금미에 나타나니　　漢兵出頓金微
햇빛 받은 갑옷은 눈이 부시네　　照日明光鐵衣
붉은 색깔 깃발은 백리에 이어지고　　百里火幡焰焰
구름 같은 기병은 천리에 늘어섰다　　千行雲騎騑騑
서둘러 요하를 밟으려 애를 쓰느라　　蹙踏遼河自竭

56 『全唐詩』 卷15「舞曲歌辭」「凱樂歌辭」.

북치고 고함치며 연산까지 나는 듯　　鼓噪燕山可飛
사방의 속국들이 조하 드리면서　　正屬四方朝賀
뭇 춤 추니 황제의 위엄 알겠네　　端知萬舞皇威

(2)

소년은 담력이 구름을 능멸하니　　少年膽氣凌雲
뛰어난 용맹은 모두가 인정하지　　共許驍雄出群
필마로 성남에 도전하고　　匹馬城南挑戰
단도로 계북을 종군한다　　單刀薊北從軍
한 차례 북소리에 선비족 물리치고　　一鼓鮮卑送款
다섯 번 선우를 유인해 와해시켰지　　五餌單于解紛
나라에 보답하여 명성 떨치리라 맹세했지만　　誓欲成名報國
공훈을 논하는 자리에서 말하기가 부끄럽네　　羞將開口論勳[57]

이 작품 역시 악무 <파진악>과의 상관성은 크지 않다. 첫머리에서 "한나라병사"를 내세운 것은 앞서 왕유의 <부남기>와 마찬가지로 옛 왕조의 일을 차용한 문학적 기법일 뿐이다. 북방의 이민족을 제압하고 당당하게 귀환하는 모습을 담으면서 악무 <파진악>의 이미지를 제목에 차용한 것은 이세민의 공적에 대한 당시 사람들의 집단적 기억에 의존하려는 발상에서 비롯된, 이미지의 차용이라고 하겠다.

셋째, 중당의 시인 백거이가 지은 <칠덕무七德舞>는 「신악부新樂府」 50수 가운데 첫 번째 작품이다. 앞서 기술하였듯이, <칠덕무>는 <파진악>의 별칭이기도 한데, <파진악>을 <칠덕무>로 부르게 된 경위에 대해서는 『구당서』에 다음과 같이 기록되어 있다.

---

57 『全唐詩』 卷89.

태종太宗이 진왕秦王으로 있을 때, 사방을 정벌하자 민간에서는 <진왕파진악곡秦王破陣樂曲>을 만들었다. <태종은 황제의> 자리에 오르자 향연에서 그것을 연주하였다. 정관貞觀 7년(633)에 태종은 <파진악무도破陣樂舞圖>를 만들어 위징魏徵, 우세남虞世南, 저량褚亮, 이백약李百藥에게 가사를 짓게 하고 <칠덕무七德舞>라고 이름을 고쳤다.[58]

'칠덕七德'은 『춘추좌씨전春秋左氏傳』에서 말한 "금폭禁暴, 즙병戢兵, 보태保太, 정공定功, 안민安民, 화중和衆, 풍재豐財"[59]의 일곱 가지 무공武功을 말한다. <파진악>은 이세민이 사방을 평정하여 태평을 이룩한 일곱 가지 무덕武德을 기린 악무였기 때문에 달리 <칠덕무>라고 부르게 된 것이다.

백거이가 지은 <칠덕무>는 5언 2구, 6언 2구, 7언 29구의 225자로 구성된 장편 작품이다. 이 작품에는 "난세를 평정한 것을 송찬하고 제왕의 기업基業을 진술한다.(美撥亂, 陳王業也.)"는 부제를 달아 그 의도가 이세민의 치적을 찬양하는 데에 있음을 밝혔다. 작품의 전편은 다음과 같다.

칠덕무와 칠덕가	七德舞七德歌
무덕부터 전하여 원화에 이르렀지	傳自武德至元和
원화연간의 미천한 신하 백거이가	元和小臣白居易
춤을 보고 노래 듣고 악무 뜻을 헤아려	觀舞聽歌知樂意
악무 끝나자 머리 숙여 그 일을 말한다	樂終稽首陳其事
태종은 나이 열여덟에 의병을 일으켜서	太宗十八擧義兵
흰 깃발에 황금 도끼로 두 도성 평정하여	白旄黃鉞定兩京
왕세충과 두건덕 없애니 세상이 맑아졌지	擒充戮竇四海淸
스물넷에는 대업을 이루시고	二十有四功業成
스물아홉에 황제에 오르시고	二十有九卽帝位

58 『舊唐書 · 音樂志』: "太宗爲秦王時, 征伐四方, 民間作秦王破陣樂之曲. 及卽位, 享宴奏之. 貞觀七年, 太宗制破陣樂舞圖, 詔魏徵虞世南褚亮李百藥爲之歌辭, 更名七德之舞."

59 『左傳』 宣公 12年條: "夫武, 禁暴 · 戢兵 · 保太 · 定功 · 安民 · 和衆 · 豐財者也."

서른다섯에 태평을 이루시니　三十有五致太平
공세우고 다스림이 귀신처럼 빨랐지　功成理定何神速
내 마음 미루어 남의 마음 알아주니　速在推心置人腹
죽은 병사 유해를 비단 내려 수습하고　亡卒遺骸散帛收
굶주려 판 자식은 되사게 돈을 주었다　饑人賣子分金贖
위징을 꿈에 보고 한 밤중에 눈물 흘리고　魏徵夢見子夜泣
장근의 슬픈 소식엔 진일에도 통곡하셨다　張謹哀聞辰日哭
궁녀 삼천 명을 대궐에서 놓아 보내주고　怨女三千放出宮
사형수 사백 명은 감옥으로 돌려보냈다　死囚四百來歸獄
수염 잘라 태워 약 빚어 공신에게 내리니　剪鬚燒藥賜功臣
이적은 오열하며 몸 바치겠다 맹세하였지　李勣嗚咽思殺身
피를 핥고 종기 빨아 전사를 다독이시니　含血吮瘡撫戰士
이사마 감동하여 목숨 바치겠다 맹세했지　思摩奮呼乞效死
전투에 뛰어나고 때를 잘 탔을 뿐 아니라　不獨善戰善乘時
마음으로 감동시켜 진심으로 오게 하였다　以心感人人心歸
그런 이래로 일백구십 년이나 흘렀지만　爾來一百九十載
세상은 지금도 그것을 노래하고 춤춘다　天下至今歌舞之
칠덕을 노래하고 칠덕을 춤추니　歌七德舞七德
성인의 업적은 무궁하게 빛나리　聖人有作垂無極
한갓 신묘한 무덕을 빛내는 것이랴　豈徒耀神武
한갓 성스런 글만을 뽐내는 것이랴　豈徒誇聖文
태종의 뜻은 왕업을 자세하게 진술하여　太宗意在陳王業
왕업의 어려움을 후손에게 보이려함이라　王業艱難示子孫

제2구에서 "무덕부터 전하여 원화에 이르렀지"라고 한 것은 <파진악>이 처음 만들어진 일과 이후의 개편에 대하여 말한 것이다. 무덕武德(618~626년)은 고조 이연李淵의 연호이고, 원화元和(806~820년)는 헌종憲宗 이순李純의 연호이다. 이는 작자가 활동하던 무렵에도 <파진악>은 여전히 연행되었음을 일러준다.

제3구부터 제5구까지는 작자가 <파진악>을 지은 연유를 자세히 밝힌 대목이다. 작자는 <파진악>을 연행하는 광경을 직접 보고, 악무의 취지에 공감하여 작품을 지었다고 하였는데, 작품의 부제에서 이세민이 “난세를 평정함을 칭송하고 제왕의 기업基業을 진술한다.”라고 창작의 취지를 밝힌 것과 합치된다.

제6구부터 제12구까지는 모두 이세민의 치적을 개괄하여 찬양한 내용이다. 즉 이세민이 군사를 처음 일으켜 군벌을 제압하고 황위에 올라 정관의 치세를 펼친 역사적 사실에 대하여 주요한 사건을 단위로 삼아 시간적 추이대로 간결하게 담아냈다.

“열여덟에 의병을 일으켜서”는 617년 6월에 진양晉陽에서 이연李淵을 도와 봉기한 일을 말하는데, 이세민은 “짐은 나이 열여덟에 군사를 일으켰다.”[60]고 회고한 바 있었다. “두 도성 평정하여”는 같은 해 11월에 장안長安을 함락하고 또 621년 5월에 낙양洛陽을 평정한 일을 가리킨다. “왕세충과 두건덕 없애니”는 621년 호뢰虎牢 전투에서 수나라에 맞서 봉기한 관동關東 군벌의 양대 세력인 두건덕竇建德(573~621년)을 사로잡고 왕세충王世充(?~621년)에게 투항을 받아낸 일을 말한다. 이 일은 당나라의 건국에 기틀을 마련한 것으로, 작품에서는 “세상이 맑아졌다”고 논평하였다.

“황제에 오르시고”는 626년에 현무문玄武門의 정변政變으로 태자 이건성李建成을 제거하고 고조의 양위를 받아 황제의 자리에 오른 일을 말한다. “서른다섯에 태평을 이루었다”는 것은 632년에 세상이 태평해졌다며 백관百官들이 잇달아 봉선封禪을 청한 일을 가리킨다.[61]

제13구부터 제25구까지는 이세민이 동란의 시기부터 황제의 자리에 오른 이후까지 지위의 고하를 가리지 않고 사람을 아끼고 인재를 중시한 모습을 특징적 사례를 하나씩 들어 열거하였다. 이 구절에는 모두 작자가 스스로 주석을 붙여두었는데, 그 내용을 살펴보면 다음과 같다.

---

60 『貞觀政要 · 論愼終』: “朕年十八便擧兵.”

61 『冊府元龜』 卷35: “貞觀六年, 公卿百僚以天下太平, 四夷賓服, 詣闕請封禪者, 首尾相續.”

"죽은 병사 유해를 비단 내려 수습하고"는 "정관貞觀 초년에 전국의 전사자 유해를 거두어 제사를 지내고 안장하게 하고, 얼마 후에 또 비단을 풀어 유해를 거두었다."[62]라고 주석을 붙였다. 이 일은 『구당서舊唐書』 「태종기太宗紀」에는 정관 2년과 정관 19년에 각각 기록되어 있다.

"굶주려 판 자식은 되사게 돈을 주었다"는 "628년(정관 2년)에 큰 기근이 들자 자식을 파는 사람이 있었는데, 황실 창고에 있는 황금과 비단을 내어 그들을 모두 풀어주어 부모에게 돌려보내게 하였다."[63]고 설명하였다.

"위징을 꿈에 보고 한 밤중에 눈물 흘리고"는 "위징이 병세가 위태로워지자 태종은 꿈에 위징과 작별하고 이내 잠에서 깨어나 눈물을 흘렸는데, 그날 저녁 무렵에 위징이 세상을 떠났다."[64]고 설명하였다.

"장근의 슬픈 소식엔 진일에도 통곡하였다"는 "담당 부서에서 '해가 辰의 자리에 있는 것은 음양론에서 꺼리므로 곡을 하여서는 아니 됩니다.'라고 말렸으나, 태종은 '군신지간의 의리는 중하기가 부자지간의 정리와도 같은데 어찌 진일辰日을 따지겠소?'라고 말하고 통곡하였다."고 설명하였다. 장공근張公謹(594~632년)은 이세민이 이건성을 제거하는 것을 도운 능연각凌烟閣 24공신의 한 사람으로, 그가 세상을 떠나자 이세민은 손수 상을 치르며 슬퍼하였는데, 장공근이 죽은 날은 632년 4월 신묘일辛卯日로 이튿날이 바로 임진일壬辰日이었다.

"궁녀 삼천 명을 대궐에서 놓아 보내주고"는 『구당서』 「태종기」에 따르면 628년(정관 2년)에 있었던 일로, 당시 태종은 "여인들이 깊은 궁궐에 갇혀 지내니 그 실정이 참으로 가련하니 지금 그들을 내보내 마음대로 짝을 구하게 하라."[65]고 하여 궁녀 수천 명을 내보낸 일을 가리킨다.

"사형수 사백 명은 감옥으로 돌려보냈다"는 것은 "634년(정관 6년)에 죽을

---

62 白居易 自注: "貞觀初, 詔收天下陣死骸骨, 致祭而瘞埋之, 尋又散帛以求之也."

63 白居易 自注: "貞觀二年大饑, 人有鬻男女者, 詔出御府金帛盡贖之, 還其父母."

64 白居易 自注: "魏徵疾亟, 太宗夢與徵別, 旣寤流涕, 是夕徵卒."

65 白居易 自注: "婦人幽閉深宮, 情實可憐, 今將出之, 任求伉儷."

죄를 지은 죄수 390명을 손수 골라내어 집으로 돌려보내고 이듬해 가을에 돌아와 형을 받으라고 명하였는데, 기한이 되어 모두 돌아오자 그들을 모두 사면한"[66] 일을 가리킨다.

"수염 잘라 태워 약 빚어 공신에게 내리니 이적은 오열하며 몸 바치겠다 맹세하였지"는 "이적李勣이 언젠가 병에 걸렸는데, 의원이 '용의 수염을 태운 재를 구해야만 치료할 수 있습니다.'라고 말하자, 태종이 스스로 수염을 잘라 태워서 재를 만들어 내렸다. 이적은 그것을 복용하고 병이 낫자 머리를 조아리고 눈물을 흘리며 감사하였다."[67]는 일을 가리킨다. 이적(594~669년)은 당나라 초기의 개국공신 가운데 한 사람이다.

"피를 핥고 종기 빨아 전사를 다독이시니 이사마 감동하여 목숨 바치겠다 맹세했지"는 "이사마李思摩가 화살을 맞자 태종이 손수 그 피를 빨았다."[68]라고 설명하였다. 이사마는 돌궐突厥 출신으로 645년(정관 19년)에 태종을 따라 고구려를 침략하였다가 화살을 맞은 일이 있었다.

제26구부터 제29구까지는 태종이 빛나는 치세를 이룩한 것은 전투 수행에 능하고 임기응변에 뛰어났기 때문만이 아니라 예시한 일화가 보여주듯이, 그가 사람을 정성으로 대하여 천하가 스스로 귀복하였기 때문임을 강조하였다. 그러므로 190년이라는 오랜 세월이 지난 지금에도 사람들은 여전히 태종의 위업을 찬양한다는 점을 지적하였다.

아울러 제30구부터 제33구까지는 자신이 태종의 위업을 일일이 밝혀두는 것은 태종의 무덕과 문치를 그저 과시하려는 것이 아니라 그의 행적에서 교훈을 찾으려는 데에 있다는 것을 밝혔다.

백거이의 <칠덕무>는 취지와 내용으로 보아 이세민의 <공성경선악무

---

66 白居易 自注: "貞觀六年, 親錄囚徒死罪者三百九十, 放出歸家, 令明年秋來就刑. 應期畢至, 詔悉原之."

67 白居易 自注: "李勣嘗疾, 醫云: '得龍鬚燒灰, 方可療之.' 太宗自剪鬚燒灰賜之, 服訖而愈, 勣叩頭泣涕而謝."

68 白居易 自注: "李思摩中矢, 太宗親爲吮血."

사>를 확대 발전시킨 것이라고 할 수 있다. 그런데 당시 백거이가 원화 연간에 직접 보았다는 <칠덕무>에 대해서는 고증이 필요하다.

앞서 말하였듯이 <파진악>은 여러 차례에 걸쳐 변천하였는데, 최초의 <파진악>은 단순한 군중악무였다. 그러나 <칠덕무>로 개편한 <파진악>은 "120명의 악공이 갑옷을 입고 창을 들고 익혔는데, 세 차례 바뀌었고 매번 네 가지 진형陣形을 이루며 빠르게 혹은 느리게 창으로 찌르는 시늉을 하면서 노래의 박자를 맞추었는데, 여러 날이 걸려야 끝났다."[69] "갑옷은 은으로 장식하였고, 위풍당당한 무공을 내보였는데, 곡조와 운치가 호탕하고 시원스러웠다. 향연에서 연주하면 황제는 자리를 피하였고, 연회에 참석한 사람들은 모두 흥겨워하였다."[70]

그런데 고종 때인 665년(인덕麟德 2년)부터는 아악화雅樂化가 진행되어, 문무文舞인 <공성경선악>과 나란히 <신공파진악神功破陣樂>을 무무武舞로 삼아 묘악廟樂에 편입하였는데, 12년이 지난 677년(의봉儀鳳 2년)에 마침내 결실을 보았다고 한다.[71] 이후 현종 때에는 <소파진악小破陣樂>이 있었는데 "입부기의 파진악에서 나온 것으로, 무자는 4인이고, 금빛 갑주를 입었으며",[72] "원래 <파진악>이 태종의 업적을 노래한 것과는 달리 현종의 업적을 노래하는 것"[73]으로 바뀌었다. 그리고 현종 이후로 <파진악>은 관련 악곡이 오대五代까지 이어졌다고 하나 자세한 사정은 알 수 없다. 따라서 백거이가 정원貞元 연간에 보았다고 한 <칠덕무>는 아마도 묘악으로 편입된 <파진악>을 가리키는 것으로 추정된다.

---

69 『通典』「樂典」:"破陣樂, 大唐所造也. …… 樂工百二十人, 被甲执戟而习之. 凡爲三變, 每變爲四陣, 有來往疾徐擊刺之象, 以應歌節, 數日而就."

70 『舊唐書 · 音樂志』: "破陣樂, …… 甲以銀飾之. 發揚蹈厲, 聲韻慷慨. 享宴奏之, 天子避位, 坐宴者皆興."

71 沈冬, 『唐代樂舞新論』(北京: 北京大學出版社, 2004), 64쪽.

72 『通典 · 樂典』: "小破陣樂, 玄宗所作也. 生於立部伎破陣樂. 舞四人, 金甲胄."

73 김미영, 「唐代 破陣樂 연구: 太宗 · 高宗 · 玄宗 시기를 중심으로」, 340쪽.

이상으로 십부기의 악곡을 소재로 창작한 당시 작품에 대하여 살펴보았다. 『전당시』를 비롯한 문헌에 수록되어 전하는 당시 가운데 십부기의 종목을 작품의 제목으로 삼거나 주요한 소재로 삼아 창작한 작품은 8편에 지나지 않는다. 이것은 당나라의 부기가 고종 이후로 현종의 시대에 이르러 좌부기와 입부기로 개편되면서 십부기에 속한 다수의 부기는 이미 궁중에서 더 이상 연악으로 연행되지 않게 된 것과 무관하지 않은 것으로 보인다. 이런 사실은 개원 연간 교방악의 사정을 기술한 『교방기』나 만당晩唐 무렵에 편찬된 『악부잡록』에 수록된 건무健舞와 연무軟舞의 종목을 소재로 삼아 창작한 시가작품이 상대적으로 많다는 사실이 그 반증이 될 것이다.

본고에서 살펴본 십부기 관련 시가는 외래악무로는 <서량기> 2편, <고려기> 1편, <부남기> 1편이고, 창작악무로는 <연악> 중의 <경선악> 1편, <파진악> 3편이다. <서량기>를 노래한 작품에는 원진의 <화리교서신제악부 12수: 서량기>와 백거이의 <서량기>가 있고, <고려기>를 노래한 작품에는 이백의 <고구려>가 있고, <부남기>를 노래한 작품에는 왕유의 <부남곡가사> 5수가 있다. 또 <경선악>을 노래한 작품에는 이세민의 <공성경선악무사>가 있고, <파진악>을 노래한 작품에는 작자 미상의 <파진악>, 장열의 <파진악사> 2수, 백거이의 <칠덕무>가 있다.

이들 작품을 살펴본 결과, 다음과 같은 두 가지 결과를 도출할 수 있다.

첫째, 작품의 제목만으로 악무시이다 연행시이다 관무시이다 라고 추론하거나 단정하는 것은 지양되어야 한다는 점이다.

예를 들면, 두보杜甫가 지은 <관공손대낭제자무검기행觀公孫大娘弟子舞劍器行>은 <검기무劍器舞>의 연행 장면을 작품 전편에 걸쳐 생생하게 묘사하여 대표적인 관무시로 꼽힌다. 하지만 이 작품도 사실은 작자가 그보다 이미 52년 이전에 낙양洛陽에서 관람하였던 검무劍舞를 회상하여 지은 작품이다. 따라서 사실상 악무의 종목을 명칭으로 삼은 작품이라고 하더라도 그것이 반드시 연행 장면을 묘사한 연행시인 것은 아니며 심지어 악무의 이미지만 차용하였을 뿐 해당 악무와는 직접적 연관성이 없는 작품도 있다. 본고에서 살펴본 작품 가운데 원진의 <화리교서신제악부 12수: 서량기>와 백거이의 <서량기>, 이백의 <고구려>, 왕유의 <부남곡가사> 5수는 각각 <서량기>, <고려기>, <부남기>의 연행 양상이나 주변 정황을 담아냈으나 작자 미상의 <파진악>과 장열의 <파진악사>는 <파진악>의 정신과 이미지를 차용하였을 뿐 <파진악>의 연행광경을 담아낸 것은 아니다. 또 <경선악>을 노래한 이세민의 <공성경선악무사>와 백거이의 <칠덕무>는 해당 악무의 연행 광경을 묘사한 것이 아니라 악무의 악장으로 기능하였거나 해당 악무의 배경과 의미의 표현에 중점을 둔 작품이다.

둘째, 시가에 담긴 내용은 해당 악무에 대한 역사기록의 미비를 보완할 수 있는 자료로 활용할 수 있다는 점이다.

이것은 서론에서 밝혔듯이 이 글이 애당초 기대한 초점이었다. 즉 이 글은 악무 관련 역사기록의 전사轉寫로 인한 정보의 부족, 해당 악무의 실전失傳에 따른 증거의 부재를 메울 수 있는 유력한 도구로 도상 자료와 더불어 악무를 소재로 한 시가를 지목하였던 것이다. 하지만 십부기에 한정하여 대상 작품을 살펴본 결과, 관련 작품이 많지 않아 기대만큼의 소득을 얻지는 못하였으나, 나름의 수확도 있음을 부정할 수 없다. 여기에는 연행의 양상, 악무의 배경, 해당 악무에 대한 당시인의 인식 등이 포함된다. 먼저 <서량기>와 관련된 원진과 백거이의 시가에서는 중당 시기에 사자무가 널리 성행하였고, 특히 병영에서도 인기를 누렸다는 사실을 확인할 수 있었다. 또 사자무의 세밀한 연희 양상도 일부 확인할 수 있었다. 나아가 십부기의 <서량기>와 광의의 '서량악'에 대한 당시 사람들의 뒤섞인 인식 또한 엿볼 수 있었다. <고려기>와 관련된 이백의 작품에서는 역사서의 기록과 일치되는 묘사를 확인하면서도 다른 한편으로는 서로 어긋나는 묘사에서 오히려 <고려기>의 변모된 양상을 추론하는 단서를 얻을 수 있었다. <부남기>와 관련된 왕유의 작품에서는 역사서에 기록된 <부남기>와는 면모가 사뭇 다른 부남의 악무가 성당 시기에 궁중에서 인기리에 연행된 흔적을 찾을 수 있었다. <경선악>과 관련된 이세민의 작품에서는 <경선악>의 악장을 살펴봄으로써 그 취지와 내용을 이해할 수 있었다. <파진악>와 관련된 백거이의 작품에서는 중당 시기에 이르러 아악으로 변모한 <파진악>

의 면모를 조심스레 엿볼 수 있었다.

비록 이 글에서는 소량의 작품만이 대상이 되었기 때문에 여기에서 얻어낸 결과를 가지고서 큰 그림을 말할 수는 없지만, 연구의 대상을 확대한다면 그에 걸맞은 소득을 얻어낼 수 있다는 가능성을 확인할 수 있다.

참고문헌

『漢書』

『隋書』

『舊唐書』

『新唐書』

『資治通鑑注』

『唐會要』

『通典』

『李太白集』

『白樂天詩集』

『樂府雜錄』

『夢溪筆談』

『樂府詩集』

『全唐詩』

潘百齊,『全唐詩精華分類鑑賞集成』, 河海大學出版社, 南京, 1989.

沈 冬,『唐代樂舞新論』, 北京大學出版社, 北京, 2004.

王克芬,『中國舞蹈史』(隋唐五代部分), 文化藝術出版社, 北京, 1987.

이해원,『당제국의 개방과 창조』, 서강대학교 출판부, 서울, 2013.

趙克堯(등), 김정희(옮김),『당태종 평전』, 민음사, 서울, 2011.

中國舞蹈藝術研究會 舞蹈史研究組,『全唐詩中的樂舞資料』, 人民音樂出版社, 北京, 1996.

彭 松(等),『中國古代舞蹈史綱』, 北京舞蹈學院, 北京, 1998.

彭慶生・曲令啓(選注),『唐代樂舞書畵詩選』, 北京語言學院出版社, 北京, 1988.

馮雙白(外),『圖說中國舞蹈史』, 浙江教育出版社, 杭州, 2001.

김미영,「唐代 破陣樂 연구: 太宗・高宗・玄宗 시기를 중심으로」,『동양예술』16, 한국동양예술학회, 서울, 2011.

巫允明,「中國古代宮廷和儀式舞蹈的體現與遺存」,『한국예술종합학교 무용원 이론과 심포지엄 프로시딩』, 서울, 2012.

湯立許・梅林琦,「南獅與北獅的文化比較」,『軍事體育進修學院學報』25-4, 廣州, 2006.

허영일,「문화복합체로서의 동아시아 전통 춤 연구를 위한 제언: 한・중・일 사자춤의 대조 고찰을 바탕으로」,『민족무용』16, 한국예술종합학교 세계민족무용연구소, 2012.

남종진,「당 태종의 악무 관념과 악무 발전에 대한 공헌」,『공연문화연구』27, 한국공연문화학회, 2013.

『한국고전용어사전』, http://terms.naver.com/

시가와 춤: 당시와 〈자지무〉

남종진
세계민족무용연구소 전임연구원

당대唐代는 문학의 역사에 있어서는 시가詩歌의 황금시대였고, 악무樂舞의 역사에 있어서는 연악宴樂의 전성시대였다. 이런 문화사적 배경 때문에 당대의 시가와 악무는 서로 관계가 밀접하였다. 남송南宋 사람 왕작王灼은 "당나라 때에는 영기伶伎들이 그 당시 명사名士들에게서 시구詩句를 받아 노랫말로 삼는 것이 일상적 풍속이었다."[1]라고 하였는데, 이런 풍조는 당대 시가와 악무의 관계를 잘 보여준다. 당시 악공樂工과 무자舞者는 시인이 지은 시가를 자신이 연행하는 악무의 악장樂章으로 사용하여 악무의 품격을 높이고, 시인은 악무를 통하여 자신이 지은 작품을 널리 홍보하는 공생 관계를 지닌 경우가 있었던 것이다.

한편 당대는 연악의 전성시기로 당시 궁중의 연악에는 부기部伎와 교방악敎坊樂이 있었다. 부기는 국가적 전례典禮와 연향宴饗에서 사용되었고,[2] 교방악은 소규모 연향에서 펼쳐졌다. 당대 중기에 이르러 궁중의 악무 기구

* 이 글은 중앙대학교 외국학연구소의 『외국학연구』 제28집에 수록한 것임.

1 『碧鷄漫志』 〈唐絶句定爲歌曲〉: "李唐伶伎取當時名士詩句入歌曲, 蓋常俗也."

2 당대 부기악의 성립과 변천에 대해서는 남종진, 「당 태종의 악무 관념과 악무 발전에 대한 공헌」, 『공연문화연구』 27, 한국공연문화학회, 2013, 198~204쪽 참조.

가 축소되어 많은 악공과 무기舞妓가 궁에서 나오면서 궁중 연악은 민간으로 퍼져나가게 되었다. 그런데 당시 부기에 대해서는 역사서 등에 기록이 남아있어서 대체적 면모를 알 수 있지만[3] 교방악은 관련 기록이 드물고 게다가 어떤 것은 종목의 이름만 겨우 알려졌을 뿐이고 기록 또한 서로 어긋나기 때문에 교방에서 민간으로 퍼져나간 당시 연악의 사정을 알려면 다른 분야에서 관련된 자료를 찾아 결여된 구석을 메워야 한다.

이런 측면에서 보면 도상圖像 자료와 시가詩歌 작품은 자료로서의 가치가 아주 높다.[4] 그런데 도상 자료는 시각적 효과는 뛰어나지만 대상 악무가 제한적이고 또 구체적 시기를 정하는 데는 어려운 점이 있다. 그러나 시가는 대상 악무의 모습을 다양한 각도에서 담았기 때문에 연행의 양상을 비롯한 여러 가지 측면을 추론할 수 있도록 도와준다. 게다가 시가는 작자가 살았던 시기를 대부분 특정特定할 수 있기 때문에 대상 악무의 자세한 시기를 유추하기에도 편리하다.

한 통계에 따르면, 『전당시全唐詩』에 실린 시가 가운데 악무와 관계가 있는 작품은 모두 1,667수이며 작자는 437명이나 된다.[5] 여기에는 악무의 가사로 쓰인 것도 있고, 작자가 공연을 보고 지은 관무시觀舞詩의 성격을 지닌 것도 있고, 또 대상 악무와 관련된 주변 이야기를 담은 것도 있는데, 이 모두가 대상 악무의 사정을 살피는 데에 큰 도움이 된다.

당대의 악무 가운데서도 특히 서역西域에서 전래한 호선무胡旋舞・호등무胡騰舞・자지무柘枝舞의 이른바 '서역 삼대무'는 당시 조야朝野에서 널리 성행하면서 관련된 많은 시가를 낳았다. 이 때문에 중국에서는 이들 '삼대무'에 대한 연구가 특히 활발하다. 하지만 관련 자료의 미비 때문에 개괄적 기술

---

3 당대 악무의 변천은 『수서』「음악지」, 『구당서』「음악지」, 『신당서』「예악지」, 『통전』「악전」, 『당회요』, 『통지』, 『문헌통고』 등 역사서, 정서政書, 유서類書의 관련기록에서 그 대략을 살필 수 있다. 그런데 이들 문헌의 관련기록은 대개 이전 시대의 기록을 후대에 전재한 방식이어서 내용이 중복되므로 전체 정보의 양이 전체 문헌의 양과 정비례하지는 않는다.

4 각종 도상과 문학작품을 활용하여 악무를 연구하는 방법에 대해서는 海賓, 「文學與考古雙重視野中的唐代西域樂舞胡旋舞」, 『新疆師範大學學報』, 2011年 第4期, 97~103쪽에서 영감을 받았다.

5 陸群, 「唐代詠樂詩研究」, 長沙理工大學碩士學位論文, 2011, 11쪽.

에 그친 경우가 많아서 아쉬움이 크다. 한편 국내에서는 고구려 호선무와 서역 호선무의 유사성과 고려의 당악정재唐樂呈才 <연화대蓮花臺>와 자지무의 연관성[6] 때문에 이들 악무에 대한 고찰이 있었으나,[7] 악무 문화의 교류와 전파에 대한 보다 확대된 연구가 필요하다.

따라서 이 글에서는 동아시아 악무 문화 전파의 사례를 살피고 관련 자료를 늘려나간다는 취지에서 출발하여 당대 자지무의 유래와 확산의 과정을 살펴보는 한편 자지무를 소재로 창작한 시가를 자세히 분석하여 자지무에 관한 여러 가지 양상을 엿보고자 한다.

1. 자지무의 유래

자지무는 서역에서 전래한 악무의 하나이다. 중국의 옛 문헌에서 자지무의 유래를 언급한 기록은 서로 일치하지 않는다. 자지무가 남만南蠻에서 나왔다고도 하고 서역에서 나왔다고도 하는 식이다. 먼저 남송 사람 곽무천郭茂倩(1041~1099년)은 자지무의 무자舞者가 착용하는 의관衣冠이 남만과 비슷하다는 이유로 남만에서 나왔으리라고 하였고,[8] 역시 남송 사람인 갈립방葛立方(?~1164)은 "자지무는 남만의 나라에서 나와 당나라에서 성행하였다."[9]

---

6 조선 후기의 학자 李裕元이 지은 『林下筆記』의 「文獻指掌編」 「樂器」에는 『高麗圖經』을 인용하여 "柘枝舞에서는 두 명의 여자아이를 쓰는데 연꽃에 숨었다가 꽃을 터뜨리고 나오니 바로 지금의 〈蓮花臺舞〉이다."라고 하였다. 『高麗圖經』은 宋 徐兢(1091~1153)이 1124년(宣和 6년)에 高麗를 사신으로 방문하여 달포를 머물며 본 高麗의 산천 · 풍속 · 典章 · 제도를 상세히 기록한 『宣和奉使高麗圖經』을 말한다.

7 高句麗의 胡旋舞와 西域 계열의 胡旋舞를 연계한 연구논문으로는 이종숙, 「高句麗 胡旋舞와 康國 胡旋女舞의 二元性 고찰」, 『한국무용사학』 6, 2007, 79~117쪽이 있고, 당악정재 〈蓮花臺〉와 자지무를 연계한 연구논문으로는 박은옥, 「柘枝舞와 蓮花臺, 그리고 그의 변천 과정」, 『韓國傳統音樂學』 3, 2002, 175~189쪽과 심숙경, 「당악정재 연화대와 중국 자지무의 관계」, 『대한무용학회논문집』, 70-6, 2012, 155~172쪽이 있다.

8 『樂府詩集』 卷56 : "按今舞人衣冠類蠻服, 疑出南蠻諸國者也."

9 『韻語陽秋』 卷15 : "柘枝舞起於南蠻諸國, 而盛於李唐."

고 단언하였다. 또 자지무가 서역에서 나왔다는 기록을 보면, 예컨대 당나라 노조盧肇의 <호남에서 쌍자지를 구경하고湖南觀雙柘枝舞賦>라는 부賦에는 자지무가 "옛날에는 질지郅支의 기예였는데 지금은 '자지柘枝'라는 이름이 되었다."[10]고 하였다. '질지'는 지금의 카자흐스탄 남부에 위치한 제스카즈간Dzhezkazgan을 일컫던 옛 중국식 이름이다. 그런데 옛 문헌의 이런 기록들은 모두 사실과는 다르다. 곽무천의 언급은 추론일 뿐이고, 갈립방은 곽무천이 기록한 것을 답습하여 말하였을 뿐이다. 또 노조가 말한 질지는 오늘날 자지무의 본향本鄕이라고 알려진 사마르칸트Samarkand에서는 북쪽으로 멀리 떨어진 곳이다.

자지무는 옛날 서역에 있던 석국石國에서 유래한 춤이다. 석국은 예전에 중국인들이 말하던, 서역에 있던 소무구성昭武九姓[11] 가운데 하나이다. 석국이 위치하였던 지역은 소그디아나Sogdiana[12]의 동북쪽 끝으로, 우즈베키스탄에 자리 잡은 오래된 오아시스 도시 사마르칸트가 그곳이다. 『신당서新唐書』에는 석국은 달리 "자지柘支 · 자절柘折 · 자시赭時라고 부른다."[13]고 하였는데, '석石'은 의역이고, '자지' · '자절' · '자시'는 음역이라고 고증되었다.[14]

석국을 세운 사람들은 본래 월지月氏에 속했던 부락으로, 대월지大月氏가 서쪽으로 이동하던 무렵에 그 일부가 중앙아시아의 소그디아나로 옮겨갔다고 한다. 하지만 아쉽게도 더 자세한 사정은 알 수 없다. 아무튼 자지무는 지금의 사마르칸트에 있던 옛 석국에서 유래한 춤으로, '석국의 춤'이라는 의미이다. 현대적으로 말하자면 '소그디아나의 춤' 내지 '사마르칸트의

---

10 『全唐文』 卷9 盧肇, 〈湖南觀雙柘枝舞賦〉: "古也郅支之伎, 今也柘枝之名."

11 『신당서』에는 강국康國, 안국安國, 조국曹國, 석국石國, 미국米國, 하국何國, 화심국火尋國, 무지국戊地國, 사국史國을 '소무구성昭武九姓'이라고 하였다.

12 소그디아나는 지금의 옥서스Oxus 강과 야그사르Jaxartes 강 사이를 이르던 옛 지명으로, 페르시아 제국에 속한 한 주州였다.

13 『新唐書』「西域傳」: "石, 或曰柘支, 曰柘折, 曰赭时, 漢大宛北鄙也."

14 천인커陳寅恪와 캐나다 학자 풀리블랭크Edwin G. Pulleyblank 등이 고증한 내용이다. '자지柘支(저즈)' · '자절柘折(저서)' · '자시赭时(저스)'라고 옮긴 것은 페르시아어로는 Chaj라고 하고, 투르크어로는 Tash라고 하며, 소구드어로는 Cac라고 하는데, 모두 돌(石)이라는 뜻이다.

춤'이라는 뜻이다.

자지무가 언제 중국에 처음으로 전해졌는지에 대해서는 뚜렷한 기록이 없다. 하지만 당나라와 석국과의 역사적 관계를 살펴보면 그 대략적 시기를 유추해낼 수 있다. 역사기록에 나타난 당나라와 석국의 관계는 다음과 같다.

당나라는 개국 초기부터 석국과 교류가 있었으며, 또 국세의 전성기에는 석국 지역에 대원 도독부大宛都督府를 설치한 일이 있었다. 자지무가 중원에 전래된 것은 아마도 이런 역사적 사실과 관계가 깊을 것이다. 역사기록에 따르면, 당나라와 석국이 처음으로 교류한 일은 당나라 고조 무덕武德(618~626) 연간에 있었다. 『신당서』에는 석국이 "무덕 연간과 정관 연간에 여러 차례 특산물을 바쳤다."[15]고 기록하였다. 정관貞觀은 태종 이세민李世民의 치세로 그 시기는 627년부터 649년까지이다. 따라서 언제 교류가 있었고 또 얼마나 자주 왕래가 이루어졌는지는 자세히 알 수 없지만 당나라 초기에 이미 교류가 있었다는 사실만큼은 분명하다. 그 후 고종 현경顯慶 2년(657년) 11월에는 소정방蘇定方이 아사나阿史那 하노賀魯를 정벌한 일이 있었다. 당시 하노가 석국으로 달아나자 소사업蕭嗣業이 추격하여 석국으로 들어갔는데, 이 일이 계기가 되어 그 이듬해에 당나라는 석국의 감갈성瞰羯城[16]에 대원 도독부를 열게 되었다. 『책부원귀冊府元龜』에는 이 일을 "당나라 현경 3년에 그 땅을 쪼개어 대원 도독부를 설치하고, 그곳의 왕인 감토둔瞰吐屯섭사제부攝舍提部 우굴소목于屈昭穆을 도독으로 삼았다."[17]고 기록하였다. 대원 도독부를 개설하자 서돌궐西突厥에 예속되어 있던 중앙아시아의 여러 나라가 당나라에 복속하였는데, 이는 당나라와 서역 여러 나라의 교류를 더욱 가속시켰을 것이다. 또 현종玄宗 개원開元(713~741) 초기에는 대원의 막

15 『新唐書』「西域傳」: "武德貞觀間, 數獻方物."

16 감갈성瞰羯城은 자절성柘折城이라고도 불렀는데, 지금의 우즈베키스탄 타슈켄트*Tashkent*이다.

17 『冊府元龜』 卷966「外臣部」「繼襲一」: "石國, 唐顯慶三年列其地爲大宛府, 以其王瞰吐屯攝舍提于屈昭穆爲都督."

하돌 토둔莫賀咄吐屯을 석국왕에 봉하였고, 개원 28년741년에는 막하돌 토둔을 다시 순의왕順義王에 봉하였다.[18] 또 천보天寶(742~756) 초년에는 왕자 나구거비시那俱車鼻施를 회화왕懷化王에 봉하고 아울러 철권鐵券을 하사하였다.[19] 철권은 중국의 황제가 공신과 중신에게 내리던 훈장의 하나이자 또한 맹약의 성격을 지닌 증서이다. 그 후 안서 절도사安西節度使 고선지高仙芝가 나구거비시가 번신蕃臣의 예를 다하지 않는다는 이유로 토벌에 나섰는데, 대식국大食國으로 달아난 나구거비시가가 원군을 청하여 탈라스Talas에 반격을 가하여 고선지 군사를 격파하였다.[20] 탈라스 전투는 751년(천보 10년) 7월부터 8월 사이에 벌어진 일이다. 그리하여 석국은 대식국의 신하가 되어 아랍 제국으로 편입되고 말았다. 그 후에는 대종代宗 보응寶應(762~763) 연간에 당나라에 사신을 보내 조공하였다는 기록이 나올 뿐이다.

이상이 역사기록에 나오는 당나라와 석국의 관계이다. 두 나라의 역사적 관계에 비추어 보면, 자지무가 당나라에 전해진 시기는 대원 도독부가 처음 설치된 658년 이후로 추정된다.

2. 자지무의 확산

당나라 사람 최영흠崔令欽(?~?)이 지은 『교방기敎坊記』에는 당시 교방악敎坊樂의 종목이 열거되어 있다.

> <수수라垂手羅>, <회파악回波樂>, <난릉왕蘭陵王>, <춘앵전春鶯囀>, <반사거半社渠>, <차석借席>, <오야제烏夜啼> 등은 연무軟舞라고 부른다.

18 『新唐書』「西域傳」: "開元初, 封其君莫賀咄吐屯, 有功, 爲石國王. 二十八年, 又冊順義王."

19 『新唐書』「西域傳」: "天寶初, 封王子那俱車鼻施爲懷化王, 賜鐵券."

20 『新唐書』「西域傳」: "久之, 安西節度使高仙芝劾其無蕃臣禮, 請討之. 王約降, 仙芝遣使者護送至開遠門, 俘以獻, 斬闕下, 於是西域皆怨. 王子走大食乞兵, 攻怛邏斯城, 敗仙芝軍, 自是臣大食."

<아료阿遼>, <자지柘枝>, <황장黃麞>, <불림拂林>, <대위주大渭州>, <달마지達摩支> 등은 건무健舞라고 부른다.[21]

건무는 리듬이 빠르고 힘찬 기풍을 지닌 춤을 가리키고, 연무는 리듬이 느리고 부드러운 기풍을 지닌 춤을 가리킨다. 자지무는 건무의 종목으로 실려 있다. 『교방기』는 현종 개원開元(713~741년) 연간의 교방 제도와 관련 일화를 담은 책이다. 따라서 『교방기』에 자지무가 기록되어 있다는 것은 현종의 치세에 궁중에서 자지무가 정식 종목으로 연행되었음을 뜻한다. 이런 사실에 비추어 보면, 자지무가 당나라 궁중에 전해진 시기는 대원 도독부가 설치된 658년 이후부터 개원 초기까지로 좁힐 수 있다.

그런데 현종이 세상을 떠나자 궁중의 연악은 큰 변화를 겪게 되었다. 궁중의 속악俗樂을 전담하던 교방敎坊과 이원梨園이 폐지되거나 축소된 것이다. 교방은 궁중의 제사와 의식을 주관하는 태악서太樂署나 황제의 의전儀典을 담당하던 고취서鼓吹署와는 달리 궁중의 연향과 오락에서 연행하는 속악과 산악散樂을 전담하던 악무 기구였다. 현종의 치세에는 궁중에서 연악 수요가 늘자 교방을 모두 다섯 곳으로 늘렸다.[22] 이원은 현종이 악무에 대한 개인적 취향에 따라 좌부기坐部伎에 속한 예인藝人 가운데 기량이 뛰어난 자를 뽑아 별도로 만든 악무 기구였다. 역사 기록을 살펴보면, 대종 때인 779년에 재정난으로 이원을 폐지하며 예인 300여명을 귀향시켰고,[23] 덕종德宗 때인 805년에 교방 소속의 여기女妓 600여명을 감축하여 궁에서 내보낸 일이 있었다. 이는 당대의 궁중 연악은 국세의 전성기에는 황금기를 누렸지만 안사安史의 난 이후에는 국세의 쇠락과 함께 쇠퇴하였음을 보여준다.

그런데 당나라 말기에 나온 『악부잡록樂府雜錄』에는 『교방기』에서 열거한

---

21 『敎坊記』: "垂手羅 回波樂 蘭陵王 春鶯囀 半社渠 借席 烏夜啼之屬, 謂之軟舞. 阿遼 柘枝 黃麞 拂林 大渭州 達摩支之屬, 謂之健舞."

22 『新唐書 · 禮樂志』: "開元二年, 又置內敎坊於蓬萊宮側. 有音聲博士, 第一曹博士, 第二曹博士. 京都置左右敎坊, 掌俳優雜技. 自是不隷太常, 以中官爲敎坊使."

23 『唐會要』 卷33 : "大曆十四年五月詔, 罷梨園伶使及官冗食三百餘人, 留隷太常."

건무와 연무가 대부분 사라졌지만 자지무는 그대로 실려 있다.

> 건무에는 <능대棱大>, <아련阿連>, <자지柘枝>, <검기劍器>, <호선胡旋>, <호등胡騰>이 있고, 연무에는 <양주凉州>, <녹요綠腰>, <소합향蘇合香>, <굴자屈柘>, <단원선團圓旋>, <감주甘州> 등이 있다.24

『악부잡록』은 소종昭宗 연간(888~904년)에 활동한 단안절段安節(?~?)이 지은 악무자료집이다. 『악부잡록』에서 열거한 건무와 연무의 종목은 그 무렵에 교방에서 연행하던 연악이다. 따라서 자지무는 『교방기』가 나온 성당盛唐 무렵부터 『악무잡록』이 나온 만당晩唐 무렵까지 150년 넘게 궁중에서 꾸준히 연행되었음을 알 수 있다. 『교방기』와 『악무잡록』 이외에도 당대의 건무와 연무의 종목을 기록한 문헌에는 송나라 곽무천의 『악부시집』과 원나라 마단림의 『문헌통고』가 있다. 이들 4종의 문헌에서 기록한 건무와 연무의 종목은 다음과 같다.25

---

24 『樂府雜錄』 「舞工」: "健舞曲有棱大 阿連 柘枝 劍器 胡旋 胡騰. 軟舞曲有凉州 綠腰 蘇合香 屈柘 團圓旋 甘州等."

25 그런데 이들 문헌에 기록된 건무와 연무의 종목은 차이가 큰데, 그 양상은 두 가지이다. 첫째, 동일 종목이 다른 이름으로 기록된 경우이다. 건무의 〈拂林〉은 『악부시집』에는 〈拂菻〉이라고 하였다. 〈拂林〉과 〈拂菻〉은 같은 말이다. 『구당서』 「서융전」에는 "拂菻國은 大秦이라고도 한다."라고 하였는데, 大秦은 중국의 중고시대 역사서에서 동로마 제국, 즉 비잔틴 제국을 가리키는 말이다. 또 문헌에 따라서는 '拂壇' · '拂懍' · '拂臨' · '蒲林' · '拂林' · '普嵐' · '伏盧尼'라고도 한다. 중국의 문헌에서는 로마제국이 콘스탄티노플로 옮기기 이전까지는 '大秦'이라고 불렀고, 그 이후로는 '拂菻' 등 여러 가지 이름으로 불렀다. 또 〈棱大〉에 대해서는 현대의 중국무용사학자 왕커펀은 "〈능대〉는 『문헌통고』에는 〈大杆〉이라고 하였고, 『악부시집』에는 〈大祁〉라고 하였다."라고 하여 세 가지를 같은 종목으로 보았다. 이밖에 〈胡騰〉은 〈胡勝〉이라고도 하였고, 〈屈柘〉는 〈屈柘枝〉 또는 〈拙枝〉라고도 하였으며, 〈團圓旋〉은 〈團亂旋〉이라고도 하였다. 이런 사례는 모두 글자가 비슷하다는 공통점이 있는데, 후대의 기록이 전대의 기록을 정확하게 전사하지 못한 데에서 비롯된 것으로 보인다. 이렇게 보면 네 가지 문헌에 수록한 당대의 건무는 11종목이고 연무는 13종목으로 귀납된다. 둘째, 문헌에 따른 종목의 차이가 매우 크다는 점이다. 이것은 시대에 따라 달라진 악무의 종목을 반영하기도 하고, 또 이전 시대의 해당 악무를 모두 모아 놓기도 하는 등 기준이 달랐기 때문으로 보인다. 네 가지 문헌은 편찬된 시기가 다르다. 『교방기』와 『악부잡록』은 당나라 때에 편찬된 것이고, 『악부시집』은 송나라 때에 편찬된 것이며, 『문헌통고』는 원나라 때에 편찬된 것이다. 『악부시집』에는 가장 많은 종목이 실렸는데, 『교방기』와 『악부잡록』에 수록된 종목을 모아놓은 것으로

구분	순서	『교방기』	『악부잡록』	『악부시집』	『문헌통고』
건무 健舞	1	阿 遼		阿 遼	
	2	柘 枝	柘 枝	柘 枝	柘 枝
	3	黃 麞		黃 麞	
	4	拂 林		拂 菻	
	5	大渭州		大渭州	
	6	達摩支		達摩支	
	7		棱 大	大 祁	大 杆
	8		阿 連	阿 連	阿 連
	9		劍 器	劍 器	劍 器
	10		胡 旋	胡 旋	胡 旋
	11		胡 騰	胡 騰	胡 勝
연무 軟舞	1	垂手羅			
	2	回波樂		回波樂	
	3	蘭陵王		蘭陵王	
	4	春鶯囀		春鶯囀	
	5	半社渠		半社渠	
	6	借 席		借 席	
	7	烏夜啼		烏夜啼	
	8		凉 州	凉 州	凉 州
	9		綠 腰	綠 腰	
	10		蘇合香	蘇合香	蘇合香
	11		屈 柘	屈柘枝	拙 枝
	12		團圓旋	團亂旋	
	13		甘 州	甘 州	甘 州

중당의 시인 서응徐凝(~813~)이 <궁중곡宮中曲>에서 “사뿐사뿐 궁궐 들어가 은총 입으니, 날씬한 허리로 자지무만 추는구나.”[26]라고 묘사한 것은 교방이 축소된 뒤에도 자지무는 궁중에서 변함없이 인기리에 연행되었음

보인다. 반면 『문헌통고』에 수록된 종목은 『교방기』에 수록된 것은 빠지고 『악부잡록』에 수록된 종목만 대개 기록되었다. 이것은 『문헌통고』를 편찬하면서 『악부잡록』의 기록에 의존하였기 때문으로 추론된다.

26 『全唐詩』 卷474 : “身輕入寵盡恩私, 腰細偏能舞柘枝.”

을 방증한다.

그런데 관점을 달리하여 보면, 당나라 중기 이후에 궁중 연악이 쇠퇴한 사실은 궁중 연악이 민간으로 확산되는 계기였다고 할 수 있다. 자지무가 시가 창작의 소재로 사용된 것도 바로 이 무렵부터이다. 그러니까 작자가 살았던 시기를 기준으로 삼으면, 자지무가 시가 창작의 소재로 사용된 것은 대부분 당나라 후기인 800년부터 850년 사이에 집중된 것이다. 또 작품의 소재가 된 자지무는 대부분 민간에서 연행된 것이었다. 그러므로 중당 무렵은 궁중의 교방에서 연행되던 자지무가 민간으로 내려가서 확산된 이른바 '문화하이文化下移'의 시대였던 셈이다.

이처럼 환경이 달라지면서 자지무는 조야朝野와 경향京鄕을 막론하고 널리 성행하게 되었다. 양둥메이楊冬梅는 그 상황을 일러 "교방은 물론이고 귀족과 사대부의 집과 군영軍營에 소속된 기인伎人도 자지무를 배워서 출 줄 알았고, 심지어 자지무를 전문적으로 춤추는 예인 집단까지 생겨났다."27고 하였다. 당시 자지무를 전문적으로 추던 무기舞妓를 자지기柘枝妓라고 불렀다. 당시 자지무가 큰 성황을 누린 모습은 그 무렵 시인들이 지은 시가의 제목에서도 쉽게 확인된다. 예를 들면 장호張祜의 <이 씨 집에서의 자지무李家柘枝>, <주 원외와의 술자리에서 자지무를 관람하다周員外席上觀柘枝>, <왕 장군의 자지기가 죽은 것을 슬퍼하며感王將軍柘枝妓沒> 등은 모두 민간에서 구경한 자지무가 소재가 되었다.28

또 관련 시가에 나타난 공간적 배경에서는 자지무가 넓은 지역에서 유행하였음이 확인된다. 여기에는 도성인 장안長安은 물론이고 가까운 동주同州를 비롯하여 도성에서 멀리 떨어진 동남쪽 고장인 항주杭州·상주常州·담주潭州 등지에서도 자지무가 성행하였음이 확인된다.

---

27 楊冬梅, 「唐代詠柘枝舞詩詞硏究」, 『唐都學刊』, 2006年 第1期, 55쪽.

28 <자지무>는 송나라 초기까지도 전해졌는데, 북송 심괄沈括의 『몽계필담夢溪筆談』 「악률樂律」에는 "북송의 구준寇準(961~1023년)은 자지무를 좋아하여 매번 빈객을 모아 놓고 날이 저물도록 감상하여 '자지전柘枝顚'이라는 별명을 얻었다."는 일화가 나온다. '자지전'은 '자지광柘枝狂'이라는 말이다.

동주는 지금의 산시성陝西省 웨이난渭南으로, 백거이白居易의 <동주의 양시랑이 자지무를 보고 뽐내며 부친 것에 화답하다和同州楊侍郎誇柘枝見寄>라는 작품에 등장하고, 지금의 저장성浙江省 항저우杭州와 장쑤성江蘇省 창저우常州는 장호張祜의 <항주에서 자지무를 보고觀杭州柘枝>와 백거이의 <상주에서 자지무를 보고 가 사군에게 증정하다看常州柘枝贈賈使君>에서 각각 작품의 공간적 배경으로 등장한다. 또 지금의 후난성湖南省 북부지역에 해당하는 담주는 은효번殷孝藩의 <담주의 술자리에서 자지기에게 주다潭州席上贈舞柘枝妓>의 공간적 배경이다.

한편 『악무잡록』에 따르면, 자지무는 건무에 속한 <자지>와는 별도로 연무에 속한 <굴자屈柘>가 있었다. <굴자>는 『교방기』에는 기록되어 있지 않아서 당나라 후기에 교방의 연악 종목에 새로 들어간 것으로 추정된다. <자지>와 <굴자>는 유사하면서도 다른데, 『악부시집樂府詩集』에는 그 차이점을 다음과 같이 지적하였다.

> 『악부잡록』에는 "건무곡에는 <자지>가 있고, 연무곡에는 <굴자>가 있다."고 하였다. 『악원樂苑』에는 "우조羽調에는 <자지곡柘枝曲>이 있고, 상조商調에는 <굴자지屈柘枝>가 있다. 이 춤은 곡조에 따라 이름을 붙였다."29

<자지>와 <굴자>는 같은 계통의 춤이지만 서로 다른 정조의 음악이 수반되기 때문에 각각 건무와 연무로 나뉜다는 설명이다. 그런데 당나라 때에 나온 시가 가운데는 <자지>를 소재로 지은 작품이 많고 <굴자>를 소재로 지은 작품은 드물다. 제목에 <굴자>를 내세운 작품은 당나라 말기의 작가 온정균溫庭筠(812?~866)이 지은 <굴자사屈柘詞>가 유일하다. 이런 사실은 <자지>는 민간에서 널리 유행하였지만 <굴자>는 그렇지 않았다는 것

29 『樂府詩集』 卷56 「舞曲歌辭」 「柘枝詞序」: "樂府雜錄曰: '健舞曲有柘枝, 軟舞曲有屈柘.' 樂苑曰: '羽調有柘枝曲, 商調有屈柘枝. 此舞因曲爲名."

을 보여주는 것이라고 할 수 있다. 쉬여우푸徐有富(2006)는 그 이유를 일러 "우조羽調는 강개하여 당나라 사람들의 심미적 관습에 잘 맞았기 때문에 누구나 <자지>를 좋아하였다."30고 하였다. 『악부시집』의 기록에 따르면, <자지>에는 우조의 음악이 배합되었고, <굴자>혹은 <굴자지>에는 상조商調의 음악이 배합되었다. 우조와 상조는 모두 연악燕樂 28조調의 하나이지만, 우조는 그 소리가 울림이 있고 비장하고 격렬한 반면 상조는 그 소리가 한스럽고 비통하다. 따라서 음악이 크게 다르기 때문에 춤의 분위기도 사뭇 달랐을 것이다. 자지무는 본래 연회에서 흥을 돋우기 위하여 연행되던 연악이다. 그러므로 한스럽고 비통한 분위기의 <굴자>보다는 비장하고 격렬한 분위기의 <자지>가 흥을 돋우기에 걸맞았고 대중적 환영을 받았을 것이다.

요컨대 현종이 세상을 떠난 이후에 궁중의 연악은 크게 축소되었고, 그리하여 궁중의 많은 악공과 무기舞伎가 민간으로 나오게 되었다. 이것은 궁중의 연악으로 연행되던 자지무가 민간으로 전파되는 결정적 계기가 되었다. 그리고 시인들은 자지무를 연행하는 광경을 자주 접하면서 창작 욕구를 가졌고, 마침내 자지무에 관한 많은 작품을 짓게 되었던 것이다.

『전당시全唐詩』에 실린 시가 가운데 자지무와 관계가 있는 작품은 30여 편이다. 또 자지무 관련 작품을 남긴 작가로는 유우석劉禹錫, 백거이白居易, 은요번殷堯藩, 장효표章孝標, 장호張祜, 허혼許渾, 이군옥李群玉, 설능薛能 등이 있다. 자지무를 제목에 내세웠거나 주된 소재로 사용하여 지은 작품을 『전당시』에 수록된 순서에 따라 일람하면 다음과 같다.

작 자	시 기	제 목	출 전
설 능	?~880	<柘枝詞>3首	『전당시』 권 22
유우석	772~842	<觀柘枝舞>	『전당시』 권354
		<和樂天柘枝>	『전당시』 권360
백거이	772~846	<柘枝妓>	『전당시』 권446
		<看常州柘枝贈賈使君>	『전당시』 권446

30 徐有富, 「唐詩中的柘枝舞」, 『新鄉師範高等專科學校學報』, 2006年 第3期, 17쪽.

		<柘枝詞>	『전당시』 권448
		<和同州楊侍郎夸柘枝見寄>	『전당시』 권455
은요번	780~855	<潭州席上贈柘枝妓>	『전당시』 권492
장효표	791~873	<柘枝>	『전당시』 권506
장 호	~831~	<李家柘枝>	『전당시』 권511
		<觀杭州柘枝>	『전당시』 권511
		<周員外席上觀柘枝>	『전당시』 권511
		<觀楊媛柘枝>	『전당시』 권511
		<感王將軍柘枝妓沒>	『전당시』 권511
허 혼	791?~858?	<贈蕭煉師>	『전당시』 권538
이군옥	~854~	<傷柘枝妓>	『전당시』 권570

자지무 관련 작품을 자세히 살펴보면 그 주된 내용은 첫째, 자지무의 악장樂章[31] 둘째, 자지기柘枝妓에 대한 추억과 회고 셋째, 자지무의 연행 장면 등으로 나눌 수 있다.

1) 자지무의 악장樂章

자지무의 악장 성격을 지닌 작품에는 설능薛能의 <자지사柘枝詞> 3수가 있다. 만당의 시인인 설능에 대해서는 『당재자전唐才子傳』에 그 행적이 기록되어 있는데, 성품이 오만하여 남을 능멸하기 일쑤였고 글은 형편없었는데도 일류 시인으로 자처하며 날마다 시 한 수씩 짓는 것을 일과로 삼았다고 한다.[32] 이 때문에 설능은 많은 작품을 남겼고, 『전당시』에 259수나 되는 작품이 수록되었다. 설능의 <자지사>는 다른 작품과는 별도로 실제 용도에 따라 「무곡가사舞曲歌辭」에 실려 있다. 작품의 전편은 다음과 같다.

31 樂章은 朝鮮 초기에 나온 詩歌의 한 형태로, 본래 나라의 祭禮와 宴禮 때에 연행되던 宮中樂에 맞추어 부르던 것을 이르는 것이다. 여기에서는 柘枝舞 '舞曲의 노랫말'이기 때문에 樂章이라는 용어를 차용하겠다.

32 『唐才子傳』 卷7 〈薛能〉 : "耽癖於詩, 日賦一章爲課. 性喜凌人, 格律卑卑, 且亦無甚高論. 嘗以第一流自居, 罕所拔拂."

같은 병영의 삼십만 군사가　　同營三十萬
북을 치며 서강을 정벌하니　　震鼓伐西羌
흘린 피는 가을초목 적시고　　戰血粘秋草
행군 먼지 저녁노을 가린다　　征塵攪夕陽
돌아오니 사람들은 몰라보지　　歸來人不識
도성에서 홀로 무장하였으니　　帝里獨戎裝

적진에 들어가 척갈을 치니　　懸軍征拓羯
내지는 소관 너머에 있도다　　內地隔蕭關
태양은 곤륜산 위에 비추고　　日色昆侖上
북녘 사막에는 바람 소리만　　風聲朔漠間
천기 만기를 무슨 수로 당하랴　　何當千萬騎
질풍처럼 이사에서 돌아왔노라　　颯颯貳師還

득의만만 전공을 세운 날에는　　意氣成功日
봄바람이 허공에 솜을 날렸지　　春風起絮天
새로 지은 저택의 누대에서는　　樓臺新邸第
노래하고 춤추는 어여쁜 계집　　歌舞小嬋娟
장단이 가빠져 춤을 재촉하니　　急破催搖曳
비단적삼 어깨 반쯤 벗겨졌지　　羅衫半脫肩[33]

이 작품에서는 대군을 거느리고 서쪽 변방의 오랑캐를 정벌하고, 도성으로 개선하여, 승리의 연회를 즐기는 광경을 묘사하였다. 제1수에서는 정벌 전쟁의 전체 과정을 스케치하였고, 제2수는 적을 격파하고 개선하는 모습을 담았으며, 제3수는 도성에 돌아와 승리를 축하하는 연회를 즐기는 광경이다. 이 작품은 자지무의 악장이어서 자지무의 연행 장면에 대한 묘사는 제3수의 후반에서 악사의 빠른 장단에 맞춰 무희가 잰 동작으로 춤을 추고,

33 『全唐詩』 卷22 「舞曲歌辭」 薛能 〈柘枝詞〉(3수)

이욱고 저고리가 반쯤 어깨에서 흘러내린 모습을 묘사한 것뿐이다.

그러나 작품에서 사용한 '서강西羌', '척갈拓羯', '소관蕭關', '곤륜昆侖', '삭막朔漠', '이사貳師' 등의 시어詩語는 중국의 서북 지역과 관련된 것이어서 자지무가 서역에서 들어왔다는 사실을 일러주는 듯하다. '서강'은 중국의 서북 지역에 있던 고대 민족의 이름이고, '척갈'은 달리 '자갈柘羯'이라고도 하는데 '용맹한 전사'라는 뜻이다.[34] '소관'은 중국의 서북 지역에 있는 주요한 관문의 이름이고, '곤륜'은 중국의 북서부에서 중앙아시아로 뻗은 산맥의 이름이다. '삭막'은 '북방의 사막'이라는 말로 '황량한 변방'을 일컫는 시어로 사용된다. '이사'는 대원국大宛國의 이사성貳師城을 가리키는데, 이곳이 한나라 장수 이광리李廣利의 행적과 관련된 곳이어서 달리 이광리를 가리키는 말로도 쓰였다.[35]

<자지사>는 정벌 전쟁을 소재로 삼았고, 또 춤에 대한 짧은 묘사에서, 자지무는 호방한 분위기와 빠른 템포 속에서 연행되었기에 <자지>가 건무로 분류된 까닭을 짐작할 수 있다.

2) 자지기柘枝妓의 복식에 대한 묘사

자지무를 소재로 한 작품에는 자지기의 복식에 대한 묘사가 많이 나온다. 앞서 기술하였듯이 자지무에 대한 문헌기록이 절대적으로 부족한 상황에서 이런 묘사는 자지무의 자세한 연행 양상을 살피는 데에 도움이 된다.

자지기의 복식과 관련해서는 자지기가 착용한 모자, 저고리, 배심褙心, 띠, 허리장식, 신발, 화장, 머리모양에 대한 묘사가 나온다. 기술의 편의상 여러 작품에서 각각의 복식에 대하여 묘사한 부분을 발췌하고 모아서 살펴본다.

첫째, 모자에 대한 묘사이다.

---

34 『新唐書』「西域傳」: "募勇健者爲柘羯, 柘羯者, 猶如中國言戰士也."

35 李廣利가 武帝의 분부로 大宛國을 격파하고 貳師城에서 良馬를 구해왔다는 이야기가 역사기록에 전한다. 貳師城은 지금의 키르기스스탄과 우즈베키스탄의 접경지역에 있는 오쉬Osh이다.

- ○ 수놓은 모자는 바람 따라 나부끼고 (迎風繡帽動飄飄)[36]
- ○ 비단모자엔 진주 잔뜩 매달렸고 (繡帽珠稠綴)[37]
- ○ 금방울달린 모자에 눈처럼 뽀얀 얼굴 (帽轉金鈴雪面回)[38]
- ○ 옆의 박수소리에 맞추어 금방울 딸랑이고 (旁收拍拍金鈴擺)[39]
- ○ 모자 발처럼 말아 올리고 띠는 엇갈아 내리고 (卷簾虛帽帶交垂)[40]

자지기는 높은 모자를 착용하는데, 가장자리는 말려 올라갔고, 붉은 구슬로 치장하였으며, 금방울을 매단 수를 놓은 비단모자이다.

둘째, 저고리 · 치마 · 배심褙心에 대한 묘사이다.

- ○ 오랑캐 복장이 어쩜 그리 아름답나 (胡服何葳蕤)[41]
- ○ 수놓은 비단저고리 부드럽게 몸 감싸고 (金繡羅衫軟著身)[42]
- ○ 공작무늬 비단저고리는 뉘에게 주었는가 (孔雀羅衫付阿誰)[43]
- ○ 자색비단저고리 입고 자지무를 추나니 (紫羅衫動柘枝來)[44]
- ○ 자색비단저고리는 이리저리 몸을 휘감고 (紫羅衫宛蹲身處)[45]
- ○ 금실이 안개 헤치니 하늘하늘 붉은 저고리 (金絲蹙霧紅衫薄)[46]
- ○ 붉은 망사저고리 팔뚝 나오게 걸치고 (紅罨畫衫纏腕出)[47]
- ○ 아름다운 소매 좁은 저고리 (香衫袖窄裁)[48]

---

36 『全唐詩』 卷506 章孝標 〈柘枝〉
37 『全唐詩』 卷446 白居易 〈柘枝妓〉
38 『全唐詩』 卷448 白居易 〈柘枝詞〉
39 『全唐詩』 卷511 張祜 〈觀杭州柘枝〉
40 『全唐詩』 卷511 張祜 〈觀楊瑗柘枝〉
41 『全唐詩』 卷354 劉禹錫 〈觀柘枝舞〉
42 『全唐詩』 卷511 張祜 〈李家柘枝〉
43 『全唐詩』 卷511 張祜 〈感王將軍柘枝妓歿〉
44 『全唐詩』 卷446 白居易 〈柘枝妓〉
45 『全唐詩』 卷551 張祜 〈觀楊瑗柘枝〉
46 『全唐詩』 卷551 張祜 〈周員外席上觀柘枝〉
47 『全唐詩』 卷551 張祜 〈觀杭州柘枝〉
48 『全唐詩』 卷448 白居易 〈柘枝詞〉

○ 긴 소매로 화려한 양탄자에 오르지 (長袖入華裀)49
○ 긴 치마는 석류에 끌리고 (長裾曳石榴)50
○ 등허리와 허벅지엔 푸른 옷 늘어뜨리고 (碧排方胯背腰來)51

자지기가 입은 무복舞服은 호복胡服이다. 무희는 자색이나 붉은 색 비단저고리를 입는데, 더러는 얇은 망사로 만든 저고리를 입기도 하였다. 저고리에는 공작의 깃털무늬가 수놓아져 있고, 소매통은 좁고 소매는 아래로 길게 늘어졌다. 아래에는 긴 치마를 받쳐 입었다. 또 저고리 위에는 등허리에서 엉덩이까지 내려오는 기다란 푸른 색 배심을 겹쳐 입었다.

셋째, 띠 · 허리장식 · 신발에 대한 묘사이다.

○ 늘어뜨린 띠는 가는 허리 뒤덮는데 (垂帶覆纖腰)52
○ 은색 떨기 꽃 드리우고 자색 띠 늘어졌네 (銀蔓垂花紫帶長)53
○ 모자는 발처럼 없고 띠는 엇갈려 내리고 (卷簾虛帽帶交垂)54
○ 꽃장식한 허리띠 허벅지까지 늘어뜨리고 (帶垂鈿胯花腰重)55
○ 비취빛 장식으로 비단 옷깃 묶었고 (翠鈿束羅襟)56
○ 원앙무늬 허리장식은 어디에 팽개쳤고 (鴛鴦鈿帶拋何處)57
○ 걸음 걷는 비단신발 괜스레 아리땁고 (移步錦靴空綽約)58
○ 붉은 비단신발은 발 굴러 박자를 맞추지 (紅錦靴柔踏節時)59

49 『全唐詩』 卷354 劉禹錫 〈觀柘枝舞〉
50 『全唐詩』 卷450 白居易 〈想東遊五十韻〉
51 『全唐詩』 卷551 張祜 〈觀杭州柘枝〉
52 『全唐詩』 卷354 劉禹錫 〈觀柘枝舞〉
53 『全唐詩』 卷551 張祜 〈周員外席上觀柘枝〉
54 『全唐詩』 卷551 張祜 〈觀楊瑗柘枝〉
55 『全唐詩』 卷446 白居易 〈柘枝妓〉
56 『全唐詩』 卷538 許渾 〈贈蕭煉師〉
57 『全唐詩』 卷551 張祜 〈感王將軍柘枝妓歿〉
58 『全唐詩』 卷506 章孝標 〈柘枝〉
59 『全唐詩』 卷551 張祜 〈觀楊瑗柘枝〉

자지기는 머리부터 허리 아래까지 내려가는 긴 자색 띠를 엇갈리게 늘어뜨렸다. 또 꽃무늬로 치장한 비취색 허리장식을 맸으며, 붉은 비단 신발을 착용하였다.

넷째, 화장과 머리모양에 대한 묘사이다.

- ○ 금방울달린 모자에 눈처럼 뽀얀 얼굴 (帽轉金鈴雪面回)[60]
- ○ 옥 같은 얼굴로 아양 떨며 춤추는 아름다운 모습 (玉面添嬌舞態奢)[61]
- ○ 수줍게 분칠한 얼굴 드는 허리 잘록한 사람 (紅鉛拂臉細腰人)[62]
- ○ 화전은 아리따운 눈썹을 내리 밀고 (安鈿當嫵眉)[63]
- ○ 머리 다시 빗어서 트레머리 올리고 (鬆鬟改梳鸞鳳髻)[64]

자지기는 트레머리를 올리고, 얼굴에는 분을 뽀얗게 발랐으며, 이마에는 화전花鈿을 하였다. 화전은 이마에 쓰는 장식을 일컫기도 하고 또 옛날 부녀자들의 화장법의 하나로 마치 곤지를 찍듯이 꽃잎 모양의 무늬를 이마에 그려 넣은 것을 말한다.

이렇게 보면 시가에 묘사된 자지기의 복식은 금방울이 달린 높은 비단모자, 소매가 길고 소매통은 좁은 붉은색 계통의 비단저고리, 푸른색 배심, 자색 허리띠, 붉은 비단신발을 착용하고, 머리는 틀어 올리고, 얼굴에는 분을 뽀얗게 바르고, 이마에는 화전을 장식한 모습이었다.

3) 자지무의 연행 양상에 대한 묘사

시가에서 자지무의 연출 방식, 연행 광경, 춤추는 맵시를 묘사한 것을 살

60 『全唐詩』 卷446 白居易 〈柘枝妓〉
61 『全唐詩』 卷360 劉禹錫 〈和樂天柘枝〉
62 『全唐詩』 卷551 張祜 〈李家柘枝〉
63 『全唐詩』 卷354 劉禹錫 〈觀柘枝舞〉
64 『全唐詩』 卷360 劉禹錫 〈和樂天柘枝〉

펴보면 다음과 같다.

첫째, 자지무의 시작과 자지기의 등장에 대한 묘사이다.

○ 자지무는 처음에 북소리로 불러내지 (柘枝初出鼓聲招)65
○ 빠르게 만타 두드려 자지무를 부르니 (促疊蠻鼉引柘枝)66
○ 북소리 크게 울리니 자지무를 춤추지 (大鼓當風舞柘枝)67
○ 자지무의 만고 소리 우레처럼 우렁차고 (柘枝蠻鼓殷晴雷)68
○ 잦은 북소리에 소매 높이 치켜들고 (翹袖中繁鼓)69
○ 긴 소매로 화려한 양탄자에 오르지 (長袖入華裀)70
○ 땀방울 비단옷에 떨어져 비 오듯 꽃을 피우네 (汗透羅衣雨點花)71

자지무는 몇 차례 북소리가 울리며 시작된다. 북소리에 화답하여 특유의 복식을 갖추어 입은 자지기는 소매를 높이 들고서 무대인 화려하게 꾸민 양탄자에 오른다. 시구에서 말한 만타蠻鼉와 만고蠻鼓는 본래 남방 민족의 북을 가리키는 것이지만 여기서는 자지무가 외래의 악무라는 것을 일러주는 상징적 표현으로 볼 수 있겠다.

또 어떤 시가에서는 자지무의 시작 모습을 다르게 묘사하였다.

○ 신비한 바람이 붉은 연꽃 벌리니 용틀임한 촛불은 금지옥엽 비추네 (神飈獵紅蕖 龍燭映金枝)72
○ 연거푸 세 번 화고 울려 재촉하니 붉은 촛불 일렁여 복사꽃 피어

65 『全唐詩』 卷506 章孝標 〈柘枝〉
66 『全唐詩』 卷551 張祜 〈觀楊瑗柘枝〉
67 『全唐詩』 卷333 楊巨源 〈寄申州盧拱使君〉
68 『全唐詩』 卷523 杜牧 〈懷鍾陵舊遊〉
69 『全唐詩』 卷354 劉禹錫 〈觀柘枝舞〉
70 『全唐詩』 卷354 劉禹錫 〈觀柘枝舞〉
71 『全唐詩』 卷360 劉禹錫 〈和樂天柘枝〉
72 『全唐詩』 卷354 劉禹錫 〈觀柘枝舞〉

나고 (連擊三聲畵鼓催 紅蜡燭移桃葉起)73

○ 봄바람이 아껴서 아직 피지 않았는데 자지무 북소리 울리니 붉은 꽃잎 열리네 (春風愛惜未放開 柘枝鼓振紅英綻)74

『악부시집』에는 자지무의 연행 광경을 다음과 같이 기록하였다.

> 두 명의 여자아이는 금방울을 매단 모자를 쓰는데 회전을 하면 소리가 난다. (무자는) 등장할 때는 두 연꽃 사이에 숨어 있다가 꽃잎이 벌어지면 나타나 대무對舞를 추며 서로 자리를 다툰다. 실로 춤 가운데 우아하면서도 절묘한 것이다.75

때문에 혹자는 "호선무나 호등무와는 달리 자지무는 여성 두 사람이 추는 춤으로, 건무의 아름다움과 연무의 아름다움을 아울러 지녀서 강건함과 부드러움을 두루 지닌 춤이다."76라고 설명하기도 한다. 하지만 『악부시집』에서 설명한 것은 앞서 말한 <쌍자지>의 연행 광경을 설명한 말이다. <자지>는 본래 여성의 독무獨舞였다. 그것이 대무對舞의 형식을 갖게 된 것은 중국에 전해진 이후에 확대된 것이다. 즉 <자지>는 템포가 빠르고 역동적인 반면 <쌍자지>는 나란한 자태로 우아하고 조화를 이루며 연행을 펼치는 대무이다.77 그렇기 때문에 위에 인용한 시구에서 독무인 <자지>는 북

73 『全唐詩』 卷446 白居易 〈柘枝妓〉

74 『全唐詩』 卷677 鄭谷 〈牡丹〉

75 『樂府詩集』 卷56 「舞曲歌辭」 〈柘枝詞序〉 : "樂府雜錄曰: '健舞曲有柘枝, 軟舞曲有屈柘.' 樂苑曰: '羽調有柘枝曲, 商調有屈柘枝. 此舞因曲爲名, 用二女童, 帽施金鈴, 抃轉有聲. 其來也, 於二連花中藏花坼而後見, 對舞相占, 實舞中雅妙者也."

76 黃銳, 「懸鼓一聲雙袖擧 回雪飄飄轉蓬舞: 淺談唐詩中的胡旋舞胡騰舞與柘枝舞」, 『大衆文藝』 2011年 第2期, 184쪽.

77 왕커펀王克芬은 『中國舞蹈發展史』, 18쪽에서 "〈자지〉는 중국에 전해진 이후에 오랫동안 널리 전승되면서 점차 변화 발전하면서 민족 고유의 기풍을 지닌 독무에서 두 사람이 연행하는 2인무로 발전하였고, 아동이 추는 〈굴자지〉가 나왔다. 이것은 연행의 기풍이 달랐기 때문에 〈굴자지〉는 건무가 아니라 연무의 부류에 포함시켰을 것이다."라고 하였다.

소리에 호응하여 자지기가 양탄자에 오르고, 대무인 <쌍자지>는 미리 꽃잎처럼 만든 세트가 벌어지면서 무희 두 사람이 등장하는 것이다.

둘째, 자지기의 춤추는 맵시에 대한 묘사이다.

○ 늘어뜨린 띠는 잘록한 허리 뒤덮고 (垂帶覆纖腰)[78]

○ 잘록한 허리로 자지무만 추노라 (腰細偏能舞柘枝)[79]

○ 유연한 몸놀림은 뼈조차도 없는 듯 (體輕似無骨)[80]

○ 유연한 선녀는 별안간 일어서고 (軟骨仙蛾暫起來)[81]

○ 빠른 북소리 박자 놓칠까 몸놀림 유연도 하지 (鼓催殘拍腰身軟)[82]

○ 눈길 비스듬히 화려한 서까래를 훑어보고 (傾眸溯華榱)[83]

○ 가락 끝나자 몸 돌릴 때는 추파를 던지며 사람을 흘겨보지 (曲盡回身處 層波猶注人)[84]

○ 몸 낮추고 박자 타며 난새 처럼 돌아가고 (亞身踏節鸞形轉)[85]

○ 붉은 비단신발 굴러 박자를 맞추고 (紅錦靴柔踏節時)[86]

○ 발 구르는 소리는 비단버선으로 맞추고 (却踏聲聲錦袎摧)[87]

○ 박수 소리에는 금방울을 흔들지 (旁收拍拍金鈴擺)[88]

○ 난새 그림자는 언뜻 돌아 머리 함께 들고 봉황 소리 그치자 날개 함께 펼치네 (鸞影乍回頭并舉 鳳聲初歇翅齊張)[89]

---

78 『全唐詩』 卷354 劉禹錫 〈觀柘枝舞〉

79 『全唐詩』 卷474 徐凝 〈宮中曲〉

80 『全唐詩』 卷354 劉禹錫 〈觀柘枝舞〉

81 『全唐詩』 卷511 張祜 〈觀杭州柘枝〉

82 『全唐詩』 卷360 劉禹錫 〈和樂天柘枝〉

83 『全唐詩』 卷354 劉禹錫 〈觀柘枝舞〉

84 『全唐詩』 卷354 劉禹錫 〈觀柘枝舞〉

85 『全唐詩』 卷506 章孝標 〈柘枝〉

86 『全唐詩』 卷506 章孝標 〈柘枝〉

87 『全唐詩』 卷511 張祜 〈觀杭州柘枝〉

88 『全唐詩』 卷511 張祜 〈觀杭州柘枝〉

89 『全唐詩』 卷511 張祜 〈周員外席上觀柘枝〉

자지기는 허리가 날씬하고 몸놀림은 무척 유연하다. 풍만함을 여성미의 기준으로 삼았다는 당나라 당시의 미의 기준으로 본다면, 자지기의 날씬한 허리를 내세운 것은 아마도 자지기의 복식과 자태가 사뭇 이국적 모습이어서 매우 인상적이었기 때문일 것으로 보인다. 아무튼 자지기의 춤은 대개 박자가 빠르며 또 리듬을 타며 회전하는 동작이 나온다. 이런 때이면 자지기는 고혹적인 눈길로 관객들을 훑어본다. 발목을 이용한 스텝으로 박자를 타고, 청중들의 박수갈채에는 모자를 돌려서 방울소리로 화답한다. 한편 대무를 추는 자기기 두 사람은 호흡이 척척 들어맞는다.

셋째, 연행을 마치고 판을 거두는 모습에 대한 묘사이다.

○ 화려한 양탄자에 가락 끝나니 인사하고 물러난다 (畵筵曲罷辭歸去)[90]

○ 일시에 팔 흔들어 남은 박자 맞추고 다소곳 허리 숙여 옥랑에게 절하노라 (一時欻腕招殘拍 斜斂輕身拜玉郎)[91]

○ 춤이 끝나니 가벼운 구름 흩어지고 양왕에게 달려가 꿈속을 기약하네 (看看舞罷輕雲起 却赴襄王夢裏期)[92]

○ 가락이 끝나니 붙잡지도 못할세라 구름 흩어지고 비가 그치니 양대를 향하노라 (看卽曲終留不住 雲飄雨送向陽臺)[93]

자지무의 연행에는 북의 반주에 맞춘 노래가 나온다. 춤은 노래에 따른 듯하다. 마지막의 두 시구에서 "양왕에게 달려간다"거나 "양대를 향한다"는 것은 초나라 송옥宋玉이 지은 <신녀부神女賦>에서 말한 양왕이 꿈속에서 무산신녀巫山神女를 만난 이야기를 차용한 것이다. 이것은 <쌍자지>가 끝날 때, 자지기가 연꽃 모양으로 만든 세트로 다시 들어가면 꽃잎이 원래대로 오므라지는 모습을 비유한 것으로 보인다.

---

90 『全唐詩』 卷360 劉禹錫 〈和樂天柘枝〉

91 『全唐詩』 卷511 張祜 〈周員外席上觀柘枝〉

92 『全唐詩』 卷511 張祜 〈觀楊瑗柘枝〉

93 『全唐詩』 卷446 白居易 〈柘枝妓〉

이상으로 시가에서 자지무의 연출 방식, 연행 광경, 춤추는 맵시를 묘사한 대목을 살펴보았다. <자지>를 연행하는 자지기는 화려하게 치장하고 북소리에 맞추어 등장한다. 또 <쌍자지>는 연꽃 모양으로 만든 세트에서 두 사람의 자지기가 한꺼번에 나타난다. 허리가 잘록하고 몸놀림이 유연한 자지기는 발목을 이용한 스텝으로 박자를 맞추고, 완곡하게 회전하면서 관객들에게 고혹적 눈길을 건넨다. 춤판이 끝나면 자지기는 주빈主賓에게 인사를 올리고 물러난다. <쌍자지>는 시작할 때 나온 연꽃 모양의 세트로 다시 들어간다. 이런 연출의 기법은 관객들에게 매우 인상적이었을 것이다.

4) 자지기柘枝妓에 대한 추억

당나라 때의 무자舞者들은 대개 궁기宮妓, 관기官妓, 영기營妓, 가기家妓의 신분이었고, 그렇지 않으면 민간의 떠돌이 예인藝人이었다. 당나라 당시에 연악이 널리 성행하였고 또 뛰어난 성과를 이룰 수 있었던 것은 이런 사람들의 노력이 있었기 때문일 것이다.

당나라 때에는 가기家妓를 두는 풍조가 널리 퍼져 있었다. 고관대작은 물론이고 문인학사들조차 가기를 두었으며, 가기는 주인의 사유재산으로 노리개처럼 취급되었다.[94] 때문에 가기들은 사회적 지위가 무척 낮았고, 삶은 고단하고 외로웠다. 이런 사정으로 일부 시인은 당시 연회자리에서 즐거움을 선사하면서도 비천하게 살아야만 했던 자지기의 처량한 운명과 외로운 삶을 동정한 작품을 남겼다. 요번殷堯藩의 <담주의 연회자리에서 자지기에게 주다潭州席上贈柘枝妓>, 장호張祜의 <왕 장군의 자지기가 죽은 것을 슬퍼하며感王將軍柘枝妓歿>, 이군옥李群玉의 <자지기를 애달파하며傷柘枝妓> 등이 그런 작품이다.

은요번은 자지기의 인생유전에 대하여 깊은 동정을 부쳤다.

94 당대 舞人과 舞妓의 삶은 王克芬, 『中國舞蹈史』, 212~228쪽에 상세하게 소개하였다.

고소 태수의 젊고 어여쁜 여식이	姑蘇太守青娥女
타향 장사에 와서 자지무 추노라	流落長沙舞柘枝
자리 메운 부호들은 아무도 몰라	坐滿繡衣皆不識
가엾어라 붉은 뺨엔 그저 눈물만	可憐紅臉淚雙垂[95]

"고소 태수의 젊고 어여쁜 여식"은 덕종德宗 때의 이름난 자지기 관반반關盼盼(785~820)이다. 관반반은 서주徐州 출신으로 본래 태수의 딸로 태어났지만 가세가 기울어 장사長沙 등지를 떠돌며 자지무로 생계를 잇다가 서주徐州 태수 장음張愔의 첩이 되었다. 그 후 장음이 세상을 떠나자 십년 넘게 수절하며 지냈는데, 한번은 백거이白居易가 <죽은 장 복야의 여러 악기樂妓에 대한 생각感故張僕射諸妓>이라는 시를 지어 "몸과 마음 다하여 가무를 가르쳤건만, 하루아침에 세상 떠나니 따라가지도 않는다."[96]라고 하여 관반반이 순절殉節하지 않는 것을 조롱하자 마침내 식음을 전폐하여 굶어죽었다고 한다. 은요번은 작품에서 "자리 메운 부호들 아무도 몰라준다"라고 하여 춤추는 자지기가 예전 태수의 딸이라는 것을 아무도 몰라주는 냉정한 현실과 관반반의 인생유전에 대한 안타까움을 내보였다. 작품 속의 자지기는 이런 현실 앞에서 그저 "붉은 뺨에 눈물만 주르륵" 흘릴 따름이다.

장호의 작품은 세상을 떠난 자지기에 대한 추억을 부쳤다.

적막한 봄바람 속 그 옛날 자지무여	寂寞春風舊柘枝
무희 노래 않으니 음악 연주 그쳤네	舞人休唱曲休吹
원앙무늬 허리장식 어디에 팽개쳤고	鴛鴦鈿帶抛何處
공작무늬 비단적삼 뉘에게 줘버렸나	孔雀羅衫付阿誰
박자 부르던 화고 소리 들리지 않고	畫鼓不聞招節拍
비단 신은 허리 숙일까 괜히 그리지	錦靴空想挫腰肢

95 『全唐詩』 卷492 殷堯藩 <潭州席上贈柘枝妓>

96 『全唐詩』 卷436 白居易 <感故張僕射諸妓>: "黃金不惜買娥眉, 揀得如花三四枝. 歌舞教成心盡力, 一朝身死不相隨."

이제 오니 이 좌중이 너무도 애달파　　今來座上偏惆悵
예전엔 당 앞을 환하게 만들던 것을　　曾是堂前教徹時97

어느 봄날에 작자는 예전 자지무를 구경하던 곳을 되찾았다. 하지만 이제 거기에는 자지무를 춤추던 무희는 보이지 않는다. 이어지는 제3구부터 제6구까지는 과거를 회상하는 수법으로 자지무를 연행하던 장면을 묘사하였다. 노래가 끝나고 춤도 그치고 음악도 들리지 않은지 이미 오래이다. 자지기의 아름다운 허리장식도 수놓은 비단적삼도 이제는 볼 수 없다. 자지기를 불러내던 북소리도 들리지 않고, 스텝을 밟으며 박자를 맞추던 무희의 모습도 이제는 보이지 않는다. 제7구에서 시적 화자는 현재의 시점으로 다시 돌아온다. 눈앞에 펼쳐진 것은 텅 빈 모습뿐이다. 아무도 없는 휑한 광경에서 문득 신산하게 살다가 덧없이 떠나간 자지기에 대한 애절함이 밀려든다.

이군옥이 지은 <자지기를 애도하며> 역시 자지기의 죽음을 애도한 작품이다.

예전에 두 마리 난새를 춤에서 보았으니　　曾見雙鸞舞鏡中
함께 날며 그림자 맞대 봄바람 맞았었지　　聯飛接影對春風
이제 와서는 홀로 꽃방석에서 춤을 추니　　今來獨在花筵散
휘영청 가을 달빛 밝은데 절반 비었어라　　月滿秋天一半空98

과거의 회상과 현재의 모습을 절묘하게 대비시켰다. 시적 화자는 "예전에" 여기에서 자지무를 구경한 적이 있었고, "이제" 여기에서 또 자지무를 구경한다. 그런데 제1구에서 "두 마리 난새를 춤에서 보았다"거나 "함께 날며 그림자 맞대"라고 한 것에서 시적 화자가 본 자지무는 <쌍자지>임을

97 『全唐詩』 卷511 張祜 〈感王將軍柘枝妓歿〉
98 『全唐詩』 卷570 李群玉 〈傷柘枝妓〉

알 수 있다. 후반부에서 "이제 와서는 홀로 꽃방석에서 춤을 춘다"거나 "절반이 비었어라"에서는 지난날에 함께 <쌍자지>를 추던 자지기 가운데 한 사람이 세상을 떠났다는 사실을 알 수 있다. 이제 홀로 남은 무희가 외로이 춤을 춘다.

이상에서 살펴본 세 작품에 나타난 자지기는 모두 가기家妓이다. 이것은 앞서 말한 당나라 때에 성행한 양기養妓의 풍조가 시가에도 반영된 것이라고 할 수 있다. 작품에 나타난 자지기는 모두가 외롭고 고단한 모습이다. 이는 당시 자지기의 삶을 그대로 반영한 것이며, 시인들은 그런 자지기의 삶을 깊이 동정하였다고 하겠다. 물론 이런 부류의 작품은 자지무의 연행 광경에 대한 자세한 정보를 주지는 않는다. 그렇지만 당시 악무의 사회적 배경을 헤아릴 수 있는 소중한 자료가 된다.

이상으로 당나라 때에 서역에서 전래되어 궁중 교방악의 주요 종목으로 연행되다가 중당 이후에 민간으로 전파되어 널리 성행한 자지무와 그것을 소재로 지은 시가 작품에 대하여 살펴보았다.

당대의 악무를 소재로 지은 시가 작품은 본고에서 살펴본 자지무 이외에 <호등胡騰>·<호선胡旋>·<검기劍器> 등 몇몇 종목을 제외하면 그 나머지 종목을 소재로 한 작품은 많지 않다. 이런 사정은 해당 종목이 당시에 얼마나 대중화되었던가 하는 정도와 무관하지 않을 것이다. 이런 점에서 볼 때, 자지무는 당나라 때에 널리 대중화되었던 연악의 종목이라고 할 수 있다.

성당 무렵에 서역의 석국石國에서 전래되었을 것으로 추정되는 자지무는 중국에 전래된 이후에 독무인 <자지> 이외에도 당나라 후기에는 대무인 <쌍자지>를 창작하여 그 레퍼토리를 늘렸고, 아울러 중당 이후에는 궁중을 벗어나 민간으로 널리 확산되면서 널리 대중성을 확보하였다. 이런 까닭으로 당시 시인들은 자지무를 소재로 한 많은 작품을 지었는데, 이들 작품은 자지무의 연행 양상은 물론이고 자지무와 관련된 사회적 배경에 관한 여러 가지 정보들을 담아내어 자지무에 대한 역사기록이 미비한 상황에서 자지무의 여러 가지 양상을 이해하는 데에 큰 도움을 준다.

서역에서 당나라에 전해진 자지무가 송나라 때에 이르러 다시 고려에 전해져 <연화대>가 되어 조선 시대까지 연행된 것이라고 할 때, 자지무의 전파와 수용의 과정은 중앙아시아로부터 동아시아에 걸쳐 일어난 문화변용의 한 사례가 된다.

참고문헌

『舊唐書』

『新唐書』

『唐會要』

『通典』

『文獻通考』

『冊府元龜』

『唐才子傳』

『全唐文』

『樂府詩集』

南卓, 『羯鼓錄 樂府雜錄 碧鷄漫志』, 上海古籍出版社, 上海, 1988.

任半塘, 『教坊記箋訂』, 中華書局, 北京, 2012.

郑州大学网络管理中心, 『全唐詩庫』, http://www3.zzu.edu.cn/qts/

金秋, 『絲綢之路樂舞藝術研究』, 新疆人民出版社, 烏魯木齊, 2009.

董錫久・劉駿驤, 『中國舞蹈藝術史圖鑑』, 湖南教育出版社, 長沙, 1997.

潘百齊, 『全唐詩精華分類鑑賞集成』, 河海大学出版社, 南京, 1989.

王克芬, 『中國舞蹈史』, 文化藝術出版社, 北京, 1987.

中國舞蹈藝術研究會 舞蹈史研究組, 『全唐詩中的樂舞資料』, 人民音樂出版社, 北京, 1996.

彭慶生・曲令啓, 『唐代樂舞書畵詩選』, 北京語言學院出版社, 北京, 1988.

陸群, 「唐代詠樂詩研究」, 長沙理工大學碩士學位論文, 2011.

徐有富, 「唐詩中的柘枝舞」, 『新鄉師範高等專科學校學報』, 2006年 第3期.

黃銳, 「懸鼓一聲雙袖擧 回雪飄飄轉蓬舞: 淺談唐詩中的胡旋舞胡騰舞與柘枝舞」, 『大衆文藝』 2011年 第2期.

楊冬梅, 「唐代詠柘枝舞詩詞研究」, 『唐都學刊』, 2006年 第1期.

海賓, 「文學與考古雙重視野中的唐代西域樂舞胡旋舞」, 『新疆師範大學學報』, 2011年 第4期.

박은옥, 「柘枝舞와 蓮花臺, 그리고 그의 변천 과정」, 『韓國傳統音樂學』 3, 2002.

심숙경, 「당악정재 연화대와 중국 자지무(柘枝舞)의 관계」, 『대한무용학회논문집』 70-6, 2012.

남종진, 「당 태종의 악무 관념과 악무 발전에 대한 공헌」, 『공연문화연구』 27, 2013.

제4부

동아시아 악무문화의 연구와 지평

동이지악 '지모무'에 대한 고찰

이종숙
세계민족무용연구소 공동연구원

이 글은 '동이東夷'의 악樂으로 알려진 '지모무'에 관하여 고찰하는 것을 목적으로 한다. '지모무'는 손에 '모矛'라고 불리는 창을 잡고 추는 춤을 말한다. '지모무'를 '동이'의 악樂이라고 표현한 기록은 중국 전한前漢 유향劉向의 『오경통의五經通義』[1]가 처음인 듯하다. 이후 후한後漢 반고班固의 『백호통의白虎通義』[2]에는 『악원어樂元語』[3]를 인용하여 "동이의 악은 모矛(창)를 잡고

---

* 이 글은 한국공연문화학회의 『공연문화연구』 제27집에 수록한 것임.

1 『오경통의五經通義』는 유향劉向(기원전 77~기원전 6년)의 저서이다. 유향은 한나라 왕조의 종실로, 본명은 갱생更生, 자는 자정子政이며, 간대부諫大夫·광록대부光祿大夫 등을 지냈다. 저작에는 『열선전』 외에 『열녀전列女傳』·『신서新序』·『설원說苑』·『홍범오행전론洪範五行傳論』·『오경통의五經通義』 등이 있다. (네이버 지식백과) 열선전列仙傳 고전해설ZIP, 2009.5.10. 지만지.

2 『백호통의白虎通義』는 반고班固(32~92년)가 편찬한 경서經書이다. 4권으로 되었으며, 『백호통덕론白虎通德論』이라고도 한다. 후한의 장제章帝가 79년에 북궁北宮 백호관白虎觀에 유학자를 모아, 경서에 관한 해석이 학자에 따라 다른 점을 토론하게 하고 그 의견을 절충하여 정리시켜 『백호통덕론』을 편찬하였는데, 이것을 바탕으로 반고가 칙령勅令을 받아 편찬한 것이다. (네이버 지식백과) 백호통의白虎通義. 두산백과.

3 『악원어樂元語』는 하간헌왕河間獻王(?~기원전 130년)의 저작이라고 한다.(宋 王應麟, 『玉海』 卷108 音樂 四夷樂). 하간헌왕은 전한前漢 경제景帝의 아들로 태어나 기원전 155년에 하간의 왕으로 봉해졌다. 본명은 유덕劉德. 중국 고문학古文學(고문자학)의 중심인물이다.

춤추어서 시절時節의 생성生成을 돕는다(東夷之樂, 持矛舞, 助時生也.)"[4]라고 『오경통의』와 동일한 말을 전사했다. 『오경통의』나 『악원어』는 현재 전하지 않는 전한시대의 책이다.

이처럼 중국 한나라 기록에서부터 보이는 '지모무'를 한국무용사 단행본에서는 한국 고유의 '상고시대의 춤'[5] 혹은 '고조선시대의 춤'[6]이라고 소개하고 있다. 처음 성경린에 의해 한국무용사 속에 '지모무'가 등장했는데, 이후의 저서들[7]은 물론, 인터넷 백과사전[8]에서도 '지모무'는 한국 상고사회 춤의 일종일 것이라고 소개하고 있다. 이병옥은 이것을 '모무矛舞'라고 소개하며, 고조선시대의 농경무용이라고 한다. 삼지창을 들고 있는 매사韎師의 화보를 인용하여[9] "무당들이 삼지창을 들고 의식춤을 추는 것"과 같은 의미로 "무기를 이용한 전투적인 동작과 강렬한 춤사위로 구성된 농경무용이라고 할 수 있다"[10]고 하였다.

---

4 (漢) 班固, 『白虎通義』 卷上 德論上 禮樂.

5 성경린, 『한국의무용』(서울: 세종대왕기념사업회, 1974년 초판/ 2000(제2판)), 27~28쪽에 "상고시대의 무용으로는 그 내용과 형태는 알 수 없으나 문헌에 나타나 있는 것으로 지모무持矛舞와 영선무迎仙舞가 있다."고 했다. 성경린, 『韓國傳統舞踊』(서울: 일지사, 1979), 22쪽.

6 김매자, 『한국무용사』(서울: 삼신각, 1995년 초판/ 2002년 보완판 2쇄), 16쪽에 "『오경통의』에서는 동이의 악은 병기兵器를 들고 지모무持茅舞하는 무악이니 시양時養에 도움이 되는 것이다(東夷之樂, 持茅舞, 助時養也.)"라고 했다. 지모무의 '茅'는 띠풀이므로 병기가 될 수 없으므로 오자誤字라고 여겨진다. 또 '조시양助時養'은 남이의 악南夷之樂을 묘사한 것을 잘 못 인용한 것으로 여겨진다.

7 정병호, 『한국의 전통춤』(서울: 집문당, 1999), 59쪽; 김혜정 · 이명진, 『한국무용사의 이해』(서울: 형설출판사, 2003), 42쪽; 이병옥, 『한국무용통사』(서울: 민속원, 2013), 80쪽.

8 "초기 한국 무용의 형태에 관한 문헌상의 자료로는 중국 문헌인 『한서漢書』 「동이전東夷傳」이 있는데, 중국 하소강夏少康 때에 우리 춤과 음악이 중국에 전해져 연희되었다는 내용이 수록되어 있다. 이 내용을 토대로 볼 때 중국에 앞선 우리 악무樂舞 문화의 발전 정도를 짐작할 수 있다. 아울러 지모무持矛舞와 영선무迎仙舞가 있었다고 하지만 그 형태를 정확히 알기 어려우며, 지모무가 창을 들고 추었다는 설도 있지만 정확하지는 않다." (네이버 지식백과) 한국무용 두산백과

9 이병옥, 『한국무용통사』, 81쪽의 화보는 출처를 제시하지 않았는데, 그림의 모습으로 볼 때 陳暘의 『樂書』 卷173에 있는 것으로, 『한국음악학자료총서 10』(서울: 은하출판사, 1989), 165쪽에 실린 것을 스캔한 것으로 여겨진다.

10 이병옥, 『한국무용통사』, 80~81쪽.

과연 중국 문헌을 통해 볼 수 있는 '지모무'가 고조선에서 추어졌던 춤인지, 이 춤은 중국에서 왜 추었는지에 대해 구체적 이해나 사료 비판을 통한 논증이 없었다. '지모무'에 대한 중국 문헌의 인식과 한국 문헌에 등장하는 상관관계를 규명할 필요가 있다. 그리고 '지모무'는 언제 왜 어떤 이유로 중국의 여러 나라에서 역대로 추어졌는지 파악할 필요가 있다. 이에 본 연구는 중국 문헌에 등장하는 '지모무'의 기록 양상과 중국 한나라로부터 청나라까지 계속 재인용되며 전사傳寫된 동이지악 '지모무'의 실제 의미와 특성을 파악하고자 한다. 또 한국 상고시대인 고조선과는 어떤 상관관계를 갖는지 살펴본다.

1. 『사고전서四庫全書』에 기록된 '지모무'의 양상

중국 청나라 때 편집된 총서 『사고전서』 CD를 검색하면, '지모무持矛舞'는 22권의 책에 22개의 용례를 찾을 수 있다. 작은 글씨의 주석까지 검색하면 9개를 더 찾을 수 있다. 이들 31개의 용례들은 『오경통의』를 근거하거나 『악원어』에서 인용하여 '지모무'가 동이의 악이며, 이 '지모무'를 통해서 '시절의 생성을 돕는다(助時之生)'라고 기록하고 있다.

역대 문헌에서 '지모무'에 대하여 기록한 내용은 아래의 도표와 같이 정리할 수 있다.

『사고전서』의 지모무持矛舞 관련 기록

시대	저자/주소	저서	인용서	원문
한	반고班固	백호통의	악원어	東夷之樂曰<離>. …… 東夷之樂, 持矛舞, 助時生也.
	공영달孔穎達	예기주소	백호통 악원어	東夷之樂曰<朝離>, 萬物微離地而生樂, 持矛舞助時生也.
당	우세남虞世南 (진우모陳禹謨 보주補註)	북당서초 北堂書鈔	오경통의	持矛助生(五經通義云: 東夷之樂, 持矛舞, 助時之生)
	서견徐堅	초학기	오경통의	東裔之樂, 持矛舞, 助時之生

		初學記		
	두우杜佑	통전	오경통의	東夷之樂，持矛舞，助時生也
	이방李昉	태평어람 太平御覽	오경통의	東裔之樂，持矛舞，助時之生. 東夷之樂，持矛舞，助時生也.
	진양陳暘	악서樂書	악원어	東夷之樂曰<昧>，持矛助時生.
			?	又曰；韎樂，持矛舞，助時生.
송	엽정규葉廷珪	해록쇄사 海録碎事	?	東夷之樂，持矛舞，助時養也.
	위식衛湜	악기집설 禮記集說	백호통 악원어	東夷之樂曰<朝離>，萬物微離地而生， 樂持矛舞，助時生也.
	왕응린王應麟	옥해玉海	백호통의	東夷之樂，持矛舞.
원	도종의陶宗儀	설부說郛	오경통의	東夷之樂，持矛舞，助時之生.
	팽대익彭大翼	산당사고 山堂肆考	오경통의	東夷之樂，持矛舞，助時之生.
명	풍복경馮復京	육가시명물소 六家詩名物疏	효경孝經	東夷之樂曰<昧>，持矛助時生.
			악원기樂元起	東夷之樂曰<離>. 東夷持矛舞.
	동사장董斯張	광박물지 廣博物志	백호통의	東夷之樂曰<離>. 東夷之樂，持矛舞， 助時生也.
	손구孫瑴	고미서古微書	?	東夷之樂，持矛舞，助時生也.
	강영江永	예서강목 禮書綱目	악원어	東夷之樂，持矛舞，助時生也.
	마숙馬驌	역사繹史	악원어	東夷之樂，持矛舞，助時生也.
청	이개李鍇	상사尚史	악원어	東夷之樂，持矛舞，助時生也.
	주이존朱彝尊	경의고 經義考	백호통 악원어	東夷之樂，持矛舞，助時生也.
			오경통의	東夷之樂，持矛舞，助時生也.
	서문정徐文靖	죽서통전 竹書統箋	오경통의	東夷之樂，持矛舞，助時之生.
	어정御定	패문운부 佩文韻府	백호통의	東夷之樂，持矛舞.
			오경통의	東夷之樂，持矛舞，助時之生.
		연감유함 淵鑑類函	오경통의	東夷之樂，持矛舞，助時生也.
	흠정欽定	예기의소 禮記義疏	백호통 악원어	東夷之樂曰朝離. 萬物漸離地而生， 樂持矛舞，助時生也.

‘지모무’를 검색하여 각 시대별로 총람할 수 있도록 나열하였다. 이 표로써 알 수 있는 것은 첫째 역대의 중국인들은 ‘지모무’를 ‘동이’의 악이라고 인식해 왔다는 점이다. 둘째 ‘모矛’라는 창을 가지고 춤추는 것은 시절을 생

성시키는 의미가 있다고 이해했다. 셋째 창을 들고 추는 이러한 춤의 이름을『백호통의』에서는 <리離>[11]라고 불렀다. 하지만 명나라 풍복경의『육가시명물소六家詩名物疏』에서는『효경孝經』을 인용해서 동이지악을 <매昧>라고 부른다고 했다. 반면『악원기樂元起』를 인용하여서는 <리離>도 있다고 하였다. 여기에서『악원기』는『백호통의』에서 인용한『악원어樂元語』의 잘못인 듯하다. 마지막으로『예기의소禮記義疏』에서는 역시『백호통의』를 인용하여 <조리朝離>라고 불렀다고 한다. '조리'라고 처음 기록한 것은『예기주소禮記注疏』에서 소疏를 집필한 당나라 공영달이 처음인[12] 듯하다.

동이지악의 명칭에 대해 전한시대의『악원어』에서는 <리>라고 하였고, 당나라 때의 공영달은 <조리>라고 했다. 또『주례』에 소를 붙인 당나라의 가공언賈公彦(650~665년)은 동이지악의 이름은 <매>와 <주리> 두 가지가 있다고 했다.

> 「명당위」를 살펴보면 역시 동이지악은 <매韎>라는 것이 있고, 남이지악은 <임任>이라는 것이 있다. 또「우전虞傳」을 살펴보니 양백陽伯의 악은 <주리侏離>를 춤추는 것인데, 동이지악 역시 <주리>라고 한 것은 동이악에 두 가지 이름이 있어서 또한 <주리>라고도 부른다. 정현鄭玄의 주에 따르면 "<주리>는 무곡의 명칭인데 만물이 탄생하여 조금 이탈하는 모습을 말한 것이다"라고 했다.[13]

인용문의 양백陽伯이란 춘관春官을 이른다.[14] 이로써 볼 때, '지모무'는 '모

---

11 (漢) 班固,『白虎通義』卷上 德論上 禮樂 : "東夷之樂曰離"

12 (漢) 鄭氏(注), (唐) 陸德明(音義), 孔穎達(疏),『禮記注疏』卷31 明堂位 : "白虎通云, 樂元語曰: '東夷之樂曰〈朝離〉, 萬物微離地而生.' 樂, 持矛舞, 助時生也."

13 (漢) 鄭氏注, 唐 陸徳明音義, 賈公彦疏.『周禮注疏』卷24, 春官 鞮鞻氏. "按「明堂位」, 亦有東夷之樂曰〈韎〉, 南夷之樂曰〈任〉. 又按虞傳云陽伯之樂舞侏離則東夷之樂亦名侏離者東夷樂有二名亦召侏離. 鄭注云: "〈侏離〉舞曲名, 言象萬物生侏離."

14 양백陽伯은 춘관春官을 말한다.『尙書大傳』卷1 : "陽伯之樂, 舞〈株離〉, 其歌聲比余謠, 名曰〈晳陽〉." 鄭玄注 : "陽伯, 猶言春伯, 春官秩宗也, 伯夷掌之." 參見"春官".『한어대사전』CD-Rom.

矛(창)를 손에 쥐고 춤춘다'는 서술적 문장일 뿐이다. '지모무'는 춤 명칭의 고유명사가 아니다. '동이지악'의 이름은 <매>, <리>, <주리>, <조리>와 같이 각각 달리 불리었고, 춤추는 모습은 '모矛'를 손에 쥐고 춤추는 양식이었다. 역대 문헌의 기록양상은 이상의 내용을 공통적으로 전사傳寫해 왔음을 보여준다.

2. 동이지악 개념의 변천

『예기禮記』「명당위明堂位」에는 <매昧>가 동이지악東夷之樂이라고 한다. <임任>은 남만지악南蠻之樂인데, 이들 동이와 남만의 악은 음력 6월의 체례禘禮(조상에게 지내는 큰 제사) 때 주공周公[15]을 태묘에서 제사지내면서 <대무大武>(무무武舞)춤과 <대하大夏>(문무文舞)춤을 추고, 더하여 동이의 악 <매>와 남만의 악 <임>을 태묘에서 연주했다고 한다.[16] 동이악과 남만의 악을 중국의 전설적인 정치가 주공을 제사하는 태묘에서 연주하게 한 이유는 주공의 봉지封地인 노국魯國이 동이와 남만에게까지 널리 미침을 상징하려 했다는 것이다. 노魯는 산동성山東省 연주부兗州府 지방에 있던 주周나라의 동쪽지역이다.[17] 주공은 제후들을 명당에서 조회하게 할 때, "구이九夷의 나라제후는 동문 밖에서 서쪽을 바라보고 북쪽을 상위로 하며, 팔만八蠻의 나라제후는 남문 밖에서 북쪽을 마주한 채 동쪽을 상위로 삼는다"[18]고 했다. 이것으

15 주공周公은 BC 12세기에 활동한 중국의 정치가이다. 성은 희姬, 이름은 단旦. 주周 : BC 1111경~255 초기에 국가의 기반을 다졌다. 공자는 그를 후세의 중국 황제들과 대신들이 모범으로 삼아야 할 인물로 격찬했다. 주공은 주를 창건한 무왕武王의 동생으로 무왕의 권력 강화를 도왔다.

16 『禮記』「明堂位」: "季夏六月, 以禘禮祀周公於大廟. …… 朱干玉戚冕而舞〈大武〉, 皮弁素積裼而舞〈大夏〉. 〈昧〉, 東夷之樂也, 〈任〉, 南蠻之樂也. 納夷蠻之樂於大廟, 言廣魯於天下也."

17 다음 국어사전 http://dic.daum.net/word. 검색어: 魯. "중국 주나라 때, 산둥 성山東省 취푸曲阜에 도읍한 제후국. 기원전 1055년에 주周나라 무왕武王의 아우 주공周公 단旦이 봉함을 받은 나라로 지금의 산둥성山東省 연주부兗州府 지방에 있었다. 기원전 249년 경공頃公 때에 초나라 고열왕考烈王에게 망하였다."

로 알 수 있듯이, 『예기』의 저자는 산동성 일대의 노국을 동이東夷로 여겼음을 의미한다. 이는 「왕제王制」에서 "동방은 이를 말한다(東方曰夷)"19라고 한 것과도 통한다. 그러니 주공을 제사할 때, 태묘에서 <대무>와 <대하>는 물론 동이의 <매>와 남만의 <임>도 함께 연주하도록 한 것이다. 이때의 '이夷'는 요堯임금 오복제五服制에 따르면 왕기王畿로부터 1,500~2,000리 안에 속하여 요복要服을 입을 수 있는 위치20의 사람들을 말한다. 요복 이후의 2500리 안의 만蠻 사람들은 황복荒服을 입는다고 했다. 따라서 『예기』에서 말하는 '동이'는 '구이'를 대표한 중국 주나라 소속 동쪽 일대를 가리킨다. 이 때문에 주나라 태묘에서 주공에게 제사를 지내기 위해 연주된 동이지악 <매>는 주공을 위한 노국의 악이라고 보아야 한다. 여기에서 '지모무'는 <매악>을 공연할 때, '모'를 잡고 춤춘 형태적 양식을 말한 것이다.

한편 『주례周禮』의 「춘관春官」 소속, 제루씨鞮鞻氏는 '사이四夷의 악樂'과 함께 사이악의 노래(聲歌)를 관장하는 직책이다. 제루씨가 관장하는 사이의 악은 주나라 제사祭祀와 연향燕饗에도 사용했다고 한다.21 또 매사韎師는 제사와 대연향(大饗)에서 <매악韎樂>을 연주하게 했는데, 그 소속의 사람들을 인솔하여 춤추도록 했다고 한다.22 이 <매악>을 동이지악이라고 기술한 것은 전한前漢의 정현鄭玄(127~200년)23이다. 『예기』, 『주례』 등 여러 고문헌에 주석을 단 정현은 『주례』에 주注를 붙여서 매사가 관장하는 <매악>의 춤이 곧 '동이지악'이라고 설명했다.24 『주례』 <매악韎樂>의 '매韎'가 『예기』 명당위의 '매昧'와 같은 글자라고 여겼다. 이 '매韎'에 대하여 정사농鄭司農은

---

18 『禮記』 「明堂位」 : "九夷之國, 東門之外, 西面, 北上. 八蠻之國, 南門之外, 北面, 東上."

19 『禮記』 「王制」 : "東方曰夷"

20 성백효(역주), 『書經集傳 上』(서울: 전통문화연구회, 2004), 書傳圖 28쪽. 堯制五服圖.

21 『周禮』 「春官」 : "鞮鞻氏, 掌四夷之樂與其聲歌. 祭祀則吹而歌之, 燕亦如之."

22 『周禮』 「春官」 : "韎師, 掌教韎樂祭祀, 則帥其屬而舞之. 大饗亦如之.

23 정현鄭玄(127~200년)은 자는 강성康成이며, 북해北海 고밀高密(지금의 산동성에 속함) 사람이다. 여러 경서에 주석을 달아 한대 경학을 집대성했으며, 정학鄭學으로 불렸다. 고대의 역사문헌을 정리하는 데 크게 공헌했다.

24 『周禮注疏』 卷24 春官 : "韎師, 掌教韎樂祭祀, 則帥其屬而舞之. 注舞之以東夷之舞."

'매韎'를 '미味'로 읽는다고 했고, 두자춘杜子春은 오미자의 '미菋'로 읽는다고 했으나, 정현은 매겹韎韐의 '매韎'라고 읽어야 한다고 주석했다.[25] 이후의 중국 역대 학자들은 동이지악의 이름으로 <매韎> 혹은 <매昧>를 구분 없이 『주례』의 매사와 『예기』 명당위, 혹은 『효경위孝經緯』 「구명결鉤命決」을 전거로 삼아 아래와 같이 기록했다. 『효경위』 구명결은 전승되지 않은 편명이다.

동이지악 <매韎(昧)>의 기록 양상

시대	저자	저서	인용서	원문
한 당	漢 鄭玄 注 唐 陸德明 音義 孔穎達 疏	모시주소 毛詩注疏		東夷之樂曰<韎>
	漢 鄭玄 注 唐 陸德明 音義 賈公彦 疏	주례주소 周禮注疏	明堂位	<韎>, 東夷之樂.
				東方曰<韎>
			虞傳	東夷之樂亦名<侏離>者, 東夷樂有二名, 亦召侏離
	漢 鄭玄 注 唐 陸德明 音義 孔穎達 疏	예기주소 禮記注疏		<昧>, 東夷之樂也
			『白虎通』云 樂元語曰	東夷之樂曰<朝離> <朝離>, 則<株離>也.
			鉤命決	東夷之樂曰<昧>
양	沈約	『宋書』 卷19 志9 樂1	『周官』 韎師	<韎>, 東夷之樂也.
당	杜佑	『通典』 卷146 樂6 四方樂	『周官』 韎師	舞之以東夷之舞<韎>, 音妹
		『通典』 卷147 樂7 郊廟宮懸備舞議		<韎>, 東夷之樂也
	虞世南 陳禹謨補註	『北堂書鈔』 卷112 樂部 四夷 27	明堂位	<昧>, 東夷之樂. <任>, 南蠻之樂
후진	劉昫	『舊唐書』 卷29 志9 音樂2		<韎>, 東夷之樂名也. 東夷之樂曰<韎離>[26]

25 『周禮注疏』 卷17 春官宗伯 第3 : "注: 鄭司農, 說以明堂位曰韎東夷之樂, 讀如味. 飮食之味. 杜子春, 讀韎爲菋茎著之菋. 玄謂讀如韎韐之韎."

	陳祥道	『禮書』 卷115 五兵	『孝經緯』	東夷之樂曰<韎>, 持矛助時生.
		『禮書』 卷130 禮書圖 四夷舞	『孝經緯』 鉤命決	東夷之樂曰<韎>, 持矛助時生.
			『禮記』	<昧>, 東夷之樂也
	陳 暘	『樂書』 卷6 禮記訓義	明堂位	<昧>, 東夷之樂也. 韎師, 是東夷之樂爲<韎>.
			樂元語	東夷之樂曰<昧>
송	李 昉 等	『太平御覽』 卷567 樂部5 四夷樂	『禮記』 明堂位	<昧>, 東夷之樂也
	王欽若 等	『冊府元龜』 卷132 帝王部 褒功		<昧>, 東夷之樂也
	王應麟	『玉海』 卷104 音樂 樂2 漢樂元語	『記』明堂位疏 ·「白虎通」云 「樂元語」曰	東夷之樂曰<朝離>
			鈎命決	東夷樂曰<昧>
		『玉海』 卷108 音樂 四夷樂 周四夷樂	明堂位	東夷之樂曰<韎> <昧>, 東夷樂
	衛 湜	『禮記集說』 卷50 文王世子8	鈎命決	東夷之樂曰<昧>
원	陶宗儀	『說郛』 卷5下		東夷之樂曰<韎>
명	馮復京	『六家詩名物疏』 卷40 小雅谷風之什一 南	明堂位	<昧>, 東夷之樂也
			『孝經』 鈎命決	東夷之樂曰<昧>. 持矛助時生.
淸	李光地	『古樂經傳』 卷一 樂經		<韎>, 東夷之樂也. 東夷之俗, 於三方爲美,…皆舞之不與諸方同也.
	欽 定	『禮記義疏』 卷44 明堂位 14	明堂位	<昧>, 東夷之樂也

이상과 같이 역대의 기록들이 <매韎>(昧) 혹은 <조리朝離>(<주리侏離>)를 동이지악으로 표기해 왔다. 그리고 <매>가 '모矛를 쥐고 시절을 생성하는 춤(持矛助時生) 양식이라고 설명해 준다.

그런데 후한시대의 반고는 『백호통의』에서 동이지악의 이름을 <리離>

26 사고전서본 『구당서舊唐書』에는 <매韎>를 <말韎>로 표기 했는데, 매韎의 위韋(다룬 가죽변)을 혁革(가죽변)으로 잘못 표기한 것이다. 타이완 중앙연구원 한적전자문헌漢籍電子文獻(http://hanchi.ihp.sinica.edu.tw)에 근거해 '말韎'을 '매韎'로 바로 잡았다.

라고 하고, 북이지악北夷之樂을 <매昧>라고 하여 또 다른 이름을 말해준다.27 이때 반고가 말하는 사이지악은 『예기』 「명당위」에서 주공을 제사하던 '동이지악'이 아닌 듯싶다. 왜냐하면 사이四夷의 춤을 통한 역할이 자연 사시四時의 계절적인 조장을 보조하는 것으로 설명하고 있기 때문이다. 그 다른 내용은 아래의 인용문에서 알 수 있다.

> 『악원어』에 보면 "<왕이> 천명을 받고서 육악六樂을 연주한다. 선왕의 음악을 즐기니 그 속에 법도(法)가 있음을 나타내고, 자기가 만든 음악을 연주하니 그 속에 틀(制)이 있음을 나타낸다. 사이의 악을 일으키는 것은 덕이 널리 미치는 것을 밝히는 것이다. 그러므로 남이의 악은 <두兜>라고 하고, 서이의 악은 <금禁>이라고 하고, 북이의 악은 <매昧>라고 하며, 동이의 악은 <리離>라고 한다. 합악合樂(六樂)을 관람하는 것은 당堂에서 춤을 연주하는 것이고, 사이의 악은 <문門 밖의> 오른편에 진설하는 것이다."라고 했다. 선왕이 그것을 얻은 것은 천명天命에 순응함을 중시하기 때문이다. 이 말은 '문文'으로써 그것을 얻으면 '문'을 우선하여 우모羽毛를 쥐고 춤추는 것을 이르며, '무武'로써 그것을 얻으면 간척干戚을 쥐고 춤추는 것을 말한다.
>
> 『악원어』에 이르기를, "동이의 악은 손에 모矛(창)를 잡고 춤추니 봄의 생성 작용을 돕는다. 남이의 악은 손에 우羽(깃털)를 잡고 춤추니 여름의 성장 작용을 돕는다. 서이의 악은 손에 극戟(갈래창)을 쥐고 춤추니 가을의 살상 작용을 돕는다. 북이의 악은 방패干(방패)를 쥐고 춤추니 겨울의 저장 작용을 돕는다"라고 했다.
>
> 누가 이적夷狄의 음악을 제작하는가? 옛날 성왕聖王들이다. 선대의 왕들은 도덕을 촉진시켜서 실행하고 음양을 조화시켜서 이적을 뒤덮게 했다. 이에 이적은 편안하고 즐거워하며 중원의 국가로 조회를 오게 되니 음악을 만들어 그들을 기쁘게 했다.28

27 『白虎通義』 卷上 德論上 禮樂 : "故南夷之樂曰〈兜〉; 西夷之樂曰〈禁〉; 北夷之樂曰〈昧〉; 東夷之樂曰〈離〉."

『백호통의』의 저자 반고는 『악원어』를 인용하여 두 가지의 서로 다른 이야기를 접목시키고 있다. 반고는 처음 중국 역대 전설적 성왕들의 악인 육악六樂은 당堂에서 춤(佾)을 추는 것이고, 이적의 악인 이악夷樂은 문 밖 우측 벽에서 연행하는 것이라고 말한다. 그리고 문무는 우모羽毛(깃털)를 사용하여 춤추고, 무무는 간척干戚(방패와 도끼)을 잡고 춤춘다고 말한다. 우모와 간척은 '육악'에 사용하는 춤도구를 말한다. '우모와 간척'이라는 춤도구를 말하면서 이번엔 다시 『악원어』를 인용하여 '사이의 악'이 모矛(창)를 잡고 춤추어서 봄의 생성을 돕고, 우羽(깃털)를 잡고 춤추어서는 여름을 성장시키는 것이라고 한다. 또 극戟(창)을 잡고 춤추는 것은 가을의 쇠살衰殺을 돕는 것이고, 간干(방패)을 잡고 춤추는 것은 겨울의 저장貯藏 작용을 돕는 것이라고 한다. 『악원어』에서 말하는 '사이의 악'이란 사계절의 운행을 통해 시생時生 → 시양時養→ 시살時煞→ 시장時藏하는 자연의 변화를 조장하는 것이다. 이처럼 동·서·남·북의 사이는 봄·여름·가을·겨울을 말하고, 그 춤의 본래 의미는 사계절의 기운을 돕는 의식성을 나타낸다. 사이四夷를 사계절에 대입하여 동이를 봄, 남이南夷를 여름, 서이西夷를 가을, 북이北夷를 겨울로 삼아 자연의 때에 맞추어 운행이 일어남을 말하고 있다.[29] 그러므로 '조시생(助時生)'은 봄의 생성을 돕는 춤 행위를 뜻한다. 이때의 '동이지악, 지모무, 조시생야.(東夷之樂, 持矛舞, 助時生也.)'는 '동이의 악은 창을 쥐고 춤추어서 시절의 생성生成을 돕는 것이다'라고 해석할 수 있다.

이상과 같은 내용임에도 불구하고 반고는 느닷없이 사이四夷를 이적夷狄

---

28 반고(저), 신정근(역주), 『백호통의』(서울: 소명출판사, 2005), 109~110쪽. 『白虎通義』 卷上 德論上 禮樂 : "『樂元語』曰: "受命而六樂, 樂先王之樂, 明有法也, 與其所自作, 明有制. 興四夷之樂, 明德廣及之也. 故南夷之樂曰兜; 西夷之樂曰禁; 北夷之樂曰昧; 東夷之樂曰離. 合觀之樂儛於堂, 四夷之樂, 陳於右. 先王所以得之, 順命重始也." 此言以文得之, 先以文謂持羽毛儛也, 以武得之持干戚儛也. 『樂元語』曰: 東夷之樂, 持矛舞, 助時生也. 南夷之樂, 持羽舞, 助時養也. 西夷之樂, 持戟舞, 助時煞也. 北夷之樂, 持干舞, 助時藏也. 誰制夷狄之樂? 以爲先聖王也. 先王, 惟行道德和, 調陰陽, 覆被夷狄. 故夷狄安樂, 來朝中國, 於是作樂樂之."

29 (宋) 陳暘, 『樂書』 卷6「禮記訓義」「明堂位」: "樂元語, 先儒謂: "東夷之樂曰昧, 持干助時生. 南夷之樂曰任, 持弓助時養. 西夷之樂曰株離, 持鉞助時殺. 北狄之樂曰禁, 持楯助時藏."

이라고 받는 문장을 연결하여 엉뚱하게 글을 전개시켰다. 『악원어』의 의미와는 전혀 다른 내용을 기술한다. 『악원어』의 사이를 전고로 끌어 와서는 반고가 설명하고 싶은 동이를 비롯한 사이를 이적夷狄으로 설명하여 글의 반전을 두었다. 또 반고는 사이지악을 두고 "누가 이적夷狄의 악을 제작하는가? 옛 성왕들이다."라고 간명하게 답을 준다. 이적夷狄이라고 불리는 사이의 악을 중국의 옛 성왕들이 만들었고, 사방에서 조회 오는 이적의 악이 결국 이적들을 기쁘게 하려는 것이라고 설명해준다. 중국의 한나라에서 사이의 악을 연주하는 것은 중국 '성왕의 덕이 널리 사이들에게까지 미치는 것을 나타내는 의미가 있기'[30] 때문이라고 한다. 중국 성왕에 의해 만들어진 사이의 악은 누가 공연할까? 중국인들이 춤추었다고 아래와 같이 말해준다.

> "악樂은 성인이 만들어서 그것으로 즐겁게 할 따름이다. 그래서 이적의 악이 있는 것이다. 이적의 악은 누가 춤을 추는가? 중국인中國人으로 하여금 춤추게 한다. 어째서 인가? 이적의 사람들은 예禮를 갖출 수 없으므로 과오가 있을까 염려되기 때문이다. 그것을 문 밖에서 공연하는 것은 어째서인가? 이夷들이 밖에 있음을 나타내는 것이다. 이적은 예의가 없으니 안에 있을 수 없다."[31]

반고가 살았던 후한시대에 이적의 악은 중국인 자신들이 만들어서 자신들이 춤추던 것임을 말해주고 있다. 이적의 악은 사이지악을 말하고, 동이지악은 그 중 하나이다. 그것을 중국의 옛 성인임금이 만들었고, 그 춤도 결국 중국인들에 의해 추어졌다고 말해준다. 필자가 본 연구에서 가장 궁

30 『白虎通義』 卷上 德論上 禮樂 : "先王之樂明有法, 不亡其本. 興已所以自作樂, 明作已也. 樂所以作四夷之樂何? 德廣及之也"

31 『白虎通義』 卷上 德論上 禮樂 : "樂者, 聖人作, 爲以樂之耳. 故有夷狄樂也. 殊爲舞者? 以爲使中國人. 何以言之? 夷狄之人, 禮不備, 恐有過誤也. 作之門外者何? 夷在外, 故就之也. 夷狄無禮義, 不在內."

금하게 여겼던 '중국에서 지모무를 왜 추었는가?, 누가 추었는가?'에 대한 답을 이로써 얻었다.

정리하면, '이적의 악'이란 중국인 자신들의 통치자의 덕이 중원 밖의 사이四夷(사방의 적)들에게까지 널리 미치는 것을 상징적으로 나타내기 위한 것이다. 중국 한나라에서는 사이四夷의 악樂을 "사문四門 밖 우측 벽"[32]에서 연주하도록 했으며, 이는 사이를 중원 밖의 존재임을 분명히 경계 짓는 것이라고 했다. 조회하러 오는 외래의 사람들이 중원의 예의에 교화되어 복종하는 모습을 표현하기 위해 춤으로써 그들이 기쁜 것, 혹은 즐겁다고 여기는 것을 나타내려 한 것이다. 이들 '이적의 악'은 중원의 성왕들이 만들었고, 중국으로 조회 오는 사방 사람들을 교화하고 기쁘게 하기 위해 연주되었던 목적을 분명하게 제시해 주고 있다.

결국 한나라에서 '이적의 악'인 사이의 악을 연주한 것은 자신들의 국가를 중원으로 삼아 자신들에게 사방에서 조회하러 오는 모습을 형상한 것이다. 중원의 모범적인 예법을 조회에 와서 관람한 사방의 이적들은 그들에게 교화敎化되어 스스로 복종하며 즐거워하는 모습이 됨을 표현하려 했다. 중원이라는 주관적 관점에서 표출된 자기 중심적 유가적 예악관을 엿볼 수 있다.

동이지악에 대한 한나라의 이러한 중국식 주관적 관점이 당나라까지 계승되지는 않았다고 여겨진다. 당나라 때 저술된 『통전通典』에 "주나라의 쇠퇴로 인해 이 예법은 폐해졌다"[33]고 했으므로 알 수 있다. 당나라에서는 고구려와 백제악에 대하여 "이것이 삼국의 동이지악이다"[34]라고 했다. 『신당서新唐書』에는 사이의 악을 주변국의 이름을 들어서 아래와 같이 십부악十部樂을 소개한다.

---

32 진양(저), 조남권 · 김종수(역주), 『譯註樂書1: 예기훈의』(서울: 소명출판사, 2012), 204쪽. "皆於四門外右辟"

33 (唐) 杜佑, 『通典』 卷146 樂6 四方樂 : "自周衰, 此禮則廢."

34 (唐) 杜佑, 『通典』 卷146 樂6 四方樂 : "此, 三國東夷之樂也."

주周나라와 수隋나라, 북제北齊와 진陳나라는 토지를 접하였기 때문에 가무歌舞에 사방四方의 악이 섞여있었다. 당나라에 이르러, 동이東夷의 악에는 고구려(高麗)·백제百濟의 것이 있었고, 북적北狄에는 선비鮮卑[35]·토욕혼吐谷渾[36]·부락계部落稽[37]의 것이 있었고, 남만南蠻에는 부남扶南[38]·천축天竺[39]·남조南詔[40]·표국驃國[41]의 것이 있었고, 서융西戎에는 고창高昌[42]·구자龜玆[43]·소륵疏勒[44]·강국康國[45]·안국安國[46]의 것 등이 있어서, 대개 14국의 악과 8국의 기伎가 십부악十部樂에 열거되었다.[47]

당나라의 10부악이 바로 주나라로부터 계승된 '사이지악' 제도의 변천임을 알 수 있다. 즉 중국 밖에 있는 사방의 독립 국가들을 중원의 부속으로

35 선비鮮卑는 위진魏晉 때에 오호五胡의 하나로서 자못 위세를 떨쳤으며, 후위後魏의 탁발씨拓跋氏도 이 부족에서 나왔다.

36 토욕혼吐谷渾은 4세기 중엽 이후부터 7세기까지 지금의 중국 칭하이성과 간쑤성 남부를 지배한 몽골계 유목민인 선비족鮮卑族이 세운 나라이다. 635년 당나라에 항복하여 예속상태에 놓이게 되었고, 663년 티베트의 토번吐蕃에게 멸망당하였다.

37 부락계部落稽 : 미상

38 부남扶南은 2세기에서 7세기 사이에 인도차이나 반도 남동면의 메콩 강 하류에 있었던 나라이다. 중국과 통상 관계를 맺고 남해 무역의 기항지 또는 시장의 역할을 했다.

39 천축天竺은 중국에서 일컫는 인도의 옛 명칭이다.

40 남조南詔는 당나라 때 지금의 윈난雲南 지방에 있던 티베트·버마 어족語族의 왕국이다.

41 표국驃國은 9세기 미얀마 동부에 있던 소국이다. 이락와저강伊洛瓦底江 유역의 고대 불교국가. 832년에 남조南詔에게 멸망되었다.

42 고창高昌은 5~7세기 동투르키스탄의 투루판吐魯番 분지에 있던 국가이다.

43 구자龜玆는 한나라 때 지금의 중국 신강위구르자치구 쿠처庫車 지방에 있던 서역西域 국가이다.

44 소륵疏勒은 한나라 때 지금의 중국 신강위구르자치구애 있던 36국의 하나로 동서간의 교통과 무역의 중심지였다.

45 강국康國은 지금의 사마르칸트 지방에 있었던 서역 국가이다.

46 안국安國은 수·당대의 서역국가로, 속특국粟特國의 하나이다. 현재의 중앙아시아 부카라Bukhara시 인근에 있었다.

47 (宋) 歐陽修, 『新唐書』 卷22 禮樂志 : "周·隋與北齊·陳接壤, 故歌舞雜有四方之樂. 至唐, 東夷樂有高麗·百濟, 北狄有鮮卑·吐谷渾·部落稽, 南蠻有扶南·天竺·南詔·驃國, 西戎有高昌·龜玆·疏勒·康國·安國, 凡十四國之樂, 而八國之伎, 列于〈十部樂〉."

여기며, 외국의 악을 중국에서 함께 연주하는 제도가 정착된 것은 수隋나라 칠부기七部伎에서 시작하여, 이것을 확장하여 정비한 것이 당나라의 구부기九部伎와 십부기十部伎(십부악)이다.

그런데 북송北宋의 진상도陳祥道는 『예서禮書』에서 '사이지악'을 "당나라 때는 모두 사문四門 밖에서 연주했으니 아마 옛날의 유제遺制이던가?"[48]라고 한다. 아마도 연향에 사용한 당나라의 10부악 중에서도 중국 속악俗樂을 제외한 사방 국가의 악을 국문國門 밖에서 공연했을지 모르겠다. 그리고 진양陳暘은 송나라에서도 선왕의 제도를 계승해야함을 아래와 같이 주장한다.

> 선왕先王은 이악夷樂에 대하여, 비록 간혹 그것을 사용하였지만, 다만 국문國門의 우측 벽(右辟)에 진설하였을 뿐이다. 당唐나라 때는 모두 사문四門 밖에서 연주하였는데, 아마 옛 제도를 얻은 것이던가? 지금의 이악은 국문國門 밖에서 연주되지 않고 황성皇城의 전정殿庭 안에서 행해진다. 신臣 진양은 선왕先王의 제도에 합치되지 않으므로 그것을 바꾸지 않을 수 없다고 생각합니다.[49]

진양은 송나라에서 이악이 궁전 뜰(殿庭) 안에서 연주되고 있음을 비판하며, 주나라와 같은 선왕의 옛 제도로 바꾸어야함을 주장하고 있다.

이상과 같이 『주례』와 『예기』 시대의 동이지악은 요제오복도堯制五服圖에서 말하는 '동이東夷'의 개념을 기초로 중원의 동쪽지역 악무樂舞를 지칭했다. 왕의 궁성을 둘러싼 경기로부터 1,500~2,000리 떨어진 동쪽일대를 동이라고 했으며, 특히 『예기』에서는 동이지악을 지금의 산둥성山東省에 있던 노魯나라의 주공에게 제사를 지내던 악무라고 한다. 그리고 동이를 포함한 사이四夷의 악을 제사에 사용함은 물론 크고 작은 연향에도 사용했다.

---

48 (宋) 陳祥道, 『禮書』 卷130 禮書圖 四夷舞 : "唐之時, 皆奏於四門之外. 豈古之遺制歟?"

49 (宋) 陳暘, 『樂書』 卷173 樂圖論, 胡部, 舞, 韎師 : "由是觀之, 先王之於夷樂, 雖或用之, 特陳於國門右辟而已. 唐之時, 皆奏於四門之外, 豈得古制歟? 今之夷樂, 不奏之國門之外, 而作之皇城殿庭之內. 臣恐未合先王之制, 不可不革之也."

전한의 동이지악은 정현의 주석에 의해 그 구체적 이름이 <매韎>라고 소개되었다. 『주례』 매사韎師의 <매악韎樂>을 동이지악이라고 소개한 것이다. 또 『주례』의 <매韎>가 『예기』 「명당위」의 <매昧>와 같은 동이지악이라는 주장도 그의 주소를 통해 알 수 있다.

한편 후한시기의 『백호통의』에서는 동이지악의 이름을 <리離>라고 했고, <매昧>는 북이의 악명이라고 했는데, 이점에 대해 송나라의 진양은 잘못된 주장임을 피력한다.

> 「우전虞傳」에 "백양伯陽의 악무를 <주리株離>라고 한다"라고 하였는데, 이는 <주리>가 서이의 악이지 동이의 악이 아님을 모른 것이다. 『백호통의』에서도 <주리>를 동이의 악이라고 하고 <매昧>를 남이의 악이라고 했으며, 반고는 또 <주侏>를 <두兜>라 하고, <금禁>을 <검仱>이라 하며, <매韎>를 <주侏>라고 하였다. 이는 모두 후세 사람들을 더욱 미혹시키는 억지 주장이 아니겠는가?50

결국 동이지악의 이름은 <매韎>나 <매昧>가 옳다는 것이 진양의 견해다. 동이지악 <매>의 '지모무'는 주대의 주공을 위한 체례의 악무임이 분명하다. 그 모습은 모矛(창)를 쥐고 춤추는데, 봄의 생성을 돕는 역할이 있다. 이때의 동이를 비롯한 사이는 사계절을 뜻한다. 하지만, 반고는 이夷를 이적이라고 표현하며, 한나라를 둘러싼 사이들이 교화되어서 중원으로 내조하여 그 기쁨을 내타내고자 춤춘 것이라는 견해를 피력한 것이다. 이러한 동이지악 '지모무'는 중국인이 자신들의 예禮의 일환으로 스스로 만든 것이고, 그것을 문밖(門外) 우벽에서 중국인들로 연희했던 것이다. 사이들인 이적이 중국의 영역 밖에 있음을 나타낸 경계의 상징이라는 것이 그들의

50 (宋) 陳暘, 『樂書』 卷6 「禮記訓義」 明堂位 : "「虞傳」曰: '伯陽之樂舞〈株離〉', 是不知〈株離〉西夷之樂, 非東夷之樂也. 『白虎通』亦以〈株離〉爲東樂, 〈昧〉爲南樂. 班固以〈侏〉爲〈兜〉, 以〈禁〉爲〈仱〉, 以〈韎〉爲〈侏〉. 是皆臆說以滋惑後世歟?" 조남권 · 김종수(역주), 『역주악서1: 예기훈의』, 204~205쪽.

배경이다. 「악원어」의 내용을 전거로 사용한 것이 적합해 보이지는 않지만, 이로써 사이四夷를 이적夷狄으로 취급하는 중화中華 사상의 싹이 바로 후한대에 뿌리내리는 양상을 보여준 실례일 수 있다. 당나라 역시 정치적 목적에 부합되는 당나라 십부기의 기초를 중화의 관점에서 세웠다. 그러나 이 제도는 당나라 때 언젠가 없어졌고, 송나라에서는 다시 이의 복고를 주장하는 『악서』가 찬술되었다.

3. 고조선과 지모무의 무관함

중국 문헌에 근거한 동이지악 '지모무持矛舞'에 관하여 일람한 바, 지모무의 본래 이름은 <매靺> 혹은 <매昧>라는 것을 알았다. 동이지악 <매>는 주나라 주공周公을 제사(禘禮)할 때 <대무>, <대하>, <임>과 함께 사용한 춤이다. 이 춤을 만든 사람이나 실제 연희한 사람도 중국인이었다. 한나라 때까지 통치자의 중앙집권적 정치력 과시의 목적으로 자신들에게 내조來朝해 오는 모습을 만들어서 자신들이 춤추던 악무이다. 그 춤추는 모습을 표현한 '지모무'는 '모矛(창)를 잡고 춤춘다'는 뜻으로, "동이지악, 지모무, 조시생야.(東夷之樂, 持矛舞, 助時生也.)"라는 문장의 일부이다.

중국 문헌에 근거한 '지모무'라는 용어가 중국의 역대 저서에서 자체의 적합한 의미를 확보하고 있음에도 불구하고, 한국 학계에서는 고조선의 춤이라고 소개해 왔다. 한국무용사학 관련 단행본 중에서 가장 처음 고조선의 춤이라고 소개한 책은 1974년에 초판한 성경린의 『한국의 무용』이다.

> 상고시대의 무용으로는 그 내용과 형태는 알 수 없으나, 문헌에 나타나 있는 것으로 지모무持矛舞와 영선무迎仙舞가 있다.[51]

---

51 성경린, 『한국의 무용』, 27~28쪽.

성경린이 말하는 상고시대는 단군조선시대이다. 이상과 같은 간단한 소개 이후에 '지모무'는 무용사학 안에서 고조선의 춤 목록으로 점차 고정되고 확대되었다. 앞서 이미 지적하였듯이 '지모무'는 춤 명칭이 아니다. 그런데도 불구하고 마치 고조선시대에 실제로 '지모무'라는 춤 종목이 있었던 것 같은 오해를 불러일으켰다.

한국무용사학 고조선시대 춤 종목 열람

초판년도	저자	저서	면수	고조선상고시대 춤 종목
1974	성경린	한국의무용	27~28	지모무持矛舞, 영선무迎仙舞
1979	성경린	한국전통무용	22	지모무, 영선무
1985	배소심 김영아	세계무용사	93	지모순무持矛盾舞
1988	송수남	한국무용사	30	영선무, 지모순무
1995	김매자	한국무용사	16	영선무, 지모무, 주려侏儷
1999	정병호	한국의 전통춤	59	영선무, 지모무, 주리악侏離樂
2003	김혜정 이명진	한국무용사의 이해	42	영선무, 지모무, 주리무
2003	김혜정 김경숙 안윤희	고등학교무용사	15~16	영선무, 지모무, 주리무
2013	이병옥	한국무용통사	72~89	1. 제천사신무용: 토템춤, 서낭제춤, 무당춤, 제천의식춤 2. 농경무용: 풍농춤, 모무矛舞, 주리무 3. 통과의례무용: 출산의례춤, 혼례춤, 장례춤, 주술치료무용, 전투무용, 4. 향연무용: 영선무 5. 수렵무용

성경린이 중국 문헌인 『후한서』 동이전 원문을 인용하면서 "중국 하소강夏少康 때에 우리 음악과 춤이 중국에 전하여 그들의 악무보다 훨씬 발달하였음을 짐작할 수 있다"고 처음 소개한 이후, 지모무와 영선무는 한민족의 "가장 오래된 악무樂舞의 기록"이라고 반복 인용되고 있다. 성경린이 인용한 『후한서』 「동이전東夷傳」의 원문은 다음과 같다.

"夏后氏太康失德 夷人始畔 自少康已後世服王<u>任</u> 遂賓<u>于氏</u>門 獻其樂舞."[52]

이상의 인용문은 밑줄 친 곳의 오류로 인해 올바른 번역을 할 수 없다. 실제 원문과 번역은 아래와 같다.

> “하후씨 태강이 덕을 잃어 이인夷人들이 반하기 시작했다. 소강 이후로부터 대대로 왕의 덕화에 복종하여 마침내 왕문에 손님(賓)으로 와서 그 악무를 바쳤다.”(夏后氏太康失德, 夷人始畔. 自少康已後世服王化, 遂賓於王門, 獻其樂舞.)53

하나라의 태강은 계啟의 아들인데, 사냥에 빠져 백성들을 돌보지 않았기 때문에 결국 예羿에게 쫓겨 난 왕이다.54 소강 때 다시 하나라 세력을 회복하니 그 왕의 덕화에 감복한 ‘이인夷人’들이 하나라의 빈객이 되어 그들의 악무를 받쳤다는 중화적中華的 입장의 문장이다. 이 문장을 기초로 김매자는 “우리의 춤이 중국으로 전해져 연희되었음을 알 수 있다”55고 한 것이다. 이처럼 “우리무용을 중국에 전했다”고 말하는 것이나, “그들의 악무보다 훨씬 발달한 춤이 우리에게 있었다”고 하는 것은 모두 중국 하나라 때가 고조선 시대라는 전제를 바탕에 둔 견해이다. 또 ‘이인夷人’이라는 말을 바로 ‘동이東夷’로, 동이는 우리 민족이라는 인식에 기초한 설명이다. 하지만 이상의 인용문에서 “이인들이 반했다”는 말은 하夏·은殷·주周시대 요堯임금의 오복제五服制에 포함된 영역의 이夷를 말한 것이라고 본다. 즉 왕기王畿로부터 1,500~2,000리 안에 속하여 요복要服을 입을 수 있었던 위치56의 사람들을 말하기 때문에 여기에서는 왕기로부터 멀리 떨어진 지역의 사람들이 왕의 덕화를 입지 못하고 배반했다고 표현한 것으로 볼 수 있다. 그러한

---

52 성경린, 『한국의무용』, 27쪽.

53 (宋) 范煜, 『後漢書』 卷115 東夷傳 第75 東夷.

54 (宋) 范煜, 『後漢書』 卷115 東夷傳 第75 東夷 : “太康啟之子也. 盤于游田十旬, 不反不恤人, 事爲羿所逐也.”(唐 章懷太子賢 注)

55 김매자, 『한국무용사』, 16쪽.

56 성백효(역주), 앞의 책, 28쪽. <堯制五服圖>.

'이인'을 한민족이라고 단정하기 어렵다.

이상과 같이 성경린에 의해 처음 잘못 인용된 사료의 검증이나 비판 없이 오류를 반복 학습한 결과가 오늘에 이른다. 장사훈은 일찍부터 이런 오류를 다음과 같이 경계했다.

> "우리나라 고대 무용을 논할 때, 학문적인 실증이나 연구가 이루어지지 않고, 고증학적인 확증이 없는 예를 들어 그것이 마치 우리나라 고대의 춤이라는 듯이 여백도 남기지 않고 단정하는 견해는 위험한 일이라고 하겠다. …… 이러한 주장은 동이東夷·구이九夷 등에 대한 고증학적인 논문 발표가 있을 때까지 기다려 볼 수밖에 없다."[57]

장사훈의 이처럼 탁월한 견해를 무용사학자들은 아무도 관심두지 않았고, 근거 없는 추측들을 점차 확대시켜 나갔다. 게다가 인용 원문의 글자 오류까지 여과 없이 복사했다.[58] 김매자는 『주관춘관주소周官春官註疏』를 인용하여 '주려侏儷'라는 춤이 동이지악이라고[59] 했지만, 이는 <주리侏離>의 오류다. 배소심·김영아 편저의 『세계무용사』에서 등장한 지모순무持矛盾舞는 북송北宋 진양의 『악서樂書』에 등장한 그림을 잘못 이해하여 엉뚱하게 처음 만들어진 이름이다.[60] 그런데도 송수남 『한국무용사』에서 "지모순무"가 있었다고 똑같이 소개했다.[61] 모두가 자료 검증 없이 잘못된 결과를 다음 저서에 베끼면서 생긴 문제이다.

1999년에 출간된 정병호의 『한국의 전통춤』에서는 "『주례』라는 책이 있는데, 이 책은 …… 한민족의 음악과 춤에 관한 내용으로 춤추는 사람들의 서열과 인원수, 춤추는 사람의 신발 등이 기록되어 있다"[62]고 했다. 중국 문

---

57 장사훈, 『韓國舞踊槪論』(서울: 대광문화사, 1984), 128~129쪽.

58 김매자, 『한국무용사』, 16쪽.

59 김매자, 위의 책, 16쪽.

60 배소심·김영아(편저), 『세계무용사』(서울: 도서출판 금광, 1993), 93쪽.

61 송수남, 『한국무용사』(서울: 도서출판 금광, 1989), 30쪽.

헌 『주례』가 한민족의 음악과 춤에 관해서 기록했다고 잘못 소개하고 있다. 또 '지모무'와 관련해서는 다음과 같이 이병옥의 『한국무용사연구Ⅰ』을 인용하여 다음과 같이 설명했다.

> "『오경통의』에 "동이지악 지모무 조시생야(東夷之樂 持矛舞 助時生也)"라고 한 대목이 있는데 이 원시춤은 병기창을 들고 추었다 하였으며, 그 당시의 신속神俗으로 보아 농사와도 관련이 있는 전투무적 성격의 무속 의식 춤이었으리라 짐작한다. 또한 『주례춘관주소』에는 "동이의 악 주리侏離는 양기를 발생하여 만물을 소생시킨다"라는 말로 미루어 보아 지모무와 주리악은 생산적인 것과 관련해서 연희한 농경 성장 의례의 무악舞樂이라는 것을 추측할 수 있다."[63]

중국 문헌 『주례』·『예기』·『백호통의』 등 고서에 기술된 '동이'가 한민족이라는 증거가 없다. 게다가 『예기』 명당위에서 언급한 동이지악 <매>는 주공을 제사할 때 사용한 것임을 분명하게 설명하고 있다.

이병옥의 『한국무용통사: 고대편』에도 고조선의 농경무용에 <모무矛舞>와 <주리무>가 있었다고 하면서 구체적으로 상상력을 가했다.

> "특히 모무는 주술적이고 전투적인 강렬한 춤사위와 반주가 따랐을 것이며, 이 무용은 우리나라 고대 동이족들이 창을 가지고 춤을 추었음을 말해주고, 이때의 춤은 수렵이나 전투를 할 때 시행한 단합목적의 상무무용尙武舞踊이라 추측된다.
>
> 이러한 원시무용은 경천숭신의 종교적 의식에서 시작되어 찬송 주술로부터 악무로 점차 발달되어 갔다. 동이악무에 표현된 단군조선의 명호는 '동표일출 조일조명(東表日出 朝日朝明)[64]'이라 했다. 당시 동이의 주

62 정병호, 『한국의 전통춤』(서울: 집문당, 1999), 58쪽.

63 정병호, 위의 책, 59쪽; 이병옥, 『한국무용사연구Ⅰ』(서울: 도서출판 노리, 1996), 71쪽.

64 "동표일출 조일조명(東表日出 朝日朝明)"은 조선朝鮮이라는 국호를 해석하고자 한 말인데, 이규

리무와 모무는 같은 춤으로 무속의식을 통한 농경무용이라 생각된다.
이 의식무용에서 주리무, 모무 등으로 분화되어 중국 하나라의 소강 시대 때 중국에까지 수입되어 갔다는 것은 우리나라의 가무음곡歌舞音曲이 매우 뛰어 났던 것으로 생각되며 중국의 무악보다 훨씬 발달하였음을 짐작할 수 있다."[65]

모矛라는 무기를 들었기 때문에 전투적인 강렬한 상무무용이 될 것이라고 상상한 것은 저자의 선입견이다. 앞서 논의했듯이 '모창를 쥐고 추는 춤은 시절의 생성을 조장한다'고 했을 뿐 그밖의 춤 양상을 전혀 알 수 없다. 게다가 동이지악 <매>나 <주리> <리>는 모두 중국인이 자신들의 정치적 목적을 위해 제작하여 스스로 춤춘 것이다. 그러니 '무속의식을 통한 농경무용'이라는 것도 논증되지 않은 주관적 견해이다.

<매>는 동이지악이고, 봄의 생성을 조장하는 상징적 의미를 가진 춤이다. 그때 무구인 '모矛'를 잡고 춤춘다. 이 때의 '모矛'를 '창' 또는 '삼지창'이라고 바로 번역하는 것도 문제될 수 있다. 한자어의 '창槍' '극戟', '과戈' 등도 우리말로는 모두 '창'이라고 해석되지만, 각각 그 모양에 따라서 글자가 형성된 고유 명칭이기 때문이다. 또 위의 <표 3>에서 '지모무'와 함께 나열된 '주리무' 역시 중국 문헌 속에서의 동이지악이라는 점을 제고하여 고조선 춤 종목으로 헤아리는 것은 이제 자제해야 한다.

중국 한나라 이전에 사용된 동이의 개념은 후한시기에 사용된 것과 차이가 크다. 중국 고문헌 속에서 미묘하게 그 의미가 변하는 '동이'에 대한 개념 이해도 선결되어야 한다. 『악원어』에서 말한 동이는 봄을 뜻하거나 자연을 말했다. <매韎>(昧)라는 악명을 가진 '모'를 쥐고 추는 춤은 봄의 생성

경의 『오주연문장전산고』에 의하면 "동면에 있어서 해가 나오는 땅을 표시하여 조선이라고 했다.(在東表日出之地, 故號朝鮮.)"를 말한다. 김학봉金鶴峰은 "아침 해가 선명하다.(朝日朝明.)" 라는 뜻을 가지고 조선이라 했다고 한다.

65 이병옥, 『한국무용사연구 I』, 82쪽.

작용을 돕는 것이다. 그런데 반고는 '동이' 혹은 '사이'를 이적夷狄으로 해석해 혼란을 주고 있다. 그럼에도 불구하고 한대 이후에 사이가 중원으로 내조하는 유가적 통치관이 이로써 점차 확대 정착된 것도 사실이다.

함현찬이 「유교경전의 동이 인식에 관한 연구」에서 "과거 '동면 오랑캐' 또는 '중국 사람들이 그들의 동면에 있는 족속들을 멸시하여 이르던 말'이라는 식의 인식은 매우 잘못되고 왜곡되어진 인식임이 분명하다"[66]고 했듯이 중국 13경과 주석서에서 말하는 동이의 "'이夷'는 인仁이며, 인人이고, 또한 군자君子이다. '사람다운 사람', '군자' 내지는 '군자국君子國'을 나타내는 의미가 내재되어 있는 단어였다"[67]고 한다.

그러므로 『후한서』 동이전에서 언급한 하소강夏少康 시대의 이인夷人과 『주례』 매사의 <매악>, 『예기』 명당위의 '동이' 또는 <매昧>(韎), 『백호통의』의 '동이' 및 <주리> 혹은 <조리>를 고조선의 악무로 수용할 근거가 검증되기까지는 양자의 관계는 무관한 것으로 각자의 자리에 놓아두는 것이 학술적으로 타당하다. 한국 고대사회에 대한 문헌자료가 절대 부족한 상황에서 무분별하게 전거를 해석하고 수용하는 일은 연구 방법에서 분명히 지양해야할 일이다.

---

66 함현찬, 「유교경전의 동이 인식에 관한 연구: 13경 및 그 주석서를 중심으로」, 『한국철학논집』 30, 한국철학사연구회, 2010, 125쪽.

67 함현찬, 위의 논문, 151쪽.

참고문헌

(唐) 杜佑,『通典』

(宋) 范煜,『後漢書』

(宋) 歐陽修,『新唐書』

(宋) 陳祥道,『禮書』

(宋) 陳暘,『樂書』

(漢) 班固,『白虎通義』

(漢) 鄭氏(注), (唐) 陸德明(音義), 賈公彦(疏).『周禮注疏』

(漢) 鄭氏(注), (唐) 陸德明(音義), 孔穎達(疏),『禮記注疏』

김매자,『한국무용사』, 삼신각, 서울, 2002

김혜정・이명진,『한국무용사의 이해』, 형설출판사, 서울, 2003

반고(저), 신정근(역주),『백호통의』, 소명출판사, 서울, 2005

배소심・김영아 편저,『세계무용사』, 도서출판 금광, 서울, 1993

성경린,『한국의 무용』, 세종대왕기념사업회, 서울, 2000

성경린,『韓國傳統舞踊』, 일지사, 서울, 1979

성백효(역주),『書經集傳: 上』, 전통문화연구회, 서울, 2004

송수남,『한국무용사』, 도서출판 금광, 서울, 1989

이병옥,『한국무용사연구 I』, 도서출판 노리, 서울, 1996

이병옥,『한국무용통사: 고대편』, 민속원, 서울, 2013

장사훈,『한국무용개론』, 대광문화사, 서울, 1984

정병호,『한국의 전통춤』, 집문당, 서울, 1999

진양 저, 조남권・김종수(역주),『譯註樂書1: 예기훈의』, 소명출판사, 서울, 2012

陳暘『樂書』,『한국음악학자료총서 10』, 은하출판사, 서울, 1989

함현찬,「유교경전의 동이 인식에 관한 연구: 13경 및 그 주석서를 중심으로」,『한국철학논집』 30, 한국철학사연구회, 2010

『漢語大詞典』 CD-Rom

다음 국어사전 http://dic.daum.net/word

네이버 지식백과 두산백과 http://terms.naver.com

중국 고대무용사 기술에 있어서의 몇 가지 문제점

남종진
세계민족무용연구소 전임연구원

중국에서 무용은 오랜 역사를 지니고 있다. 중국의 옛 문헌 기록에 따르면 중국 무용의 역사는 신화와 전설의 시대로 거슬러 올라가고, 발굴된 고고 자료에 근거하더라도 5,000년이 넘는 역사를 지닌 것으로 추산된다. 이처럼 유구한 역사를 지닌 중국의 무용은 각 시대마다 정치, 사회, 문화 환경의 변화에 따라 그 형식, 내용, 기능, 위상에도 적지 않은 변화를 거쳤다. 따라서 중국 전통 무용의 기능, 사상, 미학, 변용 등을 바르게 이해하려면, 그 시원始原에서 출발하여 변천 과정을 통시적으로 살펴보아야 할 것이다.

한편 중국의 전통 무용은 동아시아 전통 무용의 변화와 발전에 있어서 중심적 역할을 수행한 역사를 지니고 있다. 즉 중국의 전통 무용은 역사적으로 우리나라를 비롯한 일본, 베트남, 류큐琉球 등지의 전통 무용과 교류하면서 적지 않은 영향 관계를 지녀왔다. 따라서 이들 지역 내에서의 전통 무용의 교류의 역사와 변화의 양상을 이해하기 위해서도 중국 전통 무용에 대한 이해가 필요하다.

중국 전통 무용의 역사적 변천을 개괄적으로 이해하기 위한 편리하고 유

* 이 글은 한국공연문화학회의 『공연문화연구』 제25집에 게재한 것을 수정한 것임.

용한 방법 가운데 하나는 중국 무용의 통사를 살펴보는 것이다. 필자가 조사한 바에 따르면, 중국과 타이완臺灣 등지에서 이제까지 출간된 중국 무용 통사는 약 20종에 달한다. 여기에는 특정 지역이나 민족의 무용만을 다룬 통사나 특정 조대朝代 내지 시기의 무용만을 다룬 단대사斷代史 등은 포함되지 않았다. 1959년 허즈하오何志浩의 『중국무도사中國舞蹈史』가 나온 이래로, 2009년에는 원고 분량이 4,500매에 달하는 왕닝닝王寧寧의 『중국고대악무사中國古代樂舞史』가 나왔고, 2012년에는 중국 무용역사학의 거장 왕커펀王克芬이 집필한 『만무익익萬舞翼翼: 중국무도도사中國舞蹈圖史』가 출간되었다.[1] 한편 국내에서 출간된 중국 무용 통사는 모두 5종으로 파악된다. 그런데 아쉽게도 모두가 중국이나 타이완에서 출간된 통사의 번역서이고, 국내 학자의 저술은 없다. 고승길이 번역한 『중국무용사』(교보문고, 서울, 1991)[2]를 시작으로, 정소영이 번역한 『중국무용사』(충남대학교출판부, 대전, 1999)[3], 차순자가 번역한 『중국무용사: 수・당・오대』(동남기획: 서울, 2002)[4]와 『중국무용사: 명・

---

1 필자가 파악한 중국고대무용통사를 출간시기에 따라 소개하면 다음과 같다.
- ○ 何志浩, 『中國舞蹈史』, 民族舞蹈月刊社, 臺北, 民國48.
- ○ 孫景琛, 『中國舞蹈史』(先秦部分), 文化藝術出版社, 上海, 1983.
- ○ 常任俠, 『中國舞蹈史話』, 上海文藝出版社, 上海, 1983.
- ○ 歐陽予倩, 『中國舞蹈史二編』, 蘭亭書店, 臺北, 民國74.
- ○ 蘇祖謙(等), 『中國舞蹈史』, 文津出版社, 臺北, 民國85.
- ○ 董锡玖(等), 『中國舞蹈藝術史圖鑑』, 湖南教育出版社, 長沙, 1997.
- ○ 王寧寧, 『中國舞蹈史』, 文化藝術出版社, 上海, 1998.
- ○ 李天民(等), 『中國舞蹈史』, 大卷文化有限公司, 臺北, 民國87.
- ○ 張　授, 『中國古代的樂舞』, 希望出版社, 太原, 1999.
- ○ 馮雙白(等), 『圖說中國舞蹈史』, 浙江敎育出版社, 杭州, 2001.
- ○ 王克芬, 『中國舞蹈發展史』, 上海人民出版社, 上海, 2003.
- ○ 袁　禾, 『中國古代舞蹈史教程』, 上海音樂出版社, 上海, 2004.
- ○ 王寧寧, 『中國古代樂舞史』, 山西人民出版社, 太原, 2009.
- ○ 錢君匋, 『中國古代跳舞史』, 河南敎育出版社, 鄭州, 2010.
- ○ 仝　妍, 『中國舞蹈史』, 東北師範大學出版社, 哈爾濱, 2010.
- ○ 馮雙白(等), 『中國舞蹈史及作品鑑賞』, 高等敎育出版社, 北京, 2010.
- ○ 王克芬, 『萬舞翼翼: 中國舞蹈圖史』, 中華書局, 北京, 2012.

2 王克芬의 『中國古代舞蹈史話』(北京: 人民音樂出版社, 1980)를 번역한 것이다.

3 李天民・余國芳의 『中国舞蹈史』(臺北: 大卷文化有限公司, 民國 87)를 번역한 것이다

4 王克芬의 『中國舞蹈史: 隋唐五代部分』(北京: 文化藝術出版社, 1984)을 번역한 것이다.

청편』(신지서원: 서울, 2003)[5], 『중국무용사: 선진편』(신지서원: 서울, 2004)[6]가 출간되었는데, 차순자의 번역서가 시리즈라는 점을 고려하면, 사실상 국내에 출간된 중국 무용 통사는 3종인 셈이다.[7] 이로써 보면 중국 무용 통사에 대한 기술은 아직은 중국무용사학자의 전유물이라고 하여도 과언이 아닐 것이다. 따라서 중국의 무용 역사를 통시적으로 살피려면 현재로써는 그것이 원서이든 번역서이든 막론하고, 중국학자의 저술에 기댈 수밖에 없는 것이다.

그런데 중국학자들이 저술한 중국 무용 통사를 살펴보면, 초기 무용사의 기술은 보편적으로 몇 가지 문제점을 지니고 있다는 것을 발견할 수 있다. 그것은 다음과 같은 세 가지로 요약할 수 있다. 첫째, 중국 고서古書의 무용 관련 기록을 사료史料로 수용하여 역사의 과학성을 해친다는 점 둘째, 무용사 연구의 보조 자료로 이용되는 고고 자료 가운데 일부는 자료 해석에 중대한 문제가 있다는 점 셋째, 무용의 기원과 기능에 대한 현대 중국학자들의 편협한 관점 내지 태도이다.

따라서 여기에서는 중국의 고대 무용사 기술에 있어서 드러나는 몇 가지 문제점을 살펴봄으로써, 중국학자들의 저술을 중심으로 중국무용사를 이해하게 되기 쉬운 상황에서, 그들의 관점에 매몰되지 않고 객관적이고 합리적으로 살피고자 한다.

1. 고서 기록의 수용 문제

오늘날 중국의 학자들은 중국 무용의 통시적 변천을 말할 때, 흔히 정치

---

5 王克芬의 『中國舞蹈史: 明淸部分』(北京: 文化藝術出版社, 1984)을 번역한 것이다.

6 孫景琛의 『中國舞蹈史: 先秦部分』(北京: 文化藝術出版社, 1984)을 번역한 것이다.

7 馮雙白(等)의 『圖說中國舞蹈史』(杭州: 浙江教育出版社, 2001)를 강영순 · 김은자 · 남종진 · 이채문이 공동 번역한 『중국무용변천사』(서울: 민속원, 2016)가 출간되어 중국무용통사의 국내번역본은 모두 4종으로 늘어났다.

사의 변천을 근거로 각 조대별 변천과 특징을 개관한다. 즉 무용의 내적 변화를 중축으로 삼지 않고 왕조의 흥망을 시기구분의 잣대로 삼는 이런 방식은 확실히 편의적인 것이다. 하지만 이런 기술 방식은 각 조대별 특징을 파악하기에 용이하기 때문에, 문화사의 기술에 있어서 보편적으로 통용되는 방법이기는 하다.

정치사의 변천에 근거한다면, 무용의 역사에 있어서 선진先秦[8] 시기는 무용 관련 문헌자료가 존재한 이래로 동주東周까지 3000년 가까운 기간인데, 중국 무용의 발전과정에 있어서 형성기에 해당한다. 이 시기는 다시 다음과 같은 몇 단계로 나눌 수 있다.

첫째, 상고上古[9] 시기이다. 대략 기원전 3000년경부터 기원전 1600년경까지가 해당된다. 이 시기는 원시 문명이 지닌 샤머니즘적 요소와 당시 사람들의 생활 모습을 담아내 무용이 주종을 이루는, 생활 무용의 단계로 규정된다. 둘째, 상商 나라 시기이다. 대략 기원전 1600년경부터 기원전 1046년까지가 여기에 해당한다. 이 시기는 무용이 하늘(天)과 사람(人)이 서로 소통하고 교감하게 하는 주술적 수단으로 주로 쓰였던 시기로, 제의祭儀 무용의 성격이 강한 시기였다고 규정된다. 셋째, 서주西周 시기이다. 기원전 1046년부터 기원전 771년까지가 여기에 해당한다. 이 시기는 무용이 음악과 함께 봉건제封建制의 문화적 지주支柱로 기능하면서 아악雅樂이 성립되어 제도화된 시기로, 정치 무용의 성격이 강한 시기로 규정된다. 넷째, 동주東周 시기이다. 기원전 770년부터 기원전 256년까지가 여기에 해당한다. 이 시기에는 주나라 왕조의 쇠락과 더불어 아악은 쇠퇴한 반면 음악과 무용이 대중화되면서 속악俗樂이 흥성하여 무용의 지평이 확대된 시기로, 대중 무용의 단계로 접어든 시기로 규정된다.

이상 네 시기 가운데 서주 이후의 무용에 대해서는 구체적 문헌 기록이

---

8 선진先秦은 중국의 문화사에서 진秦나라 시황始皇의 천하통일 이전 시기를 포괄적으로 가리키는 표현이다.

9 상고上古는 대개 선사시기를 가리키는데, 중국에서는 하夏나라 이전 시기가 여기에 해당된다.

남아있어서 그 면모를 살펴보는 데에 큰 문제가 없다. 그러나 서주 이전 시기의 경우는 사정이 사뭇 다르다. 상나라의 경우는 1899년에 중국 허난성河南省 안양安陽에서 갑골편甲骨片이 발견되고, 거기에 기록된 복사卜辭가 해독되면서, 당시 무용의 면모를 대략이나마 알 수 있다.[10] 하지만 상나라 이전 시기는 무용의 구체적 면모를 살필 수 있는 '실증적' 자료는 거의 없기 때문에 당시 무용의 모습을 자세히 파악하기는 어렵다.

그런데 오늘날 중국학자들이 기술한 중국 상고 무용사는 자못 구체적이다. 각종 무용통사에서는 삼황三皇의 악무樂舞와 오제五帝의 악무를 포함하여, 상고시기의 악무를 낱낱이 소개하는데, 보편적으로 거론되는 초기 악무의 레퍼토리는 다음과 같다.

① 삼황三皇의 악무 : 복희씨伏羲氏의 <부래扶來>, 신농씨神農氏의 <부리扶犁>, 여와女媧의 <충악充樂>, <갈천씨지악葛天氏之樂>, <주양씨지악朱襄氏之樂>, <음강씨지악陰康氏之樂>, <이기씨지악伊耆氏之樂> 등

② 오제五帝의 악무: 황제黃帝의 <운문雲門>, 소호少皞의 <구주九洲>, 전욱顓頊의 <육경六莖>, 제곡帝嚳의 <구초九招>, 요堯의 <대장大章>, 순舜의 <대소大韶> 등

중국의 논자들이 이처럼 상고시기의 초기 악무에 대하여 자세하게 기술하는 것은 중국 고대의 역사서 등 각종 문헌 기록에 초기 악무에 대한 여러 가지 기록이 있기 때문이다. 사실 중국 고대의 문헌에는 고대의 악무에 관한 기록이 적지 않다. 예컨대 『상서尙書』, 『주례周禮』, 『논어論語』, 『예기禮記』, 『여씨춘추呂氏春秋』, 『회남자淮南子』, 『사기史記』, 『한서漢書』 등 여러 문헌이 그러한데, 특히 『여씨춘추』는 고대의 악무에 대하여 자세히 기록한 대표적 문헌으로 꼽힌다. 이들 문헌에는 중국 고대 악무의 유래, 종류, 양상, 제도

10 갑골편의 복사기록에 나타난 당시의 악무樂舞로는 <이무隶舞>, <우무羽舞>, <주무奏舞>, <용무庸舞>, <삼제彡祭>, <약제龠祭>, <벌제伐祭>, <용무龍舞>, <면구무面具舞> 등이 있다.

등에 대한 여러 가지 기록이 실려 있다.

먼저 삼황三皇 시대의 악무에 대하여 살펴보자. '삼황'은 전설상의 고제古帝인 복희씨伏羲氏, 여와씨女媧氏, 신농씨神農氏를 가리킨다. 이밖에 갈천씨葛天氏, 주양씨朱襄氏, 음강씨陰康氏, 이기씨伊耆氏 등도 전설상의 고제이다. 그런데 이들은 현대의 역사서에서는 실재한 인물로 기술하지 않지만, 고서에서는 중국 문명사의 첫머리를 장식한 존재로 흔히 언급되었다. 그리고 이들은 모두 중국 상고의 악무와 긴밀한 연계를 지녔던 존재로 거론되었다. 복희씨는 인류를 위하여 어렵漁獵의 방법을 최초로 고안하였는데, <부래扶來>라는 악무를 지어 그 업적을 담아냈다[11]고 전한다. <부래>는 문헌에 따라서는 <부래扶徠>, <입본立本>, <입기立基>라고도 부른다. 신농씨神農氏는 사람들에게 농사법을 처음으로 가르쳐 농경사회의 서막을 열었는데 <부려扶犁>라는 악무가 있었다[12]고 하고, 후대에 음악의 신神으로 받들어진 갈천씨葛天氏는 고대의 생활 모습을 여덟 단락으로 담아내어 <갈천씨지악葛天氏之樂>을 만들었다[13]고 전한다.

한편 오제五帝 시대의 악무를 살펴보면 다음과 같자. '오제'는 황제黃帝, 전욱顓頊, 제곡帝嚳, 요堯, 순舜을 가리키기도 하고, 태호太昊, 염제炎帝, 황제, 소호少昊, 전욱을 가리키기도 하며, 또 소호, 전욱, 제곡, 요, 순을 가리키기도 하는데, 문헌에 따라 이설異說이 많다. '오제'는 흔히 '삼황'과 묶어서 '삼황오제'로 불린다. 오제와 관련된 문헌 기록은 서로 일치하기도 하지만 이형화異形化된 기록이 여러 문헌에 파편적으로 수록된 사례가 많다. 따라서 편의상 몇 가지 사례를 가려 뽑아 그 요점을 제시하면 다음과 같다. 산정한 시기는 편의상 중국에서의 전통적 인식에 따랐다.[14]

11 『通典 · 樂典』: "伏羲樂曰扶來, 亦曰立本."

12 羅泌, 『路史 · 炎帝上』: "(神農氏) 桴土鼓以敬於鬼神, 耕桑得利而究年受福, 乃命邢天作扶犂之樂, 制豐年之詠."

13 『呂氏春秋 · 古樂』: "昔葛天氏之樂, 三人操牛尾, 投足以歌八闋: 一曰載民, 二曰玄鳥, 三曰遂草木, 四曰奮五穀, 五曰敬天常, 六曰建帝功, 七曰依地德, 八曰總禽獸之極."

14 기술 순서와 추정 시기는 해당 기록의 신뢰성 여부와는 무관하게, 쉐쭝밍薛宗明의 『중외음악대사연표中外音樂大事年表』(臺北: 臺灣商務印書館, 民國 78)에서의 기술 순서를 주로 따랐다.

기 사 제 요	출 전	산정시기
○ 황제黃帝는 영윤伶倫에게 가락을 짓고 악기를 만들어 <영소英韶>를 연주하게 하였다.[15]	『여씨춘추』 등	기원전 2700년 ~기원전 2601년
○ 전욱顓頊은 <육경六莖>이라는 악무를 만들었다.[16]	『한서』 등	기원전 2600년 ~기원전 2501년
○ 제곡帝嚳은 함흑咸黑에게 <구초九招>, <육렬六列>, <육영六英> 등 노래를 짓게 하여 사람들에게 악기로 연주하게 하고 새들에게 춤을 추게 하였다.[17]	『여씨춘추』 등	기원전 2500년 ~기원전 2401년
○ 요堯는 기夔에게 '악樂을 맡겼는데, 기가 "경석磬石을 치자 백수百獸가 어울려 춤추었고", <소소簫韶>를 연주하자 봉황이 날아들어 예를 갖추었다.[18]	『상서』 등	기원전 2400년 ~기원전 2301년
○ 순舜은 불복不服하는 묘苗를 무력으로 정벌하려다 실패하자, 문악文樂과 무덕舞德을 펼쳐 방패와 깃털을 들고 70일 동안 춤을 춤으로써 상대를 감복시켰다.[19]	『상서』 등	기원전 2300년 ~기원전 2201년
○ 하夏나라 때에는 <하악夏籥>을 만들어 제사에서 선왕의 공덕을 기렸다.[20]	『회남자』 등	기원전 2200년 ~기원전 2101년

이들 기록은 대부분 특정 시기에 특정 인물이 특정 음악이나 무용을 창작하였다는 내용을 담아 일종의 문화영웅론을 내세웠다. 황제黃帝는 중국의

---

15 『呂氏春秋 · 古樂』: "昔黃帝令伶倫作爲律."; "黃帝又命伶倫, 與榮將鑄十二鐘以和五音."

16 『漢書 · 禮樂志』: "昔黃帝作咸池, 顓頊作六莖, 帝嚳作五英."

17 『呂氏春秋 · 古樂』: "帝嚳命咸黑作爲聲歌: 九招 · 六列 · 六英. 有倕作爲鼙 · 鼓 · 鐘 · 磬, 吹苓 · 管 · 壎 · 篪 · 鞀 · 椎 · 鍾. 帝嚳乃令人抃鼓鼙, 擊鐘磬 · 吹苓展管篪. 因令鳳鳥 · 天翟舞之. 帝嚳大喜, 乃以康帝德."

18 『尙書 · 堯典』: "帝曰: 夔, 命汝典樂, 敎胄子, 直而溫, 寬而栗, 剛而無虐, 簡而無傲."; 『尙書 · 益稷』: "擊石拊石, 百獸率舞.", "簫韶九成, 鳳凰來儀."

19 『尙書 · 大禹謨』: "苗民逆命, …… 班師振旅, 帝乃誕敷文德, 舞干羽于兩階, 七旬, 有苗格."

20 『淮南子 · 齊俗訓』: "夏后氏其社用松, 祀戶, 葬墻置翣, 其樂夏籥九成, 六佾 · 六列 · 六英."; 『呂氏春秋 · 古樂』: "於于是命皋陶作爲夏籥九成, 以昭其功."

한족漢族이 시조로 받들어 중국 인문人文의 시조로 불린다. 영윤은 황제의 악관樂官으로 율려律呂를 발명한 음악의 시조라고 전한다. 전욱顓頊은 고양씨高陽氏라고도 부르는데 황제의 손자라고 전하고,[21] 제곡帝嚳은 고신씨高辛氏라고도 부르는데 황제의 증손이라고 전한다.[22] 요堯와 순舜은 유가儒家에서 이상적 정치를 펼친 상고의 성군聖君으로 떠받드는 존재이고, 계啓는 하夏나라의 개국시조인 우禹의 아들이라고 전한다.

하지만 문헌에 실려 전하는 이런 내용에는 역사적 사실에서 벗어난 신화와 전설이 혼재한다. 심지어 어떤 경우에는 같은 일이 신화로 기술되는가 하면 전설로 기술되기도 하고 심지어 역사로 기술되기도 한다. 그러므로 고서의 기록을 체계적이고 비판적으로 살피지 않으면 무엇이 신화이고 무엇이 전설이고 무엇이 역사인지 알 수 없는 경우가 매우 많다. 고서에 기록된 삼황오제에 관한 행적은 『산해경山海經』 등에 실려 있는 기록[23]과 비교하면, 그것이 본래 신화에서 출발하여 점차 인성人性을 갖추어 전설로 이행되었고 때로는 역사로 수용되는 전이 양상을 엿볼 수 있다.

고서의 기록에 따르면, 삼황 가운데 복희씨는 처음으로 사람들에게 고기잡이와 사냥 방법을 가르쳤고, 신농씨는 처음으로 농사법을 가르쳐 농경사회의 서막을 열었다고 하여, 인류의 삶을 획기적으로 개선한 문화 영웅으로 묘사되었다. 한편 오제의 경우는 실재한 역사로 간주된다. 예컨대 하夏나라의 우禹와 관련된 기록을 살펴보자. 하나라는 상나라, 주나라와 함께 '삼대三代'로 불린다. 하나라는 실증할 문헌 자료가 미비하지만 오늘날 중국의 역사가들은 그 존재를 부정하지 않는다. 우는 홍수를 다스리는 위업을 이룩하여 순舜에게서 자리를 넘겨받아 하나라를 개국하였다고 한다. 그런데 여러 문헌의 기록을 비교하여보면, '대우치수大禹治水'의 이야기는 본래

---

21 『山海經 · 海內經』: "黃帝妻雷祖, 生昌意, 昌意降處若水, 生韓流. 韓流 …… 取淖子曰阿女, 生帝顓頊."

22 『史記 · 五帝本紀』: "帝嚳高辛者, 黃帝之曾孫也."

23 『산해경』은 위진남북조魏晉南北朝 시기에 편찬된 것으로 추정되는데, 거기에는 중국의 상고 제왕에 관한 기록이 신화적 원형을 보존한 모습으로 기록되어 전한다.

단순한 서사구조를 지닌 신화에서 나온 것이다. 그 신화가 장구한 세월동안 전승되면서 서사구조가 합리화되고 인성화人性化되고 정교해지면서 멸사봉공滅私奉公, 사기위인捨己爲人 등 유가적 가치관이 더해져 전설화되었고, 나아가 역사가가 그것을 수용하여 '역사'로 정착시킨 흔적을 찾아볼 수 있다.[24] 이런 기록은 공자孔子 이래로 인문정신이 폭넓게 확산되면서 신화와 전설을 인간 본위로 해석하고 수용한 결과라고 말할 수 있다.[25]

이런 측면에서 보면, 삼황과 오제의 악무에 관련된 고서의 기록도 그 사실성의 문제가 이와 다를 수는 없기 때문에 고서의 기록을 그대로 수용하는 것은 합리적이지 않은 것이다. 고대의 악무와 그에 관련된 인물은 행적은 '역사화 된 신화'일 개연성이 매우 높기 때문이다. 즉 해당 인물의 행적은 근본적으로 '신사信史'로 보기 어렵다는 것이다.

상고의 악무에 대해 기록한 초기 고서는 대개 주周나라 이후에 나온 것이다. 예컨대 중국에서 가장 오래된 문헌인 『상서尙書』는 오대五代, 즉 당唐, 우虞, 하夏, 상商, 주周의 정령政令을 사관史官이 기록한 것이라고 하지만 기실 공자孔子에 이르러 편정編定되었다고 보는 것이 통설이다.[26] 『여씨춘추呂氏春秋』의 경우는 그보다 훨씬 나중에 나온 것으로, 진秦 시황始皇이 즉위한 기원전 247년에서 여불위呂不韋가 면직免職된 기원전 237년 사이에 만들어졌을 것으로 본다.[27] 또 『사기史記』는 전한前漢의 사마천司馬遷이 편년체編年體로 편찬한 통사通史로 알려져 있다. 이런 문헌은 유가儒家의 핵심 경전이거나, 제자백가諸子百家의 주요 저술이거나, 엄정한 역사기록물로, 오랜 세월 동아시아 지역에서 높은 권위를 지녀왔다. 따라서 전통적으로는 그 내용의 진

24 남종진, 「鯀禹治水 神話 變遷考」, 『中國文學研究』 13, 한국중문학회, 1996 참조.

25 린리런林立仁은 사마천司馬遷이 황제黃帝를 『사기史記』의 첫머리에 기록한 것에 대하여, "自孔子作『春秋』以來, 史家之人文意識逐漸抬頭, 太史公承此精神, 進一步以'人'爲本位, 思考歷史發展之規律, 因此, 敍黃帝之形象便著力於'修德仁民'之事蹟, 不僅爲後世帝王立典範, 更對時政寓諷刺之意."라고 하였다. 「『史記 · 五帝本紀』首黃帝之意義」, 『人文社會學報』 5, 民國98, 39쪽 참조.

26 『史記 · 孔子世家』: "孔子序書傳, 上紀唐虞之際, 下至秦穆, 編次其事."

27 尙紅, 「『呂氏春秋 · 古樂篇』中的音樂史料研究」, 『星海音樂學院學報』 1998年 第1期 참조.

실성에 대해 회의하는 경우는 많지 않았다. 과학적이고 실증적인 학문 방법이 나오면서 비로소 저술 시기, 작자, 구성, 내용 등에 대한 의문이 제기되었다.

하지만 중국 무용 통사를 살펴보면, 유물론적 관점에서 무용의 역사를 기술하면서도, 고서에 실린 무용 관련 기록을 그대로 수용하고 있다. 이런 까닭으로 일부 논자들은 "고대 문헌에는 원시 악무에 관한 많은 기록이 있는데, 그것은 대개 예로부터 내려온 신화와 전설로 기록이 소략할 뿐 아니라 죄다 신비한 겉옷을 걸치고 있다."[28]라고 하거나 "원시시대의 무용에 대해서는 명확한 문헌이나 자료가 거의 없기 때문에 고대의 신화와 설화 속에서 사회발전의 법칙에 합치되는 요점을 찾아내어 분석하고 연구하는 것 이외에는 다른 방법이 없다."[29]라고 지적하여 신중하고 객관적인 태도를 촉구하기도 한다. 그러나 대개는 전설과 역사를 구별하지 않고 슬그머니 수용한다. 이처럼 의문스러운 기록을 역사로 인정하여 수용하는 것은 초기 악무의 면모를 객관적으로 살펴서 합리적으로 추론하는 것을 방해할 뿐 아니라 초기 무용의 역사를 과장하거나 심지어 '가공'하는 결과를 초래한다. 이처럼 고서의 기록을 실사實史인 것처럼 수용하여, 무용사의 한 시대를 기술하는 것은 문화중심주의 내지 문화패권주의적 관념의 발로가 아닌가하는 의구심을 갖게 만든다.

악무의 역사를 기술하는 것은 엄밀한 과학적 행위의 하나이다. 그러므로 고서의 기록을 사료史料로 활용하는 것이 타당한지, 또 수용한다면 어디까지 수용하고 어떻게 담아낼 것인지에 대한 객관적이고 합리적인 고려가 있어야만 한다. 즉 중국 무용의 초기 역사를 살피기 위하여 중국 무용 통사나 고서의 관련 기록을 활용할 때는 기술된 내용을 객관적으로 판단하여 합리적으로 수용할 필요가 있는 것이다.

---

28 吳耀利, 『中國遠古暨三代藝術史』(北京: 人民出版社, 1994), 70쪽.
29 王克芬(著), 고승길(譯), 『중국무용사』(서울: 교보문고, 2004), 18쪽.

2. 고고 자료의 원용 문제

오늘날 중국의 학자들이 중국 고대 무용의 기원과 변천을 기술할 때, 주요하게 활용하는 또 다른 자료는 고고考古 자료이다. 고고 자료는 앞서 살펴본 고서의 기록과 비교할 때, 고대 무용의 기원과 변천을 보다 실증적으로 보여주는 자료가 된다.

지금까지 발견 혹은 발굴된 중국 고대의 벽화, 암각화, 도기陶器 등에 표현된 각종 문양은 각종 무태舞態, 무형舞形, 무복舞服, 무구舞具, 반주악기 등에 대한 다양한 정보를 담고 있어서, 중국 무용의 초기 면모에 대한 유용한 정보를 제공한다. 때문에 혹자는 "신석기 시대 중기의 신비한 원시 무용을 이해할 수 있는 가장 믿을 만한 자료는 고고학적으로 발굴한 원시의 악기를 비롯하여 원시 무용과 관련된 그림 자료이다."[30]라고 말하기도 한다.

현재 중국무용통사에서 초기 무용의 모습을 담은 것으로 흔히 제시되는 몇 가지 사례를 살펴보겠다. 지금까지 발견된 고고 자료 가운데, 무용과 관련이 있을 것으로 보이는 최초의 자료로 <무도문채도분舞蹈紋彩陶盆>(그림 1 참조)이다. 이것은 1973년 중국 칭하이성青海省 다퉁大通에서 발굴된 것으로, 안쪽 벽면에는 머리를 땋았거나 깃털을 꽂은 것으로 보이는 무자舞者가 다섯 명씩 손을 맞잡은 모습이 세 부위에 그려져 있다. <무도문채도분>은 신석기시대 후기 마자야오 문화馬家窯文化에 속하는 유물로 판명되었는데, 마자야오 문화는 황하 상류 지역에서 약 5,700년 전에 발생한 신석기 문화이다. 중국의 논자들은 이것을 중국 최초의 무용도舞踊圖라고 간주하여, 중국의 무용은 5000년 이전부터 시작되었다고 말한다.

또 윈난성雲南省 창위안滄源의 벽화(그림 2 참조), 네이멍구자치구內蒙古自治區 인산陰山의 벽화(그림 3 참조), 신장위구르자치구新疆維吾爾自治區 후투呼圖의 암각화(그림 4 참조), 간쑤성甘肅省 타이안泰安의 지화地畵(그림 5, 6 참조)에도 고대

30 吳耀利, 『中國遠古暨三代藝術史』, 70쪽.

<그림 1> <무도문채도분舞蹈紋彩陶盆>과 개념도
중국국가박물관 소장

<그림 2> 윈난성 창위안의 벽화

<그림 3> 네이멍구자치구 인산陰山의 벽화

의 무용 광경을 담은 것으로 보이는 문양이 그려져 있다. 이런 고고 자료는 원시 무용의 기원과 내용 등을 살피는 데에 있어서 실증적 접근을 가능하게 한다. 그러나 여기에도 문제점이 없지는 않은데, 크게 두 가지로 요약할 수 있다.

첫째, 시기를 특정特定하기가 모호하다는 점이다. 예컨대 윈난성 창위안의 벽화(그림 2 참조)는 논자에 따라 신석기 시대의 것으로 보는가 하면, 또 한대漢代부터 명대明代까지로 그 시기를 추정하는 등[31] 그 성립 시기에 대한

31 古英, 「雲南滄源發現三千年前崖画: 反映了先民從狩獵向馴養過渡階段的生活」과 汪寧生, 『雲南滄源崖畵發現與硏究』(北京: 文物出版社, 1985). 王克芬, 『中國舞蹈發展史』, 4~5쪽에서 재인용.

<그림 4> 신장위구르자치구 후투呼圖의 암각화

이견이 자못 분분하다. 전자의 입장과 후자의 입장 사이에는 그 시기적 거리가 너무 멀다.

둘째, 도상圖像 자료에 대한 해석의 문제이다. 이는 같은 자료에 대해 서로 다르게 해석하는 것인데 그런 사례는 적지 않다. 예컨대 같은 그림을 놓고서 혹자는 무용을 묘사한 것이라고 말하지만 혹자는 무용과는 무관한 당시의 생활상을 담아낸 것이라고 보는 것이다. 이처럼 관찰자의 전문 분야나 관점에 따라 그림에 대한 해석이 전혀 다른 사례는 적지 않다.

앞서 언급한 <무도문채도분>의 경우를 살펴보면, 무자舞者의 형상을 담은 것으로 이것이 원시적 무용을 담아낸 것이라는 데에는 이견이 모아지지만 구체적으로 어떤 광경을 묘사한 것인지에 대해서는 의견이 구구하다. 혹자는 이것이 발을 구르며 장단을 맞추어 노래하는 답가踏歌의 장면이라고 하고,[32] 혹자는 수렵이나 농경에서의 수확을 묘사한 것이라고 하며,[33] 또 혹자는 씨족의 토템을 형상화한 것이라고 추정하기도 한다.

---

32 張授, 『中國古代的樂舞』(太原: 希望出版社, 1999), 2쪽; 董錫玖(外), 『樂舞志』, 9~10쪽.

33 黃永堂, 「原始宗教 · 巫術與古樂舞」, 『金筑大學學報』 1999年 第4期, 47쪽.

간쑤성甘肅省 타이안泰安에서 발견된 지화地畵의 경우도 마찬가지이다. 이 그림은 1982년에 발견된 것으로, 양사오 문화仰韶文化 후기에 속하는 유물로, 그림에 대한 해석은 무척 분분하다.

이 그림을 최초로 발견한 연구자는 그림의 위쪽에 있는 두 사람은 조상신을 묘사한 것이고, 아래쪽 틀 속에 있는 물체는 신령에게 바치는 제물祭物로 보아 이 그림은 "조상 숭배의 의미를 담은 것"으로 추정된다고 보고하였다.[34] 이후 학자들 가운데는 이 그림이 천인감응天人感應의 사고를 담은 "원시적 제사무祭祀舞의 유영遺影"이라고 보는 견해가 나왔는가 하면,[35] 생식生殖 숭배 의식에서 비롯된 것으로 성교性交의 행위를 묘사한 야합도野合圖라는 주장도 나왔으며,[36] 또 수렵의 장면을 그린 것이라는 주장도 나왔다.[37] 그리고 이것이 고고학, 인류학, 미술사 연구에 중요한 가치를 지닌 현존하는 최초의 건축회화작품이라고 평가하는 입장도 있다.[38]

이처럼 하나의 그림에 대해 분분한 해석이 나오는 것은 대상을 바라보는 논자들의 분야와 관점의 차이에서 비롯된 것이라고 하겠다. 즉 무용 논자들은 이 그림을 무용과 연계시키려 하고, 종교학자들은 원시신앙과 연관시키려 하고, 인류학자들은 고대의 풍속에 초점을 두는 등 대상을 자신의 시각으로 보는 것이다.

그러므로 고고 자료는 고대 무용의 기원과 변천을 살피는 데에 있어서 기록의 미비나 불확실성을 메워주는 실증적 자료가 되는 것은 분명하지만 일부 자료는 시기의 특정特定 문제나 해석의 문제에 대해 보다 면밀한 고증과 분석이 선행되어야 할 필요가 있다.

---

34 祝恒富, 「甘肅泰安大地灣之畵是一幅野合圖」, 『四川文物』 1999年 第1期, 54쪽.

35 陸思賢, 「甘肅秦安大地灣仰韶文化地畵硏究」, 『文藝理論硏究』 1991年 第3期; 董錫玖外, 『中國舞蹈藝術史圖鑑』(長沙: 湖南敎育出版社, 1997), 6쪽; 曲楓, 「大地灣骷髏地畵的薩滿敎含意」, 『北方文物』 2011年 第3期 등 참조.

36 祝恒富, 「甘肅泰安大地灣之畵是一幅野合圖」, 55쪽.

37 白　樺, 「大地灣地畵雙人圖品析」http://artxun.eastday.com/news~3478813.html

38 邵明杰, 「大地灣地畵新考」, 『內蒙古文物考古』 2009年 第2期 참조.

3. 무용의 기원과 기능에 대한 관점의 문제

오늘날 중국의 무용역사가들은 음악과 무용의 기원을 노동에 둔다. 예컨대 "노동은 인류를 창조하였고 예술을 창조하였다."[39]라거나 "노동과 노동 대상은 원시 무용의 주요한 내용이고, 노동의 동작은 무용 언어의 토대가 되었으며, 노동의 리듬과 소리(구호)는 음악의 음률과 시가의 운율을 이루었다."[40]라고 하여, 노동을 악무의 기원으로 단정한다. 노동을 원시 예술의 원천으로 단정하는 태도는 마르크스레닌주의 예술이념에 근거한 것이라고 하겠다.

그런데 원시 무용의 내용과 기능에 대한 논자들의 기술은 노동을 원시 무용의 기원으로 단정하는 태도와는 사뭇 모순되는 면모를 보여주기도 한다. 몇 가지 예를 들면 다음과 같다.

> "원시 무용은 …… 대부분 집단 활동이었다는 점에 주목할 만하다. 생산성이 무척 낮았던 원시 사회에서 부락 구성원의 단결은 매우 중요하였다. 혈연공동체에서는 함께 춤을 추어 공동의 의지를 구현하고 서로의 협동을 북돋웠다. 같은 동작과 단순하게 무한히 반복되는 리듬 속에서 서로 감응하고 하나의 목표를 위하여 움직였다."[41]

> "수렵, 전쟁, 무술巫術, 성애性愛, 농경 및 기타 원시 무용은 원시인의 심미적 심리를 담아내어 그 속에서 즐거움과 위안을 얻었는데, 이런 활동은 모두 순수한 공리적 성격을 지닌 것이었다. 원시인들은 먹을거리를 얻어서 생명을 유지하고 시간과 정력이 남았을 때, 원시인의 사고가 일정한 수준으로 발전하여 물체의 특징에 대해 개념적 인식을 갖게 되

---

39 董錫玖(外), 『樂舞志』(上海: 上海人民出版社, 1998), 6쪽.

40 쑨징천孫景琛(지음), 차순자(옮김), 『중국무용사』(선진편)(서울: 신지서원, 2004), 25~30쪽 참조.

41 劉芹, 『中國古代舞蹈』(北京: 商務印書館, 1991), 9쪽.

었을 때, 비로소 원시 무용은 비로소 예술과 오락적 요소가 늘어나기 시작하였다."[42]

"원시 가무는 원시인이 행한 집단 활동이었다. …… 돌조각(石片)을 두드리는 단조로운 리듬에 맞추어 함께 손발을 들썩이며 춤을 추는 것은 물질적 생산품을 만들어내지는 못하지만, 거기에서 정신적 만족감을 얻고 집단의 힘을 느끼고 감정을 나누고 기쁨을 드러내고 답답함을 하소연할 수 있다고 여겼기 때문이었다. 또 춤을 통하여 풍성한 수확을 얻고 더 많은 짐승을 사냥하고 씨족을 번영하게 하고 인구를 늘리고 적과 싸워서 이기고 질병을 쫓을 수 있다고 믿었다. 그러므로 춤은 인류의 사회생활에 있어서 하나의 구성 요소가 되었다."[43]

"원시 무용은 오락적 기능 이외에 공리적功利的 성격과 실용적 의미가 한층 두드러졌다. 원시 무용은 무엇보다도 먼저 생산 경험을 전수하고 생산 노동을 이끌었는데, 그것은 생존을 지키는 첫걸음이기 때문이었다. …… 원시 무용은 후손을 가르치고 용사를 단련시키고 질병을 방지하는 등 여러 가지 사회적 기능을 하였다. …… 원시 사회의 공동 노동과 공동 분배의 생활을 전제로, 원시 무용은 개인이 향유하는 오락물이 아니라 전체 성원이 공적을 축하하고 제사를 올리며 함께 누린 자산資産에 해당하였다."[44]

위에 인용한 기술을 보면, 원시 무용은 그 내용상 수렵, 농경, 축제, 성애性愛, 전투, 신앙 등 당시의 생활상을 다양하게 반영하여 노동 악무, 모방 악무, 전쟁 악무, 종교 악무 등이 있었다. 또 향유의 대상에 있어서는 '자오自娛'와 '오신娛神'의 두 가지 부류로 나뉘었다. 전자에는 수렵무, 성애무性愛

42 羅雄岩, 『中國民間舞蹈文化教程』(上海: 上海音樂出版社, 2001), 49쪽.

43 王克芬, 『中國舞蹈發展史』(上海: 上海人民出版社, 2003), 2~3쪽.

44 王寧寧(外), 『中國舞蹈史』(北京: 文化藝術出版社, 1998), 6쪽.

舞, 농경무, 경공무慶功舞, 답무踏舞 등이 있었고, 후자에는 제사와 기도祈禱의 성격을 담은 춤이 있었다. 아울러 무용의 기능은 정신적 만족을 얻는 '표현성表現性', 서로 감정을 나누는 '사교성社交性', 공동의식과 적을 이길 수 있다는 자신감을 고취시키는 '집체성集體性', 풍성한 수확과 성원의 번영을 기원하고 또 역병을 좇아준다는 심리적 안정감을 높이는 '제의성祭儀性'을 두루 지니고 있었다. 이런 점으로 보면, 중국의 무용이 결코 특정한 한 가지 요인에서 비롯되었다고 말하기는 어렵다.

이런 점은 고서의 기록에서도 잘 나타난다. 고서에는 무용의 기원과 본질에 대한 여러 가지 시각이 드러나는데, 고서에 나타난 사례를 요약하면 다음과 같다.

기 사 제 요	출 전	주요관점
○ 요堯의 시대에 질質이 숲과 계곡 소리를 본떠 노래를 지었다.[45]	『여씨춘추呂氏春秋』	모방론적 관점
○ 시, 노래, 춤은 '생각(志)'에서 비롯된다.[46]	『모시毛詩・서序』	표현론적 관점
○ 감정의 동요가 노래와 춤으로 드러난다.[47]	『춘추공양전春秋公羊傳』	
○ 노동의 과정에서 노래가 나왔다.[48]	『회남자淮南子』	반영론적 관점
○ 가무는 상고 시기의 무술巫術에 근원을 둔다.[49]	『송원희곡사宋元戲曲史』	

고서의 기록을 보면, 심리 기원설, 사회적 기원설, 다원결정론 등 예술의

45 『呂氏春秋 · 古樂』: "帝堯立, 乃命質爲樂, 質乃效山林溪谷之音以歌."

46 『毛詩 · 毛詩序』: "詩者, 志之所之也. 在心爲志, 發言爲詩. 情動於中而形於言, 言之不足故嗟嘆之. 嗟嘆之不足, 故永歌之, 永歌之不足, 不知手之舞之足之蹈之也."

47 『春秋公羊傳』 宣公 15年條 : "男女有所怨恨, 相從而歌. 饑者歌其食, 勞者歌其事."

48 『淮南子 · 道應訓』: "今夫擧大木者, 前呼邪許, 後亦應之, 此擧重勸力之歌也, 豈無鄭 · 衛 · 激楚之音哉?"

49 王國維, 『宋元戲曲史』 第1章 「上古之五代之戲劇」 : "歌舞之興, 其始於古之巫乎? 巫之興也, 蓋在上古之世."

기원에 대한 다양한 견해가[50] 고루 나타난다. 첫 번째 기록은 음악이 자연의 소리를 모방하는 과정에서 나왔다는 것이고, 두 번째와 세 번째 기록은 음악과 무용이 사람의 표현본능에 따른 내면심리의 표출에서 나왔다는 입장이며, 네 번째와 다섯 번째 기록은 사회적 환경의 영향에 따라 성립되었다는 주장이다. 아울러 음악과 무용의 기능에 대한 인식을 엿볼 수 있는 기록도 적지 않다. 몇 가지 사례를 요약하면 다음과 같다.

기 사 제 요	출 전	기 능
○ 순舜은 묘苗가 복종하지 않자 무력 대신 방패와 도끼를 들고 춤을 추었다.[51]	『회남자淮南子』	덕화德化
○ 탕湯이 만든 <대호大濩>를 들으면, 심성이 착해지고 행동이 단정해진다.[52]	『한시외전韓詩外傳』	수신修身
○ 제물을 올리기에 앞서 음악을 연주하여 정화淨化하고, 또 천지에 고한다.[53]	『예기禮記』	강신降神
○ 탕湯은 걸桀을 토벌하고, 악무를 만들어 그 훌륭함을 내보였다.[54]	『여씨춘추呂氏春秋』	기공紀功

이런 사실에 비추어 보면, 무용이 특정한 한 가지 요인에서 비롯되었다고 규정하는 것은 오히려 "복잡한 문제를 단순화 시킨다는 혐의를 피하기 어렵다."[55] 하지만 노동을 예술의 기원으로 인식하는 견해는 오늘날 중국

50 첫째, 심리기원설은 모방충동, 유희본능, 자기표현본능 등에서 나왔다는 것으로, 각각 아리스토텔레스, 쉴러Schiller, 크로체Croce 등이 주장하였다. 둘째, 사회학적 기원설은 토템 숭배, 무술巫術 활동 또는 노동에서 나왔다는 것으로, 각각 콜링우드Collingwood, 마르크스Marx 등이 주장하였다. 셋째, 다원결정론은 복합적 요인에 의해 성립되었다는 절충적 견해로, 보아스F. Boas 등이 내놓았다.

51 『淮南子 · 齊俗訓』: "當舜之時, 有苗不服, 于是舜修政偃兵, 執干戚而舞之."

52 『韓詩外傳』 卷8 : "湯作濩, 聞其宮聲使人溫良而寬大, 聞其商聲使人方廉而好義, 聞其角聲使人惻隱而仁愛, 聞其微聲使人樂養而好施, 聞其羽聲使人恭敬而好禮."

53 『禮記 · 郊特牲』: "殷人尙聲, 臭味未成, 滌蕩其聲; 樂三闋, 然後出迎牲. 聲音之號, 所以詔告於天地之間也."

54 『呂氏春秋 · 古樂』: "湯於是率六州以討桀之罪. 功名大成, 黔首安寧. 湯乃命伊尹作爲大濩, 歌晨露, 修九招 · 六列 · 六英, 以見其善."

55 黃敏學, 『中國音樂與作品賞析』(合肥: 合肥工業大學出版社, 2007), 2쪽.

무용 통사에서 하나의 정설처럼 되었는데, 특히 20세기 중반 이후부터 2000년대 중반까지 나온 관련 논저에서 이런 성향이 강하다. 이런 관점은 대개 정치 이념적 프리즘과 민족주의적 시각으로 대상을 보기 때문에 균형 감각이 알맞지 못한 경우가 많다. 근자에 이르러 중국의 사회적 환경이 달라지면서 절충적 태도에 입각한 다원론적 기원론이 늘어난다는 점은 다행이라고 할 것이다.

무용을 비롯한 예술은 원시 종합 예술에서 비롯되었다는 일반성을 지녔다고 하지만, 그 변천의 과정에서는 사회적 요인이나 환경적 요인에 따라 일반성을 넘어선 지역성과 개별성 또한 갖게 마련이다.

중국의 음악과 무용은 서주西周 시기에 이르러 사회의 인문화人文化에 따라 현실 정치의 도구로 바뀌면서 정치적 이념과 기능을 갖게 되었다. 그리하여 상고시기의 생활 무용과 제의 무용은 치세治世와 교화敎化를 위한 세속적 수단으로 바뀌게 되었다. 그 무렵 본격화된 문자기록의 역사와 함께 기술된 각종 고서의 음악이나 무용에 관한 기록은 기실 사실의 기록이기보다는 당시의 정치적 이념에 입각하여 음악과 무용을 규정하고 평가한 기록이라는 혐의가 짙다. 따라서 이런 성격을 갖는 기록을 현대의 학문 종사자가 무용사의 기술에 그대로 수용하는 것은 결코 과학적이고 객관적인 태도라고 할 수 없다. 그런 자료는 다만 무용의 본질과 기능에 대한 당시 사람들의 관념과 태도를 살피는 자료로만 활용되어야 할 것이다.

한편 20세기 중반부터 본격화된 고고학의 발전과 더불어 새롭게 발굴되는 자료는 실증적 문헌의 미비에 따른 무용사의 불확실성을 메워줄 수 있는 유력한 도구가 된다. 그러나 이 역시 파편적 자료이기에 무용의 통시적 변천을 유기적으로 입증하지는 못한다. 특히 대상 자료가 만들어진 정확한 시기를 특정特定하기 어렵고, 또 연구자의 시각에 따라 해석에 차이가 있어서 무용사를 재구성하는 완전한 자료로 활용하기에는 역시 한계가 있다. 이런 점은 무용사 기술의 자료로 고고 자료를 활용할 때, 반드시 선결되어야 하는 문제점이다. 하지만 이런 한계에도 불구하고, 고고유물을 활용하여 고서에 기술된 무용 관련 기록을 객관적으로 분석하고 보완하는 이중증거법二重證據法[56]의 활용은 고대 무용의 실상에 한 걸음 다가서는 유용한 방법이 될 것이다.

한편 '노동'을 무용의 기원으로 간주하는 현대 중국의 무용역사학자들의 보편적 견해는 정치 이념의 프레임에 갇힌 사고에서 나온 것으로 균형감을 잃은 시각이라고 할 것이다. 다만 합리적 방향으로 변화하는 조짐을 조금씩 보인다는 점에서, 객관적 서술에 대한 긍정적 기대를 갖게 한다.

56 '이중증거법'은 1925년 왕궈웨이王國維가 『고사신증古史新證』에서 내놓은 주장으로, 오늘날 중국 학계에서는 매우 과학적인 연구방법으로 인정된다. 이것을 중국 고대의 음악과 무용 연구에 원용하자는 주장은 왕하이타오王海濤의 「中國古代舞蹈資源的開發研究」, 『重慶大學學報』 2006年 第5期, 115~118쪽에서 구체적으로 제기되었다.

참고문헌

『尙書』
『詩經』
『春秋公羊傳』
『禮記』
『韓詩外傳』
『呂氏春秋』
『淮南子』
丁範鎭(外 譯), 『史記本紀』, 까치, 서울, 1994
袁　珂(校譯), 『山海經校譯』, 上海古籍出版社, 上海, 1985
孫景琛(지음), 차순자(옮김), 『중국무용사』[선진편], 신지서원, 서울, 2004
王克芬(著), 고승길(譯), 『중국무용사』, 교보문고, 서울, 2004
董錫玖(外), 『樂舞志』, 上海人民出版社, 上海, 1998
董錫玖(外), 『中國舞蹈藝術史圖鑑』, 湖南教育出版社, 長沙, 1997
羅雄岩, 『中國民間舞蹈文化教程』, 上海音樂出版社, 上海, 2001
吳耀利, 『中國遠古暨三代藝術史』, 人民出版社, 北京, 1994
王克芬, 『中國舞蹈發展史』[增補修訂版], 上海人民出版社, 上海, 2003
王寧寧(外), 『中國舞蹈史』, 文化藝術出版社, 北京, 1998
王寧寧, 『中國古代樂舞史』, 山西人民出版社, 太原, 2009
劉　芹, 『中國古代舞蹈』, 商務印書館, 北京, 1991
李福順(外), 『中國春秋戰國藝術史』, 人民出版社, 北京, 1994
張　授, 『中國古代的樂舞』, 希望出版社, 太原, 1999
黃敏學, 『中國音樂與作品賞析』, 合肥工業大學出版社, 合肥, 2007
袁　珂, 『中國古代神話』, 中華書局, 北京, 1985
林東錫, 『中國學術槪論』, 傳統文化研究會, 서울, 2002
남종진, 「鯀禹治水 神話 變遷考」, 『中國文學研究』 13, 한국중문학회, 서울, 1996
曲　楓, 「大地灣骷髏地畵的薩滿敎含意」, 『北方文物』 2011年 第3期, 哈爾濱. 2011
尙　紅, 「『呂氏春秋・古樂篇』中的音樂史料研究」, 『星海音樂學院學報』1998年 第1期, 廣州, 1998
陸思賢, 「甘肅秦安大地灣仰韶文化地畵研究」, 『文藝理論研究』 1991年 第3期, 上海, 1991
林立仁, 「『史記・五帝本紀』首黃帝之意義」, 『人文社會學報』 第5期, 臺北, 民國 98
祝恒富, 「甘肅泰安大地灣之畵是一幅野合圖」, 『四川文物』 1999年 第1期, 成都, 1999
黃永堂, 「原始宗敎・巫術與古樂舞」, 『金筑大學學報』 1999年 第4期, 貴陽, 1999
白　樺, 「大地灣地畵雙人圖品析」(http://artxun.eastday.com/news~3478813.html)

한국과 일본에서의 부가쿠 연구 현황

박태규
세계민족무용연구소 상임연구원

고대 로마에서 시작하여 톈산天山 산맥을 넘어 장안長安을 거쳐 한반도와 일본으로 이어진 실크로드는 고대 동아시아 지역의 공동 문화권을 형성시켰다. 그리고 그 문화권 속에서 한국, 중국, 일본은 서로 영향을 주고받으며 수용, 모방, 변형, 발전, 재창조 등의 과정을 거쳐 자국의 독특한 문화예술을 이루어나갔다.

일본의 오래된 역사서인 『고사기古事記』와 『일본서기日本書紀』에는 일본 예능의 기원에 대한 두 가지 고사故事가 기록되어 있다. 하나는 일본의 태양신 아마테라스오미카미天照大御神와 관련된 아메노우즈메오미코토天宇受売命의 춤에 관한 것이고, 다른 하나는 호노스소리노미코토火闌降命와 히코호데미노미코토彦火火出見尊 형제와 관련된 하야토마이隼人舞에 관한 내용이다.[1]

오늘날 일본은 예능의 기원을 앞의 신화나 전설에서 찾지만, 사실상 일본 예능의 기원은 고대 동아시아의 공동 문화권에 따른 외래악의 전래와 수용에 의한 것이다. 고대에 일본에 전해진 외래악 가운데 대표적인 것으

1 河竹繁俊, 『日本演劇史』(東京: 岩波書店, 1959), 1~25쪽 참조.

로는 아악雅樂, 즉 가가쿠雅楽를 꼽을 수 있다. 가가쿠는 크게 세 가지 영역으로 나뉜다. 첫째, 신도神道와 황실皇室의 의례儀禮 계통인 <국풍의 가무国風の歌舞>로 이것은 현대적 의미에서의 악樂·가歌·무舞로 이루어져 있다. 둘째, 한반도 및 중국 대륙에서 유입된 아시아 여러 나라의 악무와 그것을 바탕으로 일본에서 새롭게 만든 악무인 부가쿠舞楽이다. 이것은 악과 무로 이루어져 있다. 셋째, 헤이안기平安期(794~1191년)의 신작 가요로, 여기에는 한시漢詩에 선율을 붙이고 아악기의 반주에 맞추어 노래하는 로에朗詠와 일본어 가사에 선율을 붙이고 아악기의 반주에 맞추어 노래하는 사이바라催馬楽가 포함된다.

한국과 중국은 물론 서역西域으로부터의 광범위한 영향과 수용을 통해 형성 발전한 일본의 부가쿠는 오늘날 고대의 원형을 대부분 보존하고 있다. 따라서 부가쿠에 관한 연구는 일본이라고 하는 협소한 지역과 공간을 넘어 한국 뿐 아니라 범아시아 고대악 연구에 있어 귀중한 초석이 될 수 있다. 왜냐하면 당시 실크로드를 통한 동서의 문화 교류에 결정적인 역할을 감당한 중국은 근대 이후 대부분의 전승이 단절되었으며, 한국 또한 고대에서 근·현대로 이어지는 역사적 굴곡 속에서 전승의 단절과 굴절을 경험하였기 때문이다.

아래에서는 한국의 고대악 연구를 위한 기초자료로서 그 중요성이 인정되는 부가쿠를 공시적 관점에서 접근하여, 한국과 일본 양국에서의 연구현황을 검토하고자 한다.

1. 『고사유원古事類苑』에 보이는 부가쿠 관련 원전자료

헤이안 시대에 꽃을 피운 부가쿠는 고대에서 근세에 이르는 동안 악서는 물론 역사서, 사전류, 개인 문집에 이르기까지 다양한 문헌에 그 실체가 기록되어 있다. 그 가운데 『교훈초教訓抄』나 『악가록楽家録』과 같은 악서류 이외에도 메이지 시대(1868~1912년)에 편찬된 백과사전인 『고사유원』에는 각종 문헌에 기록되어 있는 부가쿠 관련 기록들이 망라되어 있다.[2] 따라서 본서는 부가쿠 연구에 있어 기초자료로서 큰 의미를 지닌다. 『고사유원』에서 다루고 있는 부가쿠 관련 원전자료는 수십 종에 이른다. 그러한 원전 자료에 대해 간략하게 살펴보면 다음과 같다.

첫째, 『교훈초教訓抄』, 『악가록楽家録』, 『인지요록仁智要錄』 등과 같은 악서류가 있다. 『교훈초』는 고후쿠지興福寺의 악인楽人 고마노 지카자네狛近真(1177~1242년)가 1233년에 완성한 것으로, 아악 관련 최고最古의 저서로 알려져 있다. 이후 고마노 지카자네의 후손 고마노 도모카즈狛朝葛(1247?~1333년)는 조부의 뒤를 이어 1322년에 『속교훈초続教訓抄』를 완성하였다. 『악가록』은 아베 스헤히로安倍季尚가 1690년에 완성한 것으로 선행 문헌을 집성, 검토, 고증하였다. 『인지요록』은 헤이안 시대(794~1192)의 정치가이며 음악가인 후지와라오 모로나가藤原師長(1138~1192)이 지은 소箏, 현악기의 악보집이다. 『유쟁치요類箏治要』도 소와 관련된 악서로 에이닌永仁(1293~1299년)이라는 연호가 기록된 것으로 보아 가마쿠라(1185~1333년)기에 편찬된 것으로 보인다. 『잡비별록雑秘別録』은 후지와라노 다카미치藤原孝道가 여러 곡의 주법이나 관례 등에 관하여 기록한 것이다. 『악가록』, 『교훈초』와 더불어 3대 악서의 하나로 꼽히는 『체원초体源抄』는 도요하라노 무네아키豊原統秋(1450~1524년)의 저서로 1512년에 완성된 것으로 추정된다. 『용명초龍鳴抄』는 후에笛의 주법이나 음악의 관례 등을 수필풍으로 기록한 것이다. 『무악요록舞楽要録』은 일명 『제사대법회무악요록諸寺大法会舞楽要録』이라고도 하는데, 여러 법회에 있어서의 부가쿠 연주에 관해 집록하고 있다. 이 외에 1823년에 다카시마 지하루高島千春가 만든 도상자료 『무악도舞楽圖』가 있다.

둘째, 사전류이다. 사전류 가운데 가장 빈번하게 인용되는 것은 『왜명유취초倭名類聚抄』이다. 본서는 헤이안 시대 중기에 제작된 것으로 미나모토노 시다고源順가 편찬하였다. 헤이안 시대 이전의 어휘, 어음語音 등을 알 수 있

2 이 책은 1879년에 일본 문부성文部省에서 처음 편찬을 시작하여 도쿄학사원東京学士院, 황전강연소皇典講究所, 신궁사청神宮司庁으로 이어지며 1907년에 비로소 완성되었다.

는 자료로서, 또한 사회 풍속, 제도 등을 알 수 있는 자료로 국문학, 일본어학, 일본사의 영역에 걸쳐 그 중요성이 인정되고 있다. 『이로하자유초伊呂波字類抄』(혹은 『色葉字類抄』)는 헤이안 말기에 편찬된 자료로, 한시문이나 한문서간의 필록筆錄을 목적으로 제작되었다. 『습개초拾芥抄』는 일종의 백과사전으로 원래는 『습개략요초拾芥略要抄』라고 불렸다.

셋째, 역사서이다. 『대일본사大日本史』는 에도시대江戶時代(1603~1868년)에 편찬이 시작되어 메이지明治 시대에 완성되었다. 기전체紀伝体로 기술되었으며, 모두 397권 226책이다. 『속일본기續日本紀』는 『일본서기』를 잇는 칙찬勅撰 역사서로 697년부터 791년까지 95년 동안의 역사를 편년체編年體로 서술하였다. 『속일본후기續日本後紀』는 833년 닌묘 천황仁明天皇의 즉위부터 850년 천황의 서거와 장의까지 18년 동안의 역사를 기록하였다. 855년 분토쿠 천황文德天皇의 명에 의해 후지와라노 요시후사藤原良房외 네 사람이 편찬을 맡아 세이와 천황淸和天皇(850~881년) 때인 869년에 완성하였다. 지금까지의 역사서는 여러 대에 걸친 천황들의 치세를 다루고 있음에 반해 본서는 닌묘천황 대의 그것만을 대상으로 하고 있는 것이 특징으로 기사 또한 매우 상세하다. 『오처경吾妻鏡』은 『동람東鑑』이라고도 한다. 가마쿠라 막부 초대 장군 미나모토노 요리토모源頼朝에서 제6대 장군 무네타카신노宗尊親王까지를 기록한 것으로 1180년에서 1266년까지 막부의 사적을 편년체로 기록하였다. 『백련초百練抄』는 조신들의 일기나 그 밖의 여러 기록에서 내용을 발췌하여 편집한 역사서인데, 누가 편찬한 것인지는 알 수 없다. 서명은 당나라 사람 백거이白居易의 『백련경百練鏡』에서 유래하였다고 하는데, 본래는 '련練'으로 썼으나 에도 시대 이후부터 '련鍊'으로 쓰게 되었다고 한다. 『부상략기扶桑略記』는 한문으로 기술한 편년체의 불교문화사 서적으로, 진무 천황神武天皇으로부터 호리카와 천황堀河天皇(1079~1107년)까지의 역사를 불교관계 기사 중심으로 기술하였다.

넷째, 문학 작품 및 개인의 문집, 일기 등이다. 우선 설화집을 살펴보면 『고금저문집古今著聞集』은 『저문집著聞集』이라고도 한다. 20권에 약 700종의 이야기가 수록되어 있는데, 시기적으로는 1254년 경 다치바나노 나리스에

橘成季에 의해 완성된 것으로 보인다. 『십훈초十訓抄』는 1252년경에 완성된 것으로 보이는데, 작자는 알려져 있지 않다. 설화 280여 작을 수록하고 있으며 유교적인 사상에 근거를 둔 교훈적인 내용을 다루고 있다. 『고사담古事談』은 미나모토노 아키카네源顕兼가 편집한 것으로 그가 세상을 떠난 1215년 직전에 완성된 것으로 보인다. 다음은 소설류로 『원씨물어源氏物語』가 대표적이다. 무라사키 시키부紫式部의 역작으로 헤이안 귀족들의 화려한 궁중생활과 더불어 다양한 부가쿠 관련 묘사를 볼 수 있다. 『영화물어榮花物語』는 편년체의 역사소설로 우다 천황宇多天皇(867~931년)의 치세부터 호리카와 천황堀川天皇(1087~1107년)까지 약 200년에 걸친 이야기를 다루었다. 『속세계續世繼』는 『금경今鏡』, 『소경小鏡』이라고도 한다. 역사소설로 작자는 후지와라노 다메쓰메藤原為経라고 알려져 있으나 이견도 있다. 『원평성쇠기源平盛衰記』는 군기軍記 소설로 1160년경에서 1180년경까지의 약 20년에 걸친 미나모토源 가문과 다이라平 가문의 흥망성쇠를 묘사하고 있다.

다섯째, 일기류이다. 『옥엽玉葉』은 조정의 대신인 구조 가네자네九条兼実의 일기로 『옥해玉海』라고도 하는데, 1164년부터 1200년까지 기록하였다. 조정 대신들의 일기는 기본적으로 궁중행사의 관례나 관습을 후대에 전하려는 목적에서 기록된 바, 의식 절차 등이 매우 자세하게 기록되어 있다. 『대기台記』는 후지와라노 요리나가藤原頼長의 일기로 『우괴기宇槐記』, 『괴기槐記』라고도 한다. 1136년에서 1155년 까지 19년에 걸쳐 기록되었다. 『대기별기台記別記』는 후지와라노 요리나가의 일기 중, 중요사항에 덧붙여 일진과는 별도로 기록해 놓은 것이다. 『삼장기三長記』는 후지와라노 나가카네藤原長兼의 일기이다. 『장겸경기長兼卿記』, 『삼중기三中記』, 『청백기清白記』, 『여천기如天記』라고도 한다. 1195년에서 1211년까지의 일을 기록하고 있다. 『간문일기看聞日記』는 사다후사신노貞成親王(1372~1456년)의 일기로 본기와 별기로 구성돼 있으며, 1416년에서 1448년까지 33년에 걸쳐 기록되었다. 일반적으로 『간문어기看聞御記』라고 불린다. 『친장경기親長卿記』는 간로지 지카나가甘露寺親長(1424~1500년)의 일기로 1470년에서 1499년까지의 기록이 전해져 오고 있다. 『이수기二水記』는 와시노 다카야스鷲尾隆康의 일기로, 1504년부터 1533년까지 기록하였다. 장원의 해체로 몰락해 가는 궁정 귀족 및 조신들의 모습과 당시의 정치상 등을 엿볼 수 있다. 다음은 수필류로 『침초자枕草子』가 있다. 헤이안 시대의 여류 작가 세이쇼 나곤清少納言의 작품으로 궁정에서의 일상생활이나 사계의 풍경 등이 유려한 문체로 꾸며져 있다.

여섯째, 기타류이다. 『야학정훈초夜鶴庭訓抄』는 1168년에서 1177년 경, 후지와라노 고레유키藤原伊行著이 자신의 딸 고레코伊子를 위하여 쓴 일본 최초의 일본식 서도書道 및 서법書法 이론서이다. 『강가차책江家次第』은 헤이안시대 후기, 관직이나 의식, 복식 등을 연구한 서적으로 『강차책江次第』이라고도 한다. 『중외초中外抄』 등에 기록된 것에 따르면, 유학자 오에노 마사후사大江匡房가 후지와라노 모로미치藤原師通의 명을 받아 편찬하기 시작하였다고 한다. 이상의 문헌을 정리하면 다음과 같다.

부류	서 명
악서류	『교훈초』, 『악가록』, 『인지요록』, 『유쟁치요』, 『잡비별록』, 『체원조』, 『용명초』, 『무악요록』, 『무악도』
문학류	『고금저문집』, 『고사담』, 『원씨물어』, 『영화물어』, 『원평성쇠기』, 『속세계』, 『옥엽』, 『대기』, 『대기별기』, 『간문일기』, 『삼장기』, 『이수기』, 『침초자』
역사류	『대일본사』, 『속일본기』, 『속일본후기』, 『오처경』, 『백련초』, 『부상략기』
사전류	『왜명유취초』, 『이로하자유초』, 『습개초』
기타류	『야학정훈초』, 『강가차책』

2. 한국과 일본에서의 부가쿠 연구 현황

1) 한국에서의 연구 현황

한국에서는 1970년대 이후 일본의 고대악 연구가 본격적으로 시작된 이래, 부가쿠에 관한 연구는 오늘날까지 꾸준히 이어져 왔다. 물론 그 연구의 중심을 이룬 것은 음악을 중심으로 한 고마가쿠 연구로 이혜구, 장사훈, 송방송 등이 연구의 기초 토대를 닦았다. 최근에는 음악 이외에도 문화교류 및 무용, 연극적 요소 등에 초점을 맞춘 다양한 연구가 발표되는 등, 연구의 외연적 확장이 이루어지고 있다. 한국에서 이루어진 부가쿠 연구는 첫째, 사료 중심의 토대 연구, 둘째, 역사와 문화지형 및 교류, 원류탐구에 관한 연구, 셋째, 악무 중, 음악을 중심으로 한 연구, 넷째, 무용 및 무구, 의상 등을 중심으로 한 연구, 다섯째, 한·일 궁중악무의 비교연구, 여섯째, 기타로 나누어 볼 수 있다.

우선 첫 번째 영역의 연구로는 기시베 시게오岸邊成雄의 「일본의 아악」(1977)과 전덕재의 「고대 일본의 고려악高麗樂에 대한 기초 연구」(2008), 이동복의 「고대 아시아 국가의 악무 교류」(2010) 등이 있다. 기시베 시게오의 연구는 연구의 초기 단계에서 일본 아악의 범주와 사용 악기 등을 개괄하였다. 더불어 전덕재의 연구는 고마가쿠 관계 사료를 정리하고 그 내용을 소상히 설명하였는데, 사전류와 악서류에 보이는 38개 곡목의 고마가쿠를 총 망라해 계통을 밝히고 각 곡목의 특징 또한 자세히 논하였다.

두 번째로 역사와 문화지형 및 교류, 전파, 원류탐구에 관한 연구로는 이혜구의 「일본에 전하여진 백제악」(1971), 장사훈의 「신라음악이 일본에 끼친 영향」(1982), 송방송의 「한국 고대 음악의 일본 전파」(1988) 등이 있다. 이상의 것들은 한·일의 역사서인 『삼국사기』와 『일본서기』 등을 바탕으로 우선 한국의 삼국악과 발해악의 성격을 규명한 후, 이것들의 일본 전파와 일본 가가쿠의 형성에 미친 영향과 한국 고대악의 역사적 의의 등에 관하여 논하였다. 개척자적인 성격을 지닌 이들 연구는 왜곡되기 쉬운 고대사 속에서 한국 고대악의 문화사적 의의와 양국 고대악의 교류사를 명확히 함으로 삼국악과 발해악의 국제적 위상을 정립함과 동시에 후속 연구를 위한 기초토대 구축에 공헌하였다. 이 외에 서정록의 「커다란 가면 벗기기」(2009)는 도가쿠의 <라료오蘭陵王>가 어떻게 일본에 전래되었는가 하는 것을 밝히며 한반도 경유설을 새롭게 제시하였다는 점에서 주목된다. 일반적으로 <라료오>는 중국에서 일본으로 직접 전해진 것으로 알려져 왔다. 그러나 본고에서는 중국 기록에 남아 있는 관련 기록과 일본의 <라요오>와의 사이에 최치원의 <향악잡영鄕樂雜詠>에 보이는 대면을 삽입하여 중국에서 한국을 거쳐 일본으로 전래되었다고 하는 새로운 전래 경로를 제시하였다. 또한 박태규의 「일본의 궁중악무 연구」(2009)에서는 고마가쿠 가운데 <고마보코狛鉾>의 원류를 탐구함에 있어 신라악 <농창弄槍>의 기사에 주목하여 지금은 전승이 단절된 도가쿠 <로소弄槍>에서 <고마보코>로의 변형, 발전이 이루어졌을 가능성을 제기하였다.

셋째, 음악을 중심으로 한 연구이다. 실질적으로 부가쿠를 포함해 가장 먼저 일본의 가가쿠 연구를 진행, 가장 큰 성과를 얻은 것은 음악 분야의 연구이다. 상기의 선구적 연구 성과를 올린 대부부의 연구가 음악 분야에서 진행되었음은 이미 알려진 바와 같다. 황준연은 고마가쿠로도 도가쿠로도 연주되는 <린카林歌>를 분석하여, 두 음악의 차이점을 도출하였다. 황준연에 의하면 고마가쿠의 <린카>보다는 도가쿠의 <린카>가 보다 규칙적인 악구樂句로 구성되었다고 한다. 김건민은 「『인지요록仁智要錄 · 고려곡高麗曲』 풀이와 고증」(1993)에서 헤이안에 편찬된 『인지요록』에 수록된 고마가쿠의 31개 악곡을 형식에 따라 세세하게 분류하였다. 곤도 도오루近藤徹는 「신라금과 일본 고대 현악기」(2006)에서 고대 문헌 속에 나타난 일본의 고토琴에 관해 고찰한 후 한반도로부터의 삼국악의 수용과 현악기의 전래 등에 관해 논하였다.

넷째, 무용 및 무구舞具, 의상 등을 중심으로 한 연구에는 우선 오노 고류小野功龍의 「고려악 연구」(1977)가 있다. 비교적 빠른 시기에 이루어진 본 연구는 고마가쿠 춤의 종류와 그 구성에 대해 논하였다. 다음으로 김상현은 「일본에 전해진 고구려악高句麗樂과 그 의복」(2003)에서 나라奈良의 쇼소인正倉院에 남아있는 고마가쿠의 무구는 물론 사이다이지西大社의 기록에 보이는 악기 및 의상에 관해 살핀 후, 쇼소인 소장 유물들의 한반도적 요소에 관해 논하였다. 또한 가오진룽高金榮은 「돈황 벽화의 무용자태에 함유된 고려악 자취」(2010)에서 돈황벽화와 고대에서 현대에 이르는 한국 춤사위를 비교해 몇몇 공통된 점을 발표하였는데, 제25굴 당나라 변경화에서 북을 치는 기악보살 등의 자태는 오늘날 한국의 장고춤과 동일한 계열이라고 한다. 더불어 김현옥은 「궁중무용에 나타난 척추 표현의 비교 연구」(2000)를 통해 부가쿠의 척추 표현이 완벽하게 수직으로 세워져 있음을 밝혔다.

다섯 째, 한·일 궁중악무의 비교연구에는 전광자의 「춘앵전 비교연구」(1990)이 있다. 「춘앵전」은 한·중·일 삼국에 공통으로 남아있는 악곡명으로 그 고사 또한 공유하고 있는데, 전광자는 한·일의 그것을 비교, 유사점과 상이점을 도출해 내었다. 허영일 또한 「한·일 궁중무용의 전승과정 비교연구」(2006)에서 한국과 일본에서 궁중악무의 전승사를 비교하여 그 양상을 논하며 일본의 경우 그 전승에 있어 원형이 철저하게 유지되어 왔음에 반해 한국은 시대와 상황에 맞게 변천되어 왔음을 논하였다. 가장 최근의 연구로 주목할 만한 것으로는 서정록의 「고대 한국과 일본의 궁중춤 연구」(2010)를 꼽을 수 있는데, 이것은 <나소리>에 대한 면밀한 조사를 통해 처용무와의 상관관계를 규명한 것이다.

여섯 번째 그룹의 연구로는 박전열의 「일본 아악의 연극적 요소」(1998)가 있다. 여기에서는 부가쿠 가운데 <바토撥頭>나 <라료오>, <겐조라쿠環城樂> 등과 같이 스토리를 지닌 악곡을 중심으로 부가쿠의 연극적 요소를 규명하였다. 또한 미즈노 슌페이水野俊平의 「『教訓抄』에 나타난 고려악 곡명 표기에 대한 고찰」(1997)에서는 『교훈초』에 남아 있는 고려악의 명칭을 언어학적으로 분석하여 한국의 고대어와의 연관성을 제시하였다. 이 외에도, 이도남 등의 「한국측 기록에 보이는 일본의 궁중악무에 관한 일고찰」(2010)에서는 1711년(숙종 37년)에 이루어진 신묘통신사행 기록 가운데 김현문의 『동사록』에 보이는 부가쿠에 관한 논의가 진행되었다.

이상의 연구들을 정리해 보면, 한국에서의 부가쿠 연구는 고마가쿠를 중심으로 한 음악 연구가 가장 먼저 진행되었으며 외연적 확장이 이루어진 것은 극히 최근의 일이라 하겠다. 이것은 2000년대 이후 더욱 활발해진 교류에 따른 것으로 분석되는데, 실질적인 교류가 수반되지 않는 한 다루기 힘든 무용 동작에 관한 구체적인 연구가 급증한 것이 이러한 상황을 반증하는 것이라 하겠다. 단지, 연구의 편향이 심해 도가쿠에 비해 고마가쿠에 관한 연구가 압도적으로 많음을 알 수 있다. 물론 이것은 한반도와의 직접적인 관련성을 규명하기 위한 필요불가결한 상황에서 비롯된 것임은 주지의 사실이다. 그러나 한국의 궁중정재에도 중국을 통해 유입된 당악이 존재하며 <춘앵전春鶯囀>이나 <하왕은賀王恩>, <태평악太平樂> 등과 같이 한·중·일의 공통된 악곡명이 보이는데, 동아시아 문화권이라는 넓은 범주에서 도가쿠 또한 한국과의 관련을 지니고 있을 가능성이 있다. 이러한 면을 단적으로 보여준 것이 상기의 「커다란 가면 벗기기」와 같은 연구인데, 한국에서의 부가쿠 연구는 향후 편향에서 벗어나 보다 폭넓은 연구를 지향할 필요가 있다고 사료된다. 이상에서 살핀 연구를 정리하면 다음과 같다.[3]

① 사료 중심의 토대 연구

○ 기시베 시게오, 「일본의 아악」, 『한국음악연구』, 한국국악학회, 1977
○ 이동복, 「고대 아시아 국가의 악무 교류」, 『아시아 태평양 음악 국제학술회의자료집』, 부산국립국악원, 2010
○ 전덕재, 「고대 일본의 고려악에 대한 기초 연구」, 『동북아역사논총』 20, 동북아역사재단, 2008

② 역사와 문화지형 및 교류, 전파, 원류탐구에 관한 연구

○ 김선민, 「일본 고대국가와 백제악」, 『일본역사연구』 16, 일본사학회, 2002
○ 김은자 외, 「궁중악무를 통해 본 한·중·일의 문화 비교」, 『한국음악사학보』 42, 한국음악사학회, 2009
○ 박재희, 「일본에 전래된 백제무악百濟舞樂 연구1」, 『청예논총淸藝論叢』 20, 청주대학교 예술문화연구소, 2002
○ 박태규, 「일본의 궁중악무 연구」, 『일본문화학보』 43, 한국일본문화학회, 2009
○ 서정록, 「커다란 가면 벗기기」, 『한림일본학』 15, 한림대학교 일본학연구소, 2009

---

3 물론 이 외에도 한국과 일본 양국 모두 훨씬 더 많은 연구가 진행되었을 것으로 사료되나, 현 시점에서 필자에 의해 확인된 것만을 기술하기로 한다.

○ 송방송, 「한국 고대음악의 일본전파」, 『한국음악사학보』 창간호, 한국음악사학회, 1988
○ 이혜구, 「일본에 전하여진 백제악」, 『백제연구』 2, 충남대학교 백제연구소, 1971
○ 장사훈, 「신라음악이 일본에 끼친 영향」, 『신라문화재학술발표회논문집』 3, 신라문화선양회, 1982
○ 장사훈, 「일본은 고대음악사도 왜곡: 고려악의 뿌리를 찾아본다」, 『자유』 117, 자유사, 1982

③ 악무 가운데 음악을 중심으로 한 연구

○ 곤도 도오루近藤徹, 「신라금과 일본 고대 현악기」, 『악성 우륵의 생애와 대가야의 문화』, 계명대학교 한국학연구원, 2006
○ 김건민, 「『인지요록仁智要錄·고려곡高麗曲』 풀이와 고증」, 『한국음악연구』 21, 한국음악학회, 1993
○ 이지선, 「『삼오요록』과 『인지요록』의 고려악 연구」, 『한국음악연구』 38, 한국음악학회, 2005
○ 이지선, 「일본 고려악을 통해 본 고대 한국음악에 관한 연구」, 『음악과 민족』, 민족음악학회, 2009
○ 황준연, 「일본 아악雅樂의 고려악 린가林歌와 당악唐樂 린가林歌의 차이점에 대한 고찰」, 『민족음악학』 6, 서울대학교 음악대학 부설 동양음악연구소, 1984
○ 황준연, 「일본에 전해진 고려악 자료의 조사연구」, 『일한문화교류기금 방일학술연구자논문집』, 일한교류기금, 2000

④ 무용 및 무구, 의상 등을 중심으로 한 연구

○ 가오진룽高金榮, 「돈황벽화의 무용자태에 함유된 고려악 자취」, 『아시아태평양음악국제학술회의자료집』, 부산국립국악원, 2010
○ 김상현, 「일본에 전해진 고구려악과 그 의복」, 『고구려연구』 15집, 고구려연구회, 2003
○ 김현옥, 「궁중무용에 나타난 척추 표현의 비교 연구」, 『한국무용연

구』, 한국무용연구회, 2000
○ 서정록, 「나소리納曾利 퍼즐조각 찾기」, 『우리춤 연구』 10, 우리춤연구소, 2009
○ 오노고류小野功龍, 「고려악연구: 고려악의 무기舞技에 대하여」, 『한국음악연구』, 한국음악학회, 1977
○ 한광수, 「일본 궁중무악의 실체와 특이성」, 『움직임의철학』, 한국체육철학회, 1994

⑤ 한·일 궁중악무의 비교연구
○ 서정록, 「고대 한국과 일본의 궁중춤 연구: 역사적 관계와 그 전래」, 런던대학교 아시아아프리카대학 박사학위 논문, 2010
○ 전광자, 「춘앵전 비교연구」, 이화여자대학교 석사논문, 1990
○ 한애진, 「한국의 궁중 학무鶴舞와 일본의 부가쿠 곤론핫센崑崙八仙 비교 연구」, 한국예술종합학교 무용원 석사논문, 2008
○ 허영일, 「한국 궁중무용의 전승과 비교연구」, 『민족무용』 9, 세계민족무용연구소, 2006

⑥ 기타
○ 미즈노 슌페이, 「『교훈초教訓抄』에 나타난 고려악 곡명 표기에 대한 고찰」, 『한국언어문학』 38 , 한국언어문학회, 1997
○ 박전열, 「일본 아악의 연극적 요소」 『일본연구』 13, 중앙대학교 일본연구소, 1998
○ 안윤숙, 「『겐지물어源氏物語』에 있어서의 고려악의 양상」 ,『일본어문학』 42, 일본어문학회, 2008
○ 엔도 도오루, 「헤이안시대의 불교의례와 가가쿠」, 『한림일본학』 한림대학교 일본학연구소, 2009
○ 이도남 외, 「한국측 기록에 보이는 일본의 궁중악무에 관한 일고찰」, 『일본문화연구』 35, 동아시아일본학회, 2010

2) 일본에서의 연구 현황

1,000년 이상의 역사를 지닌 부가쿠는 오늘날 이원화된 전승 체제를 유지하고 있다. 그 하나는 일본 왕실의 궁내청宮内庁을 통한 전승이며, 또 다른 하나는 각 지역의 신사나 사원을 통한 전승이다. 궁내청에서는 정식 악생樂生으로 입학한 학생들을 상대로 7년간 스승과 1:1의 수업 방식을 통해 음악 및 무용을 지도하고 있다. 이에 반해 각 지역의 신사나 사원에서는 신사에 소속돼 있는 악인들을 중심으로 음악 단체를 만들어 연주활동을 펼치고 있다. 일례로 부가쿠로 유명한 오사카大阪의 시텐노지四天王寺는 가가쿠 단체인 「가료카이雅亮会」를 설치해 부가쿠의 전승 및 연주, 후진 양성을 체계적으로 관리하고 있다. 이렇게 볼 때 일본에서의 부가쿠는 연구기관이나 정규 학교 교육이 아닌 그 외의 장소에서 주도적으로 교육 및 전승이 이루어지고 있다고 할 수 있다. 이하에서는 일본에서 이루어지고 있는 부가쿠 연구에 관해 음악을 제외한 그 이외의 영역에서[4] 대표적인 것을 중심으로 간략하게 살펴보도록 하겠다.

첫째, 부가쿠를 총체적으로 이해할 수 있는 토대 및 역사·문화적 연구이다. 본 영역의 연구는 누대에 걸쳐 부가쿠를 계승하고 있는 악가 출신의 궁내청 악사들을 비롯해 전통예능 및 민속학자 등에 의해 지속적으로 이루어져 왔다. 대표적인 것이 궁내청 식부직宮内庁式部職 악부 악장을 역임하였으며 아베가安部家의 29대 종손 아베 스에마사安部季昌가 저술한 『아악의 이해雅楽がかかる本』(1998)인데, 부가쿠의 도래는 물론 관련 원전 자료의 소개 및 각 악곡의 유래, 감상법 등, 부가쿠에 관한 기초 지식이 알기 쉽게 풀이되어 있다. 혼다 야스지는 『일본의 전통예능日本の傳統藝能』(1998)에서 외래악으로서의 부가쿠에 관하여 논하였으며, 연극학자인 가와타케 시게토시는 『일본연극전사日本演劇全史』(1959)를 통해 부가쿠의 역사와 의상, 무대, 각

---

4 음악을 중심으로 한 연구 현황과 전망은 이지선, 「일본 음악학의 현황과 전망」, 『한국음악사학보』 34, 한국음악사학회, 2005에서 자세히 검토한 바 있다.

곡목의 유래 등에 관해 상세히 다루었다. 뿐만 아니라 궁내청에서도 『궁내청 악부 아악의 정통宮内庁楽部雅楽の正統』(2008)을 펴내 부가쿠의 이해에 도움을 주고 있는데, 기초 연구에서는 특정 신사나 사원의 그것을 대상으로 한 저술 또한 활발히 진행되었다. 일례로 사가에시寒河江市가 편찬한 『지온지 부가쿠 해설慈恩寺舞楽解説』(1991)은 지온지의 부악쿠에 대해 소상히 설명하고 있다. 지온지는 쇼무 천황聖武天皇(701~756년)의 칙령에 의해 세워진 고찰로 헤이안 시대의 불상을 다수 보존해 오고 있다. 더불어 이곳의 부가쿠는 1200년의 역사를 자랑하며 국가지정 중요무형민속문화재로 지정되어 있는데, 본서는 지온지의 부가쿠에 대한 해설을 가하고 있다. 이에 반해 가료카이雅亮会가 편찬한『덴노지부가쿠天王寺舞楽』(1978)는 시텐노지四天王寺에 전승돼 내려오는 부가쿠에 관해 기술하고 있다. 시텐노지는 쇼토쿠태자聖徳太子가 건립한 절로 이곳의 부가쿠와 그 무대는 각각 국가지정 중요무형민속문화재와 중요문화재로 지정되어 있다.

또 역사적 측면에서의 연구로는 조 이헤이趙維平『동아시아에 있어서의 가가쿠의 흐름東アジアにおける雅楽の流れ』(2010), 데라우치 나오코寺内直子『가가쿠의 근대와 현대雅楽の近代と現代』(2010), 다카하시 요코高橋曜子「가가쿠 분석雅楽分析」(2000) 등이 있다. 이들 연구는 부가쿠의 전래와 일본적 수용, 그리고 계승과 보급 및 새로운 발전이라고 하는 측면에서 논의를 전개하였다. 문화에 있어서는 간노토 아키코神野藤昭夫 외 감수『경계를 넘는 가가쿠 문화越境する雅楽文化』(2009)가 대표적이다. 본서는 도가쿠의 전래와 견당사의 파견을 비롯해 악서『악가록』을 둘러싼 문화 환경 및 고대 동아시아의 문화지형 등을 살피고 있다.

다음으로 문학적 측면에서의 연구를 살펴보면, 대표적인 것으로『원씨물어』 관련 연구를 들 수 있다. 야마다 요시오山田孝雄『원씨물어의 음악源氏物語の音楽』(1934), 이소 미즈에磯水絵『원씨물어 시대의 음악연구源氏物語時代の音楽研究』(2008), 우에다 야스코植田恭代『원씨물어의 궁정문화源氏物語の宮廷文化』(2009) 등이 그것인데, 헤이안 시대에 있어 부가쿠는 귀족들의 고상한 취미이면서 동시에 교양으로서 기능하였다. 따라서 귀족들의 궁중에서의 화

『舞楽図』의 <겐조라쿠>

려한 생활을 묘사하고 있는 본서에는 다양한 악곡의 부가쿠가 등장하고 있다. 이상의 연구들은 『원씨물어』에 묘사된 각 장면을 매체로 음악, 관현, 악소楽所 등과 관련된 다양한 담론을 전개하였다. 또 이소미즈에磯水絵의 『원정기 음악 설화 연구院政5期音楽説話の研究』(2003)는 불교 설화와 부가쿠와의 관계를 다루었고, 호리 준이치堀淳一의 『왕조문학과 음악王朝文学と音楽』(2009)은 가요, 축사, 설화, 소설 등 문학과 부가쿠의 관계를 자세히 논하였다.

셋째, 무용적 측면에서의 연구로는 히로세 지아키廣瀬千晃 「고대 일본 가가쿠의 전개구조古代日本雅楽の展開構造」(2005), 우에노 도모코上野智子 「부가쿠 <겐조라쿠>의 핵상舞楽<還城楽>の複相性」(2009), 다쿠와 사토시田鍬智志 「부가쿠 좌방악의 동태양식에 관한 역사학적 연구舞楽左方舞の動態様式に関する歴史学的研究」(2002) 등이 있다. 이 가운데 최근의 연구로 주목할 만한 것은 우에노 도모코의 연구인데, 그는 「겐조라쿠」의 원류와 성립과정을 세밀하게 검토하였다. 겐조라쿠는 「바토」와 함께 고마가쿠로도, 도가쿠로도 공연되는 작품으로, 지금까지는 중국 문헌에서 「겐조라쿠」라고 하는 악곡명을 찾을 수 없다는 것이 정설로 인식되었다. 그러나 본 연구에서 처음으로 중국 문헌에서 「겐조라쿠」라고 하는 악곡명을 파악, 「겐조라쿠」가 티베트 지역의 중앙아시아계 이주민 마을과 밀접한 관련이 있음을 규명하였다. 이 외에 히로세 지아키는 부가쿠 악곡인 「바토」와 산가쿠散楽 와의 상호 관계를 비교 연구하였다.

5 원정院政이란 재위 중인 천황의 직계존속인 상황上皇이 천황을 대신해 정무를 집행하는 형태의 정치를 말한다.

넷째, 민속학적 측면에서는 신사나 사원의 제사와 관련된 연구가 진행되었다. 부가쿠는 고대, 귀족들의 교양이나 순수 예술로서 기능 하였지만 동시에 제례악으로서의 기능 또한 담당하였다. 따라서 궁중은 물론 각 지역의 신사나 사찰에서 신에게 바치기 위한 제례악으로서 연주되기도 하였는데, 이로 인해 각 지역의 지역성을 동반한 제례의식과 부가쿠와의 상관관계 및 특성에 관한 연구가 활발히 진행되었다. 대표적인 것으로는 이타가키 슌이치板垣俊一『노하쿠산 신사의 제례와 부가쿠能生白山神社の祭礼と舞楽』(2005)가 있는데, 니이가타현新潟県에 위치한 노하쿠산 신사는 중세, 중앙의 부가쿠를 흡수해 민속예능으로서 전승해 오고 있는 곳이다. 본고에서는 4월 24일 거행되는 제례를 중심으로 의식 속의 부가쿠에 관해 논하였다.

다섯째, 가면이나 의상, 무구 등에 있어서는 각 지역의 사찰이나 박물관 등에 남아 있는 유물 등을 중심으로 한 연구가 진행되었다. 여섯째, 음악제도에 있어서는 쓰카하라 야스코『근대 아악제도의 연구近代雅楽制度の研究』(1998) 등이 있다. 이 글에서는 메이지에서 2차 대전 발발 전까지의 궁내청 악부의 대략적인 역사와 악사 일람, 악사의 일기나 공문서 등을 세세하게 살펴 당시의 악제를 파악하였다. 그 외 이상의 모든 영역을 포함해 부가쿠 연구 자료를 집성하고 있는 것으로는『가가쿠 자료집성雅楽資料集』(2006) 등이 있는데, 본 자료집에는 사적 고찰에서 문학, 민속학, 음악학 등의 모든 영역에 걸친 수준 높은 연구 성과가 수록되어 있다.

이렇듯 일본에서의 부가쿠 연구는 풍부한 자료를 바탕으로 다방면에 걸쳐 이루어져 왔다고 할 수 있다. 단지, 연구 성향에 있어서는 한국이 비교나 원류 탐구 등 연구의 지역적 확장을 꾀하며 그 원류를 찾으려고 하는 반면, 일본의 경우는 일본이라고 하는 한정된 범주 내에서 연구가 진행돼 왔으며, 역사적으로 외래 악무의 영향과 수용에 관한 상황은 살피되 각 악곡의 원천이나 연원을 밝히려고 하는 연구는 매우 소극적으로 이루어져 왔다고 할 수 있다. 다시 말해 부가쿠는 역사, 문화, 음악, 민속 등 다양한 분야에서 연구가 이루어져 왔지만, 그것은 일본이라는 범주에서의 것으로, 비교 연구 또한 국외가 아닌 국내적 연구에 머물러 있다고 하겠다. 그러나 부가쿠가 고대 외래악으로서 성립한 만큼, 그 연구 또한 지역적 확장을 꾀할 필요가 있다. 이상의 연구 성과를 정리하면 다음과 같다.

① 토대 및 사적, 문화적 연구

- 安部季昌,『雅樂がわかる本』, たちばな出版, 1998
- 荒木祐臣,『古代伎楽・舞楽への招待』, 福武書店, 1972
- 荒木祐臣,『面と古代舞踊への招待』, 荒木祐臣, 1971
- 岩橋小弥太,『日本芸能史』, 芸苑社, 1951
- 押田良久,『雅楽鑑賞』, 文憲堂七星社, 1969
- 雅亮会篇,『天王寺舞楽』, 講談社, 1978
- 河竹繁俊,『日本演劇全史』, 岩波書店, 1959
- 神野藤昭夫外,『越境する雅楽文化』, 書肆フローラ, 2009
- 宮内庁,『雅楽』, 宮内庁, 2005
- 宮内庁,『宮内庁楽部雅楽の正統』, 扶桑社, 2008
- 寒河江市,『慈恩寺舞楽解説』, 寒河江市, 1991
- 創思社,『雅楽』, 創思社, 1973
- 高橋曜子,「雅楽分析」, 大阪芸術大学博士論文, 2000
- 趙維平,『東アジアにおける雅楽の流れ』, 国際日本文化研究センター, 2010
- 寺内直子,『雅楽の近代と現代』, 岩波書店, 2010
- 林謙三,『雅楽: 古楽譜の解読』, 東洋音楽学会編, 1969
- 平凡社,『雅楽』, 平凡社, 2004
- 本田安次,『日本の傳統藝能』, 錦正社, 1998
- 増本伎共子,『雅楽入門』, 音楽之友社, 2000
- 増本伎共子,『雅楽: 伝統音楽への新しいアプローチ』, 音楽之友社, 1968
- 米川淳,『雅楽』, 日本コロムビア, 1974

② 문학적 측면에서의 연구

- 磯水絵,『源氏物語時代の音楽研究: 中世の楽書から』, 笠間書院, 2008
- 磯水絵,『説話と音楽伝承』, 和泉書院, 2000
- 磯水絵, 院政期音楽説話の研究』, 和泉書院, 2003
- 植田恭代,『源氏物語の宮廷文化: 後宮・雅楽・物語世界』, 笠間書院, 2009
- 堀淳一篇,『王朝文学と音楽』, 竹林舎, 2009
- 山田孝雄,『源氏物語の音楽』, 宝文館, 1934

③ 무용적 측면에서의 연구

- 上野智子,「舞楽＜還城楽＞の複相性」, お茶の水女子大学, 2009
- 康冬玲,「舞楽における舞踊理論の展開」, 中京大学, 2003
- 田鍬智志,「舞楽左方舞の動態様式に関する歴史学的研究」, 大阪芸術大学, 2002
- 廣瀬千晃,「舞楽左方舞の動態様式に関する歴史学的研究」, 総合研究大学院大学, 2005

④ 민속학적 측면에서의 연구

- 板垣俊一,『能生白山神社の祭礼と舞楽 : 祝祭空間の演出』, 県立新潟女子短期大学地域学共同研究会, 2005
- 高橋美都,『寺院における舞楽の伝統と生命力』, 高橋弘一, 1978
- 高橋美都,『寺社の祭礼に関わる舞楽の伝承研究会報告書』, 京都市立芸術大学日本伝統音楽研究センター, 2005

⑤ 가면 및 의상, 무구 등에 관한 연구

- 春日大社,『春日大社の舞楽面』, 春日大社宝物殿, 1982
- 元興寺仏教民俗資料研究所,『天野社一切経会舞楽装束調査報告書』, 求竜堂, 1975

- ○ 東京国立博物館編, 『天野社伝来仮面と装束』, 東京美術, 1992
- ○ 奈良国立博物館, 『舞楽面』, 奈良国立博物館, 1979

⑥ 음악 제도 및 기타

- ○ 塚原康子, 『近代雅楽制度の研究: 戦前期の宮内省式部職楽部を中心に』, 昭和音楽大学, 1998
- ○ 塚原康子, 『近代雅楽制度の研究: 戦前期における神道系祭祀への雅楽普及過程を中心に』, 東京芸術大学, 2002
- ○ 二松学舎大学, 『雅楽資料集』, 二松学舎大学21世紀COEプログラム中世日本漢文班. 2006
- ○ 二松学舎大学, 『雅楽・声明資料集』, 二松学舎大学21世紀COEプログラム中世日本漢文班, 2007
- ○ 二松学舎大学, 『雅楽資料集』, 二松学舎大学21世紀COEプログラム中世日本漢文班, 2008
- ○ 二松学舎大学, 『雅楽資料集』, 二松学舎大学21世紀COEプログラム中世日本漢文班, 2009

이상에서 부가쿠를 중심으로 한, 한・일 양국의 고대악 연구 현황에 관해 살펴보았다. 한・일 양국에서 행해지고 있는 부가쿠 연구는 서량, 청상, 천축, 안국, 구자, 문강악과 더불어 칠부악으로서 우수성을 떨쳤던 한국의 고대악 연구에 중요한 토대가 될 수 있다.

한국에서의 부가쿠 연구는 고마가쿠를 중심으로 한 음악 연구가 가장 먼저 진행되었고, 근자에는 외연이 확장되어 각 악곡의 유래, 무용동작, 의상 및 무구, 한국 궁중악무와의 비교 연구 등 다양한 연구가 진행된다. 그러나 연구의 편향이 심해 도가쿠에 비해 고마가쿠에 관한 연구가 단연코 많다는 것을 알 수 있다. 일본에서의 부가쿠 연구 역시 풍부한 자료를 바탕으로 다방면에 걸쳐 이루어졌는데, 한국과의 차이점은 연구의 범주가 일본에 한정되어 외연의 확장이 요구된다.

가와타케 시게토시가 자신의 저서에서 일본의 고대는 외래문화를 조건 없이 받아들이고 찬양하던 시기[6]라고 논한 것처럼, 일본의 부가쿠는 한국·중국·일본 등 동아시아는 물론 서역의 여러 나라가 문화벨트를 형성하였던 당시에 각 국의 예능적 요소가 복합적으로 작용하여 집대성한 것으로, 오늘날 유일하게 당시의 원형을 그대로 전승하고 있는, 고대 악무의 표상이라고 할 수 있는 것이다. 그러므로 부가쿠는 일본이라는 지역적 협소성을 벗어나 고대 공동의 문화권역을 대상으로 하는, 새로운 관점에서의 연구가 필요하다. 물론 그런 연구가 결코 용이한 것은 아니다. 연구의 범위가 지나치게 광범위할 뿐 아니라 한국이나 중국, 일본 등지에 남아 있는 원전 자료를 이해하기가 쉽지 않을 뿐 아니라 역사나 문화 혹은 문화지형을 바라보는 시각이 시대나 정세 등에 따라 달라질 수 있기 때문이다. 그러나 각국의 이해관계를 떠나 아시아의 선조들이 남긴 우수한 문화를 찾고 계승한다는 의미에서, 확장된 시각과 통합된 문화권을 바탕으로 한 보다 적극적인 연구를 진행할 필요가 있다. 더불어 부가쿠가 고대라고 하는 역사적 상황과 문화 속에서 광범위한 교류를 통해 이루어진 만큼, 연구의 효율성을 높이기 위해서는 여러 나라 사이의 공동연구는 물론 역사학 및 한문학을 비롯한 타 분야와의 공동 연구 또한 진행할 필요가 있다.

다행스럽게도 근자에 이르러 한국·중국·일본 사이에 연구 교류가 추진되면서 부가쿠의 원류를 아시아의 제국諸國에서 새롭게 찾고자 하는 움직임이 더불어 일어나고 있다. 2009년 중국에서 개최된 <한중일 전통아악무용 국제학술포럼>(중국 항저우사범대학, 한국정재연구회, 일본 미즈호가가쿠카이 연합)과 2010년 국립부산국악원에서 개최된 <아시아태평양 국제학술회의>, 그리고 일본의 미즈호 가가쿠카이瑞穂雅楽会의 <가가쿠 리턴 프로젝트> 등이 그것이다. 위의 학술포럼에서는 동아시아는 물론 인도, 베트남 등의 아시아가 공유했던 고대악의 원천을 밝히며, 부가쿠에 남아있는 원전자료 및 실기를 참고로 각국의 고대악무의 원형을 찾고 복원하기 위한 다양한 의견

6 河竹繁俊, 『日本演劇全史』, 39쪽.

이 제시되었다. 협소한 지역성을 탈피한 이상과 같은 연구 활동은 향후, 전승의 단절과 자료의 부족으로 어려움을 겪고 있는 한국과 중국 및 아시아 각국의 고대악 연구에 상당한 영향을 미치게 될 것이라 전망된다.[7]

7 참고문헌은 상기의 연구 자료와 각주로 대신한다.

'호선무' 유형의 수피춤과 처용무의 신화분석

최미연
세계민족무용연구소 전임연구원

이 글은 한국의 전통춤 가운데에 가장 오랜 1,200년의 역사를 가진 처용무와 터키의 종교적인 민족무용인 '수피춤'이 7~8세기 중국에서 '호선무胡旋舞'라고 불리던 '회전춤'의 유형일 가능성을 밝히고, '회전춤' 문화권의 동과 서에 위치한 두 나라의 신화분석을 통해 각 춤동작의 서사적 거리를 고찰하는 것을 목적으로 한다.

터키의 '수피춤'은 이슬람교의 메블라나 종파의 수피승들이 '회전춤'을 통해 명상과 수행을 위해 행하는 세마 의식 무용을 말한다. 처용무는 신라시대 처용설화를 배경으로 고려시대에 처용희, 쌍처용무, 조선시대에는 궁중무용 오방처용무로 다양한 모습으로 기록되어 나타나며, 현재 궁중 무용 오방처용무로 전승되고 있다. 하지만 조선시대 이전의 처용무는 1인 처용무로 대체로 노인이 소매를 날리며 제자리에서 도는 춤의 형태로 한시 등의 기록에 나타난다. 그렇다면 조선시대 이전의 처용무는 터키의 '수피춤'

---

* 이 글은 한양대학교 우리춤연구소의 『우리춤과 과학기술』 제30집에 수록한 「터키 수피춤과 처용무 춤동작의 서사적 거리 -호선무(胡旋舞)를 중심으로」를 일부 수정한 것임.

과 마찬가지로 제자리에서 도는 춤을 기본동작으로 하는 공통점이 있다고 할 수 있다.

기존의 처용의 정체에 대해 아랍과 연관시킨 논의로 정수일,[1] 김창석[2] 등이 있는데, 역시 신라시대 괘릉掛陵의 서역인西域人으로 추정되는 무인상이 나타난다는 점과 경주의 호인풍胡人風의 토용 등의 유물들이 있음을 근거로 들고 있다. 이들 연구는 『삼국유사』에 「처용랑 망해사」조가 수록된 헌강왕 시기에 『삼국사기』를 보면, '모양이 기괴하고 의관衣冠이 다른' 4인이 어전御前에서 춤추고 노래하였다는 기록이 있는데, 이 연행의 기록이 서역인의 춤이며 처용설화와 연관되어 있다고 보는 시각이다. 이 밖에도 처용설화의 섹슈얼리티Sexuality적인 측면이 천일야화의 장면과 유사하며 신라시대와 당대의 아랍인들과의 교류의 정황으로 미루어 처용이 수피승일 것이라고 본 허혜정[3]의 연구가 있다. 이희수는 처용이 황소의 난을 피해 신라로 들어온 수피승일 것이라고 언급한 바 있으며[4], 문혜진도 최근에 발견된 아랍의 서사시 <쿠쉬나메>에서는 신라의 왕이 아랍의 왕자에게 공주와 혼인하도록 한 이야기가 등장하여 처용과의 유사점이 있다고도 보았다.[5]

하지만 이상에서 살펴본 처용의 아랍 기원설에서는 아랍인들이 신라에 내왕했음은 증명하고 있지만, 춤의 전파에 대한 뚜렷한 근거는 아직 없다. 왜냐하면 춤이 전파되기 위한 필수요소인 다른 나라의 춤을 배우고 가르친 기관이나 전파자가 있었다는 기록이 나오지 않았기 때문이다. 그럼에도 불구하고 처용무와 수피춤 사이에는 '회전춤'이라는 공통의 춤동작이 존재하며, 이 회전춤이라는 공통점은 처용설화가 시작된 시기에 중국과 근방의

---

1 정수일, 『고대문명교류사』(서울: 사계절, 2001, 211쪽.

2 김창석, 「8~10세기 이슬람 제종족의 신라 내왕과 그 배경」, 『한국고대사연구』 44, 한국고대사학회, 2006, 93~126쪽.

3 허혜정, 「천일야화, 비단길, 그리고 처용의 문화」, 『동서비교문학저널』 14, 한국동서비교문학학회, 2006, 147~178쪽.

4 이희수, 『이슬람과 한국문화』(서울: 청아출판사, 2012), 35쪽.

5 김남수외, 『세계신화여행』(서울: 실천문화사, 2015), 185쪽.

유목민 문화권에서 '호선무'라는 춤이 유행하였다는 점에서 서로 연관성이 있을 가능성이 있다.

회전춤은 세계 모든 민족의 춤에 공통적으로 부각되는 것이 아니며, 민족이나 지역권에 따라 골반의 움직임이 강조되는 춤이 발달된 지역이 있고, 발동작과 걸음걸이, 또는 무릎을 깊이 굽히는 춤이 발달된 지역도 있어 차이가 난다. 이는 춤동작은 인간 내면의 서사를 반영하며, 민족 간의 인간의 원형적인 서사의 차이점에서 비롯되는 것이기 때문이다. 한편 민족의 원형적 서사는 민족의 신화에 집약되어 있다. 따라서 수피춤과 처용무의 춤동작의 내면적 서사를 해석하기 위해서 문화인류학적인 신화분석 Mythanalysis의 방법[6]을 활용하도록 할 것이다. 이 연구는 무용학적으로 춤동작에 담긴 서사를 분석하여 민족 간의 인간 내면의 서사의 차이를 밝히는 무용학과 신화학의 융합적 연구라 할 수 있다.

1. 수피춤과 처용무의 호선무와의 관련성

1) 호선무의 정체 고찰

역사 속에서 중국은 한족漢族뿐만 아니라 다양한 민족이 분열과 통합을 해 오면서 궁중을 중심으로 여러 민족 간의 예술적 교류가 이루어졌다. 수나라는 일찍이 중원과 소수 민족, 그리고 외국의 악무를 집중적으로 정리하였다. 처음에는 칠부악七部樂을 정하였으며 이후 구부기九部伎로 다시 지

---

6 민족의 신화를 통해 문화를 해석하는 것은 문화인류학자 레비-스트로스와 질베르 뒤랑 등이 사용한 방법론인 신화 분석Mythanalysis의 방법에 해당한다. 신화학자 레비-스트로스는 오페라 <리벨룽겐의 반지>의 반복되는 선율의 언어적 의미 해석을 위해 뮤지컬의 노랫말과 연관지어 해석하는 것을 시도한 바 있다. 레비-스트로스, 이동호(역), 『신화를 찾아서』(서울: 동인, 1994), 90~94쪽 참조. 국내에서 박재록은 인도 음악과 신화와의 관계에 관심을 갖고, 여러 인도 신들의 서사와 그에 해당하는 라가 선율을 연결시키는 시도를 하기도 하였다. 박재록, 「인도 음악과 신화-북인도 라가와 힌두교 신화와의 관계」, 『음악사연구』 3, 2014, 144~161쪽.

정하였다.[7] 수 문제는 남북조를 통일하고 이웃 나라의 음악인들을 불러 모아 궁중에 상주시키고 활동하게 했다. 이때 칠부악에 참여했던 고구려의 음악 연주단을 고려기高麗伎라 불렀는데, 고려기에는 호선무胡旋舞가 있었다는 점이 주목된다.

한편 호선무는 서역 강국康國(Sogdiana. 현재의 사마르칸트 지역) 등 소그드족 계통의 나라에서 발달한 것이라고 알려져 있어, 강국의 호선무와 고구려 호선무와 동일한 것인가에 대한 논의가 이루어지기도 하였다.[8] 호선무는 강국에서 전해진 춤이라고 보는 증거로 백거이의 시 '호선녀'에 "호선녀는 강거康居에서 왔다네."라는 기록이 있다. 또한 『당서唐書』 권221와 『책부원귀』 권971에는 718년, 727년, 강국康國에서 '호선녀'를 조공으로 바쳤다고 하였으며, 『책부원귀』에는 '사국史國'에서 '호선여자'를 헌상했다고 기록되어 있다.[9]

강국은 오늘날 우즈베키스탄의 사마르칸트 일대로 중국과 서아시아를 잇는 동서의 대상 교역로이며, 남으로는 인도, 북은 초원 세계를 잇는 교통의 요지로 국제적인 상업 중심지였다.[10] 『수서』 <서역전>에는 소그드인은 강국康國(Samarkant), 안국安國(Bukhara), 석국石國(Šaš), 사국史國(Kesh)의 번영한 연방 국가를 이루고 있었다고 나타나 있다.[11] 19세기 러시아의 중국학자 비추린은 소그드인이 교역에 있어서 매우 예술적이라는 말을 하기도 하였을 만큼 7~8세기 중국인들에게 황홀한 무대를 보여 주었다고 한다.[12] 소그드

7 당나라 초기에는 수나라의 악무樂舞가 계승되었다가 후에는 십부기十部伎로 증가하였다. 십부기十部伎 중에 '청상淸商'은 한족 민간 악무이고, '서량악西凉樂'은 고대 진한秦漢의 악무와 서역 악무가 서로 융합한 산물이었다. 또한 고구려의 악무였던 '고려高麗'도 여전히 존재하였으며, 그 밖에 '천축天竺', '구자龜玆', '안국安國', '소륵疏勒', '강국康國', '고창高昌' 등은 신강新疆 일대 서역의 소수 민족들과 주변 국가들로부터 온 기예와 악무라고 할 수 있다.

8 이종숙, 「고구려 호선무의 정체 연구」, 『한국음악연구』, 한국국악학회, 2006, 305~326쪽.

9 이시다 미키노스케, 이동철 · 박은희(공역), 『장안의 봄』(서울: 이산, 2004), 34~35쪽.

10 민병훈, 「서투르키스탄의 제종교 유적 및 출토 유물」, 『미술사연구』 13, 1999, 155~157쪽; 윤지원, 「중국 무용 복식을 통해 본 이국적 취향의 이입 현상에 관한 연구 -한대부터 수 · 당대를 중심으로」, 서울여자대학교 박사학위논문, 2004, 129쪽에서 재인용.

11 나가사와 가즈도시, 이재성(역), 『실크로드의 역사와 문화』(서울: 민족사, 1975), 111쪽.

족은 실크로드의 주인이라고 부를 만큼 호라산에서 중국 본토에 이르는 실크로드 상에 수많은 식민 도시들을 건설했으며 로마 제국 및 페르시아 제국과 중국을 오가며 향료, 노예, 은세공품, 유리, 비단 등의 특산품을 운반했다.[13]

<그림 1> 산시성 선우정회묘 서역인상

이러한 점에서 당대의 '호胡'라는 말은 강국, 즉 중국 고대에 중앙아시아의 이란계 민족 특히 소그드인을 대체로 일컫는다고 할 수 있다.[14] 뿐만 아니라 '호胡'는 돌궐·회골回鶻·해奚·거란契丹과 같은 북적北狄과 동투르키스탄 여러 지방의 주민과 페르시아·타지크大食의 서역인, 그리고 인도인도 '호'로 불려졌다.[15] 당나라 장안에는 많은 호인胡人들이 점포나 주점을 열었고 술집에는 호희胡姬들이 노래하고 춤을 추었는데,[16] 호희胡姬는 술집에서 연주를 하는 호아胡兒·호추胡雛의 경우와 함께 주로 깊은 눈과 높은 코, 푸른 눈을 가진 이란 계통의 서역인을 지칭하였다.[17] 『후한서』에는 "영제靈帝는 호복胡服·호장·호좌·호식·호

12 백정희, 「티베트 라마 참과 한국의 처용무 관계에서 무형 문화의 이동 가능성」, 『한국사상과 문화』 71 ,한국사상문화학회, 2014, 269쪽.

13 신양섭, 「페르시아 문화의 동진과 소그드 민족의 역할 -조로아스터교와 마니교를 중심으로」, 『中東硏究』 27-1, 한국외국어대학교 중동연구소, 2008, 3~4쪽.

14 최재영, 「당 전기 장안 내의 소그드인 대책」, 『서울대학교동양사학과논집』 22, 서울대학교 동양사학과, 1999, 26쪽.

15 이시다 미키노스케, 『장안의 봄』, 56쪽.

16 윤지원, 「중국 무용 복식을 통해 본 이국적 취향의 이입 현상에 관한 연구 -한대부터 수·당대를 중심으로」, 125쪽.

공후・호율・호무를 좋아했는데 성안의 귀족과 척신들이 모두 앞 다투어 즐겼다"고 기록되어 있다.[18]

호선무는 당나라의 양귀비와 안록산이 호선무에 능했다고 하는 것으로 보아 여자뿐만 아니라 남자들도 추는 춤이었다는 것을 알 수 있다. 안록산은 엄청난 체중의 비대한 몸이었지만 호선무를 출 때는 질풍과도 같았다고 하는 기록이 나타나는데,[19] 안록산은 아버지가 부하라Bukhara 지역의 소그드인이고 어머니가 돌궐의 무녀巫女 아사덕지阿史德氏였기 때문에[20] 호선무를 추는 법을 알고 있었을 가능성이 있다. 『구당서』「안록산전」에서는 안락공주安樂公主의 두 번째 남편인 연수는 토번에서 오래 지내 돌궐어를 알았는데, 평소 돌궐의 노래를 부르며 호선무를 추는 자태가 아름다웠다는 기록이 나타난다.[21]

호선무의 형태를 알 수 있는 둔황 벽화에 나타난 호선무의 복식은 바람에 날려 몸에 휘감기는 얇고 비치는 소재로, 제220굴 무인舞人의 보관寶冠과 옷자락은 사산조 페르시아의 여신의 형태와 유사하며, 팔찌, 반지, 귀걸이 등의 장신구는 간다라 불교의 영향을 받은 것으로 보인다.[22]

---

17 이시다 미키노스케, 『장안의 봄』, 58~59쪽.

18 윤지원, 「중국 무용 복식을 통해 본 이국적 취향의 이입 현상에 관한 연구 -한대부터 수・당대를 중심으로」, 120쪽.

19 이채문, 「서역 악무의 중원 유입과 전파」, 『동아시아 전통춤의 교류와 수용』 한국예술종합학교 세계민족무용연구소 심포지엄발표논문집, 2015, 35쪽.

20 한국문화콘텐츠진흥원. http://www.culturecontent.com/dictionary/dictionaryView.do?cp_code=cp0229&dic_seq=135

21 이채문, 위의 논문, 35.

22 윤지원, 위의 논문, 131~132쪽.

<그림 2> 둔황벽화 220굴 <호선무>

<그림 3> 둔황벽화 220굴 카페트

많은 벽화에서 둥글거나 네모형태의 카펫 위에서 춤추는 무희들을 흔히 볼 수 있는데, 그 가운데 220굴의 카펫에는 연꽃을 상징하는 동그란 구슬들이 주위를 동그랗게 감싼 연주문과 사슴 등의 동물 문양이 분명히 그려진 모양이 자세히 나타나 있다. 연주문은 사산조 페르시아의 대표적인 문양이며[23], 사슴 모양도 스키타이의 문양인 것으로 보아[24] 호선무는 페르시아의 영향을 받은 소그드 지역의 춤일 것이라고 추정할 수 있다.

---

23 김영란, 「특별강연 : 아름다운 궁중자수 -한국 자수의 유형과 변천사」, 『고궁박물관 특별강연집』, 2013. 7. 11, 20쪽.

24 변진의, 「스키타이계 美術이 古代 龍紋에 끼친 影響 -우리나라와 중국을 中心으로」, 『수원대학교논문집』 12, 수원대학교, 1994.

2) 터키 수피춤과 호선무와의 관련성

세마의식은 독특한 회전춤dirvish을 통해 신을 향한 여정을 체험하는 것을 특징으로 한다. 12세기에 접어들어 부흥한 수피 종파 중에 메블레비Mevelevi 종단의 창시자 잘랄 앗딘 루미Jalalad-Din ar-Rumi(1207~1273년)는 신을 향한 자신의 마음을 음악과 춤을 통해서 표현하고 전수하는 '세마sema'예식을 정례화 하였다.[25] 현재에도 코냐 메블라나 문화원 매주 토요일 저녁 7시 30분 세마젠을 만날 수 있다.[26]

<그림 4> 세마의식무용 '수피춤'

루미가 발전시킨 회전춤의 기원에 대해서 추정하기 위하여 루미의 출생과 생애를 살펴보면, 루미는 아프가니스탄 북부 동페르시아 지역에 위치한 고대 도시인 박트리아Bactra을 일컫는 발흐 지역에서 태어났다.[27] 박트리

25 신은희, 「서구 문화에 나타난 수피즘 세마Sema 예식 연구와 신학적 해석」, 『한국이슬람학회논총』 20-2, 한국이슬람학회, 2010, 138~139쪽.

26 EBS 동영상, 「터키, 메블라나 세마의식」 http://clipbank.ebs.co.kr/clip/detl/selectClipDetail?subType=50002491&subMenu=50003400&subList=50003690&typeId=1&clipId=VOD_20120524_00001

아는 현재의 우스베키스탄 지역으로 소그드인들이 거주하던 지역으로 소그드인들은 남부지역은 박트리아로 북부지역은 소그디아나Sogdiana로 나뉘어 발달하였다.[28] 즉 루미는 소그드인이었을 가능성이 있다.

장준희는 수피즘Sufism은 중앙아시아의 토착 종교였던 샤머니즘, 천신신앙天神信仰 -텡그리이 이슬람교와 결합하여 독특한 양상으로 발전된 것이라고 말한 바 있다.[29] 중앙아시아의 문화적 특징은 유목적 성격과 샤머니즘적 특성을 공유한다는 점이며, 이러한 문화적 토양 위에 조로아스터교, 불교, 네스토리우스교, 마니교, 이슬람 교 등의 여러 가지 종교가 유입되어 왔다.[30] 중앙아시아에서는 샤먼을 투르크어 용어로 '바흐쉬Baxsh'라고 부르는데, 일부는 '수피Sufi'라고 부르는 것이 이와 관련된다. 샤먼인 수피는 이슬람의 수피즘에서 용어만 따온 것으로 중앙아시아의 토착 신앙과 결부된 '현지화된 이슬람'이라 할 수 있다.[31]

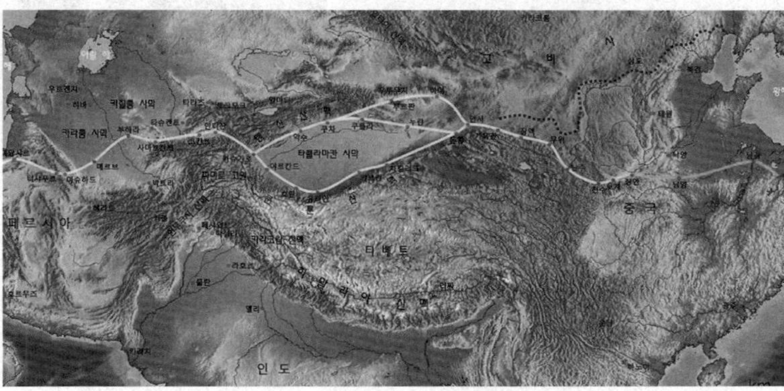

<그림 5> 중앙아시아 지역 지도

---

27 공일주, 『이슬람의 수피즘과 수쿠크』(서울: CLC, 2011), 74쪽.

28 박아림, 「고구려 고분벽화와 북방문화」, 『고구려발해연구』 50, 고구려발해학회, 2014, 317쪽.

29 장준희, 「중앙아시아 이슬람 문화의 성격」, 『한국이슬람학회논총』 20-3, 한국이슬람학회, 2010, 10쪽.

30 장준희, 위의 논문, 4~5쪽.

31 장준희, 위의 논문, 16.

한편 네스토리우스교경교는 사산조 페르시아에서 동방으로 전파되었는데 중국에 남겨진 경교 비문에는 발호Balkh인인 이즈답지드Idzdubzid가 세웠다는 기록이 나타난다.[32] 경교의 복식을 보여주는 9세기 투르판 카라호자의 사원 내벽의 그림에는 사제의 의식을 행하는 장면에는 긴 튜닉을 입고 두건을 쓴 남자의 그림이 남아 있다.<그림 6>[33] 이는 수피즘과 경교가 생성된 지역이 유사함을 알게 해주며, 경교가 소그드인의 종교였을 가능성도 크다고 할 수 있다. 또한 사산조 페르시아를 근원으로 하는 마니교는 중국에 퍼져 특히 위그르 지역에 크게 유행하였는데, 마니교의 사제의 그림에서 보이는 의상은 수피춤의 의상과 더욱 가깝다.<그림 7>

<그림 6> 경교*Nestorianism* 사제
-카라호자*Karakhoja* 벽화

<그림 7> 마니교 사제
-타림 분지 고창 지역

당 왕조의 위세가 절정에 달하였던 8세기에 소그디아나에는 이슬람 세력이 밀려들어왔으며, 당과 아랍 사이의 분쟁 끝에 이슬람의 수중에 들어

32 나아가와 가즈도시, 이재성(역), 『실크로드의 역사와 문화』(서울: 민족사, 1975), 121~122쪽.

33 권현주, 「서역 벽화를 통해 본 위구르 복식에 관한 연구」, 『중앙아시아연구』 3, 중앙아시아학회, 1998, 61쪽.

가게 된다. 이후로 이 지역은 아랍인, 위그르인, 토번吐藩(티베트), 투르크인의 점령과 혼란 속에서도 실크로드 무역은 활발히 지속되었으며, 13세기 몽골의 지배 하에서 더욱 공고해진다.[34] 이러한 점에서 볼 때 발흐 지역 출신인 루미에 의해서 발전되어 오늘날 터키에서 행해지는 수피춤은 중국의 수당 시기에 유행했던 중앙아시아 소그드인의 호선무와 유사한 계통의 회전춤일 가능성이 있으며, 복식의 측면에서 소그드 지역을 근간으로 하는 종교와 연관되었을 것이라 추정된다.

3) 처용무와 호선무와의 관련성

처용무의 배경 설화인 처용설화에 등장하는 처용이 이슬람인일 것이라는 추측은 정수일, 허혜정 등 다수의 연구가 있었다. 그 근거는 처용이 나타난 신라시대는 비단길을 통해 페르시아와 유럽과의 교역이 이루어지던 시기로 신라의 유물 가운데 아라비아 반도 남단의 팔레스타인에서 유입된 유향乳香이 발견되기도 하였으며, 사산계 페르시아의 환문環紋이 장식된 유리공예품이 발견되는 등 다양한 자료들이 남겨져 있는 것이다.[35] 경주의 괘릉과 흥덕왕릉의 무인상은 서역인의 특징을 잘 보여주며, 함수조 무늬含綬鳥文 역시 사산조 페르시아에서 기원한 문양이다.[36] 고려시대에는 이슬람인이 궁중조회에도 참여하여 '회회조회回回朝會'라 하였으며, 왕에 대한 축원을 '회회축원回回祝願'이라고 하였는데, 이러한 의식은 조선시대 세종 9년(1427)까지 행해졌다고 한다.[37] 고려가요 쌍화점에 등장하는 '회회인'은 회골, 즉 위그르인의 중국식 용어이며, 『고려사』에는 안국기安國伎 · 고창기高昌伎 · 천축기天竺伎 등을 수행한 기록이 나타나는 것으로 보아 국내에도 아랍 계통

34 나아가와 가즈도시, 이재성(역), 『실크로드의 역사와 문화』, 122~151쪽.

35 허혜정, 「천일야화, 비단길, 그리고 처용의 문화」, 150쪽.

36 조석연, 「고구려 호胡 문화 기원에 관한 고찰」, 『한국음악연구』 42, 한국국악학회, 2007, 294쪽.

37 전인평, 「중앙아시아 음악의 고려 음악에 대한 영향」, 『문명교류연구』 창간호, 한국문명교류연구소, 2009, 113쪽.

을 비롯한 다수의 외국인이 존재하였음을 알 수 있다.

이러한 시대적 배경 속에서 처용무를 서역 계통의 춤이라고 볼 수 있는 몇 가지 정황상의 근거가 나타나는데 이에 대해 살펴보도록 하겠다. 먼저 가장 큰 이유로 드는 것은 처용설화의 배경인 헌강왕대에 『삼국사기』의 기록이다.

> 3월에 나라의 동부 지방의 주·군을 순행했다. 어디에서 왔는지 알 수 없는 네 사람이 왕이 탄 수레 앞에 와서 노래를 부르고 춤을 추었는데, 생긴 모양이 해괴하고形容可駭 의관이 이상야릇하므로衣布奇異 그때 사람들은 "산과 바다의 정령山海精靈"이라 했다.[38]

이 기록은 『삼국유사』「처용랑망해사」조와 공통적으로 헌강왕 시기의 춤에 대한 특이할 만한 기록이기 때문에 『삼국사기』의 기록도 처용무에 대한 것일 가능성이 크고, 모양이 기괴하고 의관이 다르다는 점을 볼 때 서역 계통의 춤일 것이라고 추정하고 있다. 하지만 이 증거만으로는 처용무가 서역 계통의 춤이라고 하기에는 부족한 점이 있다.

따라서 처용무의 기원과 계통을 찾기 위해서는 조선시대 이전의 처용무 춤동작에 대한 역사 기록들을 살펴볼 필요가 있다. 신라시대로부터 조선시대 이전의 처용무에 대한 기록을 살펴보면 대체로 처용무의 춤동작이 소매가 돌아가고 있음을 묘사하는 경우가 많다. 『목은집牧隱集』 권21의 <구나행>에서는 "긴 소매를 낮게 돌려 태평춤을 추는구나(低回長袖舞太平.)"라는 부분이 나타나며,[39] 『목은시고牧隱詩藁』 권33에서는 "처용의 소맷자락 바람을 따라 돌아가네(處容衫袖逐風廻.)"라고 기록되어 있다.[40]

또한 『송계만록松溪漫錄』에는 "어떤 조정 관원이 영남에 사신으로 나가

38 일연, 이재호(역), 『삼국사기』(서울: 솔, 1997), 425쪽.

39 『牧隱集』 卷21 〈驅儺行〉.

40 『牧隱詩藁』 卷33.

스스로 처용가면을 쓰고 돌며 춤을 추었다(回旋作舞.)"는 기록이 나타난다.[41] 이보다 처용무의 계통을 '도는 춤'으로 볼 수 있는 근거가 되는 기록은 『목은시고』 권26의 <제장諸將이 도성都城에 들어오다>에서는 산대잡극에서 '호객胡客'이 춤을 추는 모습을 묘사한 장면이 나타나는데, 이에 대해 한국고전번역원의 번역자는 신라 헌강왕 때의 처용을 가리키는 것이라고 주를 달고 있다. '호객'의 춤이 포함된 구절은 다음과 같다.

> 호객은 허리가 길고 긴소매를 돌리며 춤을 추네 胡客腰長舞袖回[42]

이 시가에서는 처용을 호객胡客이라고 지칭하고 있으며, 춤동작은 '도는 춤'을 추고 있음이 드러난다. 고려 처용가에서는 처용의 모습에 대해 "同樂太平ᄒᆞ샤 길어신 허튀에"라고 하여 허리가 긴 모습으로 묘사하여 '호객'은 처용이 맞는 것으로 보인다. 그렇다면 이 기록은 『목은집』의 저자이자 고려 말의 학자인 이색李穡이 처용을 외래인인 '호인胡人'으로 인식하고 있었음을 알 수 있으며, 처용의 '도는 춤'은 '호인'의 '도는 춤'으로 '호선무'와 연관될 수 있다.

다음으로 처용무와 호선무의 연관성을 고찰할 수 있는 부분은 조선시대 이전의 처용무 복식에 대한 부분이다. 조선시대 이전의 처용무의 복식을 『용재총화』를 보면, 신라시대에는 흑포黑袍와 사모紗帽를 착용하고 춤추었다고 한다.

> 처음에는 한 사람으로 하여금 검은 베옷에 사모紗帽를 쓰고 춤추게 하였는데, 그 뒤에 오방 처용이 있게 되었다.(初使一人黑布紗帽而舞, 其後有五方處容.)[43]

41 허영일(외), 『처용무』(서울: 민속원, 2012), 195쪽.

42 『牧隱詩藁』 卷26 <제장諸將이 도성都城에 들어오다>. 한국고전번역원 한국고전종합DB. http://db.itkc.or.kr/itkcdb/mainIndexIframe.jsp

43 『慵齋叢話』 卷1 處容戲.

이를 통해 보면 처용의 검은 베옷을 입고 사모를 쓴 복식은 현재의 오방 처용무의 형태와 매우 달랐다는 것을 알 수 있다.

다음으로 강국의 호선무를 추는 악인樂人과 무자舞者의 복식에 대해서 호선무의 초기 형태인 주대周代의 기록을 살펴보면 다음과 같다.

> 주周 무제武帝가 혼혈을 왕후로 삼을 때 서역의 여러 나라의 무악이 결혼행렬에 함께 따라 들어왔다. 이때 강국의 악인은 악공이 검은색 사포두건絲布頭巾을 쓰고 사포포絲布袍와 금령錦領을 둘렀다. 무자舞者는 배매금령徘袂錦領에 수袖는 녹색綠色이고, 능당곤陵襠褌을 입고, 적피화赤皮靴를 신고, 백곤白褌을 착용하였다. 춤을 출 때 빠르기가 바람과 같아 호선胡旋이라 하였다고 한다.44

이 중에서 악공의 의상 설명에 검은색 두건을 쓰고 도포를 입었다고 했는데, 도포까지도 검은 색이었는지는 확실치 않다. 물론 호선무의 춤추는 사람의 복식은 녹색 소매 등으로 '흑포사모黑袍紗帽'와는 전혀 다르다. 호선무를 추는 남성의 복식에 대한 자료는 찾기 어려웠으나, 조선시대 이전의 1인 처용의 '흑포사모'에 대해서는 유사한 복식에 대해 관심을 가질 필요가 있을 것이다.

다음으로 소그드인이 활동하던 지역인 석국石國에 대한 기록 가운데 호선무와 유사한 호등무胡騰舞라는 춤 기록이 있다. 호등무에 대해서는 "석국石國의 호아는 보기 드문데 술 단지 앞에서 춤추는 모습 새처럼 재빠르네"45 한 것으로 보아 호등무는 술에 취한 듯 추거나 술과 관련되는 춤이었을 것으로 추정된다. 호등무의 춤추는 자태에 대한 묘사는 "몸을 빙그르 돌리니

---

44 『舊唐書』「音樂志」. 柴釗泽, 「胡旋舞散論」, 『舞蹈藝術』, 70~71쪽. 윤지원, 「중국 무용 복식을 통해 본 이국적 취향의 이입 현상에 관한 연구 -한대부터 수 · 당대를 중심으로」, 130쪽에서 재인용.

45 유언사劉言史의 시 <왕중승 댁에서 밤에 호등무를 구경하다>. 이시다 미키노스케, 『장안의 봄』, 45쪽.

옥띠가 짤랑짤랑, 부드러운 가죽 신발을 신은 발은 정신없이 움직이네", "취한 듯 동으로 기우뚱 서로 비틀, 짝을 이룬 가죽 신발이 등 앞에 가득하네. 빙빙 돌고 민첩하게 차는 동작들이 모두 리듬과 맞고, 손을 돌려 허리에 엇갈린 모습은 반달과 같다."[46]라고 하였다.

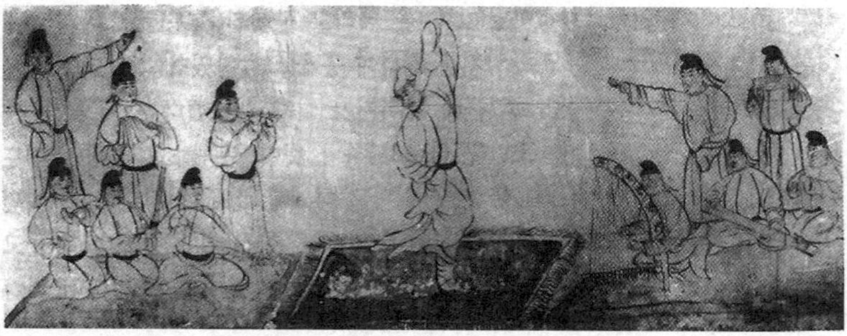

<그림 8> 호등무胡騰舞. 당 산시성 소사욱묘蘇思勖墓 벽화

이 설명으로 미루어 보아 석국의 호등무 역시 호선무와 마찬가지로 '도는 춤'을 포함하였음을 알 수 있으며, 민첩하게 차는 듯한 모습과 술에 취한 호인胡人의 이야기가 첨가되어 있다. 호등무가 술에 취한 것과 서사상으로 연결된 춤이라는 점은 처용무를 보고 쓴 시에서도 처용이 술이 취한 듯하다는 부분과 연결된다.

『악학궤범』의 고려처용가 가사에는 처용의 모습을 '홍도화紅桃花 같이 붉은 얼굴'이라고 강조하여 나타나 있는 점이 주목할 만한데, 이는 처용이 술에 취해 있는 모습을 강조한 것일 가능성이 있다. 이제현李齊賢의 시에서도 "자개 이빨 붉은 얼굴로 달밤에 노래하고"[47]하여, 처용의 붉은 얼굴을 강조하였다. 조선시대 연산군도 술에 취하면 처용무를 추었다고 하였는데, 『조선왕조실록』에는 "왕이 술에 취하면 기꺼이 처용의를 입고서 처용무를 추며, 또한 스스로 노래하기도 하였다."라고 기록되어 있다.[48] 처용무의 역사기록

---

46 왕극분, 고승길(역), 『중국무용사』(서울: 교보문고, 1991), 110~112쪽.
47 『燃藜室記述』 別集 卷12 政敎典敎. 허영일(외), 『처용무』, 224쪽에서 재인용.

들이 술에 취하였다는 내용과 자주 연결된다는 것은 처용의 서사가 술과 관련되었다는 것을 의미하며 이것은 호등무와 공통점이라 할 수 있다.

호무胡舞는 유목민족 문화권의 춤으로 말을 타고 이동하는 기마 문화와 연관될 수 있는데, 이와 관련하여 조선시대 기록에는 궁궐 안에서 말을 타고 처용무를 하였다는 기록이 주목할 만하다.

> 왕이 표내標內에서 말 위에서 처용무를 하기도 하고, 말을 타기도 하고, 혹 말을 거꾸로 타기도 하여 하지 못하는 것이 없었다.(王於標內, 惑馬上作處容舞, 惑馳馬, 惑倒馳, 無所不爲.)[49]

앞의 기록에서 나타나는 말을 타고 추는 처용무는 현재의 처용무와 전혀 달라 다소 낯설다고 할 수 있다. 이와 관련해서 고대에 말을 타고 추는 춤의 기록들을 살펴보면, 이백의 <고구려>라는 시가 대표적이다.

금화 절풍모折風帽를 쓰고	金花折風帽
백마를 타고 천천히 돌아가네	白馬小遲回
나부끼는 넓은 소매가	翩翩舞廣袖
해동海東의 새가 온 듯하네.	似鳥海東來[50]

이 시의 '백마'는 혹자는 흰 버선이라고 해석하기도 하고, 혹자는 '백마처럼' 도는 것으로 보는 사람도 있지만 이는 무리한 해석으로 보인다. 또는 백마가 스스로 돈다고 보거나 백마를 타고 무자舞者가 돈다고 해석되기도 하는데, 만약 후자의 백마를 타고 무자가 도는 것으로 해석한다면 처용무가 말을 타고 추었다는 점이 이해가 되는 부분이다.

---

48 『朝鮮王朝實錄』 연산군 11년 4월 11일조.

49 『朝鮮王朝實錄』 연산군 11년 3월 20일조.

50 『北史』「高句麗傳」. 허영일, 『민족무용학』(서울: 시공사, 1999), 204쪽의 내용을 바탕으로 필자가 재해석하였음.

또한 이 같은 '고구려'의 춤의 해석은 『신당서』「예악지」 고려기高麗伎의 '호선무' 기록과도 상통하는 점이 있다.

> 호선무胡旋舞의 춤추는 자는 공위에서 도는 것이 바람과 같다.(胡旋舞舞者立毬上, 旋回如風.)51

만약 고려의 춤이 말을 타고 돌 수 있었다면, 이 기록에서와 같이 공 위에서 돌 수 있다는 점도 이해가 될 수 있다.

이러한 지금까지의 논의로 보았을 때 '호선무'는 특정 민족의 춤 종목을 의미하는 것이라기보다는 중국의 한족의 입장에서 볼 때 서역을 비롯한 북방 유목민족이 추는 회전춤이 위주가 되는 춤 계열을 통틀어 '호선무'로 지칭하였을 것이라고 보는 것이 적당할 것이다.52 농경생활을 위주로 하는 중국 남부지역의 한족의 춤은 화상석을 통해 보면, 여성의 경우 골반이 에스(S)자 형태를 이루고 있으며<그림 9>, 현재 경극에 이어 내려오는 전통적인 춤동작을 미루어 보면 주로 걸음걸이와 손동작이 위주가 되는 춤을 춘다. 그런데 회전춤이 위주가 되는 북방 유목민족의 춤에 대해서 매우 다르다는 점을 느끼고 이를 구별하여 이를 광범위하게 '호선무'라고 하였을 가능성이 있다. 이렇게 볼 때 고대의 처용무 역시 호선무 계통의 춤을 기원으로 하였다고 추정해 볼 수 있다.

<그림 9> 남당南唐 강소성 이승릉李昇陵 여성무용상

51 『新唐書』 卷21 「禮樂志」.

52 필자는 회전춤이 우리나라를 비롯한 몽골, 티베트, 인도, 터키 등지에 광범위하게 존재하며 일련의 문화권을 이루고 있다고 보아야 함을 밝힌 바 있다. 최미연, 「처용무의 무용서사와 상상계 연구」, 한양대학교 박사학위논문, 2010, 127쪽.

2. 천일야화와 처용설화의 신화분석 비교

신화는 민족이 공통적으로 관심을 갖고 구비 전승하여 온 이야기로 원형적 서사로 민족의 가치관과 우주관을 집약적으로 반영한다. 춤동작도 마찬가지로 원형적인 서사를 표현하는 몸짓이라 할 수 있는데, 언어로 이루어진 신화보다도 비언어로서 무의식적인 영역에 존재하므로 한층 원형에 가깝다고 할 수 있다. 민족 무용의 춤동작을 언어적으로 해석하기 위해서는 민족의 신화를 분석하는 것이 도움이 될 수 있는데, 이를 통해 민족의 두려움과 그 두려움을 해결하는 방법, 남성관과 여성관 등을 살펴볼 수 있다.

먼저 처용무의 배경 설화인 처용설화를 요약하여 살펴보면 다음과 같다.

1. 헌강왕이 개운포에서 동해용의 변괴를 만나 구름과 안개가 심하게 끼어 용을 위해 절을 짓도록 하니 사라짐. 지명을 개운포라 함.

2. 동해용과 일곱 아들이 기뻐서 춤을 춤.

3. 그 중 한 아들인 처용이 왕을 따라 서라벌로 와 왕정을 도움.

4. 왕은 아름다운 여자를 아내로 그에게 주고, 급간의 벼슬을 내려 왕정을 돕도록 함.

5. 처용의 아내는 매우 아름다웠는데, 역신이 하루는 사람으로 모습을 바꾸어 밤에 몰래 들어와 잠자리를 함께 함.

6. 처용이 돌아와 두 사람이 한 자리에서 잠을 자고 있는 것을 보고 조용히 물러나 노래를 부르고 춤을 춤.

7. 노래는 다음과 같다. "서라벌 밝은 달 아래 밤늦도록 노닐다가 들어와 자리를 보니 다리가 넷이로구나. 둘은 내 것이다마는 둘은 누구의 것이란 말인가. 본디 내 것이지만 빼앗김을 어찌하겠는가."

8. 이에 역신이 무릎 꿇고 감복하여 처용의 얼굴을 그린 것만 보아도 들어가지 않겠다고 하여 처용화處容畵를 그려 벽사진경辟邪進慶하는 풍습이 생김.

9. 왕이 환궁한 뒤에 영축산 동쪽에 명당을 가려 절을 짓고 망해사望海寺 또는 신방사新房寺라고 지음.

이러한 처용설화는 시대에 따라서 용왕의 아들이라는 점에 집중되기도 하고, 질병을 고치는 신이라는 점에 관심이 집중되기도 하고, 헌강왕의 정사를 도왔다는 이야기에 관심이 집중되기도 하였다. 하지만 이 이야기에서 가장 많은 사람들의 관심을 사로잡는 부분은 처용이 아내의 외도를 목격하였는데도 불구하고 난 후 말없이 물러나 노래하고 춤을 추어 문제를 해결하였다는 점이다. 이 부분에 대한 해석도 유교·불교·무속적 등 분분하지만 대체로 처용의 관용으로 보는 것이 일반적이다.

다음으로 페르시아와 사마르칸트 지역을 배경으로 하는 설화인 『천일야화』를 살펴보면 다음과 같다.

> 페르시아 사산조의 왕이 죽고 난 후 우애 깊은 아들 형제 중에 첫째 아들인 샤리아는 왕위를 이어받아 페르시아의 왕이 되었고, 둘째 아들 샤즈난은 타타르 왕국의 왕이 되어 수도 사마르칸트에 거처하였다. 시간이 흘러 형 샤리아는 동생 샤즈난이 보고 싶은 마음에 왕궁에 초대를 하였고, 동생은 기쁜 마음으로 형이 있는 궁으로 가기 위해 왕비에게 작별을 고했다. 그런데 갑자기 사랑하는 왕비를 한 번 더 보고 싶은 마음에 다시 궁으로 돌아오게 되었는데, 왕비는 궁에 남은 한 신하를 자기 침대에 들여놓고 둘 다 곤히 잠들어 있었다. 이를 본 불행한 군주 샤즈난은 분노를 참지 못해 검을 뽑아들고 왕비와 신하를 죽여 연못에 던져 버렸다.
>
> 이후 형님인 샤리아의 궁전에서 도착한 샤즈난은 반가운 형님과의 만남이 있었지만 머릿속은 왕비에 대한 분노와 슬픔으로 고통에서 헤어나질 못하고 있었다. 샤리아는 샤즈난의 슬픈 표정을 풀어주기 위해 애썼으나 소용이 없었고 나라에 큰 사냥 대회가 있어 동생을 두고 잠시 궁을 떠나게 되었다. 그런데 샤즈난은 형님이 없는 궁에서 우연히 형님의 아내인 왕비의 시종들이 여장한 흑인 남자들로 다른 여종들과 옷을 벗고 어울리고, 왕비도 흑인 노예를 불러서 서로 희롱하는 충격적인 장면을 목격하게 된다. 이를 본 샤즈난은 자신이 겪은 불행이 큰 나라의 왕인 형이나 세상 모든 남편들의 피할 수 없는 운명이라는 것을 깨닫게

되면서 고통이 사라지고 즐거움을 되찾게 되었다. 한편 샤리아가 돌아와 샤즈난이 슬픔이 나은 것을 보고 궁금해서 묻자 샤즈난은 자신이 슬픔에 빠진 이유만을 말해주고 기분이 좋아진 이유는 묻지 않기로 하고 자신의 왕비와의 일을 알려준다. 하지만 결국 샤리아의 거듭되는 요구에 샤즈난은 형님의 아내인 왕비의 일을 알려주게 되고 샤리아는 이 일을 믿을 수 없어 다시 사냥을 나가는 척하고 숨어서 왕비를 지켜본다. 왕비는 동생이 말한 것처럼 다시 시종들과 흑인을 불러 전과 같이 하는 것을 보고 충격을 받아 궁을 떠나 동생과 길을 떠난다.

샤리아와 샤즈난 형제는 길을 가다가 괴물과 여인이 나타나 괴물이 여인 곁에 누워서 자는 것을 보았다. 여인은 형제를 발견하고는 함께 동침할 것을 권한다. 형제는 거절하다가 결국 여인과 동침하게 된다. 관계를 맺고 난 후 여인은 형제에게 반지를 빼달라고 요구하여 반지를 빼어주는데 여인이 한 상자를 여니 반지가 99개가 있는 것을 보여주었다. 이 반지는 자신의 유혹에 넘어간 남자의 수이며, 아무리 무서운 괴물이 막고 있어도 바람을 피울 수 있음을 자랑한다. 이를 본 형 샤리아는 페르시아로 돌아가 매일 밤 처녀와 혼인하여 첫날밤을 보내고 죽이는 일을 반복하게 된다.[53]

이 신화에서 나타나는 인간의 서사를 살펴보면, 먼저 두 왕의 처가 정절을 지키지 않고 외도를 하는 이야기라는 점을 볼 수 있다. 이를 통해 이들 민족의 남성이 여성을 보는 시각과 가치관에 있어서 여성의 정절에 집착하면서도 여성을 불신하고 있다는 것을 짐작할 수 있다. 여성은 끊임없이 남성을 유혹하는 존재이며 남성을 괴로움에 빠트리는 존재로 여기면서 여성을 단속하고 경계해야 된다는 인식을 가질 가능성이 있다.

이러한 원형적 서사를 반영하듯 아랍을 대표하는 여성의 춤인 '밸리댄스'는 '밸리배꼽'을 움직이며 추는 매우 관능미가 넘치는 춤이다. 밸리댄스는

53 앙투안 갈랑, 임호경역, 『천일야화 1』(서울: 열린책들, 2010), 13~31쪽.

허리와 골반을 사방으로 움직이며 강하게 튕기거나 물결치듯 하는 움직임이 위주가 되는 춤이다.[54] 엉덩이와 허리 아래쪽의 생식을 담당하는 부위의 움직임은 성적인 유혹의 서사와 관련되어 있는데,[55] 한국춤은 골반을 허리 아래에서 좌우로 움직이는 움직임이 없으며 신화상으로도 여성의 유혹이 부각되지 않는다.

<그림 10> 터키 지역 밸리댄스

현대의 터키는 이슬람 문화의 영향으로 여성들은 남편의 권위에 순종하여야 하며 남편의 명예와 자신의 순결을 보호하는 것을 중요시한다. 이슬람은 전통적으로 일부사처제가 가능하며 오랜 여행이나 대상무역의 경우에는 남자가 여행지역의 여자에게 얼마간의 돈을 지불하고 결혼하는 일시결혼도 있었다. 또한 남편이 아이를 얻기 위해 아내에게 다른 남자와의 동거를 요구하는 부인 대여 동거계약에 의한 결혼도 있다. 과거 호선무의 발생지점이라고 할 수 있는 강국사마르칸트 지역의 현재 영토인 우즈베키스탄도 마찬가지로 거의 이슬람 문화화되었기 때문에 여성들의 지위와 교육 수준은 그다지 높지 않게 나타난다.

그럼에도 불구하고 터키는 1923년 이슬람법을 폐지하고 서구 법률을 마련하면서 여성의 교육이 보장되고 남녀차별이 금지되고 선거권이 생겨났다.[56] 그 후로 1933년까지 13명의 여성이 판사직을 가졌고 1932년에는 18명

54 밸리댄스는 이집트를 기원으로 한다고 보고 있으나 이집트의 밸리댄스는 다소 느리고 우아한 편이며, 터키의 밸리댄스는 강렬하고 도약과 도는 동작이 많다. 밸리댄스 사진 출처: 다음카페 청파초등학교 9회 졸업생 이순진. http://cafe.daum.net/cheongpa9/FTjO/256?q=%B9%EB%B8%AE%B4%ED%BD%BA%20%C5%CD%C5%B0&re=1

55 최미연, 「문학치료학의 서사이론을 적용한 처용무의 무용서사 해석」, 『무용예술학연구』 52-1, 2015, 110쪽.

56 양윤영, 「터키 여성운동이 여성정책에 미친 영향」, 부산외국어대학교 석사학위논문, 2012, 1쪽.

의 여성 국회의원이 당선되었으며, 현재 교육수준도 2009년 기준 대학생의 46.8%가 여성이 되었을 정도로 여성의 지위 향상을 위한 노력이 끊임없이 지속되었다.[57] 부부관계에 있어서 이혼율도 단순히 수치상으로 보았을 때 1970년대에 한국과 터키는 1,000명당 각각 0.4, 0.3건으로 미국은 3.5건에 비해 낮은 수준이었으며, 2008년 기준으로 미국은 매년 3.7건 발생한 가운데 한국은 2.6건으로 다소 증가하였으나, 터키는 이혼율 1.4건으로 여전히 OECD국가들 가운데 5위로 낮은 수준을 유지하고 있다.[58] 물론 이혼율만으로는 부부관계에 있어서 안정적인가를 알 수 있는 지표는 아니며, 여전히 여성에 대한 명예살인과 육체적·정신적 폭력을 받고 있다. 터키 여성 중에서 고학력자의 경우에도 2009년 기준으로 육체적 폭력 26.7%, 성폭력 10.3%를 경험하였으며, 또한 정신적 폭력으로 '항상 어디에 가는지 알기 원하는 것68.8%, 다른 남성과 이야기를 하면 신경질을 내는 것44.1%, 의복을 남편이 원하는 대로 입히는 것, 부인이 자신을 속인다고 의심하는 것, 병원에 허락받고 가는 것' 등을 들고 있다.[59] 이상에서 보면 터키는 남성이 여성을 의심하고 성폭행하는 등의 사건이 발생하는 한편 지속적인 부부관계를 유지하고 있다고 할 수 있다.

한편 이슬람 이전의 고대 유목 사회의 결혼문화는 여성의 사회적 지위가 더 높았다고 한다. 기원전 2세기경 카스피 해 연안의 사르마트 민족의 여전사들은 적 한 명을 죽일 때까지 결혼하지 않았다고 하며 여자 무덤에 마구와 활과 화살이 주류를 이룬다고 전한다.[60] 중국의 당대 호풍胡風 가운데 하나로 부인들의 남장男裝이 유행하였는데,[61] 이를 통해 유목 민족 여성들이 자유롭게 남장을 하였으며 이를 통해 심리적으로도 남성과 비교적 평등하

57 양윤영, 「터키 여성운동이 여성정책에 미친 영향」, 23~48.

58 OECD 「http://www.oecd.org/」, 2014.06. 「OECD Family Database 2014」, E-나라지표, OECD 주요국의 조이혼률.

59 양윤영, 「터키 여성운동이 여성정책에 미친 영향」, 54쪽.

60 고마츠 히사오(외), 이평래(옮김), 『중앙유라시아의 역사』(서울: 소나무, 2005), 52쪽.

61 김소현, 「당시대의 호복胡服에 대한 연구」, 이화여대 박사학위논문, 1993, 134~136쪽.

게 인식하였음을 짐작할 수 있다. 여성은 남편을 마음대로 선택하거나 일처다부제의 형태로 방문하는 남편을 얻을 수도 있었으며, 혼례 후 남편이 처가살이 하는 경우도 있었다. 이러한 종교적 규율로서의 이슬람의 도래는 유목민족 생활로 비교적 성적 자율성을 누렸던 여성에게 성적 규제와 속박이라는 변화를 가져다주었다고 할 수 있다.[62]

과거의 유목생활을 하던 중앙아시아 국가 가운데에 비교적 이슬람의 영향을 받지 않은 카자흐스탄의 경우에는 현재에도 여전히 여성의 46%가 경제활동을 하며, 여성의 교육수준이 남성보다 높고인구 대비 전문대 이상 여성 39.12%, 남성 33.2% 최고위층 권력집단을 제외하고 의료, 정보기술, 교육, 문화 분야 등의 전문직에 여성이 큰 비중을 차지하고 있다.[63] 차은정의 2004년 민족지Ethnography에서는 몽골의 유목민족은 아버지의 성姓이 자녀에게 전해지지 않기 때문에 자녀들이 죽고 나면 아버지의 존재도 잊혀지고 친족을 찾기 어려우며[64] 몽골의 부부관계는 비교적 평등하며 부부의 유대감이 강하다고 언급하고 있다.[65] 이러한 점에서 유목민족 문화권의 국가들이 시대의 변화에 따른 사회문화의 변화 속에서도 부부관계가 매우 평등하고 독립적이었다고 할 수 있으며, 이러한 점은 씨족을 중시하고 남성의 노동력을 중요시하는 농경문화권의 가부장제에서의 여성의 위상과 차이가 있다. 유목민족의 가족문화는 터키에서 이슬람의 가부장적인 문화와 결합한 가운데 '수피춤'은 남성 수도자의 춤으로 자리매김하고 있다고 할 수 있다.

한편 처용설화의 배경이 되는 시대인 신라 헌강왕 시대의 결혼문화와 부부관계에 대해서 살펴보도록 하겠다. 신라 초기에는 왕비 알영은 혁거세와

---

62 손창화, 「이슬람의 결혼 문화 이해를 통한 선교 전략」, 아세아연합신학대학교 대학원 석사학위논문, 2008, 9~14쪽.

63 김대성, 「중앙아시아 이슬람과 여성」, 『한국이슬람학회 논총』 11, 한국이슬람학회, 2001, 80쪽.

64 차은정, 「몽골 유목민 여성의 일상과 의례 -'게르' 안팎의 사회관계와 여름철 행사를 중심으로」, 한양대학교 석사학위논문, 2005, 53쪽.

65 차은정, 위의 논문, 64, 74쪽.

더불어 성인으로 추앙되었으며, 남해차차웅의 처인 운제부인도 제의를 행하는 사제로서 신성시되었다.[66] 신라시대에는 3명의 여왕이 존재하였는데, 진덕여왕은 반란을 일으킨 비담 일행 30명을 즉시 죽이고 9족을 멸하도록 하였다는 기록이 나타나며, 진성여왕은 각간 위홍을 비롯하여 미남자를 궁에 불러들여 요직을 주어 국정을 맡게 하였다고 한다.[67] 신라 헌강왕 시기의 결혼 풍습은 왕족들 내에서는 골품제도를 유지하기 위해 김金·박朴씨 내에서 친족혼을 하였다. 『삼국사기』를 통해 보면 경문왕景文王(861)에게 헌안왕憲安王(858)의 두 딸이 차례로 결혼하는 내용이 나타나는 등 일부다처제도 존재하였다. 경문왕의 결혼담은 헌안왕이 두 딸 가운데 한 명과 결혼하도록 베풀었는데, 흥륜사의 중에게 물어보니 외모가 덜한 첫째 딸과 결혼하면 세 가지 이득을 본다고 조언하여 첫째 딸과 결혼하였는데, 결국 왕의 신임을 얻고, 나라를 얻고, 둘째 딸까지 얻게 되었다고 웃음을 띤 이야기로 마무리하고 있다.[68] 비슷한 시기의 신라의 주변 국가들의 결혼풍습을 중국의 『삼국지』 위지 「동이전」의 기록을 통해 살펴보면, 부여 지역의 결혼 풍습은 형이 죽으면 형수를 취하며 흉노의 풍속과 같다고 하였다.[69] 또한 이러한 취수혼取嫂婚은 고구려에도 있었다고 하며,[70] 고구려는 데릴사위제와 유사한 방식으로 딸이 커가는 동안 사위될 사람이 처가의 일을 돕고 풍속을 배우는 서옥제壻屋制가 있었다고 한다.[71] 취수혼은 주로 유목민족 문화권에서 나타나는 결혼문화로 남성이 유목이나 전투를 위해 이동하거나 사망하는 일이 많기 때문에 여성이 자녀와 가족을 보호할 필요성이 있었을 것이며, 그렇기 때문에 씨족사회에 비해 유목민족 여성들이 자립적인 특성을

66 이현주, 「新羅 王室女性의 稱號變遷 硏究」, 성균관대학교 박사학위논문, 2014, 16쪽.

67 하영애, 「신라시대 선덕, 진덕, 진성 여왕의 정치리더십 비교연구」, 『한국시민윤리학회보』 21-2, 한국시민윤리학회, 2008, 25~48쪽.

68 『三國史記』 憲安王條, 景文王條.

69 한상호, 「고구려 결혼풍습에 대한 소고」, 『한국종교』, 원광대학교 종교문화연구소, 2001, 80쪽.

70 한상호, 위의 논문, 2001, 78~79쪽.

71 한상호, 위의 논문, 2001, 75~78쪽.

가졌을 것임을 추정할 수 있다. 신라 사회도 『삼국유사』 「문호왕법민」조에는 무진주武珍州 주사 안길安吉이 문호왕의 서제庶弟, 차득공車得公을 알아보고 접대하기 위해서 처첩 셋에게 의향을 물었더니 한 처가 이에 응하였다는 이야기가 나타나는데,[72] 이 역시도 신라 사회의 부부관계에 있어서의 자립성을 보여주는 예가 될 수 있다.

이런 기록으로 보면, 신라의 결혼문화는 농경 정착 문화권보다 여성의 주도권이 높았고, 여성의 남성에 대한 순응과 정절의 관념보다는 부부간에 서로 존중하는 위치에서 자립적인 관계를 맺었을 것으로 추정된다.

3. 터키 수피춤과 처용무의 춤동작 비교

세마예식이 시작되면 쉐이크지도자가 세마잔Semazen과 함께 입장한 후 첫 기도를 올리고 창양과 마스나위를 낭송한다. 다음으로 쉐이크가 기도문을 낭송하면 세마젠들이 차례로 검은 망토 안에 양팔을 감싼 채 들어온 뒤 지도자에게 인사하고 망토를 벗고 흰 옷 차림으로 회전을 시작한다. 회전춤을 추기 시작하면 몸을 감싸고 있던 양 팔을 서서히 펼쳐 한 손은 하늘을 향하고 한 손은 땅을 향하게 하는데, 이는 하늘과 땅 사이의 인간의 존재를 상징하는 것이다.[73] 팔이 완전히 펼쳐졌을 때 고개는 약간 오른쪽으로 기대듯 기울인다. 회전 시 발동작은 왼발 앞쪽 발가락을 중심축을 삼아 오른발을 들어 오른발 앞축을 왼발 앞에 놓는 방식으로 몸이 돌아가는데 발을 옮기는 오른쪽 무릎이 높이 들리는 편이다. 도는 방향은 시계 반대방향으로 회전하는데, 함께 원을 도는 것으로 시작하여 각기 제자리에서 돌게 된다.

---

72 김용숙, 「신라의 여속」, 『신라문화제학술발표논문집』, 신라문화선양회, 1983, 96~101쪽.
73 신은희, 「서구 문화에 나타난 수피즘 세마Sema 예식 연구와 신학적 해석」, 151쪽.

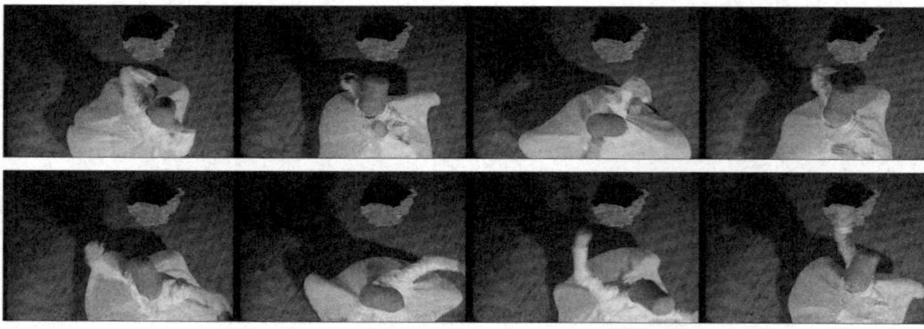

<그림 11> 위에서 본 터키 수피춤 회전동작

다음으로 처용무의 춤동작 가운데 '회전춤'에 대하여 살펴보겠다.

처용무는 신라시대 처용설화에는 1인 처용무로 나타나며, 고려시대에도 역시 처용희處容戱라고 불려지는 1인 처용무였다. 그러다가 조선시대에는 '쌍처용무'로 추어졌다고도 하며, 조선 세종시기에 오방처용무로 변화되고 학무鶴舞·연화대蓮花臺무와 결합하여 궁궐의 나례로 진입하였다가 조선 중기 이후에는 단독으로 회례연, 양로연 등에서 추어졌다. 회전춤의 형태를 포함하며 전승되다가, 조선후기에 전승이 잠시 중단되고 일제 강점기에 재복원되면서 회전춤의 형태가 거의 사라졌다. 다행스러운 것은 조선 성종 시기의 『악학궤범』(1443)에 '학연화대처용무합설'의 전 과정이 춤동작 설명과 함께 순서가 상세히 기록되어 있어 다행스럽게도 600년 전의 처용무의 형태를 현재에도 확인해 볼 수가 있다. 『악학궤범』에 나타난 처용무의 순서를 살펴보면, '무릅디피무-홍정도돔무-발바딧무-인무人舞-발바딧작대무-수양수垂楊手무릅디피무-수양수垂楊手오방무-주선周旋-회무回舞-일렬무-청백 무진무퇴舞進舞退·홍흑 무진무퇴-정읍무-환장무懽場舞' 순서로 이루어져 있다. 하지만 조선시대 처용무는 조선 철종 시대(1850~1863)를 마지막으로 궁중 기록에서는 사라지게 되고[74], 처용무가 새롭게 창작된 것은 이왕직 아악부 시기인 1926년 이후인데, 당시의 이왕직 아악부 아악생인 김천흥의 증언을 통해 보면 이왕직 아악부 악

74 김은자, 「철종대 처용무 연구」, 『한국무용사학』 14, 한국무용사학회, 2013, 119~148쪽.

사들이 『정재무도홀기』, 『악학궤범』과 순서가 같음을 보고 재현하였다고 한다. 이 당시에 재현된 순서는 현행 처용무에도 큰 변화 없이 이어지고 있는데, '평진- 좌우거수擧袖- 전배前拜- 상배相拜- 삼진三進- 사방작대무- 동서 · 남북상대무 · 상배무- 좌선회무오방대형 이동- 수양수무 1동작- 수양수무 2동작회선- 일렬제행무- 창사- 낙화유수落花流水'로 문헌의 순서와는 많은 차이가 있는데, 처용무의 특징적인 동작인 '주선'은 거의 사라지고 없다.

다시 말해 『악학궤범』의 처용무는 '수양수오방무'를 마치고 난 후 '주선周旋'을 하고 '회선'을 하는데 비해, 현행 처용무는 '수양수무 1동작'을 마치고 바로 '회선'에 해당하는 '수양수무 2동작'으로 이어진다. 『악학궤범』의 처용무에는 '주선'이라는 '제자리 돌기', 즉 '회전춤'이 남아있지만 현행 처용무는 몸통을 중심으로 180도 이상 몸을 돌리는 동작이 없어 '회전춤'이 사라졌다고 할 수 있다. 그럼에도 불구하고 '수양수무 1동작'의 후반부에 마주보고 대무하는 처용이 180도 돌아 서로 등지고 두 발 물러서 다시 180도 돌며 마주보는 '배환무' 부분이 있다.

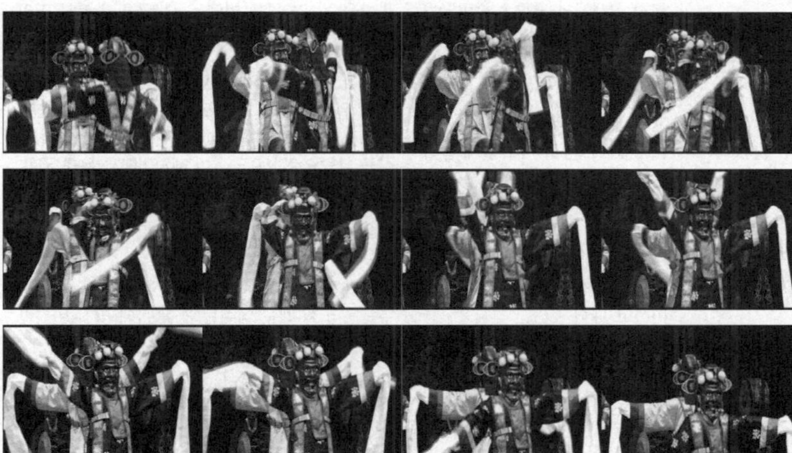

<그림 12> 현행 처용무 '돌기'에 해당하는 '수양수무 1동작-배환무'

이 '배환무' 동작은 춘앵전의 '낙화유수落花流水'(처용무의 낙화유수와 다름) 동작과 유사한데, 춘앵전에서는 180도씩 연속해서 도는 회전동작인 반면에

처용무에서는 반 바퀴를 돌고 서로 등을 지고 큰 걸음을 두 번 걸은 후 반 바퀴를 마저 도는 형태이다. 따라서 이 부분은 현행 처용무에서 유일하게 도는 동작에 가장 가깝다고 할 수 있으며, 이 동작이 『악학궤범』의 주선을 비롯하여 현대에까지 처용무에 회전춤이 이어 내려오고 있는 흔적으로 볼 수 있다.[75] 하지만 현행 처용무의 '수양수무 1동작'의 '배환무'는 도는 춤임에도 불구하고 큰 걸음을 한 발씩 디디고 무릎을 굽히는 동작을 여러 번 하는 형태로 이루어져 있기 때문에 몸통을 세우고 빠르게 돈다기보다는 호흡을 올렸다가 내렸다하며 걸음을 걷는 형태에 가깝다고 할 수 있다. 또한 수피춤과 비교할 때 걸음걸이에 있어서 앞발가락이 축이 되는 것이 아니라 걸음걸이와 돌기에 있어서 발바닥 전체와 뒤꿈치가 중심이 된다.

이를 수피춤과 비교할 때 몇 가지 차이점을 보이는데 처용무의 '수양수무 1동작'의 '배환무' 부분을 수피춤의 '회전춤'과 비교하여 표로 정리하면 다음과 같다.

<표 1> 처용무 '도는 춤'과 수피춤의 비교

	수피춤	처용무 배환무
손 · 팔동작	펼친 상태에서 오른손 손바닥은 하늘, 왼손 손바닥은 자신을 가르치며 멈춰져 있음	한삼을 낀 양 팔을 벌려든 채 오른 손부터 머리 위로 쳐 올리고 둥글게 내려진 팔을 허리에 얹고, 왼팔도 반복함
발동작	왼발 앞발가락을 중심으로 오른발과 무릎을 다소 높게 들어 옮기며 회전	먼저 왼발을 중심으로 오른발로 디디며 180도 돌고 발을 모아 무릎 굽히고, 왼발 한 발 나가고, 같은 방향으로 180도 돌아 제자리에서 무릎 굽힘, 발바닥 전체와 뒤꿈치 중심
도는 방향	왼쪽	왼쪽
호흡	가슴을 중심으로 조심스럽게 마시고 내쉼	한삼과 팔을 높이 치면서 발이 들릴 때는 마시고, 무릎을 굽힐 때는 내쉬는 것을 몸에 맞춰 반복함
머리	오른쪽 어깨에 기대듯 고개를 기울임	머리는 좌우로 넘기지 않고 곧바로 세움

75 필자는 '수양수무 1동작'의 '배환무'가 미약하게나마 『악학궤범』의 '주선周旋'의 흔적으로 볼 수 있다는 점을 논의한 바 있다. 최미연, 「현행 처용무 '수양수무垂楊手舞 1동작'의 무용서사와 그 상상계」, 『대한무용학회논문집』 72-3, 대한무용학회, 2014, 210쪽.

4. 터키 수피춤과 처용무 춤동작의 서사적 거리

그렇다면 수피춤과 처용무의 공통적인 부분인 '돌기' 동작의 서사는 이러한 이성에 대한 독립심을 반영하거나 고양시키는 의미와 연관되어 있을 가능성이 있다. 『설문해자說文解字』에 '무舞'를 설명하는 부분에는 "무巫는 무축巫祝이다. 여자로써 무형無刑을 섬기어, 춤으로써 신神을 내리게 하는 사람이다. 사람이 양 소매로 춤추는 모양을 상징한 것이다. '공工'자와 같은 뜻이다"라고 되어 있다.[76] 이는 '무巫'자는 '무舞'에서 비롯된 것이며, 춤과 신을 내리는 것이 서로 상통한다는 점을 보여준다. 또한 '공工'자는 춤 가운데에서도 땅을 디디고 하늘과 연결된 인간의 형태와 옆에 양 소매가 '인人'으로 표현한 것으로 본다면 이것은 옷자락이 날리는 것일 가능성이 있다. 옷자락이 날리기 위해서는 무자舞者가 몸 중앙을 중심으로 제자리에서 돌고 있을 때 가능하기 때문에 결국 '무巫'자는 '도는 춤'을 의미한다고 하겠다.[77]

수피는 사전에 "자기는 소멸되고 알라만이 남게 하는 자"라고 되어 있다고 한다.[78] 수피들은 자신의 나쁘고 악한 모습을 스스로 회개하고, 육체와 관련된 욕망은 거부하고, 쉬지 않고 죽음을 기억함으로서 점차 인내를 배우고 최종단계에서는 개인의 의식상태가 창조주와 결합된다.[79] 이러한 목표를 달성하기 위하여 수피들은 춤을 사용하는 것이다. 즉, 수피들의 춤은 몸의 움직임을 통해서 정신과 심리를 신의 경지에 도달하도록 조율한다고 할 수 있다.

루미는 세마의식의 회전춤에 대해 『샴스의 대서사집Divan-i Kabir』에 다음과 같이 기록하고 있다.

---

76 윤지원, 「중국 무용 복식을 통해 본 이국적 취향의 이입 현상에 관한 연구 -한대부터 수 · 당대를 중심으로」, 5쪽.

77 최미연, 「처용무 무용서사의 유교사상적 측면에 대한 해석: '수기치인'을 중심으로」, 『대한무용학회논문집』 71-3, 대한무용학회, 2013, 157쪽.

78 공일주, 『이슬람의 수피즘과 수쿠크』, 26쪽.

79 공일주, 위의 책, 65쪽.

"회전춤은 자유로운 영靈의 초대, 그대여, 깨어 일어나 신神의 춤을 추소서. 기다림의 끝에, 모든 상념 떨쳐 버리고 그대 사랑과 하나 되소서. 회전춤은 생명의 영으로 휘감긴 안식처, 영靈의 영靈인 그대만이 아는 신神의 비밀입니다."[80]

세마에서의 회전춤은 소아小我의 소멸을 통해 신의 사랑의 차원으로 전이시키는 제례이며, 신의 빛인 태양의 하나됨으로 나아가고자하는 염원을 상징하기도 한다.[81] 세마젠들이 쓰는 모자는 '시케'라고 하는데 무덤 앞의 비석을 상징하며, 검은 겉옷은 흐느카라고 하는데 흙, 죽음을 상징한다. 춤을 시작하면서 검은 옷을 벗고 흰옷을 입는데 이 때에 흰옷도 수의를 상징한다.[82]

수피즘에서는 사랑이라는 어휘를 많이 사용하는데, 알라, 무함마드, 수피 스승들을 "사랑해주는 사람"으로 부르며 수피들은 수련을 통해서 사랑하는 자와 사랑받는 자가 결합하여 하나가 된다. 이때에 수피즘에서의 사랑은 "너를 사랑한 사람에게 너의 모든 것을 주는 것을 말한다. 그래서 주는 자에게는 남아 있는 것이 하나도 없는" 경지의 사랑을 말한다.[83] 수피춤은 나를 제외한 세상이나 상대방을 온전히 사랑하기 위해 다른 사람한테 의지하여 인정받거나 사랑받기를 원하는 '나'라는 존재를 없애는 단계, 즉 완전한 독립적인 자립심의 단계를 추구하는 것이라 할 수 있다.

한편 춤출 때 제자리에서 돌기 위해서 가장 중요한 것은 몸 중심을 바로 세울 수 있도록 척추가 바르게 서 있어야 한다. 몸 중심에 해당하는 아랫배와 골반과 척추의 근육[84]이 약한 사람은 골반이 뒤로 빠지거나, 가슴이 앞

80 신은희, 「서구 문화에 나타난 수피즘 세마Sema 예식 연구와 신학적 해석」, 140쪽.

81 신은희, 위의 논문, 161쪽.

82 소윤정, 「기독교적 관점에서 바라본 터키 수피즘의 영성에 관한 연구 -신과의 합일을 추구하는 '메블라나' 영성을 중심으로」, 『성경과 신학』 58, 한국복음주의신학회, 2011, 145쪽.

83 공일주, 『이슬람의 수피즘과 수쿠크』, 69쪽.

84 허영일(외), 『춤과 문화』(서울: 민속원, 2011), 309쪽, 322쪽.

으로 튀어나오거나, 목이 앞으로 굽어 얼굴이 튀어나오기 쉬운데 이런 경우에는 '돌기' 동작을 잘 할 수 없다. 몸을 곧게 세운다는 것은 마치 'ㅗ'자를 연상시키는데, 땅을 디디고 하늘과 연결되기 위해서는 심리적으로도 몸을 곧게 세우고 누구에게도 의지하지 않는 마음과 연관된다고 말할 수 있다.[85] 다른 사람의 도움에 의지하지 않고 스스로의 삶을 개척해나가고자 하는 자립심은 인간관계를 비롯한 세상과의 관계를 지속하기 위해 필수적인 할 마음가짐이라 할 수 있다.[86]

필자는 문학치료학의 4가지 기초 서사 이론을 한국춤 춤동작에 접목하여 '자녀서사・남녀서사・부부서사・부모서사'를 각각 춤동작에 있어서 '호呼, 굽힘', '걸음걸이', '돌기', '흡吸, 펼침, 팔・손동작'으로 연결시킨 바 있다. 이 중에서 '돌기' 동작은 사람이 자립심을 가지고 세상과 '지속'할 수 있는 서사를 측정할 수 있는 도구가 될 수 있으며, 자립심이 부족한 사람에게는 몸을 곧추 세우고 도는 '돌기' 동작을 통해 '부부서사', 즉 자립심을 키우고 세상과의 '지속'의 서사의 수준을 높일 수 있는 치료도구로 활용할 수 있다고 말한 바 있다.[87]

따라서 수피춤과 처용무의 도는 춤동작은 정착생활을 위주로 하는 남방의 농경사회에 비해 이동이 생활화된 북방 유목민족의 자립적인 부부관계의 심리를 반영하는 것이며, 유목민족의 부부관계를 비롯한 사회의 '지속'의 문제를 해결할 수 있도록 이끄는 신화적인 춤동작 서사를 지닌 것이라 할 수 있다. 실제로도 2015년 8월 19일 춤 전공자가 아닌 일반인을 대상으로 3시간 가량 처용무와 한국춤을 배우게 하고 '무릎굽힘-걸음걸이-돌기-손뿌리기'를 측정하는 실험을 하였다. 그 결과 자립심과 상대의 소망에 집중하여 '지속'할 수 있는지에 대한 척도인 '부부서사'를 측정하는 문항에서

85 최미연, 「문학치료학의 서사 이론을 적용한 처용무의 무용서사 해석」, 『무용예술학연구』 52-1, 한국무용예술학회, 2015, 108~109쪽.

86 최미연, 위의 논문, 109~110쪽.

87 최미연, 위의 논문, 122쪽.

도 좋은 점수를 받은 3명의 피험자가 '돌기'에 있어서도 비교적 흔들림 없이 빠르게 따라하는 경향을 보였다. 설문지에서 '부부서사'를 측정하는 문항은 내가 '나는 인간관계에 있어서 서운함을 느끼지 않는 편이다', '나는 감정조절이 잘되는 편이다', '나는 항상 집청소를 해놓는다', '나는 나의 배우자가 좋아하는 음식을 자주 해준다', '신발, 구두를 오래 신는다' 등 26문항이었는데, 아직 설문지의 정밀함에 있어서 미흡한 점이 있었지만 '부부서사'와 '돌기'의 연관성에 대해 유의미한 결과를 얻을 수 있었다.[88]

다시 본문의 처용무로 돌아오면, 논의한 바와 같이 서사적으로 처용의 회전춤은 다른 사람에게 의존하지 않는 자립성을 추구하는 것과 종교적인 의미가 닿아 있다고 볼 수 있는데, '돌기' 동작 외에도 상체 숙임-펼침, 무릎 굽힘-펼침, 큰 걸음, 한삼 뿌림 등의 동작이 추가되었다는 점도 고려해야 할 것이다. 현행 처용무의 '수양수무 1동작'으로 미루어 보았을 때 한 팔씩 번갈아 천을 뿌리며 돌고 2인이 서로 걸음걸이로 물러나는 과정이 삽입되어 있으며, 돌기를 한 후에는 양 손의 천을 멀리 뿌려주며 잡귀를 쫓고 복을 비는 동작을 하게 된다.

그렇다면 먼저 호흡을 내뱉으며 무릎을 깊이 굽히고 상체를 숙이는 동작은 인간의 기초서사 중에서 '자녀서사', 즉 세상에 대한 '순응의 서사'와 연결되어 있다고 할 수 있다. 한국 신화에 있어서 바리데기나 삼신제석 무가에서 나를 버린 아버지를 되찾고 살려내는 서사가 두드러지는데, 이는 한국인의 순응적인 심성에도 반영되어 있으며, 처용무에도 기본 바탕에 깔려 있다고 할 수 있다. 다음으로 무릎을 펼치며 손을 멀리 뿌리는 동작은 '부모서사', 즉 세상에 대한 '양육'의 서사와 관련되어 있는데, 처용설화에서 보듯이 처용이 신으로 정좌한 후 질병을 쫓고 복을 주며 중생을 구제하는 서사와 연결되어 있다. 마지막으로 처용무에서 큰 걸음을 걷는 것은 '남녀서사', 즉 자신의 소망에 집중한 확신 있는 '선택'의 서사와 관련되어 있으

88 처용무 교육 실험, 대상 -일반인 7명, 교육자 -이진호처용무보존회 전수교육조교, 일시: 2015. 8. 19. 1시~4시, 장소: Yong Studio.

며, 이는 처용설화에서 보듯이 처용이 천상의 용궁을 버리고 인간 세상에 내려와 인간의 여인과 결혼하는 비범한 선택을 하는 서사와 연결된다고 볼 수 있다.[89]

수피춤의 경우에는 회전을 통해 자아를 버리고 세상을 온전히 사랑할 수 있는 자립심을 의미하는 것은 공통적이지만, 머리 동작에 있어서 고개를 기대듯이 오른 어깨에 기울인다는 차이점은 주목할 만하다. 이렇게 머리를 한쪽으로 기울이는 것은 제스츄어 상으로 볼 때 아기와 같은 무력감을 보임으로서 순응의 태도를 보이는 것이라고 피터 콜릿은 말한 바 있다.[90] 이 부분은 터키인들이 신에 의지하는 마음을 반영할 수도 있고 인간관계에 있어서 완전한 자립의 수준에 다다르지 못한 서사를 반영할 수도 있다. 이는 터키인들이 남성이 여성을 의심하고 성폭행 등이 일어나면서도 부부관계를 유지하고 있는 문화적 특성을 반영하고 있으며, 반대로 이러한 회전춤의 춤동작을 보거나 춤으로서 터키의 사회적 문제를 조화롭게 치유하는 의례로 작용하고 있을 가능성도 있다.[91]

또한 손동작의 에너지가 처용무에 비해 외부로 뻗어나지 못하고 머물러 있는 것도 자신의 위안과 수양에 머무를 뿐 세상을 구하는 '양육'의 수준으로는 나아가지 않는 것으로 보인다. 이러한 춤동작의 차이점을 통해 회전춤 문화권 내에서도 터키와 한국의 문화적 차이를 알 수 있으며, 같은 호선무의 영향을 받았다 하더라도 해당 지역의 문화에 따라 전혀 다른 방식으로 정착하고 전승될 수밖에 없음을 확인할 수 있다.

한편 처용무 전수교육조교 이진호는 최근까지도 처용무 인간문화재 김중섭 선생은 270도 도는 동작을 추었다고 한다.[92] 하지만 점차 처용무보존

89 최미연, 「문학치료학의 서사 이론을 적용한 처용무의 무용서사 해석」, 110~111쪽 참조.

90 피터콜릿, 박태선역, 『몸은 나보다 먼저 말한다』서울: 청림출판, 2003, 97쪽.

91 빅터 터너Victor Turner(1920~1983)는 의례의 기능에 대해 사회의 긴장과 스트레스를 표현하고 제거될 수 있는 '커뮤니타스communitas', 즉 '임계적liminality' 과정이라고 주장하였다. 캐서린 벨, 류성민(역), 『의례의 이해 -의례를 보는 관점들과 의례의 차원들』(수원: 한신대학교 출판부, 2007), 91~94쪽.

92 처용무 보존회 전수교육조교 이진호 대담, 2015. 8. 19. Yong Studio.

회 내에서 270도 이상 몸을 돌리는 동작을 하지 않게 된 것은 현재 국립국악원 내에서도 처용무의 서사적 변화가 이루어지고 있다는 것을 의미한다. 이는 어떤 춤이든지 시대의 변화에 따라 인간의 서사가 달라짐에 따라 춤동작이 변해갈 수밖에 없는 특성을 지녔음을 무용인류학적으로 여실히 보여주는 것이다. 따라서 현재 인간의 내면에 '지속'을 지향하는 '부부서사'가 약화되면서 처용무에 있어서 '돌기'가 사라지고 있지만, 이후 세대에는 또 다른 처용무가 생겨나고 변화하며 앞으로도 계속 전승되어 갈 것이라는 점을 덧붙이고자 한다.

이상으로 터키의 수피춤과 우리나라의 처용무간의 춤 문화권을 살펴보고 춤동작의 서사적 거리를 가늠하여 보았다. 기존의 연구와 다른 몇 가지 결과를 요약하면 다음과 같다.

첫째, 호선무는 특정 국가와 민족의 춤만을 일컫는 것이 아니라 돌궐족과 소그드족 등 이동 생활을 하는 유목 민족 문화권에 전반적으로 나타나는 '도는 춤'을 일컫는 것으로 여겨진다. 이런 춤동작에는 각 지역의 종교적 가치관과 여성에 대한 사고방식까지 나타난다.

둘째, 유목 민족의 호선무, 즉 회전춤 문화권은 중국 남부와 동남아의 굽히기와 걷기가 주가 되는 춤 문화권과 차이가 있다. 유목민족 문화권에 공통적으로 존재하는 회전춤에는 공통적으로 인간관계의 지속의 서사가 반영되어 있다.

셋째, 터키의 수피춤은 호선무 문화권이라고 할 수 있는 소그드 지역 민족의 춤에서 비롯되었을 가능성이 있다. 하지만 우리나라의 처용무는 서역 승려 또는 아랍 상인 기원설과는 별개로 호선무 문화권의 춤에 속하며 우리 민족의 원형에 맞추어 변형되어 정착된 춤이라 할 수 있다.

넷째, 터키의 수피춤은 가슴에서 양손이 펼쳐나가나 뻗어나가지 않고 한손은 하늘로, 한손은 자신을 향해 멈춰서 돌기 때문에 자기 자신의 구원에 머무르고 있다. 처용무 '돌기'의 손동작은 하늘로 한삼을 둥글게 멀리 뿌리는 동작으로 세상에 대한 '양육'과 '구원' 즉 벽사진경의 측면이 나타난다.

이상으로 고대의 호선무를 중심으로 수피춤과 처용무의 계통적 연관성을 살펴보고 춤동작의 차이를 분석한 것은 춤동작을 중심으로 공통적인 회전춤 문화권 내의 두 민족의 서사적 차이를 비교하는 것으로 무용인류학적 연구의 의의가 있다 하겠다.

참고문헌

『高麗史』

『高麗史節要』

『牧隱詩藁』

『牧隱集』

『三國史記』

『燃藜室記述』

『慵齋叢話』

『朝鮮王朝實錄』

고마츠 히사오(외), 이평래(옮김), 『중앙유라시아의 역사』, 소나무, 서울, 2005.

공일주, 『이슬람의 수피즘과 수쿠크』, CLC, 서울, 2011.

권현주, 「서역 벽화를 통해 본 위구르 복식에 관한 연구」, 『중앙아시아연구』 3, 중앙아시아학회, 1998.

김남수(외), 『세계신화여행』, 실천문화사, 서울, 2015.

김대성, 「중앙아시아 이슬람과 여성」,『한국이슬람학회논총』, 한국이슬람학회, 2001.

김소현, 「당시대의 호복(胡服)에 대한 연구」, 이화여자대학교 박사학위논문, 1993.

김영란, 「특별강연: 아름다운 궁중자수 –한국 자수의 유형과 변천사」, 『고궁박물관 특별강연집』, 2013년 7월 11일.

김용숙, 「신라의 여속」, 『신라문화제학술발표논문집』, 신라문화선양회, 1983.

김은자. 「철종대 처용무 연구」, 『한국무용사학』 14, 한국무용사학회, 2013.

김창석, 「8~10세기 이슬람 제종족의 신라 내왕과 그 배경」, 『한국고대사연구』 44, 한국고대사학회, 2006.

나가사와 가즈도시, 이재성(역), 『실크로드의 역사와 문화』, 민족사, 서울, 1975.

레비-스트로스, 이동호(역), 『신화를 찾아서』, 동인, 서울, 1994.

박아림, 「고구려 고분벽화와 북방문화」, 『고구려발해연구』 50, 고구려발해학회, 2014.

박재록, 「인도 음악과 신화 –북인도 라가와 힌두교 신화와의 관계」, 『음악사연구』 3, 음악사연구, 2014.

백정희, 「티베트 라마 참과 한국의 처용무 관계에서 무형 문화의 이동 가능성」, 『한국사상과 문화』 71, 한국사상문화학회, 2014.

변진의, 「스키타이계 美術이 古代 龍紋에 끼친 影響 –우리나라와 중국을 中心으로」,『수원대학교논문집』 12, 수원대학교, 1994.

소윤정, 「기독교적 관점에서 바라본 터키 수피즘의 영성에 관한 연구 –신과의 합일을 추구하는 '메블라나' 영성을 중심으로」, 『성경과 신학』 58, 한국복음주의신학회, 2011.

손창화, 「이슬람의 결혼 문화 이해를 통한 선교 전략」, 아세아연합신학대학교 석사학위논문, 2008.
신양섭, 「페르시아 문화의 동진과 소그드 민족의 역할 –조로아스터교와 마니교를 중심으로」, 『中東硏究』 27-1, 한국외국어대학교 중동연구소, 2008.
신은희, 「서구 문화에 나타난 수피즘 세마(Sema) 예식 연구와 신학적 해석」, 『한국이슬람학회논총』 20-2, 한국이슬람학회, 2010.
앙투안 갈랑, 임호경(옮김), 『천일야화 1』, 열린책들, 서울, 2010.
양윤영, 「터키 여성운동이 여성정책에 미친 영향」, 부산외국어대학교 석사학위논문, 2012.
왕극분, 고승길(역), 『중국무용사』, 교보문고, 서울, 1991.
윤지원, 「중국 무용 服飾을 통해 본 이국적 취향의 移入 현상에 관한 연구 –한대부터 수・당대를 중심으로」, 서울여자대학교 박사학위논문, 2004.
이시다 미키노스케, 이동철・박은희(공역), 『장안의 봄』, 이산, 서울, 2004.
이종숙, 「고구려 호선무의 정체 연구」, 『한국음악연구』, 한국국악학회, 2006.
이채문, 「서역 악무의 중원 유입과 전파」, 『동아시아 전통춤의 교류와 수용』, 한국예술종합학교 세계민족무용연구소 심포지엄 발표논문집, 2015.
이현주, 「新羅 王室女性의 稱號變遷 硏究」, 성균관대학교 박사학위논문, 2014.
이희수, 『이슬람과 한국문화』, 청아출판사, 서울, 2012.
일　연, 이재호(역), 『삼국사기』, 솔, 서울, 1997.
장준희, 「중앙아시아 이슬람 문화의 성격」, 『한국이슬람학회논총』 20-3, 한국이슬람학회, 2010.
전경수(외), 『우즈베키스탄에서 배운다』, 민속원, 서울, 2013.
전인평, 「중앙아시아 음악의 고려음악에 대한 영향」, 『문명교류연구』 창간호, 한국문명교류연구소, 2009.
정수일, 「아랍–무슬림들의 신라내왕과 처용」, 『처용연구논총 4』, 울산문화원, 2000.
정수일, 『고대문명교류사』, 사계절, 2001.
조석연, 「고구려 호(胡)문화 기원에 관한 고찰」, 『한국음악연구』 42, 한국국악학회, 2007.
차은정, 「몽골 유목민 여성의 일상과 의례 –'게르' 안팎의 사회관계와 여름철 행사를 중심으로–」, 한양대학교 석사논문, 2005.
최미연, 「처용무의 무용서사와 상상계 연구」, 한양대학교 박사학위논문, 2010.
최미연, 「처용무 무용서사의 유교사상적 측면에 대한 해석 –'수기치인'을 중심으로」, 『대한무용학회논문집』 71-3, 대한무용학회, 2013.
최미연, 「현행 처용무 '수양수무(垂楊手舞) 1동작'의 무용서사와 그 상상계」, 『대한무용학회논문집』 72-3, 대한무용학회, 2014.
최미연, 「문학치료학의 서사 이론을 적용한 처용무의 무용서사 해석」, 『무용예술학』 52-1, 한국무용예술학회, 2015.
최재영, 「당 전기 장안 내의 소그드인 대책」, 『서울대학교동양사학과논집』 22, 서울대학교 동양사학과, 1999.
최진열, 「북위 후기 낙양 거주 서역인과 서역 문화」, 『대동문화연구』 87, 성균관대학교 대동문화연구원, 2014.

캐서린 벨, 류성민(역), 『의례의 이해 –의례를 보는 관점들과 의례의 차원들』, 한신대학교 출판부, 수원, 2007.

피터콜릿, 박태선(역), 『몸은 나보다 먼저 말한다』, 청림출판, 서울, 2003.

하영애, 「신라시대 선덕, 진덕, 진성 여왕의 정치리더십 비교연구」, 『한국시민윤리학회보』 21–2, 한국시민윤리학회, 2008.

허영일, 『민족무용학』, 시공사, 서울, 1999.

허영일(외), 『춤과 문화』, 민속원, 서울, 2011.

허영일(외), 『처용무』, 민속원, 서울, 2012.

허혜정, 「천일야화, 비단길, 그리고 처용의 문화, 『동서비교문학저널』 14, 한국동서비교문화학회, 2006.

한국문화콘텐츠 진흥원.

http://www.culturecontent.com/dictionary/dictionaryView.do?cp_code=cp0229&dic_seq=135

EBS 동영상, 터키, 메블라나 세마의식.

http://clipbank.ebs.co.kr/clip/detl/selectClipDetail?subType=50002491&subMenu=50003400&subList=50003690&typeId=1&clipId=VOD_20120524_00001

밸리댄스 사진 출처 –다음카페 <청파초등학교 9회 졸업생> 이순진.

http://cafe.daum.net/cheongpa9/FTjO/256?q=%B9%EB%B8%AE%B4%ED%BD%BA%20%C5%CD%C5%B0&re=1

OECD 「http://www.oecd.org/」, 2014.06. 「OECD Family Database 2014」, E–나라지표, OECD 주요국의 조이혼률.

설문자료: 처용무 교육 실험. 대상: 일반인 7명. 교육자: 이진호(처용무보존회 전수교육조교). 일시: 2015. 8.19. 1시~4시. 장소: Yong Studio.

불교의식무용 챰의 제의적 연행 관념과 구조
- 헤미스 쩨츄 챰을 중심으로 -

허동성
세계민족무용연구소 상임연구원

챰은 세칭 티벳불교 권역의 불교사원/승원gompa에서 정기적으로 개최되는 축제 시에 연행되는 불교 의식무용이다. 흔히 라마교Lāmaism[1], 혹은 금강승金剛乘(Vajrayāna) 불교라고 불리는 티벳불교는 발상지인 티벳을 중심으로 서쪽으로 부탄, 네팔, 인도 북부와 북동부는 물론 동쪽으로 몽골에까지 전파되었으며 그에 따라 챰 또한 이들 권역에서 널리 전승되어 왔다. 챰의 유형과 절차, 양식, 등장신격 등은 지역과 종파에 따라 차이가 있으나 기본적으로 불법을 거스르는 악마를 징벌하는 여러 신격들의 권능과 위세를 계시함으로써 신도들에게 불법에 순응, 귀의할 것을 계도하는 교훈적

* 이 글은 한국공연문화학회『공연문화연구』제25호에 게재한 것임.

1 '라마Lama'는 구루Guru, 즉 스승을 뜻하며 티벳불교는 기존 불교의 귀의 대상인 불佛, 법法, 승僧의 3보三寶(riratna)에 법을 전수하는 스승인 라마를 추가하여 4보四寶로 존중하는 점에서 라마교라고도 칭한다. 삼보와 신도 사이의 중개자인 라마는 티벳불교에서 심지어 삼보 이상의 존재로 존숭된다. 라마에 대한 이러한 신앙은 결국 라마가 밀교 딴뜨라의 관법을 통해 자신의 영혼을 다른 신체로 옮길 수 있다는 라마교의 독특한 활불活佛사상과 환생관념을 도출하였다. 야마구치 즈이호, 야자키 쇼켄, 『티베트 불교사』(서울: 민족사, 1990), 127~130쪽.

기능과 함께 벽사축역을 통해 공동체의 안과태평을 확보하기 위한 종교적, 사회적 기능을 공유하고 있다. 챰은 8세기 이후 라마교의 성립 과정에서 인도의 힌두교는 물론 티벳의 기층종교인 뵌Bön교의 신격들과 신앙관념을 수용하면서 기존의 대승, 소승불교와는 차별화된 밀교적 특성을 반영하고 있다.[2]

특히 챰은 현재까지 전승된 거의 유일한 티벳계 불교의식무용으로서 고대 불교무용의 한 면모를 제시하는 중요한 행위전승 사료라는 점에서 연구 가치를 지니며, 이 점에서 국내 학계에서도 챰에 관한 연구가 지속되어 왔다. 국내의 주요한 기존 연구는 챰의 개괄적 소개,[3] 연행 절차,[4] 우리나라의 처용무와 영산재,[5] 탈춤,[6] 나례[7]와의 비교와 관련된 양상을 보이고 있으며 그 중 일부는 현지조사를 통한 관찰보다는 중국 문헌이나 인터넷 동영상 자료를 토대로 한 한계성을 노정하고 있다.[8]

이 점에서 본고에서는 과거 서西티벳권에 속하는 인도 북부의 라닥 지역에 전승되고 있는 헤미스사원 축제 시에 연행되는 챰을 중심으로 그 제의적 연행 관념과 구조를 고찰하기로 한다. 필자는 2002년 4월부터 12월까지 인도 내 불교무용의 자취를 추적하기 위해 인도 여러 지역을 아우르는 현지답사와 취재를 수행하였으며 본고의 논의는 당시에 확보한 서지자료와 영상기록자료, 인터뷰 녹취자료 등에 주로 근거한 것이다.[9] 특히 중국이 티벳을

2 뵌교와 라마교의 상호영향 관계에 관해서는 B. L. Bansal, *Bon: Its Encounter with Buddhism in Tibet*(Delhi: Eastern Book Linkers, 1994) 참조.

3 김홍우, 「티벳의 라마교 연극」, 『연극학보』 24, 1996; 윤광봉, 「티베트악무의 형성과 제양상」, 『비교민속학』 8, 1992.

4 박진태, 「티베트의 탈춤」, 『비교민속학』 8, 1992.

5 박은영, 「처용무와 티벳참의 비교연구」, 『움직임의 철학: 한국체육철학학회지』 12-2; 윤소희, 「티벳 참무를 통해 본 처용무와 영산재 -샤허의 라브랑스를 통하여」, 『한국음악연구』 46, 2009.

6 박진태, 「한국과 티베트의 탈춤의 비교」, 『우리말글』 31, 2004년.

7 백정희, 「티벳의 전통극과 라마참에 대한 고찰」, 『대한무용학회논문집』 43, 2005.

8 박진태의 논문은 중국 문헌의 기록, 박은영과 백정희의 논문은 타자의 영상기록 자료에 의존하고 있다.

침략, 점령한 1950년 이후 티벳의 수많은 종교지도자와 승려들을 탄압, 숙청하고 수많은 불교사원을 파괴함에 따라 티벳 본토에서의 챰이 심각한 위축, 왜곡 양상을 보이고 있는 반면 현재 인도 북부와 북동부에 속하는 고대 서티벳 권역의 챰은 상대적으로 변형과 왜곡이 적은 충실한 전승 양상을 보이고 있는 점에서 티벳계 챰의 연구 대상으로서의 적합성이 부여된다. 또한 챰에 관한 기존의 국내 연구가 대체로 연행 절차의 소개, 피상적 관점에서의 기법 비교에 치중한 느낌이 없지 않은 바 본고는 챰의 연행 절차에 내재된 종교철학적 동기와 관념에 주목하였다는 점에서 한 의의를 찾을 수 있을 것이다.

1. 챰의 발생 기원

라마교의 성립은 7세기경 티벳 왕 송쩬 감포Songtsän Gampo(松贊干布: 604~650)가 632년 중신重臣 톤미 삼보따Thonmi Sambhota를 인도 북부에 파견하여 불경을 연구하게 하고 중요 경전들을 티벳으로 도입한 데서 시작된다. 나아가 왕은 삼보따로 하여금 범어梵語 불교경전의 정역正譯을 위해 인도 북부 까쉬미르Kashimir 지역의 문자에 기초한 티벳어를 제정하게 함으로써 인도불교의 티벳 정착에 크게 기여하였다. 한편 현전하는 티벳 라마교의 본격적인 발흥은 8세기에 불교를 국교로 정한 띠송 데짠Tisong Detsan(755~781)왕이 인도의 여러 법사들을 초빙하여 딴뜨리즘에 기초한 당시 인도불교의 밀교 경전과 교리를 전파한 데서 비롯되었다. 특히 당시 인도 북부의 유명한 불교대학이자 승원인 날란다Nālandā대학에서 가르치

9 본고의 논의는 2002년 6월 20~21일 직접 취재한 라닥 헤미스사원의 현장 관찰 및 영상 기록, 라닥 레Leh에 소재한 불교학 연구기관인 Central Institute of Buddhist Studies 소장 Dr. Konchok Rigzen, 민속학자 Tsering Wangchuk, Sonam Wangdu 등과의 인터뷰 자료, 기타 서지자료에 기초한 것이다. 차후 필자는 당시 조사한 인도 북부, 북동부의 여타 챰을 포함한 불교계 악무에 관한 연구 결과를 발표할 예정이다.

던 법사 빠드마삼바바는 왕의 초청에 따라 인도불교의 교리와 수행법을 티벳에 전한 라마교의 교조이자 위대한 스승으로 숭앙되어 왔다.

빠드마삼바바의 교리를 계승한 라마교의 초기 종파는 남녀 합체존合體尊으로 상징되는 좌도밀교의 관념과 기층 뵌교가 습합된 닝마빠Nyingmapa로서 승복 색상에 따라 홍모파紅帽派라고도 불린다. 이후 10세기에는 닝마빠의 좌도밀교 경향을 배제한 까담빠Kadampa가 성립된 뒤 이로부터 사끼야빠Sakyapa가 파생되었으며, 11세기에는 티벳 승려인 마르빠Marpa(1012~1097)에 의해 집중적인 명상과 요가 수행을 통해 윤회에서의 해탈을 추구하는 까규빠Kagyupa가 창설되었다. 15세기에는 위대한 성자 쫑까빠Tsongkapa(1357~1419)의 불교 개혁을 통해 현세적 기복에 치중하는 주술적 경향을 배척하고 계율의 준수를 중시하는 겔룩빠Gelugpa(黃帽派)가 창시되어 현재 라마교의 주축을 형성하고 있다.

한편 전설에 따르면 챰은 티벳에 불교를 전파한 북인도 우디야나Udiyana 출신의 승려인 빠드마삼바바가 춘 축역주술적 춤에서 비롯되었다고 전한다. 747년 티벳에 도착한 그는 본격적인 포교를 위해 사원을 건립하고 승단을 조직하여 승려들를 양성함은 물론 역경譯經 사업을 추진하는 등 라마교의 초기 정착에 크게 공헌하였다. 특히 그는 밀교에 기초한 영통한 주력呪力으로 당시 티벳 뵌교의 신격들을 제압한 뒤 그들을 불법의 충실한 수호존守護尊(Dharmapāla)들로 포용함으로써 라마교 특유의 신비하고도 복잡한 만신전을 구축하고 뵌교의 종교관념을 융화한 교의를 안출함으로써[10] 불교의 흥융을 도모하였다. 특히 그가 삼예Samye에 티벳 최초의 불교사원을 건립할 때 뵌교의 신격들이 이를 방해하자 그는 주술적 진언과 동작을 통해 그들을 제압하였으며 이로부터 악마들에 대한 불법의 승리를 상징,

10 빠드마삼바바는 당시 밀교계 인도불교에서 신봉하는 제불보살과 뵌교에서 숭배하는 제신들의 유사점을 강조함은 물론 제불보살이 뵌교의 모든 신격이 되어 티벳에 출현했다고 하는 화신출현설化身出現說를 제기함으로써 당시의 반불교세력인 뵌교도들의 반발을 무마함으로써 티벳에 불교를 정착시키는 데 기여하였다; 야마구치 즈이호, 야자키 쇼켄, 『티베트 불교사』, 149쪽.

경축하는 의식무용인 챰이 비롯되었다고 전한다. 즉, 삼예사원 낙성식의 개안開眼의식 때 빠드마삼바바가 "모두 기뻐할 만한 제물을 제정하고 흉신들을 진정시키는 진언을 구송하고 허공에서 금강무를 연행"[11]하였다고 한다.

한편 이와 별도로 라마교와 불교의 습합 과정에서 뵌교에서 주술의식의 일부로써 연행되었던 의식무용이 챰의 형성에 영향을 미쳤을 가능성을 배제할 수 없다. 즉, 빠드마삼바바에 의한 라마교의 정착 이후 뵌교의 의식무용에 등장하는 신격들을 불교의 주요 신격들로 대체하고 뵌교 신격들을 호법신으로 전환시켜 현재의 챰 형태가 구축된 것으로 보인다.[12] 즉, 챰은 밀교의 교의를 바탕으로 기존 뵌교의 원시주술적 춤을 개량한 것으로 추정되며 전설에 따르면 빠드마삼바바는 챰의 연행을 통해 자신이 명상을 통해 본 신들을 제자들에게 계시하였다고 한다.[13]

2. 헤미스 쩨츄 챰의 연행 절차

헤미스사원이 위치한 라닥은 인도 북단의 해발 3,000미터 이상의 히말라야 산지에 속한 세계에서 가장 한랭한 지역 중 하나로서 매년 약 5~6개월간 폭설로 인해 본토와의 교통이 단절되는 고립지역이다. 역사적으로 라닥은 중앙아시아, 티벳, 실크로드에 인접하여 인도와 서역, 중앙아시아의 교통로 역할을 하였다. 특히 기원전 3세기 중엽 아쇼까Aśoka왕이 파견한 불교 포교사들에 의해 불교가 라닥에 최초로 전파된 것으로 가늠되며 당시의

---

11 劉志群, 「티벳 지역의 나희」, 신지영(역), 『중국의 탈과 탈놀이』(서울: 신아사, 1999), 253~273쪽. 출처: 劉志群, 「藏戲與臟區的儺文化」, 『中國儺文化論文選』(貴陽: 貴州民族出版社, 1989), 254쪽.

12 챰과 뵌교 의식무용의 유사성에 관해서는 Jamyang Norbu, 'Three Sacred Bon Dances', Samten G. Karmay, *The Arrow and the Spindle; Studies in History, Myths, Rituals and Beliefs in Tibet*(Kathmandu: Mandala Book Post, 1998), pp.190~199.

13 Pedron Yeshi ed., *Cho Yang: The Voice of Tibetan Religion and Culture* (Dharamsala: Council of Religious and Cultural Affairs of Tibetan Government, 1991), p.315.

비문들이 라닥의 잔스까르Zangskar에서 발견되었다. 당시 라닥 지역에 거주하고 있던 몬Mon족은 불교의 수용과 전파에 기여하였으며, 기원 2세기에는 라닥 저지대와 잔스까르는 불교도인 까니쉬까Kanishka왕(125~152 A.D.)의 통치를 받기도 하였다.

기원 6세기까지 소왕국을 유지하던 라닥은 이후 강성한 티벳왕국의 잦은 침략과 지배를 받았으며 특히 822년 티벳 왕 랑다르마Lan Dharma의 불교 탄압과 피살에 따른 정치적 불안에 따라 그의 손자인 지데 니마곤Jide Nyimagon과 따쉬 쩨팔Tashi Tsepal이 서티벳 지역으로 탈출하여 뿌랑Pu-rang에 왕국을 세운 뒤 니마곤의 아들 빨데곤Paldegon이 라닥에 최초의 왕국을 건설하고 영토를 확장하였다.[14] 몽골계 티벳족인 이들 왕조의 구축과 함께 9세기 이후 라닥에 티벳계 유민들이 대거 이주하였으며 티벳의 라마교가 본격적으로 전파되어 라마교의 습속과 문화가 충실하게 전승되어 왔다.[15] 라닥은 고립된 지정학적 환경때문에 라마교의 독특한 불교문화를 보존해왔으며 불교의식무용인 챰은 그 중 가장 소중한 행위전승 사료이다.

한편 제2의 부처로 숭앙되는 교조 빠드마삼바바는 특히 닝마빠와 까규빠의 사원축제 시에 연행되는 여러 유형의 챰에서 가장 중요한 신격으로 등장하며 그의 탄신일을 경축하는 헤미스[16] 쩨츄Hemis Tsechu는 대표적인 예이다. '쩨츄'는 티벳 음력의 매달 10일을 지칭하며 헤미스사원에서는 매년 5월 10일(서양력 6월 후반~7월 전반)에는 빠드마삼바바의 탄신을 기리는 주요한 행사로써 챰이 연행된다.[17] 축제 사흘 전에는 사원의 라마승들이 법

14 Prem Singh Jina, *Ladakh: The Land and the People*(New Delhi: Indus Publishing Company), pp.177~178; Shridhar Kaul, H. N. Kaul, *Ladakh through the Ages* (New Delhi: Indus, 1998), p.124.

15 Prem Singh Jina, ibid., p.9.

16 17세기에 건립된 헤미스사원은 라닥의 수도인 레Leh에서 남동쪽으로 36km 거리에 위치한 대사원으로서 마하요가 딴뜨라의 교리에 따른 수행을 통해 즉신성불을 추구하는 까규빠의 하부 종파인 둑빠Drukpa에 속한다.

17 라닥의 사원축제와 챰이 대부분 신년축제Losar를 중심으로 겨울에 집중되어 있는 데 반해 여름에

당에 모여 빠드마삼바바의 분노 형상을 반영하는 신격인 구루 다뽀Guru Drapo에게 공양의식pūjā을 거행하고 심신을 정화한다. 공연 전날 오후에는 챰의 기예에 통달한 스승인 챰뽄Champon의 지도하에 최종 리허설이 행해진다.[18]

1) 첫째 날 공연(2002.6.20. 9:35~15:00)

티벳력 5월 10~11일 이틀간 행해지는 헤미스 쩨츄 챰의 연행 공간은 사원 마당이며, 가면과 복색을 갖춘 무승들은 법당 안에서 대기하다가 자신의 차례가 되면 마당으로 내려와 춤을 연행한다. 사원 마당에 세워진 두 개의 깃대phya dar, cha dar[19]는 춤 동선의 중심 역할을 하며 무자들은 깃대 주위를 시계 방향으로 선회하면서 춤을 연행한다. 필자가 관찰, 취재한 헤미스 쩨츄 챰의 첫날 절차는 다음과 같다.

(1) 공양의식

이른 아침 라마승들이 법당 안에서 사원의 수호신인 걀뽀 뻬하르Gyalpo Pehar[20]를 비롯하여 아발로끼테슈와라Avalokiteśvara(觀世音菩薩), 따라Tārā 여신, 빠드마삼바바의 여덟 현현, 사원의 역대 대사大師들에게 공양의식을

열리는 헤미스 쩨츄에는 수많은 신도들과 순례자, 국내외의 관광객들이 운집하여 축제의 분위기를 고조시킨다. 특히 매 12년 원숭이 간지의 해에는 보석으로 화려하게 장식된 빠드마삼바바의 대형 탱화thanka가 공개되어 성황을 이룬다.

18 리허설 시, 무승舞僧들은 가면을 착용하지 않으나 모든 제차가 실제 공연과 동일하게 행해진다. 챰뽄은 연행 순서와 무용기교와 템포, 반주음악, 의상, 소도구 등 챰 연행의 모든 요소들을 점검, 감독한다.

19 깃대는 상단의 항아리 형상과 그 아래 청, 백, 적, 녹, 황의 천을 장식한 형상으로 불법佛法의 승리를 상징한다.

20 헤미스 사원의 수호신인 뻬하르는 힌두교 여신인 깔리Kāli가 티벳불교에 이식된 신격으로 간주된다. 전설에 따르면 빠드마삼바바가 8세기 티벳에 도착하여 걀뽀 뻬하르를 포함한 뵌교의 주요 신격들을 진압한 뒤 뻬하르에게 그들을 통제하는 권한을 부여하고 그를 삼예사원의 수호신으로 지명하였다고 한다.

거행한다. 우선 여러 색의 천과 비단, 깃발, 색띠, 다양한 장식물과 무기, 검은 가면 등으로 뻬하르 여신의 신상을 장식한 뒤 관세음보살, 빠드마삼바바, 여러 현자들의 탱화를 제단 주위에 건다. 이어 신당 앞에 배치된 제단 위에 7개의 물잔, 쌀, 곡물, 과자, 차잎, 과일, 꽃, 버터초, 향, 치마chupa, 또르마torma[21] 등의 제물과 함께 중앙에 보리술chang을 담은 두개골 잔을 배설한다. 이 의식은 사원은 물론 신도들을 포함한 모든 중생과 대지를 보호하기 위해 행해진다.

(2) 괘불의식

악승樂僧들이 연주하는 긴 나발dungchen, 나발gyaling, 작은 손북damaru, 큰 둥근북na, 큰 바라bukjal, 작은 바라silmyang[22], 요령tilbu, 소라고동dungkar의 웅장한 반주 속에 사원 내 3층 승원에 사원의 건립자인 기얄라 미팜 린뽀체Rgyalsras Mipham Rinpoche[23]의 탱화를 거는 괘불의식이 행해진다. 이어 9시 30분 경 두 동자승이 사원 지붕 위에서 소라고동을 불어 공연의 개시를 알린다.[24] 법당 안에서 두 개의 나발을 선두로 여러 개의 긴 나발, 요령, 바라, 다마루 등의 순으로 악대가 열을 지어 연주하면서 제장을 선회한 뒤 착석한다. 음악 연주는 공연의 본격적 개시를 알리는 동시에 공연의 제의적 분위기를 조성하는 데 주도적 기능을 한다. 인물의 등퇴장 시에는 자극적인 음색의 나발 연주가 행해진다.

---

21 또르마는 라마교의 공양의식에서 사용되는 일종의 제병祭餠으로서 목적에 따라 다양한 형태를 취하나 기본 형태는 원뿔형이다. 주로 밀가루와 버터를 반죽한 뒤 다양한 색소를 가미하나 중요 부분은 백색이나 적색을 적용한다. 사원축제에 흔히 쓰이는 커다란 또르마는 모든 악과 재액을 그 안에 투입하여 축제가 끝난 후 제액초복을 위해 소각시킨다.

22 장중한 음색의 큰 바라는 온화한 신격의 춤과 진언 구송, 날카로운 음색의 작은 바라는 공포스런 분노신격의 춤 반주에 변별적으로 사용된다.

23 헤미스 쩨츄 축제는 1730년 기얄라 린뽀체 당시부터 매년 거행되어 왔다고 전한다.

24 3회 연주되는 소라고동 소리는 법음法音을 상징하며 첫 연주는 라마승들과 신도들의 준비, 두번째 연주는 법당으로의 행렬, 세번째 연주는 챰을 시작하기 전에 법당으로 모일 것을 지시한다.

(3) 흑모黑帽(zha nag)

검은 모자에 화려한 복색을 착용한 13인의 인물들이 등장한다. 이들은 불법을 거스르는 악의 세력을 제압하는 강력한 주력을 갖춘 주술사들로서 흑모로 통칭된다. 이들은 축역 무기인 단검phurba과 금강저金剛杵(dorje)를 들고 악마들을 가두고 위협하는 엄숙하면서도 위협적인 무태의 춤을 연행한다.[25] 이어 한 동자승이 향로를 들고 등장하여 마당을 돌며 연행공간을 정화한다. 전체적인 공연구조에 있어서 이 과정은 흑모의 상징적 몸짓과 동작을 통해 챰의 공연과 연행자들을 방해, 혼란시킬 수 있는 부정不淨요소들을 제거하는 공간의 정화 과정으로 해석할 수 있다.

(4) 바즈라 바라히Vajra Bharahi(金剛亥母)와 16 다끼니Dākinī(空行母)의 군무

라마교의 여성 부처로 간주되는 바즈라 바라히[26]와 그를 따르는 16인의 천녀天女인 다끼니의 춤이 연행된다. 구리도금 가면과 화려한 의상, 느리고 우아한 무태에 의해 상서로움과 신성성을 전달하는 이 과장은 진언과 축언을 통해 공간과 공물을 성화하고 빠드마삼바바를 포함한 선대의 위대한 법사들에 대한 존숭을 표하고, 모든 중생을 축복하는 서축무序祝舞이다. 본디 라마교의 도상자료에서 바즈라 바라히는 오른손에 두개골 잔, 왼손에 단검

---

25 흑모는 원래 뵌교의 주술사로서 후대에 티벳불교에 수용된 신격으로 간주되기도 하나 899년 불교를 옹호했던 자신의 형 랄빠챈Ralpachan을 살해하고 왕위를 찬탈하여 불교를 탄압한 티벳 왕 랑다르마Lan Dharma를 처단한 라마승 빨 도르제Pal dorje의 위적을 반영한 인물로 해석되기도 한다. 그는 랑다르마가 집권 3년 되던 해에 유랑하는 뵌교의 흑모 주술사로 위장하여 라사Lhasa 인근의 왕궁 아래서 춤을 추어 왕을 유인한 뒤 긴 소매에 숨긴 화살로 그를 쏘아 살해하였다고 전한다.

26 티벳어로 도르제 빡모Dorje phagmo로 불리는 바즈라 바라히는 모든 중생들에 대한 자비와 연민의 상징인 동시에 불법을 알지 못하는 중생들의 무지를 깨우치는 지혜를 표방하는 신격이다. 특히 그는 마르빠Marpa, 밀라레빠Milarepa, 감뽀빠Gampopa 등의 까규빠 성인들의 수호신으로 간주되면서 까규빠의 중요한 신격으로 숭앙된다. 나아가 챠끄라삼바라Chakrasamvara의 배우자인 바즈라 바라히는 빠드마삼바바가 자신의 생애에 만난 중요한 다섯 여인들의 본체로 간주되는 점에서 이 챰에 등장하는 것으로 추정된다.

을 든 위협적인 형상인 반면 축무의 성격이 강한 이 과장에서 무자들은 빠드마삼바바를 찬미하는 저음의 진언mantra을 구송하면서 오른손에 중생들의 깨우침을 상징하는 작은 북인 다마루, 왼손에 요령을 들고 춤을 춘다.

(5) 빠드마삼바바와 8 현현

나발 연주를 신호로 악대가 법당에서 열을 지어 등장하여 장중한 음악을 연주하면서 사원 마당을 두 차례 선회한 뒤 빠드마삼바바와 그의 일대기를 반영하는 8인의 신격들에 이어 5인의 여성 신격들, 4인의 신장神將들이 일렬로 등장하여 경내를 순회한다. 다른 신격들에 비해 커다란 황금색 가면을 쓴 빠드마삼바바의 형상은 여러 무자들 중 가장 돋보인다. 한 승려가 그에게 꽃잎을 뿌려 존숭을 표하며 다른 승려는 그의 머리 위에 큰 어산御傘을 씌워 신성성을 부각시킨다. 신도들 또한 그에게 합장, 배례하며 경외심을 표한다.

빠드마삼바바가 어좌에 앉은 뒤 4인의 신장들이 그의 앞에서 춤을 추며 경의를 표한다. 그들의 영웅적 성격은 모관에 부착된 깃발과 짧은 하의의 무장 복색에 의해 지시되며, 2인은 적색, 1인은 황색, 1인은 백색 가면에 오른손에 다마루, 왼손에 종을 든다. 이 춤은 빠드마삼바바의 몸과 마음, 말씀을 찬미하는 일종의 행위공양물로서 헌양된다.

신장들이 퇴장한 뒤 요령과 큰 바라 반주에 맞춰 약 5분 간 라마승들의 엄숙한 진언이 낭송되며, 이어 나뭇잎을 배열한 형태의 모관1인은 적색, 4인은 황색, 적색과 청색 의상에 원형 북을 든 5인의 여성 신격들이 등장하여 춤을 춘다. 인간을 구성하는 다섯 결집요소skandha인 형태, 감각, 지각, 정신, 의식을 상징하는 이들은 빠드마삼바바 앞에 나서서 찬시의 구송과 함께 북춤을 공양한다. 가면을 쓰지 않은 동자승들이 연행하는 이 과장 또한 빠드마삼바바의 위적과 탄신을 기리는 일종의 공물로써 연행된다.

다음으로 빠드마삼바바의 파란만장한 일대기를 반영하는 여덟 인물들이 차례로 등장하여 춤을 춘다. 첫 번째 인물은 다섯 가지 독을 가진 뿌리들을 베어버렸다는 구루 빠드마바즈라Padmāvajra로서 온화한 표정의 연청색 가면과 진청색 복색에 오른손에 연꽃, 왼손에 요령을 든 자비로운 형상이다. 다음 인물인 구루 빠드마까라Padmākara는 백색 온화면, 적색의 원탑형 모관, 적색 의상에 황색 가사를 착용한 불승의 형상으로 등장한다. 이 인물은 티벳력 10월 10일 티벳에 도착 당시의 빠드마삼바바의 모습을 반영하며, 양손에 금강저와 요령을 들고 춤을 춘다. 다음 인물인 구루 마띠밧바라루치Mativat Vararuci는 빠드마삼바바가 북인도 까쉬미르Kashmir에서 삭발하고 불승이 되었을 당시의 모습이며 황색 모관과 백색 온화면에 오른손에 다마루, 왼손에 향로phok를 들고 적색과 청색의 연꽃 문양들이 그려진 화사한 백색 의상을 착용한다. 이어 붉은 모관에 푸른 턱수염의 적색면을 쓴 구루 빠드마라자Padmārāja가 등장한다. 그는 인도 우디야나의 왕 인드라 보디Indra Bodhi에 의해 입양된 뒤 왕위를 승계한 빠드마삼바바의 형상을 반영한다. 그의 모관에는 오불五佛을 상징하는 나뭇잎 모양의 다섯 형상이 부착되어 있으며, 오른손에 다마루와 왼손에 향로를 들고 있다.

다음 인물은 한 이교도가 제공한 독약을 마시고도 해를 입지 않은 신통력을 갖춘 빠드마삼바바를 반영하는 수리야바사Sūryabhasa로서 오불 상징의 모관과 붉은 의상에 호피 하의를 걸치고 오른손에 삼지창을 든 밀교도승의 형상으로 등장하며 왼손에 든 거울은 무지無智를 밝히는 태양빛을 상징한다. 다음 인물은 티벳력 9월 10일 인도 보드가야의 가루다Garuda 숲 동굴에서 쁘라바하띠Prabhahati의 제자가 되었을 당시의 빠드마삼바바의 형상인 샤끼야심하Śākyasimha로서 스승에게서 마하요가 딴뜨라를 전수받은 뒤 갖가지 주력을 획득하였다고 전한다. 그는 불승 형태의 모관과 황색의 온화면에 황색 가사를 걸친 적색 의상을 착용하며 왼손에는 밀교승으로서의 신분을 지시하는 탁발 발우를 든 형상이다. 다음 인물은 빠드마삼바바가 티벳력 5월 10일 남인도에서 불법을 파괴하려는 이교도들을 굴복시켰다는 구루 심하나다Simhanāda로서 분노한 표정의 암청색 삼목三目 가면에 오방색 의상, 양손에 축역무기인 금강저와 금강검을 들고 역동적인 춤을 춘다. 춤의 후반부에서 청색과 흑색 분노면의 두 종자가 등장하여 합무合舞한다. 마지막 인물은 티벳력 11월 10일 네팔의 한 동굴에서 대각大覺을 이룬 빠드마삼바바의 형상을 계시하는 구루 바즈라낄라야Vajrakilaya이다. 영통한 밀교승인 그는 티벳과 부탄의 모든 악마들을 진압하고 미래를 위해 히말라야 여러 장소에 신성한 경전과 보물을 숨겼다고 전해진다. 그는 산발한 머리에 송곳니를 드러낸 삼목의 적황색 분노면에 적색 계통의 의상을 착용하며 양손에 악마를 퇴치하는 금강저와 철못kilaya를 든 위협적 형상으로 등장한다. 앞의 인물과 마찬가지로 춤의 후반부에서 검은 분노면을 쓴 2인의 종자가 합무하여 시각적 강도와 그의 종교적 권위를 부각시킨다.

이 과장에 등장하는 신격들의 성격은 가면, 복색, 소도구 등의 물질적 요소들은 물론 무용 양식에도 반영되어 있다. 예를 들어 빠드마까라, 빠드마라자, 마띠밧 바라루치 등의 온화한 인물들은 느리고 우아한 양식의 무태, 심하나다, 바즈라낄라야와 같은 분노형 인물은 급속한 회전과 도약이 수반되는 역동적 양식의 무태로 대조된다. 이 과장에는 등장신격들의 위적을 묘사하는 라마승들의 진언 구송이 수반된다. 한편 붉은 의상에 백색 가면을 쓴 중국 동자승인 하뚝Hatuk 수 명이 마당을 돌아다니며 등장인물들의 가면을 건드리고 관객들에게 농담과 축원을 건네거나 헌금을 요구하는 등 익살스런 행동을 통해 엄숙한 공연 분위기를 완화하는 역할을 수행한다.[27]

(6) 14 다끼니

춤을 마친 빠드마삼바바와 그의 현현들이 자리에 착석하면 14명의 다끼니들이 등장한다. 빠드마삼바바를 호위하는 천녀天女들인 이들은 그의 탄신을 축하하고 신도들을 축복하기 위해 강림한 것으로 간주된다. 적색 의상의 다끼니들은 백색의 삼각형 모관에 가면을 쓰지 않은 채 오른손에 다마루, 왼손에 요령을 든 형상으로 시계 방향으로 천천히 마당을 돌면서 빠드마삼바바와 그의 현현들을 존숭하는 축무를 연행한다. 이어 나발을 앞세운

27 대부분의 챰에서 이러한 익살광대 역할은 노인 형상의 아짜라Atsara들이 담당한다. 범어로 '성자'를 의미하는 아챠리아āchārya에서 비롯된 이 인물들은 일종의 어릿광대 역할로서 경우에 따라 앞서 연행된 챰의 과장을 풍자하는 막간극을 연행하기도 한다. 헤미스 챰의 경우 편의상 이틀째 공연 말미에 등장하는 하뚝을 대신 활용한 것으로 보인다.

장중한 음악 반주와 함께 빠드마삼바바 일행이 어좌에서 일어나 열을 지어 강당 안으로 퇴장하면 다끼니들과 신도들은 그들이 미래에 다시 현현할 것을 축원하는 기도를 바친다.

(7) 링가Linga의 진설과 세르끼엠Serkyem

점심 휴식이 끝난 뒤 마당에 등장한 각양각색의 호법신護法神인 다르마빨라Dhamapāla들이 잠시 원무를 연행한 뒤 주지승이 링가에게 제주祭酒를 공양하는 세르끼엠 의식이 행해진다. 보리반죽으로 만든 벌거벗은 여성 형상[28]의 링가는 중생을 사도邪道로 유혹하는 악, 나아가 해탈을 위해 타기되어야 할 세속적 자아와 탐욕을 상징하며, 이후 등장하는 여러 호법신들의 공격 대상으로 시각화된다. 한 승려가 등장하여 마당 중앙에 청색과 황색의 분말로 혼령의 감옥을 상징하는 삼각형의 만달라mandala를 그린 뒤 그 안에 붉은 천을 깔고 목판 위에 놓인 링가를 배설한 뒤 푸른 천을 덮는다. 이어 링가 앞에 선 주지승이 왼손으로 요령을 울리며 진언을 구송하면서 보조자가 따라주는 제주를 정화한 뒤 오른손으로 오방색 띠가 달린 금강저를 술잔에 담가 흩뿌리는 동작을 통해 제주를 공양한다. 이는 처단이 임박한 링가의 정화와 위무를 위한 재차이다.

(8) 두르닥Dhurdak

흔히 '해골 춤'으로 불리는 이 과장에는 백색 의상에 해골 형상을 그린 복색과 가면을 착용한 4인의 무자들이 작은 두개골 형상과 띠가 달린 총채 형태의 막대기를 들고 춤을 춘다. 화장터나 묘지의 수호신으로 간주되는 이들은 중생들에게 해를 끼치고 불법에 거스르는 악마들을 체포하는 역할을 담당한다. 일면 장난스러운 듯한 이들의 경쾌한 무태는 2인씩 짝을 지어

---

28 일부 참에서 링가는 과장된 성기를 강조한 남성의 인형 형상으로 등장하기도 한다. 이전에는 링가의 처단을 사실적으로 표현하기 위해 내장은 물론 피를 지시하는 붉은 염료를 주입하였다고 한다.

대무를 하고 마당을 가로지르거나 땅에서 무엇인가를 줍거나 링가 주위를 돌면서 그를 포위, 감시하는 듯한 동작을 연행한다. 특히 발로 링가를 짓밟는 그들의 동작은 분명한 축역 동기를 보여준다. 제의 구조에 있어서 이 과장은 링가를 포위하여 이후 등장하는 호법신들이 처단하도록 준비하는 과정이다.

(9) 4 다끼니

각각 백색, 황색, 적색, 녹색의 가면과 의상을 착용한 쓴 4인의 다끼니들이 등장한다. 이들은 앞서 등장한 다끼니들과는 달리 험악한 표정의 분노존으로서 백색면은 갈고리, 황색면은 밧줄, 적색면은 쇠사슬, 녹색면은 요령을 각각 들고 등장한다. 링가를 포위한 이들의 춤은 곧 링가를 갈고리로 낚아채어 밧줄과 쇠사슬로 포박한 뒤 요령 소리로 혼란시켜 도망치지 못하게 하는 과정을 표현한다. 라마승의 엄숙한 진언 구송과 북 장단에 맞춰 이들은 링가 주위를 선회, 위협하는 무태의 역동적인 춤을 통해 링가의 죽음이 임박하였음을 암시한다.

(10) 헤루까Heruka

헤루까는 라마교에서 오방五方을 수호하는 지혜의 부처Dhyani Buddhas(五智如來, 五方佛) 중 동방을 수호하는 악쇼비야Akshobhya(阿閦如來)가 현현한 분노존으로서 삼목三目에 송곳니와 혀가 돌출된 적색의 분노면에 오른손에 장검, 왼손에는 악마의 피가 담긴 두개골 잔kapala을 든 위협적인 형상이다. 라마교에서 최상위권의 신격으로 존숭되는 헤루까는 자신의 다른 현현인 붓다헤루까Buddha-heruka(Vairocana, 大日如來), 빠드마헤루까Padma-heruka(Amitābha, 阿彌陀佛), 라뜨나헤루까Ratna-heruka(Ratnasam-bhava, 寶生如來), 까르마헤루까Karma-heruka(Amoghasiddhi, 成就如來)와 함께 등장하여 역동적인 무태의 춤을 연행한다. 헤루까를 따르는 네 신격들 중 1인은 암갈색, 3인은 적갈색 가면을 착용하며 금강검과 금강저 등의 무기를 든다. 일행을 선도하는 헤루까는 사원 마당에 소금을 뿌려 정화한 뒤 둔중한 바라 반주와 진언 구송에 맞춰 검을 어르면서 원무를 추다가 단숨에 검으로 링가를 쳐서 처단한 뒤 위엄 있는 승리의 춤을 연행한다.

(11) 다르마빨라

이 과장은 불법을 수호하는 11인의 호법신인 다르마빨라들이 등장하는 '싱콩Shingkyong'이다. 이미 언급한 대로 이들은 빠드마삼바바에 의해 제압된 뒤 불교에 귀의하여 불법의 수호신이 된 뵌교의 신격들로서 격렬한 바라 반주에 맞춰 위협적이고 괴기스런 형상을 취한 삼목의 분노존 가면과 축역의지를 반영하는 역동적 무태로 표상된다.

얍Yab(父)이라고 불리는 신격이 시계 방향의 선회무를 선도하며, 진갈색 가면에 오방색 의상, 오른손에 창, 왼손에 인간의 심장을 든 그의 형상은 불법에 거스르는 악마들에 대한 처단 의지와 파괴력을 반영한다. 그의 뒤를 따르는 여성 신격인 윰Yum(母) 역시 암적색의 분노면에 오방색 의상, 삼지창과 심장을 든 흉측한 형상이다.[29] 다음 인물인 바즈라사뜨바Vajarasattva는 검은 가면에 오방색 의상, 망치와 그물을 들고 등장하며 모관에 부착된 다섯 개의 깃발은 호법 신장으로서의 성격을 지시한다. 이어 적색면에 오른손에 화살, 왼손에 밧줄을 든 물소 형상의 신격이 뒤따르며, 이어 암적색 가면에 동물의 창자 형상인 흰 줄을 든 야마라자Yamarāja(염라대왕)가 등장한다. 그 뒤로 녹색면에 곤장과 밧줄을 든 분노존에 이어 적갈색 가면에 오른손에 장검, 왼손에 모든 악의 세력을 감금한 작은 자루를 든 마뜨리깔리Matri-kali가 뒤따른다. 다음 인물인 브라흐마Brāhma는 힌두교 신격으로서 호법을 위해 오른손에 장검, 왼손에 화살을 들었으나 온화한 표정의 백색면에 우아한 무태의 춤을 추는 점에서 다른 분노존들과 대비된다. 이어 등장하는 싱포Singpo는 암청색면에 오른손에 장검, 왼손에

29 티벳불교에서 남녀 신격의 합체존 중 하나인 얍, 윰은 본래 교의적인 비유로써 방편方便과 반야般若, 혹은 자비와 공성空性의 통일을 상징하나 이 과장에서는 여타 분노존忿怒尊의 역할을 수행한다.

쇠갈고리를 든 위협적 형상이다. 다음 신격인 짠Btsan은 뵌교 계통의 산신山神으로서 가면과 모관, 그에 부착된 깃발이 모두 붉은 색인 점이 특징적이며 양손에 창과 밧줄을 든다. 마지막으로 갈색 분노면에 오른손에 창, 왼손에 금강저를 든 호법존이 등장한다. 그 뒤로 황색 가면과 연황색 복색의 두 원숭이 인물이 따르며 이들은 왕Gyalpo의 종자로 간주된다.

다르마빨라들은 라마승들의 진언 구송 속에 위엄있는 무태의 원무를 연행한다. 북과 바라의 반주에 맞춰 점차 급박해지는 이들의 춤은 악마들을 제압하는 듯 발을 구르며 좌우로 회전하는 역동적이고 위압적인 몸짓과 동작, 디딤새를 보여준다. 특히 모관 위에 부착된 다섯 개의 두개골 형상과 손에 든 각종 무기들은 악마들을 응징하는 호법신들의 위력을 함축하고 있다. 원무 도중에 한 승려가 등장하여 헤루까에 의해 조각난 링가의 시신을 다르마빨라들에게 나누어 주어 흠향케 한다.

(12) 빠오, 빠모

라마교에서 천계와 지상의 영웅신격으로[30] 숭앙되는 빠오Pawo(勇士)와 빠모Pamo(勇女)는 황, 갈, 적, 녹, 청의 가면에 적색이나 백색의 깃발이 달린 모관을 쓴 형상이다. 악의 세력과 싸우는 신장으로서의 이들의 공격적 성격은 호피虎皮 의상에서도 확인된다. 10인의 신장들이 원형 북을 타박하며 격렬한 무무武舞를 행한 뒤 서로 북을 맞대거나 등을 맞대는 등의 다양한 무태의 춤을 연행한다. 이어 선회하면서 진형을 바꾸어 네 무리로 나뉘어 마주보고 전진, 후진하며 전투를 재연하는 춤을 춘 뒤 승리의 환성을 지르며 퇴장한다. 이 과장은 헤루까를 비롯한 호법신들의 승리를 경축하고 그들에 대한 경의를 표하는 종결 축무라고 할 수 있다. 이어 장중한 음악 속에 약 20분 간 라마승들의 진언이 구송되며 사원에 걸린 탱화를 거둠으로써 첫날의 공연이 종결된다.

30 빠오와 빠모는 천계에 속한 남낑namking, 지상에 속한 사낑saking으로 구분된다.

2. 둘째날 공연(2002.6.21. 9:30~14:50)

(1) 괘불의식

첫날과 마찬가지로 이른 아침 챰의 상연 전에 음악 반주에 맞춰 기얄라 린뽀체의 탱화를 사원 건물에 거는 괘불의식이 행해진다.

(2) 흑모

첫날과 동일한 춤이 연행된다.

(3) 공양의식

10시 30분 경 장중한 긴 나발 소리에 맞춰 공양의식은 시작되어 약 2시간 동안 계속된다. 의식 말미에는 의식의 참관자로써 승원 앞에 걀뽀 뻬하르의 운송수단인 한 마리의 검은 말이 배치되며 한 라마승이 말에게 성수를 뿌려 정화한다. 이어 비단으로 장식한 말 등에 길조吉兆를 상징하는 붉은 염료를 바른 뒤 법당 주위를 한 바퀴 순회하게 함으로써 축제의 성공을 축원한다. 말은 사원의 수호신인 뻬하르의 권능과 상서로움을 상징한다.

(4) 곤뽀Gonpo

다음으로 걀뽀 뻬하르의 신장인 곤뽀들이 등장한다. 각각 한 쌍씩 백, 적, 청, 녹, 황의 가면에 백색과 적색의 삼각형 깃발이 달린 모관을 쓰고 짧은 치마에 오른손에 금강저, 왼속에 둥근 거울을 든 10인의 무장들이 열을 지어 등장하여 마당을 순회하면서 장중한 바라 반주에 맞추어 도약과 회전 동작 위주의 역동적인 무무를 연행한다. 이 과장은 뻬하르 여신의 위상과 권능을 과시하고 이후 등장할 호법신들을 환영하고 공간을 정화하는 서무에 해당된다.

(5) 다양한 신격들의 군무

나발 소리를 신호로 다양한 형상과 성격의 인물들이 열을 지어 마당으로 등장한다. 세상의 수호자인 4명의 낙뽀Nagpo, 4명의 흑모, 2명의 무사, 4명의 승려, 2명의 검은 신격, 2명의 무장 순으로 등장하여 반주에 맞춰 장중하고 역동적인 원무를 연행한 뒤 각 무리의 춤이 순서대로 행해진다. 다만 황, 백, 적, 흑색의 삼목 분노면의 낙뽀는 개별 무용을 행하지 않는다.

우선 양손에 단검과 금강저를 든 흑모들이 나서서 악마를 가두는 원무를 연행한다. 이어 원뿔형 황색 모관에 가면 없이 황색 망토와 적색의 짧은 치마를 입은 무사 2인이 우아한 무태의 춤을 추며 손에 든 인간의 넓적다리 뼈로 만든 피리는 악의 필멸을 암시한다. 다음으로 살색의 온화면에 황색의 승려 모관, 오른손에 주장자拄杖子, 왼손에 검은 발우를 들고 자주색 승복에 황색 가사를 걸친 승려 4인이 등장하여 장중한 무태의 군무를 연행한다. 이어 삭발한 흑색 분노면 2인이 나서서 대무하며 오른손에 든 몽둥이와 왼손에 든 링가 인형은 악에 대한 응징 의지를 반영한다. 마지막으로 깃발이 달린 원뿔형의 암갈색 모관, 연황색 가면에 양손에 장검과 방패를 들고 등에 화살통을 메고 오방색 의상을 착용한 2인의 신장이 나서서 역동적인 무무를 연행한다. 신격들의 개별적 춤이 끝난 뒤 모든 신격들이 함께 약 15분간 장엄한 원무를 춘다.

(6) 링가의 진설과 세르끼엠

여러 호법신들이 등장한 뒤 첫날과 동일하게 링가에 대한 제주 공양이 행해진다. 이 과정이 몇 차례 반복된 뒤 약 15분간 라마승들의 진언 구송과 음악 연주가 행해진다.

(7) 다르마빨라

들소 형상의 삼목의 암적색 분노면을 쓴 마하 동첸Maha Dongchen[31]이 장검과 두개골 잔을 들고 등장하며, 오방색 의상에 각각 백, 황, 적, 녹의 삼목 분노면을 쓴 4인의 로까빨라Lokapala, Lankhen(四方神) 2쌍이 뒤따라 등장한다. 악마로부터 중생들을 보호하는 사방의 문신門神인 란켄의 역할은 가면과 무구에 반영되어 있다. 첫날의 다끼니와 마찬가지로 백색면은 갈고리로 악마들을 잡아채며, 황색면은 악마들을 밧줄로 결박하며. 적색면은 그들을 쇠사슬로 더욱 단단히 결박하며, 녹색면은 요령을 울려 그들을 혼란시킨다. 라마승들의 진언 구송과 함께 그들은 링가 주위를 돌면서 위협적 무태의 원무를 연행한다. 최종적으로 마하 동첸이 링가에게 다가가 장검으로 쳐서 링가를 처단한다. 링가의 영혼을 위무하는 진언 구송과 함께 호법신들의 집단 원무가 연행된 후 한 승려가 등장하여 링가의 조각들을 주위의 신격들과 신도들에게 분배하여 흠향케 한다.

(8) 두르닥

해골신들이 등장하여 다르마빨라들과 함께 승리의 춤을 춘다.

(9) 하샹Hashang(和尙)과 하뚝

하샹大乘和尙, 혹은 마하연摩訶衍은 8세기에 포교를 위해 티벳에 들어온 중국 선종禪宗의 대사로서 792년 티벳 삼예사원에서 인도 날란다 대승원 출신의 인도 불승이자 빠드마삼바바 이전에 티벳에 불교를 전파한 샨따락쉬따 Śāntarakshita(寂護, 725~797)의 제자인 까말라쉴라Kamalashila(蓮華戒; 740~795)와 벌인 유명한 논쟁에서 패하였다고 전한다.[32] 먼저 중국인 아동 형상

31 마하 동첸은 염라대왕, 즉 야마의 신하로 간주되며 겔룩빠 챰에서는 염라대왕 자체로 간주된다.

32 8세기 말 티벳 왕인 티송 데   의 하명에 따른 불교회의(792~794)에서 까말라쉴라가 마하연을 제압함으로써 밀교 교리를 수용한 당시의 인도불교가 라마교의 교의적 기반을 구축하였으며 그에 따라 7세기 중엽 중국 당 왕조의 문성공주文成公主(625?~680)와 티벳 왕 손첸감포의 혼인을 통해 유입된 중국 선종이 인도불교에 지배적 영향력을 내어준 직접적 계기가 되었다는 점에서 티벳불교사에서 중요한 사건이다. 요컨대 이 논쟁은 교의과 수행 측면에서 돈오頓悟를 강조하는 중국 선종에 대해 점수漸修를 중시하는 인도불교의 승리라고 할 수 있다. 키타무라 타이도北村太道, 「티베트의 밀교」, 요리토미 모토히로(외), 김무생(역), 『밀교의 역사와 문화』(서울:. 민족사, 1989), 101쪽; 야마구치 즈이호, 야자키 쇼켄, 『티베트 불교사』, 136~146쪽 참조.

의 백색, 황색 가면을 쓴 동자승인 하뚝들이 등장하여 지면을 발로 쓸어내는 두르닥의 동작을 흉내 내거나, 스승의 자리에 앉아 책을 읽거나, 스승의 자리를 차지하려고 서로 다투거나, 사원 마당을 천방지축으로 뛰어다니는 등 장난스런 행동을 연출한다. 이어 '미소 부처'라는 별명대로 온화하게 웃는 표정의 적색면에 중국식 문양의 의상을 입은 하샹이 백색면의 두 종자를 거느리고 등장하여 하뚝들에게 책을 읽어주고 선물을 나눠주는 등의 사실적인 연기를 행한다. 관대하고 자비로운 하샹의 등장은 관객/신도들에게 상서로운 축복으로 간주된다.[33] 이어 나발을 앞세운 악사들의 연주와 함께 이틀에 걸친 헤미스 쩨츄 챰의 모든 제차가 종결된다. 악대의 반주 속에 라마승들이 종결 진언을 구송한 뒤 법당 안으로 퇴장하여 종결 공양의식을 행한다.

3. 챰의 제의적 연행 관념과 구조 특성

1) 신성현현과 제의적 공양으로서의 챰

이상 살펴본 헤미스 쩨츄 챰의 연행절차는 그에 내재된 제의적 동기와 관념을 확인케 한다. 우선적인 특징은 라마교의 만신전에 속한 주요 신격들의 위대한 행동을 재연하는 신성현현의 한 수단으로써 챰이 연행된다는 점이다. 헤미스 쩨츄의 경우 빠드마삼바바와 그의 현현들을 포함한 주요 신격들은 불법에 거스르고 세상을 어지럽히는 악의 세력을 제압, 처단한 축역신화를 갖추고 있다. 비록 이러한 축역신화가 구체적인 연극적 서사로 전달되지는 않으나 라마교의 주요 신격들을 소환하여 불법을 수호하는 그들의 위적을 제시하는 챰은 곧 신성현현의 중요한 수단이다. 요컨대 챰은

33 헤미스 챰에서 하샹은 상서로운 축복의 의미를 지니는 반면 일부 챰에서는 인도 금강승 불교에 굴복한 풍자와 조롱의 대상으로 간주된다.

불교의 이상과 교의를 계시하는 수단인 동시에 불교의 정수를 계시하는 실천적인 다르마dharma 무용이라고 할 수 있다.[34]

동시에 챰은 신화적 서사 모티프를 재연하는 점에서 그 연행 자체가 일종의 제의라고 볼 수 있다. 특히 빠드마삼바바의 탄신을 경축하는 헤미스 쩨츄의 경우 그의 위대한 일대기를 재현함으로써 그를 기리고 기쁘게 하는 제의적 행위공양물로써 연행된다. 나아가 챰의 연행 전에 행해지는 엄정한 종교의식과 제물 공양은 챰의 제의적 동기를 분명하게 보여주는 공연요소이다. 한편 관객/신도의 입장에서 챰의 관람 행위는 곧 공동체 제의에의 참여의 성격을 지니며, 불법의 실현에 대한 열망, 자기 정화, 업業을 보상하는 적극적 행위, 공덕의 축적을 통한 자기변형의 수단으로 간주된다.

2) 시각화 명상으로서의 챰

연행자인 라마승의 입장에서 챰은 시각화 명상visualization meditation의 한 수단으로 간주, 활용된다. 특히 닝마빠에서 명상의 중요한 수단으로 정착된 챰은 신격을 생생하게 시각화하고 자신의 일상적인 자아를 만달라에 묘사된 신격과 통합하기 위한 수행의 결과이다.[35] 시각화 명상은 근본적으로 현상계가 우리의 인식에 불과하다는 깨달음을 지향하는 수행 방식으로서[36] 감각을 통해 감지되는 것과 동일한 대안적, 실제적 세계를 마음 속에서 창조함으로써 현상계에 대한 통제력을 획득함을 궁극적인 목표로 한다. 이 점에서 명상 수행자는 내면에 환각적이면서도 실제적인 연극을 조직화하는 일종의 심리적 극작가이자 연출가인 동시에 그 세계 안에서 자신의 일상적 성격을 자신이 시각화하는 신의 성격으로 교환하는 일종의 배우

---

34 David E. R. George, *Buddhism as/in Performance*(New Delhi: D. K. Printworld, 1999), p.300.

35 Stephan Beyer, *The Cult of Tara: Magic and Ritual in Tibet*(Berkeley: Univ. of California Press, 1973), p.76.

36 Ibid., p.137.

이다.[37] 즉, 시각화 명상은 꿈, 신기루, 거울 속의 반영으로 비유되는 세상의 환각적인 연극성을 인식하는 데서 출발하며, 명상을 통한 새로운 세상의 창조는 존재론적으로 전혀 상이한 세상을 만드는 것이 아니라 자신의 완전한 통제를 통해 기호학적으로 의미있는 '실제적인' 세상을 창조하는 것이다.[38] 이를 위해 만달라에 묘사된 신격의 표정과 자세, 색상, 의상, 장식물, 기물 등의 도상 특성에 집중하는 수행이 선행된다. 이 과정에서 만달라는 자신이 재현하는 신격과의 동화, 즉 신격의 시각화를 위한 일차적 수단이며, 이러한 수행이 숙달되면 마치 꿈에서 본 것과 같은 형상의 생생한 재현이 가능해진다.[39] 실재와 현상을 자기의 한 몸에 융합하는 즉신성불을 목표로 하는 금강승은 공空과 자비의 일치空悲無二, 즉 반야般若(prajñā)와 방편方便(upāya)의 일치를 추구하며[40] 챰의 연행은 이러한 통일원리를 시각적으로 계시한다. 이 점에서 챰은 자아를 신격과 동화āveśa(bdag bskyed)시킴으로써 신격의 힘을 활성화시키는 제의적 수단이자 시각화 명상의 최종적 발현 결과라고 할 수 있다.

3) 만달라로서의 제의적 공간

챰의 연행공간은 라마교 신격들의 성역공간을 표방하는 만달라로서의 제의적 신성성을 지니며,[41] 사원 마당은 명상을 통해 시각화된 신격들의 행동이 실현되는 만달라를 구축한다. 만달라는 존격들의 성역공간을 표방하고 그 안에 자기를 몰입시킴으로써 불범일여佛凡一如(성속일치聖俗一致)의 경지

37 David E. R. George, op. cit., p.104.

38 Ibid., p.103.

39 John Blofeld, *The Tantric Mysticism of of Tibet*(New York: Causeway Books, 1974), p.86.

40 David E. R. George, op. cit., p.125.

41 Ann Marko, "Cham: Ritual as Myth in a Ladakhi Gompa", *Tantra and Popular Religion in Tibet*, ed. G. Samuel, H. Gregor, E. Stutchbury(New Delhi: Aditya Prakashan, 1994), p.85.

를 체현하는 점에서[42] 챰의 연행은 만달라의 성역을 현상계에 구축함으로써 세속적 공간을 금강승의 이상적 공간 층위로 변환시키는 수단이다. 사원 마당 가운데에 세워진 두 개의 깃대는 챰에 등장하는 두 상위신의 표상이자 금강승의 궁극적 원리인 반야와 방편, 혹은 중생에 대한 가피를 위해 대각을 추구하는 보리심菩提心(bodhi-citta)과 세상의 공성空性을 이해하는 지혜를 상징한다. 또한 돌이나 진흙으로 조성한 1~1.5미터 높이의 정방형, 직사각형 기단旗壇은 일종의 제단으로 기능하며 다양한 공물과 제병, 링가의 처단을 위한 무기들이 담긴 제기들이 진설된다.[43]

축제 2주일 전에 무승들은 여러 색의 모래로 만달라 형상을 그린 뒤 그에 대한 집중적인 명상과 진언의 구송을 통해 자신을 통해 현현될 신격과의 심리적 동화를 시도한다. 또한 챰의 연행 전에 무승들은 두 개의 깃대를 중심으로 분필로 두 개의 원형 동선을 지면에 그린 뒤 시계방향으로 선회하며 링가를 포획, 위협하는 다양한 무태의 춤을 춘다. 즉 챰의 주요 동선은 링가의 처단으로 귀결되는 축역주술적 만달라를 반영하고 있다. 요컨대 챰의 연행공간은 무승들의 춤과 동선을 통해 활성화된 신격들의 힘이 계시되는 응집된 역장力場이자 주술적 만달라라고 할 수 있다.[44]

4) 양식화된 연행의 제의적 함의

챰의 연행은 챰에 정통한 스승인 챰뽄이 연습과 연출을 전담한다. 이를 위해 각 사원은 챰의 연행 교본인 챰 이그Cham yig을 구비하고 있으며 아

---

42 요리토미 모토히로, 「티베트밀교의 미술」, 『밀교의 역사와 문화』, 132쪽.

43 Rene De Nebesky-Wojkowitz, *Tibetan Religious Dances*(Delhi: Pilgrims Book, 1997), p.67.

44 특히 제주 공양 제차인 세르끼엠이 끝난 후 흑모가 춤의 동선을 통해 규정하는 만달라 영역을 준비, 정화하는 점에서 공연의 공간적 토대를 설정하는 점에서 중요한 의미를 갖는다. 즉, 흑모의 서무는 공간의 정화와 함께 챰 연행의 궁극적 목표인 링가의 처단을 위한 포위 공간의 설정에 있다.

울러 선배 무승들의 연행에 대한 반복 관찰과 전수를 통해 전승되어 왔다.[45] 챰 공연에서 챰뽄은 흰 스카프kha tags를 들고 중요한 신격에게 바치거나, 그를 흔들어 새 과장의 시작을 신호하며 마당을 돌아다니며 무자들의 동작을 지도한다. 무승들은 라마승들의 진언에 맞춘 정확한 몸짓과 동작, 손짓mudra의 연행이 요구되며, 일부 과장의 경우 무승이 직접 진언을 구송함으로써 신성현현의 씨앗bija을 구축하기도 한다. 챰의 연행에서 가장 중시되는 세 요소는 신체의 정확한 운용과 그에 수반되는 진언의 정확한 발성, 자신이 재현하는 신격에 대한 마음의 집중이다.[46] 많은 신격들이 오른손에 금강저를 드는 이유 또한 진언을 외울 때 악마의 방해를 차단함으로써 무자의 집중력을 극대화시키기 위한 관행이다. 이러한 맥락에서 챰의 연행에 있어서 잘못된 손짓과 몸짓, 걸음새는 공연의 제의적 효력을 약화시킨다고 간주된다.[47] 즉, 링가로 상징되는 악의 축출을 위한 주술적 무용으로서의 챰은 시각화 명상과 진언, 고도로 양식화된 무태와 동선, 무드라를 통해 무승과 신격을 합일시키는 삼밀유가행의[48] 전형적인 수행 방식이라 할 수 있다.

나아가 반주음악은 챰의 제의적 분위기를 고양하고 정확한 춤 동작을 규정하는 역할을 한다. 티벳의 종교음악은 천녀인 다끼니들이 세상에 전수한 것으로 간주되며,[49] 장단과 빠르기, 정조는 신격의 성격에 따라 변별된다. 각 악기의 음은 신격과 장면에 부합되는 특정한 마음과 의식을 조성하는 주술적 환기 수단이다. 예로 피리, 긴 나발, 큰 바라는 온화한 신격, 짧은

45 최초의 챰 이그는 17세기 중반 티벳 라사Lhasa의 뽀딸라Potala 왕궁 인근의 남걀Nam rgyal사원의 라마승들을 위해 겔룩빠의 5대 달라이 라마인 낙당 갸초Ngag dbang blo bzang rgya mtsho, 1617-1682가 저술한 것으로 전해지며 이는 당시까지 구비, 행위전승을 통해 계승되어 온 챰의 연행 양식과 절차를 문헌으로 정리한 것이다. Rene De Nebesky-Wojkowitz, op. cit., p.85.

46 Ibid., p.241.

47 Shridhar Kaul, H. N. Kaul, op. cit., p.134.

48 종석스님, 『밀교학 개론』(운주사, 2000), 46쪽.

49 전설에 따르면 16세기의 라마승인 딱뽀 도르제챵Takpo Dorjechang(1543~1588)이 다끼니들을 통해 가장 정교하고 아름다운 음악인 양yang을 전수하였다고 전한다.

나발, 작은 바라는 잔혹한 신격의 춤에 적용된다. 북은 모든 춤의 장단을 규정하며 신의 등장과 퇴장은 나발 연주로 지시된다.[50] 특히 긴 나발의 둔중하고 유현한 음색은 땅의 자궁과 공간의 심저에서 나오는 영원한 진리와 우주의 소리로 간주된다.

5) 가면과 의상, 무구의 제의적 상징성

시각화 명상의 최종적 발현으로서의 챰에 있어서 만달라에 속한 신격들의 가면과 복색, 무구는 신격과의 심리적 동화에 중요한 역할을 한다. 특히 챰의 연행에서 가장 신성한 주물呪物로 간주되는 가면은 무자의 존재론적 변신을 위한 선차적 수단이다. 특히 링가를 위협, 처단하는 호법신들은 삼목의 분노면에 돌출된 송곳니와 혀, 다섯 개의 두개골이 부착된 모관, 장검과 단검, 금강저, 갈고리, 밧줄, 쇠사슬 등의 무기, 두개골 문양이 부각된 복색, 인골人骨로 만든 귀걸이, 목걸이, 팔찌, 팔장식, 발찌 등의[51] 공격적 형상으로 재현된다. 또한 공간의 정화와 일부 챰에서 링가의 처단을 담당하는 흑모의 모관은 악의 필멸 의지를 반영하는 제의적 상징물로서 악마를 감금하는 두 개의 삼각형 표장, 악마의 응징을 상징하는 두 개의 교차된 번개 형태인 바람 원rlung dkyil, 그 위에 피바다의 거센 파도를 진압하는 불길이 부착된 삼각형, 그 아래 사각형의 대지sa chen, 모관의 가장자리 중앙의 수메루Sumeru산처럼 빛나는 둥근 지붕 형상과 중앙의 일월日月 상징, 극락의 나무를 상징하는 모관 정상의 비단 장식물[52] 등을 포함하고 있다. 한편 무구 중 가장 강력한 무기는 지혜를 상징하는 금강저와 방편을 상징하는

---

50 Madhu Khanna, "The Tantric Dance of Dharma: The Mask Dances at the Hemis Festival of Ladakh", N. N. Bhattacharya, *Tantric Buddhism*(New Delhi: Manohar, 1999), p.289.

51 L. Austine Waddell, *The Buddhism of Tibet or Ramaism*(New Delhi, Asian Educational Service, 1899, reprint 1991), pp.334~335.

52 Rene De Nebesky-Wojkowitz, op. cit., p.117.

요령이며 양자가 결합되어 지혜와 자비가 일체화된 부처의 미묘경지를 계시한다. 또한 가면의 색상에 있어서도 백색은 평화, 황색은 공덕, 흑색은 분노, 적색은 힘을 상징한다.

6) 점강적 공연 구조

헤미스 쩨츄에서도 예시되거니와 챰의 공연은 공간의 정화 → 청신請神 → 오신娛神 → 축복링가의 처단과 정화 → 송신送神의 전형적인 제의 구조를 따른다. 세부적으로 챰의 제차는 신격들에 대한 제주 공양, 제장의 토대 규정과 만달라 구축을 위한 기반 조성, 악의 요소로부터 악마를 분리, 희생 공양, 만달라의 일부를 구성하는 육각형의 창조, 온 세상에 기氣를 불어넣기, 링가의 처단자들을 만달라의 중앙에 배치하기, 다끼니들의 힘을 산출하기, 악마들의 생기를 결집하기, 호법신들의 초빙과 악마의 처단, 처단 신격의 만달라 조성을 통한 삼계三界의 축복, 종결의식에 이르는 일련의 과정으로 구성된다.[53]

한편 챰의 연행절차에 있어서 가장 주목되는 점은 그 점강구조이다. 즉, 라마승들의 진언, 흑모와 다끼니 과장을 통한 공간 정화의식에 이어 점차 위력적인 호법신들이 등장하여 링가를 위협하다가 가장 상위의 신격이 최종적으로 링가를 처단하는 점강구조를 노정한다. 챰의 이러한 연행구조는 신격들의 축역력을 축적시킴으로써 공연의 극적 긴장감을 점강시키는 효과를 산출한다. 한편 링가의 최종적인 처단을 담당하는 신격은 챰의 종파와 지역, 유형에 따라 달라진다. 헤미스 쩨츄의 경우 헤루까와 마하 동첸이 그 역할을 수행하나 다른 챰의 경우 마하깔라Mahākāla(大黑天)[54], 흑모, 사

53 Ibid., p.102.

54 마하깔라는 힌두교의 삼주신三主神 중 하나인 쉬바Śiva가 금강승 불교에 편입된 신격으로 추정된다. 힌두교의 일파인 쉬바교는 쉬바와 여성력의 상징인 샤끄띠Shakti의 결합을 통한 해탈을 추구하는 밀교의 성력숭배 관념을 유출한 근본 동기이다. 그러나 라마교에서의 합체존合體尊 상징은 힌두교의 좌도밀교적 성력 숭배 관념과 달리 지혜와 방편의 결합을 상징하는 점에서 근본적

슴shanak[55] 등이 링가의 처단자 역할로 등장한다.

챰의 종결부에서는 결집된 악의 기운을 소멸하는 의식이 행해진다. 헤미스 쩨츄의 경우 행해지지 않았으나 본 공연이 종결된 뒤 흑모들이 등장하여 뵌교의 관행대로 시계 반대 방향으로 선회하면서 춤을 춘 뒤 링가의 처단에 사용된 무기들을 불 속에 던져넣어 소각시키는[56] 또르기얍gtor rgyab 의식이 행해진다. 마지막으로 라마승들의 진언을 통해 모든 악을 결집한 또르마를 사원 밖으로 운반, 소각시킴으로써 악의 절멸을 상징하는 의식을 행한다.

7) 공연 동기의 대승성

챰은 링가로 상징되는 악의 세력을 근절하기 위한 불법의 수호와 중생의 안과태평을 추구하는 축역주술적 의식무용이다. 주목되는 점은 챰의 연행 동기가 단순히 악의 퇴치에 한정되지 않고 악의 정화와 구제라는 대승적인 차원으로 확대된다는 점에 있다. 링가는 죽음을 통해 자신의 악업에 대한 죄가를 치름으로써 그의 영혼은 정화, 구제된다. 링가의 처단 전에 주지승이 그의 영적 정화를 위한 제주를 공양하고 라마승들이 링가에 내재된 악을 소멸하기 위해 진언을 구송함은 궁극적으로 링가와 악을 분리시켜 그를 정화하려는 축역 의도의 반영이다. 즉, 링가의 악만을 죽이고 청정한 의식 요소를 극락에 보냄으로써 궁극적으로 그를 해방시킨다.[57] 링가의 처단 이후 그의 유체를 호법신들과 신도들에게 분배하여 음복하는 관행도 챰의 이

인 차이를 지닌다. 그럼에도 불구하고 삼지창을 든 분노한 축역자로서의 그의 권능에 의해 라마교의 만신전에 수용된 것으로 추정된다. 챰에서 마하깔라는 흑색의 분노면에 장검과 두개골 잔을 들고 등장한다.

55 챰에서 사슴 형상의 샤낙은 물소 형상의 마하 동첸과 함께 야마, 즉 염라대왕의 사자使者로서 출중한 벽사력을 지닌 동물 신격으로 등장한다.

56 Rene De Nebesky-Wojkowitz, op. cit., p.42.

57 R. A. 슈타인, 안성두(역), 『티벳의 문화』(서울: 무우수, 2004), 227쪽.

러한 제의적 관념에 토대를 두고 있다. 즉, 챰의 연행은 악의 축역 차원을 넘어 악을 정화시킴으로써 구제하는 대승적 관념을 반영하고 있다.

이상의 논의를 통해 라닥의 헤미스 쩨츄 챰을 중심으로 티벳계 불교 의식무용인 챰의 연행 절차와 구조, 관념을 고찰하였다. 챰은 약 12세기 이후 발상지인 인도 본토에서 입지를 상실한 인도불교의 영향을 받아 성립된 거의 유일한 불교 의식무용이라는 점에서 연구 가치를 갖는다. 특히 인도 대승불교의 교의를 더욱 발전시킨 라마교의 실천적 교리에 입각한 챰의 연행은 근본적으로 시각화 명상을 통해 불교의 이상적 세계를 계시하는 제의로서의 종교적 기능을 지닌다. 특히 링가로 상징되는 악의 처단을 통한 세상과 중생의 보호의지는 금강승에서 중시되는 보살행菩薩行의 취의를 반영하고 있다. 즉, 챰은 라마교의 만달라에 포함된 주요 신격들을 활성화시킴으로써 주기적인 신성현현을 실현하는 제의적 수단이라고 할 수 있다. 축역 주술적 동기를 지닌 챰은 연행 관념과 구조, 기법에 있어서 우리나라를 포함한 동아시아 지역의 불교계, 혹은 나무儺舞계 종교의식무와의 비교연구가 가능할 것이다. 이를 위해서는 인도의 불교와 바라문교, 힌두교, 나아가 뵌교가 습합된 라마교의 교의는 물론 그 신격들과 그들의 신화적 서사, 나아가 도상 특성에 대한 기본적인 이해가 전제되어야 할 것이다.

참고문헌

김흥우, 「티벳의 라마교 연극」, 『연극학보』 24, 1996

박은영, 「처용무와 티벳참의 비교연구」, 『움직임의 철학: 한국체육철학학회지』 12-2, 2004

박진태, 「티베트의 탈춤」, 『비교민속학』 8, 1992

박진태, 「한국과 티베트의 탈춤의 비교」, 『우리말글』 31, 2004

백정희, 「티벳의 전통극과 라마참에 대한 고찰」, 『대한무용학회논문집』 43, 2005

야마구치 즈이호, 야자키 쇼켄, 『티베트 불교사』, 민족사, 서울, 1990

요리토미 모토히로 외, 『밀교의 역사와 문화』 김무생 역. 민족사, 서울, 1989

劉志群, 「티벳 지역의 나희」, 신지영(역). 『중국의 탈과 탈놀이』, 신아사, 서울, 1999.
(출처: 劉志群, 「藏戱與臟區的儺文化」, 『中國儺文化論文選』, 貴州民族出版社, 貴陽, 1989

윤광봉, 「티베트악무의 형성과 제양상」, 『비교민속학』 8, 1992

윤소희, 「티벳 참무를 통해 본 처용무와 영산재-샤허의 라브랑스를 통하여」, 『한국음악연구』 46, 2009

종석스님, 『밀교학 개론』, 운주사, 2000

Ann Marko, "Cham: Ritual as Myth in a Ladakhi Gompa", *Tantra and Popular Religion in Tibet*, ed. G. Samuel, H. Gregor, E. Stutchbury(New Delhi: Aditya Prakashan), 1994

B. L. Bansal, *Bon: Its Encounter with Buddhism in Tibet*(Delhi: Eastern Book Linkers), 1994

David E. R. George, *Buddhism as/in Performance*(New Delhi: D. K. Printworld), 1999

Jamyang Norbu, 'Three Sacred Bon Dances', Samten G. Karmay, *The Arrow and the Spindle; Studies in History, Myths, Rituals and Beliefs in Tibet*(Kathmandu: Mandala Book Post, 1998

John Blofeld, *The Tantric Mysticism of of Tibet*(New York: Causeway Books), 1974

L. Austine Waddell, *The Buddhism of Tibet or Ramaism*(New Delhi, Asian Educational Service, 1899(reprint 1991)

Madhu Khanna, "The Tantric Dance of Dharma: The Mask Dances at the Hemis Festival of Ladakh", N. N. Bhattacharya, *Tantric Buddhism*(New Delhi: Manohar), 1999

Pedron Yeshi (ed.), *Cho Yang: The Voice of Tibetan Religion and Culture*(Dharamsala: Council of Religious and Cultural Affairs of Tibetan Government), 1991

Prem Singh Jina, *Ladakh: The Land and the People*(New Delhi: Indus Publishing Company), 1996

R. A. 슈타인, 안성두(역), 『티벳의 문화』, 무우수, 서울, 2004

Rene De Nebesky-Wojkowitz, *Tibetan Religious Dances*(Delhi: Pilgrims Book), 1997

Shridhar Kaul, H. N. Kaul, *Ladakh through the Ages*(New Delhi: Indus), 1998

Stephan Beyer, *The Cult of Tara: Magic and Ritual in Tibet*(Berkeley: University of California Press), 1973

(녹취자료)

라닥 헤미스 사원 쩨츄 참 영상자료(2002. 6. 20-21)

인터뷰 자료: Konchok Rigzen, Tsering Wangchuk, Sonam Wangdu 등(라닥 레; 2002. 6-7)

사진 자료

1: 헤미스사원 원경

2: 연행공간인 사원 마당의 두 깃대와 탱화

3: 바라와 북을 연주하며 진언을 구송하는 라마승들

4: 빠드마삼바바(1일차 참; 이하 동일)

5: 빠드마삼바바와 현현들에게 축무를 공양하는 다끼니들

6: 링가에게 제주를 공양하는 주지승의 세르끼엠 의식

7: 링가를 포위, 위협하는 두르닥의 춤

8: 분노 형상의 다끼니들

9: 장검을 든 헤루까와 네 현현들

10: 다르마빨라들의 승리의 춤

11: 빠오와 빠모의 종결축무

12: 곤뽀들의 서축무(2일차 챰; 이하 동일)

13: 다양한 신격들의 군무

14: 흑모의 춤

15: 링가를 포위한 마하 동첸과 다르마빨라들의 원무

16: 링가를 처단하는 마하 동첸

17: 제자 하뚝들에게 책을 읽어주는 하샹

필자소개 집필순

허영일 이화여대 무용학과 및 동대학원 졸업. 일본 도야대東亞大 박사.
세계민족무용연구소 소장. 한국예술종합학교 명예교수.
서울국제무용콩쿠르 집행위원장. 문화재청 무형문화재위원.
논저: 『민족무용학』, 『춘앵전』, 『처용무』, 『춤과 문화』, 『가가쿠 입문사전』,
『동아시아 민족무용 담론』, 『동아시아 악무문화의 교류와 수용』 등

이정노 이화여대 무용학과 졸업. 한국학중앙연구원 박사.
전 세계민족무용연구소 상임연구원.
논저: 『일제 강점기 '조선춤'의 전개 양상 연구』 등

신태영 성균관대 박사. 전 청주대 학술연구소 연구원.
세계민족무용연구소 연구원. 성균관대 겸임교수. 한국예술종합학교 강사.
논저: 「고려 당악정재의 전래와 수용」, 『조선과 명의 문명교류사』(공저),
『명나라사신은 조선을 어떻게 보았는가: 황화집 연구』, 『한국여악자료집』 등

남종진 성균관대 박사.
세계민족무용연구소 연구원. 동양대 한국선비연구원 객원연구원.
논저: 『국역 제가역상집』, 『국역 시헌기요』, 『국역 천동상위고』, 『국역 선택요략』,
『초문화사』, 『조조평전』, 『유비평전』 등

이민홍 성균관대 박사. 성균관대 문과대학장, 한국고전번역원 이사장 역임
성균관대 명예교수
논저: 『통전 악전』, 『한국 민족악무와 예악사상』, 『한국 민족예악과 시가문학』,
『한문화의 원류』 등

남성호 일본 와세다대 박사. 전 국립극장 자료관 팀장
세계민족무용연구소 전임연구원, 한국예술종합학교 강사
논저: 『일본민속예능 춤추는 신神 연구』, 「가구라의 신들림과 표상적 장치」,
「근세 일본의 아악부흥과 아라이 하쿠세키」, 등

이채문 성균관대 박사. 전 광주여대 교수. 옌타이사범대 교환교수
세계민족무용연구소 연구원, 한국예술종합학교 강사
논저: 「중국 중세 서역 3대무의 중원 유입과 전개양상」, 『해좌집』(공역),
『양한악론집요』, 『중국무용변천사』(공역) 등

이종숙 한양대 무용학과 및 동대학원 졸업. 용인대 박사.
문화재청 무형문화재위원. 성균관대 겸임교수.
논저: 「고구려 무용사 연구의 성과와 과제」, 『처용무보』, 『한국춤통사』(공저) 등

박태규 일본 오사카대 학술박사.
세계민족무용연구소 상임연구원. 한국예술종합학교 겸임교수.
논저: 「일본 연향악의 자국내 재형성에 관한 연구: 부가쿠 <소마쿠샤>를 중심으로」,
「일본의 궁중악무 신소리코 연구」, 『일본 예악무의 융합적 연구』(공저) 등

최미연 한국예술종합학교 무용원 이론과 전문사. 한양대학교 박사.
세계민족무용연구소 전임연구원. 한국예술종합학교 강사.
논저: 「처용무의 무용서사와 상상계 연구」, 「처용무무용서사의 유교사상적 측면에
대한 해석: '수기치인'을 중심으로」 등

허동성 중앙대 박사.
세계민족무용연구소 상임연구원. 전 서울대, 중앙대, 한국예술종합학교 강사.
논저: 『동양전통연극의 미학』, 『선진악론집요』, 『전통무용의 변모와 현대적 계승』,
『전통공연예술의 재조명』, 『춤과 문화』, 『세계공연예술의 이해』 등

동아시아의 인문전통과 악무문화

초판 인쇄 / 2017년 6월 20일

초판 발행 / 2017년 6월 25일

지은이 / 허영일 외

발행자 / 박재린

펴낸곳 / 도서출판 나무미디어

주소 / 경기 성남시 분당구 정자1로 30길 107-1002

전화 / (031) 712-9489

팩스 / (031) 602-9489

이메일 / injae8005@hanmail.net

신고등록 / 제2016-000031호

ISBN 979-11-86756-10-2 93680

정가 / 28,000원